KB015166

중국인쇄사 中國印刷史

History of Chinese Printing

【一】

장수민張秀民 저 / 한기韓琦 증보
강영매姜始妹 옮김

세창출판사

중국인쇄사【一】 中國印刷史

1판 1쇄 인쇄 2016년 8월 5일
1판 1쇄 발행 2016년 8월 16일

저 자 | 장수민張秀民(한기韓琦 증보)
옮긴이 | 강영매姜姈妹
발행인 | 이방원
발행처 | 세창출판사
신고번호 | 제300-1990-63호
주소 | 서울 서대문구 경기대로 88 냉천빌딩 4층
전화 | (02) 723-8660 팩스 | (02) 720-4579
http://www.sechangpub.co.kr
e-mail: sc1992@empal.com
ISBN 978-89-8411-529-3 94910
978-89-8411-528-6 (세트)

中國印刷史(History of Chinese Printing) written, Volume 1 and 2 by Zhang Xiumin, revised by Han Qi
Copyright © 2006 by 浙江古籍出版社*
All Rights reserved.

Korean translation edition © 2016 by The National Research Foundation of Korea
Published by arrangement with 浙江古籍出版社 (Zhejiang Ancient Books Publishing House Co., Ltd.), China through Bestun Korea Agency, Seoul, Korea.
All Rights reserved.

이 책의 한국어 판권은 베스툰 코리아 에이전시를 통하여 저작권자인 浙江古籍出版社 (Zhejiang Ancient Books Publishing House Co., Ltd.)와 독점 계약한 (재)한국연구재단에 있습니다. 저작권법에 의해 한국 내에서 보호를 받는 저작물이므로 어떠한 형태로든 무단 전재와 무단 복제를 금합니다.

이 책은 (재)한국연구재단의 지원으로 세창출판사에서 출간, 유통을 합니다.

이 도서의 국립중앙도서관 출판시도서목록(CIP)은 e-CIP홈페이지(http://www.nl.go.kr/ecip)와 국가자료공동목록시스템(http://www.nl.go.kr/kolisnet)에서 이용하실 수 있습니다.
(CIP제어번호: CIP2016017071)

1926년 봄 영파 사명중학교 상과 잔디밭에서의 장수민

1927년 영파 사명중학교에서의 장수민

하문대학에서 장수민과 태현 출신인 스승 무전繆篆 선생(장태염章太炎의 제자)과 함께(약 1929년)

하문대학 운동장에서의 장수민(대강당 앞)(약 1929년)

1931년 6월 23일 하문대학에서의 장수민

집미루集美樓(하문대학도서관)

1935년 국립북평도서관에서, 좌로부터 만사년万斯年 · 가방賈芳 · 고화顧華 · 증헌삼曾憲三 · 두내양杜乃揚(프) · 장수민

1979년 5월 북경에서 전국지방지연합목록심사단, 양전순楊殿珣(좌에서 첫 번째) · 장수민(우에서 두 번째) · 오풍배吳豊培(좌에서 두 번째)

1987년 북경에서

앞줄 :전존훈(좌에서 두 번째) · 장수민(가운데) · 왕익王益(우에서 두 번째)

뒷줄: 한기韓琦(좌에서 두 번째), 정여사鄭如斯(좌에서 세 번째)

1987년 중국인쇄기술협회 필승상畢昇賞 수상식에서(북경호텔)

1987년 모리사와 노부오[森澤信夫]상 수상식(북경호텔)

1996년 고향 승현 입팔도廿八都에서, 배경 산은 첨산瞻山

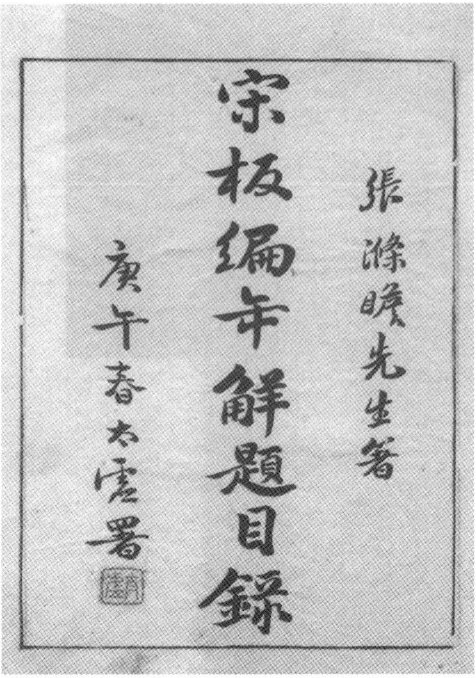

張滌瞻先生著

宋板編年解題目錄

庚午春太虛署

《송판편년해제목록》 태허법사 제첨題簽

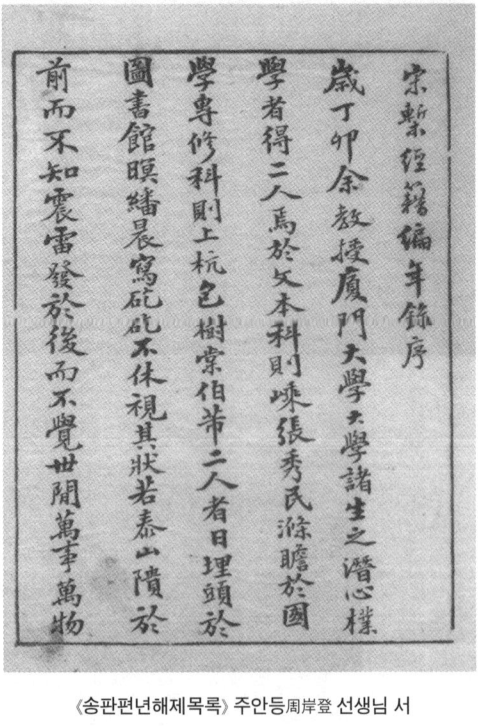

宋槧經籍編年錄序

歲丁卯余教授廈門大學大學諸生之潛心樸
學者得二人焉於文本科則嵊張秀民滌瞻於國
學專修科則上杭包樹棠伯芾二人者日埋頭於
圖書館暝繙晨寫矻矻不休視其狀若泰山隤於
前而不知震雷發於後而不覺世間萬事萬物

《송판편년해제목록》 주안등周岸登 선생님 서

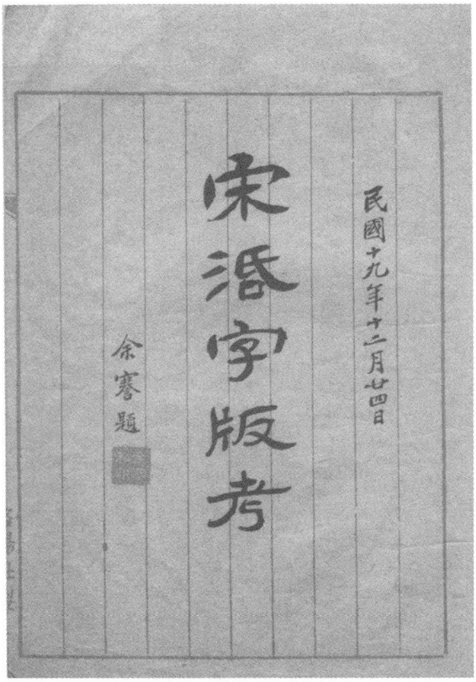

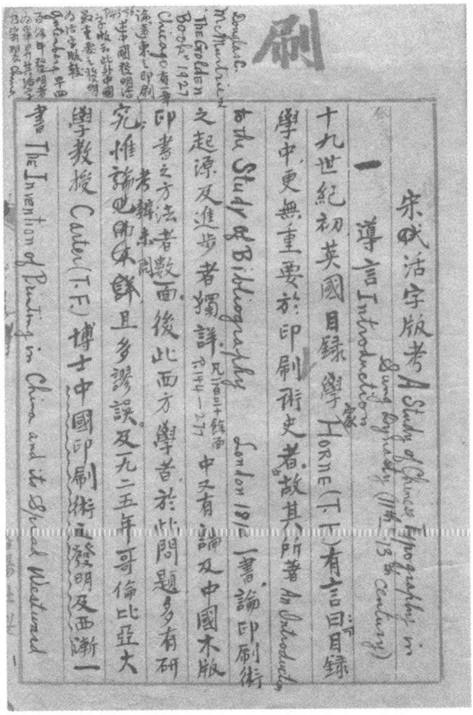

하문대학졸업논문 《송활자판고》(1931)와

여건余謇 선생님 제첨

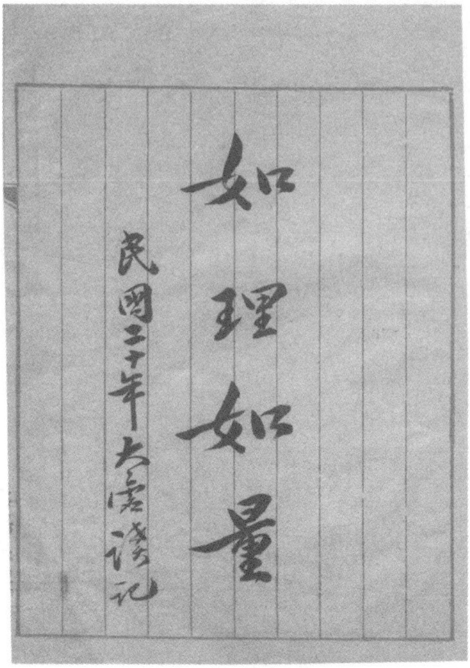

《송활자판고》에 쓴 태허법사의 제기題記

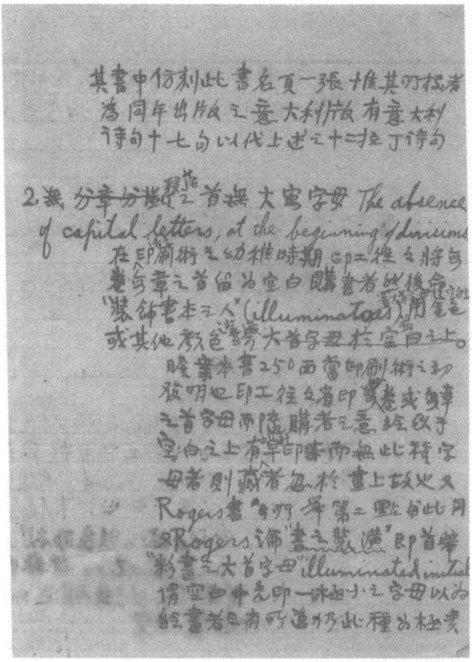

하문대학 때의 필기(원본)

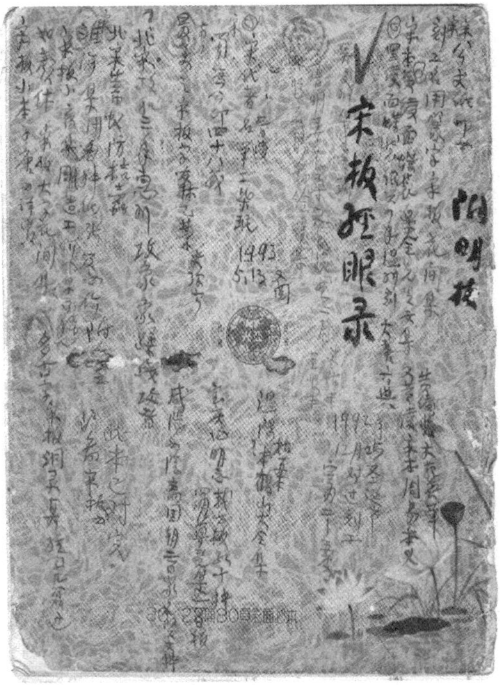

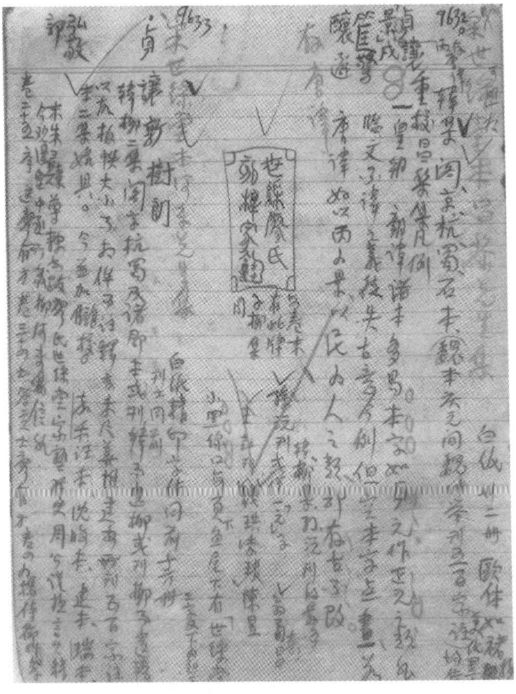

《송판서경안록宋板書經眼錄》 초고

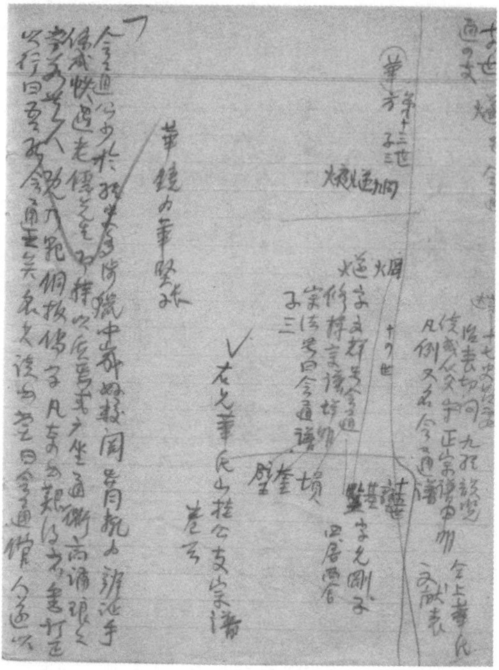

인쇄사 필기(명대 화씨華氏 가계도)

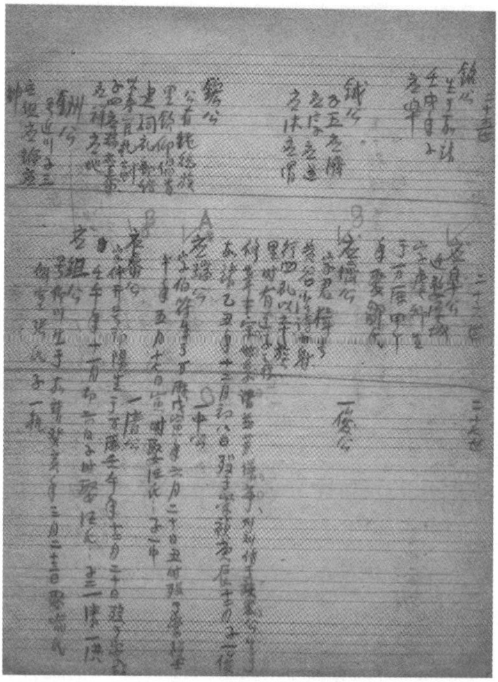

인쇄사 필기(휘주 각자공 가계도)

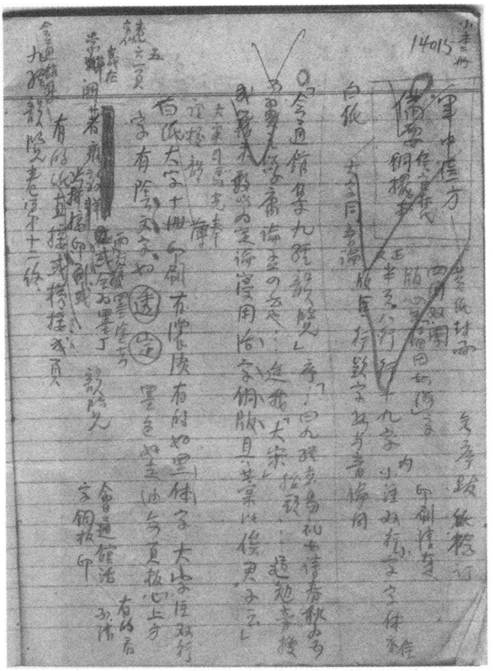

활자인쇄 필기

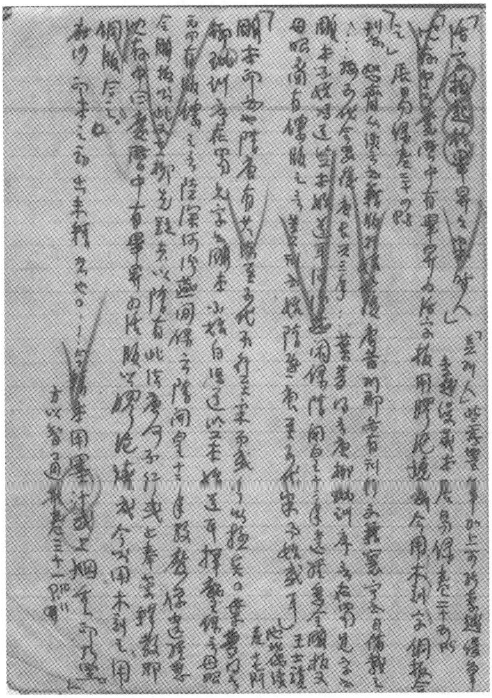

인쇄사 필기

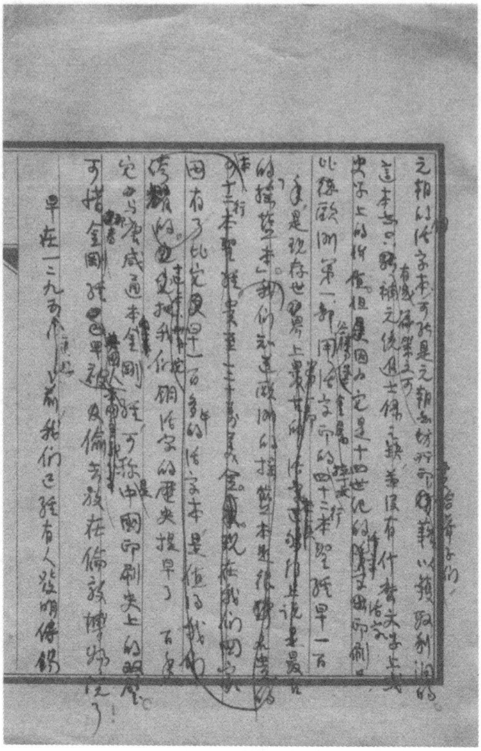

인쇄사 논문 친필 원고

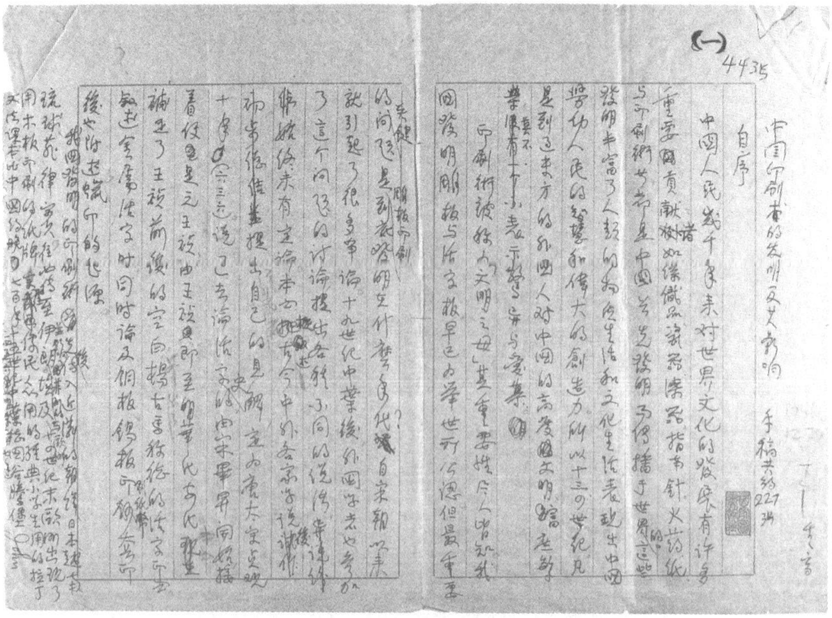

《중국인쇄술의 발명 및 그 영향》 친필 원고

전존훈 박사의 서序

인쇄술은 중국 고대의 중요한 발명의 하나로 제지술처럼 세계문화의 발전을 촉진하는 데 있어 상당한 역할과 커다란 영향을 주었다. 인쇄술의 기원과 변천, 전파에 관해서는 중국 내외학자들이 일찍이 많은 연구를 하였다. 그러나 전면적이며 상세하고 체계적인 중국 인쇄술 발전의 역사에 관해서는 오히려 발표한 적이 없었다. 장수민 선생의 새 작품 《중국인쇄사》의 출판은 전문적인 영역에서뿐만 아니라 우리의 지식을 풍부하게 해 주고 이 방면의 모자람을 보충해 주며 중국 문화사와 과학기술사에 대한 연구와 이해 역시 우리에게 중요한 편폭을 더해 주고 있다.

이 책은 광범위한 내용에 규모가 웅대하고 사려가 주밀周密한 책으로 50만여 자에 이르는 대작이다. 인쇄술 발명으로부터 1천 년간의 모든 판각과 도서간행의 역사를 망라하며 상세하게 각 시대의 도서간행 장소 · 도서 내용 · 판본의 특색 · 각자공과 인쇄공의 생활과 그들의 역정 및 각종 도서간행의 방법을 논술하였다. 서적 이외에 각종 인쇄품들, 예를 들면 판화 · 세화歲畵 · 신문 · 지폐 및 인쇄소에서 사용하는 각종 물건들, 종이와 먹 등 문방용품들에 대해서도 모두 신선한 자료와 독특한 견해를 제공해 주고 있다. 이는 지금까지 보아 온 가장 완벽하고 체계적이며 종합적인 저서이다.

이 책의 저자 장수민 선생은 국가도서관에서 오랫동안 재직하였으므로 그동안 본 선본善本이 가장 많고 풍부한 자료를 갖고 있어 이런 전면적인 통사通史를 쓸 수 있는 아주 좋은 조건을 갖추었다. 장수민 선생이 과거에 발표한 중국 전통인쇄 방면의 논문과 전문서적은 내용이 충실하고 수량이 많음에도 분석이 상세하고 구성도 엄격하고 견해가 독특한 것이 특히 그 문장에 특색이 있었다. 장선생은 필생을 이 전문적인 연구에 종사하며 부지런히 집필을 하며 조금도 피곤해 하지 않았으니 이렇게 즐겁게 일하고 어려움을 극복하는 정신은 정말로 우리가 배워야 할 점이다.

나 자신도 중국인쇄사 발생에 대해 아주 큰 흥미를 가졌었는데 맨 처음에는 대학시절에 유국균劉國鈞 선생의 수업《중국통사》를 들으면서 생겼다. 당시에 필요한 중요 참고서는 Thomas F. Carter의 영문판《중국인쇄술의 발명과 서방 전파》와 다나카 다가시[田中敬]의 일어판《도서학개론圖書學槪論》이었다. 그러나 같은 류의 중문판은 참고할 만한 것이 없어서 무척 유감이었다. 1947년 미국으로 유학을 와서 시카코대학에서《서양인쇄사》수업을 들으면서 중국인쇄사에 대하여 비교연구할 수 있는 기회를 얻게 되었다. 1968년에 영국 케임브리지대학 Joseph Needham 박사의 초청으로 그의《중국과학기술사》중《제지와 인쇄》에 관한 부분을 쓰게 되었다. 얼마 후에 나는 시카고대학 도서관 연구원에서《중국인쇄사》수업을 듣게 되어 장선생의 또 다른 전문서적인《중국인쇄술의 발명과 그 영향》과 단편 논문 여러 편을 접하게 되었다. 장선생의 체계적인 깊은 연구는 나의 교육연구와 집필에 귀중한 자료와 일깨움을 주었다.

장수민 선생의 이 새로운 책은 이전 사람들과 자신의 연구 성과를 총결하였으니 집대성이라고 할 수 있으며 이는 의심할 바 없이 한 시대를 그은 획기적인 작품이라고 할 수 있다. 그러나 이 전문적인 영역에서도 여전히 보충하여야 할 공백이 있고 또 수많은 문제점에 있어서는 지속적인 전문연구가 있어야 하니 나는 두 가지 의견을 제시하여 장수민 선생과 독자들의 가르침을 받고자 한다.

첫째는 원시자료 방면에서 중국인쇄에 대한 제1차 기록에 관해서인데 초기 실물은 몹시 부족하다. 예를 들어 인쇄술발명의 연대 문제는 의견이 분분한데 주로 문헌에 한두 자 나오는 것을 근거로 하여 추론을 하곤 한다. 장수민 선생은 7세기 중엽의 당나라 정관시기로 추정하는데 상당히 합리적이다. 그러나 지금까지 이 시기에 관한 비교적 상세한 기록이나 인본印本이 없어서 서로 증명을 할 수가 없다. 현재 알고 있는 비교적 초기의 인본은 세계 각지에 산재해 있는데 아직까지 체계적인 조사나 저서, 사진 복사같은 것을 만들어 내는 전면적인 기획이 없었다. 전통적 지식인들의 인쇄술에 대한 경시로 인하여 목판 인쇄에 관한 기술이나 도구, 인쇄순서 등에 관한 기록이 문헌에는 겨우 단편적으로라도 남아 있지가 않다. 이는 문인들이 중시하던 종이 · 먹 · 붓 · 벼루 등 문방사우의 기록이 상세한 것에 비교해 볼 때 아주 정반대되는 상황이다.

송원 시대의 목판편이나 판각을 하던 도구는 이미 존재하지 않으며 심지어 명청 시대의 활자 역시 보기 드물다. 특히 동활자는 거의 소실되었다. 이리하여 명대 동활자의 기원에 관한 연구는 화씨華氏가 자체 제작하였다거나 다른 곳에서 전해져 왔다는 등 지금까지 해답이 어렵다. 청대에 《고금도서집성古今圖書集成》 같은 거작을 인쇄하는 데 사용된 동활자가 조각한 것인지 주조한 것인지 실물이 없어 검증할 길이 없다. 이리하여 원시자료에 있어 실물과 초기 인본의 수집 조사와 정리방면에서 더 많은 작업이 필요하며 장래에 이 전문적인 주제를 연구하는 학자를 위하여 더욱 많은 정보와 편의를 제공해야 할 것이다.

두 번째는 인쇄술의 발명과 응용은 중국 전통사회에 있어 어떤 역할을 했을까? 어떤 영향이 있었을까? 하는 문제다. 어떤 학자들은 유럽에서는 인쇄술이 사회와 사상적으로 격렬한 변동을 일으켰다는 점에 근거하여 중국사회 역시 같은 역할을 했을 것이라고 추측한다. 그러나 실제로는 동서문화와 배경은 서로 다르므로 인쇄술 탄생의 역할 역시 일정 정도의 차이가 있다. 원가의 절감이나 생산증가와 지식보급 방면에서는 아마도 비슷한 역할을 했을 것이지만 역시 정도에 있어서는 차이가 있다. 사회와 사상의 변혁과 인쇄술 본연의 발전에 있어서는 동서양에서 생긴 영향과 역할이 아마도 반대 방향으로 나갔을 것이다.

일반적으로 16세기 초부터 시작하여 서양의 인쇄기술은 점차로 개량되었고 생산량도 급격히 증가하여 일종의 방대한 출판공업을 형성하여 사상과 사회에 있어 강렬하고도 근본적인 변혁이 발생했다. 인쇄술은 각지의 방언과 문학의 흥기를 촉진하여 수많은 신흥국가 성립의 중요한 동력이 되었다. 중국과 중국문화의 영향을 받은 동아시아의 국가들은 인쇄술의 사용이 사회와 사상에 있어 큰 변화를 주지는 못했지만 오히려 문장의 통일성과 보편성을 촉진하여 전통문화를 유지하는 데 있어 중요한 도구가 되었다. 인쇄기술은 전통적인 작업을 계승하여 비록 진보와 개량이 있었지만 그러나 여전히 수공업단계에 머물렀으며 전진이나 발전이 없었다. 어찌 되었든 인쇄술의 진전은 정도의 차이는 있지만 당시의 정치 · 경제 · 사회의 조건에 의하여 촉진되었다. 동시에 이런 요소 역시 인쇄술 자체의 발전의 추세에 영향을 주었다.

이상의 과제는 장수민 선생이 이전의 책에서 스스로 이미 제기한 것이다. 나도 나의 영문판《중국문화 속의 종이와 인쇄》라는 책에서 이런 점에 관해 초보적인 분석과 비교를 했었다. 그러나 이 문제는 원인이 복잡하여 반드시 학술 · 사상 · 사회 등 각 방면에 대한 인쇄술 사용의 이전과 이후에 있어 더 많은 증거를 찾고 사실史實에 근거하여 깊이 있는 분석과 비교를 하여야만 비로소 정확한 해답을 찾을 수 있다.

나도 일찍이 북경도서관에서 10년간 근무한 적이 있지만 항전기간이라 상해로 파견되어 일을 하였기 때문에 지역적으로 너무 멀어 장수민 선생과 만날 인연이 없었다. 1979년 미국에서 귀국했을 당시 그가 이미 절강의 고향으로 돌아가 본서의 정리와 집필에 종사하고 있다는 말을 듣게 되었다. 그래서 또 장 선생에게 가르침을 받을 기회를 잃었다. 최근에 장 선생의 책이 오래지 않아 독자와 만나게 될 것이라는 소식을 알게 되었다. 먼 곳에서 글을 보내 서문을 써달라는 부탁을 받아 나의 감회를 간단히 쓰고 장 선생이 이 광활한 영역에서 근면히 노력한 결과를 얻게 된 것에 대해 충심으로 존경과 축하를 표시한다.

전존훈錢存訓

1983년 6월 1일 시카고의 해덕원海德園에서

이희필 선생 서

신묘辛卯년에 처음으로 북경도서관에서 승현 출신의 장수민 선생과 알게 되었다. 오랫동안 함께 지내다보니 장 선생이 중국인쇄사와 월남사의 전문가라는 사실을 알게 되었다. 나는 장 선생을 너무나 존경하여서 때때로 도움을 청하였다. 어느덧 21년이나 지나 선생은 1971년에 퇴임을 하고 승현으로 낙향하여 어머님을 모시며 모든 일을 사양하고 저술에만 전념하였다. 1982년 봄에 나는 어머님 장례를 모신 후 여러 가지 일이 끝난 후에 운하를 따라서 항주로 가서 문란각文瀾閣의 책을 관람하고 서호가에서 우연히 선생과 만나게 되었다. 그리고 선생의 거작 《중국인쇄사》가 이미 탈고를 하여 누이동생이 정서를 하고 있다는 말을 듣게 되어 몹시 기뻤다. 또 2년이 지나 올해 초에 선생이 편지를 보내 원고를 정서하며 수정 중인데 보태기도 하고 빼기도 하다 보니 모두 50만 자가 되었다고 하며 나에게 서문을 쓰라고 명을 내리셨다.

선생은 일찍이 1931년에 하문대학을 졸업하고 북경에 상경하여 북경도서관에서 근무하여 카터의 《중국인쇄술의 발명과 서방 전파》라는 책을 얻게 되었는데 상달向達(覺明) 선생이 번역하기 전의 원고다. 선생은 카터의 저서가 비록 학술적 가치가 있지만 카터는 어찌 되었든 외국학자라서 중국인쇄사를 집필하는 데 있어 깊이 있게 파고들 수 없고 그 오묘함을 탐구할 수 없으며 인쇄술은 중국 선조들이 세계문화를 위하여 커다란 공헌을 한 발명품으로 인쇄사에 관한 글을 외국인이 대신하게 한다는 것이 얼마나 이상한 일인가하고 생각하시었다. 선생은 이를 수치스럽게 여겨 드디어 《중국인쇄사》를 쓰기로 마음먹게 되었다. 20여 년의 연구 끝에 1958년 선생의 저서 《중국인쇄술의 발명 및 그 영향》이라는 책이 세상에 나오게 되었다(인민출판사 출판, 1978년 재판). 일본의 저명한 사학가이자 문학가인 간다 기이치로[神田喜一郞] 박사가 이를 읽은 후에 "몹시 정성스럽고 진지한 좋은 책"이라고 칭찬을 하였으며 히로야마 히데노리[廣山秀則] 선생에게 일어로 번역하라고 부탁하여 1960년(일본 쇼와 35년)에 일본에서 출판되었다. 당시에 일본과 소련의 간행물에서 소개된 바 있다. 돌아보니 그 책은 《중국인쇄사》의 앞부분과 뒷부분일 뿐이었다. 지금 《중국인쇄사》의 시작과 끝의 연대를 당나라 정관 초기부터 시작하여 청나라 선통 3년(1911)까지 하였으니 당·오대·송·요·하·금·원·명·청까지 아홉 왕조를 다루었고 태평천국의 도서간행은 청대에 붙여 놓았다. 모든 시대마다 먼저 총론을 놓고 다음에는 목판을 새겼던 중요한 지역을 논술하고 경사자집, 불경, 도장道藏 등 서로 다른 내용의 인본(과학기술, 의약서 등을 중시)을 소개하였고 모든 시대의 도서간행의 특색과 장단점 등을 품평하였다. 찰흙판·목판·동판·주석판 등 서로 다른 활자판과 투판·판화·세화 및 신문·지폐·다염인茶鹽印 등의 인쇄에 대하여, 서적의 장정, 필사공, 각자공, 인쇄공, 장정공에 대한 간단한 약력, 인쇄물품 및 서양의 석인·연인 등이 중국에 전래되어 온 점 등 아주 상세하고도 체계적으로 서술하였다. 모든 것을 망라함에 있어 맥락이 분명하고 중국인쇄술의 발생과 발전에 있어 그 처음과 끝을 낱낱이 드러내 주니 진실로 삭제하지 않은 작품을 우리가 읽게 되면 조상들의 지혜와 근면함을 더욱 이해할 수 있게 된다. 일찍이 중국의 인쇄술이 세계인쇄사에 있어 그 지도적인 지위가 천년을 이어 내려오니 사람을 몹시 흥분시킨다. 중국을 사랑하고 중화 사상을 진작시키려는 마음이 마구 들끓어오르게 한다. 즉 이 책은 애국주의를 홍보하는 역할도 크게 작용하고 있다.

선생이 이 책을 쓰신 지는 수십 년의 세월이 흘렀다. 10년간의 문화대혁명 중에 선생은 평소에 수집해 온 많은 자료들을 모두 근수斤數로 쳐서 팔게 되는 아픔도 겪었다. 그러다가 1971년에 고향으로 돌아가서 다시금 이전의 작업을 하게 되었지만 자료는 여전히 빠진 것이 많아서 두 번이나 북경도서관을 오고, 또 두 번이나 영파의 천일각에 가서 자료를 보고 또 복주 · 천주 · 하문대학 등으로 가서 도서를 열람하여 필요한 자료들을 수집하였다. 또한 상해도서관과 절강도서관 등도 선생의 행적이 미친 곳으로 정말로 열심히 하셨다. 승현은 겨울이 몹시 추웠지만 거주하는 곳에 난방을 못하여 실내온도는 언제나 영하였다. 선생은 일찍이 내게 "추운 집에 난방을 못해 실내온도가 영하 2, 3도로 떨어졌습니다. 하늘과 땅이 모두 얼어붙어 있으니 참으로 고통스럽습니다"라고 편지를 보내왔었다. 이런 상황에서도 선생은 저작활동을 전혀 쉬지 않으셔 동상에 걸리게 되었다. 선생의 쉬지 않고 정진하는 정신은 정말로 백 년에 한 번 나오기도 힘들 것이다.

나는 배움이 없는데도 선생은 비천한 사람을 버리지 않고 황송하게도 서를 쓰라고 명하시니 어찌 감히 거절할 수가 있겠는가? 조심스럽게 몇 자를 적어 나의 존경을 표시한다. 그러나 나의 졸필로는 선생께서 저술 중에 겪은 풍상을 만분의 일도 형언할 수 없을 뿐이다.

1984년 갑자 정월에 이희필李希泌이 건행재健行齋에서 쓰다

자서自序

인쇄술 · 화약 · 나침판을 서양인들은 중국의 3대 발명품이라고 한다. 영국의 프랜시스 베이컨은 17세기에 이미 "이 세 가지 발명은 전 세계 사물의 면모와 상태를 모두 바꾸어 놓았으며 이로써 수많은 변화를 만들어 내었다. 인쇄술은 문학에서, 화약은 전쟁에서, 나침판은 항해에서 변화를 주었다. 역사상 어떠한 제국이나 종교 혹은 혁혁한 인물도 이 세 가지가 인류에 끼친 영향보다 더욱 많은 영향력을 주지는 못했다. 우리는 지금 확실히 이 발명품은 중국에서 왔다는 것을 알고 있다"고 말한 바 있다. 거기에 제지술을 더하여 중국의 4대발명이 되었고 인류사회를 위하여 위대한 공헌을 하였으니 더없이 커다란 영향을 주었다.

인쇄술은 "신성한 예술"이라고 하며 또한 "문명의 어머니"라고도 하니 그 중요성은 사람마다 모두 알고 있는 바와 같다. "아는 것이 힘이다"라고 하지만 그러나 힘의 원천의 하나는 바로 책에서 나온다. 세익스피어는 "책은 전 인류의 영양품"이라고 하였는데 이 영양품은 작가가 창작한 정신적 산물이며 또 종이와 먹을 이용하여 인쇄한 물질적인 산물이다. 손중산 선생은 인쇄업을 몹시 중시하여 인쇄를 의 · 식 · 주 · 이동 네 가지와 더불어 생활에 필수적인 물질조건이라고 하여 똑같이 중시하였다. 인쇄품은 도서, 지폐, 신문, 각종 구매권 등으로 일상생활에서 없어서는 안될 물건들이다. 인쇄업은 교육문화영역으로부터 상공업으로까지 확대되어 각국의 중요한 산업이 되었다.

7세기 당나라 초 정관貞觀 연간에 중국은 목판 인쇄를 발명하였으니 유럽보다 7백 년이나 빠른 시기다. 11세기에 북송 경력慶曆 연간에는 필승畢昇이 활자판을 발명하였으니 독일의 구텐베르크보다 4백 년이나 앞선다. 유럽에서는 활자인쇄를 채용한 후에 문예부흥이 일어났으며 과학문화가 비약적으로 발전하였으나 중국은 오히려 낙후되었다. 이는 명청 시기에 팔고문을 실행하여 관리를 뽑았기 때문에 지식분자들의 총명함과 지혜를 아무짝에도 필요 없는 팔고문에 쏟았기 때문이다. 또한 청나라의 강희 · 옹정 · 건륭 시기에 120여 차례의 문자옥文字獄이 있었기 때문이다. 학자들은 몸을 보전하기 위하여 부득이 고서더미 속에 묻혀 문자의 음훈만을 연구하니 청나라 초기의 고염무顧炎武가 제창한 경세치용과는 서로 다른 길을 걸었다. 사회에서는 무엇을 발명하거나 창조하는 것을 사악한 속임수나 보잘것없는 재주로 간주했기 때문에 도움을 받거나 발전시킬 수가 없었다. 이리하여 인쇄술도 별다른 진보가 없이 1300년간이나 줄곧 목판 인쇄 위주였다. 청대 각본刻本은 원 · 명의 각본에 미치지 못하고, 원 · 명판은 또 송 목판 자체字體의 아름다움, 종이와 먹의 우수함, 장정의 우아함에 미치지 못한다. 활자본은 본래 수량이 많지 않아 인쇄에서 그 다음 지위를 차지한다. 목활자가 처음 나왔고 다음이 동활자인데 대부분 개인의 손에서 나왔다. 단지 강희 연간에 내부內府에서 동활자를 새겼고 건륭 시기에는 목활자를 만들었는데 조선의 여러 왕들이 동활자, 연활자, 철활자를 34차례나 주조한 것과는 아주 다르다. 19세기 아편전쟁 전후에 서양의 석인石印과 연인鉛印이 중국에 전래된 후에야 전통적인 목판과 목활자 인쇄는 점점 도태되었다.

중화인민공화국 성립 후에 중국의 인쇄업은 커다란 발전이 있었지만 선진국가들에 비하면 아직 차이가 컸다. 이는 기술이 낙후되고, 책이 나오는 주기가 길며, 책 한 권이 수백 페이지나 되어서 다른 나라에서 1~2주일이면 출판이 되는 데 비하여 중국은 반년, 심지어는 2~3년이 소요되기 때문이다. 설사 진즉에 사진식자기를 들여왔다 해도 아직 널리 보급되지 못하였고 일반적으로 여전히 수공으로 식자를 하고 기껏이 구식의 느리디 느린 인쇄기를 사용하고, 장정도 기계화되지 못하여 소위 '정장본'이라고 하면서도 전혀 정교하지 않다. 이런 것은 가장 먼저 인쇄술을 발명한 중국과는 걸맞지 않았다. 만일 결점을 고치려면 박차를 가하여 따라잡아야만 하는데 아직 관련 분야에서 결심하여 해결하기를 기다릴 뿐이다.

중국이 최초로 인쇄술을 발명했으니 이치대로라면 수많은 저서에서 이를 찬양하는 기록이 있어야 하는데 과거에 이 방면에 관한 전문서적이 별로 없었다. 근대 손육수孫毓修의 《중국조판원류고中國雕板源流考》는 지나치게 간략하고, 섭덕휘葉德輝의 《서림청화書林淸話》는 판본자료들만을 모아 편집했다. 미국 카터 교수의 《중국인쇄술의 발명과 서방 전파》가 출판되니 비로소 체계적인 전문서적이 나오게 되었다. 프랑스 폴 펠리오의 《중국인쇄술의 기원》이라는 책은 자료를 널리 풍부하게 인용했으니 학식은 비록 넓지만 요점을 파악하지는 못했다. 카터가 쓴 저서의 내용에 미치지 못한다. 인쇄술은 중국 고대 노동자의 중대한 발명임에도 인쇄사에 관한 저서는 외국인이 대신 썼으니 실로 부끄럽기 짝이 없다. 그리하여 내 자신의 분수를 모르고 모기가 산을 짊어지는 심정으로 《중국인쇄사》를 쓰고자 하였다.

처음에 나는 하문대학厦門大學(당시에 화교 진가경陳嘉庚 선생이 창립)에서 수학할 때 서안瑞安 출신 이립李笠(雁晴) 선생님의 깊은 깨우침을 받아서 도서목록학에 관해 흥미가 생겼다. 그래서 수업이 없을 때면 도서관(集美樓)의 서가로 달려가서 자유스럽게 책을 열람하였다. 판본목록과 관계있는 글 두 편을 발표했는데 이립 선생님이 이를 당시 북평도서관에 계신 서수徐水 출신 원동례袁同禮(守和) 부관장님께 보내었다. 원선생이 이를 보고 도서관 명의로 "신관(지금의 문진가文津街에 있는 북경도서관)이 낙성되어 사람이 필요하니 급히 상경하기 바랍니다"라는 편지를 보내왔다. 이리하여 졸업식에도 참가하지 못하고 북경도서관에 도착하니 1931년 7월 초의 일이다.

북경도서관은 역사가 유구하고 세계적으로 유명한 국가도서관이다. 그중 몇몇 인본印本에는 남송 황실의 '집희전緝熙殿', 원나라의 '국자감숭문각관서國子監崇文閣官書' '소흥부학관서紹興府學官書' '한림국사원관서翰林國史院官書'라고 적힌 커다란 주문인朱文印이 찍혀 있다. 기타 송, 금, 원의 목판본과 당나라 사람이 쓴 경전과 명청대의 정밀한 필사본 등은 모두 세상에 귀한 진품들이다. 신중국 성립 전에 장서의 총량은 145만 권이었다. 얼마 전에 이미 장서는 1천만 권을 초과하니 이제는 책이 많은 것이 걱정거리가 되어 신관을 건립할 필요가 있게 되었다. 내게 좋은 기회가 있어 이렇게 수많은 책이 있는 좋은 환경 속에서 장장 40년간이나 일할 수 있었다는 것은 정말 행운이라고 할 수 있다.

원동례 관장은 공공도서관으로서의 직능을 발휘했을 뿐만 아니라 동시에 도서관을 하나의 학술연구 기구로 하여 일련의 전문성을 갖춘 기구로 만들었다. 그리하여 유명 학자들인 서홍보徐鴻寶·섭위청葉渭淸·상달向達(覺明)·왕중민王重民(友三)·조만리趙萬里·사국정謝國禎(剛主)·손해제孫楷弟(子書)·하창군賀昌群(藏雲)·유절劉節(子植)·왕용王庸(以中)·양계웅梁啓雄(述任, 양계초의 동생)·담기양譚其驤(季龍)·팽색단彭色丹 라마·우도천于道泉 선생 등 10여 명을 초빙하여 사학지리·판본·금석·문학·철학 및 만주어·티베트어·몽골어 등을 연구하도록 하였다. 이런 농후한 학술 분위기 속에서 자연스럽게 감화를 받고 절차탁마의 이로움을 얻게 되니 인쇄사를 쓰리라는 결심을 굳히게 되었다.

도서관에 들어온 후에는 도서편목팀에서 고서카드목록을 정리하였는데 책마다 반드시 책 내용, 서발序跋을 자세히 살피고 저자의 성명, 자와 호, 본관, 출생과 사망, 경력, 출판한 곳, 연대, 서적의 성질 등을 확실하게 하여 분류번호와 저자번호를 적어 넣었다. 후에 또 몇십 년간 '사승류史乘類'와 집부의 도서목록을 편집하였다. 인쇄사를 쓰기 위하여 판본인쇄에 관한 자료를 수집하는 데 주의를 기울였는데 당시 대부분 작은 쪽지에 기입했다가 작은 노트에 다시 썼는데 70권이었다. 그중에 《송판서경안록宋板書經眼錄》과 《송각공명록宋刻工名錄》 각각 2책을 완성했다. 자료를 찾기 위하여 도서관에 소장된 송판본 355종과 잔존殘存《영락대전》 2백여 책을 읽고, 명청 초고본을 읽고 제요 115종, 청대 집부 제요 85종, 명청 초고본의 간단한 목록 5백 종을 만들었다. 수십 년 동안 큰 서고에 있는 수천 종의 지방지 · 시문집 · 필기잡설 및 일문 · 서양판본 목록 도서를 보았다. 그러나 이는 큰 서고 중의 몇십 개 책장만을 보았을 뿐이다.

1937년 노구교전쟁이 발발하자 국가의 위급함을 느끼고 평소 작업했던 판본 목록은 그저 책속의 학문일 뿐 국가 흥망에 대해서 결코 실제적으로는 쓸모가 없음을 느끼게 되었다. 이리하여 결심을 내팽개치고 생각을 바꾸어 안남사安南史를 연구하기 시작했다.

1952년 10월 도서관에서 중국인본서적전람회를 개최했다. 당시에 〈중국인쇄술의 발명 및 아시아 각국에 대한 영향〉이라는 글을 《광명일보》에 발표하였고 후에 《문물참고자료文物參考資料》에 전재되었다. 등충騰冲의 이인로李印老(根源, 印泉, 이희필 선생의 부친)의 과도한 칭찬을 듣게 되어 세상에 전해질 수 있었다. 이리하여 몇 년 동안 방치했던 판본목록을 다시 꺼내어 확충하여 《중국인쇄술의 발명 및 그 영향》이라는 책이 완성되었다. 1958년 인민출판사에서 출판하였고 1978년에 재판을 내었다. 일본의 유명한 역사가이자 문학가인 간다 기이치로 박사가 이 책을 보고 "몹시 성실하고 진지한 좋은 책"이라고 하였으며 히로야마 히데노리[廣山秀則]에게 부탁하여 일어로 번역하도록 하니 1960년에 일본 교토에서 출판되었다. 일시에 일본, 소련, 미국 간행물에 모두 좋은 책이라고 소개되거나 보도되었다. 1977년 일본 야부우치 기요시(藪內淸) 교수가 카터의 책을 번역하고 주를 달았는데 나의 졸작과 졸문拙文을 대부분 인용했다. 이서화李書華 선생은 1962년에 홍콩에서 《중국인쇄술 기원》이라는 책을 출판했는데 대부분 카터와 내 졸작의 내용을 인용하고는 따로따로 자세히 주석을 달았다. 1981년 6월 왕익王益 선생이 《인쇄전선印刷戰線》에서 카터가 쓴 책을 좋은 책이라고 평가하고 필자의 졸작에 대해서도 "적지 않은 독창적 견해를 제기했고 수많은 가치가 있는 사료를 발굴하여 중국인쇄술 발명사를 연구한 가장 권위 있는 저작"이라고 평가하였다. 칭찬을 고맙게 생각하며 공연히 부끄러워 진땀을 흘릴 뿐이다. 어떤 대학 도서관학과에서는 이 책을 교재로 쓴다고 한다.

이전에 쓴 《중국인쇄술의 발명과 그 영향》은 단지 《중국인쇄사》의 첫머리와 결말 두 부분일 뿐이다. 그 내용의 주체는 당, 오대 이후에서 청말까지로 엉성하게 발표한 30편의 문장이다. 활자판 부분은 1963년에 중화서국에서 《중국활자인쇄사화中國活字印刷史話》(《중국역사소총서》 중의 하나)라는 제목으로 출판되었고 1979년에 재판 3쇄를 냈다. 겨우 1만여 자로 지나치게 간략하여 후에 5만 자로 확충하여 전문서적으로 하고자 사람을 청하여 원고 정서를 하고 또한 전체 《중국인쇄사》를 기획하여 일찍이 탈고하였다.

'문화대혁명'이 일어나자 수십 년 동안 근검절약하여 모아 놓은 도서간행물을 두 대의 삼륜차에 가득 실어서 부득이하게 사람에게 부탁하여 근으로 쳐서 팔아 버려 종이원료가 되었고 인쇄사와 월남사의 자료는 모두 손실되어 자연스럽게 다시는 집필할 수가 없게 되었다. 후에 호북성 함녕咸寧 문화부 57 간부학교로 하방下放되어 황량하고 습한 호수 곁의 작은 언덕 위에서 노동을 하며 약 1년여를 생활했다. 1971년 다행히 퇴직했다. 1931년부터 도서관에 근무하여 40년 머물렀던 제2의 고향인 북경을 떠나 절강성 승현嵊縣 입팔도廿八都 옛집으로 돌아왔다. 다행히 85세이신 노모가 건강하시고 나 역시 환갑을 넘기고도 어머니와 함께 있으니 기쁨이 배가 되었다.

퇴직 후에 본래는 2, 3년 안에 인쇄사를 마무리하리라 마음먹었다. 그래서 비록 북경도서관, 북경사대, 난주대학, 남경대학, 항주대학의 강양부姜亮夫 교수 등이 수차 초청을 했지만 모두 집에서 어머니를 봉양한다는 이유를 들어 사절했다. 오직 자료를 찾거나 친구를 방문할 때만 복건으로 나갔다. 모교로 돌아와서 옛 친구 섭국경葉國慶 교수를 만나 집미集美로 가서 진가경 선생의 웅대한 묘지를 참배하였다. 천주泉州의 고찰인 개원사開元寺를 방문하여 송나라 때 복주판 장경잔본이 적지 않음을 보았다. 복주에 가서 옛 동창 포수당包樹棠(笠山) 교수와 함께 민왕사閩王祠에 가서 참배하고 비문을 베껴 왔다. 시내의 개원사는 송나라때 《대장大藏》을 판각했으나 지금은 이미 공장으로 변해 버렸다. 본래 송원명 이래로 출판중심이었던 건양 마사와 숭화서방을 가보려고 했으나 길동무가 없어서 그만두었다.

1973년 영파 천일각에 갔다. 명나라 범흠의 천일각은 중국 내에서 유일하게 남아 있는 고대 개인 장서루이다. 구사빈丘嗣斌·낙조평駱兆平 선생과 함께 새로 접수된 대량의 도서 중에서 선본善本 고르는 작업을 했다. 50일 동안 천일각에서 심사하고 선정한 선본은 모두 168상자에서 21상자를 골라내었으니 한 상자당 평균 약 21종이었다. 명나라 시기의 판본은 경창본經廠本·번부본藩府本·금릉본金陵本·건양방본建陽坊本·활자본 등이 있었다. 또 명청 필사본도 있었는데 수시로 기록하였다. 여요의 황종희는 강희 12년(1673)에 예외적으로 천일각에 올라가 책을 관람했다. 그 뒤를 이어 서건학徐乾學·만사동万斯同·전조망全祖望·전대흔錢大昕·완원阮元·설복성薛福成 등이 있었다. 나는 천일각 옆에 한 달 반 넘게 묵었는데, 때는 마침 황종희가 천일각에 올라간 지 3백 년이 되는 해였다. 1978년 11월, 다시 천일각에 올라갔다. 비록 선현의 미덕을 잇지는 못했지만 일생에서 만족할 만한 일이라고 할 수 있다.

1975년에 다시 북경으로 갔다. 매일 북경도서관에 가서 자료를 찾으며 두 달을 보냈다. 명나라의 무림 관묘재觀妙齋 판각본《상자商子》등 여덟 가지 책을 도서관에 기증했다.

1977년에는 상해도서관으로 자료를 찾으러 갔다. 고기잠顧起潛 관장님의 배려 덕분에 편하게 책을 열람할 수 있었다. 복단대학교에서 옛 친구 담계룡譚季龍을 만나 기쁘기 그지없었으나, 서안瑞安 이립 스승님이 몇 년 전 학교에서 돌아가셨다니 참으로 애석했다.

1979년 5월에는《중국지방지연합목록中國地方志聯合目錄》심사 요청을 받아 북경으로 갔다. 거기서 주사가朱士嘉·풍보림馮寶琳·양전순楊殿珣·장위봉蔣威鳳·오풍배吳豊培 등 동지들을 만났고 약 한 달간의 회의를 하였다. 회의가 끝난 후 문진가文津街의 북경도서관과 백림사柏林寺 분관에서 책을 보고 절강에는 9월 초에 돌아왔다.

1981년부터 1984년까지는 해마다 항주 절강도서관 서호 분관 고적부에 가서 열람하며 원고쓰기와 수정을 하였는데 삭제할 것은 삭제하고 또 덧붙이거나 빼면서 수차례 왕복하였다. 명 번부본藩府本의 경우 예닐곱 차례나 고쳐 썼다. 늙은 소가 낡은 마차를 끌듯이 진전은 아주 더디었고 계속 미루어져 근 10년이나 미루어졌다. 고향에서 저술을 하자니 처음 몇 년간은 물자가 부족하여 몇 달동안 고기 한 점 먹지를 못했다. 글을 쓸 때 가장 어려움은 시골에 참고할 만한 서적이 없다는 점이었다. 인명·지명사전조차 시내에 나가 빌려야 했다. 그리하여 일단 가지고 있던 노트 70권의 내용을 정리하였다. 고향집은 겨울에는 난방이 되지 않아 실내 온도가 영하 2, 3도까지 떨어져 그야말로 얼음집이 따로 없었다. 찬 공기가 뼛속까지 파고들어 손이 동상에 걸릴 정도였다. 여름에는 또 37, 38도를 오르내리는 폭염으로 등이 온통 땀으로 젖었다. 그럼에도 불구하고 글쓰기를 계속했다. 침식을 잊고 몰두하는 나를 본 어머니는 속이 타셨는지 여러 번 당부하셨다. "이 책 다 쓰고 나면 다시는 책 쓰지 말거라." 원래는 어머니 생전에 출간해 기쁨을 드리고 싶었지만 생각지도 않게 1983년 4월 7일 어머니께서 향년 97세로 세상을 떠나시니 아아! 그 슬픔을 말로 다할 수 없었다. 어머니 상을 마치고 다시 항주로 가서 이 책을 완성하였다.

이 책은 당·오대·송·요·금·서하·대리·원·명·청(태평천국 부가) 나라까지 차례대로 인쇄 개황을 논하였다. 중국인쇄사의 주요부분을 위해 이전에 쓴 《중국인쇄술의 발명과 그 영향》의 요점을 정리하여 이 책의 첫머리와 결말로 삼아 《중국인쇄사》라고 제목을 달았다. 이 책에서는 각 시기의 인쇄에 대하여 먼저 총론을 말하고 다음에 판각도서의 지역, 각종 관방과 개인의 각본刻本, 도서간행의 서방, 각본의 특색을 설명하였다. 다음에는 각 시대별 활자본을 논하였다. 또한 인본내용을 설명할때는 편리함을 위해 사부四部의 차례에 따르되 약간 변통을 하였다. 경부經部는 대부분 여러 경들을 해석하되 약간 개인견해를 덧붙였으니 한·송의 여러 분파는 번잡하여 그 중요한 것을 기록했다. 소학류는 문자의 훈고, 음운서 외에 계몽적인 도서를 부가하였다. 사부史部에서는 고사古史·정사 외에 다양한 그 당대의 역사저작인 지방지, 등과록, 족보, 역서曆書 등을 논하였다. 자부子部는 고대 제자諸子 이외에 각 시대의 과학기술서, 의약서에 대해 상세하게 논술하여 옛것의 좋은 점을 현실에 이용할 수 있기를 갈망하였다. 집부集部에서는 송판 시문집을 상세히 설명하고 각 시대의 사곡 소설 및 총집을 약간 서술하였다. 종교서는 불교, 도장道藏 및 이슬람교, 천주교 기독교의 출판물을 서술하였다. 총서는 고금의 저작을 다루지 않은 것이 없으니 인본서가 중요부분을 이루며 사부의 뒤에 부가하였다. 한문 각본 이외에 소수민족 및 외국문자 인쇄도 다루었다. 각 시대의 말미에 관방과 개인 장서를 부가하였다.

송대 출판은 비교적 자유로웠으나 여러 차례 금지령이 있었다. 번부본은 명대의 특수한 것으로 비록 일찍이 주의를 기울인 사람이 있긴 했으나 완전하지 못했다. 명대 '제서制書'는 환관들이 출자하여 도서를 간행하였으니 다른 시대에는 없는 것이다. 국각본과 사가에서 교정간행한 총서는 청대의 특징이므로 서술을 더하였다. 아편전쟁 전후에 서양의 석인과 연인이 중국에 수입되어 도서는 석인으로 바뀌는 시대가 되었으므로 한문을 연자로 주조하는 경위를 서술하였다. 명나라 무석 화씨가 동활자로 인쇄를 한 것과 휘파 판화의 황씨 판각공들에 대하여 이전의 논술자들이 뒤죽박죽으로 말한 세계世系를 모두 고쳤다.

본서는 인본서 이외에 또한 각 시대의 신문과 지폐, 다염인茶鹽印, 인계印契, 세화 등의 인쇄품에 관해서도 서술하였다.

필사공, 각자공, 인쇄공, 제본공[1]은 인본서의 직접 생산자들인데 구

1_ 이 책에서는 제본으로 번역했다. 제본의 사전적 의미는 "낱장으로 된 인쇄물 따위를 실, 철사로 매거나 본드로 붙이고 표지와 함께 책으로 만듦"이라고 되어 있기 때문에 간혹 선장본을 말할 때는 장정도 사용했지만 대부분은 제본으로 번역했다.

시대에는 이들을 경시하였다. 이 책에서는 여러 방면으로 그들의 생활 사적과, 여성, 승려, 감생監生들이 글자를 새긴 일을 망라하였다.

인쇄물은 제본이 된 후에야 읽어볼 수 있기 때문에 각 시대 제본의 변천도 약간 서술하였다.

인쇄 재료 중 특히 종이와 먹은 직접 서적의 질과 생산량에 영향을 준다. 송대에는 이미 양면에 인쇄할 수 있는 두꺼운 종이가 생산되었으며 어떤 것은 좀이 먹는 것도 방지하였다. 종이공장의 직공은 1200명까지 있는 곳도 있었다. 또 검은 빛을 발하고 향기가 나는 향묵香墨을 생산해 낼 수 있었고 많은 사대부들 역시 먹을 제조하였으니 해마다 백 근에 이를 정도였다. 명대의 종이와 먹 역시 훌륭했으나 청대에는 쇠락하였다. 이런 실상에 관해 번잡함을 두려워하지 않고 모두 수록하였다.

나는 평생 다른 취미가 없이 그저 중국인쇄사와 안남사를 연구하였는데 나이 80에 가까워서야 비로소 《중국인쇄사》를 완성하게 되니 정말로 별 볼일 없는 사람이라고 할 수 있다.

이전에 고형림이 저서의 어려움을 "반드시 이전에는 없는 것이어야 하고 후세에는 없어서는 안 되며 후세를 위한 것이어야 한다"고 하였다. 이렇게 책을 엮는 것이 이 뜻에 부합하는지 모르겠다. 양임공梁壬公 선생은 "문화재의 역사를 쓰기 위해서는 첫째 전문적이어야 하고, 둘째 욕심을 부리지 말 일이다. 만일 평생의 힘으로 한 가지 문화재의 역사를 쓰게 된다면 사학계에서는 불후의 가치가 있다"고 했다. 이 책의 가치 유무는 학자들의 검증을 기다릴 뿐이다. 이 책은 4~50년의 심혈을 기울였으나 글의 바다는 끝이 없는데 필자의 이론 수준이 낮고 학식은 적고 견문은 적어 오류가 반드시 많을 것이니 독자 여러분의 질정을 바라 마지 않는다.

나는 이 책을 이미 끝내고 나서 두 가지 희망이 있다. 필자는 20여

년 전에 《인쇄》라는 잡지에 역대의 아름다운 인쇄를 소개하며 송판 중의 구양순, 안진경, 류공근, 수금체, 혹은 원본 중에서 조맹부체(해서, 행서 2종)를 정선하여 동활자를 주조하여 독자들이 책을 펴기만 해도 눈이 즐겁고 미적 감각이 생겨나도록 하자고 건의한 적이 있다. 어찌하여 지금 사용하고 있는 횡경직중橫經直重(가로는 가늘고 세로는 굵은)의 네모난 인쇄체보다 더욱 아름다운 판면을 만들 수 없단 말인가? 또한 중국은 최초로 종이와 인쇄를 발명하였기 때문에 고대 필사본과 인본수의 생산량은 아주 풍부하다. 그러나 역대로 전란이 끊이질 않았으니 도서라고 어찌 여러 차례의 액운을 피할 수 있었단 말인가? 또한 문화혁명 기간에 '사구四舊'를 소탕한다고 하여 광범위하게 도서문물 손실이 너무나 많았으니 예부터 지금까지 없던 일이었다. 현재 당·오대의 인본은 기린이나 봉황처럼 희귀하다. 송판서는 가장 많은데 지금 국내외에 현존하는 서적은 1천 종쯤 되며 그 반은 잔질殘帙이거나 복본이다. 송대의 신문, 송·금의 화폐, 다염인은 이미 찾아볼 수가 없다. 송·원 목판서의 판본과, 명·청시기의 동활자, 연활자, 석활자 및 당시 조판했던 인쇄 공구들 역시 실물로 남아 있는 것이 없다. 1959년에 독일 라이프치히 도서 전시회에 청대 상주의 목활자 한 판만을 보내었다. 당시 독일의 구텐베르크 인쇄박물관을 본떠 급히 중국인쇄박물관을 설립하여 종이, 먹, 붓, 벼루 등을 전시하는 분관을 만들고 고대의 수공업 생산에서부터 최근의 기계와 최신 과학기술까지 진열하는 것이 마땅하다는 의견을 제출했다. 그리하여 관람객들이 감성과 지식을 얻고 애국주의 교육을 진행하여 조상들이 발명한 위대한 창조물을 느끼게 하고 부국강병과 중화를 진작시켜서 인류에게 새로운 공헌을 할 수 있는 것이 사소한 희망이다.

퇴직 후 집필기간에 나는 노모와 생활했는데 전부 큰 누이동생 장수영張秀英의 도움을 받았다. 10여 년간 엉성하게 인쇄사와 월남사

논문 10여 편을 발표하였고 그 명예에 기대어 다시 쓰기도 하였다. 2, 3년간 본서의 전체 원고 약 50만 자는 둘째 여동생 장전영張全瑛이 맡아서 정서해 주었다. 그중 얼마간은 한경韓慶·한녕韓寧 부자가 정서해 주었다. 남동생 장수요張秀銚와 생질 한기韓琦는 신문이나 잡지의 관련 있는 자료들을 알려 주었다. 또한 북경도서관 참고조參考組와 복사제본팀, 상해도서관, 절강성도서관 서호분관 고적부, 영파 천일각의 도움을 받아서 책을 빌리고 복제하는 데 편하도록 해주었다. 장신부·고정룡(기잠)·주사가(용강)·백수이·호도정·이희필·풍보림·노공·최부장 선생 등 및 이미 고인이 된 시정용(봉생)·사국정(강주)은 서문을 써 주시거나 대작을 주시거나 자료를 베끼도록 해 주시거나 하여 적지 않은 도움을 받았다. 담기양 선생은 이전 작품이 재판되었을 때 "전체 《중국인쇄사》가 하루빨리 출판되어 전체 중국문화사의 연구에 일부분 굳건한 토대를 만들기를 희망한다"고 하셨다. 또한 일본 간다 기이치로 선생 역시 편지를 보내와 이 원고에 대해 관심을 보였다. 반현모 선생은 미국에서 청대 납판 《원문초轅門鈔》의 사진을 보내주었다. 미국 국적인 전존훈 박사는 창피득 선생의 《명대번각》 자료를 복제하여 보내 주었고 또한 서문을 써 주시기까지 하였다. 스웨덴의 원 황실도서관에서 아시아 인쇄사를 연구하는 에즈런(S. Edgren) 선생은 1974년에 자신의 대작을 보내 주셨다. 올해 2월 항주에 오셔서 만나 뵙고 싶었는데 아쉽게도 설날이라서 나는 이미 항주에서 승현으로 왔기 때문에 뵙지 못해서 정말 유감이다. 이상 여러 선생님들이 졸작에 대해 관심과 도움을 주셨으니 감격스러워서 특히 이 자리를 빌어 그분들께 충심으로 감사의 마음을 드린다.

1984년 갑자 단오절에 승현 입팔도 고향집에서
장수민이 쓰니 이때 내 나이 77세다.

증보판 자서

나는 진가경 선생이 설립한 하문대학 국학과에 진학한 후 서안 이안청 스승의 지도를 받아 판본 목록학을 좋아하게 되었다. 1931년 대학을 졸업한 후에 북평도서관(지금의 국가도서관)에 들어가 고서 카드 및 서본목록 편집을 10여 년간 하였으며 판본인쇄에 관한 자료를 수집하였다. 1958년 졸저 《중국인쇄술의 발명과 그 영향》을 출판하였는데 일본의 유명한 사학가인 간다 기이치로[神田喜一郞] 박사가 이를 보고 "몹시 성실하고 진지한 좋은 책"이라고 평가해 주시고 히로야마 히데노리[廣山秀則]에게 부탁하여 일어로 번역하도록 하니 1960년에 일본 교토에서 출판되었다. 왕익王益 선생은 "이 책은 국제적으로 아주 영향력 있는 책으로 카터의 부족함을 메꿀 수 있는 권위적인 학술저작"이라고 하셨다. 인민출판사와 대만의 문사철출판사에서 두 번 출판되었다. 이후에 또 《활자인쇄사화》(중화서국, 1963년) · 《장수민인쇄사논문집》(인쇄공업출판사, 1988년) 등을 출판하였다.

1984년 전체 《중국인쇄사》 원고 64만 자를 상해 인민출판사로 보냈다. 1987년 초교본이 나왔는데 중국인쇄기술협회에서 수여하는 필승상畢昇賞과 일본 모리사와 노부오[森澤信夫]상을 수상했다. 1989년에 정식으로 출판된 후 또 전국과학기술사 우수도서명예상을 수상하였고, 제4회 중국도서상 2등상과 화동지구도서 1등상을 받았다. 국내외의 학자들의 예상치 못한 명예를 받았다. 옛 친구 담기양은 "대작의 내용이 풍부하고 상세하니 지금까지 누구도 해 본 적이 없음은 물론이고 또한 후세인들도 넘기 어려울 것입니다"고 했다. 미국의 전존훈 교수는 편지에 "대작의 자료의 풍부함, 내용의 충실함이 있고, 분석이 자세하고 분명하며 견해가 독창적이니 저의 졸렬한 서序이지만 확실히 헛되지 않습니다"고 했다. 사수청史樹靑 선생도 편지를 보내 "이 책은 인쇄사 연구에 있어 공전에 없던 거작입니다"고 했다. 스웨덴의 중국인쇄사 연구자인 에즈런 선생은 미국에서 편지를 보내 "이 대작이 드디어 출판을 하게 되어 전 정말로 기쁩니다. 이는 선생의 중국인쇄사에 대한 중대한 공헌입니다"고 했다. 《중화공상시보中華工商時報》(1994.1.8.)에서는 이 책을 "절대로 엉터리로 대중에 영합하여 호감을 살 만한 것을 볼 수 없으며, 졸속으로 대강대강 끝낸 곳도 찾아볼 수 없다. 이런 책을 읽는다는 것은 마치 지식의 보고를 마주한 것 같으니 순식간에 많은 것을 얻을 수 있어 한 글자, 한 글자 제마다의 분량을 갖고 있다"고 평하였다. 이 외에도 오도정, 주가렴 두 선생은 《북경일보》(1990.10.1.), 잡지 《독서》(1991. 제8기) 및 미국 《동아도서관 100기 기념특집》에 모두 이와 같은 호평을 해 주었다.[2] 이상 여러 칭찬은 과장됨이 지나치니 부끄러워 진땀이 나오는 것을 이길 수가 없다.

이 책의 출판에 대해서 "일본 인쇄업 전문가들은 몹시 기뻐하며 그치지 않고 칭찬을 하고 있으니 우수한 작품임을 찬미하여 마지않는다"[3]고 하였다.

일본 요코하마 사토[佐藤] 활자연구소의 고미야마 히로시[小宮山博史] 선생은 책을 본 후에 승현의 입팔도를 방문한다고 하여 여러 차례 사양하였다가 1993년 봄에 항주 서호에서 만나 뵈었다. 고미야마 히

2_ Bulletin of East Asian Libraries. 《미국 동아도서관 100기 기념특집》 허휘許暉의 〈사부 최신의 중국인쇄사평론〉.

3_ 오건문, 〈중국인쇄사학의 새로운 글〉, 상해 《인쇄잡지》 참조, 1990. 제1기.

로시 선생 부부, 오가와 데루미[大川光美], 기다 겐[木田元], 가와무라 사부로[川村三郎] 선생과 중국인 통역사, 미국인 사진기사를 데리고 일곱 분이 특별히 항주로 와서 만남의 시간을 가졌다. 3월 24, 25일 이틀간 샹그릴라 호텔에서 만났다. 그들은 목판본과 활자판 등 인쇄사 방면에 관하여 수많은 문제를 말하였다. 본래 아는 것은 안다 하고, 모르는 것은 모른다고 하는 원칙 하에 일일이 대답을 하였다. 그들은 일본에서 졸저 두 부를 가지고 와 사인을 청하였고, 또 일본 헤이세이[平成] 4년(1992)에 새롭게 출판한 《세이가토[靜嘉堂]문고 송원판도록, 해제편》을 선물로 주었다.

이 책은 위아래 1천3백여 년의 도서 수천 종을 다루었다. 나는 이 《중국인쇄사》에 비록 40~50년의 심혈을 기울였지만 재주가 부족하고 학식이 미천하여 스스로도 틀린 곳이 많다는 것을 알고 있으니 출판사의 초교를 거치고 나도 친히 2교와 3교를 보고, 또 생질 한기에게 재교를 보라고 하였다. 글자수가 너무 많아 여전히 틀린 글자와 잘못된 문장을 80여 곳이나 찾아내고 동시에 적지 않은 결함을 발견하게 되어 수정증보가 필요하다고 생각하였다.

나의 어린 생질 한기 박사는 명청시대의 중서과학과 문화교류사를 연구하는 데 폭넓게 외국의 원시자료를 이용하여 근년에 인쇄사 방면에 관한 문장 10여 편을 발표하였다. 청대의 납판인쇄와 서양의 동판인쇄의 전래, 만청 석인술의 전래와 흥망성쇠, 19세기 중문연활자(병합활자, 혹은 첩적疊積활자, 첩접疊接활자라고도 함)의 전파 및 북송 말 등숙鄧肅 문집중의 필승 활자인쇄에 관한 기록은 《중국인쇄사》의 부족함을 메꿀 수 있었다. 한기는 중국인쇄술과 유럽, 필리핀과의 관계에 대한 것과 활자인쇄의 몇 가지 문제점, 서하 활자, 위그르문 목활자 등의 내용 역시 이 책 속에(약 8만 자) 보충하여 넣었다. 또한 온갖 마음을 다하여 중국인쇄사 연구에 관한 논저목록(약 4만 자)을 정리하였고 또한 근 3백 편에 달하는 도편을 새롭게 넣어 이 책을 더욱 광채가 나게 하였다. 동시에 내가 썼던 "송각공의 도서간행표," "활자본 형식과 내용," "활자본목록" 등을 보충하여 넣었고 부분적으로 개정하거나 보충한 것도 있다. 예를 들면 청대의 불산, 천주, 산서, 섬서 등의 도서 간행, 명나라 호주의 투인, 원명청의 서원본, 티베트어 《대장경》은 혹은 길게 혹은 짧게 근 1백여 곳을 새롭게 보충하니 약 7만여 자가 되었다. 이 책은 이번에 개정과 보충을 거쳐서 부분내용이 충실하게 되었고 또 잘못을 교정하였다. 그러나 학문의 바다는 끝이 없고 필자의 학술 수준은 한계가 있으며 근자에는 또 시골에 칩거하여 보고 들은 바가 없어 책 속의 잘못과 결루缺漏된 곳이 있을 터이니 여전히 두려움을 피할 수가 없다. 독자 여러분의 지도편달을 간절히 바라 마지 않는다. 이 책이 출판될 수 있었던 것은 전적으로 절강 고적출판사와 서충량徐忠良 선생의 전폭적인 지지에 의해 가능하였다. 특별히 충심으로 감사드린다.

2004년 승주 첨산 입팔도 고향집에서

장수민이 쓰니 내 나이 97세다.

일러두기

❶ 한자는 한글 독음 바로 옆에 병기하였으며 여러 번 나올 경우 맨 처음만 표기하는 것을 원칙으로 했으나 필요할 경우에는 재차 병기하였다.

❷ 역주는 각주로 처리하였으며 표시는 1_, 2_, 3_으로 하였다.

❸ 원문의 주는 미주로 처리하였으며 표시는 [1] [2] [3]으로 하였다.

❹ 연호 다음 ( ) 속의 연도에는 '년'자를 표기하지 않았다.

예) 정관 3년(929)

❺ 원문에는 인명 후 사망연대만 나왔으므로 가능한 생존연대를 첨가하였다.

예) 주후엽(朱厚燁, 1498~1556)

❻ 발음상 같지 않으나 한자를 병기해야 할 경우는 [ ] 표시로 하였다.

예) 남방에서 생산된 종이[南方紙]

❼ 연도는 물결표시 사용

예) 1115~1234

❽ 본문 안의 ( )의 설명의 종결어미는 명사형으로 하였다.

❾ 행정구역을 나타낼 경우는 '수도'를 사용하였고 일반적인 경우는 '서울'을 사용하였다.

예) '이라크 수도 바그다드' '당나라 수도 장안'

'서울 사람' '서울로 갔다' '서울의 붓' 등

❿ 원서에 나라와 연호가 함께 나오는 경우는 다음과 같이 했다.

예) 清乾隆-청 건륭, 明萬曆-명 만력

⓫ 원서에 나라와 황제가 함께 나오는 경우는 다음과 같이 했다.

예) 唐太宗-당 태종, 宋英宗-송 영종

⓬ 원서에 나라와 이름이 함께 나오는 경우는 다음과 같이 했다.

예) 唐范攄-당나라 범터, 宋熊禾-송나라 웅화

이와 같이 한 이유는 唐范攄와 唐愼微의 경우, 앞은 당나라의 범터范攄(인명)이고 뒤는 당신미 자체가 이름이므로 반드시 구별해야 이해하기 쉽기 때문이다. 또한 앞의 ❿, ⓫의 예와 구별하기 위해서다. 그렇지 않으면 元費著, 明周山 등은 그냥 이름으로 오해하기 쉽다. 이런 경우가 많지만 몇 가지 예를 들어 보면 다음과 같다. 宋王明淸(송나라 왕명청), 元吳澄(원나라 오징), 宋王存(송나라 왕존), 元危素(원나라 위소), 明周山(명나라 주산), 晉王叔和(진나라 왕숙화), 元費著(원나라 비저), 宋玉讜(송나라 옥당), 宋馬令(송나라 마령), 元虞集(원나라 우집) 등등이다. 원칙으로 한다면 '당나라의 범터'처럼 해야 하나 '당나라 범터'식으로 통일했다.

⓭ 인명과 지명은 한자독음을 원칙으로 했지만 이미 습관이 된 이민족의 이름이나 지명은 습관대로 썼다. 익숙지 않은 경우는 한글 옆에 [ ] 표시를 하여 한자를 병기했다. 또한 잘 모르는 경우는 몽골어나 만주어 등 원어를 알 수 없어 부득이하게 한자독음을 사용했다.

예) 칭기즈칸, 쿠빌라이, 누루하치, 파스파, 숭첸감포[松贊干布]-인명

라싸 쿠차 등-지명

⓮ 원서에 朝鮮이라고 한 경우도 조선시대를 말한 경우는 조선이지만 현재를 말한 경우는 모두 한국으로 번역했다.

예) '조선의 서적이 일본으로 전해졌다', 朝鮮海印寺-한국 해인사,

⓯ 인명과 책명에 일일이 주석을 달지 않았지만 沙圖穆蘇처럼 사람인지 어떤지 알기 어렵거나 또는 내용상 더욱 명확한 설명이 필요할 경우에는 주석을 달았다.

⓰ 일본 인명은 일본음으로 쓰고 최대한 주를 달았다.

예) 간다 기이치로[神田喜一郞]

⓱ 비슷한 의미로 쓰인 용어들은 일률적으로 통일하지 않고 내용에 적절하도록 번역했다. 예컨대 새기다, 판각하다는 뜻으로는 刻, 鐫, 鋟版, 剞劂, 雕鏤, 雕版, 刊刻이 나온다. 더 넓은 의미인 출판하다는 의미로 보면 여기에 刊, 印 등까지 포함된다. 원서의 뜻을 존중해 최대한 나누어 표현하고자 했지만 한글 표현상 그럴 수 없었다. 그러나 刻은 주로 새기다, 판각하다, 刊은 간행하다, 印은 인쇄하다 등으로 나누었다. 그러나 印本은 인쇄본으로 하지 않고 인본으로 했다. 고서에서 보통 明印本, 元印本이라고 하

지 명인쇄본, 원인쇄본이라고는 하지 않기 때문이다.

⑱ 역사적으로 굳어진 용어는 그대로 썼다.

예) 靖康之亂－정강의 난, 土木之變－토목의 변,

⑲ 본문 ( )의 내용은 대체적으로 원저자의 설명이다.

예) 천복 15년(950, 원래는 기유己酉년으로 되어 있는데 경술庚戌의 오기임)

⑳ 표기사항

《 》 서명

〈 〉 편명, 시 제목, 서명 외의 고유 명사

" " 인용문

' ' 강조 부분

《~·~》 서명과 편명이 함께 있는 경우

㉑ 역주의 많은 부분은 중국어 사이트인 www.baidu.com과 일본어 사이트인 www.yahoo.co.jp에서 자료를 찾았다.

목 차

■ 전존훈 박사의 서 ····· i
■ 이희필 선생 서 ····· vi
■ 자 서 ····· ix
■ 증보판 자서 ····· xxii
■ 일러두기 ····· xxvi

제1장 | 목판 인쇄술의 발명과 발전

머리말

1. 종이 발명 이전의 필기 재료 ····· 3
나뭇잎과 나무껍질 ····· 3
파피루스 ····· 3
양피 · 짐승가죽 ····· 4
납 판 ····· 4
아마포 ····· 4
구리 · 연판 및 금조각 ····· 4
전각 · 찰흙판 ····· 5
석 각 ····· 5
나뭇잎 · 부들 ····· 5
갑 골 ····· 6
구리 · 철 · 납 ····· 7
도 기 ····· 8
옥 · 석각 ····· 9

대나무 ········· 10
겸백縑帛(견직물) ········· 12
2. 인쇄술의 기초 재료―종이와 먹 ········· 13

목판 인쇄술의 발명

(1) 정관貞觀 10년설(636) ········· 31
(2) 한대설漢代說 ········· 36
(3) 육조설六朝說(220~589) ········· 40
(4) 16국 후조설後趙說(351) ········· 42
(5) 북제설北齊說(521~549) ········· 45
(6) 수대설隋代說(594) ········· 47

목판 인쇄의 발전

당대(618~907): 목판 인쇄의 시작과 흥기 / 53

1. 총 론 ········· 53
2. 간행장소 ········· 58
장안長安 ········· 58
낙양洛陽 ········· 60
월주越州 ········· 61
양주揚州 ········· 63
강동江東 ········· 65
강서江西 ········· 66

익주益州 ······ 67
3. 판각본 내용 ······ 69
경부經部 ······ 69
사부史部 ······ 70
자부子部 ······ 70
집부集部 ······ 71
종교서적 ······ 71
4. 기타 인쇄 ······ 78
지패紙牌 ······ 78
신 문 ······ 80
인지印紙 ······ 82
5. 인쇄재료 ······ 83

오대(907~960): 감본과 촉 · 오월의 인쇄 / 87

1. 총 론 ······ 87
2. 간행장소 ······ 87
개봉부 ······ 88
강녕부江寧府 ······ 89
복주福州 ······ 90
청주靑州 ······ 92
과주瓜州 · 사주沙州 ······ 93
성도부 ······ 93
항 주 ······ 95
3. 판각본 내용 ······ 103
경 부 ······ 103
사 부 ······ 104
자 부 ······ 105

집 부 106
종교서적 107
4. 인쇄 재료 110

송대(960~1279): 목판 인쇄의 황금시대 / 113

1. 총 론 113
2. 간행장소 125
개 봉 128
감 본 131
기타 관간본官刊本 132
항 주 134
감 본 140
기타 관간본 142
서방書坊 144
소흥부 152
경원부慶元府 156
무주婺州 157
구주衢州 159
엄주嚴州 160
호주湖州 161
평강부平江府 163
건강부建康府 166
성도成都 167
복주福州 173
건녕建寧 176
3. 판각본 내용 186
경 부 187

사 부 ········ 193
자 부 ········ 210
집 부 ········ 220
과학기술 서적 ········ 256
의약서적 ········ 265
종교서적 ········ 276
판 화 ········ 284
4. 송판의 특색 ········ 288
글자체 ········ 288
피휘避諱 ········ 294
문장부호[標點] ········ 302
간기刊記와 패기牌記 ········ 306
기 타 ········ 313
서목[목록]의 인용 ········ 321
서첨書籤 인쇄 ········ 321
재료와 공임 명시 ········ 322
서점 광고 ········ 324
송본의 장점과 단점 ········ 324
5. 금서와 판권 ········ 335
금 서 ········ 335
판 권 ········ 353
6. 납판의 창시 ········ 354
7. 관과 개인의 장서 ········ 355
8. 기타 인쇄 ········ 363
신 문 ········ 363
지 폐 ········ 365
다염초인茶鹽鈔引 · 계약서 ········ 373
9. 장 정 ········ 376
10. 인쇄 재료 ········ 387

요대(916~1125): 《거란장》의 판각 / 403

1. 총 론 ······ 403
2. 간행장소 ······ 406
3. 판각본 내용 ······ 408
경 부 ······ 408
사 부 ······ 410
자 부 ······ 410
집 부 ······ 411
불경과 불장佛藏 ······ 411
거란문자의 번역본 ······ 418
판 화 ······ 421
4. 요판의 특색 ······ 422
피 휘 ······ 422
제첨 인쇄 ······ 423

금대(1115~1234): 감본과 불장 · 도장의 목판 인쇄 / 424

1. 총 론 ······ 424
2. 간행장소 ······ 425
중도中都 ······ 426
남 경 ······ 427
평양부平陽府 ······ 429
영진寧晉 ······ 430
3. 판각본 내용 ······ 432
경 부 ······ 432
사 부 ······ 434
자 부 ······ 435
집 부 ······ 437

과학기술 서적 ······ 440
의약서적 ······ 440
종교 서적 ······ 442
여진문자 번역본 ······ 455
4. 금판의 특색 ······ 458
글자체 ······ 458
피 휘 ······ 458
5. 관과 개인의 장서 ······ 459
6. 금판의 전래 ······ 460
7. 지 폐 ······ 462
8. 인쇄 재료 ······ 465

서하(1038~1227) / 467

1. 총 론 ······ 467
2. 서하 문자의 저서와 번역서 ······ 469
서하문자 저서 ······ 470
서하 문자 번역서 ······ 471
3. 불 경 ······ 475

대리(937~1253) / 479

원대(1271~1368): 도서 간행의 쇠락 / 482

1. 총 론 ······ 482
2. 간행장소 ······ 486
대 도 ······ 487
평 양 ······ 490

항 주 …… 492
건 녕 …… 496
투루판[吐魯番] …… 500
운 남 …… 501
3. 판각본 내용 …… 503
경 부 …… 503
사 부 …… 506
자 부 …… 513
집 부 …… 514
과학 기술서적 …… 520
의약서적 …… 523
종교 서적 …… 526
몽골문 번역본 …… 540
티베트문 번역본 …… 542
4. 원판의 특색 …… 542
글자체 …… 542
속표지 …… 545
저자의 초상화 …… 550
원고모집 광고 …… 550
5. 투인의 발명 …… 551
6. 관과 개인의 장서 …… 553
7. 기타 인쇄 …… 556
지 폐 …… 556
염다인 · 계본 …… 559
8. 장 정 …… 560
9. 인쇄재료 …… 563

■ 미 주 …… 567

一卷

제1장 | 목판 인쇄술의 발명과 발전

- 머리말
- 목판 인쇄술의 발명
- 목판 인쇄의 발전

당대(618~907): 목판 인쇄의 시작과 흥기
오대(907~960): 감본과 촉 · 오월의 인쇄
송대(960~1279): 목판 인쇄의 황금시대
요대(916~1125): 《거란장》의 판각
금대(1115~1234): 감본과 불장 · 도장의 목판 인쇄
서하(1038~1227)
대리(937~1253)
원대(1271~1368): 도서 간행의 쇠락

二卷

명대(1368~1644): 도서 간행의 재흥기
청대(1644~1911): 각종 인쇄의 흥망성쇠
태평천국(1851~1864)의 도서간행

제2장 | 활자인쇄술의 발명과 발전

활자인쇄의 발명

송나라 필승이 발명한 활자판

활자인쇄의 발전

송나라 주필대의 니활자 도서간행

서하 활자

원대 활자

명대 활자

청대 활자

활자본의 형식

활자본의 내용

활자인쇄가 주도적 지위가 되지 못한 원인

활자본 목록

제3장 | 역대 필사공 · 각자공 · 인쇄공의 생활과 생애

오대
송대
요대
금대
서하
원대

명 대
청 대

제4장 | 아시아 각국과 아프리카 · 유럽에 미친 중국인쇄술의 영향

아시아
아프리카
유 럽

四卷

부 록

부록 1: 송대 각자공이 간행한 서적 고찰
부록 2: 중국인쇄사 연대별 주요사건
부록 3: 북송에서 청대까지의 연호표
부록 4: 참고도서
부록 5: 중국인쇄사 논저목록
부록 6: 장수민 인쇄사 논저 연표
부록 7: 장수민 자서전(저서목록 첨부)
부록 8: 장수민 선생과 중국 인쇄사 연구

五卷

찾아보기

인명 색인 / 서명 색인 / 일반 색인

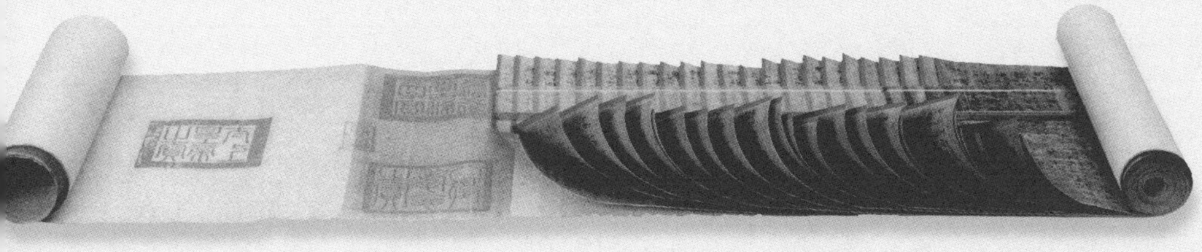

제1장 | 목판 인쇄술의 발명과 발전

머리말

1. 종이 발명 이전의 필기 재료

옛사람들은 일찍이 끈을 매듭짓거나 나무판에 톱니 모양을 새겨 기억을 도왔다. 큰일은 큰 매듭을 짓거나 홈을 깊게 파고, 작은 일은 작은 매듭을 짓거나 홈을 얕게 팠다. 운남성박물관에는 율속족傈僳族·와족佤族 등의 소수민족이 매듭을 짓거나 나무를 파서 일을 기록했던 실물을 소장하고 있다고 한다.

문자의 발명은 인류문명의 일대 비약이다. 사상을 보존하고 교류하기 위하여 옛사람들은 각종 자연물이나 혹은 기타 재료로 문자를 쓰거나 팠다.

나뭇잎과 나무껍질

인도의 산스크리트문·미얀마문·태국문의 불경은 대부분 좁고 긴 종려나무 잎에 새겨 썼다. 《구당서舊唐書》에 "천축국(지금의 인도)에서는 패다라 잎에 써서 일을 기록했다"라고 되어 있다. 중국에서는 이를 통칭 '패엽경貝葉經'이라 한다. 임읍林邑(후에 점성占城[1]으로 바뀌었는데 지금의 베트남 중부임)에서도 나뭇잎을 종이로 썼다. 라틴인들은 나무껍질 안에 글 쓰기를 좋아했다. 구 소련(USSR)에서 11~15세기에 자작나무껍질에 쓴 서계書契가 발굴된 적이 있다.

파피루스

고대 이집트인들은 나일강에서 자라는 이집트 갈대 줄기를 이용했다. 갈대 속의 점성粘性의 물질을 제거한 후 이를 꼭 눌러 파피루스를 만들었는데 이런 자연적인 산물은 화학과정을 통하여 얻은 진

1_ 점성(占城, 192~1697), Champa Kingdom.

정한 종이와는 다르다. 파리 루브르박물관에는 고대에 광범하게 유행했던 약 4,500년 전에 쓴 이집트의 파피루스 한 권이 보존되어 있다고 하는데 서적의 시조라고 볼 수 있다.

양피 · 짐승가죽

기원전 2세기 고대 트로이 국왕은 이집트 파피루스를 얻기가 어려웠으므로 우선 양피지를 만들어 대체했다. 고대 유태인들은 양피지에 그들의 법률을 썼다. 진랍국眞臘國(지금의 캄보디아)에서는 노루와 사슴 가죽을 검게 염색하여 일종의 가루를 이용해 작은 조각으로 만들어 그 가죽에 공문서를 썼다. "원나라가 중국을 통치할 때에 양피를 이용해 조서를 썼는데 이를 양피 성지聖旨라 한다. 그 글자는 몽골글자를 사용했고 중국인도 역시 이를 익혔다"(《단연총록丹鉛總錄》 권 15)는 기록이 있다. 고대 티베트인들도 염색 제조한 양피지에 불경을 썼다.

납 판

고대 희랍의 호메로스 이전에는 일종의 작은 목판이 유행했다. 여기에 밀랍을 한 겹 칠하여 금속이나 뼈바늘로 그 위에 글을 새겼고 다른 한쪽은 아무것도 없이 맨들 맨들하게 닦아서 썼는데 이를 '기사판記事板'이라 한다.

아마포

고대 이집트인과 로마인들은 아마포를 이용해 글을 썼다.

구리 · 연판 및 금조각

기원전 451년 로마에서 12동판법을 공포했다. 17세기 말에 어떤 사람이 로마에서 작은 연서鉛書를 샀는데 외피와 본문 여섯 페이지는 모두 연판鉛版으로 만든 것이었다. 고대의 수많은 남방국가, 예를 들면 참파왕국 같은 데서는 황금을 얇게 펴서 중국 황제에게 헌상하는 상주문을 새겼다. 고궁박물원에 이런 금판 상주문이 소장되어 있다.

전각 · 찰흙판

바빌론에서 고대인들이 천문을 관찰하여 벽돌에 썼거나 새겼던 전각 실물을 적지 않게 발굴했다. 아시리아에도 찰흙판이 있었다.

석 각

기원전 약 2천 년에 바빌론 국왕 함무라비가 노예주 이익을 보호하는 법률 282조를 높이 8척의 돌기둥 위에 새겨 놓았는데 이를 《함무라비 법전》이라고 한다. 현재 이라크 수도[2] 바그다드박물관에 있다.

중국에서도 고대에 각종의 재료로 문자를 새기고 썼는데 어떤 것은 서양과 같지만 또한 중국만의 독창적인 것도 있다.

나뭇잎 · 부들

운남의 서쌍판납西雙版納에 사는 태족傣族들은 이전에 민간에 전해오는 옛이야기를 패다라잎(양쪽 모두 쓸 수 있음)에 새겼는데 구멍을 두 개 뚫어 끈으로 묶기 편하도록 했다. 티베트에서 1천 년 전의 나무껍질 위에 새긴 불경을 처음으로 발굴했다는 보도도 있었다. 청 건륭乾隆[3] 시기에 보리수잎(잎 표피의 조직을 제거한 것임)에 불경을 세심하게 썼

2_ 이 책에서는 행정구역을 나타낼 경우는 '수도'를 사용하였고 일반적인 경우는 '서울'을 사용했다. 예를 들어 '이라크 수도 바그다드' '당나라 수도 장안' '서울 사람' '서울로 갔다' '서울의 봇' 등으로 나누어 썼다.

3_ 이 책에서는 나라와 연호가 함께 나올 때는 '청 건륭' '명 만력' 등으로 썼다. 굳이 '청나라' '명나라'라고 하지 않아도 알 수 있기 때문이다. 그러나 나라와 사

는데 어떤 것은 채색불상으로 아름다운 예술품이 되었다. 고대 서예가들은 파초잎이나 감나무 잎에 글자를 연습했다. 한나라 노온서路溫舒[4]는 늪 속의 부들을 채취하여 첩牒[5]처럼 잘라 엮은 후 거기에 썼다.

갑 골

은나라 사람들은 거북이의 배딱지나 소뼈 등을 습관적으로 사용했는데 그들의 복사卜辭[6]를 새겨 넣었다. 청나라 말기에 하남성 안양

람 이름이 함께 나오는 경우에는 '원나라 비저費著'로 나누어 썼다. 자세한 사항은 아래 4)번 주석을 참조.

4_ 원문에는 '漢路溫舒'라고 되어 있는데 이때는 '한나라 노온서'라고 하였다. 이는 주석 3)의 경우와 구분을 위해서이기도 하고 또한 그다지 알려져 있지 않은 인명인 경우 '나라'를 붙이지 않으면 혼동할 염려가 있기 때문이다. 예를 들면 다음과 같은 경우가 그렇다.

당범터唐范攄와 당신미唐愼微의 경우, 앞은 당나라의 범터范攄(인명)이고 뒤는 당신미 자체가 이름이다. 이렇게 반드시 구별해야 할 경우들이 많다. 예를 들어 宋王明淸(송나라 왕명청), 元吳澄(원나라 오징), 宋熊禾(송나라 웅화), 宋王存(송나라 왕존), 元危素(원나라 위소), 明周山(명나라 주산), 晉王叔和(진나라 왕숙화), 元費著(원나라 비저), 宋玉讜(송나라 옥당) 등 셀 수 없이 많다. 이 경우 그냥 원비저나 송옥당이라고 하면 오해가 생길 염려가 있기 때문에 부득이 하게 송나라, 명나라 등으로 구분했다. 원칙으로 한다면 '송나라의 왕존'처럼 해야 하나 '송나라 왕존'식으로 통일했다. 노온서는 서한의 유명한 사법관으로 자는 장군長軍, 거록鋸鹿(하북에 속함)사람이다. 본서에는 수만 수천의 인물이 나오기 때문에 모두 주석을 달지는 않았다. 다만 사도목소沙圖穆蘇처럼 이름이 이상하거나 내용상 짚고 넘어가야 할 경우에는 주석을 달았다.

5_ 첩: 예전에 쓰던 공문서의 하나로 글 쓰는 나무 쪽지라는 뜻이다. 작은 대쪽은 '첩牒', 큰 대쪽은 '책冊', 또 얇은 것은 '첩', 두꺼운 것은 '독牘'이라 구별했다.

6_ 복사卜辞는 은나라 말기에 무당이 점술활동을 진행하면서 소의 어깨뼈나 거북이 뼈에 문자기록을 한 것이다. 복사 중의 갑골문과 현대 한자는 차이가 상당이 있으며 해독하기도 어렵지만 학자들이 이미 이를 정리하여 책으로 펴내었다. 가장 완전한 복사는 전사前辞 · 명사命辞 · 점사占辞 · 험사验辞의 네 부분이 있어야 한다. 전사는 점을 치는 시간과 천신께 간구하는 사람의 이름을 기록하는 것으로 서술의 작용을 한다. 명사는 구체적으로 점술에 관한 사항과 천신께 질문하는 사항을 적는다. 점사는 점복의 결과를 기록한다. 이는 무당들이 갑골의 갈라진 흔적을 보고 천신의 답안을 분석하여 적어 넣는다. 험사

현安陽縣 은허殷墟에서 수많은 갑골문이 발견되었다. 근년에도 역시 계속 발견되고 있으며 그 파편은 대략 작은 것이 10만여 편 정도로 수많은 고대의 사료를 보존하고 있다.

구리 · 철 · 납

상商 · 주周 · 춘추春秋 · 전국戰國 시대의 청동기는 국가의 보배였다. 예를 들면 모공정毛公鼎에는 500여 자의 명문이 있으며 그 가치는 은반주고殷盤周誥[7]와 비견되며 이를 '종정문鐘鼎文' 혹은 '금문金文'이라고 한다. 정나라의 자산子産은 기원전 536년, 국가의 모든 법률을 구리솥에 주조했는데 이것이 바로 〈형서刑書〉이다. 진나라는 범선자范宣子가 지은 《형서》를 기원전 513년에 철솥에 주조했다. 이것

는 기록 후의 점복사항의 결과로 점의 내용이 증명이 되었는지를 평가하는 것이다. 점이 끝나면 이들 자료는 지하 땅굴 속에 저장해 놓았다. 3,200여 년 후에 안향현의 소둔촌 농민이 경작을 하다가 이를 발견하게 되었다. 농민이 파편을 가루로 내어 상처에 부쳐보았더니 신기하게도 지혈작용을 하였다. 그리하여 이를 약국에 팔았다. 1899년에 국자감좨주였던 왕의영王懿荣이 확질에 걸려 하인을 시켜 사람들이 말하는 '용골龍骨'이라는 약재를 사오게 했다. 사가지고 온 약재 속에 기호가 새겨진 것을 보았다. 왕의영은 이것이 실제 고대 문자라는 것을 알고는 하인을 시켜 성안의 모든 약재상에서 용골을 사오도록 했다. 1908년 국학학자 나진옥羅振玉이 하남성 안양시 은허 소둔촌으로 가서 조사를 하여 약 2만여 편의 갑골을 찾아냈다. 1936년에 소둔촌 북궁지역에서 갑골갱을 발견했는데 17,096편이나 저장되어 있었다. 1973년 소둔촌의 남쪽에서 5,041편이 발굴되었다. 1991년 가을에 또 579편을 찾아내었다. 갑골편은 은허 출토품 중에서 수량이 가장 많으며 상나라 말기 반경盘庚이 은殷으로 도읍을 옮긴(기원전 약 1300년) 후부터 주왕紂王에 이르기까지 273년의 점복사실을 기록하고 있다. 또한 중국 황하 유역 문명의 최초의 기록이다.

소 어깨뼈에 새겨진 복사

7_ 은반주고: 《상서尙書》 중의 〈주서周書〉와 〈상서商書〉편을 말한다.

이 '형정刑鼎'이다. 당 소종昭宗[8] 건녕乾寧 4년(897)에 전류錢鏐에게 하사한 철권鐵券[9]은 철와鐵瓦에 찬란한 황금자를 상감한 것으로 현재 북경역사박물관에 보존되어 있다. 또한 동한 초기에는 납 재질로 만든 매지권買地券[10]도 있었다.

도 기

진秦나라의 도기로 만든 말[陶量]에 진시황의 조서가 양각으로 새겨져 있다. 진나라의 벽돌에는 전서체로 "천하가 모두 복속되고 통일되어 해마다 풍성히 수확하니 길에는 굶는 사람이 없다"라고 새겨져 있는데 약 1척의 정방형에 양각으로 볼록하게 되어 있다.[11] 마치 후세의 목각판과 같다.

8_ 나라와 왕이 함께 나오는 경우는 '당 소종' '당 태종' '송 영종'으로 '나라'는 생략했다.

9_ 철권: 황제가 공신들을 제후로 분봉할 때 수여한 증거. 공신을 제후로 분봉하는 서약을 주사朱砂로 철권에 썼기 때문에 '단서철권丹書鐵券' 혹은 '서서철권誓書鐵券'이라고도 한다. 신임을 얻고 위조를 방지하기 위해 철권을 반으로 나누어 조정과 제후가 각기 반쪽씩을 보관했다. 당 이후에는 주사 대신에 금을 상감했다.

10_ 매지권: 동한 중후기에 출현한 도교문화 특징을 구비한 매장 문자 자료. 그 주요 내용은 사자死者가 음택을 사니 음계의 관리들은 사자의 영혼을 침해하지 말 것이며 음양이 다르므로 사자의 귀신 역시 인간세상으로 돌아와 해코지를 하지 말 것을 원하는 증서다.

11_ 이를 서예에서는 '해내개신방전海內皆臣方磚'이라고 한다. 아래 그림과 같으며 "해내개신海內皆臣, 세등성숙歲登成熟, 도무기인道毋飢人"이라고 쓰여 있다.

옥·석각

고대에는 옥간玉簡·옥책玉冊이 있었다. 〈저초문詛楚文〉[12]은 옥판에 새긴 것이다. 전해져 내려오는 석각 중 가장 오래되고 믿을 만한 것으로는 기원전 771년(혹은 기원전 374년)에 만들어진 진나라의 10개의 석고石鼓다. 여기에는 수렵에 관한 노래가 새겨져 있으며 이를 '석고문'이라 하고 현재 고궁박물원에 보존되어 있다. 진시황이 기원전 219년에서 기원전 210년까지 산동 및 회계會稽(지금의 소흥紹興) 각지로 순행하면서 여섯 나라를 멸하고 천하를 통일한 자신의 위덕을 돌 위에 새기길 좋아하여 돌에 수백 글자를 새겼다. 동한의 채옹蔡邕은 정식으로 경전문자를 정하도록 건의하고 자신은 돌비석 위에 붉은 글씨로 '칠경七經'을 46개의 비석에 새겨 낙양의 태학당太學堂[13] 앞

12_ 〈저초문〉은 진나라 때 석각 문자로 전국 후기에 진나라와 초나라가 패권을 다툴 때 진나라 왕이 신에게 진나라를 보호하고 초나라를 저주해 달라는 내용을 담고 있다.

13_ 중국은 4천여 년 전부터 학교가 존재했다. 그 당시에는 학교를 상庠이라 하고 높은 단계의 대학大學은 상상上庠, 낮은 단계의 소학小學은 하상下庠이라 칭했다. 하왕조(BC 21~16세기) 시기에는 학교를 4단계로 나누고 단계별로 '학學', '동서東序', '서서西序', '교校'라고 했다. 상商왕조(BC 16~BC 1066) 시기에는 4단계의 학교를 각각 '학學', '우학右學', '좌학左學', '서序'라고 했다. 하왕조 이후에는 왕족의 저택인 왕부王府에 설립한 학교도 있었는데 벽옹辟雍과 성균成均 등이 이에 해당한다. 한나라(BC 206~AD 23) 시기에는 가장 높은 단계의 학교를 '태학太學', 그 아래 단계를 각각 '동학東學', '서학西學', '남학南學', '북학北學'이라 했다. 그 이후 '태학'은 '국자학國子學', '국자사國子寺, 국자감國子監으로 바뀌었다. 한나라 시기는 중국 고대 역사상 교육이 비교적 번성한 시기였다. 이때의 학교는 관학과 사학으로 나뉘었으며 사학 중 하나인 서관書館은 몽학蒙學이라고도 했으며 사숙私塾의 성격을 띤 소학수준의 학교였다. 명나라(1368~1644)와 청나라(1644~1911) 시기에는 '국자감'이 더 이상 학교가 아닌 교육관리기관으로 발전했다. 그 당시 일반 학교로는 서원書院, 서당書堂, 사숙私塾 등이 있었다. 광서 29년, 청나라 정부는 『수정학당장정奏定學堂章程』을 반포하여 학교교육제도를 명확히 하고 단계별 학교의 교육과정을 규정했다. 『주정학당장정奏定學堂章程』에 공포된 소학小學 교육과정은 중국 최초의 정식 소학교육과정이었다.

에 세웠다. 이것이 바로 그 유명한 '희평석경[14]熹平石經'(175~183)이다. 지금은 잔편 몇 조각만 남아 있다.

대나무

중국 고대 필기의 주재료는 대나무였는데 가격이 싸고 도처에서 잘 자랐기 때문이었다. 그래서 광범위하게 사용되어 대나무는 더욱 보편적이 되었다. 새 대나무는 수분 함량이 많고 벌레 먹기가 쉬웠으므로 먼저 대나무를 불에 구웠는데 이런 방법을 '살청殺青' 또는 '한청汗青'이라고 한다. 이에 관한 기록은 한나라 유향劉向의 《별록別錄》에 있다. 근년에 발굴된 죽간을 보면 죽간의 길이는 대략 22~23센티미터지만 짧은 것은 13, 긴 것은 60~70센티미터인 것도 있으며, 너비는 약 1센티미터였다. 죽간 하나의 글자 수는 적은 것은 8~10자, 보통은 20~30자였으며 많은 것은 60~70자에 이르는 것도 있다. 보통은 죽간 하나에 1행, 또는 죽간 하나에 2행이나 3행인 것도 있으며 대부분은 한 면에만 글을 썼다. 서체로는 과두문蝌蚪文 · 전서 · 예서 · 초서 등이 있다. 죽간이나 목간 하나 하나에 글을 다 쓰면 노

14_ 〈희평석경〉은 중국에서 최초로 조정에서 정한 유가 경본으로 〈한석경漢石經〉이라고도 하며 문체는 모두 예서체로 쓰였기 때문에 〈일체석경一體石經〉이라고도 한다. 한 영제 희평 4년(175)에 채옹蔡邕 등이 6경의 문자를 정해야 한다고 상주하여 황제의 허가를 받아냈다. 채옹 등이 쓴 글씨로 46개의 비석에 새겨서 낙양성 남쪽의 개양문 밖 태학당 앞에 세웠다. 〈희평석경〉은 내용과 형식면에 있어서도 후대에 커다란 영향을 주었다. 첫째는 정통과 위작의 진위에 대한 분쟁을 종식시켜 독서인에게 유가경전 교재의 모델을 제공했다. 둘째는 중국 석경의 선구가 되었다. 석각 방법을 이용하여 천하에 경문의 모범을 공포했으며 한대 이후 위魏의 삼체三體석경 · 당의 개성석경 · 송석경宋石經 · 청석경清石經이 있게 되었다. 동시에 불가와 도가에서도 석경을 새김으로써 중국의 독특한 석각서적을 만들어 내었다. 셋째는 탁본방법을 일깨운 점이다. 탁본 기술은 목판 인쇄술의 선구로 석경은 인쇄술의 발명에도 간접적인 영향을 주었다. 현재는 잔편이 서안의 비림 제3실에 진열되어 있다.

끈·견사·가죽끈 등으로 가지런히 엮는데 이를 '사편絲編' 혹은 '위편韋編'이라 한다. 공자가 《역경》을 읽고 '위편삼절韋編三絶'[15]이라는 말이 나왔다고 하니 공자가 부지런히 공부했음을 알 수 있다. 죽간을 엮을 때는 세 곳, 네 곳을 묶기도 하지만 보통은 위 아래 두 번 묶는 것이 보통이었다. 한나라 허신許愼은 "책冊은 하나는 길고 하나는 짧은 죽간의 중간을 두 번 엮은 형태를 본뜬 모양"이라고 했다. 이것이 바로 중국 초기의 서책 모습이다. 기원전 501년 정나라 사람이 "등석鄧析을 죽이는 데 죽형竹刑을 이용했다"는 말이 있는데 이는 바로 죽간으로 만든 책에 쓰인 법률서를 말한다. 2천년 동안 여섯 차례 죽간이 발굴되었으며 최대 규모였던 것은 진晉 태강太康 2년(281)에 위 양왕총襄王塚에서 나온 죽서竹書다. 그 수는 마차 10대분 10여만 자였으며 정리 후에 당시의 문자 16가지로 쓰여졌다. 현재도 그때 나온 것 중 《죽서기년竹書紀年》《목천자전穆天子傳》 등을 볼 수 있다. 근래 수십년 동안 발굴된 것도 20여건 있는데 장사長沙의 앙천호仰天湖에서 전국戰國시대의 죽간이 출토되었다. 호북성 운몽雲夢에서 출토된 1천여 편의 진秦나라 죽간은 대부분 진대의 법률조문이었다. 1972년 산동성 임기臨沂의 은작산銀雀山 한대漢代 묘에서 출토된 죽간에는 《손자병법》《육도六韜》《위료자尉繚子》《묵자墨子》《관자管子》《안자춘추晏子春秋》 등이 있으며 도합 4,942쪽이 발굴되었다. 또 《손빈병법》도 있는데 이는 1000여 년간 실전되었던 고대 병법서다. 장사長沙의 마왕퇴죽간馬王堆竹簡 중 200여 쪽은 의서醫書다. 감숙성 무위武威에서 출토된 한간漢簡 600여 쪽은 서북쪽에 위치했었기 때문인지 목간이 죽간보다 많았고 《의례儀禮》 중의 〈사상견례士相見禮〉

15_ 책을 열심히 읽음을 이르는 말로 공자가 《주역》을 즐겨 읽어 책의 가죽 끈이 세 번이나 끊어졌다는 데서 유래되었다. 위韋는 가죽끈을 말한다.

가 있었다. 1930년, 감숙성에서 발굴된 한간 1만여 쪽 중 영원 5년(93) 병기부兵器簿가 있었는데 두 개의 삼노끈으로 78개의 목간을 위아래로 엮어 만든 것이다. 이는 현재 중국에서 볼 수 있는 최고 오래된 책이다.

겸백縑帛**(견직물)**

중국은 잠사를 발명한 국가로 견직물을 이용해 필기 재료로 사용했으며 이는 중국이 독창적으로 만들어낸 것이다. 《묵자》에 "죽백竹帛에 글을 쓰니 후세 자손에게 전해진다"는 글이 있고, 허신도 "죽백에 글을 쓴 것을 서書라고 한다"고 말했다. 고대에 견직물은 죽간이나 목간과 함께 서로 보완하면서 사용되었고 이리하여 "이름을 죽백에 남긴다[名留竹帛]"는 말도 생겨났으니 죽백은 서적이나 역사의 대명사가 되었다. 한 헌제獻帝가 천도할 때(190) 견직물 도서는 크게 훼손되었다.

견직물은 글을 쓰는 데만 사용한 것이 아니라 큰 지도를 그릴 때도 사용되었다. 진晉 태시泰始 7년(271) 전에 구《천하대도天下大圖》가 있었는데 견직물 80필[1]을 사용했다고 한다. 송宋 순화淳化 4년(993)에 "화공들을 소집하여 여러 주도州圖를 모아 그렸는데 100필의 비단을 사용했고 각 주도를 합쳐 그리니 〈천하도〉가 되었다. 이를 비각에 소장한다[2]"고 했다. 고대에 견 한 필은 "폭이 2척 2촌에 길이가 4장丈, 무게가 25냥"이었다고 한다. 이처럼 80필이나 100필의 비단으로 그린 큰 지도는 고금을 통틀어 이를 제외하고는 중국 이외에 없는 일이다. 오늘날에는 명청 시대의 채색견본 대지도 몇 장을 볼 수 있을 뿐이다. 장사에서 출토된 초나라 비단 한 조각과 근년의 마왕퇴한묘에서 또 발굴된 소전과 예서로 쓴 백서는 모두 12만여 자나 된다. 그 중 《노자》 필사본이 두 종류 있는데 그 순서는 《덕경》과

《도경》으로 현재 통용되고 있는 《도덕경》과 그 차례가 상반된다. 《전국책》의 문자도 대부분 현재 판본에는 없는 것이었다. 또 《역경》 《상마경相馬經》 《의경방醫經方》도 있다. 또 한 폭의 남색 · 홍색 · 흑색으로 그린 군용지도도 있는데 현존하는 최초의 채색지도다.

이상 열거한 고대의 각종 필기 재료는 모두 그것들 나름의 결점이 있으며 중국에서 비교적 통용되던 죽백 역시 그다지 이상적이라고는 할 수 없다.

2. 인쇄술의 기초 재료 – 종이와 먹

후한의 환관宦官 채륜蔡倫이 식물의 섬유소를 사용해 진정한 의미의 종이를 만든 후에야 싸고 가벼운 가장 이상적인 필기도구를 찾을 수 있게 되었다. 종이의 발명은 인류 문화사상 획기적인 일이다. 종이는 대나무나 나무보다 싸고 얇고 가벼우며, 비단처럼 부드럽지만 비싸지는 않고, 금석처럼 오래가지만 무겁지가 않아 현재에 이르기까지 여전히 글자를 쓰거나 일상생활에서 없어서는 안 될 생활 재료다. 과거에는 그 공을 모두 채륜에게 돌려 그를 지신紙神으로 추앙하였고 후세에 이르기까지 제지업자들은 그에게 제사를 드리고 있다.

1957년에 발굴된 소위 서안파교지西安灞橋紙는 서한 무제武帝(기원전 140~87) 때의 산물이라고 한다. 신문에서 여러 차례 보도했기 때문에 마치 채륜의 발명권이 흔들리는 듯하지만 여전히 필자는 감히 동의할 수 없다. 지금 이에 관한 의견을 약술해 보겠다.

보도에 의하면 한 농민이 발견한 파교묘灞橋墓는 서한보다 늦지 않을 거라고 하고, 또 전국시대의 묘라고 한다. 묘 안에는 동검 · 동경 · 동세銅洗 · 쇠뇌 · 채색 도기 술그릇 · 도용 · 도기 항아리 · 쇠못 · 반냥전半兩錢 등이 있었다고 한다. 진직陳直 선생은 "이 묘는 과학적 발굴을 거치지 않았기 때문에 거울과 검은 확실히 전국시대에 제작된 것이지만 한대 사람들이 보관하고 썼을 수도 있다. 거울 바닥에 거칠고 두꺼운 누런 종이가 있는데 오늘날 속칭 초지草紙라고 하는 것으로 종이가 너무 심하게 부식되었다. 상대적으로 연대 문제는 현재 잠시 서한시기로 정하지만 결론을 내릴 수는 없다"고 했다.[3] 설사 동일한 곳에서 발굴된 옛 물건이라 하더라도 반드시 동시대의 것은 아니다. 예를 들면 1880년 이집트 파이윰(Faiyum) 지방의 고고발굴의 유물 중에 10만여 장의 이집트 파피루스와 양피지 및 기타 종이 조각이 발견되었다. 그 종이에는 10종류의 문자가 있었으며 연대는 기원전 14세기부터 서기 14세기까지니 대략 2,700년 간이나 이어졌고 그중에는 또 50장 정도의 인쇄품도 있었다.[4] 만일 이 같은 발굴에 의거하면 기원전 이집트에서는 이미 종이를 만들고(이집트의 제지는 약 9백 년) 목판 인쇄술이 있었다는 것인데 당연히 잘못된 것이다.

파교[16]묘에서 나온 종이 조각은 아마 연대가 비교적 늦는 후기 물건일 것이다. 종이조각은 실험을 거친 결과 주로 대마大麻와 소량의 저마苧麻로 만든 것임이 증명되었지만 정확한 연대는 증명하지 못했다. 파교묘가 한나라 때 것인지 전국시대 것인지도 아직 정확치 않

16_ 원서에는 壩橋(간자체는 坝桥)로 나왔지만 내용상 앞에 나온 灞橋의 오자인 듯하다.

파교는 서안성에서 동쪽으로 12km 지점에 있다. 중국문화에 많은 영향을 준 다리로 한나라 때에 건설되었다. 진 목공穆公 때 이 지역을 패서융霸西戎이라고 부르고 이곳의 물을 파수灞水라고 부른 데서 파교라는 이름이 생기게 되었다. 특히 이곳의 풍설이 장관을 이루었다고 한다. 당나라 시인 맹호연(孟浩然, 689~740)은 매화를 지극히 사랑하여 잔설이 남아 있는 추운 겨울날 매화를 찾기 위해 장안의 동쪽 파교灞橋를 건너 설산雪山에 들어갔다고 한다. 이런 낭만적인 이야기는 후대의 많은 화가들에 의해 그림의 소재로 애용되었으며, 우리나라에서도 이 소재로 그림을 그렸는데 대표적인 사람이 심사정沈師正이다. 심사정의 〈기려심매도騎驢尋梅圖〉는 바로 이런 내용을 그린 것이다.

다. 결론이 나지 않은 상황에서 기원전 2세기의 종이라고 단정하면 납득하기 어렵다. 이밖에 소위 로브노르(Lop Nor) 폐허에서 발굴된 마지麻紙 한 조각이 서한 황룡黃龍 원년(기원전 49) 목간과 함께 출토되었다고 한다. 그러나 이렇다고 해서 종이도 황룡연간의 것이라고 증명할 수는 없다. 같은 지역에서 출토된 물건이라도 어떤 때는 연대가 아주 오래된 것도 있으며 게다가 종이 자체에 글자도 없기 때문이다. 그래서 그것이 기원전 1세기 물건이라는 것은 추측에 불과하다. 감숙성 거연지居延紙는 최초로 글자가 쓰여진 종이로 예초隷草 20여 자가 있지만 역시 연대는 없다. 이를 발굴한 노한勞榦(1907~2003) 선생은 처음에 그것의 연대를 채륜과 동시대로 보았지만 최근에는 또 "절대적인 연대는 아직 정확하지 않다"고 말했다.[5] 신문에는 또한 섬서성 부풍현의 서한시대 움집에서 종이 세 조각이 출토되었는데 '아마도' 서한 선제宣帝(기원전 73~기원전 49)시대의 종이라고 보도했다. 기왕에 '아마도'라고 했으니 그것은 또한 '아닐 수도 있다'는 뜻이다. 현존하는 옛 종이에 최초로 글을 써 연대가 확실하고 믿을 수 있는 것은 스웨덴의 탐험가 스벤 헤딘(Sven Hedin, 1865~1952)이 누란樓蘭에서 발견한 위魏 가평嘉平 4년(252)·진晉 태시泰始 원년(265)의 종이다. 돈황에서는 감로甘露 원년(265)에 쓴 《비유경譬喩經》 권자본卷子本[17]이 발굴되었다. 쿠차[18]에서는 서진 원강元康 6년(296)의 불경이 파손된 페이지가 발굴되었으며 모두 채륜 이후 1백여 년이 지난 것이다.

한나라의 응소應劭는 "유향이 효성황제(기원전 32~기원전 7) 시대에

17_ 권자본은 책을 장정하는 방법의 한 종류로 종이를 붙여 긴 폭으로 만든 후, 나무 막대기, 옥석玉石 등으로 축을 만들어 왼쪽에서 오른쪽으로 말아 한 묶음으로 만든 것이다.

18_ 한자는 고차庫車라고 표기하는데 이 책에서는 모두 쿠차로 번역했다.

서적 교감을 주재하던 교서직에 20여 년간 있었는데 모두 먼저 죽간에 글을 쓴 후에 고쳐서 간행할 때 흰 비단에 정서하였다"[6]고 했다. 만약 한 무제 때에 정말 종이가 발명되었다면 어째서 1백여 년이 지나 유향이 교서를 20여 년이나 했는데 아직도 죽간 위에 썼다가 다시 흰 비단 위에 예쁘게 정서했을까? 유향은 한나라 종실이자 또한 왕립도서관을 위해 도서를 정리했는데 만일 종이가 있었다면 응당 우선적으로 제공받았을 것이다. 종이에 직접 명쾌하게 쓰는 것이 어찌 대나무를 살청하고 그런 연후에 죽간 위에 쓰는 것과 비교할 수나 있겠는가 말이다. 당시에 글을 쓸 수 있는 진정한 종이가 제공되지 않았음을 알 수 있다.

반길성潘吉星 선생은 〈제지술의 발명과 발전〉(《중국고대과학기술의 성취》[19] 1978년판 참조)에서 다음과 같이 말했다.

제지술의 기원에 관해서 과거에는 서기 6세기의 역사학자인 범엽范曄이 《후한서 · 채륜전》에 기록한 설을 그대로 따라서 종이는 동한의 환관인 채륜이 서기 105년에 발명한 것이라고 여겼다. 그러나 《후한서》보다 앞서 나온 《동관한기東觀漢記 · 채륜전》에는 채륜이 종이를 발명했다는 명확한 기록이 없다. 《동관한기》의 저자는 유진劉珍 · 연독延篤 등으로 이들은 모두 채륜과 동시대인이다. 만일 정말 채륜이 종이를 발명했다면 그들이 기록하지 않을 리가 없다. …

《동관한기》가 송대 이후에 이미 유실되었다고는 하지만 수 · 당시대 사람들이 저술한 유서類書[20]의 인용문 중에서 그에 관한 원문을 찾을 수 있다. 이로써 채륜의 제지설은 범엽 등이 출처 없이 말한 것으로 보이며 역

19_ 원제는 《中國古代科技成就》다.

20_ 경사자집의 여러 책들을 내용이나 항목별로 분류 · 편찬한 책을 통틀어 이르는 말. 지금의 백과사전과 비슷하다.

사적 근거가 없다. …

그러나 초기의 서한 마지麻紙는 비교적 거칠어서 쓰기에 불편하다. … 채륜은 역사에서 양질의 종이 제작자와 보급자의 신분으로 출현했다. 이런 활동은 객관적으로 제지술의 발전에 유리했으며 이리해 그의 역할을 말살할 수는 없다.

당나라 유지기劉知幾는 범엽이 널리 학생들을 모집하여 많은 서적을 모은 후 다 읽고 나서 번잡한 것은 삭제하고 간략한 것은 보충하여 《후한서》를 지었다고 했다. 범엽이 학생들의 도움으로 20여 년 동안 자료를 수집한 다음에야 채륜전이 쓰여졌음을 알 수 있으며 이는 충분한 역사적 근거가 있다. 전작 《중국인쇄술의 발명 및 그 영향》[21]에서 종이의 발명에 관해 《후한서》 권 78 〈환자전宦者傳〉을 인용했다.

채륜은 자가 경중敬仲이고 계양桂陽(지금의 호남성 뇌양현) 사람이다. … 영원 9년(97), 비검秘劍 및 여러 기계를 만드는 것을 감독했는데 정밀하고 견고하지 않은 것이 없었으니 후세에 모범이 되었다. 자고로 글을 죽간에 많이 썼고 비단에 쓴 것은 '지紙'라 했다. 비단은 비싸고 죽간은 무거워서 사람들에게 불편했다. 채륜이 이에 생각을 내어[造意] 나무껍질, 마 및 헤진 헝겊과 어망을 이용하여 종이로 만들었다. 원흥元興 원년(105)에 이를 상주했다. 황제(화제和帝)가 그의 재능을 칭찬하니 이로써 사용하지 않음이 없었다. 그래서 천하에서는 모두 이를 '채후지蔡侯紙'[22]라 했다.

21_ 원제는 《中國印刷術的發明及其影響》이다.

22_ 채후지는 채륜이 만든 종이를 뜻한다.

주注에서는 또 지금의 《동관한기》 권 20을 인용하였다.

채륜은 … 재주와 학식이 있었다. … 상방尙方[23]을 주재했는데 그가 생각을 내어[造意] 나무껍질 및 헤진 헝겊과 어망을 이용하여 종이로 만들었다. 원흥 원년에 헌상했다. 황제가 그의 재능을 칭찬하니 이로써 사용하지 않음이 없었다. 천하에서 모두 '채후지'라고 칭했다.

두 인용문의 글자는 거의 비슷한데 《후한서》는 《동관한기》에 의거하여 기록했음을 알 수 있다. 두 책에 모두 '생각을 내어[造意]'라는 말이 있으며 이 '조의造意'란 바로 '생각해 낸다'라는 뜻으로 발명하고 창조했다는 것이니 그 의미가 분명하다. 건륭 사고관四庫館의 신하들이 《동관한기》를 고증했는데 시작은 명제明帝(58~75) 때 반고班固부터라고 한다. 그 후 안제安帝(107~125) 때의 사관 유진劉珍 등이 이를 계승했다. 환제桓帝 원가 원년(151)에 다시 변소邊韶·최실崔實·조수曹壽에게 명령하여 연독延篤과 함께 《백관표百官表》를 만들도록 했고 순제 때의 공신 손정孫程·곽원郭願 및 정중鄭衆·채륜 등의 전傳 114편을 만들고 이를 《한기漢記》라 했다. 이 《한기》가 다시 계승한 것이다. 이상 고증에 근거하면 《동관한기·채륜전》은 바로 151년에 연독 등이 편찬하였다. 채륜은 안제安帝 건광建光 원년(121)에 죽었고, 연독은 환제 연희延熹 10년(167)에 죽었으니 두 사람의 시대는 그다지 멀지 않다. 연독 등은 명확히 채륜의 발명을 기재하였지 기재하지 않은 것이 아니다.

진晉나라 장화張華(232~300)의 《박물지》에 "채륜이 처음으로 헤어진 어망을 찧어 종이를 만들었다"고 기록되어 있다. 동파董巴의 《여

23_ 상방은 고대에 제왕이 사용하던 기물을 제작하던 관청의 부서다.

복지輿服志》에서도 "동경에 채후지가 있는데, 즉 채륜이 만든 것이다. 헤어진 마로 만든 것은 마지麻紙라 하고, 나무껍질로 만든 것은 수지殳紙라 하고, 헌 어망으로 만든 것은 망지網紙라고 한다"[7]고 되어 있다. 송宋나라[24] 성홍지盛弘之의 《형주기荊州記》에는 "채륜이 처음 어망으로 종이를 만들었다. 현縣 사람들이 여전히 다양한 종이를 만들어 내니 모두 채륜의 유업이다"[8] 고 하였다. 장화와 동파는 모두 3세기 사람들이고, 성홍지와 범엽도 같은 시대 사람인데 이들 모두 채륜이 어망지를 만들었다고 기록했다. 당나라 유지기는 "범엽이 널리 학생들을 모집하여 많은 서적을 모은 후 다 읽고 나서 번잡한 것은 삭제하고 간략한 것은 보충하여 《후한서》를 지었다고 했다"고 했으니 범엽의 명저는 학생들이 자료 수집을 도와주었고 20여 년이 지난 후에야 완성할 수 있었음을 알 수 있다. 그의 《채륜전》은 충분히 역사적 근거가 있는 것이며 멋대로 지은 것이 아니다. 또 범엽은 진대 융안 2년(398)에 태어나 송 원가 22년(445)에 사망했으니 5세기 사람이지 6세기 사람이 아니다.

과거에 신문지상에 마구 선전하던 소위 '양한파교지兩漢灞橋紙'는 후에 과학적인 감정을 거친 후에야 헤진 마의 솜털이지 종이가 아니라는 결론이 났다. 기타 소위 서한지라는 것도 정확한 증거가 없다. 1987년 9월 11일 북경과학회당에서 채륜 제지술발명 1882주년을 기념하는 대회가 거행되었고, 1990년 8월 22일에는 벨기에에서 국제제지사製紙史 회의가 거행되었는데 회의 전문가들은 채륜이 제지술의 위대한 발명가며 중국은 제지발명국이라는 것을 인정했다.

채륜이 값싸고 아름다우며 글을 쓸 수 있는 종이를 발명하게 되자

24_ 여기서의 송은 위진남북조 시대의 송나라. 일설에는 성홍지를 진晉나라 사람이라고도 한다.

사회의 환영을 받았다. 위진 시대에 종이는 점차 무거운 대나무와 비싼 견직물을 대체하게 되었으며 종이에 쓴 서적이 대대적으로 유행했다. 제지술은 가장 먼저 한국과 일본에 전해졌다. 천보 10년(751), 대식(사라센 제국)과의 전쟁에서 패배한 당나라 사병들은 포로가 되어 사마르칸트(지금의 우즈베키스탄 내)로 끌려갔다. 그중에는 비단 짜는 베틀과 북도 있고, 금은세공 장인, 화공 이외에 또 몇 명의 제지 기술자 포로도 있었는데 그들은 제지법을 아랍사람에게 알려주었다. 이로써 아랍인은 제지술을 배우게 되었다. 얼마 후에 시리아의 수도 다마스쿠스(Damascus)·바그다드·북이집트 및 모로코에서도 계속하여 제지생산이 시작되었다. 10세기에 이르러 이집트 파피루스지는 완전히 도태되었다. 1150년, 아랍 통치하의 스페인은 유럽에서 첫 번째의 제지공장을 개설했으니 채륜의 발명보다 1천여 년이나 후의 일이다. 후에 프랑스와 이탈리아에서는 13세기에, 독일은 14세기에, 영국은 15세기 말에, 네덜란드는 1586년에, 미국 필라델피아(당시는 영국령임)에서는 1690년에 차례대로 제지를 하게 되었다. 18세기 말까지 유럽 각국에서는 제지를 할 때 재료를 물에 담그고 뜨는 것을 완전히 수공업으로 했는데 이는 중국의 옛날 방법과 다르지 않다.

글을 쓸 때는 종이 외에 또 반드시 필요한 것이 붓과 먹이다. 중국의 아름다운 서예는 확실히 붓이라는 특수한 도구에 의존하고 있으며 필획을 굵고 가늘게 마음대로 발휘할 수 있다. 옛말에 "우순虞舜이 붓을 만들었다"든가 "몽염蒙恬이 붓을 만들었다"는 말이 있었으며 이후에 이 설은 보편적이 되었다. 앙소기仰韶期의 채도彩陶와 은나라 갑골문에서 이미 붓을 사용했음을 알 수 있다. 장자莊子에 '지필화묵舐筆和墨'이라는 말이 있는데 이도 역시 몽염 이전의 일이다. 근년에 발굴된 전국시대의 붓, 진대의 붓, 한대의 붓은 붓머리에 사슴털·

양털·토끼털 등을 사용했다. 또 한위 시대의 대서예가였던 장지張芝[25]·종요鍾繇[26] 및 진나라의 왕희지王羲之[27]가 쓴 〈난정서蘭亭序〉는 모두 쥐수염털로 만든 붓을 사용했으며 장화張華는 사슴털 붓을 사용했다.

옛사람들은 광물질인 주사朱砂나 혹은 천연의 칠을 사용하여 그림을 그리거나 글자를 썼다. 옛말에 "먹은 황제皇帝때에 처음으로 만들었다" 또는 "주 선왕 때 형이邢夷가 먹을 만들었다"는 설이 있었다. 사실 신석기 시대 도기에는 이미 흑색 그림이 있다. 옛사람은 거북

25_ 중국 동한시대의 서예가다. 자는 백영伯英이고 돈황 주천酒泉(지금의 감숙성)사람이다. 관료집안에서 태어났다. 장지는 초서 중에서도 장초章草를 잘 썼으며 당시에 글자마다 구별하고 필획을 분리하던 초서법을 상하로 연결하여 변화가 풍부한 새로운 서법으로 바꾸어 독창성이 뛰어났다. 당시에 영향력이 지대하였으며 '초서의 성인'으로 불린다. 안타깝게도 그의 묵적은 전해오지 않고 단지 북송의 《순화각첩淳化閣帖》 속에 그의 〈팔월첩八月帖〉의 각첩刻帖이 수록되어 있다. 뒤에도 글씨체를 설명할 때 서예가들의 이름이 계속 나오기 때문에 앞부분에서 주를 비교적 자세히 달고자 한다.

26_ 종요(151~230)의 자는 원상元常이고 지금의 하남성 허창許昌 사람이다. 삼국시기 조위曹魏의 유명한 서예가이자 정치가다. 관직은 태부에 이르렀고 위문제魏文帝 때에 당시의 명사인 화흠華歆, 왕랑王郎과 삼공으로 병칭되었다. 종요는 서예 방면에 조예가 깊었으며 해서의 창시자로 후세에는 그를 "해서의 비조"라고 불렀다. 후세 서예에 대한 그의 영향은 지대하며 왕희지 등 후세 서예가들도 종요의 서예를 깊이 있게 학습하였다. 종요는 진나라 서예가인 왕희지와 더불어 '종왕鍾王'이라고 불린다.

27_ 왕희지(303~361, 또는 321~379)의 자는 일소逸少이고 동진 시기의 유명한 서예가다. '서성書聖'으로 불린다. 본적은 낭야(지금의 산동성 임기)고 후에 회계會稽 산음山陰(지금의 절강성 소흥)으로 이사를 했다. 만년에는 섬현剡縣 금정金庭에서 은거했다. 비서랑, 강주자사 등을 역임하고 후에는 회계내사, 영우장군을 했다. 그의 서예는 예서·초서·해서·행서 각 서체에 뛰어났으며 여러 장점들을 널리 취하여 자신의 것으로 한데 녹였다. 또한 한위漢魏의 풍속을 벗어나 스스로 일가를 이루었으며 영향력이 심원하다. 그의 풍격은 평화스럽고 자연스럽고, 필세는 완곡하고 함축적이며 건전한 아름다움이 있다. 대표작으로 〈난정서蘭亭序〉가 있는데 "천하제일의 행서"로 불린다. 서예사에 있어 그의 아들 왕헌지王獻之와 더불어 '이왕二王'이라고 불린다.

이를 구워서 검은색으로 거북이를 그렸고 갑골문 사이에 흑먹으로 먼저 쓴 후에 새겼다. 전국시대 죽간의 먹색은 지금까지도 새까맣다. 한대 관리들은 달마다 검은 대먹과 소먹을 하나씩 지급받았다. 조자건曹子建의 시에 "먹은 청송연青松烟에서 나온다"는 구절이 있으니 한위 시대에 이미 송연묵松烟墨이 있었음을 알 수 있다.

한말에 "좌백左伯[28]의 종이는 아름다워 빛이 난다"는 말이 있다. 유송劉宋[29]의 장영張永(475년 사망)은 예서를 잘 썼으며 교묘한 구상이 있고 지묵을 스스로 만드니 황제 어용의 물건보다 더 좋았다. 위탄韋誕[30]은 먹을 잘 만들었고 "점 하나가 칠漆과 같다'는 명성이 있어 장지의 붓[張芝筆]·좌백의 종이[左伯紙]와 함께 유명하다. 장금張金은 먹을 좋아하는 사람으로 진晉나라 때 유명했다. 〈중추첩中秋帖〉은 왕헌지王獻之[31]의 친필로 돈황에서 나온 육조사경지권六朝寫經紙卷이 있는데 천 여 년이 지났지만 여전히 새것 같으며 먹빛은 칠흑 같다. 위진육조 이래 이처럼 자유자재로 쓸 수 있는 좋은 붓이 있고, 게다가 옥처럼 광택이 나는 종이와 오래도록 퇴색되지 않는 좋은 먹이 있었으니 인쇄술 발명에 있어 필요한 물질적 조건이 모두 구비되었다.

28_ 좌백의 자는 자읍子邑이고 동래東萊 사람. 팔푼八分 서체에 뛰어났으며 채륜의 제지술을 발전시켜 종이를 만들었다고 한다.

29_ 남북조 시대의 유유劉裕가 세운 송나라(420~479)로 조광윤의 송나라(960~1279)와 구별하기 위해 이렇게 부른다. 조광윤의 송나라는 조송趙宋이라고 한다.

30_ 위탄(179~253)의 자는 중장仲將이고 위나라 경조京兆(지금의 섬서성 서안) 사람이다. 각종의 서체에 뛰어났으며 서예가이자 먹 제조가이기도 하다. 관직은 시중侍中에 이르렀다. 위탄은 장지를 스승으로 모시고 겸하여 한단순邯鄲淳의 서예도 배웠다. 모든 글에 뛰어났으며 특히 편액을 잘 썼다. 위탄의 서예 감상의 특징은 용반호거龍盤虎據, 검발노장劍拔弩張에 있다.

31_ 왕희지王羲之의 일곱 번째 아들이다.

목판 인쇄술의 발명

인쇄술은 인류의 지식문화를 전파하고 보존하는 중요한 수단으로 전 세계가 공인하고 있는 중국의 위대한 발명품이다.

인쇄술을 말할 때 우리는 소위 "눈이 녹은 진흙 위에 기러기가 남긴 발자국[32]"이라는 옛 사람들 말을 연상하지 않을 수 없다. 사람이나 새나 짐승은 눈 위나 진흙 위를 걸을 때 자신도 모르는 사이에 사람의 발자국, 혹은 새나 짐승의 발자국의 흔적을 남기게 된다. 눈이 녹아버린 진창이라면 그 흔적은 더욱 선명하다. 이렇게 흔적이 생기는 것은 사람 발과 짐승 발굽의 압력에 의해서다. 이는 인쇄의 원리와 똑같은데 자연의 인쇄 현상이라고 말할 수 있다. 신석기 시대에 중국의 선조들은 자신들이 제조한 도기를 아름답게 하기 위하여 어떤 것에는 채색을 하고 어떤 것에는 줄 문양 · 그물 문양 · 활 문양을 장식했다. 필자는 복주福州에서 개최한 출토 문물 전시회에서 두 개의 긴 점토 손잡이가 달린 도자기의 인발[33]을 본 적이 있는데 활시위 문양이 새겨져 있었다. 배토坏土인 점토가 마르기 전에 그릇에 문양을 그려 넣은 후 누르면 유문 토기가 만들어지는데 이것이 가장 원시적인 인쇄다. 중국 선조들이 4천~5천 년 전에 이미 눌러 찍는 방법인 압인법壓印法을 알고 있었음을 알 수 있다.

전국戰國시대에 인새印璽가 출현하기 시작했는데 인새는 통칭 '도장圖章', '착자戳子', 또는 '인신印信'이라고도 하며 이를 사용하여 진위를 식별하기 때문에 편지를 받는 표시로 사용되었다. 인새의 문자는 주조된 것이든 혹은 새긴 것이든 모두 글자가 반대가 되어야 찍었을 때 글자가 바로 찍힌다. 선진시기의 고 인쇄는 양각이든 음각이든 대부분 점토 위에 찍었기 때문에 이를 '봉니封泥'라고 하며 입구를 봉할 때 표지로 사용하였다. 한대漢代에는 옥이나 복숭아 나무에 새긴

32_ 원문은 '설니홍조雪泥鴻爪'이다.

33_ 인발은 도장을 찍은 형적形迹으로 인영印影, 인모印模라고도 한다.

삼촌三寸[34] 정도의 도장을 몸에 패용하는 것이 유행했는데 이를 '강묘剛卯' 혹은 '엄묘嚴卯'라고 부르며 여기에 '막아감당莫我敢當' 등의 30여 글자를 새겨 넣었다.[35] 진대晉代의 도사들은 대추나무 속으로 부적을 만들었으며 이것으로 맹호나 물귀신을 쫓았다. 갈홍葛洪(80세까지 생존, 326~334년 사이에 사망)은 입산하는 사람들은 모두 '황신월장黃神越章'[36]이라고 새긴 도장을 지니고 있다고 했는데 그 너비는 4촌으로 글자 수는 120자다. 그러나 당시에는 여전히 점토 위에 찍었다. 북제北齊 하청河淸 연간(562~564)에 전서篆書로 '독섭만기督攝萬機'라고 쓴 나무로 만든 큰 도장이 있었는데 길이 1척 2촌, 너비 2촌이었다. 후대 사람들은 조인條印이나 관인官印의 시작은 이 큰 도장을 사용하여 '적봉籍縫'이라고 찍었던 데서 비롯됐다고 여겼다. '적봉'이란, 즉 두 장으로 이어진 서류 양식에 도장을 찍는 이음매를 말하며 이로 보아 이미 종이 위에 도장을 사용했음을 알 수 있다. 그러나 그 주요 목적은 위조를 방지하기 위한 것이었으므로 유통이 되지는 않았다.

한대의 〈희평석경熹平石經〉·위魏나라의 〈정시석경正始石經〉[37]

34_ 촌寸은 길이의 단위로 한 자[尺]의 10분의 1임. 약 3.03cm이므로 3촌은 10cm에 해당 된다.

35_ 몸에 걸어 악귀를 물리치는 장신구로 옥·상아·금·복숭아나무 등으로 만든다. 장방형에 구멍이 있어 목에 걸게 되어 있다. 사면에는 모두 글자가 새겨져 있으며 대부분 악귀나 역병을 물리치는 내용이다. 한대에 유행했으며 황실부터 사대부까지 모두 이를 목에 걸었다. '강묘剛卯' '엄묘嚴卯'로 불리기 때문에 이를 합쳐서 '쌍묘雙卯'라고 한다.

36_ 황신월장은 갈홍의 《포박자抱朴子·내편內篇·등섭登涉》에 나오는 도장 이름이다. 이 도장을 사방 백보 밖에 찍으면 호랑이나 이리가 접근하지 못한다고 한다.

37_ 〈정시석경〉은 삼국의 위나라에서 새긴 석경으로 정시正始 3년에 세워졌다. 석경에는 《상서》《춘추》 두 책이 전문篆文·고문·예서의 3가지 서체로 쓰여졌기 때문에 〈삼체석경〉, 또는 〈위석경〉이라고도 한다. 북조 시기에 이 석경은 여러 번 이전되면서 많이 훼손되었다. 현재 남아 있는 가장 큰 비석의 반쪽이 중국역사박물관에, 나머지 반쪽은 하남성 박물관에 있다.

(240~248)은 돌에 글을 새긴 석각石刻 문자로 모두 오목하게 새긴 음각문이다. 북위와 북제의 조상造像과 비석에는 양각 문자의 네모반듯한 큰 글자가 출현했다. 진대晉代의 벽돌과 기와에는 양각문으로 볼록하게 뒤집어 쓴 글자들이 많이 있고, 양나라 소경蕭景(477~523)[38] 무덤으로 가는 큰 길인 신도神道[39]의 돌기둥에도 역시 글자를 거꾸로 새겨 넣었다. 이러한 음각문과 뒤집어 쓰던 습관은 목판 인쇄[40]에 유력한 계시를 주었을 것이다. 그리고 육조 이래의 비석 탁본 역시 인쇄술의 선구라고 말할 수 있다.

동한 말에는 이미 목판에 글자를 새기는 풍습이 생겼는데 왕원王遠은 궁궐 문에 4백여 자를 새겨 넣었다. 흥평興平 원년(194), 익주益州 태수 고진高眹은 주공周公 예전禮殿을 보수 중건하는 과정을 2백수십 자로 써서 전각 동남쪽의 커다란 목조 기둥 위에 새겨 넣었다. 만일 양각으로 글자를 뒤집어 목판 위에 새기고 여기에 먹을 묻혀 종이에 인쇄했다면 이것이 바로 목판 인쇄가 아니겠는가? 그래서 인쇄술의 발명은 붓·먹·종이 등의 물질적인 조건이 구비되고, 뒤집어 쓴 글자를 인쇄하면 된다는 이치를 알게 되었고, 도장, 비석에 새

38_ 원서에는 사망 연도를 532년이라고 했지만 명확한 오기로 판단되어 수정했다.(원서 8쪽 24행)

39_ 현재 남경의 동쪽 교외 태평촌에 있다. 소경은 양 문제의 종제다. 묘 앞에는 2개의 석수石獸와 1개의 신도神道의 돌기둥이 있다. 이 돌기둥은 남경 지역에 남아 있는 남조를 대표하는 가장 완벽한 돌기둥이다. 돌기둥은 전체 높이 6.5m, 돌기둥 높이 4.2m, 좌대 높이 0.98m, 덮개 높이 0.51m, 덮개 위의 짐승 높이 0.81m다.

40_ 雕版印刷術을 '목판 인쇄술'로 번역했다. 기존에 나와 있는 책 중에는 조판雕版이라고 번역한 경우도 있지만 이럴 경우 우리나라 출판·인쇄업계에서 자주 사용하는 組版(원고에 따라 골라 뽑은 활자로 인쇄판을 짬)과 혼동될 염려가 있고 전체 내용상 목판 인쇄술에 관한 내용이기 때문이다. 본서에는 雕版과 비슷한 의미로 鐫, 鋟版, 剞劂, 雕鏤 등등의 용어가 나오는데 똑같이 번역하지는 않았고 문맥에 맞도록 번역했다(한자를 설명하는 것이므로 한글 독음은 쓰지 않았음).

긴 문자, 벽돌과 기와에 뒤집어 새긴 글자, 목판에 새긴 글자, 봉니인쇄, 인쇄용지 등의 경험이 누적되어 점차로 진정한 목판 인쇄로 발전했으니 이는 일반 대중들의 창조적인 발명이라고 말할 수 있다.

목판 인쇄에 사용하는 판목으로 이전 사람들은 재목梓木, 즉 가래나무를 사용했기 때문에 판각을 '각재刻梓' 또는 '재행梓行'이라고 말한다. 그러나 가장 통용되던 나무는 돌배나무와 대추나무였기 때문에 책을 간행하는 것을 또 '부지리조付之梨棗'[41]라고도 한다. 이외에도 오구나무 판목이 있고, 황양나무 · 은행나무 · 쥐엄나무 · 사과나무 판목도 있다. 고려에서는 자작나무판[42]을 이용하여 81,258 매枚에 《대장경》을 판각했고 현재 해인사에 보관되어 있으며 이미 7백여 년[43]이 되었다. 티베트에서도 역시 자작나무를 사용했다. 일본에서는 대부분 벚나무를 사용했다. 돌배나무 판이나 대추나무 판에 글을 새길 때는 볼록한 양각으로 글자를 뒤집어 썼기 때문에 먹물을 글자 위에 칠하고 다시 종려털로 만든 솔을 사용하여 종이에 인쇄하면 곧 흰 종이에 검은 글자의 인쇄물이 된다.

목판 인쇄가 도대체 언제 발명되었을까에 관한 문제는 아주 중요하지만 지금까지 풀리지 못한 채 몇백 년 동안 끊임없이 논쟁거리가 되어 왔다. 이전에 《중국인쇄술의 발명 및 그 영향》이란 책에서 필

41_ '부지리조付之梨棗'는 도서를 간행한다는 뜻이다.

42_ 원문에는 '화목樺木'이라고 되어 있어 '자작나무'로 번역했으나 실제로 우리나라의 대장경에 쓰인 나무는 산벚나무와 돌배나무라는 설이 지배적이다. 나무박사로 알려진 박상진 교수의 설에 의하면 화목樺木은 산벚나무라고 한다. 산벚나무는 자작나무와 모양과 색깔이 흡사하지만 자작나무는 북방에서, 산벚나무는 남해안에서 많이 자라며 팔만대장경의 60% 정도가 산벚나무라고 한다. 박교수는 자작나무는 북방에서 자라므로 난리통에 그 많은 목재를 북쪽에서 구하기 어려웠을 거라는 주장을 한다. 나머지 40%는 돌배나무, 후박나무, 거제수나무라고 한다.(조선일보, 2012년 4월 22일, B4면 기사)

43_ 《대장경》은 1236년에 시작하여 1251년에 완성되었으므로 2014년인 현 시점으로 볼 때는 763년이 되었다.

자는 고금의 중국과 외국 학자들 50~60여 명의 논점을 열거한 적이 있는데 그것들을 귀납해보면 다음 7가지 설로 나누어 볼 수 있다.

1) 한대설漢代說
2) 동진설東晉說
3) 육조설六朝說
4) 수대설隋代說
5) 당대설唐代說
6) 오대설五代說
7) 북송설北宋說

책 속에서 모든 학설에 대해 논증을 했는데 한대설 · 동진설 · 육조설은 그 시기가 너무 이른 감이 있고, 북송설은 또 너무 늦어서 성립되지 않는다. 청대에는 오대설이 유행했지만 돈황에서 당나라 함통본咸通本 《금강경》이 발견됨으로써 실물 자료가 있게 되어 이미 그 설을 뒤집었다. 수대설은 문헌을 잘못 이해했기 때문에 생긴 것으로 믿는 사람이 이미 그리 많지 않다. 그렇다면 남는 것은 당대설이다. 당나라는 약 3백 년간(618~907) 유지되었는데 이 당대설 안에도 상이한 설이 많이 있다. 초당설初唐說과 중당설中唐說이 있는가 하면 대체적으로는 당말설이 많은 수를 차지한다. 필자는 7세기 당나라 초기의 정관설貞觀說을 여기에 제시한다. 어떤 사람은 찬성하겠지만 그러나 이의를 제기할 수도 있다. 현재 본인의 의견과 새롭게 발견된 자료를 더하여 논술하고자 한다.[44]

44_ 중국의 목판 인쇄 기원에 대하여 그동안 여러 가지 설이 있었다. 일반적으로는 북송의 심괄이 저술한 《몽계필담》에 "당대에 목판 인쇄를 했으나 제대로 발전하지 못했고 오대 때 처음으로 목판 인쇄가 되고, 이어서 모든 서적이 인쇄되었다"는 설을 많이 이용해 왔다. 미국의 굿리치(Goodrich)는 카터

(Thomas F. Carter)가 《중국 인쇄술 발명과 서방 전파》(Invention of Printing in China and its Spread Westward)의 개정판을 내면서 목판 인쇄가 시작된 시기를 "당의 전성기였던 개원의 치세를 이룩한 현종(재위 712~756년) 때로 추정된다"고 주장한 바 있다. 장수민이 귀납한 7가지 설 이외에 일반적으로 제기되는 7가지 설을 살펴보고자 한다. 이를 주장하는 학자와 그들이 근거하는 자료도 함께 살펴본다.

1. 동한설을 주장하는 학자로는 원대의 왕유학王幼学과 정기鄭機가 있고 현대 학자로는 이치충李致忠·오무초吳式超 등이 있으며 이들은 《후한서》에 그 근거를 두고 있다.

2. 육조설을 주장하는 학자로는 청대의 이원복李元復과 일본인 시마다 칸[島田翰] 등이 있으며 이들은 《안씨가훈》과 《옥촉보전玉燭寶典》에 그 근거를 두고 있다. 이들은 목판 인쇄의 발명은 3세기에서 6세기의 동진·송·제·양·진 시대라고 단정하고 있다.

3. 수대설을 주장하는 학자들은 비교적 많은데 명나라의 육심陸深·호응린胡應麟·방이지方以知, 청나라의 고사기高士奇·완규생阮葵生·육봉조陸鳳藻·왕사정王士禎·고안顧安·왕인진王仁進·고괴삼顧槐三이 있다. 현대 학자로는 손육수孫毓修·장순환張舜煥·장지철張志哲·노공路工 등이 있다. 이들이 근거로 삼는 것은 《역대삼보기기歷代三寶記器》《수서隋書》《속고승전續高僧傳》《혜정전慧靜傳》《돈황석실서록敦煌石室書錄》 등이 있다.

이들은 목판 인쇄는 수대라고 주장한다.

4. 당나라 초기의 정관설을 주장하는 학자는 본서의 저자인 장수민이다. 장수민은 《홍간록弘筒錄》에서 《여칙女則》이 간행되었다는 기록과 《운선산록雲仙散錄》 중에 《보현상普賢像》이 인쇄되었다는 기록에 근거를 두고 있으며 당초 정관 10년설을 주장하고 있다. 장수민은 정기鄭機의 설에 따라 이 설을 주장하고 있다.

5. 중당설中唐說은 오래전부터 제기된 학설로 송대부터 지금까지 꾸준히 이어져 내려오고 있다. 이를 주장하는 학자로는 송나라의 정대창程大昌, 명나라의 호진형胡震亨, 청나라의 조익趙翼·왕국유王國維·섭덕휘葉德輝·왕공위王公蔚와 현대인으로는 조만리趙万里가 있고 또 최초로 중국인쇄사를 저술한 미국인 카터가 있다. 이들이 근거로 하는 것은 《유씨가훈柳氏家訓》과 《백씨장경집서白氏長慶集序》다. 이들은 목판 인쇄는 당나라 현종 시대라고 단정하고 있다.

6. 당말설唐末說 역시 일찍부터 제기된 주장으로 학자로는 송나라의 섭몽득葉夢得·주익朱翌, 명나라의 낭영郎瑛·장화중張和仲·주명호朱明鎬와 청나라의 주이준朱彝尊·기윤紀昀 등이 있다. 이들이 주장하는 근거는 없고 대부분 심증에 의한 것으로 당말에 목판 인쇄가 있었을 것이라고 한다.

7. 오대설五代說 역시 송대부터 제기되어온 설로 송나라의 왕명청王明清·

(1) 정관貞觀 10년설(636)

정관설의 근거는 명나라의 사학가인 항주 사람 소경방邵經邦[9](1491~1565)의 《홍간록弘簡錄》이다. 이 자료를 맨 처음 발견한 사람은 청나라 강릉 사람 정기鄭機(대략 광서 6년, 1880년 전에 사망)로 그의 《사죽재독서수필휘편師竹齋讀書隨筆彙編》에 기록되어 있다. 정기는 "서적 인쇄 간행이 풍도馮道[45]에게서 시작되지 않았음을 알 수가 있다"고 했다. 《홍간록》 권 46에서 말한 내용은 다음과 같다.

> 태종 황후 장손씨長孫氏는 낙양사람이다.… 서거하시니 그때 나이 36세였다. 황제께서 매우 비통해 하셨다. 황궁의 관원들이 황후께서 쓰신 《여칙女則》 10편을 황제께 바쳤는데 이는 고대 부녀자들의 미덕을 수집한 책이다.… 황제께서 보시고 치하하며 한탄하셨다. 이후 이 책은 후대에

나벽羅壁 · 공평중孔平仲 · 위료옹魏了翁이 있고, 원나라의 왕정王禎 · 오증吳澄 · 성여재盛如梓, 명나라의 나흔羅欣 · 육심陸深 · 우신행于慎行 · 양수동楊守楝, 청나라의 왕송위王頌蔚 · 만사동万斯同 · 원동袁楝 · 포세신包世臣 · 이좌현李佐賢 등 많은 학자들이 지지하고 있다. 이들은 후당 풍도馮道가 목판으로 판각하고 인쇄한 경서 판매를 주재했다는 것을 근거로 삼고 있으며 목판인쇄는 오대에 시작되었다고 보고 있다.

이처럼 의견이 분분하고 서로 인정하지 않아 정론이 성립되지 않은 채 지금까지 내려오고 있다. 이런 원인은 목판 인쇄의 발전이 연속적으로 변화하며 누적되었기 때문이며 학자들은 그저 글자 몇 자 혹은 문장 몇 개를 가지고 스스로 학설을 만들었기 때문이라고 볼 수 있다. 장수민은 그동안 제기되어온 6가지 설에 대하여 실증을 들어 반박하고 있지만 마지막에는 새로운 자료와 실물이 있어야만 정확하다고 유보적인 태도를 취하고 있다.

45_ 풍도馮道(882~954)는 유가 경적을 대규모로 관방에서 간행한 창시자다. 자字는 가도可道며 오대 사람이지만 후당과 후진에서도 재상을 역임했다. 후진을 멸한 거란에서는 태부를, 후한과 후주에서는 태사를 역임했다. 풍도는 재상에 오른 뒤 다섯 왕조의 8성姓 11임금을 섬겼을 정도로 지조가 없는 사람으로 알려져 있다. 《구경》을 간행한 공로를 인정받아 풍영왕馮瀛王에 봉해졌다. 저서에 《장락노자서長樂老自敍》가 있다. 뒤에 여러 번 언급되기에 소개한다.

전하기에 족하다고 여겨 이를 목판 인쇄할 것을 명령하셨다[令梓行之].

《여칙》은 《구당서 · 경적지》에는 《여칙요록女則要錄》 10권으로 되어 있고, 《자치통감》에는 《여칙》 30권으로 되어 있으며 장손황후가 직접 쓴 서문이 있다. 당 태종은 황후의 작품이 봉건도덕을 유지하기에 좋다고 여겼고 또한 부부의 사랑을 기념하기 위하여 이 책을 간행하도록 했다. 위의 원문에 '재행梓行'이라는 두 글자는, 즉 목판 인쇄니 그 뜻이 분명하다. 명대 서방書坊[46]에서는 여전히 이 두 글자 쓰기를 좋아했다. 예를 들면 건양서림建陽書林의 여군조余君詔는 《황명영렬전皇明英烈傳》을, 소주의 공소산龔紹山은 《춘추열국지전春秋列國志傳》 등을 '재행'했다고 썼다. 장손황후는 장손무기長孫無忌의 여동생으로 정관 10년(636) 6월에 서거했으니 이 책의 간행은 이 해, 혹은 이 해보다 조금 늦게 나왔음을 알 수 있다. 여성 작품으로서는 궁궐 안에서 최초로 인쇄된 작품이라고 할 수 있다.

아마도 당시 민간에 이미 인쇄본이 출현했기 때문에 태종도 《여칙》을 출판해야겠다는 생각을 한 것 같다. 문제는 소경방은 16세기의 사학자이기 때문에 그의 말은 결국은 2차 사료라는 점이다.

《구당서舊唐書》 · 《신당서》 · 《통감通鑒》 · 《태평어람》에서도 비록 《여칙》에 관하여 거론은 했지만 '영재행지令梓行之(이를 목판 인쇄할 것을 명령하셨다)'라는 말은 없으니, 소경방이 어떤 책에 근거하여 이렇게 썼는지는 알 수가 없다. 그러나 《홍간록》은 정식 통사通史로 소경방은 송나라 정초鄭樵의 《통지通志》에 비하면 15년의 세월을 들여 네

46_ 서방書坊은 책을 인쇄 출판하고 판매하던 곳이다. 즉 인쇄소와 출판사, 서점의 복합형태다. 현재 한국은 보통 출판사와 서점은 별개지만 중국은 아직도 이런 전통이 남아 있어 출판사와 서점을 함께 경영하는 곳이 많다. 본서에서는 일반적인 서점인 경우에는 서점으로 번역했지만 대명사로, 혹은 본래 의미로 사용된 경우는 그냥 '서방'이라고 번역했다.

번이나 초고를 바꿔가면서 비로소 완성하였다. 이는 그가 얼마나 신중하고 경솔하지 않은지를 알 수 있고 또 스스로도 '술이불작述而不作(서술하되 사실에 없는 것을 짓지 않는다)'이라고 했으므로 소경방에게는 근거가 있었음을 믿지만 그러나 유감스러운 것은 어떤 책을 인용했는지를 말하지 않고 있는 점이다.

혹 소경방의 기록이 불충분한 증거라고 여긴다면 당 현장玄奘 법사가 불상을 인쇄하여 보시한 것으로 이를 방증할 수 있다. 당나라 풍지馮贄[47]의 저서 《운선산록雲仙散錄》에서는 《승원일록僧園逸錄》을 인용하고 있다.

> 현장이 회봉지回鋒紙에 보현상普賢像을 인쇄하여 사방에 보시한 것이 해마다 다섯 수레가 넘었다.

현장법사는 정관 3년(629), 서쪽의 인도에 갔다가 19년(645)에 귀국했고 인덕麟德 원년(664)에 입적했으므로 이 일은 분명히 그가 귀국한 후의 일이다. 현장법사는 종이를 이용해 보현보살상을 매년 다섯 수레 가깝게 인쇄했다고 하니 그 수량이 적지 않음을 알 수 있다. 그러나 아쉽게 이것도 《여칙》처럼 전해져 오는 것이 하나도 없다. 그러나 오대에 그린 한 폭 짜리 커다란 보현상과 문수관음상[그림 1]이 돈황에서 발견되었는데 아마도 현장법사가 인쇄한 것도 이와 비슷하지 않을까 한다.

47_ (약 서기 904년 전후에 생존) 자字는 알 수 없고 금성金城 사람으로 생존 연대가 확실치 않다. 당 소종昭宗 천우天佑 초기에 살았을 것으로 본다. 집안에 특이한 서적을 수집하였고 《운선잡기雲仙雜記》 10권을 저술하였다. 《서록해제書錄解題》에서는 《운선산록雲仙散錄》 1권을 지었다고 되어 있다. 《사고전서총목제요四庫全書總目提要》에서는 송나라 왕질王銍이 위조한 것이며 풍지라는 사람은 없다고 되어 있다.

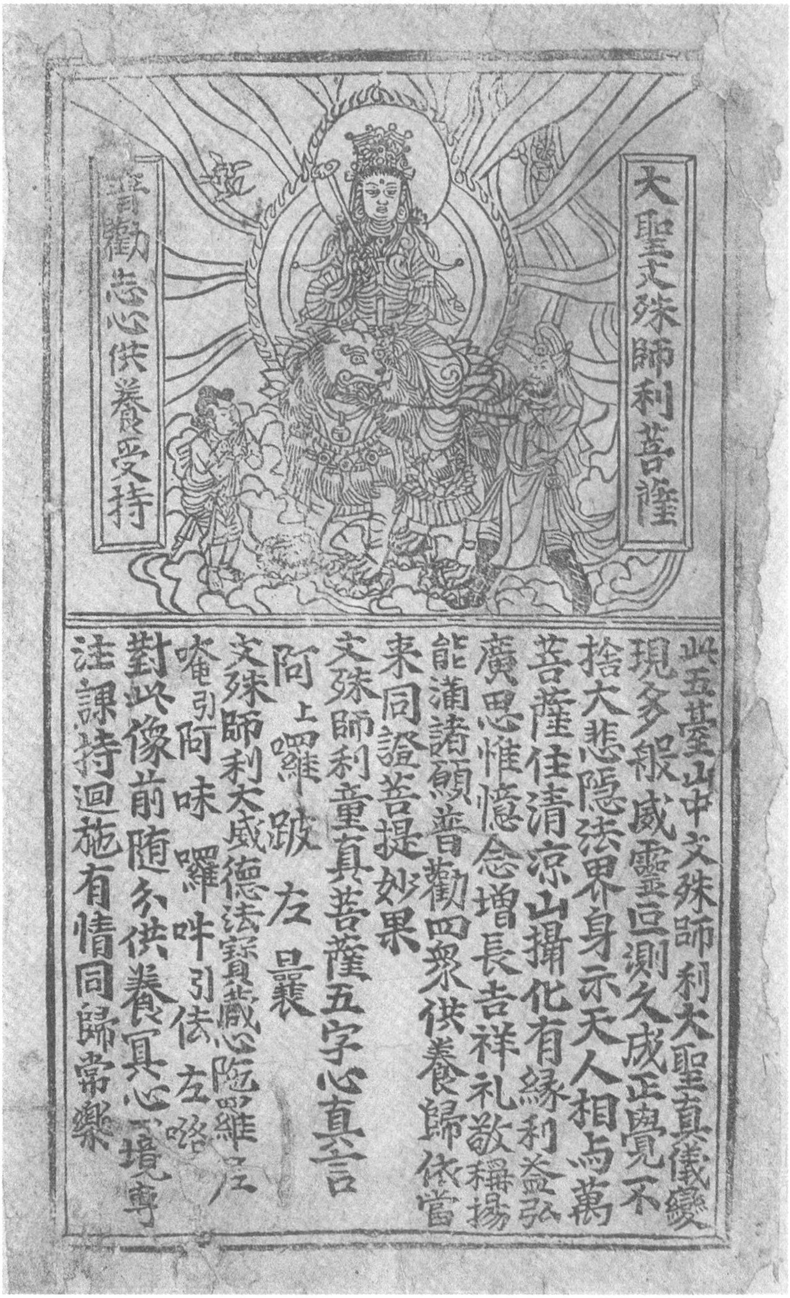

[그림 1] 〈대성문수사리보살大聖文殊師利菩薩〉상. 당말 오대 귀의군歸義軍*시기에 그려졌으며 1900년에 돈황에서 발견되었다.

* 당 대중大中 5년(851)부터 송 경우景祐 3년(1036)까지 사주沙州에 있던 지방 정권.

당 태종 시대에는 또한 엽자격葉子格[48]이 있었는데 당시 사대부들은 연회석상에 모이면 모두 이 놀이를 했다. 이런 종류의 오락 용품은 손님을 청해 술을 마시며 연회를 베풀 때 임시로 자신이 급히 만들 수 있는 것이 아니고 수요량도 많아 당시에 이미 인쇄품이 있었을 것이다.

일찍이 소경방의 기록에 대해 의심을 품었던 사람은 이미 작고한 호적胡適 박사다. 필자의 《중국인쇄술의 발명과 그 영향》이란 책이 출판되고 나서 얼마 되지 않아 호적은 "《홍간록》에 있는 이 구절은 명대 사람들이 목판서를 늘 보아왔기 때문에 무의식중에 '재행'이라고 말을 잘못한 것 같다"고 했다. 그는 또 "이 말은 16세기에 무심결에 잘못 쓴 것이지 결코 7세기의 증거가 될 수 없다"고 했다. 그러나 소경방이 왜 이렇게 무심결에 잘못을 하고, 이런 틀린 말을 했는지에 관해서 호적은 그 이유를 말하지는 않았다. 몇 년 전 또 다른 학자도 비슷한 말로 송대 사람이 편찬한 《신당서》《구당서》《통감》은 모두 '재행'이라는 말을 쓰지 않았다고 했다. 또 "만일 《여칙》이 당 태종의 특별한 지시로 간행되었다면 후세에 관방과 개인 서적을 막론하고 부족할 시 만들어내지 않으면 안 된다. 책이 목판 인쇄되었다면 필사본보다도 더 널리 유포되었을 것인데 어찌하여 《여칙》은 지금까지 한 권도 볼 수 없단 말인가? 또한 글자의 흔적도 남지 않았단 말인가?" 라고 의심했다. 그러나 당대의 저작 중 열에 여덟 아홉은 이미 전하지 않기 때문에 《여칙》 한 종류만 가지고 의심할 수는 없다고 생각한다. 오월국의 연수延壽 화상은 불경과 축문·도상圖像 등을 인쇄했는데 숫자로 셀 수 있는 것만 해도 43만 본(혹은 권일 수도 있

48_ 현재의 화투나 트럼프 등에서 사용하는 카드 같은 것으로 고대의 오락 기구다. 후대의 골패놀이나 승관도升官圖 같은 것이라고 본다. 그 용법을 현재로서는 알 길이 없다.

음)으로 그 수량이 방대하고 또 정관 연간에 비해 3백여 년이나 늦은 시점에 인쇄되었는데도 지금까지 전해 내려오는 것은 하나도 없다. 또한 목판 인쇄는 송대에 가장 성행했지만 지금 송 판본은 국내외 도서관에 소장된 것이 1천 부에도 못 미치고, 대부분은 잔본殘本이거나 복간본이니 당나라의 《여칙》이 유실된 것도 예상되는 일이다. 명대 성조成祖의 서황후는 "소위 《여헌女憲》《여칙》이 있다고 하지만 모두 헛되이 책 제목만 있을 뿐이다"고 했다. 이로 보아 영락永樂 2년(1404)에 이미 실전되었음을 알 수 있다.[48]

(2) 한대설漢代說

이전에 한대설이라고 한 것 역시 정기鄭機의 《사죽재독서수필회편》 권12를 인용한 말이다.

한대에 간장刊章[49]에 의거하여 장검張儉 등을 체포했다. 《집람集覽》에 "간장刊章이란 간행된 문서를 말한다. 지금의 목판에 이름을 써넣는 것과 같다"는 구절이 있다. 이는 목판 인쇄가 오대에 시작되지 않았음을 말해준다.

정기鄭機 이전에 명대 번왕 익장왕益莊王 주후엽朱厚燁(1498~1556)도 이미 이를 말했고 그것은 영제靈帝 때의 일이다. 주후엽은 다음과 같

48_ 영락은 명 성조의 연호다. 성조는 명나라의 3대 황제로 주원장의 넷째 아들이다. 1402년에 제위를 찬탈했고 1403년에 연호를 영락으로 개원했다. 그러므로 장수민이 1404년이라고 한 것은 성조가 제위에 오른 후에야 '서황후'라는 명칭이 있게 되므로 이렇게 말한 것이다.

49_ 간장刊章은 고발한 사람의 이름을 삭제하고 사람을 체포할 수 있는 문서를 말한다.

이 말했다.

한나라 영제 시기에 조서를 내려 간장刊章으로 장검 등을 체포하도록 했는데 이는 각인刻印 방법으로 한대에 이미 이것이 있었다. 기왕에 이미 각인의 방법이 있었다면 서적이 일상생활에 없어서는 안 될 물건이었는데도 오히려 필사를 했다고 하면 이치에 맞지 않으니 판각하여 서적을 간행한 것은 실제로 한나라 사람들이 시작한 것이다.[10]

후한의 산양 고평 사람 장검張儉[50]은 당시 권세 있던 환관 후람侯覽에 반대했기 때문에 '간장刊章 체포'를 당하게 되자 도처로 망명했다. 원나라 왕유학王幼學은 《강목집람綱目集覽》에서 '간장' 두 글자를 해석하길 인쇄된 문장으로 지금의 목판에 이름을 써넣는 것과 같다고 했으니, 즉 후대의 범인체포 포고문과 같은 것이다. 이 사건은 환제桓帝 연희延熹 8년(165)에 발생했는데 당시는 채후지蔡侯紙가 발명된 지 이미 60년이 지난 후였지만 보편적으로 사용되지는 않고 있었다. 예를 들면 이는 학자 연독延篤[51]도 《좌씨전》을 베껴 쓰고자 했지만

50_ 장검(115~198)의 자는 원절元節이고 산양 고평(지금의 산동성 추성鄒城) 사람이다. 동한시기의 명사로 강하江夏 8대 준걸의 하나다. 한나라 환제 때에 산양에 독우督郵로 부임했는데 현지에서 환관 후람의 가족들이 권세를 부리며 나쁜 짓을 많이 하는 것을 보게 되었다. 장검은 상소를 올려 후람과 그 가족들을 탄핵하였으며 이에 후람의 노여움을 사게 되었다. '당고黨錮의 화'가 일어나자 후람은 장검의 동향인 24명을 무고하였다. 조정에서 체포령이 떨어지자 장검은 도피생활을 하였다. 수많은 사람이 장검을 숨겨두었다가 화를 당했다. '당고의 화'가 해제된 후에나 고향으로 돌아갈 수 있게 되었다. 해제되었다는 소식이 전해지자 대장군과 삼공 등이 그를 청하였지만 모두 거절하였다. 한나라 헌제 때에는 백성들이 굶주리게 되자 장검은 모든 재산을 내어 수백 명을 구제하였다. 건안 초년에 부득이하게 관직에 나갔지만 조조曹操가 전권을 휘두르자 문을 닫아 걸고 정사에 참여하지 않았다.

51_ 연독延篤(?~167)의 자는 숙견叔堅이고 남양 사람이다. 어려서부터 경전과 백

종이가 없어 원본을 빌려 외운 일이 있었다. 설사 당시에 종이를 사용하여 인쇄하고 포고를 했다 해도 문제는 남아 있다. 원대 왕유학의 간접 해석에만 의거한 주후엽의 개인적인 추측은 그다지 믿을 만하지 못하다.

이미 고인이 된 유반수劉盼遂 교수는 왕충王充의 《논형論衡》 중에 나온 '인쟁각사人爭刻寫' 네 글자를 근거로 하여 판각은 동한에서 시작되었다고 보았다. 《논형》 권2 〈수송편須頌篇〉의 원문은 다음과 같다.

> 지금 목판의 약처방문이 죽백에 쓰여 주인 이름도 없이 마구 나오고 있는데 이를 본 자는 갑자기 따르지 않을 수 없다. 만일 제목에 이러이러한 것은 누구의 처방이라고 적혀 있다면 이미 시험이 검증된 것과 같은 말일 것이다. 사람들이 다투어 각사를 하고 이를 비법으로 여기기에 나라에 글을 상주하고 군郡에 기록하여 올린다.
>
> 今方板之書在竹帛無主名所從生出, 見者忽然不卸服也. 如題曰甲甲某子之方, 若言已驗嘗試, 人爭刻寫, 已爲珍秘, 上書于國, 記奏于郡.[52]

유반수 교수는 '인쟁각사人爭刻寫'라는 구절 밑에 "나는 약 처방문에 근거하여 판목을 새긴 것은 여기서 처음으로 보았으니 판각이 수·당에 비로소 시작되었다는 말은 근본을 탐구하지 않아서일 것이다"라고 주를 달았다.

지금 필자의 생각으로는 《논형》의 이 원문은 아마도 잘못된 것 같다. 예를 들어 '갑갑모자지방甲甲某子之方' '불사복不卸服'이 잘못된 것 같다. 유반수는 '방판方板'은 '방기方技'[53]의 오류고, '사卸'는 '하瑕'의

가의 설에 통했으며 문장을 잘하기로 이름을 날렸다.

52_ 인용문 아래에 이 인용문의 글자에 관해서 설명하고 있으므로 원문을 함께 병기했다.

가차라고 하는데 이러한 교감과 해석이 정확한지는 여전히 토론할 가치가 있다.

왕충은 《논형》을 쓸 때 방문과 창문, 벽에 칼과 붓을 놓아두었다고 한다. 왕충은 상우上虞 사람으로 당시 그는 죽간을 이용하여 글을 썼다. 창문과 벽에 모두 글을 쓸 수 있는 도구인 칼과 붓을 두고 있었는데 이는 생각이 날 때마다 쓰고, 만일 틀리면 칼을 사용하여 다시 고치기 위함이었다. 왕충은 글을 쓸 때 온 마음으로 열심히 썼기 때문에 불후의 명저를 남길 수 있었다. 왕충은 건무建武 3년(27)에 출생하여 장화章和 2년(88)에 파주罷州로 이사를 가서 나이 70에 사망했다. 《후한서》 본전에는 "영원永元 연간에 병으로 집에서 죽었다"고 되어 있지만 구체적으로 몇 년인지는 설명하지 않고 있다. 영원 연간은 대략 16년(89~104) 혹은 17년(89~105)으로 보기 때문에 그의 사망 연도는 세 가지 설이 있다. 하나는 영원 8년(96), 또 하나는 9년(97), 또 하나는 12년(100)으로 볼 수 있다. 그런데 채륜이 식물 섬유를 사용하여 종이를 만든 것은 왕충 사후 원흥元興 원년[즉 영원 17년(105)]이다. 왕충 생전에는 여전히 죽간을 이용해 글을 썼고 채륜이 종이를 아직 발명하기 전이므로 자연히 종이에 약 처방문을 쓴다는 것은 불가능하다.

또 일본 사람 고토 스에오[后藤末雄][54]의 《중국4천년사》[소화 31년

53_ 방기方技는 방기方伎라고도 쓰며 의학과 양생의 기술을 말한다.

54_ 고토 스에오(1886~1967)는 작가, 프랑스문학가, 비교문학가이자 비교사상사 연구가다. 도쿄제국대학 영문학과에 재학중 다니자키 쥰이치로[谷崎潤一郎] 등과 함께 《신사조新思潮》를 창간하는 데 참가하고 소설가로 출발했다. 1913년에 도쿄대학 불문과를 졸업했다. 화려하게 데뷔한 다니자키 쥰이치로와 달리 나는 동인들이 창작의 붓을 놓는 가운데 고토 스에오는 모리 오가이[森鷗外]의 격려로 창작을 계속하였다. 1917~1918년 대작 《장 크리스토프》를 초역 간행하였지만 이 시기에 창작의 붓은 꺾었다. 1920년에 게이오의숙慶應義塾의 교원이 되었다가 나중에 게이오대학 교수가 되었다. 1933년 박사논문 《중

(1956)판]에 다음과 같은 기록이 있다.

> 중국에서는 일찍이 한대에 목판 인쇄술이 시작되었다. 당대에 몹시 발달했으며 당 중엽에는 불교서적을 인쇄했고, 당말 희종僖宗 때에 목판 인쇄 판본이 유포되었으며 서적이 변하여 책자가 되었다

그러나 고토 스에오는 한대가 서한인지 동한인지를 밝히지 않았고 또 이와 관련된 어떤 이유도 제시하지 않았으므로 이 설은 성립하기가 어렵다.

(3) 육조설六朝說(220~589)

이전에 육조설이라고 한 것은 청 도광 연간 사람 이원복李元復의 《상담총록常談叢錄》과 일본사람 시마다 칸[島田翰][55]의 《고문구서고古文舊書考》 권2 〈조판연원고雕板淵源考〉를 인용했었다. 이원복은 다음과 같이 말했다.

> 서적은 판에 새겨 인쇄하는 법이 행해지고부터 비로소 널리 유포되었으며 서적 역시 영원히 전해지게 되었다. 그러나 처음 이를 만든 사람도 심히 어려울 필요는 없었다. 이전부터 있었던 부절이나 도장의 원리를 모

국사상의 프랑스의 서점西漸》을 간행했는데 이 책은 유교가 프랑스 근대사상에 끼친 영향을 해명함으로써 비교사상사의 선구적인 연구가 되었다.

55_ 시마다 칸(1879~1915)은 메이지[明治]와 다이쇼[大正] 시대의 서지학자다. 도쿄출신으로 도쿄외국어대학을 졸업했다. 다케조에 신이치로(竹添進一郎: 메이지 시대의 외교관이자 한학자)의 지도로 궁내성에 소장된 중국의 송·원시대의 고판본과 일본의 고필사본 등을 조사 연구하여 메이지 36년에 《고문구서고》를 엮었다. 가나자와[金澤]문고 소장의 고 필사본 《문선시주》를 중국에 매각하여 체포되었고 1912년 4년 7월 28일에 자살했다. 향년 36세였다.

방하면 되기에 특별한 생각이나 교묘한 구상을 기다릴 필요가 없었다. 채륜이 종이를 만든 뜻을 훔쳐본 후에 위 · 진 · 육조에서도 당연히 이를 이어 계속하는 사람이 있었지만 성행하지 않았을 뿐이다. 북송에서 처음 시작되었다고 하지만 실은 그렇지 않다.

이원복의 의견은 몹시 주관적인 억측으로 증거도 없으니 당연히 믿기 어렵다. 일본 사람 시마다 칸은 《안씨가훈》에 의거하여 북제(550~ 577) 이전에 이미 목판이 있었다고 여겼다.

나는 묵판墨板은 육조에서 비로소 시작되었다고 생각한다. 어떻게 그것을 알 수 있는가? 이는 《안씨가훈》에 "강남 서본書本에는 혈穴을 모두 육六으로 잘못 썼다"라는 기록이 있다. 여기서 서본이라고 한 것은 묵판에 대해 이야기한 것이다. 안지추는 북제사람이므로 북제 시에는 이미 판각본이 있었음을 알 수 있다. … 옛 선비들이 말했다. "수대에 비로소 불서 판각본이 있었는데 그 감본監本[56]은 풍도馮道에게서 시작했다." 그런데 풍속을 답습하여 그것을 바꿀 수가 없었다. 북제 이전에 시작되었는지 알 수 없지만 당 태종 이전에 이미 감각본監刻本이 있었다. 나는 선비들이 언급하지 않아 누락된 부분이 있다고 보기에 이를 들어 여러 학자들에게 묻고자 한다.

안지추는 그저 '강남서본江南書本' '하북河北서본'이라고만 말했지 어떤 판각본인지는 말하지 않았다. 섭덕휘葉德輝[57]는 이를 반박하며

56_ 감본監本은 예전에, 중국의 국자감에서 간행한 책으로 내용이 매우 정확하다고 한다.

57_ 관습에 의하여 엽葉이 성으로 쓰였기 때문에 섭으로 발음하였다. 섭덕휘(1864~1927)의 자는 환빈奐彬, 호는 직산直山, 별호는 해원郋園이다.

"만일 여러 서적들을 본本이라고 한다면 반드시 묵판墨版으로 증거를 삼아야 한다. 즉 유향의 《별록別錄》은 교감자 한 사람이 본을 가지고 있었고, 후한 장제는 황향黃香[58]에게 《회남자》《맹자》 각 1본本씩을 하사했으니 역시 묵판이 양한 시대에 시작한 것이 아니겠는가?"라고 말했다. 시마다 칸은 비록 옛 선비들이 말하지 않았다고 자신 있게 말했지만 반박을 견디기는 어렵다.

(4) 16국 후조설後趙說(351)

1961년 제3기 《문물文物》에 필자는 4세기의 인쇄와 관련된 문헌을 소개했지만, 간단한 몇 구절이었기 때문에 사람들의 주의를 끌지는 못했다. 지금 좀 더 덧붙여 서술하고자 한다. 청나라 초기의 인화仁和(지금의 항주) 사람 진방생陳芳生(1642년 출생)이 쓴 《선우집先憂集》 권50 '제기벽곡단濟飢辟谷丹'에서 다음과 같이 말했다.

진 혜제 영녕 2년(302), 황문시랑 유경선劉景先이 상주하기를 "신이 태백

청나라 호남 상담湘潭 사람으로 원적지는 소주 오현이다. 광서 19년(1892)에 진사가 되었다. 섭덕휘는 이부吏部에 있다가 얼마 못 가 관직을 사퇴하고 고향으로 돌아가 경학을 제창하는 것을 임무로 여기며 평생을 살았다. 목록판본학에 정통하였고 수백 종에 달하는 각서刻書를 교감하였다. 저서로는 《서림청화書林淸話》·《육서고미六書古微》 등이 있고 교감하여 편찬한 책으로는 《해원총서郋園叢書》·《관고당휘각서觀古堂彙刻書》·《쌍매경암총서雙梅景闇叢書》 등이 있다.

58_ 황향(18~106)은 동한 시기의 사람으로 관직은 위군魏郡 태수에 이르렀다. 황향은 효자로 이름이 나 있으며 《이십사효자二十四孝子》에 들어 있다. 그가 아홉살 때 어머니가 돌아가시자 아버지에게 특히 효도를 다했다. 여름에는 침대 옆에서 부채를 부쳐드리고, 겨울에는 자신의 몸으로 이부자리를 녹인 후 아버지가 주무시도록 했다. 또한 어려서부터 공부를 좋아하여 당시 "천하에 둘도 없는 강하의 황향어린이"라는 말이 있을 정도였다. 중국인들이 존경하는 사람이다.

산의 은사를 만나서 기아를 구제하는 벽곡辟谷의 선단묘약 처방을 얻었습니다.[11] 이후 신의 집안의 어른 아이 70여 명은 다른 음식을 먹지 않았습니다. 청컨대 진실로 이 처방을 목판하여 천하에 널리 전하도록 하십시오. 만일 제 말이 틀리다면 신 일가는 달게 처형을 받겠습니다"고 했다. 후에 수주隋州 지사 주송朱頌이 백성들에게 이를 사용토록 하여 효험을 보자 한양군 대별산 대평흥국사에 그 시말을 적어 비석을 세웠다.

위 글 속에서 유경선은 벽곡단 처방을 목판하여 널리 천하에 전하자고 건의했다. 만일 문자를 그저 목판에만 새기고 종이에 인쇄하지 않는다면 널리 천하에 전파하는 기능은 발휘할 수가 없다. 따라서 여기서 의미하는 바는 마땅히 목판 인쇄를 의미하며, 확실하고 명백하게 문자로 쓰여 있으며 정확한 연대까지도 있다. 그래서 이 4세기의 200여 자의 약 처방전은 최고最古의 인쇄물이라고 할 수 있다. 고대 사회에서는 경험이 있는 좋은 약 처방을 인쇄하여 보시하는 것을 선행이라고 여겼으며 이런 풍속은 유경선이 이미 그 서막을 열었다고 볼 수 있다. 그러나 위의 문장 속에 당시 유경선의 상주를 채택했는지 어쨌는지의 여부에 관한 설명은 없지만 유경선은 이미 목판 인쇄가 편리하다는 것을 확실히 알고 있었다.

그러나 필자는 이 자료에 대하여 세 가지 의문점을 갖고 있다.

첫째는 이 처방전 자체가 과연 믿을 수 있는 것인가다. 처방전의 약재료는 겨우 검은 콩, 대마씨, 말리기 전의 메주로, 이 세 가지 재료를 찹쌀죽과 섞는다는 것이므로 특별한 선단묘약은 아니다. 이 처방대로 복용하면 "첫 번째 한번 먹으면 7일이 배고프지 않고, 두 번째 먹으면 77일이 배고프지 않고, 세 번째 먹으면 3백 일이 배고프지 않다"고 한다. 이러한 신비로운 효과는 당연히 믿을 수 없다.

두 번째는 유경선의 생존 시대다. 진방생은 틀림없이 유경선은 진

혜제 영녕 때의 사람이라고 했다. 그런데 원나라 장광대張光大의《구황활민류요救荒活民類要》에는 당唐 영녕 3년이라 기록되어 있고, 명나라 도륭屠隆[59]의《홍포집鴻苞集》에는 당나라 유경선의 구황약 처방이라 했으니 모두 유경선을 당나라 사람이라고 간주했다. 그런데 당나라에는 영녕이라는 연호가 없다. 정통《도장道藏》의《신선양생비술》에 "태백산인전을 후조의 황문시랑 유경선이 받다"는 제목이 기재되어 있다. 유경선이 후조의 관원인 이상 소위 영녕이란 연호는 응당 후조 말 석지石祗가 황제가 되면서 썼던 연호로, 후조 영녕 2년은 바로 동진의 목제穆帝 영화 7년(351)이지 서진 혜제 영녕 2년(302)은 아니다. 석지는 영녕 2년 4월에 피살되었는데 유경선이 상소를 한 것은 2월 17일이다. 그가 상소를 올린 목적은 경성의 양국襄國(지금의 하북성 형태현 서남쪽)이 염민冉閔의 대군에게 포위 공격된 채 1백여 일간 지낼 때 성안의 식량이 다 떨어지자 석지에게 이런 처방으로 재해민을 구제할 것을 건의하기 위한 것이었다. 그러나 포위된 성안에서 병사들이 혼란에 빠지고 말이 날뛰며 인심이 흉흉한 가운에 이런 처방이 목판 인쇄되어 널리 퍼질 수 있었는지 역시 의문이다.

세 번째는《신선양생비술》·《구황활민류요》·《홍포집》과 명대 공정현龔廷賢의《수세보원壽世保元》· 고렴高濂의《존생팔전遵生八箋》등의 서적에서도 이 처방에 관하여 기록하고 있지만 모두 "목판 인쇄하여 두루 천하에 전한다"라는 구절은 없다. 17세기 말의 진방생이 도대체 어떤 자료에 근거했는지 알 수가 없다. 그의 자료는 결국

59_ 도륭(1542~1605)은 명대 문학가이자 희곡가다. 자는 장경이고 또 다른 자는 위진緯眞, 호는 적수赤水 또는 홍포거사鴻苞居士며 절강성 은현鄞縣사람이다. 만력萬曆 5년 진사로 이부주사 · 낭중 관직에 있다가 고향으로 낙향하였다. 도륭은 기벽이 있는 천재로 여행을 좋아하고 박학다식한 것으로 이름이 나있었으며 특히 곡예曲藝에 정통하였다. 도륭은 희곡작품을 썼을 뿐만 아니라 또한 연기까지도 했으며 그의 집안에 연극단이 있었다.

제2차 자료이며 불충분한 증거일 뿐이다. 상식적으로 추측해 보건대 인쇄술이 설령 4세기 오호십육국의 후조 때 발명되었다고 한다면, 그렇다면 왜 이후 3백 년의 학술문화에 아무런 영향도 없었으며, 또 이 사실을 증명할 수 있는 기타 문헌자료가 없는 것인가?

(5) 북제설北齊說(521~549)

청 건륭 말 무원婺源 사람 홍등교洪騰蛟의 《수산총록壽山叢錄》 권 2에 책의 인쇄는 북제에서 시작했다고 한다. 원문은 다음과 같다.

> 호원서胡元瑞[60]가 제가의 설을 편집하면서 "목판 인쇄는 처음에 수나라 시대에 시작했고 당나라 때 성행했다가 오대에 광범위하게 전파되었으며 송나라 때 가장 뛰어났다"고 했다. 《북사北史》에 양준지楊俊之가 상시직에 있을 때 6언가를 지었는데 그 가사가 음탕하고 저속한데도 마을에 널리 퍼졌다. 그 제목은 《양오반려陽五伴侶》로 서적상들이 간행하여 이를 팔았다. 이런 기록이 있는 것으로 볼 때, 즉 책의 인쇄는 수 문제가 불교 경전을 인쇄한 것에서 시작된 것이 아님을 알 수 있다.

이 글은 근대 사람 막백기莫伯驥의 《오십만권루장서목록초편五十萬卷樓藏書目錄初編》 권2에서 처음 인용한 것으로 딱 두 사람이 양준지의 '陽'을 모두 '楊'으로 잘못 썼다. 양준지陽俊之는 북제 초 세종 문양

60_ 호응린胡應麟(1551~1602)이다. 원서元瑞는 호응린의 자다. 호는 소실산인少室山人이고 또 다른 호는 석양생石羊生이다. 난계현蘭溪縣 사람이다. 16세에 수재가 되었고 명 만력 4년(1576) 향시에 합격했으나 회시에는 불합격했다. 저서에 《소실산방필총정집少室山房筆叢正集》·《소실산방류고少室山房類稿》〈시수詩藪〉 등이 있다.

제 고징高澄(521~549) 때의 사람으로 《북사》 권47 부록 《양니전陽尼傳》에 기재되어 있다. 원문은 다음과 같다.

(양)준지俊之는 … 문양제 시에 6언 가사를 많이 지었는데 음탕하고 졸렬했으나 세상에 널리 유포되었으며 그 제목은 《양오반려陽五伴侶》로 이를 베껴 쓰고 파니[寫以賣之] 시중에서 끊이질 않았다. 준지가 일찍이 시장을 지날 때는 이를 취하여 고쳐주면서 글자에 오류가 있다고 했다. 책을 파는 사람들이 "양오는 옛날 현인으로 이 《반려》를 지었는데 그대가 어찌 알고 감히 가볍게 의론을 하는가!" 라고 말하니 준지는 몹시 기뻐했다.

《북사》에는 원래 '사이매지寫而賣之'로 되어 있으니 당시 책 장사가 판 《양오반려》도 원래는 사본이지 간행[梓本]한 것이 아니다. 간행한다는 '재梓'자와 베낀다는 '사寫'자는 한 글자 차이지만 그 의미는 완전히 다르다. 백납본百衲本[61](경원 대덕 간행본), 청대의 전본殿本[62], 청대 동문석인본同文石印本의 《북사北史》에도 모두 '사寫'자를 쓰고 있다. 홍등교가 무엇에 근거하여 '재梓'자를 썼는지 알 수가 없다. 이것들이 필사본인 이상 자연히 목판 인쇄와는 전혀 관계가 없다.

61_ 백납본은 다책본 또는 다권본 저작에서 각종 판본의 결본을 모아서 한 부의 완질본으로 만든 책이다. 백납본百衲本은 출판용어로 '배본配本'이라고도 한다. 한 종류의 서로 다른 판본을 합쳐 인쇄되었거나 만들어진 책을 말한다. '납衲'은 본래 승려들의 누더기 옷을 말하므로 백납이란 엉성한 재료로 만들어진 물건을 말한다.

62_ 전본은 무영전본武英殿本을 지칭하며 청대 무영전에서 판각 인쇄된 서적을 말한다. 무영전에서 간행된 서적은 판각이 정교하고 인쇄가 아름답다. 청대 황실의 어용출판기구며 영향력이 가장 큰 관각본이다. 당시 학술연구의 성과와 수준을 집중적으로 반영하고 있는데 각서의 질이 좋고 정장이 아름답고 교정이 정밀하다.

(6) 수대설隋代說(594)

수나라 개황開皇 연간에 책을 인쇄했다고 주장한 첫 번째 사람은 명대 홍치·정덕 연간 사람인 육심陸深[63]이다. 육심은 《하분연한록河汾燕閑錄》에서 다음과 같이 말했다.

> 수 문제 개황 13년 12월 8일(594년 1월 5일)에 칙령을 내려 파괴된 불상과 유실된 경전을 모두 목판 인쇄하도록 칙령을 내렸다[廢像遺經, 悉令雕撰]. 이것이 서책 인쇄의 시작으로 또한 풍영왕馮瀛王[64]보다 먼저 일이다.

육심이 인용한 일차 자료는 수나라 비장방費長房의 《역대삼보기歷代三寶記》에 그 기록이 있다. 북주 시기에 불상을 파괴했기 때문에 "불상과 불경을 훼손하고[毁像殘經], 승려를 박대하고 사원을 파괴시켰다", "불탑과 절을 훼손하고 불경과 불상을 없애버렸다"는 기록이 있다. 이리하여 수 문제 양견楊堅은 "내가 불법을 홍하게 하리라"고 하며 즉위 초에 대대적으로 불교를 제창했다. 일찍이 개황 원년(581)에 천하에 널리 조서를 내려 출가를 자유재량에 맡기고 또한 인원수에 따라 돈을 주고 불경과 불상을 만들도록 명령했다. 또한 수도와 병주幷州·상주相州·낙주洛州 등의 대도시에서는 "관에서 모든 불경을 베껴서 사원 내에 안치하고 또한 따로 베껴 비각

63_ 육심(1477~1544)은 명대의 문학가이자 서예가다. 처음 이름은 영榮, 자는 자연子淵, 호는 엄산儼山이다. 남직례南直隸 송강부松江府(지금의 상해) 사람이다. 홍치 18년 진사로 편수編修에 제수되었으나 유근劉瑾의 시기를 받아 남경주사가 되었다가 유근이 죽자 복직되었다. 가정嘉靖 연간에 그의 직책은 첨사부 첨사까지 올랐다. 사망 후에는 예부우시랑을 추서받고 시호는 문유文裕이다. 육심의 서법은 강건하여 마치 철고리와 같다. 저서도 풍부하여 명대에 상해 사람들은 그의 책을 갖지 않은 사람이 없을 정도였다고 한다.

64_ 풍도馮道를 말한다. 풍도 사후에 후주後周 세종은 그를 영왕瀛王으로 추서했다.

에 소장했고 민간에는 불경이 《육경六經》 보다 수백 배 더 많다"고 기록되어 있다.[12] 개황 13년에 이르러서는 또 "모든 훼손된 불경과 불상을 위해 견 12만 필을 보시하고 황후도 역시 견 12만 필을 보시한다", "존엄한 용태를 드러내고 다시 신으로 모시기 위하여 훼손된 유적을 다시 장엄하게 불사를 하고, 훼손된 불상과 유실된 경전을 모두 목판 편찬한다"고 되어 있다. 위의 문장 중에서 '훼상잔경毁像殘經'의 '經'은 경전이고 '像'은 불상으로 별개의 것이다. '폐상유경廢像遺經, 실령조찬悉令雕撰'은 이미 훼손된 불상을 조성하고, 아울러 남아 있는 불교의 경전을 편찬하며, 또 향으로 불상을 목욕시켜 공덕을 기리는 것을 보여주고자 함이다. 청나라 초기 왕사정[65]은 "내가 그 문장의 뜻을 상세히 살펴보니 조雕는 불상을 말하는 것이고, 찬撰은 불경을 의미한다. 엄산儼山(육심을 말함)이 이 둘을 함께 잘못 읽었다"라고 말했다. 처음에 육심이 문장의 뜻을 잘못 이해했기 때문에 일어난 일이라는 것이다. 또한 호응린胡應麟 · 방이지方以智 · 원매袁枚 · 육봉조陸鳳藻 등은 육심의 말을 다시 인용하여 모두 '悉令雕撰'을 '悉令雕板'으로 바꾸었다. 어떤 사람은 또 '조조雕造'로도 바꾸었는데 이는 완전히 와전된 것으로 이전 설은 부정해야 하며 믿는 사람도 이미 많지 않다.[13]

최근에 어떤 학자가 수대隋代의 인쇄발명에 관하여 세 가지 새로운 증거를 제시했지만 사실상 모두 믿을 수 없어 재론하지 않겠다. 또 어떤 학자는 국청사國淸寺[66] 비석의 기록을 근거로 한산寒山[67] ·

65_ 왕사정王士禎 (1634~1711)이다. 원래 이름이 사진士禛이었으며 자는 자진子眞, 호는 완정阮亭 · 어양산인漁洋山人이다. 시호는 문간文簡이다. 청대 초기의 걸출한 시인으로 박학다식했다. 금석과 전각에 정통했고 주이준과 함께 시로 쌍벽을 이룬다. 강희 연간에 전겸익錢謙益과 함께 시단을 주도했다. 새로운 시론 '신운설神韻說'을 주장했다. 한국에서 간행된 《중국문학사》에서는 거의 '왕사정'으로 되어 있다.

66_국청사는 수나라 개황 18년(598)에 건립되었으며 처음 이름은 천태사였다. 남

습득拾得[68]의 시詩를 사승집 1권으로 간행했다는 구절을 수대 서적 간행을 입증하는 자료로 삼았다. 그러나 한산·습득은 모두 당 정관 연간의 대주臺州의 승려다. 이들이 정관 연대의 승려인 이상 국청사의 승려가 그들의 시를 판각 인쇄한 것 역시 정관 연간으로 보아야 한다.

손육수孫毓修[69]는 《중국조판원류고中國雕板原流考》에서 그동안 답습되어 온 호응린이 말한 책을 간행한 것은 수대라고 하는 학설 이외에도 《대수영다라니경大隨永陀羅尼經》이 송 태평흥국 5년(980)에 수나라 본을 번각한 것으로 보았다. '대수영大隨永'은 마땅히 '대수구大隨求[70]'라고 해야 하는데 '대수구'는 즉 《대수구즉득대자재다라

송시에는 '강남 10대 사찰' 중의 하나라고 되어 있으며 현재의 건축은 청대 옹정 12년(1734)에 칙명에 의하여 중건되었다. 국청사는 절강성 태주시 천태현에 있으며 중국의 유명 사찰 중의 하나다.

67_ 한산寒山(약 691~793)은 당대 장안 사람이다. 한산은 수나라 황실의 후예였던 양온을 모셨다가 황실 내의 질투와 시기 비방, 그리고 불교사상의 영향을 받아 은둔했다. 30세 이후에 절동의 천태산에 은거했으며 1백세까지 살았다고 한다. 20세기에 들어서 한산의 시는 대중들의 각광을 받게 되었다

68_ 한산과 습득은 늘 함께 거론되는데 불교사상 유명한 시승詩僧이다. 두 사람 모두 국청사에서 은거했으며 행적이 괴상하고 언어가 몹시 뛰어나며 문수보살과 보현보살의 화신이라고 전해진다.

69_ 손육수(1871~1922)는 수차례 과거에 낙방을 하고는 과거를 포기하고 영어와 각종 서양 학문을 공부하고 번역에 종사하리라 결심했다. 일찍이 남청서원南菁書院(강소성 강음현에 있던 서원)에서 교편을 잡았으며 무전손繆荃孫의 지도하에 목록학을 공부하였다. 광서 33년(1907) 상해 상무인서관에서 번역을 하였으며 장원제張元濟의 칭찬을 받았다. 상무인서관에서 소흥 서씨徐氏·태창太倉 고씨顧氏·장주長洲 장씨蔣氏의 책을 구매하여 번역소에 도서관을 설치하고 함분루涵芬樓라 했는데 이 함분루의 책임자가 되었다. 1919년 《사부총간四部叢刊》의 영인을 주관하였고, 《사부총간초편》·《사부총간속편》·《사부총간삼편》을 출간했다. 저서로는 《영락대전고永樂大典考》 4권·《사략事略》 2권, 《강남열서기江南閱書記》·《사부총간서록》·《중영中英 문자비교론》·《중국조판원류고中國雕版源流考》 등이 있다.

70_ 산스크리트어 명으로는 Maha-pratisarah!이며 마하바라자사라로 음역된다. 관음보살의 변신이며 약칭 수구보살이라 한다.

니경大隨求卽得大自在陀羅尼經》의 간칭으로 이는 수나라 당나라의 '수隋'자가 아니다.[71] 일본의 간다 기이치로[神田喜一郞][72] 박사의 말에 의하면 '대수구'는 당나라의 보사유寶思惟가 산스크리트어를 음역한 것이라고 한다. 이 단어가 이미 당나라에서 처음 번역되었다면 어떻게 수나라 때의 목판에 이를 쓸 수 있다는 말인가? 이는 분명이 잘못된 것이다.

이전에 일본 사람이 돈황 석실에 와서 수 양제 대업大業 3년(607)에 간행한 불화 한 장을 발견했다.[14] 일본의 구와바라 지츠조[桑原騭藏][73]는 이것이 진품이라고 믿지 않았으며 프랑스의 폴 펠리오(Paul Pelliot, 1878~1945)도 그 불화 하단에 있는 원주原注는 인쇄가 아니라 쓴 것이라고 했다. 필자의 생각으로는 문장에서 '경화敬畵'라고 했지 인쇄하여 올린다[敬印]고 하지는 않았으니 인쇄된 것이 아님을 알 수 있다. 약 10여 년 전에 서안에서 이와 똑같은 불화 한 장이 발견되었는데 불상은 채색되어 있었다. 당시 어떤 사람이 이것을 대업 각본이라고 주장하기에 후에 사람을 서안으로 보내어 감정해 본 결과 새긴 것이 아니라 손으로 베껴 쓴 것임을 확인할 수 있었다. 약 40여 년 전에 투루판에서 "연창延昌 34년 갑인(594)년, 집에 사나운 개가 있으니 행인들은 이를 조심하시오"[74]라는 벽에 붙였던 공고문이 출

71_ 이 설은 맨 처음 나진옥羅振玉이 《돈황석실비록敦煌石室秘錄》에서 '隨'자를 '隋'로 잘못 보고 수대隋代에 이미 판각인쇄술이 있다고 방증했다. 후에 섭덕휘의 《서림청화書林淸話》, 손육수의 《중국조판원류고》에서 모두 나진옥의 설을 따랐다. 후에 장수민이 이들의 오류를 지적했다

72_ 간다 기이치로(1897~1984년)는 동양학자, 서지학자다.

73_ 구와바라 지츠조는 20세기 일본의 유명한 동양사학자로 교토학파의 거두이다. 1907년에서 1909년까지 중국에서 유학을 했다. 1909년 귀국 후 교토제국대학 교수가 되었다. 1930년 은퇴. 1931년 5월 24일 사망. 구와바라는 중국어뿐만 아니라 영어, 불어 독일어에도 정통했다고 한다. 저서로는 《동서교통사논총東西交通史論叢》《동양문명사논략東洋文明史論略》《지나법제사논총支那法制史論叢》《고사유기考史游記》 등이 있다.

토되었는데 감정을 해본 결과 이것 역시 인쇄물이 아니었다.

수나라 초기에 아직 목판 인쇄가 없었다는 사실은 수 문제가 조서 30만 장을 나누어 베껴 쓰게 한 것으로 반증이 된다. 수 문제는 강남을 통일하기 위해 대군을 출발시키기 전에 진陳 후주後主의 죄업을 폭로하면서 진나라에 선전 공세를 전개하여 인심을 와해시켰다. 개황 8년(진 후주 정명 2년, 588년)에 황제의 조서를 보내어 후주의 20가지 악행을 폭로하고 조서 30만 장을 나누어 베껴 강남 밖까지 널리 알려 깨우치도록 했다. 조서의 내용은 "진숙보陳叔寶[75]는 손바닥만한 작은 지역에 웅거하면서 끝없는 욕심을 자행했으며 … 이전부터 이같은 혼용함은 비할 바가 없었다"[15] 운운하고 있다. 원문은 비록 150여 자에 불과하지만 똑같은 내용을 30만 장이나 베껴 쓰려면 몹시 번거로웠을 것이다. 만일 그때 이미 인쇄 방법을 알고 있었다면 당연히 사람들에게 이렇게 많은 분량을 베껴 쓰라고는 하지 않았을 것이다.

요컨대 이상 소위 새롭게 발견했다는 자료와 새로운 물증에 근거해 봐도 동한 · 육조 · 후조 · 북제 및 수대에 이미 책을 인쇄했다는 설은 모두 증명할 수가 없으므로, 오히려 필자가 제기한 목판 인쇄의 시초는 당나라 초기 정관이라는 설을 더더욱 증명할 수 있다. 이 문제의 정확하고도 틀림없는 답안을 구하기 위해서는 당연히 확실하고도 믿을 만한 사료史料와 고고학적인 실물의 새로운 발견을 기다려야만 한다.[16]

74_ 원문은 다음과 같다. "延昌三十四年甲寅(594) 家有惡狗, 行人愼之"

75_ 진숙보陳叔寶는 진 후주의 이름. 후주後主라는 뜻은 왕조 최후의 군주라는 뜻이다.

목판 인쇄의 발전

당대(618~907)
목판 인쇄의 시작과 흥기

1. 총 론

당나라는 중국 역사상 가장 강성한 시대의 하나였다. 당 태종 이세민李世民(597~649)은 사람의 품덕과 재능을 간파하여 합리적으로 등용하고, 신하의 간언을 용감하게 채택할 줄 아는 걸출한 황제로 중화민족과 문화 발전에 커다란 공헌을 했다. 농민에게는 균전제 하에서 농경지를 주어 생산도 적극적으로 향상시켰다. "정관 4년(630)에 미두米豆 3전"이라든가, "(영토가)동쪽으로는 바다까지, 남쪽으로는 준령까지 이르렀고, 모두 바깥문은 닫지 않고 살았으며, 여행자에게도 음식을 주었다"[17]는 기록처럼 정관 초기에 중국은 이미 안정되었고 사방의 국가들은 모두 복종했으며 문치와 무공이 전 시기에 없던 성황을 이루었다.

당나라의 과거는 주로 시와 부賦로 관리를 뽑았으므로 시가詩歌 발전에 촉진 작용을 하여 많은 시인이 배출되었다. 오늘날에도 여전히 대종 이하 2,200여 시인의 40,900여 수의 시가 전해져 온다.[18] 당시唐詩는 중국문학사에 있어 황금시대다. 가장 걸출한 시인으로는 이백 · 두보 · 백거이를 들 수 있으며, 한유 · 유종원 등은 유명한 산문가다. 예술방면에는 오도자吳道子[76]·염입덕閻立德[77]과 염입본閻立本 형제의 인물화, 이사훈李思訓[78]·왕유王維의 산수화, 장훤張萱[79]·주

76_ 오도자(약 680~759)는 당나라 화가다. 양적陽翟(지금의 하남성 우주禹州) 사람이다. 회화사에서는 그를 존경하여 오생吳生이라고 한다. 당나라 현종으로부터 도현道玄이라는 이름을 하사받았다. 후세에서는 그를 존경하여 '화성畫聖'이라 칭한다. 오도자는 어려서 가난하였다. 처음에는 글씨를 먼저 배웠고 후에 회화를 배웠으며 20세 때에 두각을 나타내었다. 그림으로 이름을 날려서 개원開元 연간에 궁정화가가 되었다. 장욱張旭과 하지장賀知章 등에게서 서예를 배웠고 공손대랑公孫大娘의 검무를 감상하다가 붓 운용의 도를 체득했다. 불화와 도가, 인물, 산수, 조수, 초목 등을 잘 그렸고 벽화 창작에도 뛰어났다. 벽화 3백여 칸을 그렸는데 "기괴하고도 이상한 것이 같은 것이 하나도 없었다"고 한다. 후세 사람들은 오도자와 장승요張僧繇의 필법을 '소체疏體'라고 부른다. 이는 고개지顧愷之와 육심陸探의 강건하고 조밀한 필법인 '밀체密體'와 구별되는 명칭이다. 소식蘇軾은 오도자를 평하길 "그림이 오도자에 이르러 고금의 변화가 있었다. 천하에서 할 수 있는 것은 모두 오도자가 마쳤다"고 하였다. 그의 그림으로는 〈지옥변상도地獄變相圖〉가 있다. 또 〈명황수전도明皇受篆圖〉 〈십지종규도十指鍾馗圖〉가 《역대명화기歷代名畫記》에 수록되어 있고, 〈공작명왕상孔雀明王像〉·〈탁탑천왕도托塔天王圖〉·〈대호법신상大護法神像〉 등 93점이 《선화화보宣和畫譜》에 수록되었다.

77_ 염입덕(약 596~656)은 당나라의 건축가, 공예미술가이자 화가다. 이름은 양讓이고 입덕立德은 그의 자다. 옹주雍州 만년萬年(지금의 섬서성 서안) 사람이다. 당 무덕에서 정관 연간에 상의봉어尚衣奉御·공부상서 등을 역임했다. 당 고조의 산릉山陵을 축조했고, 취미翠微·옥화玉華 두 궁의 건축을 감독했다. 소릉昭陵을 축조했고 장안성 외곽과 성루 등을 지휘감독했다. 회화에도 깊은 조예가 있었으며 황제의 복식을 디자인하였다. 동생인 염입본閻立本도 유명한 화가다.

78_ 이사훈(651~716, 혹은 648~713)은 당나라의 걸출한 화가다. 자는 건현建晛이고 또는 건경建景으로도 쓴다. 농서隴西 성기成紀(지금의 감숙성 진안秦安)사람이다. 황실의 종실인 이효빈李孝斌의 아들이다. 전공을 세워 이름을 날리기도 했다. 무예대장군을 지냈었기 때문에 세상에서는 그를 '대이장군大李將軍'이라 불렀다. 명나라의 동기창董其昌은 이사훈을 '북종北宗의 시조'라고 존경했다.

79_ 장훤은 당나라 장안 사람이다. 개원開元(713~741) 연간에 궁정에서 그림을 그렸을 것으로 추정된다. 장훤은 귀족 여성들과 궁궐 정원을 잘 그린 것으로 유명하다. 회화사에 있어서는 그보다 후에 나온 사녀화仕女畫의 대가인 주방周昉과 함께 거론된다. 당송 회화사에는 장훤의 작품 수십 점이 수록되어 있

방周昉[80]의 사녀화仕女畵[81]가 있으며, 돈황에 보존된 벽화와 채색조소는 모두 수준 높은 예술 품격을 구비하고 있다. 태종은 서예에 뛰어났으며 왕희지의 행초를 존중했고, 서예사에 있어 예서隸書 시대에서 해서楷書 시대로의 전환을 촉진하여 문자를 쉽게 베끼고 쉽게 목판하도록 했다. 서예가도 많이 배출되었는데 우세남虞世南[82]·구양

다. 수많은 화가들이 이를 모사하였지만 장훤이 직접 그린 원작품은 지금까지 남아 있는 것이 없다. 역사적으로 두 점의 중요한 작품을 남겼는데 이는 송 휘종徽宗이 임모한 〈괵국부인유춘도虢國夫人遊春圖〉와 〈도련도搗練圖〉이다.

80_ 주방(서기 8세기~9세기 초)은 당나라 때의 화가로 자는 중랑仲朗, 또는 경현景玄이며 경조京兆(지금의 섬서성 서안) 사람이다. 생존연대는 확실치 않다. 벼슬아치 가문 출신으로 귀족들과 교류하였다. 주방은 처음에는 장훤을 배웠으며 그도 역시 불상과 초상을 잘 그렸다. 그는 한적하게 용모가 풍만하고 의상이 화려한 모습을 간결하게 그리되 색채는 다채로워서 당시 궁정이나 사대부들이 이를 중시하였다. 불상을 그릴 때는 그 모습이 단정하고 엄숙하여 당시에 신품神品이라고 칭해졌다. 덕종德宗이 그의 이름을 듣고는 장명사章明寺 벽화를 그리도록 하니 몇 개월 만에 완성하여 당시 제일로 추앙받았다. 전세傳世 작품으로는 〈양비출욕도楊妃出浴圖〉·〈비자수앵무도妃子數鸚鵡圖〉·〈조종시랑상趙縱侍郎像〉·〈명황기종도明皇騎從圖〉·〈궁기도宮騎圖〉·〈유춘사녀도遊春仕女圖〉 등이 있지만 모두 실전되었고 현재 남아 있는 것으로는 〈잠화사녀도簪花仕女圖〉·〈휘선사녀도揮扇仕女圖〉·〈조금철명도調琴啜茗圖〉 등 몇 작품만이 전해 온다.

81_ 사녀화는 '사녀화士女畫'라고도 하며 원래는 봉건사회 상류층의 사대부와 여성 생활을 제재로 한 중국화였다. 후에는 인물화 중에서 전문적으로 상류층 여성생활을 제재로 한 것을 지칭하게 되었다. 중국 사녀화의 형성은 1천여년 전 양진兩晉시기에 시작되었다. 사녀화는 인물화 중에서도 여성의 이미지를 묘사 대상으로 하는 회화다. 사녀화는 발전과정 중에서 그 표현 영역이 끊임없이 확장되었다. 사녀화라는 개념은 현재의 자료 기록에 의하면 당나라 때 시작되었다. 대표적인 화가로는 장훤과 주방이 있다. 이들이 묘사한 사녀는 대부분 상층사회와 궁정생활 속의 귀족과 명문 규수다. 당시 상층 여성들의 안일한 생활과 복잡한 내면 세계를 표현하고 있다.

82_ 우세남(558~638)의 자는 백시伯施고 월주越州(절강성) 여요餘姚 사람이다. 초당 시기의 유명한 서예가이자 문학가 시인, 정치가였다. 서예를 잘 하였으며 구양순歐陽詢·저수량褚遂良·설직薛稷과 함께 '초당사대가初唐四大家'로 불린다. 일본학계에서는 앞의 세 사람을 '초당삼대가'라고 한다. 우세남이 편찬한 《북당서초北堂書鈔》는 당나라 '사대유서四大類書'의 하나로 추앙받고

순歐陽詢[83]·저수량褚遂良[84]·장욱張旭[85]·승려 회소懷素[86]·이옹李邕[87]·안진경顔眞卿[88]·유공권柳公權[89]이 가장 유명하며 안진경과 유

있으며 중국에서 현존하는 가장 이른 시기의 유서다. 수양제 때부터 관직에 있었으며 당나라 때에도 비서감, 홍문관학사 등을 역임했다. 당태종은 우세남을 덕행, 우애, 박학, 문사文詞·서한書翰을 다 갖춘 사람이라고 칭찬했다.

83_ 구양순(557~641)은 형주(지금의 형양)에서 태어났고 원적은 담주潭州 임상臨湘(지금의 장사) 사람이다. 자는 신본信本이고 해서楷書 4대가(구양순·안진경·류공권·조맹부)의 한 사람이다. 구양순은 어렸을 때 가족이 연좌죄에 걸려 어려움에 처했는데 아버지 친구가 그를 거두었다. 어려서부터 근면하고 경전과 사서에 통달하였으며 널리 배움을 익혔다. 수나라 때 관직이 태상박사에 올랐는데 이연李淵과 교분이 좋았던 관계로 당나라 때에도 광록대부·급사중·홍문관학사 등을 역임했다. 구양순은 해서로는 당나라 제일이었으며 우세남과 함께 이름을 날려 보통 '구우歐虞'로 병칭된다. 후세에 그의 글씨는 평정한 가운데 준엄함이 있어 처음 글을 배우는 사람들에게 편하기 때문에 이를 특히 '구체歐體'라고 한다. 대표적인 해서체로는 《구성궁예천명九成宮醴泉銘》·《황보탄비皇甫誕碑》·《화도사비化度寺碑》 등이 있고 행서체로는 《중니몽전첩仲尼夢奠帖》·《행서천자문行書千字文》이 있다.

84_ 저수량(596~658)의 자는 등선登善이고 당나라 정치가이자 서예가다. 양적陽翟(지금의 하남성 우주禹州) 사람이다. 저수량은 박학다식하고 문학과 역사에 정통하였다. 수나라 말기에 관직에 있었고 당나라 때에도 관직에 있었다. 정관 23년(649)에 장손무기와 함께 태종의 유조遺詔를 받게 되었다. 후에 무측천을 격렬하게 반대하였기 때문에 담주(장사)도독으로 좌천되었고 무측천이 황제에 오른 후에는 계주桂州도독으로, 다시 애주愛州(지금의 월남 국경근처)자사로 좌천되었다. 저수량은 서예를 잘했으며 처음에는 우세남을 배웠고 후에는 왕희지 필법을 배웠다. 전세傳世 작품으로는 《맹법사비孟法師碑》·《안탑성교서雁塔聖教序》 등이 있다.

85_ 장욱(675~750)의 자는 백고伯高이고 오현吳縣(지금의 강소성 소주) 사람이다. 초서草書로 이름을 날렸으며 이백의 시가詩歌, 배민裴旻의 검무劍舞와 함께 '삼절三絕'로 불린다. 술을 좋아하여 이백, 하지장賀知章 등과 함께 음중팔선飮中八仙의 하나다.

86_ 회소(725~785)의 자는 장진藏眞이고 속가의 성은 전錢씨이다. 영주永州 영릉零陵(지금의 호남성 영릉) 사람이다. 어려서부터 불교를 좋아하여 출가하였다. 서예사에서는 초서로 유명하며 특히 그의 초서는 '광초狂草'로 불린다. 붓의 운용에 힘이 있으며 일필휘지하여 단숨에 휘갈기는 특징이 있다. 당시 초서대가인 장욱과 이름을 같이하였으며 사람들은 "장욱의 엎어짐, 회소의 광기[張顚素狂]"라고 평한다. 작품으로는 《자서첩自敘帖》·《소초천자문小草千字文》·《논서첩論書帖》이 있다.

공권 두 사람의 서체가 후세에 끼친 영향 또한 몹시 크다.

당대 사회의 생산력은 장족의 발전이 있었으며 국가는 수많은 수공업 작업장을 설립했다. 예를 들면 직물을 짜는 작업장 · 염색 작업장이 있고, 제염과 도자기 제작도 이전에 비해 진보했다. 은 · 동 · 철 · 석 · 아연 등의 광산에서는 다량의 채굴이 있었다. 농업 · 공업 · 광업의 발전은 부강한 대당제국의 물질적 기초를 마련해 주었다. 경제번영과 문화 과학 기술 발달의 환경 속에서 서예 · 회화 · 음악 · 석각은 당나라 초기에 모두 새로운 성취가 있었다. 목판 인쇄술은 7세기 정관 연간부터 계속 발전했다.

87_ 이옹(678~747)은 이북해李北海를 말하며 이괄주李括州라고도 한다. 당나라의 서예가이다. 자는 태화泰和이고 악주鄂州 강하江夏(지금의 호북성 무한) 사람이다. 그의 부친 이선李善은 《문선文選》에 주를 단 유명한 학자이다. 이옹은 어렸을 때부터 이름을 날렸으며 후에는 좌습유에 제수되었고 호부원외랑, 괄주자사括州刺史, 북해태수北海太守 등을 역임했다. 그래서 사람들은 이옹을 '이북해李北海'라고 불렀다.

88_ 안진경(709~785)의 자는 청신淸臣이고 지금의 서안에서 태어났다. '안사의 난' 속에서 의연히 일어나 공을 세웠으므로 조정의 중용을 받았다. 주요 관직을 역임하였고 노군개국공魯郡開國公에 봉해졌기 때문에 '안노공顔魯公'이라 부른다. 안진경은 왕희지 이후에 가장 큰 성취를 이루었으며 영향력도 가장 큰 서예가로 중국서예의 중요한 이정표가 되었다. 《제질고祭侄稿》 · 《쟁좌위爭座位》 및 《마고비麻姑碑》 등 여러 비석의 글씨가 있다.

89_ 유공권(778~865)의 자는 성현誠懸이고 당나라의 유명한 서예가다. '해서사대가'의 한 사람이다. 지금의 섬서성 동천시銅川市 사람이다. 태자소사太子少師 관직을 하였으므로 사람들은 그를 '유소사柳少師'라고 부른다. 유공권의 서법은 해서로 이름이 났으며 안진경과 함께 이름을 날려 이 둘을 '안류顔柳'라고 부른다. 그의 서법은 처음에는 왕희지를 배웠고 후에는 안진경과 구양순의 장점을 흡수하였다. 후세에 안진경과 유공권의 서체를 '안근유골顔筋柳骨'이라고 평가한다. 대표작품으로는 《대당회원관종루명大唐回元觀鍾樓銘》 · 《금강경각석金剛經刻石》 · 《현비탑비玄秘塔碑》 · 《풍숙비馮宿碑》 · 《신책군비神策軍碑》 등이 있다.

2. 간행장소

당나라의 도서간행 장소를 고증할 수 있는 곳은 수도 장안과 동도東都인 낙양, 월주 · 양주 · 강동 · 강서이며 특히 익주의 성도가 비교적 발달했다.

장안長安

당 태종이 장손황후의 유고 《여칙》을 간행한 곳은 마땅히 수도인 장안에서 목판 인쇄되었을 것이다

유명한 현장법사(596~664)는 정관 3년(629)에 불경을 구하기 위하여 서쪽의 인도에 갔다가 19년(645)에 귀국했다. 귀국 후에 장안의 대자은사大慈恩寺에서 불경 번역을 했는데 "삼경에 잠시 눈을 부쳤다가 오경에 다시 일어났다"고 할 정도로 매우 근면하고도 충실하고 또 유려하게 경론 75부 전체 1천여 권을 번역해 내었다. 또한 회봉지回鋒紙에 보현상을 인쇄하여 보시했는데 그가 인쇄하여 보시한 불상은 당연히 장안에서 새겨 인쇄한 것이다.

8세기의 장안에는 책을 인쇄하고 팔던 책방같은 서방書坊이 출현했는데 이는 학자들이 이전에 주의하지 않았던 점이다. 중국국가도서관[90]에 소장된 돈황 사진인 당 사본 《신집비급구경新集備急灸經》에 근거하면 그 아래 제목에 '경중이가어동시인京中李家於東市印'이라고 쓰여 있다. 뒷면에는 함통咸通 2년(861)에 쓴 음양서와 3년에 쓴 신령약방문이 있는데 이로써 함통 이전에 인쇄되었으며 사본 《구경灸經》은 인쇄본을 베낀 것임을 알 수 있다. 또 동시東市의 대조가大刁家에서 《역서曆書》를 인쇄했다. 당대에 장안은 서경西京 · 중경中京의

90_ 이후 '국가도서관'이라 함은 모두 중국국가도서관을 말한다.

명칭이 있었으며 보응寶應 원년(762)에 경조부京兆府라 하여 수도로 삼았다. 장안의 동시와 서시는 전국의 모든 상품과 수공업의 집중지로 물품을 파는 곳이 220곳이나 되었다. 사방의 진기한 물품이 모두 모여들었으며 도서 인쇄소인 이가李家·대조가 역시 모두 동시東市에 자리잡고 있었으니 중국 서방의 선구를 열었다고 할 수 있다. 당시 장안은 세계적인 대도시이자 국제무역과 문화 교류의 중심으로 도서 인쇄 자체가 어쩌면 외국인이 주목한 신상품이었을 것이다.

장안 서시 교외의 만당 시대 묘에서 출토된 인쇄본 《다라니신주경

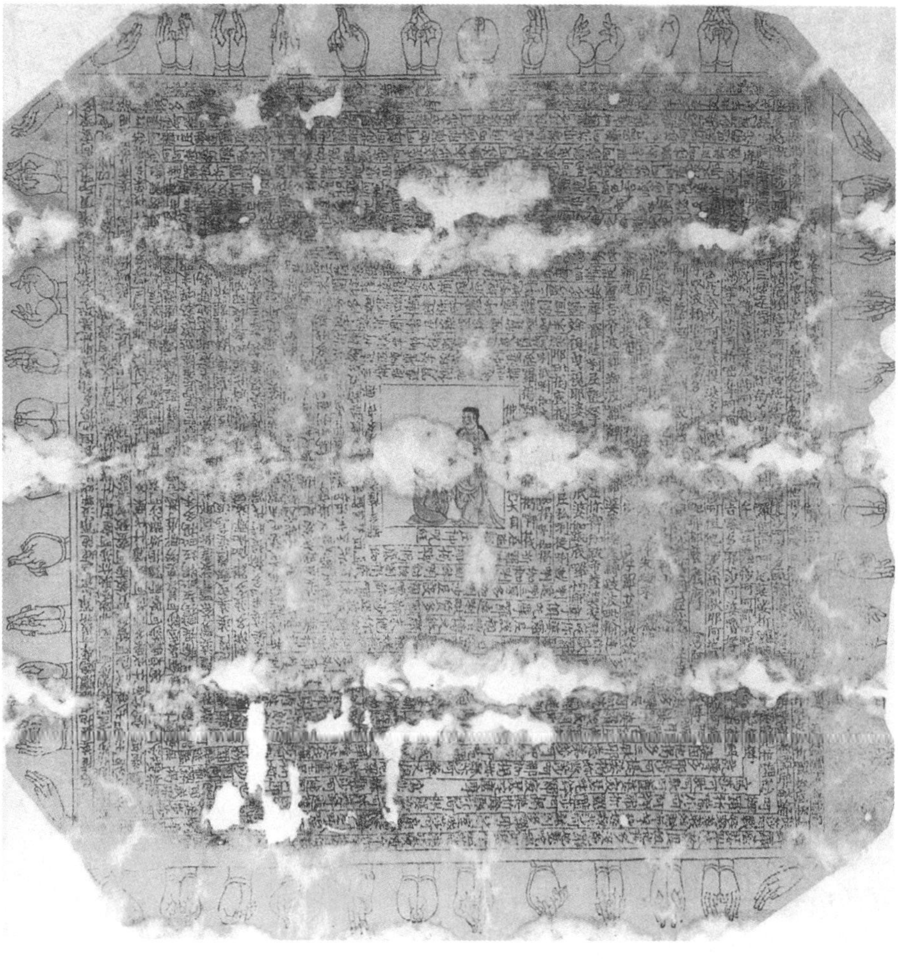

[그림 2] 당대·한문으로 된 《다라니경》 인쇄본. 1975년 서안 당대 무덤에서 출토

陀羅尼神咒經》[그림 2]이 서안의 문물관리위원회에 소장되어 있다. 이 그림은 가운데 있는 불상은 착색한 듯하고 주위는 사각형으로 한자로 주문이 쓰여 있어 당대 성도成都의 변가卞家네서 인쇄하고 팔았던 주문呪文과 비슷하니 장안의 물건일 것이다. 원래는 동합銅盒 속에 들어 있었으며 동합에 당 함통 연호가 있어, 즉 이 네모난 인쇄본은 마땅히 함통 혹은 함통 이전에 인쇄된 것으로 보아야 한다. 아마도 이는 영국 런던에 소장된 함통본 《금강경》보다도 이른 시대일 것으로 중국내에서 현존하는 것 중에서 가장 오래된 당대 인쇄본이다.

낙양洛陽

낙양은 일찍이 동한 시대에 이미 책방[書肆]이 있었으나 상우上虞 사람 왕충王充은 집이 가난하여 집에 책이 없어 늘 낙양의 책방에 드나들며 판매용 책을 읽었는데 한번만 보고도 쉽게 외웠다고 한다. 당나라 이온李溫의 《형주집衡州集》에 "그대는 낙양 남시에서 책을 파는 것을 보지 못했나, 어떤 사람이 《연신기研神記》를 샀다네"라는 글귀가 있다. 이온은 그 책이 인쇄본인지 아닌지는 설명하지 않았지만 장안의 동시東市와 성도에 책방이 있었던 예로 보아 동도인 낙양의 책방에서도 아마 인쇄본을 팔았을 것이다.

낙양의 도서 간행은 확실히 믿을 만한데 승려 혜확惠確[91](송본에 의거했음. 혹은 惠礭으로도 씀)이 탁발하여 불경을 다시 출판했다. 아마도 회창會昌 연간의 불상과 경전 훼손으로 인쇄된 책이 점점 흩어져 잃어버릴까 염려되어 다시 목판하여 출판한 모양이다. 시기도 대략 함

91_ 본서에서는 釋惠確이라고 되어 있으나 혹 釋을 성씨로 오해할 수 있을 것 같아 모두 풀어서 승려로 번역했다. 한국번역원에서 나온 책에는 저자를 '釋蜜庵' 등으로 그대로 썼지만 역시 석씨로 오해할 소지가 많아 이 책에서는 승려로 풀이했다.

통 10년(869) 후이다. 당나라 문학가 사공도司空圖의 《사공표성문집司空表聖文集》 권 9에 "동도 경애사敬愛寺를 위하여 불교의 계율을 강의하고 포교하는 승려 혜곽이 탁발을 하여 율소律疎를 목판 인쇄하다"[92]는 문장이 있다. 사공도는 함통 10년 진사로 혜곽은 사회적으로 모금을 편하게 하기 위하여 사공도의 명성을 이용했다. 제목 아래 '인본공팔백지印本共八百紙'라고 작게 주가 달려 있는데 이는 율소를 위해 모금하기 편하도록 탁발 전단을 만들어 사람들에게 보낸 것이다. 혹은 이 율소가 권질卷帙[93]이 8백여 장이라고 여길 수도 있겠지만 아마 아닐 것이다. 청나라 초기 시인인 왕사정이 맨 처음 이 문장을 이용했는데 "당대에 이미 목판본이 있었으니 명백한 증거라고 할 수 있다"고 했다. 펠리오는 완규생阮葵生[94]이 처음 이 문장을 발견했다고 여겼지만 사실 완규생보다는 원동袁棟[95]이 먼저 발견했고 그 역시 왕사정의 관점과 비슷하다.

혜곽이 다시 목판 인쇄했다는 것은 함통 이전에 이미 초인본初印本이 있었음을 말해준다.

월주越州

시인 백거이(772~846)의 시는 통속적이면서도 유창하며 사회의 어두운 면을 용기 있게 폭로하여 백성들의 깊은 사랑을 받았다. 《구당

92_ 원문은 〈爲東都敬愛寺講律僧惠確化募雕刻律疎〉다.

93_ 책을 낱개로 세는 단위인 권과 여러 책으로 된 한 벌을 세는 단위인 질을 아울러 이르는 말이다. 여기서는 낱장을 말한 듯하다.

94_ 완규생(1727~1787)의 자는 보성寶誠이고 호는 층산層山이며 강소성 산양(지금의 회안시) 사람이다. 건륭 때의 진사다. 관직은 형부우시랑에 올랐다. 완규생은 시문에 뛰어났으며 저서로는 《칠록제시문집七錄齊詩文集》이 있다.

95_ 원동의 자는 국주國柱, 호는 만념漫恬이고 송강(현재의 상해)의 부유한 집안에서 태어났다. 시와 사에 뛰어났으며 예서를 잘 썼고 죽석화를 잘 그렸다.

서》 본전에는 "장안에서 강서에 이르는 3천~4천 리의 모든 향교 · 사원 · 객사 · 배 안에서 모두 백거이의 시를 제題했고, 선비 · 승려 · 과부 · 처녀의 입에서 모두 백거이의 시를 노래했다"라고 기록하고 있다. 그의 친구인 시인 원진元稹(779~831)은 《백씨시집白氏詩集》을 위한 서문에서 다음과 같이 말했다.

> 《백씨장경집白氏長慶集》은 태원 사람 백거이의 작품이다.… 20여 년간 궁중 · 사원과 도관 · 역참 등의 벽에 그의 글을 걸지 않은 곳이 없었다. 왕공부터 처첩 목동 마부에 이르기까지 그의 시를 읊조리지 않는 사람이 없었다. 또한 베껴 쓰고 인쇄하는 자[繕寫模勒], 시장에서 돌아다니면서 팔거나 혹은 술값이나 찻값으로 하는 자[19]도 도처에 있었다.(양주와 월주 지역에서는 백낙천과 나의 잡시를 많이 인쇄하여 시장에서 팔았다). 심지어는 이름을 훔치기도 하고 구차하게 팔기 위해서 난잡하게 마구 뒤섞여 있으니 어찌할 바가 없다.… 장경 4년(824) 겨울 12월 10일 미지微之[96]가 서를 쓰다.

백거이와 원진 두 사람의 시는 당나라 서울 안팎에서 많은 사람들이 애송했다. 소흥紹興 평수촌平水村의 시골 서당 어린이도 두 사람의 시를 배웠고, 계림鷄林[97]의 재상은 시 한편을 백금을 주고 바꾸었다니 국내외에서 그의 작품이 환영을 받았음을 알 수 있다. 그래서 양주와 월주 일대에는 출판하여 팔고 심지어는 위작까지 발견되었다. 청 건륭 연간의 사학자인 조익趙翼[98]이 먼저 이 자료를 인용했는데

96_ 미지微之는 원진의 자字다.

97_ 신라 탈해왕 때부터 한동안 부르던 '신라新羅'의 다른 이름이다.

98_ 조익(1727~1814)은 청대의 시인이자 사학가다. 자는 운숭耘崧이고 호는 구북甌北이며 양호陽湖(지금의 강소성 상주) 사람이다. 건륭 26년(1761) 진사

"모륵摹勒은 목판본에 새기는 것을 말한다. 즉 당나라 때 이미 그 발단이 시작된 것이 아니겠는가?"라고 여겼다. 명대에 책을 인쇄하고 팔던 서방書坊에서는 책을 간행하는 것을 '재梓' 혹은 '각刻'이라고 했다. 그런데도 여전히 '륵勒'이라고 쓰기도 했으니 예를 들면 《신찬사사류기新纂事詞類奇》와 같은 책에서는 금릉金陵의 "주일교응현부륵周曰校[99]應賢父勒"(萬曆 21년, 1593)이라고 되어 있다. 근대 사람 전목錢穆은 '선사繕寫'는 단지 문자를 베껴 쓰는 것이지만 '모륵模勒'은, 즉 여러 곳에서 제자한 것에 의거해 그 글자체를 모방하여 각刻하는 것으로 '모륵' 두 자만으로 인쇄를 했다고 추측하면 안 된다고 했다. 생각건대 판매자가 신속히 팔기 위하여 원진과 백거이 두 사람의 글자체를 모방한 것은 불가능하다. 어떤 사람은 송촉본宋蜀本의 《원미지집元微之集》을 본 후 원씨의 주석문 안에 많은 '모륵'이 있으나 '륵勒'은 '사寫'의 오기라고 여긴다. 그러나 본문에는 여전히 '선사모륵繕寫模勒'이라고 되어 있다. 만일 '선사모사繕寫模寫'라고 하면 말이 되지 않는다. 왕국유王國維가 "대저 각석은 역시 모륵이라고 말할 수 있다. 글을 써 팔자면 목판을 하지 않으면 안 된다. 즉 당 중엽에 절강에서도 역시 제판 인쇄가 있었다"고 한 말은 아주 적절하다. 원진이 일찍이 월주에서 판매한 인쇄본이 있다는 것을 안 것은 아마도 그가 월주에서 직접 보았기 때문일 것이다. 이는 오대에 인쇄하여 판 《서인부徐寅賦》보다 1백여 년은 앞선다.

양주揚州

당나라 때 양주는 중국에서 몹시 번화하고 가장 부유한 도시로 장

進士다. 조익은 원매袁枚 · 장사전蔣士銓과 더불어 '건륭3대가'로 불린다.

99_ 주일교周曰校는 금릉(지금의 남경)의 유명한 출판인이다.

호張祜는 그의 시에서 "십리 긴 거리에 시장이 연이어 있고, 월명교 위에서 신선을 바라보네"라고 양주를 묘사했다. 원진과 백거이의 시는 월주본 이외에 어쩌면 양주본도 있었을 것이다. 그래서 위의 인용문에서 보는 것처럼 "양·월 사이에 모방하여 인쇄된 책이 많다"고 했을 것이다.

당대에는 새로운 역법을 군신들에게 상으로 하사하고, 전국에 반포 시행하여 수요량이 아주 많았기 때문에 아마도 목판 인쇄했을 것이다. 유우석劉禹錫의 《유몽득집劉夢得集》의 〈책력 하사에 감사하며〉[謝賜曆日表]라는 글에 '신력일축新曆一軸'이라는 말이 있다. 문종文宗 이전에 사천과 회남淮南에서는 사사로운 책력이 성행했다. 《전당문全唐文》 권624에 대화 9년(835) 12월 정축 동천東川절도사 풍숙馮宿[20]이 책력 출판을 금지해 달라고 다음과 같이 상주했다.

> 책력의 인쇄를 금해 주시옵소서. 검남劍南 양천兩川[100] 및 회남도에서는 모두 책력을 인쇄하여 시장에서 팝니다. 해마다 (조정의) 사천대司天臺에서 신력을 반포하기 전에 (사사로이) 책력을 인쇄한 것이 이미 천하에 가득하니, (폐하께서) 내리심을 받잡는 도리에 어긋나니 이를 금지하도록 명해주십시오.(문장의 말미에 《冊府元龜》 권 160을 인용하여 보충함)

《구당서》 권 17의 〈문종기文宗紀〉에도 비슷한 내용이 있다.

> (대화 9년) 12월 임신壬申 초하루, …정축丁丑, 여러 도부道府에서 사사로이 책력판을 설치하지 못하도록 칙령을 내렸다.

100_ 검남 동천과 검남 서천을 말한다. 본래의 검남 절도사를 둘로 나누었다.

정삭正朔[101]을 반포하는 일은 황제의 특권이기에 풍숙馮宿은 중앙 정부의 위신을 유지하고 보호하기 위하여 동천에 부임하자마자 곧 사사로운 책력을 금지하도록 요청했다. 그러나 관력이 이미 반포되기 전에 사천・회남에는 사적으로 출판된 책력이 이미 천하에 가득했으며 더구나 해마다 이와 같았다고 하니 문종 이전에 사사롭게 책력이 성행했음을 알 수가 있다. 검남 양천은, 즉 오늘날의 사천이다. 양주는 회남도의 관할 통치구역이라 양주 역시 사적인 책력 인쇄가 있었다는 점을 알 수 있다. 책력에 대한 백성들의 수요가 많았는데 통치계급이 조사하고 금지한다고 해서 효과가 있었을지는 속단하기 어렵다. 당말 정권이 요동치고 쇠락하는 가운데서 사적인 상업 목적으로 출판한 책력에 관해서까지 간섭할 여가는 없었을 것이다.

강동江東

사천・회남에서만 사가본私家本의 책력을 출판한 것이 아니고 강동에서도 역시 인쇄하여 팔았으며 큰 달, 작은 달이 서로 달라 이 때문에 말다툼이 끊이지 않아 소송에 이르기까지 했다. 송나라 왕당王讜은 《당어림唐語林》 권 7에서 다음과 같이 말했다.

> 희종이 촉으로 몽진을 가니 태사력太史曆이 아직 강동까지 이르지 못했는데도 시중에는 이미 인쇄된 물건이 있었다. 각각 초하루와 그믐이 다르고 각각 절기가 다르기 때문에 이로써 분쟁이 있자 마을 사람들이 이들을 관아로 보냈다. 집행자가 말하길, "그대들은 큰 달, 작은 달을 가지고 다투지 마라. 같은 업자끼리 장사를 하면서 하루나 반일이 다른 것은 큰일이 아니다"라고 호통을 쳐서 보냈다. 그러나 음양이 역법과 같음이

101_ 정삭은 옛날, 제왕이 나라를 세운 뒤 새로 반포하는 역법을 말한다.

택일을 몰라 틀린 곳이 많았다.

책력에는 매월의 크고 작은 달(큰 달 30일을 대진大盡, 작은 달 29일을 소진小盡이라고 함)과 절기를 표시할 뿐만 아니라 농업과 원예의 생산을 지도하는 역할도 했다. 또한 당대 이래 길흉과 금기가 섞여 봉건 미신을 믿고 택일하는 사람들에게 근거가 되었다. 강남동도는 소주를 관리했는데 강동은, 즉 지금의 소주 일대를 말한다. 희종이 촉나라로 몽진을 가버리니 양자강 하류에서는 관방의 책력을 얻지 못하여 사적인 책력이 성행했다. 이로써 동종업자들간에 싸움이 일어났으니 당시에 책력의 간행이 광범위하게 유행했음을 알 수 있다.

강서江西

당나라 범터范攄의 《운계우의雲溪友議》 권 하에 다음과 같은 기록이 있다.

흘간상서천紇干尙書泉[102]은 용호지단龍虎之丹을 15년여에 걸쳐 진강우鎭江右와 대연大延 방술사들에게서 힘들게 구하고 《유굉전劉宏傳》을 지어 이를 수천 본이나 인쇄하여 중국 조정과 전국 각지에서 정성스런 마음으로 연단을 만드는 자들에게 보냈다.…

당나라의 많은 제왕과 대신들은 금단金丹을 맹목적으로 숭배하면서 장생할 수 있다고 여겼다. 그러나 단사丹砂·운모雲母 등으로 만든 단약은 한번만 복용해도 바로 생명을 잃었다. 당 태종부터 헌종·목종·경종·무종·선종 여섯 황제 및 대신 두복위杜伏威·이

102_ 흘간은 성이고 상서는 관직, 천은 이름이다.

도고李道古 · 이포진李抱眞 등은 모두 단약을 복용하다가 중독되어 사망에 이른 사람들이다.[21] 흘간상서 역시 용호단을 믿고 도가의 연단 제조서인 《유광전》 몇천 본을 인쇄하여 경성 안팎의 동호인들에게 보냈다고 한다. 이는 도교 신도와 관련된 도서 인쇄의 최초의 기록으로 아마도 강남 서도 홍주洪州(지금의 남창南昌)에서 인쇄했을 것이다. 안문雁門 사람인 흘간천은 선종 대중 원년에서 3년(847~849)에 강남 서도관찰사의 관직에 있었다. 범터는 함통 연간 사람이었기 때문에 이렇게 문장을 확실히 기록할 수 있었다.

익주益州

검남도 서천은 성도를 통치하고 있었으며 당대에는 익주를 설치하고 이름을 성도부라 바꾸었다. 당대에는 '양일익이揚一益二'라는 말이 있었는데 이는 "천하에서 가장 번성한 곳은 양주가 제일이며 익주가 두 번째"라는 뜻이다. 익주는 경제가 번영하고 또 두 번에 걸쳐 임시수도였기 때문에 인문의 집합지로 정치 · 경제 · 문화의 중심지가 되어 많은 인쇄소에서 각종 서적이 출판되었다.

유빈柳玭은 원래 영남절도부사였는데 후에 성도로 나와서 중서사인中書舍人이 되었다. 일찍이 가훈家訓을 저술하여 자손들을 경계했다. 《유씨가훈》 서序에 다음과 같은 기록이 있다.

> 중화 3년 계묘癸卯(883) 여름에 난여鑾輿[103](희종僖宗을 말함)께서 촉에 계신 지 3년이 되었다. 나는 중서사인으로 순휴旬休를 맞이하여 도성의 동남쪽에서 독서를 하면서 휴가를 보냈다. 읽은 책은 대부분 음양잡설 ·

103_ 난여鑾輿의 난鑾은 천자가 타는 수레에 매다는 방울로 '난여'는 천자의 수레를 의미한다. 그러므로 여기서는 희종을 뜻한다.

해몽 · 집터보기 · 구궁九宮 · 오위五緯와 같은 책들이었으며 또 자서字書 · 소학 책이 있었는데 모두 목판 인쇄한 것으로 독서에 빠져들면 날이 새는 줄을 몰랐다.

유빈은 당대 장서가였던 유중영柳仲郢의 아들이었기 때문에 서적에 관해 몹시 주의를 기울였다. 당나라 제도에는 열흘에 한번 쉬는 휴가인 순휴旬休가 있었는데 이때 그가 읽은 책이 서적상에서 판매한 책으로 대부분 목판 인쇄물이었지만 그러나 인쇄된 상태가 그렇게 선명하지는 않았다.

《유빈훈서柳玭訓序》 1권은 북송의 《숭문총목崇文總目》에 있다. 이 문장은 맨 처음 송나라 섭몽득葉夢得이 발견한 것으로 《석림연어石林燕語》 권 8에서 그는 다음과 같이 말하고 있다.

세상에서 말하기를 목판 인쇄는 풍도에서 시작되었다고 하는데 이는 그렇지 않다. 감본 《오경》판이 있을 뿐이다. 《유빈훈서》에서는 촉에 있을 때 책방에서 서책을 읽었다고 하며 말하길 "자서 · 소학은 모두 판각하여 종이에 인쇄한 것이다"고 했다. 즉 목판 인쇄는 당대에 본래 있었음을 알 수 있다. 그러나 아마도 지금처럼 정교하지는 않았을 것이다.

또 막연하게 익주의 묵본墨本에 대해서 말하는 사람도 있다. 송나라 주익朱翌(1097~1167)이 《이가료잡기猗覺寮雜記》 권 6에서는 "목판 인쇄 문자는 당 이전에는 없었다. 당말에 익주에서 묵판墨板이 시작되었다"고 말하고 있다. 왕응린王應麟(1223~1296)은 《옥해玉海》에 《송국사지宋國史志》를 인용하여 "당말에 익주에서 묵판이 처음 시작되었는데 대부분 술수術數 · 자서 · 소학 등이었다"고 했다. 이는 유빈의 설을 서로 증명하고 있다.

당말 성도에서 도서를 간행한 것도 고증할 수 있는데 서천의 과가過家네도 불경을 인쇄했고 성도부 성도현 용지방龍池坊 변가卞家네서도 축문을 출판 인쇄했다. 숙종 지덕 2년(757), 성도가 부府로 개칭되었기 때문에 변가네가 책방을 설립한 것은 이 이후일 것이다. 또한 검남 서천 성도부내의 번상가樊賞家도 책력을 인쇄하여 팔았다.

서천 성도 이외에도 동천東川(재주梓州) 일대에도 역시 사적인 책력이 있었다.

3. 판각본 내용

경부經部

당 고종은 공영달孔穎達의 《오경정의》를 반포 시행했고 금성공주는 토번(지금의 티베트)으로 시집가면서 《시경》 등의 유가경전을 가지고 갔다. 문종 때에 석경石經 《구경九經》을 새겼으나 실제로는 《십이경》이었다. 아울러 《오경문자》·《구경자양九經字樣》과 함께 전체 228석石으로 모두 652,052자이다. 태화 9년(835)에 시작하여 개성 2년(837)에 완성되었기 때문에 《개성석경》 혹은 《당석경唐石經》이라고도 한다.[22] 현재 서안의 비림碑林에 보존되어 있다. 오로지 목판을 사용하여 인쇄된 경전에 대한 기록은 찾아볼 수가 없다.

경부 소학류의 도서는 이미 인쇄본이 있었다. 양나라 고야왕顧野王의 유명한 저서 《옥편》 30권 및 시를 지을 때 협운과 관계된 운서韻書인 《당운唐韻》 5권은 모두 서천에서 인쇄된 것으로 유빈柳玭이 주장한 성도의 책방에서 인쇄한 자서와 소학 책이 있었다는 설과 부합된다. 이 두 가지 인쇄본과 기타 불경 134부는 모두 견당승遣唐僧 슈에이[宗叡][104]가 당 함통 6년(일본의 정관 7년, 865년)에 일본으로 가지고 갔다.

사부史部

당나라 때는 관방에서 펴낸 책력이 아직 전해지기도 전에 도처에는 사적인 책력이 성행했다. 돈황에서 《건부乾符 4년(877) 역서曆書》가 발견되었고 성도부의 반상가樊賞家에서 인쇄한 《중화 2년(882) 구주력具注曆》도 있다. 이 두 종류는 현존하는 최고의 인쇄 책력으로 현재는 영국 박물관에 소장되어 있다. 일본 승려 슈에이는 《칠요이십팔수력七曜二十八宿曆》 1권을 가지고 귀국했다.

자부子部

장손황후의 《여칙》은 고대 부인들의 좋은 점과 나쁜 점을 채록한 책으로 명대의 《내훈》(여훈)처럼 봉건사회 부녀자들이 수양용으로 읽었던 유가의 책이다. 《여칙》 10편은 《구당서 · 경적지》에는 〈여칙요록女則要錄〉으로 되어 있고, 《통감》과 원나라 정진손鄭振孫의 《직설통략直說通略》에는 모두 30권으로 되어 있는데 명 영락 초기에 이미 그 이름만 남았을 뿐이다. 그러나 월남의 남자본喃字本에는 《여칙연음女則演音》 · 《여칙실록연음女則實錄演音》이 있는데 이것과 장손황후의 《여칙》간의 관계 유무는 알 수가 없다.

장안 동시의 이가네에서 인쇄한 《구경灸經》은 최초의 인쇄본 의서醫書라고 할 수 있다. 성도 서점에서 인쇄한 음양잡기[105] · 해몽 · 집터보기 · 구궁九宮 · 오위五緯 등과 같은 책에는 모두 미신적인 색채

104_ 슈에이[宗叡](809~884)는 일본 진언종의 승려로 쿄토 사람이다. 일찍이 일본 정관 4년(860, 일설에는 3년이라고도 함)에 진여친왕眞如親王을 수행하여 당나라에 왔다. 유학 중에 여러 진언종의 스승을 예방했다. 귀국 후에는 당시의 입당팔가入唐八家의 한 사람이 되었고 세이와[淸和]천황의 존경과 신임을 받았다. 당나라에서 가지고 간 경서와 법기 등은 동사東寺에 소장했고 후에 동사의 주지가 되었다. 일본 겐케이[元慶] 8년에 입적하니 향년 76세다.

105_ 앞의 《유빈가훈》 서序에는 '음양잡설'로 되어 있다.

가 포함되어 있으며 수량이 적지 않을 것이나 지금은 모두 전해지지 않고 있다.

집부集部

시가류로 백거이와 원진의 작품이 있다.

종교서적

봉건국가의 통치자는 정권을 유지하기 위하여 종종 종교를 자신을 위해 복무하도록 했으며 불교와 도교는 당송 이후로 중국 봉건제도에 부응하던 종교다.

당나라 황실은 성씨가 이李씨였으므로 도가의 비조인 노자 이이李耳를 본가로 여겨 황실의 지위를 높이고 '태상현원황제太上玄元皇帝'로 추존했다. 현장玄奘은 《노자》 5천자를 산스크리트어로 번역하여 서역으로 보내라는 명을 받았다. 개원 21년(733) 정월에는 사대부와 백성 모두 《노자》 한 권씩을 집에 소장하라고 명령했으며 도교 수련서인 《유굉전劉宏傳》을 수천 본 넘게 인쇄했다.

불교는 특히 당나라의 지배층에서 일반백성까지 모두 믿는 종교로 현장과 승려 혜정慧淨 등은 대량으로 불경을 번역했으며 민간에는 불상을 주조하고 경전을 베껴 쓰는 직업도 있었다. 중국국가도서관에 당나라 사람이 사경한 '유有'자가 있는 《금강경》 소책자가 소장되어 있는데 10쪽만 남아 있다. 그 말미에 '서천과가진인본西川過家眞印本'이란 일곱 글자가 있고 또 "정묘년 3월 12일, 84세 노인이 이를 베껴서 전한다"라는 글귀가 있다. 정묘년은 당말의 황제 애제哀帝 천우天祐 4년(907)으로, 3월 27일에 양나라에 선위하고, 4월 22일에 양 태조가 개평開平으로 개원한 해다. 이 경전은 이름 없는 노인이 과가네서 인쇄한 것을 다시 베껴 쓴 것이다. 파리도서관에 소장된 《금강경》 말미에도 "천복 8년(943)에 서주西州(州는 川자의 오기) 과가진인본過家眞印本"이란 글귀가 있는데 과가네는 당말에서 오대에 걸쳐 불경을 목판 인쇄한 성도에서 오래된 서적포임을 알 수 있다.

돈황에서 발견된 《금강경》[그림 3]은 경문 말미에 "함통 9년(868) 4

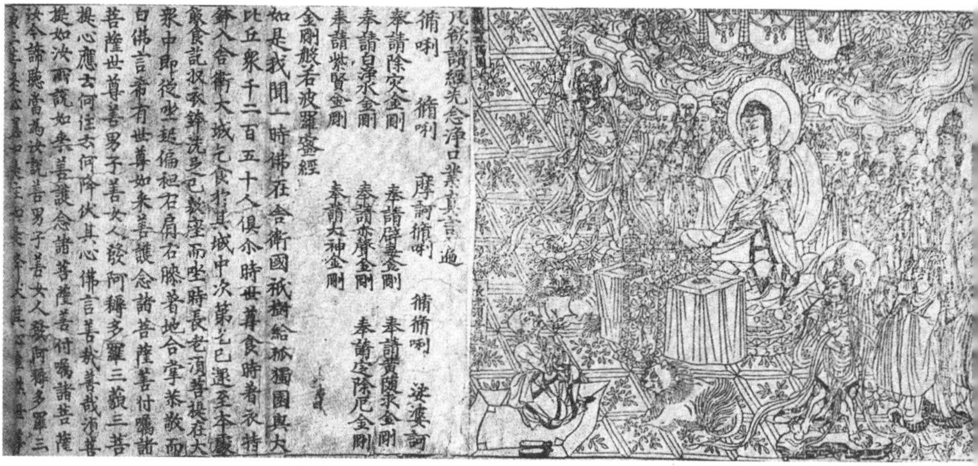

[그림 3] 당 함통 9년(868) 왕개가 《금강경》의 권두에 아름다운 그림을 본문 앞에 두었다. 전권의 길이는 16척이고 폭은 1척이다

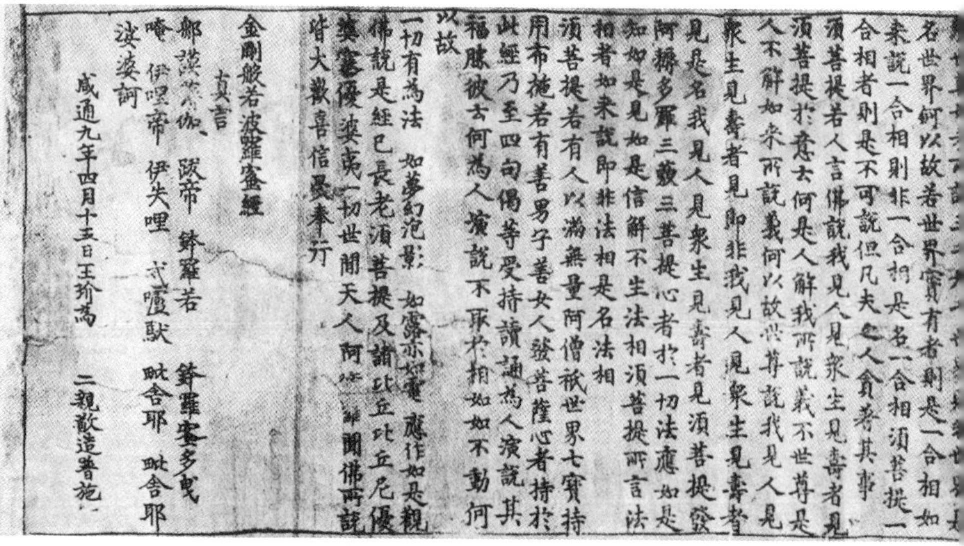

[그림 4] 당 함통 9년(868) 왕개가 《금강경》 권말에 간행사를 넣었다.

월 15일 왕개王玠가 양친을 위해 받들어 만들고 보시합니다"는 간행사가 한 줄 있다[그림 4].

이 두루마리는 868년 인쇄 제작된 불경으로 과거에는 줄곧 세계 최고의 인쇄본이라고 공인되어 왔다. 왕개는 일반 민간 불교 신자로 그의 사적은 고증할 수가 없지만 돈을 출자하여 경서를 인쇄한 사람이다. 일찍이 어떤 이는 그를 조각도를 들고 글자를 파던 장인으로 묘사했지만 이렇게 말할 수 있는 근거는 아무 것도 없다. 그가 인쇄를 한 동기는 그의 부모의 복을 빌기 위해서였기 때문이다. 그래서 "양친을 위해 받들어 만들고 보시합니다"라고 했다. 간행사에는 명확히 연대가 표시되어 있지만 어디에서 각刻을 했는지는 밝히지 않고 있다. 권두에 석가모니불이 둥근 연화대에 홀로 앉아서 장로 수보리에게 설법하는 속표지가 있는데 장엄한 모습에 조각이 아름다운 것이 성숙한 작품이다. 15세기 초 유럽 목판화처럼 유치하지 않으니 그 이전에 이미 분명히 상당히 긴 시간 동안 사람들이 조각하는 일에 종사했음을 알 수 있다. 이 불경은 일곱 장의 종이를 붙혀서 두루마리 한 권으로 만들었으며 전체 길이는 16척이고 세로 길이는 1척으로 완벽하고 결점이 없는 세계 인쇄사의 면류관이다. 그러나 나머지 돈황 고사본 몇천 권은 모두 스타인(Stein, Sir Mark Aurel)[106]이

106_ 스타인(1862~1943)은 헝가리계의 영국의 동방고고학자다. 젊었을 때 인도에 있었으며 산스크리트어에 정통했다. 1899년 이후에 이란, 인도, 중앙아시아, 중국 서부를 탐사하였으며 고고학적으로 중대한 발견을 하였다. 그중에서 신강성 타림분지와 호탄 등지에서 고문서와 고벽화(1900~1901), 돈황 천불동 안에서 고 경적류(1906~1908)를 발견하였다. 말도 안 되는 값싼 가격에 천불동 주지였던 왕원록王圓籙 도사에게 경권經卷 9천여 권을 사가지고 갔다. 그런 후에 《세렝디아Serindia》(1921)라는 다섯 권의 보고서를 발표했다. 이 책은 국제 한학계에서 돈황학의 광풍적인 연구풍조를 일으켰다. 세렝디아는 고대 그리스 및 로마 사람들이 중국인을 일컫던 seres의 앞부분에 India를 합성한 프랑스식 신조어이다. 스타인의 중국어 표기는 斯坦因이다.

훔쳐 영국 런던으로 가지고 갔다.

당나라 사람의 필사본 《불정존성다라니경佛頂尊姓陀羅尼經》 끝에 "제자 왕이 발원하고 판각인쇄한다"는 한 줄이 있는데 필사본은 당대 인본印本에서 전하여 기록한 것임을 알 수 있다.

몇 년 전에 절강도서관장인 장종상張宗祥 선생이 필자와 대담을 나눈 적이 있다. 그는 나무에 새겨 찍은 불상 반권半卷을 얻었는데 뒷면에 '천보 12년(753)'이라는 글이 써 있어 그것의 간행은 현종이나 현종 이전임을 알 수 있다고 했다. 이 불상도 돈황에서 나온 것으로 의심되지만 지금은 그 행방을 알 수 없다고 한다. 1961년 7월, 신문에는 절강 용천탑龍泉塔 속에서 당대에 간행된 《묘법연화경妙法蓮華經》[107]권자본 한 권이 발견되었다고 보도되었는데 벌레 충虫자가 충虽으로, 어긋날 차差자가 강羌으로 써 있었다고 한다. 이런 글자는 위·진의 간체자로 자체가 단정하고, 붓놀림이 웅혼하고 조각기술이 성숙한 것이 탑 속의 건녕乾寧 4년(897)에 쓴 경권 연대보다도 이르다. 먹색이 사본보다 더욱 검고 종이도 사본보다 더욱 오래된 것이다. 어떤 사람은 이것이 당대 각본이라고 단정하지만 경권 자체에는 간행 연월일이 기록되어 있지 않아 믿을 만한 것인지 알 수 없다.

1966년 한국 경주의 불국사 석가탑 안에서 사리병이 발견되었고 그 위에 비단주머니가 놓여져 있었다. 그 주머니 안에는 목판 인쇄의

107_ 원서에는 《妙法蓮花經》으로 '華'자가 '花'자로 되어 있으나 본 번역에서는 원래의 글자인 華로 하였다. 간혹 花와 華를 같이 쓰는 경우도 있지만(青華白磁인 경우 青花白磁로도 씀), 《묘법연화경》인 경우는 책 제목이라서 원래대로 해야 된다고 생각하기 때문이다. 본서에서는 《묘법연화경》만이 아니라 《묘법연화경》의 간칭인 《法華經》도 《法花經》으로 되어 있는데 모두 원래대로 바꾸었다. 그러나 몇 군데를 제외하고는 바로 다음 페이지에서도 원래대로 《妙法蓮華經》이나 《法華經》으로 되어 있어서 이것이 오기인지, 혹은 출토본마다 정말 책제목이 달랐을까 하는 생각도 해본다. 그래서 '花'자로 된 경우는 주를 달아 밝혀두기로 한다.

《무구정광대다라니경無垢淨光大陀羅尼經》[그림 5]이 들어 있었다. 한국 학자들은 이것이 704~751년(신라 성덕왕 3년~경덕왕 10년, 즉 당 무측천의 장안 4년~현종의 천보天寶 10년)간에 간행된 것이라고 한다. 이 발견은 일찍이 세계를 떠들썩하게 했는데 중국에서는 1979년에야 비로소 알게 되었다.

이 불경은 함통본 《금강경》보다 4척이 길고, 또 약 백 몇십 년 앞섰으며 770년에 간행된 일본 보귀본寶龜本 《무구정광근본다라니경無垢淨光根本陀羅尼經》 등 네 종보다도 몇십 년이 앞선 것으로 현존하는 세계 최고 오래된 목판 인쇄의 귀중품이다. 호도정胡道靜 선생이 "실물이 구비되었으니 선생님이 말씀하신 중국의 목판 인쇄의 시작은 정관 연대라는 설을 방증하기에 흡족합니다"라는 편지를 보내왔다.

미국인 인쇄사 전문가 굿리치(K. C. Goodrich) 박사는 "이 경은 토화라吐火羅 승려 미타산이 무측천 시기에 장안에 살 때 처음으로 번역

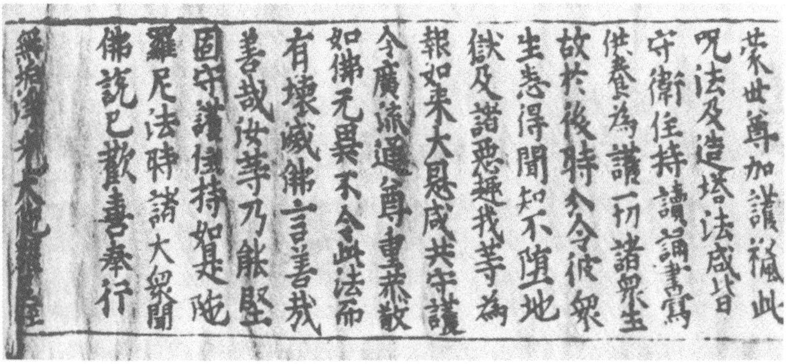
蒙世尊加護稱此
呪法及造塔法咸皆
守衛住持讀誦書寫
供養為護一切諸衆生
故於後時大令彼衆
生悉得聞知不墮地
獄及諸惡趣我等為
報如来大恩咸共守護
令廣流通尊重恭敬
如佛无異不令此法而
有壞滅佛言善哉
善哉汝等乃能堅
固守護住持如是陁
羅尼法時諸大衆聞
佛説已歡喜奉行
無垢淨光大陀羅尼經

[그림 5] 현존하는 세계 최초의 인쇄품의 하나. 8세기 초(약 704~751) 당인본唐印本* 《무구정광대다라니경》, 한국 발견

* 이 책에서는 번역에 충실하기 위해 한국학자들의 의견과는 다르게 원저자의 의견을 그대로 번역했다. 이 책의 저자인 장수민은 《무구정광대다라니경》이 중국 낙양에서 판각된 것이라고 여기서 계속 주장하고 있다. 이에 관해서는 천혜봉의 《무구정광대다라니경과 고려중수문서의 연구》(범우사, 2013) 참조.

한 것으로 이 경에 무측천이 창제한 글자[武后新字]가 나오기 때문에 경문의 진실성을 실증하는 데 도움이 된다"고 했다. 박사의 결론은 "가능성이 있는 것은 한 사람 혹은 몇 명의 중국이나 조선의 승려가 신라 왕조 때에 이런 새로운 신기술을 채용한 것이라 볼 수 있다"고 했다.[23]

한국학자 이홍식李弘植은 이 불경에서 무후신자 네 개(證, 授, 地, 初)를 발견하고 "즉 신라 통일시기에 이 《다라니경》은 종종 공덕을 비는 용도로 사용했으며 이리하여 결국 필사본에서 목판 인쇄로 발전한 것"이라고 여겼다.

이홍식은 무후신자가 신라와 일본에서 유행한 것을 이유로 하여 신라 목판 인쇄라고 추측했다. 그러나 그는 무후신자가 신라에서 유행한 정황에 관해서는 말하지 못했다. 무후신자가 있으니 그것이 신라인쇄라고 증명할 수가 없고 오히려 당나라의 목판 인쇄임을 증명할 수 있다. 재초載初 원년(689)에 무측천은 10여 개의 글자를 만들었는데 불경 번역자와 판각자들은 무측천의 법령을 준수하기 위해, 혹은 사회에 이미 유행했기 때문에 이러한 글자들을 사용했을 것이다. 설령 이런 새 글자가 신라에 전해졌다 해도 그저 소수의 문인이 어쩌다 사용했지 유행하지는 않았을 것이다. 왜냐하면 신라는 무측천의 법령을 준수할 필요가 없기 때문이다. 일반적으로 글을 쓰거나 혹은 글을 새길 때는 자연히 상용하는 글자체를 즐겨 쓰지, 쓰기에도 각刻하기에도 불편한 필획이 번잡한 괴상한 글자들, 예를 들면 地를 埊로 한다거나, 證을 𤯔로 쓰지는 않았을 것이다.

당대에 무후신자를 사용한 인쇄본은 중국 안에서도 발견된 바 있다. 투르판에서 출토된 《묘법연화경》으로 내용은 〈분별공덕품分別功德品〉 제17이다. 이 책은 황마지에 1행 19자로 무후신자를 사용했으며 일본인이 소장하고 있다. 나가사와 키쿠야[長澤規矩也][108]도 무측천

(684~705) 시대 목판 인쇄품이라고 단정지었다. 이러한 유력한 방증에 의거한다면 이 무후신자가 있는 불경인쇄본 역시 당나라 때 인쇄된 것이다.

새로 발견된 《다라니경》 중에서 이홍식은 대략 60 몇 개 사경체寫經體의 이체자異體字를 찾아내었는데 이 필적과 일본 나라[奈良] 쇼소인[正倉院][109] 소장 고문서와 대조해 보면 많은 부분이 부합된다. 쇼소인 소장 문물도서는 대부분 당나라 때 일본으로 가져간 것으로 이 《다라니경》 사경 이체자가 이렇게 많이 부합된다면 더욱 당나라의 물건이지 신라 것은 아니라는 것이 증명된다.

당나라와 신라의 문화교류는 아주 빈번하였으며 정관 13년(639)에 신라 · 고구려 · 백제는 각각 당나라에 젊은이들을 파견해 공부시켰다. 10년 후에 신라는 당의 의관을 사용했다. 신라의 승려 자장慈藏

108_ 나가사와 키쿠야(1902~1980)는 일본의 중국문학자이며 서지학자다. 가나카와 현 출생으로 동경제국대학 중국학과를 졸업했다. 1937년 《新撰漢和辭典》을 간행하고 이후에도 긴 시간 동안 한화사전을 편찬했다. 이외에도 한적漢籍 편찬, 서적 목록, 서지학, 도서학 방면의 많은 저서를 남겼다. 전통적인 한화사전의 부수검색의 불합리한 점을 지적하고 자신의 사전에서는 자형字形의 모양으로 부수를 알 수 있도록 하였으며 새로운 부수를 신설하기도 하여 부수를 변경했다. 이외에 국철國鐵을 비판하고 독자적인 여행법을 전수하는 책을 출판하기도 했다. 제2차 세계대전 이후에도 '支那'라는 호칭은 나쁜 것이 아니라는 주장을 펴기도 했다.

109_ 고대 일본 왕실의 보물창고인 쇼소인[正倉院]은 나라[奈良]현 도다이지[東大寺] 경내에 있는 고대 나라 시대의 왕실 유물 창고다. 덴뾰[天平] 시대를 중심으로 한 수많은 미술공예품이 소장되어 있다. 도다이지 일부로서 유네스코 세계유산에 등록되었다. 이곳에는 일본의 고대 유물은 물론 한국, 중국, 인도, 서역 등지에서 일본 열도로 건너간 각종 미술품과 공예품, 문서가 보관됐다. 특히 '쇼쇼인 보물' 가운데 고대 한반도에서 유입됐다고 추정되는 금동 가위, 칼, 그릇, 신라금, 신라먹, 신라 촌락 문서 등이 포함돼 한국 고대사 연구에 중요한 자료로 평가받는다. 이곳에 소장된 문서에 관해서 사카에하라 토와[榮原永遠男]의 저서가 국내에 《정창원문서 입문》(태학사, 2012년, 이병호 번역)으로 출간되었다.

은 당나라에서 《삼장三藏》 4백여 함을 가져갔으며 거국적으로 환영을 받았다. 승려 홍경洪慶은 당나라의 민부閩府에서 《대장경》을 배에 싣고 귀국했다. 이처럼 권질이 방대한 전체 《대장경》도 몇 번에 걸쳐 승려들이 운반해 가지고 귀국했는데 그렇다면 가벼운 두루마리 인쇄본 불경쯤이야 그들이 휴대해 가져갔을 것은 더욱 이치에 잘 들어 맞는다. 이리하여 필자는 이 《무구정광대다라니경》은 8세기 초 당나라의 인본이지 신라가 자체적으로 간행한 것은 아니라고 생각한다.[24]

이 《다라니경》이 발견된 지 몇십 년 후 일본에서도 770년의 보귀본寶龜本 《다라니경》이 나왔다. 이는 백만소탑百萬小塔 속에 있었던 것으로 수량이 많은 것으로 보아 아마도 일본이 자체적으로 만든 것 같다. 그러나 이 또한 중국 각경刻經의 영향을 받았음은 의심할 바가 없다.

당대에는 외래 종교, 즉 페르시아의 천교祆教(祆을 요祅로 잘못 쓰는 경우도 있음. 천교는 불을 광명의 신으로 숭배하기 때문에 그래서 배화교拜火教라고도 함), 페르시아의 마니교(명明을 숭배하고 암暗을 누르기 때문에 송대에는 명교明教라 함), 기독교 네스토리우스Nestorius파의 경교, 이슬람교 등에 관해 모두 차별 없이 똑같이 대했으며 자유롭게 선교할 수 있도록 했다. 중국어에 시리아문을 부록으로 새긴 《대진경교유행중국비大秦景教流行中國碑》는 현재 서안의 비림에 있다. 돈황에서 나온 경교경·마니교경은 모두 필사본이다.

4. 기타 인쇄

지패紙牌

지패(카드의 일종)의 기원에는 여러 가지 설이 있는데 송나라 구양수의 《귀전록歸田錄》에 "엽자격葉子格(카드의 일종)이라는 것이 당 중세

이후에 있었다"고 기록되어 있고, 청나라 고사기高士奇는 "엽자희葉子戲는, 즉 지금의 지패이다. 당 함통 이후부터 있었다"고 말했다. 또 조익趙翼은 "이후주의 비 주씨周氏가 금을 편편히 펴서 만든 엽자격이 있었는데, 즉 지금의 지패이며 혹은 엽격葉格이라고도 한다"고 했다. 프랑스 학자 아벨 레뮈자A.Remusat(1788~1832)는 《정자통正字通》을 인용하여 지패의 발명은 송 휘종 선화 8년(1126)이라고 했다. 송나라 왕벽지王辟之는 소성紹聖 2년(1095)에 쓴 《민수연담록澠水燕談錄》 권 10에서 "당 태종이 일행一行에게 당나라의 세수世數를 물었다. 일행선사는 엽자격을 만들어서 이를 진상했다. 엽자에는 '이십세이二十世李'라고 했다. 당시 사대부들이 연회 자리에서 모두 그것을 즐겼다. 그 후 시씨柴氏와 조씨趙氏가 있는데 그 격格은 같지 않다"고 기록했다. 엽자격이 당 태종 때에 이미 성행했음을 알 수 있으니 당말이나 오대 혹은 북송 말에나 있었다고 할 필요가 없다. '이십세이'라는 것은 '엽자葉子' 두 글자를 말하는 것으로 '엽葉'자는 위에 십十이 두 개, 그 아래에 세世자가 있어 '이십세'가 되고, 그 아래의 목木자에, '자子'자를 더하면 '이李'가 되기 때문이다. 태종부터 애종哀宗까지 당이 멸망할 때까지 이십 세, 즉 20명의 황제가 있었다.[110] 명대의 《양승암외집楊升庵外集》에 "엽자는 오늘날의 지패 주령酒令과 같다"고 기록되어 있다. 당시에 인쇄가 있었다고 할 것 같으면 이 역시 정관 연간에 인쇄가 있었다는 방증이 된다. 이런 놀이는 후에 다른 민족에게도 전해졌다. 즉 《요사遼史》에 "목종 응력 19년(969) 정월, 갑오에 여러 신하들과 엽격희葉格戲를 했다"라는 기록이 있는 것으로 보아 요나라에도 전해졌음을 알 수 있다.

110_ 당나라 전체로 보면 황제는 22명이다. 그중 무측천을 제외하면 21명(고조 이연부터 애제 이축까지)이고 만일 당태종부터 시작해 무측천을 제외한다면 20명이다.

[그림 6] '관하환조管賀梚造'라고 쓰인 카드. 대략 명초(1400년경)의 물건으로 신강성 투르판 부근에서 발견했다.

남송에 이르러 이런 놀이는 더욱 성행했다. 수도인 항주에서는 전문적으로 이런 지패[扇牌]를 파는 점포가 있었으니 영춘패아지마포迎春牌兒紙馬鋪 점포가 바로 그것이다. 작은 상점에서는 포패蒲牌·주사위·바둑·바둑판·장기 이외에도 선패아扇牌兒라는 것도 팔았다. 선패아라는 것은 패선牌扇이라고도 하며 선패 하나는 바로 한 장의 카드와 같다. 예를 들어 선화열선법宣和列扇法이라는 것은 천·지·인과 잡패 32장이 있으며 이런 지패는 당연히 인쇄된 것이다. 그러나 송대에 인쇄 제조된 이런 도박용품은 전해져 내려오는 것이 없다. 단지 투르판 부근에서 약 1400여 년 전에 관하환管賀梚이 만들었다는 유치하게 사람의 모습을 그린 카드를 발견했을 뿐이다[그림 6].

명청 이래의 지패도 보기 어렵다. 필자가 어렸을 때 본 구식 지패는 좁고 긴 모양이었다. 오늘날 어디서나 할 수 있는 카드는 이미 청색 일색인 서양의 포커이다.[25]

신 문

당나라 문학가인 손초孫樵의 《손가지문집孫可之文集》[111]에 대중 5년(851)의 《독개원잡보문讀開元雜報文》(개원은 713~741년) 기록이 있다.

111_ 가지可之는 손초의 자字다.

양襄·한漢 지역 내에서 수십 폭의 글을 얻었는데 날짜에 사건이 연계되어 있지만 순서를 매길 수가 없었다. 간략히 말하면 모일에 황제가 친히 경적전耕籍田에 가서 구추례九推禮를 행했다, 모일에 황제가 태산에서 봉선을 행하고 돌아와 상을 하사하니 구별이 있었다, 모일에 재상과 백료들이 조정에서 일각一刻 동안 논쟁을 하고는 파했다. 이러한 것이 수십백의 항목이 있으니 어떤 글인지 모르겠다. 글을 아는 자가 밖에서 와서 이 일들은 모두 개원開元의 정사政事라고 하는데 아마도 당시의 (조정의 일을 적은) 조보條報가 밖으로 유출된 것 같다. 내가 《개원록》을 얻어서 그것을 검증해보니 조목마다 중복되었다.

현대인은 이것이 세계가 공인한 세계 최초의 인쇄신문이라고 한다. 그러나 손초가 본 것이 필사본인지 인쇄본인지는 설명하지 않고 있다. 근대인 손육수孫毓修는 《중국조판원류고中國雕版源流考》에서 다음과 같이 말하고 있다.

근자에 강릉의 양씨楊氏가 《개원잡보》 7쪽을 소장했는데 당대 사람의 목판본이라고 한다. 한 엽葉마다 13행이고 매 행은 15글자로 글자크기는 동전만하며 테두리 라인은 있지만 가운데 중봉中縫[112]은 없으니 당나라의 필사본 스타일 같다. 호접장정에 먹그림자로 글자가 파손되어 또렷하지 못하고 흐릿하여 판별하기가 어렵다.

과거에는 양씨[113] 소장의 물건이 어디로 갔는지 알지 못하고 증명할 길이 없다고 여겼다. 최근에 방품 인쇄본 사진을 보았는데 한 쪽

112_ 중봉은 신문 좌우판 사이의 좁고 긴 부분을 말한다.
113_ 이 양씨에 관한 설명은 원서에 없다.

에 13행이고, 한 행에 15자로 거기에는 "이월 갑술에 황제가 태산에서 봉선을 행하고 돌아와 상을 하사하니 구별이 있었다. 병자년에 황상이 홍경궁 옆에서 직접 밭을 가시니 3백보까지 하셨다"고 쓰여 있었다. 이는 손초가 본 내용과 거의 같다. 또한 "상께서 봉천탕으로 행행을 가셨다. 상께서 여산 온천으로 행행을 가셨다. 해奚와 거란을 토벌하라고 명했다"는 일 등이 모두 일일이 날짜가 표기되어 있고, 황제와 '상上'을 모두 앞에 두었다. 근거한 것이 당대의 원문인지 송대의 방품인지 모르겠지만 호접장은 대부분 송대의 장정이다. 《개원잡보》는 1609년 독일에서 출판된 유럽 최초의 신문에 비해 약 9백 년이 앞선다.

'대력大曆 10제자'의 한 사람인 한굉韓翃은 오랫동안 혼자 한가롭게 지내고 있었는데 어느 날 한밤중에 누가 문을 두드리며 그가 "가부랑중지제고駕部郎中知制誥에 임명되었다"고 알려주며 축하를 한다고 하였다. 소식을 알려준 사람은 관보에서 이 소식을 얻었다고 하였다. 당대 신문 역시 관직이 승진하는 것을 알려주는 뉴스였음을 알 수 있다.

인지印紙

당 덕종 건중建中 4년(783) 6월에 제맥법除陌法이 실행되었다. "세상에서 공·사간에 물건을 주고 바꿀 때 그 세율은 이전에는 1관에 2%였으나 5%로 인상했다. 다른 물건을 주거나 두 가지를 교환할 때도 이 세율로 하여 돈을 계산했다. 거간꾼이 인지를 주면 사람들이 매매를 하고 마음대로 자신의 서명을 한 후 다음날 그것과 합산한다.… 그 돈 백을 숨긴 자는 몰입沒入[114]하고, 2천매 육십…법이 이미

114_ 죄인의 재산을 몰수하고 그 가족을 관아의 종으로 잡아들이는 일이다.

실행되었지만 그러나 주인 거간꾼은 권리를 독점하고자 세율이 많으면 감추었다."[26] 인지는 상인이 납세하는 증거로 삼았으며 통치자는 인쇄품을 이용하여 수탈을 증가하고자 했다. 제맥법은 백성을 귀찮게 했기 때문에 원성이 온 천하에 가득하여 2년 만에 정지되었다.

이상의 지패 · 신문 · 인지 세 가지는 서적 · 경전 · 불상 이외의 당나라 인쇄품들이다.

5. 인쇄재료

종이 · 먹 · 붓 · 벼루를 속칭 문방사우라고 한다. 진晉나라의 왕희지王羲之지는 〈필세론筆勢論〉에서 "무릇 종이는 진陣이고 붓은 칼과 긴 창이고, 먹은 병사와 갑옷이고, 벼루는 성城이다"라고 했다. 이 네 가지는 서화가나 문학가에게 있어서 필수불가결한 무기이자 인쇄업의 물질적인 기초이기도 하다. 당나라 때는 문방사우는 특히 종이와 먹의 질과 양이 과거에 비해 몹시 발전했으므로 인쇄술의 유행을 촉진했다.

붓　　옛날의 서예가들은 쥐수염으로 만든 서수필鼠鬚筆과 사슴털로 만든 녹모필鹿毛筆을 사용했고, 당나라 때에는 토끼털로 만든 토호필兎毫筆을 사용했다. 진晉나라 때는 선주宣州의 진씨필陳氏筆이 유명했다. 한유의 〈모영전毛穎傳〉에 "영穎은 중산中山 사람이다"라는 말이 있다. 중산은 당나라 선주 중산으로 토끼털이 유명하며 그것으로 만든 붓이 정교하다. 당대 선주필[宣筆]은 종이와 함께 진상품이었다. 선주필은 늙은 토끼털 만개 중에서 겨우 하나만을 골라내 만든다. 백거이 시에 "자호필紫毫筆[115]의 뾰족함이 송곳같으니 예리하기

115_ 자호필은 야생토끼의 목과 등의 털에서 골라 만든 것으로 붓촉이 흑자색이 되므로 토호필을 또한 자호필이라고도 한다.

가 칼날 같네.… 해마다 선주성에서 붓을 진상할 때는 자호의 값이 금처럼 비싸다네"라는 싯귀가 있다. 오로지 제갈諸葛 성을 가진 사람에게만 그 가업이 전해지고 있다. "당 건강建康 세공필"이란 말도 있다(《경정건강지景定建康志》 권 42 참조). 북방의 하간河間·경성景城·청하淸河·박평博平 네 군郡의 토끼털은 붓을 만드는 데 아주 좋은 재료로 당시 남북에서 모두 자호필을 사용했음을 알 수 있다. 월주越州에서 생산되는 붓은 월호越毫라고 하는데 설능薛能[116]시에 "월호가 드디어 두터운 녹봉이 되고, 섬지剡紙[117]는 명구를 얻네"라는 구절이 있다. 이외에도 기주蘄州·승주昇州에서도 붓이 생산되었다.

벼루 문인의 벼루는 농가의 밭과 같아서 '석우石友'라는 명칭이 있다. 당나라 초기의 서예가들은 대부분 도연陶硯을 사용했으며 청주 석말연石末硯이 최고고 그 다음이 강주絳州의 흑연黑硯이다. 무원婺源 용미산龍尾山의 흡연歙硯은 개원 연간부터 생산되기 시작하여 흡의 군수가 벼루를 헌상했다. 벼루돌이 생산된 곳이 구갱舊坑이라서 옛날 명칭은 나문갱羅紋坑이었고 구갱의 사석絲石은 세상에서 아주 귀하게 여긴다. 또 괵주虢州(지금의 하남성 온현) 징니연澄泥硯을 칭찬하는데 당나라 사람들은 이것의 품질을 최고로 쳤다.

먹 당 현종 때 상곡묵上谷墨·역주묵易州墨·강주묵絳州墨·노주묵潞州墨은 진상품이었다. 옛날 사람들은 먹을 만들 때 송연松烟

116_ 설능(817~880)은 만당의 유명한 시인이다. 《군재독서지郡齋讀書志》·《당시기사唐詩紀事》·《당시품휘唐詩品彙》 등에 모두 다음과 같이 기록되어 있다. 설능의 자는 태졸太拙이고 분주汾州(지금의 산서성 분양 일대) 사람이다. 관직은 공부상서까지 올랐다. 당나라 사람들은 교제를 많이 하였는데 설능은 타향에서 관직생활을 하면서 여러 곳을 유람하며 많은 사람들과 시를 주고 받았다. 만당의 유명한 시인들 중 거의가 그와 교류하였다.

117_ 섬지는 절강성 섬현 지역에서 생산되는 종이 이름으로 등덩굴과 대나무로 만들었다.

을 사용했고, 한대에는 부풍扶風에서, 진대晉代에는 여산廬山에서, 당대에는 역주와 상당上黨에서 송연을 취득했다. 대군代郡에서 생산되는 녹각을 아교로 고아 고약을 만들어 이와 섞었는데 그 견고함이 돌과 같았다. 오로지 역수 사람인 조씨祖氏만이 그 방법을 터득했으므로 조씨는 당나라의 묵관墨官이 되었다.[118] 당말에는 흡주歙州(지금의 휘주徽州)의 이초李超와 이정규李廷珪 부자가 만든 먹이 천하에 이름을 떨쳤다. 송초 사람 서현徐鉉은 그의 유년 시절에 이초의 먹 한 자루를 얻었는데 그 길이는 1척[119]을 넘지 않았으며 동생과 함께 썼다고 한다. 하루에 5천여 자씩 썼는데 10년이 지나 먹이 다 닳았는데 벼루에 간 먹면에 날이 서서 종이도 자를 수 있었다고 한다. 이초 역시 역수 사람으로 당말에 흡주에서 죽었다. 본래 성은 해奚씨였는데 강남[120]에서 이씨 성을 하사받았다. 후세 휘묵徽墨의 서막을 열었다.

종이 당나라의 종이로는 익주의 크고 작은 황백마지, 항주·무주婺州·구주衢州·월주의 상세황백상지上細黃白狀紙, 선주와 구주의 안지案紙, 균주均州의 대마지, 포주蒲州의 세박백지細薄白紙, 양주揚州의 육합전六合箋, 소주韶州의 죽전竹箋, 임천의 활박지滑薄紙 등이 있었다. 여항余杭은 온 마을에서 등지藤紙[121]를 진상했는데 요즘 사람들은 가흥嘉興에서 생산했다고 하지만 이는 틀린 말이다. 흡

118_ 역수 사람 조씨는 조민祖敏을 말한다. 당나라 때 역수에 묵무관墨務官을 설립하고 전문으로 먹을 제조하여 진상했다.

119_ 척의 길이는 각 시대마다 조금씩 다르다. 한대의 일척一尺은 23.1cm, 위진 시기의 일척은 24.12cm, 수당 시기의 일척은 27cm, 송원 시기의 일척은 30.72cm다. 따라서 서현은 송초 사람이므로 그가 구한 먹은 30cm 정도일 것이다.

120_ 여기서는 오대십국 중의 하나인 남당南唐을 말한다.

121_ 등지는 절강성 전통의 유명한 종이로 섬등剡藤·섬지剡紙·계등溪藤이라고도 한다. 송나라 때 월중越中에서는 주로 등나무로 종이를 만들었기 때문에 '등지'라는 명칭이 생겼다.

주·상주·지주·강주·구주 등지에서도 종이를 진상하였다.

당나라 이조李肇의 《국사보國史補》에서 "종이의 신묘함이 월주의 섬등剡藤만한 것은 없다. 섬현(지금의 절강성 승주嵊州)의 등지는 나무를 찧어서 만든 것으로 견고하고 매끄러우며 광택이 나며 희다. 당대에 가장 명성이 있었으며 장안과 낙양 및 각 지역의 사대부들은 모두 섬지剡紙를 서로 칭찬했다. 백낙천도 섬계소등월면송문지剡溪小等月面松紋紙[122]에 글을 썼다. 수요가 공급보다 많게 되자 종이 제작공들이 섬계 양안의 등나무들을 모두 벌목하여 없어지자 서원여徐元輿는 〈섬계의 등나무를 슬퍼하는 글〉도 남겼다.

촉지蜀紙의 품종은 아주 많은데 마면麻面·설말屑末·활석滑石·금화金花·장마長麻·어지魚紙·십색전十色箋 등이 있다. 당나라 때는 촉군의 마지에 서안과 낙양의 사부서四部書를 필사했으므로 자연히 인쇄용지로 사용되었다. 당말에는 익주의 인쇄본이 성행했는데 현지에서 그 재료를 취하였으므로 성도成都 인쇄업을 촉진시켰다. 이는 또한 오대 북송의 촉각蜀刻에도 기초를 마련해 주었다.[27]

122_ 종이 이름이다.

오대(907~960)
감본과 촉·오월의 인쇄

1. 총 론

당말에 번진이 각각 중국의 한 지역씩을 차지하고 있던 상황은 오대五代에 이르러 더욱 혼란스러웠으며 짧은 53년간 다섯 개 나라가 주마등처럼 바뀌어 갔다. 각 지역의 군벌이 할거하면서 10국이 되어 전란은 해마다 계속되었다. 또한 거란 귀족의 약탈과 살육으로 개봉과 낙양 사이의 수백 리에 인가가 없을 지경이었다. 그러나 멀리 외진 지역인 촉·남당·오월·민국閩國 등은 오히려 작은 영토에서 일시적인 안일을 지속하면서 문화중심이 되었고 경제번영이 있게 되자 인쇄업도 비교적 발달했다. 정부에서도 감본監本 경전을 출판하여 후세에 감본의 남상이 되었으며 이리하여 오대는 인쇄사상 중요한 위치를 차지하게 되었다.

2. 간행장소

오대의 도서 간행 장소는 개봉·강녕江寧·항주·청주青州·과주瓜州·사주沙州·민閩·촉蜀 등의 지역이 있으며 그중에서 개봉·성도 · 항주에서 가장 성행했다.

개봉부

개봉은 오대의 양梁 · 한漢 · 진晉 · 주周 네 나라의 도읍이었으며, 후당은 낙양을 도읍으로 삼았다. 경성에는 국자감國子監(혹은 국학이라고도 하며 후세의 국립대학과 같음)을 설립하고 여기서 간행한 책을 '감본監本'이라 했다. 후당의 재상인 풍도馮道(954년 사망)와 이우李愚는 유가 경전을 중시했다. 이들이 오와 촉 사람들이 인쇄된 글을 판매하는 것을 보니 각양각색의 서적들이 모두 있었으나 경전만은 없었다. 이리하여 여러 경전들을 판각하기로 발기하고 판각 인쇄하여 팔았다. 《구오대사舊五代史 · 당명종기唐明宗紀》에는 "장흥 3년(932) 2월, 신미辛未에 중서에서 주청하길 '석경문자에 의거하여 《구경九經》을 새겨 인쇄하기를 청합니다'고 하니 이를 따랐다"는 말이 있다. 먼저 글씨 잘 쓰는 사람을 불러 《당석경》의 문자에 근거하여 단정하게 해서체로 쓰고, 다시 글을 잘 새기는 각자공을 찾아 판각하여 주나라 광순廣順 3년(953) 5월에 《구경》의 판각 인쇄를 모두 끝냈다. 6월에 판국자감사判國子監事 전민田敏이 인판印版 《구경》을 헌상하니 《오경문자》 · 《구경자양九經字樣》 각 2부씩, 136책이었다. 장흥長興 3년부터 이때까지 장장 후당 · 후진 · 후한 · 후주 네 나라 22년간을 거친 후에야 완성되었다. 교정자는 상감관詳勘官인 대유학자 전민 · 마호馬縞 · 진관陳觀 · 단옹段顒 · 노항路航이었고, 글을 가장 많이 쓴 사람은 이악李鶚과 곽계郭嵠였다. 경비는 정사당주전政事堂廚錢 및 여러 사司의 공용전에서 나누어 부담했고, 또 급제한 거인擧人들이 납입한 축의금을 일꾼들에게 지급했다. 시종일관 이 일을 관장한 사람은 풍도다. 풍도 등 통치계급이 인쇄사업에 대해 대대적으로 제창하고부터 도서간행은 민간의 서적 서방書坊이나 승려 도사들만의 일이 아니라 정부의 출판사업이 되었으므로 인쇄술에 있어 커다란 촉진역할을 했다. 후대 사람들은 이래서 풍도가 인쇄술을 발명했다고 오해하는데 물론 이는 틀린 말이다. 풍도는 처세술이 뛰어난 대관료로 성품은 비열했으나 인쇄사업을 제창한 공로는 있다고 하겠다.

주연희朱延熙가 쓰고 전민이 상세히 교정한 현덕 6년(959)본 《경전석문經典釋文》에 대해, 송나라 홍매洪邁는 "획이 엄정한 해서필법으로 특히 오류가 없다"고 하니 표준본으로 손색이 없다고 하겠다. 전민은 비록 경학에 밝았지만 역시 견강부회하기를 좋아하여 《구경》을 교정볼 때 임의로 독자적인 의견을 내었다. 예를 들면 《상서》의 '약망재강若網在綱'을 '약강재망若綱在網'으로 고쳐놓아 세상에서는 이를 몹시 비난했다. 그는 또 도서구입비 천만금을 멋대로 사용해서 고발당하니 수하의 관리가 불려가 심문당했다. 국자감인본은 보급을 위한 목적으로 인쇄와 판매를 허가하니 본래는 좋은 일이었지만 송나라 호인胡寅은 "반포는 가하지만 파는 것은 아니다"면서 공평하지 않다고 여겼다.

강녕부江寧府

남당(937~975)이 오나라를 멸했지만 여전히 수도는 금릉金陵이었고 명칭만 강녕부로 바꾸었다. 중주中主 이경李璟과 후주 이욱李煜(937~978)은 모두 사인詞人으로 문학을 숭상했다. 후주는 문장을 잘 짓고 그림에 능하고 음률에도 정통했으며 특히 사가 유명하고 가장 많은 장서를 갖고 있었다. 송나라 초기에 금릉 장서 10만여 권을 구해 정밀하고 자세하게 교정을 보았는데 서적의 완벽함이 다른 나라본과 같지 않았다.[20] 왕응린王應麟의 《옥해玉海》에 "송초에 촉나라 책 2만 3천 권과 강남책 3만여 권을 얻었다"라는 구절이 있다. 일설에는 강남장서 6만 권은 천하 최고라고 하는데 송나라 군대가 성을 파괴하고 모두 태워버려 앞의 설과는 다르다. 강남이 평화로워지자 여구상呂龜祥을 파견해 금릉의 호적戶籍과 전적 2만여 권의 도서를 구해 모두 사관史館으로 보냈다고 하니, 즉 당시 전부 불태워버렸다는 설도 믿기 어렵다. 또 이욱이 장계張洎를 총애해 1만여 권의 도서를 하사하였다고 하니 남당의 장서가 10국의 으뜸이었음을 알 수 있고 또 군주 자신도 책을 간행했다. 당시 간행한 것으로는 유지기劉知幾의 《사통史通》, 서릉徐陵의 《옥대신영玉臺新咏》이 있는데 도서 위에 '건업문방지인建業文房之印'[123]이라는 도장이 찍혀 있다. 이경李璟 보대본保大本(943~957)의 《한창려집》이 있다.[29] 남당에서 만든 징심당지澄心堂紙[124]와 이정규李廷珪 먹은 세상의 희귀 보물로 그 인본지묵印本紙墨은 가장 좋으나 애석하게도 전해오는 판본이 없다. 지금은 오로지 남당 이건훈李建勛의 《이승상시집李丞相詩集》만을 볼 수 있는데 송서붕본宋書棚本이 있다.

복주福州

민국閩國(907~945)의 왕심지王審知는 광주 고시固始사람으로 복주에서 정권을 취한 후 30년간 탐욕을 피하고 사람들을 풍족하게 했다. 그는 문화를 중시하여 흩어져 없어진 책을 찾도록 명해 "정서하여 필사하고 차례대로 서명을 한 권축이 가득했다"고 한다. 그는 또 불교신도로 많은 재물을 시주하고 절을 새로 짓고 보탑이 흥성하게 했다. 또한 금은을 상감한 권축卷軸[125] 서적을 제작하고 율장律藏을 연

123_ 현재 발견된 최초의 수장자 · 감상자의 인발이다. 이 후주는 자신의 소장 도서와 회화 등에 모두 이 도장을 찍었으며 '문방'이라는 단어는 남북조시기에 처음으로 사용되기 시작했다고 한다.

124_ 징심당지는 최고의 서화 용지로 여긴다. 남당의 후주後主 이욱李煜은 이 종이를 '종이의 왕'으로 보았다.

125_ 권자본卷子本을 말한다. 여기서는 축을 설명하므로 그냥 권축이라고 했다.

역했다.[30] 송나라 양극가梁克家의 《삼산지三山志》에서 그(왕심지)의 장경藏經은 "니금泥金 만여 량으로 금은자로 네 《장경》을 제작했다. 각각 5,048권에 단향목으로 축을 만들고 옥으로 그 나머지를 장식했다. 보함은 □[126]였고, 좀벌레를 죽이기 위해 그 속에 용뇌龍腦[127]를 넣었다"고 한다. 동시에 《금은자대장金銀字大藏》 네 부를 썼는데 전체 2만여 권이었으며 게다가 표구를 잘하여 보관했다. 이처럼 주의를 기울였으니 비록 낭비가 심했지만 중국 도서사상 드물게 보는 성대한 일이었다. 928년에 신라 승려 홍경洪慶[128]이 당나라 민부로부터 《대장경》한 부를 배에 싣고 귀국했는데 이것이 위에서 말한 《금은자대장》의 하나가 아닌가 생각된다.

《신오대사》에서 "(왕)심지가 비록 도적질로 정권을 탈취했지만 사람됨이 근검절약하고 아랫사람을 예로서 대접했다. 왕담王淡·양기楊沂·서인徐寅 등은 당나라 때 유명한 진사였지만 모두 왕심지에게 의탁하고 그 밑에서 벼슬을 했다. 또한 사문학四門學을 세워서 민지방의 수재들에게 가르쳤다"고 기록하고 있다. 이로 볼 때 그가 복주의 문화교육 발전에 공이 있음을 알 수 있다. 그래서 복주에서는 아직까지도 그를 민왕묘閩王廟에 모셔 기념하고 있다.

횡권橫卷·권자본卷子本·권축卷軸을 원서에 맞도록 섞어 번역했다.

126_ 원문에 '□架'로 되어 있다. 원서에서 알 수 없는 글자는 모두 □로 처리했는데 번역본에서도 이를 따랐다.

127_ 용뇌향을 말한다. 용뇌향은 용뇌수龍腦樹에서 나오는 무색투명한 결정체로 알코올과 에테르에 잘 녹지만 물에는 녹지 않는다. 향료의 원료로 쓰거나 식중독, 곽란 따위에 약재로 쓴다.

128_ 한국 측 자료인 《고려사》와 《삼국유사》의 기록에 따르면 홍경이 928년(태조 11)에 후당後唐으로부터 대장경 1부를 얻어 배에 싣고 예성강禮成江 하구에 이르자 태조가 친히 마중 나와 환영하고, 대장경은 제석원帝釋院에 모셨다고 한다. 《삼국유사》에는 928년에 묵화상默和尙이 당나라에 가서 대장경을 싣고 왔다는 기록이 있는데 이 둘이 같은 연대이고 같은 곳에서 대장경을 가져온 것으로 되어 있으므로 홍경과 묵화상을 동일인물로 보고 있다.

서인(849~921)은 복건성 포전莆田 사람으로 그가 지은 〈참사검부斬蛇劍賦〉〈인생기하부人生幾何賦〉는 발해국(지금의 길림성 동부) 사람이 금니로 병풍에 써놓고 보았을 뿐만 아니라 중국 내에서도 판각 인쇄하여 팔았다. 서인은 "졸작인 부가 인쇄되어 판매된다고 들었으니, 좋지 않은 시가 그림을 친견한다네"라는 시구가 있다. 이로 보아 그의 생전에 이미 어떤 사람이 자신의 부를 인쇄해 팔았다는 것을 들었음을 알 수 있고, 복건에서는 오대 초에 상인들이 그의 책을 간행했음을 알 수 있다. 송대의 《숭문총목崇文總目》에 〈서인부徐寅賦〉 1권이 기록되어 있는데 현재 전해 내려오는 것으로는 〈조기문집釣磯文集〉이 있다.

청주青州

남당의 유숭원劉崇遠은 《금화자잡편金華子雜編》에서 "왕사범王師范(907년 사망)이 청주에 주둔하고 있을 때 법을 집행함이 시종여일했기 때문에 지금까지 청주 감옥에서는 《왕공판서王公判書》를 인쇄판매하고 있다"고 말했다. 유숭원은 남당 승원升元 연간(937~942) 사람으로 그가 지금까지 인쇄판매하고 있다고 말한 것으로 보아 승원 이전에 이미 출판되었음을 알 수 있다.

화응和凝(898~955)의 노래[曲子][129]는 아름다워 변주汴州와 낙주洛州까지 퍼져 있었으며 재상이 되자 거란에서는 그를 '곡자상공曲子相公'이라고 불렀다. 장단가長短歌 염곡艷曲을 잘했으며 사집詞集 1백 권이 있다. 자신의 저술을 스스로 목판 위에 쓰고 새겨 몇백 질을 인쇄하여 사람들에게 나누어 주었다. 화응은 문학가로써 본인 작품을 출판

129_ 운문의 한 형식으로 남송과 금대에 나타나 원대에 성행했으며, 민간 가요의 영향을 받아 생겨났기 때문에 구어口語에 매우 가까운 노래다.

한 첫 번째 사람이다. 1백권 집은 자신이 직접 글을 쓰고 인쇄했는데 재상으로 공무가 분주했으므로 아마도 독자적으로 혼자서 다 완성할 수는 없었을 것이다. 그는 수창須昌(지금의 산동성 동평현) 사람으로 그의 문집은 아마도 그의 고향에서 출판되었을 것이다. 명나라 나기羅頎의 《물원物原》에 "오대의 화응이 처음으로 배나무 판에 판각을 했다"고 말하고 있다. 원집은 이미 없어졌으나 《화간집》에 그의 사詞 20수가 남아 있다. 화응은 또 《안씨가훈》을 판각했다.

과주瓜州 · 사주沙州

과주와 사주는 지금의 돈황이다. 과주 · 사주의 귀의군 절도사 관찰사 조원충曹元忠은 천복 15년(950, 원래는 기유己酉년으로 되어 있는데 경술庚戌의 오기임)에 《금강경》을 판각하고 말미에 제자 조원충이 '보시수지普施受持'라고 서명하였다. 불경 소책자다. 또한 큰 폭으로 된 낱장의 관세음 · 지장보살상을 조각해 인쇄했다.

성도부

사천성 성도는 당나라 때 두 차례나 임시수도였으며 당말에 많은 사람들이 피난을 갔던 곳이다. 그래서 역사에서는 "촉의 전장典章 문물은 모두 당의 유풍이다"라고 한다. 오대에도 촉나라의 수도였으며 전촉 왕씨(891~925), 후촉 맹씨(926~965)가 다스린 70여 년간은 전쟁이 발생하지 않았다. 당시 중원은 매우 어수선했지만 오히려 "촉에는 걸출한 인재가 숲처럼 많고, 뽕나무와 삼나무가 직물처럼 많다"고 할 정도로 여전히 태평성대를 이루었다. 촉지방의 시인으로는 위장韋莊과 관휴貫休가 있고 여성작가로는 화예부인花蕊夫人이 있다. 오대 문단에서는 후촉의 조숭조趙崇祚가 사를 위주로 여러 사인들의 작품을 《화간집》이라는 이름으로 편찬했는데 소위 '화간파'는 거의 전부가 촉사람들이므로 사천지방에 사인들이 많았음을 알 수 있다. 생산의 발달과 문학의 흥성은 출판계의 번영을 자극했다. 당나라가 멸망한 이듬 해에 전촉의 임지현任知玄은 자체적으로 봉급을 출자하여 기술 좋은 장인들을 고용하여 두광정杜光庭의 《도덕경광성의道德經廣聖義》 30권을 판각하기 시작했다. 판각을 시작한지 5년 만에(전촉 무성 기사 2년에서 영평 계유 3년까지, 909~913) 460여 판을 모두 판각하여 용흥관龍興館에 소장하고 인쇄하여 유포시켰다. "글쓰는 수고로움을 귀찮아하지 않고, 두루 천하에 퍼지게 하여 사람들이 모두 갖고 암송하게 한다"는 말처럼 인쇄술의 편리함을 실제로 느끼게 해주었다. 전촉 건덕乾德 5년(923)에 촉나라 담역曇域 화상은 그의 사부인 관휴의 시 원고 약 1천여 수를 검수하고 찾아내어 판각인쇄하고 그 제목을 《선월집禪月集》이라 했다.

후촉의 맹창孟昶은 학사 한보승韓保昇 등에게 《당본초唐本草》를 증보하라고 명하니 세상에서는 이를 《촉본초蜀本草》라고 부르며 북송시기에도 여전히 유행했다. 또한 그의 재상 무소예毋昭裔[130]는 장덕쇠張德釗 등에게 명하여 《당석경》에 의거해 주필朱筆로 비석돌에 쓰게 한 후에 성도의 학궁에서 글씨를 새겼는데 장장 8년의 세월이 흘러 완성했다. 후세에 이를 《맹촉석경》 혹은 《후촉석경》이라 부른다. 무소예는 거대한 석경사업을 주재했을 뿐만 아니라 또한 스스로도 많은 글을 새겼다. 무소예는 포진蒲津 사람으로 젊었을 때에 《문선》·《초학기初學記》를 사람들에게서 빌려 읽었는데 책 주인들은 몹시 아까워하며 난색을 표했다. 무소예는 "후일에 제가 뜻을 얻게 되면 원컨대 이를 판각 인쇄하여 세상의 학자들에게 편리하게 할 것입

130_ 생존연대는 미상이다. 후촉 때의 재상으로 당시 유명한 각서가刻書家였다.

니다"고 했다. 명덕 2년(935), 그가 정말 후촉 맹창의 재상이 되자 이제야 지금 나의 소원을 달성할 수 있을 것이라고 말했다. 그리하여 성도에서 그의 문인인 구중정勾中正·손봉길孫逢吉 등에게 《문선》·《초학기》·《백씨육첩白氏六帖》 등을 쓰게 하고 장인들을 불러 밤낮으로 이를 판에 새기도록 했다. 당말 이후 학교 수업이 사라지게 되자 광정廣政 16년(953)에 무소예는 사재 백만을 털어 학관을 운영하고 또한 《구경》을 판각 인쇄하도록 주청했다. 촉왕이 이를 따르니 촉나라에서는 문학이 다시 성행했다. 무소예는 학교를 열고 여러 책들을 간행하여 사천문화에 공헌했으며 개인 출판 대량화의 서막을 열었다.

항 주

오월국(907~978)의 영역은 지금의 절강성 전체 및 강소성 남쪽 일대였다가 후에 다시 복주까지 확장했다. 오월국의 첫 번째 통치자는 임안 사람 무숙왕武肅王 전류錢鏐(852~932)로 항주성을 확장 건축했으며 전당강에 한해석당捍海石塘[131]을 처음으로 축조했다. 전류는 여러 차례 황무지를 개간할 것을 장려하고 수리사업을 크게 일으켜 항주·가주嘉州·호주湖州·소주 평원을 해산물과 쌀, 뽕나무와 삼나무의 고향으로 만들었으며 해마다 풍년이 들어 50문전이면 쌀 한 석을 살 수 있었다. 이는 북송 범중엄(989~1052) 때 절강의 쌀 가격보다 10배나 싼 가격이었다. 백성들은 오랫동안 태평성대를 누렸으며 그래서 소동파는 전류를 "덕이 있어 그의 백성들을 몹시 후하게 했다"고 칭찬했다. 이전에 서호가에 표충관表忠觀(전왕사錢王祠, 지금의 유랑

131_ 전류의 주도하에 축조된 제방으로 항주성을 보호했다. 대나무 바구니에 돌을 담아 바다에 넣어 차례로 쌓고 제방 밖에 다시 나무말뚝을 박아서 독제방을 더욱 견고하게 했다. 이 제방은 8백 년 동안 바닷물에 씻겨나가 청나라 옹정 연간에 일부를 중건했다.

문앵柳浪聞鶯 북쪽)이 있었고, 절강성 각지에 전왕사錢王祠 혹은 대왕묘大王廟가 건립되어 그에 대한 그리움과 존경을 나타냈다. 《함순임안지咸淳臨安志》에 전숙錢俶은 백성에게 너그럽게 정치했으며 그의 영토 안에는 버려진 전답이 없고 나라 안의 사람들은 모두 그를 좋아하고 사랑했다고 말한다. 북송 경성사람들은 "여항余杭은 백 가지가 다 번성하고 지상의 천궁이다"고 말했다. 남송에서는 또 '천당'이라고 했다. 이 천궁 혹은 천당의 물질적 기초는 오월 전씨 3세대 다섯 왕이 86년(893~978, 혹은 84년이라고 함) 동안 다져온 것이다. 전류는 시문 읊는 법을 배워 명사 피일휴皮日休·나은羅隱·호악胡岳 등과 시로써 화답했다. 그의 아들 전원관錢元瓘(문목왕) 역시 시 1천 편을 지었으며 그의 《금루집錦樓集》이 문사들 사이에 퍼져 있었다. 손자 전홍좌錢弘佐(충헌왕)도 5, 7언 시를 잘 지었다. 전류의 손자인 전욱錢昱과 그의 부친 전엄錢儼 역시 문장으로 명성을 날렸으며 어쩌면 이륙二陸[132]보다도 더 명성이 있었다. 손자는 오로지 법첩法帖과 도서 1만여 권을 취합했고 이체본이 다양한데 송초에 종요鍾繇·왕희지王羲之·당명황의 서예작품 7축을 헌상했다.

전씨 왕들은 모두 불교신자로 충의왕忠懿王 전홍숙錢弘俶(후에 이름을 숙俶으로 개명, 929~988)이 특히 독실했다[그림 7]. 재위기간(947~978)도 그가 가장 길었으며 재위기간 내내 평화롭고 해마다 풍년이 들어 백성들은 만족했고 훼손된 많은 사당들은 돈과 비단을 내어 수리 완공했다.

132_ 육기陸機(261~303년)와 육운陸雲(262~303)을 말한다. 육기는 자가 사형士衡이고 오군(지금의 상해시)사람으로 서진의 문학가이자 서예가로 '팔왕의 난' 때 죽었다. 육운은 자가 사룡士龍이고 육기의 동생으로 학문을 좋아하여 다섯 살 때에 이미 《논어》·《시경》을 읽었고 여섯 살 때 문장을 지었다고 한다.

[그림 7] 오월국 충의왕 전홍숙, 천일각 소장

전홍숙은 서호의 영은사靈隱寺[133]를 중수했고 특히 영명선사永明禪寺(지금의 서호 정자사淨慈寺)를 건설하고 호수와 산을 이어 서호를 강남의 명승지로 만들었다. 또한 많은 돈을 출자하여 월륜산月輪山에 9층 팔각으로 높이가 40장에 이르는 석가전탑을 건설했으니, 즉 오늘날 전당강변에 우뚝 솟아있는 육화탑六和塔의 전신이다. 또한 오금五金으로 10만 보탑을 주조하여 그 중 5백을 사신에게 주어 일본으로

133_ 영은사는 동진東晉 함화 원년(서기 326)에 처음 창건되었으니 약 1700여 년의 역사를 간직하고 있다. 항주 최초의 명사찰이며 또한 중국 불교 선종의 10대 사찰이다. 항주 서호 서쪽의 영은산에 있다. 개산조사開山祖師는 서인도 승려인 혜리화상慧理和尚으로 동진 함화 초기에 중인에서 절강으로 왔는데 영은산의 봉우리를 보고는 "천축국 영취산의 한 산맥이 언제 이곳으로 날아왔는지 모르겠구나"라고 감탄하며 봉우리 앞에 절을 세우고 영은사라고 했다고 한다.

보내주었으며 여러 차례 작은 동탑과 철탑을 주조하니 그 숫자가 8만 4천이었다.

1917년, 호주湖州에 위치한 천영사天寧寺를 중학교 건물로 개축하다가 인부 하나가 석당石幢 조각의 코끼리 코에서 《일체여래심비밀전신사리보협인다라니경一切如來心秘密全身舍利寶篋印陀羅尼經》 여러 권을 발견했다. 두루마리 앞쪽 속표지에 "천하 도원수 오월국왕 전홍숙이 《보협인경》 8만 4천 권을 인쇄하여 보탑 안에 공양한다. 현덕 3년 병진년(956)에 기록한다"는 글이 써 있었다. 경문은 모두 338행으로 매 행은 89자다. 함께 출토된 두 권은 크기와 행 배열이 모두 같으나 자체는 약간 다른 것으로 보아 여러 판을 인쇄했음이 증명된다. 1971년, 안휘성 무위현無爲縣 중학교에서 발견된 송대의 사리탑 아래 벽돌묘의 작은 목관 안의 것도 똑같다. 무위현은 오월국 판도 내에 있지 않았는데 전홍숙이 간행한 불경이 발견되었으니 당시 인본印本이 광범위하게 유포되었음을 알 수 있다.[31]

1924년, 항주 서호 뇌봉탑雷峰塔(오월의 왕비 황씨가 건설)이 무너졌는데[그림 8], 벽돌 안에서 노란 비단으로 싼 《보협인경寶篋印經》[그림 9]이 발견되었다. 경 위에는 "천하 병마 대원수 오월국왕 전숙이 이 경 8만 4천 권을 만들어 서관西關 전탑에 희사하여 영원히 공양코자 한다. 을해乙亥 8월 기록"이라고 쓰여 있다.

실제로 이때는 송 태조 개보開寶 8년(975)이었다. 이 경의 세로 길이는 7센티미터, 가로 길이는 2미터, 종이는 죽지와 면지 두 종류로 되어 있다. 경문은 271행이며 매 행은 10자, 또는 11자로 똑같지는 않다. 시장에는 얼마 되지 않아 모조품이 출현했다.

뇌봉탑전 안에는 경전만이 아니라 탑도塔圖도 있었는데 이를 탑권塔卷이라고도 하며 경보다도 얻기 어려운 물건이다. 전체 길이는 1미터 정도다. 층마다 탑 하나를 그렸으며 모두 네 기의 탑이 연결되었

[그림 8] 항주 서호의 뇌봉탑

[그림 9] 오대 오월국왕 전숙이 을해년(송 태조 개보 8년, 975)에 《보협인경》을 인쇄했다. 항주 서호 뇌봉탑에서 발견되었다.

고 탑의 형식은 전숙이 주조하여 금도금한 탑과 비슷하다. 승모僧帽 같은 것은 탑도에 그려진 불경 속 인물들이 비교적 자세하다. 첫 부분에 교룡문양이 있고 테두리에는 파도문양이 있는데 이는 중국에서 현존하는 최초의 판화의 하나다. 마지막 1층의 기록은 다음과 같다.

향찰의 제자 왕승익王承益이 보탑을 만들어 봉양하오니 원컨대 이를 들은 사람은 죄가 사해지고, 본 사람은 성불하시고, 친근한 사람은 생사에서 초탈하시고, □□□ 植含生明德□本. 때는 병자 □월 제자 왕승익 기록합니다.

위의 기록 속에서 병자년은 송 태종 태평흥국 원년(976)으로 을해년의 뇌봉탑경보다 겨우 1년 늦다. 불교도들은 절과 탑을 건설하는 것이 공덕을 쌓는 일이라고 믿어 큰 탑을 짓고 또 금속의 작은 탑을 주조했는데 거대한 재력이 아니고는 불가했다. 당시 연수延壽화상(904~975)은 일찍이 인본탑도印本塔圖 역시 같은 기능을 한다고 생각했다. 왕승익은 탑도가 능히 "들은 자는 죄가 사해지고, 본 사람은 성불한다"고 여겨 이를 제작하고 서관전탑에 희사한 것이다. 현재 전해지는 것으로 완벽한 것은 이미 찾기 어렵다. 뇌봉탑 내에는 또 《화엄경》도 들어 있었다고 하나 아직 실물을 보지 못했다.

1971년 11월, 소홍현 관내의 물류회사 건설현장에서 금도금한 탑 한 기가 발견되었다. 탑의 높이는 약 33센티미터로 아래 부분은 정방형이고 위는 사각이며 중앙은 주판알 모양의 탑첨이 있고 외면은 구리 같은데 황금색으로 칠해져 있으며 흑색이 가끔 섞여 있었다. 탑 안에는 작은 대나무통이 놓여져 있으며 길이는 약 10센티미터로 홍색에 짧고 거칠며 한쪽에는 대나무 덮개가 있고 통 안에 경전 한 권이 들어 있었다. 머릿말에는 "오월국왕 전숙이 《보협인경》 8만 4천 권을 제작하여 영원히 공양코자 한다. 을축년에 기록"이라고 쓰여 있다.[그림 10]

을축년은 송 태조 건덕 3년(965)으로 개보본 뇌봉탑 경전보다 10년이 빠르고 현덕본보다 9년이 늦다. 글자체는 가늘고 작으며 매 행은 11~12자다.

일반인들은 뇌봉탑경을 늘 보아와서 그림이 졸렬하고 문자가 거친 오대 오월의 인쇄는 초기의 시험단계라고 생각한다. 그러나 소

10] 오대 오월국왕 전숙(처음 이름은 홍숙)이 을축년(송 태조 건덕 3년, 965)에 《보협인경》을 인쇄했다. 1971년에 소흥에서 출토되었다.

흥에서 출토된 을축본 경권을 보면 속표지의 선들이 분명하고 아름다우며 문자도 정확하고 보기에 좋은 것이 마치 송본처럼 좋은 목판과 새하얀 종이질, 먹색의 우수함이 천년이 지났어도 새것 같다. 이는 오월의 인쇄가 숫적으로도 많았음은 물론이고 질적인 면에서도 최고였음을 증명한다. 2만 폭의 관음상은 흰 비단 위에 인쇄하였고 이는 최초의 비단인쇄 판화로 인쇄기술의 수준이 높음을 알 수 있다.

《금장》에는 권 첫머리에 "천하 병마대원수 오월왕 전숙"이라고 직함이 새겨진 불경으로 그중에는 전씨 원본에 의거해 중각한 것임을 알 수 있다. 전숙은 불경을 간행하고 인쇄하여 시주했을 뿐만 아니라 또한 금은니로 《대장경》 1부 5천 48권을 썼다.

오월의 인쇄를 언급하면서 연수화상이 대량으로 경문과 주문 및 도상을 인쇄 보시한 일을 거론하지 않을 수 없다. 그러나 이전에는 이 일을 아무도 주의하지 않았다. 연수화상의 속성은 왕씨고 전당사람으로 34세 때(938)에 출가했다. 오월에는 수많은 고승들이 있었지만 그중 연수화상이 가장 유명했으며 제자가 2천여 명이나 되었다. 그의 명성은 고려까지 전해졌고 전홍숙의 총애와 신임을 받아 그를 영은사 주지에 명하고 지각선사智覺禪師라는 호를 하사했다. 영은사는 이리하여 다시 부흥했다. 해를 넘기기 전에 또 영명선사永明禪寺의 주지직을 명받아 받들었다. 연수는 문자 도상의 홍보를 중시하여 《미타경》·《능엄경》·《법화경》[134]·《관음경》·《불정주佛頂咒》·《대비주大悲咒》를 약 939년경에 간행했다. 그중 《미타경》은 임신년(972)에 다시 판각하여 인쇄한 후 보시했다. 《법계심도法界心圖》는 7만여 본을 간행했다. 그는 "무릇 일체 영험진언은 인쇄하여 보시하지 않은 것이 없다. 이로써 도리를 깨우치도록 한다"고 했다. 어떤 진언은 각각 10만 본을 인쇄했으니 그가 얼마나 많이 간행하여 널리 퍼뜨렸는지를 알 수 있다. 그는 힘껏 정토를 제창했으며 1만 명의 아미타불사회를 결성하고 친히 미타탑 14만 본을 인쇄하여 "온 세상에 퍼지나니 오월국 염불소리의 홍함이 바로 여기서 시작되었도다"고 했다. 지금 절동지역 시골의 많은 노파들은 여전히 '나무아미타불'을 외우고 있다.

응현관음상應現觀音像을 보자면 24종류의 응현을 그려 갑술년(974)에 처음 판각했고 하단에는 진언 24행을 기록했다. 말미에 "천하 대원수 오월국왕 전숙이 인쇄하여 만들었다"고 되어 있다. 전숙이 돈천 관을 하사하여 흰 비단을 이용해 2만 본을 인쇄했는데 현재는 일본승려 겐쵸[玄澄][135] 만이 그 임모본을 갖고 있다. 《심부주心賦注》는 연수화상의 자작으로 또 스스로 주를 달았는데 그 자신이 인쇄하여 보시한 원본은 전하지 않는다.[32] 지금 볼 수 있는 것은 송 소흥 30년(1160) 중각본이다. 그는 또 《종경록宗鏡錄》 1백 권을 지었는데 그

134_ 《묘법연화경》을 말한다.

135_ 본문 내용 중에서 '현재'라고 한 것을 보면 미야타케 겐쵸[宮武 玄澄]를 말하는 것 같다. 미야타케 겐쵸(1943~)는 현재 오사카를 거점으로 일본 국내에서 만이 아니라 프랑스, 이탈리아 등에도 선원을 개설하여 운영하고 있다.

당시에 《대장大藏》 속에 수록되었으나 현존하는 것은 대관大觀 원년(1107) 복주의 등각선원等覺禪院 본이다.

또 수심선원水心禪院 주지였던 도선道詵이 《왕생서방정토서응책전往生西方淨土瑞應冊傳》을 만들어 시주했는데 이 역시 오월의 인본이다. 일본에 복간본이 있다.

3. 판각본 내용

오대의 판각본은 고증할 수 있는 것이 비록 많지 않지만 경·사·자·집 네 부분으로 간단히 서술한다.

경부經部

대재난 시기[136]에 법가를 숭상하고 유가를 억누르며 위대한 사상가이자 교육가인 공자(기원전 551~기원전 479)의 고대문화에 대한 위대한 공헌 및 역사상의 숭고한 지위를 한번에 말살하였다. 그래서 추하게 묘사하여 모독하였고 온갖 수단을 동원하여 유가에 대해 나쁜 짓을 저질렀다. 그러나 유가학설은 봉건시대의 정치와 정신생활의 지도역량이었다. 유가는 대일통사상을 제창하여 위대한 중화민족의 공고한 발전에 있어 극히 중요한 공헌을 했고 또한 아시아 인접국가와도 정신을 연결하는 역할을 했다. 봉건통치자는 유가경전을 몹시 중시했으며 사회질서를 유지하는 데 사용했다. 풍도馮道는 오와 촉 사람들이 여러 종류의 글을 인쇄 판매하면서도 유독 경전이 없는 것을 보고 유감으로 생각하고 "경전을 교정하고 판각하여 널리 퍼지게 한다면 심히 문화와 교육에 도움이 될 것이다"고 여기고는 《구경》의

136_ 문화대혁명을 말한다.

판각 인쇄를 주관했다. 경문은 《당석경》에 의거했고 주를 첨가하여 경주經注 합각본을 만들었다. 오대 감본 《구경》은 실제로는 《역경》·《서경》·《시경》·《삼례》(《주례》·《의례》·《예기》를 말함)·《춘추삼전》(《좌전》·《공양전公羊傳》·《곡량전穀梁傳》을 말함)·《효경》·《논어》·《이아爾雅》 12경이다. 《당석경》과 종류와 숫자가 같고 《오경문자》·《구경자양九經字樣》을 더했다. 이때부터 고대이래로 왜곡되게 경서를 전사하던 것이 통일된 표준본이 있게 되었다.

무소예 역시 《구경》을 간행했는데 마침 전민田敏(880~971)이 《구경》을 간행한 해이다.[137] 혹자는 《촉본구경》이 오대감본보다 먼저 간행되었다고 하는데 이는 틀린 말이다.

소학류인 《이아》는 송대에 《십삼경》에 편입되었고 불경을 훈고한 점을 제외하고도 가장 오래된 생물학 도서다. 당나라 육덕명陸德明의 《경전석문經典釋文》 30권은 여러 경의 음의音義를 채집하고 문자의 이동異同을 구별하고 고증이 정밀하며 다양한 현덕인본이 있다. 운서로는 《대당간류보궐절운大唐刊謬補闕切韻》과 《당운唐韻》이 있다.

사부史部

《구오대사》와 《통감》에서는 무소예가 《구경》을 간행했다고만 하는데 송나라 왕명청王明清의 《휘주록揮麈錄》에서는 《구경》 뒤에 또 '제사諸史'라는 두 글자가 있으니, 즉 무소예가 《사기》와 《한서》 등의 사서도 판각했다고 한다. 당 유지기劉知幾(661~721)의 사학평론 명저인 《사통史通》에도 남당 건업 문방본이 있는데 이는 유지기의 첫 번째 인본이다.

137_ 전민은 932년(장흥 3년)에 평감관이 되어 《구경》을 교정하기 시작한 후 22년 동안 이 일을 했으며 953년(후주 광순 3년)에 완성하여 판각 인쇄하여 세상에 유포하게 되었다.

당말 이래 사적인 책력이 이미 성행했으며 주 광순 3년(953) 8월에 "해마다 책력은 반드시 본사本司에서 날짜를 계산해 상주하여 정해진 후에야 비로소 판각하고 인쇄할 수 있으며 본사에서는 사적으로 밖에 유출할 수 없다. 만일 이를 위반하면 법률에 따라 죄를 부과한다"[33] 라는 조칙이 있었다. 당시 사천대司天臺에서 상주가 결정되기도 전에 개인적으로 판각 인쇄했기 때문에 특별히 이런 조칙이 있었던 것임을 알 수 있다. 전촉 말년에 거리에는 책력을 파는 자들이 있었고 당나라의 책력도 전촉국 안에서 유행했다.[34]

자부子部

북제 안지추安之推의 《안씨가훈》은 풍습을 잃어가는 것에 대해 시비를 따져 바로잡아 자손을 경계한 책인데 후세에도 지속적으로 모방본이 나왔으며 이때에 인본이 출현했다.

오대 초에 청주에서 인쇄 판매한 《왕공판사王公判事》는 소송에 관한 판결문으로 법률서에 관한 최초의 인본이다. 이는 북송초에 어느 호사가가 장영張詠이 익주에 있을 때 판결한 문서를 편집하여 '판각하여 유포'한 것과 성질이 같다.

유서類書로는 당 서견徐堅의 《초학기》, 백거이의 《백씨육첩》 모두 무소예의 촉각본이 있다. 두 책은 지금까지 전해오는데 《백씨육첩》은 송대부터 공전孔傳의 책과 합해져서 지금은 《백공육첩白孔六帖》[138]으로 합칭되고 있다.

노자는 고대의 소박한 유물주의 대사상가로 육덕문의 《경전석문》에는 《노자》·《장자》를 경전에 열거했다. 후진 고조 석경당石敬

138_ 《육첩》 30권은 백거이의 저작이고 《후육첩後六帖》 30권은 송나라 공전孔傳의 저작이다. 이 둘을 합쳐 《백공육첩》이라고 한다.

瑭은 노자의 《도덕경》을 좋아하여 천복天福 5년(940)에 도사 장천명張荐明에게 판각 인쇄하도록 하고 학사 화응和凝에게 명하여 새로운 서序를 별도 편찬하도록 하고 첫머리에 놓고는 국내에 반포했다. 또 두광정의 《도덕경광성의道德經廣聖義》는 전촉각본이 있다.

역대로 《도덕경》 오천 자를 주해한 사람은 약 수백 명에 달한다. 최초의 외국어 번역본은 당나라 초 현장법사가 번역한 인도 산스크리트어 번역본이다. 후에 프랑스 한학자인 스타니슬라스 줄리엥 Stanislas Julien[139] 등이 번역한 각종 유럽문자본이 있다.

집부集部

오대 사람으로 자신이 쓴 문학작품을 출판한 것으로는 《화응집》·《서인부徐寅賦》, 승려 관휴貫休의 《선월집禪月集》이 있다. 이전

139_ 스타니슬라스 줄리엥 Stanislas Aignan Julien(1797~1873)은 프랑스의 한학자로 1821년 프랑스 대학의 희랍어 조교를 시작으로 1827년에는 Institut de France 도서관 부관장이 되었고 도서관에 소장된 3만여 권의 중국서적을 연구했으며 중국어에 정통했다. 그 후 40여 년간 《맹자》·《삼자경》·《회란기灰闌紀》·《조씨고아기》·《서상기》·《옥교리玉嬌梨》·《평산냉연平山冷燕》·《백사정기白蛇精記》·《태상감응편太上感應篇》·《상잠기요桑蠶記要》·《노자도덕경老子道德經》·《경덕진도록景德鎭陶錄》·《천공개물天工開物》 등의 서적을 번역했다. 1832년에는 프랑스대학 교수로 임명되었다. 줄리엥은 산스크리트어에도 정통하여 1853년부터 불학을 전문으로 연구하여 《대자은사삼장대법사전大慈恩寺三藏大法師傳》과 《대당서역기》를 번역했고, 《대당서역기》 속에 나오는 지명을 산스크리트어를 참조하여 고증했다. 또한 중국의 제지술, 목판 인쇄술, 활자인쇄술 연구에도 조예가 깊어 심괄沈括의 《몽계필담》 속에 거론된 필승이 활자인쇄를 발명한 사료를 프랑스어로 번역했다. 줄리엥은 필승이 발명한 활자인쇄술의 사실을 최초로 유럽에 소개한 사람이다.

청말의 유명학자 왕도王韜가 파리에 가서 그를 방문하고 그 후 편지 왕래가 있었는데 왕도는 그에게 유련儒蓮[중국발음은 liu lian]이라는 멋진 이름을 주었다고 한다. 왕도는 그의 저서 《도원문신편韜園文新編》에 〈프랑스 줄리엥전[法國儒蓮傳]〉 〈프랑스 줄리엥 학사에게 줌[與法國儒蓮學士]〉 〈한학가 줄리엥[漢學家儒蓮]〉 세 편의 문장을 수록했으며 이렇게 하여 중국학계에서는 유련儒蓮이라는 이름이 폭넓게 사용되고 있다.

사람들의 집集이 목판 간행된 것으로는 양나라 하손何遜의 《하수부집何水部集》 천복본天福本이 있는데 시 두 권뿐이다. 보대본保大本 《한집韓集》은 당대 저명한 문학가 한유의 《한창려집韓昌黎集》의 첫 번째 인본이다.

총집류로는 양나라 소명태자 소통蕭統(501~531)이 편찬한 《문선文選》이 있으며 문장이 정연하여 당나라 사람들은 이를 《육경》처럼 존경했다. 일본인 후지와라노 쓰네쓰구[藤原常嗣][140]는 《문선》을 전부 암송해 견당사로 뽑혔다. 겐로쿠[元祿] 12년(1698), 일본 사람들은 "본조本朝에서는 이 책을 읽지 않은 사람이 없다"고 할 정도였으니 일본에서의 영향력을 알 수 있다. 무소예의 촉본이 있다. 진나라 서릉徐陵의 《옥대신영玉臺新咏》에는 양나라 이전의 시가 실려 있는데 대부분 오언시다. 건업 문방인본이 있으며 《문선》과 더불어 모두 처음 간행되었다.

종교서적

인쇄술이 발명된 후에 불교도는 불경과 불상을 인쇄하는 것이 큰 공덕이라고 여겨 민간의 개인 인쇄뿐만 아니라 권력자들은 더욱더 대량으로 생산했다. 조원충曹元忠은 서쪽에서 수많은 불경과 불상을 인쇄했고, 동남의 오월국왕 전홍숙과 연수화상도 대량의 불교경전과 탑도塔圖, 주문 등을 인쇄했다. 그 중 숫자로 고증할 수 있는 것만도 68만 2천 권(혹은 본)이나 되어 수량의 거대함은 전에 없는 것이다.

140_ 후지와라노 쓰네쓰구(796~840)의 표기는 '藤原常嗣'인데 원서에는 '藤常嗣'로 표기되어 있어 오기라고 생각되어 바로 잡았다. 후지와라노 쓰네쓰구는 헤이안 시대 사람이다. 1차 견당사(834)와 2차 견당사(837)에 선발되었으나 당나라를 향한 뱃길이 모두 실패했고 3차 견당사(838) 때 항해가 성공하여 장안에 도착해 문종을 알현했다. 8월에 신라선을 타고 귀국했으나 다음 해 840년 4월 23일에 향년 45세로 입적했다.

전홍숙은 일찍이 도사나 승려에게 은니로 《도장道藏》 2백 함을 필사하도록 하여 "푸른 종이에 은글씨로 썼으며 모두 권축으로 되었다"고 했다. 겸하여 금자金字도 있었기 때문에 이를 《금은자도장경》이라고 칭했다. 천태 동백숭도관桐柏崇道觀에 소장되어 있다가 명초에 화재로 훼손되었다. 전홍숙은 불교신자일 뿐만 아니라 동시에 아마도 도교신자였던 것 같다.

송대사람은 오대 감본을 '구감본' 혹은 '고경본古京本'이라 했는데 송대 장서가들에게는 매우 귀중한 것이었다. 홍매洪邁(1123~1202) 집안에 구감본 《경전석의》가 있었고 또 구감본 《주례》도 있었다. 그 말미에 "대주大周 광순廣順 3년 계축(953) 5월 《구경》을 판각 제조하여 끝내다"고 되어 있다. 소박邵博 집안의 고서에도 장흥년長興年 각본이 많이 있었으나 후에 병란으로 겨우 《의례》 한 부만 남게 되었다. 왕명청王明淸 집안에는 이악李鶚이 쓴 《오경》 인본이 있었다. 진진손陳振孫은 개운開運 병오(946)년에 판각한 고경본 《구경자양》 한 권을 갖고 있었는데 그가 소장한 책 중 가장 오래된 판본이었다. 길주주학吉州州學 장서각에는 보경寶慶 2년(1226) 후당 장흥년과 후주 광순년에 판각 인쇄한 《구경》을 소장하고 있었다. 청말 조종건趙宗建의 구산루舊山樓[141]에 오대본 《시경》 잔본 1권과 《예기》 잔본 네 권

141_ 청대에는 사대 장서가 이외에 상숙常熟 사람 조종건의 구산루가 있었다. 조종건의 장서는 본래 증조부 조동회趙同滙와 조부 조원개趙元愷 때에 시작되었다. 후에 태평군의 기의로 불에 타버리고 문물들이 모두 흩어져버렸다. 조종건은 소주와 상주 일대에서 다시 책과 서화, 골동품들을 수집하기 시작함과 동시에 소주 왕랑원汪閬源의 장서를 사들였다. 그리곤 옛 물건을 새것으로 개척한다는 의미에서 장서각 이름을 '구산루舊山樓'라 했다. 조종건은 자신의 물건을 사람들에게 보여주지 않았으며 심지어는 섭창치葉昌熾가 방문했을 때도 출타했다고 하며 만나는 것을 피하여 섭창치의 노여움을 샀다. 그래서 섭창치는 그를 '소장가小藏家'라고 비아냥거렸다. 그러나 조종건 말년에 그의 장서들은 이미 산실되기 시작했으며 그의 사후 군벌이 혼란스러울 때 군대들

이 있었는데 그 종적은 알 수가 없다. 현재 중국 내에는 오월의 병진본(후주 현덕 3년, 956), 을축본(송 건덕 3년, 965), 을해(송 개보 8년, 975) 뇌봉탑본 3종의 《보협인경》이 있다. 앞의 두 책은 각각 1권씩 있고 뇌봉탑전 안에 있던 탑도 및 낱장의 보현보살과 문수사리보살상만이 있을 뿐이다.

돈황에서 출토된 오대 세자소판細字小版인 《절운》·《당운》과 천복본天福本 《금강경》, 지장보살·관세음보살·대성비사문천왕상大聖毗沙門天王像(이 둘은 모두 개운 4년)은 프랑스의 폴 펠리오Paul Pelliot(1878~1945)가 도적질해 갔다. 《이십사효압좌문二十四孝押座文》과 아미타불상도 영국의 스타인이 훔쳐갔다. 스웨덴 국왕도 일찍이 현덕본 《보협인경》 한 권을 구매했다[그림 11]. 스웨덴 로열도서관 동방인쇄사 전문가인 S. Edgren은 이것을 모두 영인하여 영어로 길게 고증을 했는데 몇 년 전에 필자에게도 한 권 보내주었다.

오대는 도서간행이 유행하여 적지 않은 장서가가 출현했으니 정의丁顗는 8천 권, 장소張昭와 나소위羅紹威는 각각 1만 권씩을 소장했으며 후당의 왕들은 모두 금백金帛으로 3만 권까지 사들였다. 주 광

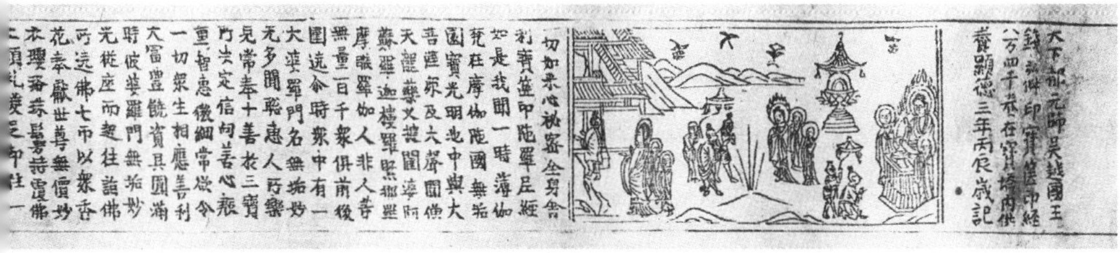

[그림 11] 오대 오월국왕 전홍숙이 현덕 3년 병진(956)년에 인쇄한 《보협인경》. 스웨덴 소장.

이 구산루에 주둔하면서 조종건이 그토록 열심히 구한 장서들은 불쏘시개로 없어져버렸으니 조종건의 생전에는 상상도 못할 일이었다. 현재는 《구산루서목舊山樓書目》에서 구산루 장서의 면모만 살펴볼 수 있을 뿐이다.

순 때에 전민은 초나라 사절로 갈 때 형남荊南을 경유하며 인본《오경》을 남평南平 고종회高從誨에게 보냈다. 이렇게 되어 인본서적이 처음으로 국제적으로 교환하는 선물이 되었다.

종합적으로 볼때 오대의 촉국과 오월의 인쇄사업은 이처럼 발달했으니 중국의 목판 인쇄사에서 실제로 선대를 이어받아 후대를 계몽한 공이 있다. 그러므로 송나라 초기에는 사람을 성도로 보내《대장경》판을 전부 판각했다. 북송 국자감본은 대부분 항주 판각이다. 송대 항주각은 전국의 으뜸으로 북송 항주의 각인 기술은 실제로 오월의 노老 각인장들이 전수하고 지도하여 발전해 온 것이다. 어쩌면 어떤 노 각인장들은 직접 송초 인본서의 생산에 참가했는지도 모르겠다.[35]

4. 인쇄 재료

벼루 남당에서는 흡주歙州에 연무관硯務官을 설치하고 해마다 관에서 쓰는 벼루를 제조했는데 무원婺源 용미산석龍尾山石을 사용하였고 이를 '흡연歙硯'이라고 한다. 송나라 왕벽지王闢之는 "후주後主는 붓과 종이에 몹시 마음을 썼으니 그가 사용한 징심당지 · 이정규李廷珪 먹 · 용미석연 세 가지는 천하의 으뜸으로 친다. 이후주가 죽은 후로 용미석은 다시 나오지 않았다"고 했다. 북경 고궁에는 지금도 구양수가 사용했던 남당의 관연官硯이 소장되어 있다.

먹 남당에서는 묵무관墨務官을 설치하고 "묵장墨匠을 해동에서 구한다"고 했는데 해동은 바로 고려를 말한다. 고려가 거란에 보내는 예물 속에는 늘상 '대지세묵大紙細墨'이 있었다. 요나라 정부는 《장경》을 인쇄 제조할 때 "깨어진 신라먹을 찹쌀풀로 붙혀" 썼다고 하며, 먹을 노래한 소동파의 시에도 "진기한 재료는 낙랑에서 취한다"라는 구절이 있다.[142] 이로써 고려의 종이와 먹이 고대부터 유명했음을 알 수 있다. 남당의 이정규 먹은 천하의 명품으로 그의 아버지 이초李超의 비결을 전수받았고, 이 밖에도 아마 고려의 훌륭한 장인과 관계가 있을 것 같다. 어떤 사람이 이정규 먹을 연못 속에 빠뜨렸다가 1년 후에 꺼냈는데 먹의 광택과 색이 변하지 않고 표면과 속이 모두 새것과 같았다고 한다. 송 선화 초기에 황금은 구할 수 있어도 이정규 먹은 구할 수 없을 정도였다.

142_ 전체 시 내용은 다음과 같다.
〈孫莘老寄墨四首〉
徂徠無老松, 易水無良工.
珍材取樂浪, 妙手惟潘翁.
魚胞熟萬杵, 犀角盤雙龍.
墨成不敢用, 進入蓬萊宮.
蓬萊春晝永, 玉殿明房櫳.
金箋灑飛白, 瑞霧縈長虹.
遙憐醉常侍, 一笑開天容.
溪石琢馬肝, 剡藤開玉版.
噓噓雲霧出, 奕奕龍蛇綰.
此中有何好, 秀色紛滿眼.
故人歸天祿, 古漆窺蠹簡.
隃糜給尚方, 老手擅編劃.
分餘幸見及, 流落一歎赧.
我貧如饑鼠, 長夜空咬齧.
瓦池研灶煤, 葦管書柿葉.
近者唐夫子, 遠致烏玉玦.
先生又繼之, 圭璧爛箱篋.
晴窗洗硯坐, 蛇蚓稍蟠結.
便有好事人, 敲門求醉帖.
吾窮本坐詩, 久服朋友戒.
五年江湖上, 閉口洗殘債.
今來復稍稍, 快癢如爬疥.
先生不譏訶, 又複寄詩械.
幽光發奇思, 點黮出荒怪.
詩成一自笑, 故疾逢蝦蟹.

종이 남당에서는 지무관紙務官을 설치했으며 "제지공은 촉에서 구한다"고 했다. 징심당지澄心堂紙는 촉지역의 훌륭한 장인들의 손에서 제조되었다. 남당은 국내외의 훌륭한 기예를 가진 장인들을 이용하여 징심당지를 제조했으며 "한 장 값이 백금도 불허했다"고 한다. 이정규 먹은 고금에서 제일이다. 당대에 익주는 대소황마지로 유명했으며 오대에도 여전히 훌륭한 장인이 있어 종이를 만들어내니 당연히 다른 종이와는 달랐다. 오월국 온주에서 제조된 견지蠲紙[143]는 희고 매끄러운 것이 고려 종이를 뛰어넘었다. 전씨錢氏[144] 서적은 대부분 항주의 등지藤紙를 가져다가 필사했다. 촉과 오월의 종이는 글을 쓰는 용도 이외에 자연히 인쇄용으로도 사용되었다.

143_ 고대에 질이 좋은 종이의 한 종류로 당송 시대에 온주 등지에서 제조하였다. 종이질은 희고 매끄러워 징심당지澄心堂紙나 고려지高麗紙와 같은 종류다. 대부분 진상품으로 사용하였고 오대 이후에는 기록에서만 볼 수 있을 뿐이다.

144_ 전홍숙을 말한다.

송대(960~1279)
목판 인쇄의 황금시대

1. 총 론

후주 말에 군관 조광윤趙匡胤은 진교陳橋에서 쿠데타를 일으켜 정권을 탈취하고 송나라를 건립했다. 수도는 여전히 개봉에 두었고 자신은 송 태조(960~976)가 되었다. 태조와 그의 아우 태종 조광의趙匡義(939~997)는 차례로 형남·후촉·남한·남당·오월과 북한을 평정하고 당말 오대의 장기간에 걸친 사분오열의 할거국면을 종식시키니 중국은 다시 한번 통일을 이루어 역사에 커다란 공헌을 했다.

태조는 역사경험의 교훈을 받아들여 정권을 공고히 하기 위해 먼저 "한잔 술로 병권을 해제시키고"[145] 문신을 기용해 지주사知州事[146]

145_ 태조 조광윤은 961년의 어느 날 연회를 열고 석수신 등 장수들을 초대하고는 "내가 황제가 된 것은 모두 신들에게 의지한 바가 크도다. 그러나 황제가 되고 난 후에는 오히려 밤마다 불안하여 잠을 잘 수가 없도다"라고 말했다. 그러자 석수신 등이 급히 그 이유를 물었다. 태조는 "만일 어느 날 그대들의 부하가 부귀와 권세를 탐내서 황포를 그대들의 몸에 입혀 준다면 그때는 그대들도 어쩔 수 없을 것이네"라고 대답했다. 그러면서 "그대들이 병권을 포기하고 좋은 전답을 사서 부귀를 향유하며 평생을 보내는 것이 어떠하오? 그리되면 군신 간에 서로 의심도 사라지니 그 또한 좋지 않겠소?"라고 하였다. 석수신 등이 이에 황제의 의중을 알아차리고 다음 날 모두들 병을 핑계로 사직하고는

에 임명하고 군권 · 정권 · 재산권을 모두 중앙으로 귀속시켰다. 정부가 문을 중시하고 무를 경시하는 정책을 실시함에 따라 무신에 대한 과도한 경계는 국방역량을 약화시켰고 종종 이민족의 침략을 받게 되자 무턱대고 양보하고, 굴욕적인 화의를 하여 매년 대량의 은과 비단으로 일시적 평화를 구하기에 이르렀다.

통치집단 내부의 갈등으로 인해 신당과 구당의 반복적인 투쟁으로 채경蔡京 · 동관童貫은 매관매직을 하면서 부패가 극에 달했고 또한 금나라와 연맹하여 요나라를 멸하는 착오를 범하기도 했다. 요나라가 멸망하자 휘종徽宗과 흠종欽宗 부자 역시 금나라의 포로가 되었다.

고종 조구趙構(1107~1187)는 창졸간에 강을 건너 천도하여 잠시 숨돌릴 사이도 없이 금나라를 향해 '신'이라고 하면서 일시적인 평안을 도모했다. 이럼에도 불구하고 통치자는 천도한 항주를 변주汴州로 착각하여 취생몽사하며 가무로 태평성대를 구가하다가 끝내는 원나라 군대에게 멸망했다.

송초 통치자는 각종 방법을 채택하여 농촌경제를 회복하고, 황무지 수백만경을 개간하고 또 강물을 막아 경작지를 만들고 차례차례 1만여 곳에 수리공사를 했다. 남도 후에는 황하유역 전부를 상실하고 겨우 양자강과 회하淮河 이남의 반쪽 산하만을 갖고 있었으나 개발을 통해 부국이 되었다. 강남동서로江南東西路는 찻잎 · 야철 · 황금과 비단 · 쌀 생산에 유리했고 수입도 풍부했다. 복건로는 관개가 편리하여 흉년 걱정이 없었다. 사천 역시 부유했다. 양절로兩浙路는

병권을 내놓았다. 역사에서는 이 사건을 "한잔 술로 병권을 해제했다[杯酒釋兵權]"라고 한다(《중국역사박물관》 6, 강영매 역, 범우사, 2004).

146_ 지주사는 송나라에 설립된 관제다. 주의 장관으로 이품 이상의 문신이 담당했다. 주의 실제적인 관리자는 통판通判이다.

물고기 · 쌀 · 소금 · 포목의 주산지로서 당시에는 "소주와 호주의 수확량이면 천하 사람이 충족하다"는 말이 있었으며 지금도 소주와 호주는 여전히 곡창지대다. 남송초에 장사長沙는 연속적으로 38년간 풍년이 들어서 쌀 한말에 2~3전이었고 도시마다 인가가 밀집하고, 촌락마다 경치가 아름다웠다. 그래서 남방은 전국의 경제중심지가 되었고 농촌도 부유하여 재정수입이 증가했고 또한 시장과 선박에서의 수입도 있었다. 효종 조신趙眘(1127~1194) 순희淳熙 13년에는 국고에 저축된 금이 80만 냥, 은이 186만여 냥이 있었고 사용할 수 있는 민전緡錢[147]이 항상 5백만~6백만이나 있었다.[36]

송대 정부는 교육을 중시하여 경성에는 국자감 · 사문학四門學 · 종학宗學 · 무학武學 · 율학 · 산학算學 · 서학書學 · 화학畵學 · 의학을 설치했다. 산학생은 210명, 의학생은 300명이었다. 원우元祐 8년에는 태학의 생원이 3,100여 명이었다. 지방에도 군학, 현학 및 서원이 있었다. 학생이 많았으므로 자연히 대량의 교과서와 참고서가 필요했다.

생산력 및 교육의 발달로 인해 송대 과학기술은 전에 없이 발전했다. 대량으로 금 · 은 · 구리 · 철 · 납 · 주석을 채굴했고, 석탄으로 철을 제련하고, 담반膽礬을 이용해 구리를 분리해내고, 지남침을 항해에 응용하고, 화약을 전쟁에 사용했다. 수륙교통과 상업도 모두 비교적 발달했으니 통행에 거침이 없어 수도 변경汴京과 임안臨安은 이전에 없던 번영을 이루어 당시 세계 최대의 도시가 되었다.

송대 수공에도 아주 발달했는데 견직업의 비단생산은 급속히 증가했고, 균요鈞窯[148] · 여요汝窯[149] · 정요定窯[150] · 월요越窯 · 용천요龍

147_ 민전은 천문千文을 한 꾸러미에 꿴 동전을 말한다.

148_ 균요는 균주鈞州(지금의 하남성 우현禹縣)에 있었으므로 이런 이름이 붙었다. 송대 5대명요名窯 가운데 하나다. 당나라 때부터 자기를 구웠으며 북송

泉窯[151] 및 경덕진景德鎭[152]의 아름다운 자기가 대량으로 수출되었다.

때 번성하였고 송금을 거쳐 원대까지 성행했다. 균대요鈞臺窯는 송대의 수많은 균요 중에서도 가장 대표적이다. 균요의 태질은 몹시 세밀하고 유약은 화려하고 그 색상의 종류는 세기 어려울 정도로 많다.

149_ 명대 문인들은 송대의 5대 명요 중 한 곳인 여요汝窯를 최고라 여겨 이를 '천하제일의 요'라 칭하였다. 여요는 지금의 하남성 보풍寶豊의 청량점淸涼店에 있었다. 여요에서는 황실에서 쓰는 청자를 주로 만들었고 제작 기간도 20여 년에 불과해 오늘날까지 전해져 내려오는 자기가 많지는 않다. 여요의 청자는 옅은 푸른빛 혹은 맑은 청색빛을 띠고 있어 마치 맑은 물빛, 하늘빛, 오리알의 푸른빛과도 같다. 그 빛깔은 회색빛이지만 어둡지 않고 청색이지만 짙지 않고 푸른색이지만 비취색은 아니다. 유약을 칠한 겉면은 영롱하게 빛이 나 옥과 같은 느낌을 주며 희미하고 자잘한 금이 나 있다. 자기의 모양은 옛것을 본떠 만들었고 세洗, 화로, 술잔, 사발, 접시 등이 대부분이며 단색의 민무늬 자기가 많다. 하늘처럼 푸른 바탕색은 차분하며 광택 또한 적어 여요의 청자는 중후하면서도 고운 느낌을 준다.

150_ 정요는 송대 5대 명요 가운데 한 곳으로 당나라 때부터 백자를 제작해 왔다. 송대 후기에 이르러 정요의 백자는 더욱 유명세를 탔다. 백자 외에도 고온에서 백자에 유약을 입혀 만든 흑자黑瓷·자유紫釉·녹유綠釉·백유척화白釉剔花 등의 자기가 만들어졌으며 대량으로 문양 장식을 더함으로써 더욱 사랑을 받게 되었다. 정요 자기에는 각화·획화·인화·회금화繪金花 등의 장식 기법이 사용되었다. 정요에 새긴 무늬에서 자주 볼 수 있는 것은 꽃과 과일, 연꽃과 오리, 구름과 용 등의 문양에 얇게 윤곽을 그려 대비가 되게 하고 입체감을 주어 주제가 더욱 돋보이게 했다. 정요 자기의 태질은 얇고 견고하며 유색이 다양하게 쓰이기 때문에 문양내용은 생활의 느낌이 풍부하다. 뿐만 아니라 이런 자기들은 사람들이 보편적으로 원하던 것과 부합되었기 때문에 정요 자기는 송대에서 줄곧 쇠락하지 않고 오래도록 생산될 수 있었다.

151_ 용천요는 지금의 절강성 서남부에 있던 도요로 북송시대 중반 월요가 몰락해가는 상황에서 월요의 전통을 이어받아 청자를 주로 제작하던 가마다. 남송시대에 전성기를 누렸으며 월요 청자를 생산하는 대표적인 가마가 되었다. 채색노자기가 출현하기 이전인 송대에는 청자가 주를 이루었다. 송대에는 남과 북, 관요官窯와 민요民窯 등에서 모두 청자를 활발히 제작했으며 형태와 색채가 다양해 제각기 장점을 가지고 있었다. 그중에서도 용천요가 두각을 나타낼 수 있었던 것은 전통에 새로움을 가미했기 때문이다. 용천요는 분청유와 매자청 등 특수한 자기를 만들었다. 용천요는 다양한 장식기법을 사용해 자기를 생산했다.

152_ 중국 "4대 명진名鎭" 가운데 하나인 경덕진은 처음에는 창남진昌南鎭이라 불리웠는데, 후에 도예업이 성행하자 도양진陶陽鎭이라고 부르게 되었다. 동

인본 서적 역시 국내외 상품으로 《대장경》은 정부에서 외국으로 보내는 예물품이 되었다. 인쇄 자료 중 특히 지묵의 품질과 생산량은 전 시대를 넘어섰으며 지묵은 인쇄업의 물질적 기초가 되었다.

천도 후에 정부중심이 남쪽으로 옮겨오자 인구도 대대적으로 남쪽으로 이전했다. 남송초 문학가인 진여의陳與義·신기질辛棄疾·이청조李淸照·사달조史達祖와 화가 이당李唐·소한신蘇漢臣과 무장 악비岳飛·한세충韓世忠·유기劉錡·오개吳玠 등은 모두 북방사람이다. 강남 경제가 번영하자 문화 진보도 신속해졌다. 남방시인으로는 육유陸游·범성대范成大·양만리楊萬里·우무尤袤가 있고, 철학가로는 주희朱熹·육구연陸九淵·진량陳亮·섭적葉適이 있다. 사학가로는 이도李燾·이심전李心傳·정초鄭樵·원추袁樞 등의 인재를 배출했으며 모두 풍부한 저술서가 있다. 통계에 의하면 남송 재상은 62명인데 그 중 절강 사람이 20명, 강서·복건은 모두 18명이라고 한다. 또 절강의 사인詞人은 138명이고 강서는 78명, 복건은 63명이다. 화가도 절강사람이 많은데 69명이다. 그래서 홍매는 "칠민七閩[153]·이절二浙과 강서 강동은 시서詩書가 최고며 안정적이고 거리낌이 없어 인재가 많으니 천하의 으뜸이다"고 말했다. 당시 의관과 문물의 성대함

진 시기에는 신평진新平鎭이라고 개명하였다. 당대에는 신창현新昌縣으로 이름이 바뀌었다. 북송 경덕 원년(1004)에 다시 진으로 승격하였다. 진종眞宗 때에 이 지역에서 생산된 어용자기는 전부 경덕연호를 쓰고 있으므로 '경덕진'이라는 이름이 있게 되었다. 경덕진은 송대에 제조된 '영청자影靑瓷'로 더욱 널리 세상에 이름이 알려졌다. 원나라 때는 이곳에 부량자국浮梁瓷局을 설치하였으며 명나라 때는 어기창御器廠을 설치하여, 경덕진은 명실상부한 '자기의 고장'이 되어 지금까지 명성을 얻고 있다. 이 고장은 또한 차茶시장으로도 세상에 이름을 날리고 있다(이상 주 148~152는 《중국역사박물관》 6, 강영매 역, 범우사, 2004, 94~95쪽 참소).

153_ 고대에는 복건성과 절강성 남부의 민사람을 지칭했다. 고대에 이 지역은 7개 민족이 있었기 때문에 이런 호칭이 생겼다. 후에는 복건성을 민, 또는 칠민이라 했다.

을 말할 때는 반드시 칠민을 거론했다. 금릉金陵(지금의 남경)은 사대부들이 모여드는 곳이었고 온주溫州는 동남에서 사대부들이 가장 많은 곳이었으니 건염建炎부터 가희嘉熙까지 백여 년간 전국에서 과거에 급제한 사람이 15,800명이었다.

송 태종 이래로 여러 제왕들은 각각 어제御製 문집이 있다. 인종(1023~1063)은 비백서飛白書[154]를 만들었고 휘종(1101~1125)은 수금체瘦金體[155]를 만들었으며 회화에 특히 뛰어났다. 고종은 해서석경이 있다. 명나라 구준丘濬의 《대학연의보大學衍義補》에 "송나라는 문치를 했는데 서적에 관한 일은 특히 마음을 썼다. 역대로 계승되면서 더욱 숭상했다"고 기록되어 있다. 북송과 남송의 군주들은 서적을 현상 구입했으며 적게는 금백으로 상환하고 크게는 관직을 수여했다. 송초에는 1만여 권의 서적이 있었다. 인종 때에 《숭문총목崇文總目》을 편찬했는데 수록된 책은 모두 3만여 권이었다. 휘종 때에는 선비와 백성들이 갖고 있는 장서를 구매하도록 조서를 내리고, 또한 민간에서 판각 간행한 기서奇書도 구하도록 했다. '정강의 난[靖康之亂]' 때 관의 장서각에 모아두었던 도서들이 완전히 없어졌다. 고종은 또

154_ 비백서는 '초전草篆'이라고도 하는데 후한 때 채옹蔡邕이 만들었다고 하니 여기서 인종이 만들었다고 하는 것은 틀린 말이다. 인종은 이 서체를 즐겨 썼을 뿐이다. 비백서는 십체十體의 하나로 팔분八分과 비슷한 서체지만 획을 나는 듯이 그어 그림처럼 쓴 글씨체이다. 북송의 황백사黃伯思는 "실 같은 것이 나와서 백白이라 하였고, 그 모습이 나는 것 같아서 비飛라고 한다"고 했다. 역대 제왕들 중 당 태종 · 송 태종 · 송 진종 · 송 인종이 이 서체를 즐겨 썼다. 송 인종은 단오절이 되면 신하들에게 비백서로 쓴 부채[飛白書扇]을 선물했다고 한다.

155_ 수금체는 송 휘종(조길趙佶, 1082~1135)이 창조한 서법의 글씨체로 '수금서瘦金書' 또는 '수근체瘦筋體'라고도 하며 해서체의 일종이다. 휘종은 어려서부터 설직薛稷 · 황정견 · 저수량褚遂良같은 서예가들을 학습했으며 자신의 독특한 풍격인 '수금체'를 만들어 내었다. 이 체의 특징은 가늘면서도 힘이 있고 수려하며 조화롭게 관통하고 있다.

여러 차례 책을 헌상한 자에게 상을 내렸다. 효종 때에는 도서를 종류별로 순서를 정했는데 4만여 권이었다. 영종寧宗 때에 또 1만여 권을 구했으며 이로써 북송에 비해 장서가 더욱 증가했다. 당시 어떤 사람이 비각비본秘閣秘本을 몰래 간행한 것은 밖에서 이익을 취하기 위함이었다.

송나라 통치자들은 국가도서관의 장서를 보충하는 데 열심이었을 뿐만 아니라 봉건문화를 선전하기 위해 더욱 대대적으로 도서 간행을 제창했다. 국자감 등에서는 유가경전 · 사자의서史子醫書를 간행하여 각 지역에 반포하는 외에 인쇄매매를 허가했다. 또한 불교와 도교를 숭상하여 "삼교에서 펼치는 그 취지는 똑같다"라고 여겨 불장佛藏과 도장道藏을 판각했다.

대중상부大中祥符 9년(1016)에 무극근毋克勤은 "그의 선조 무소예가 판각한 《문선》 · 《초학기》 · 《육첩》 등 여러 판들을 헌상하여 삼반봉직三班奉職[37][156]에 임명"되었다. 무극근은 도서 간행으로 돈을 벌어 천금을 쌓았고 또 서판을 헌상하여 관직까지 얻었다. 홍매가 《만수당인절구萬首唐人絶句》를 판각하자 황제는 그 심오함을 칭찬하고 차와 향, 금그릇을 하사했다. 여조겸呂祖謙이 《송문선》을 편집해 진헌하자 은 3백 냥과 비단 3백 필을 상으로 하사했다. 이런 커다란 상이 있게 되니 자연스럽게 서적을 간행하는 사람들에게 격려가 되었다.

남송 지방관의 도서 간행도 일시적인 풍조가 되었다. 육유는 "근세의 사대부들이 도서 간행을 좋아하게 되었다"고 했고, 왕명청은 "근년에 군부郡府에서도 문적을 많이 간행한다"고 했다. 육유 부자 · 범성대 · 양만리 · 주희 · 장식張栻 등 1백여 명은 각지에서 관직에

156_ 송나라 때 무관직은 동東 · 서西 · 횡橫 3반三班으로 나뉘었다. 무관직에 처음 들어오면 삼반차직三班借職에 오르고 그 후에 삼반봉직에 오른다. 차례대로 승진하면 최고 절도사까지 오를 수 있었다.

있을 때 모두 책을 간행했다.[38] 이들 중 자신의 저서를 간행한 사람도 있는데 오군의 호원질胡元質은 자신의 저서인 《좌씨적기左氏摘奇》를 당도도원當塗道院에서 간행했다. 또는 조상의 저서를 간행하기도 했는데 소후蘇詡는 균양筠陽에서 자신의 증조부인 소철의 《난성집欒城集》을 간행했다. 조자건晁子建은 정주汀洲 지사로 있을 때 조부 조열지晁說之의 《숭산문집嵩山文集》을 간행했고, 홍준洪遵은 건강 태수로 있을 때 아버지 홍호洪皓의 《송막기문松漠紀聞》을 간행했다. 혹은 지방의 현인이나 유명한 관리의 저서를 간행하기도 했는데 조번로趙磻老는 합비의 임시 태수로 있을 때 《효숙포공주의孝肅包公奏議》를 간행했고, 홍적洪適은 소흥부의 지사로 있을 때 왕충의 《논형論衡》과 당월唐越 태수 원미지元微之[157]의 《장경집長庚集》을 간행했다. 공무 이외의 여가에는 수하 관원들과 함께 새긴 글을 교감한 일은 아름다운 업적으로 후세에서도 따라할 수 없는 일이다. 각지의 사대부들이 스승이나 친구의 저술을 간행하거나 집안에 소장된 선본간행물을 유통하는 자는 셀 수 없이 많았다.

순희 13년(1186) 비서랑 막숙광莫叔光이 "지금 태평세월이 오래되어 사방의 온 나라 사람들이 더욱 전적을 중시하고 있습니다. 무릇 사대부들이 대대로 소장하고 있던 선본을 외지의 감사監司와 군수郡守가 찾고 구하여 종종 판각하여 관판서로 만들고 있고 각자 부임한 소재지에서 목판 인쇄 발행하고 있습니다"하고 상소를 올렸다.[39] 송대에는 지방기관인 안무사사按撫使司·다염사茶鹽司·조사漕司[158]·제형사提刑司[159]·전운사轉運司[160]·군재郡齋[161]·현재縣齋·군

157_ 원진元稹(779~831)을 말한다.

158_ 송대의 관직명으로 전운사轉運使라고도 한다. 조광윤은 전국 행정구역을 13도로 나누어 각 도에 전운사를 설치했다. 조광의는 다시 15로路로 나누고 그 직책을 강화하였다. 송 휘종 숭녕 4년(1105)에는 24로로 증가되었고 아문

상郡庠[162] · 부학府學[163] · 현학 · 학궁 · 서원 등에서 간행한 도서들은 관의 도서가 되었다. 그 중 군재와 주군학州軍學에서 간행한 것이 비교적 많다. 또 공사고본公使庫本도 있다. 송나라는 각 주군과 변경의 현 모두 공사고를 설립하여 경성으로 가는 관리의 숙식을 제공했다. 사대부가 경성에 갈 때는 식량을 지니고 가지 않아도 되고 비용을 절약하면 여유롭게 집에 돌아올 수도 있었다. 공사고는 이른바 공사전公使錢 또는 공사고초전醋錢이라는 명목으로 무료로 관리를 초대하는 이외에도 돈이 남으면 책을 간행했다. 인서국印書局을 설치한 곳도 있는데 천주泉州의 공사고인서국 같은 곳에서는 순희 10년(1183)에 《사마온공집》을 간행했다. 지방관의 도서간행은 또 공금을 운용하기도 하여 태주지주 당중우唐仲友 는 공금을 이용해 《소자부집小字賦集》을 처음 간행했고, 순경荀卿 · 양웅楊雄 · 한유韓愈 · 왕통王通에 관한 서적을 2백여 명에게 선물한 것을 제외하고도 4백 부를 무주 자신의 본가 서방에서 발매하도록 보냈다. 당시 당중우처럼 공무를 앞세워 개인의 이익을 챙기면서 도서 간행을 부수입으로 하는 사람도 당연히 적지 않았다.

송대는 관리대우에 있어서 역사상 보기 드물게 후했다. 조정의 정

에 설치한 전운사를 또 '조사漕司'라고 불렀다. 이 명칭으로 볼 때 조운을 담당하던 관직의 중요함을 알 수 있다.

159_ 관서명官署名으로 송대 중앙에서 '로路'에 파견한 1급 사법기구로 간칭 '제형사' · '헌사憲司' · '헌대憲臺'라고도 한다. 관할하고 있는 주부州府의 사법 심판 사무를 관리 감독하였다.

160_ 전운사의 직책은 중앙 재정과 지방 재정을 중개하여 연결하는 것이다. 이를 위해 위의 상황을 아래에 전달하고 아래의 상황을 위에 전달한다.

161_ 군수郡守가 기거하는 곳을 말한다. 이 책에는 이 용어가 수없이 나온다.

162_ 상庠은 고대에 학교라는 뜻으로 군상郡庠은 고대에 주군리州郡里에 세웠던 공립학교다.

163_ 부학은 중국 고대 관에서 세운 교육기관이다.

식 봉급은 재상이 월 300천千[164]과 녹미祿米로 월 1백 석을 지급했고[165] 육조상서六曹尙書 녹봉은 60천이고 원래 수행 종복의 의복과 식량도 주었는데 재상과 추밀사에게는 각각 70명이었다. 이밖에 또 차, 술, 부식비와 땔감·약쑥·석탄·소금과 말먹이 건초와 사료, 밀가루와 양 먹이 등을 지급했다.

외지의 관리들은 공용전·직전職田·차탕전茶湯錢 등이 있었다. 봉급제였지만 실물 공급제가 첨가되었다. 그러므로 밀주密州 관찰사를 사직한 왕영종王永從 일가는 사계思溪에 원각선원圓覺禪院을 세우고 보탑 11층을 만들 수 있었고 또 사재를 희사하여 독자적으로 《대장경》을 판각할 수 있는 능력이 되었다. 창주의 풍즙馮楫은 녹봉으로 대소장을 각각 48장藏을 인쇄할 수 있었으니 그들 재력의 풍부함과 당시 지묵재료의 풍성함을 알 수 있다.

도서간행 매매는 이익이 있어 도모할 만한 일이었으므로 개봉·임안·구주衢州·건녕·장주·성도·미산眉山[166] 등에서 분분히 서방을 설립했다. 그래서 "평민들도 서로 판각을 하여 의식을 취했다"

164_ 여기서 千은 화폐의 단위다. 1千錢은 1관貫이다.

165_ 1품에서 종9품까지의 '송대관봉표宋代官俸表'에 의하면 재상의 연봉은 1만 냥이다. 연봉 이외에 재상과 추밀사에게는 녹미 100석·능綾 40필·견絹 60필·면綿 100냥, 월마다 땔감 1200속束, 매년 석탄 1600칭稱, 소금 7석, 수행 종복 의복과 식량 70인분을 주었다. 참지정사參知政事는 녹미 100석, 능 20필, 견 30필, 면 50냥, 수행종복 의복과 식량 50인분, 월 땔감 400속, 매년 석탄 360칭, 소금 2석을 발급했다. 여기서 언급한 것과는 약간의 차이가 있다.

166_ 미산은 사천성 분지 성도 평원 서남부 민강岷江 중류에 있다. 북으로는 성도成都, 남으로는 낙산樂山이 있다. 미산시는 성도에서 70km, 아미산으로부터 80km, 낙산대불로부터 60km 거리에 있다. 미산 근교에 있는 작은 산의 이름이 미산인데 멀리서 보면 마치 눈썹처럼 생겨서 이런 지명이 나왔다고 한다. 이곳 출신으로는 대문호인 소순, 소식, 소철 3형제와 장안화파長安畫派의 창시자이자 '동방범고東方梵高'로 불리는 화가 석로石魯, 유명 화가이자 시인이며 미술교육가인 풍건오馮建吳가 있다. 본서에 미산이라는 지명이 자주 나오므로 주를 달았다.

는 말이 있을 정도였다. 개인 서당과 사원에서도 모두 판각을 했으니 송대는 관민 도서간행이 가장 성행했고 목판 인쇄사상의 황금시대가 되었다.

송초에 도서간행은 비교적 적고 또 필사로 생업을 하는 사람도 있었으니 두정杜鼎 같은 이는 손사막孫思邈[167]의 《천금방千金方》을 필사하여 그것을 팔아 생계를 유지했다. 진종 · 인종 대에 이르러서야 도서 간행이 성행하기 시작했다. 홍매는 "송나라 초기에는 오대 말기 전란으로 떠돌던 뒤라서 인쇄된 서적이 극히 적었다"고 했다. 한기韓琦는 "젊었을 때 집이 가난하여 공부하는데 종이가 없었고 당시에는 인쇄된 책이 아주 적어서 문자는 모두 손으로 썼다"[40]고 했다. 소식(1036~1101)은 "내가 노유학자들을 뵈었는데 소싯적에 《사기》·《한서》를 손수 써서 밤낮으로 독송했다고 하셨는데 나는 아마도 그에 미치지 못할 것 같다. 근래에 시정사람들이 서로 돌아가면서 번각하니 제자백가의 책들이 날마다 만 장의 종이로 전해지고, 학자들도 많은 책을 쉽게 갖게 되었다"고 했다.[41] 진종 때에는 국자감 서판書板이 10만여 개가 있었으니 송초에 비하여 10배가 증가했다. 인종 때에는 의서와 《칠사七史》를 대량으로 교감 간행했으며 지화至和 2년(1055)에 구양수는 《논조인문자찰자論雕印文字札子》에서 "근래에 목판인쇄가 아주 많다"고 했다. 신종 희녕(1068~1077) 이후로는 멋대로 서적 출판 금지를 해제하여 출판이 자유로워져 각종 인본들이 자연스럽게 많아졌다. 남송 고종 말기 · 효종 · 광종 · 영종寧宗 · 이종 때에 최고로 성행했다. 위료옹魏了翁은 "당말부터 오대말 이래 처음으로

167_ 손사막(581~682)은 당나라 경조화원京兆華原(지금의 섬서성 동천시銅川市) 사람이다. 당나라 때의 유명한 도사이자 의약학가다. 중국에서만이 아니라 세계적으로 위대한 의학가이며 약물학자로 후대에서는 그를 '약왕藥王'이라고 칭하고 있다. 수많은 중국인들은 그를 '의신醫神'으로 받들고 있다.

도서가 인쇄되었는데 근세에 이르러 더욱 많아지고 민閩・절浙・용촉庸蜀[168]에서 간행된 도서가 천하에 널리 퍼져 있다"[42]고 말했다. 원나라의 오징吳澄(1249~1333) 역시 "송 3백 년간 목판 인쇄가 성시를 이루었고 만천하에 퍼졌다. 비장의 도서를 집안에 두는 사람도 많았다. 한漢 이전처럼 친히 들려주어야 했던 어려움도 없고, 당 이전처럼 친히 필사하던 수고로움도 없게 되어 읽는 사람은 일이 반으로 줄어들고 공은 배로 되니 얼마나 다행인가!"라고 했다. 송대의 목판 인쇄 서적은 필사를 대체하여 독자들에게 아주 큰 편리함을 주고 과학 기술 문화를 크게 발전시켰다.

송대 도서간행의 특징은 세 가지가 있다.

첫째는 정부에서 중시했고 지방관에서 제창한 점이다. 둘째는 간행지역의 보급으로 남송 15로路 중 도서간행을 하지 않는 곳은 한 곳도 없었다. 그중에서도 민・절・촉 지역이 가장 많았다. 셋째는 판각본 내용이 풍부하고 품질과 종류가 모두 완전하며 인쇄가 아름다워 후세에도 따라갈 수 없다. 인쇄사상 가장 중요한 것은 평민인 필승畢昇이 발명한 활자판이다.

송대 판각본은 수만 부에 이를 것으로 보는데 명대 재상인 엄숭嚴嵩이 재산을 몰수당할 때 그중에 송판본 서적이 6,853부[43]가 있었다고 한다. 지금까지 전해지는 것으로는 중국내에 1,000여 부가 남아 있고 그 중 대만臺灣에 약 200부가 있으며 잔본과 복본도 많이 있다.[44]

168_ 사천을 말한다. 용庸은 사천 동쪽 기주夔州 일대이고 촉은 성도成都 일대이다.

2. 간행장소

송 원풍 연간에 천하는 23로路로 나뉘었다가 선화 연간에는 26로가 되었다.[45] '정강의 난' 이후 중원은 침몰했다. 변경(동경) 개봉부는 금나라 군대에게 파괴당하고 모든 것이 깨끗이 불태워졌다. 송나라 손적孫覿은 "아아, 정강의 난 이후로 비장의 도서들과 사가私家의 도서들이 시장에서 팔리고 태워버리니 남는 것이 없구나"[46] 하고 한탄했다. 그리고 또 적지 않은 서적과 인판은 전리품이 되어 금나라 중도中都(지금의 북경)로 가져갔다. 90년이 지나 금나라 통치자가 몽골의 위협을 피하기 위해 정우貞祐 2년(1214)에 약탈해갔던 도서와 보물을 싣고 개봉(지금의 남경)으로 왔다. 즉 3만 수레의 도서와 낙타 3천 두에 보물을 싣고 개봉으로 왔다.[47] 후에 몽골군의 방화로 문물도서는 전부 훼손되었다. 이리하여 지금까지 전해오는 북송과 금나라의 서적이 매우 적다. 북송의 도서간행 지점은 고증할 수 있는 곳이 불과 30여 곳밖에 없지만[48] 남송은 2백여 곳에 이른다. 현재 북송의 간행 장소를 간단히 서술하겠다.

북송은 출판 중심도시인 변경 · 항주 · 성도 · 복주 이외에도 고증할 수 있는 간행지역은 다음과 같다. 지응천부겸유수사知應天府[169]兼留守司 주기周起가 《이이창화시二李倡和詩》를 간행했고, 하북동로 창주滄州 귀화진歸化鎭의 창미원彰微院에서는 《관미륵보살상생도솔천경소觀彌勒菩薩上生兜率天經疏》(천성 2년)를 간행했다. 경서남로 신양의 왕중량王仲良은 대자본 《도연명집》을 간행했고(선화 4년), 하북로 태원부에서는 당나라 이장李璋의 《진양사적잡기晉陽事迹雜記》(치평 연간)

169_ 북송 때의 응천부는 지금의 하남성 상구시商丘市이고 명나라 때의 응천부는 지금의 강소성 남경을 말한다. 여기서는 북송 때의 일이므로 상구시를 말한다.

와 해인방씨본解人龐氏本의 《정화경사증류비용본초政和經史證類備用本草》를 간행했고, 강주絳州 곽하郭下[170] 불제자 송수진宋守眞은 《불설북두칠성경佛說北斗七星經》 1권(옹희 3년)을 간행하여 보시했다.[49] 양절로에는 월주 판각본 《외대비요방外臺秘要方》(희녕 2년), 명주明州와 사명四明[171]의 신본新本 《유집柳集》(정화 4년), 장안본章安[172]本 《왕형공당백가시선王荊公唐百家詩選》(원부 원년)을 간행했다. 전당판으로는 《전·후한기》·《전국책》 등 여러 종이 있다. 여항에서는 《여씨춘추》(약 원우 9년)를 간행했고, 수주秀州에서는 《문선》(원우 9년)을 교정했고, 염관鹽官[173]에서는 《통전》을 간행했다. 10여 년[174] 전에 항주에서 명도 2년(1033) 호칙胡則(속칭 호공대제胡公大帝라고 하며 영강永康 사람으로 방암方岩에 그의 사당이 있음)이 인쇄하여 보시한 《대비다라니경》이 발견되었다. 그 새기고 인쇄한 것이 몹시 아름다우며 백지절첩장으로 서안瑞安 혜광탑慧光塔에서 출토[175]되었으니 절본浙本으로 보는 것

170_ 곽하郭下는 곽하현郭下縣을 말하는 것으로 몇 가지 설이 있다. 일반적으로 주성州城 근교에 있는 어떤 현을 지칭한다. 그런 반면 부곽현附郭縣은 주 치소州治所에 소재하고 있는 현성縣城을 말한다.

171_ 절강성 영파寧波의 옛 별칭이다. 영파에 있는 사명산四明山에서 이 이름이 유래했다.

172_ 절강성 태주에 있다.

173_ 여기서 염관은 관명이 아니라 절강성에 있는 지명이다.

174_ 이 책의 수정본 서를 2004년에 쓴 것으로 보아 10여 년 전은 1994년 정도로 추론된다.

175_ 1966년 말에서 1967년 초까지 절강성 서안현 선암仙岩에 있는 혜광탑에서 진귀한 불경과 종교예술품이 출토되었다. 이 문물은 모두 69점으로 3점은 청 강희 연간에 탑을 보수할 때 넣은 것이고 나머지는 북송 경력慶曆 3년 이전의 것이었다. 이외에 또 당대에서 북송에 이르는 동전 5백여 점이 나왔다. 혜광탑은 송대에는 선암사탑仙岩寺塔이라고 불렀으며 원대 연우 연간에 지금의 이름으로 바뀌었다. 탑은 6면 7층탑으로 층마다 삼면에 문이 있다. 현지 사람들의 말에 의하면 탑기단 밑의 '용궁龍宮'과 탑신에는 원래 더욱 많은 보물이 있었을 것이라고 한다.

이 타당하다.[176] 소주에는 《두공부집》(가우 4년)·《이한림집李翰林集》(원풍)·《오군도경속기吳郡圖經續記》(원부 원년)·《백씨문집》·《당회요唐會要》 등이 있다. 오강의 주곤朱衮은 《입택총서笠澤總書》(정화 원년)를 간행했고, 강음江陰에서는 《국어》를 간행했고, 강남동로 강녕부에서는 《건강실록建康實錄》(가우 3, 4년)과 《화간집》을 간행했다. 흡현에서는 《황산도경黃山圖經》(원부 3년)을 간행했다. 강남서로 홍주洪州에서는 《궐리세계闕里世系》[177](원풍 말)와 노산본 《백씨문집》이 있다. 길주에서는 구양수의 《육일거사집》(선화 5년)을, 임천에서는 왕안석의 《임천집》을 간행했다. 건주虔州 공현에서는 《불정심관세음보살대다라니경》(가우 8년)을 간행했고, 회남동로 고우군에서는 《금강반야바라밀경》(옹희 2년)을 간행했다. 회남서로 용서본龍舒本 《임천집》도 있다. 형호荊湖남로에는 《불설말겁경佛說末劫經》(숭녕 3년 전)·호남본 《남양활인서南陽活人書》·용릉본舂陵本 《구래공시집寇萊公詩集》(선화 5년)이 있다. 복건로 건안의 채자문蔡子文은 《소자격양집邵子擊壤集》(치평 3년)을, 유인劉麟은 《원씨장경집》(선화 6년)을, 장자章咨는 《편년통재編年通載》를 간행했다. 사천 이주로利州路 평창平昌의 맹씨는 《문선》(천성 4년), 여대방呂大防은 《화양국지》(원풍 7년)를, 광도현廣都縣 북문의 배씨댁宅[178]에서는 《문선》(숭녕 5년~정화 원년)을 간행했다. 영흥군로永興軍路 단주丹州(지금의 선천) 지사 양풍梁風은 《금강반

176_ 서안瑞安은 절강성에 속하는 현급 도시이므로 이렇게 말한 것이다.

177_ 공자의 가계도를 말한다. 지금 산동성 곡부의 공묘孔廟 동쪽 담밖에 있는 궐리가闕里街를 말하는데 공자가 이곳에서 처음으로 강의를 했다고 한다. 후에 이곳에 공묘를 지었는데 성의 거의 전부를 차지하고 있다.

178_ 이 번역에서는 宅의 발음을 두 가지로 하였다. 우리나라의 한국식 한자 발음인 댁은 '양반댁兩班宅' '시댁媤宅' 등으로 다양하게 쓰인다. 여기서는 배씨네를 말하는 것이라서 배씨댁이라고 표기했다. 그러나 宅本인 경우는 그 집에서 간행된 것이라고 보아 택본으로 표기했다.

야경초》(대중상부 9년)를 간행했고 광남동로에 있는 조주潮州의 한문공韓文公 사당에서는 《한창려집》(대관 초), 곡강현曲江縣에서는 《곡강집》(원우)을 간행했다. 광남서로 조사漕司에서는 《맥경脈經》(소성 3년)을 간행했다.[50]

근년에 발견된 북송 인본으로는 1980년 강서성의 서창현瑞昌縣에서 출토된 단공端拱 원년(988)에 판각 인쇄된 《금광명경金光明經》 4권이 있다. 또 소주의 서광사탑瑞光寺塔에서 《묘법연화경》 7권과 《금광명경》 잔권이 발견되었다. 전자는 주서朱書로 천희 원년(1017)의 제기가 쓰여 있으며, 함평 4년(1001) 《대수구다라니경주》와 경덕 2년(1005) 인도의 산스크리트어 경주經咒가 있다.

◆ 개 봉

개봉은 오대의 양梁 · 진晉 · 한 · 주周나라의 도읍이었고 또 북송의 수도로 동경개봉부라고 했다. 개봉에는 변수汴水가 있고 남으로는 회하와 양자강과 서로 접해 있어 당시 하천과 육지의 요충지에 위치해 있는 도시였다. 남방의 곡식 · 차 · 칠漆 · 종이 · 자기 · 비단 · 견, 또 요遼와 서하의 소와 양, 다른 나라의 향료와 약이 모두 개봉으로 집결되어 판매되었다. 태종 때 거주민은 1백만이었고 도처에 상점이 있었다. 송나라의 양걸楊杰은 "도성은 만국의 요충지로서 오래도록 평화롭고 부자집이 즐비하며, 사해四海 국내외의 금은보화가 집결하고 성 안팎의 떠들썩함이 도처에 있으니 이미 많이 얻을 수는 없다"[51]고 했다. 수공업 상업도 몹시 번성했다. 송나라 장택단張擇端[179]은 〈청명상하도清明上河圖〉[180]에서 대단히 생동감있게 시정

179_ 장택단(1085~1145)은 북송의 화가이다. 자는 정도正道고 낭야琅邪 동무東武(지금의 산동성 제성諸城)사람이다. 선화 연간에 한림대조翰林待詔를 하였고 누각, 집, 숲, 인물을 아주 잘 그렸다. 풍속화를 그릴 때는 시가지, 교량, 길

의 번화한 모습을 묘사했다. 그림 속에는 사람들의 왕래가 몹시 빈번하고, 배, 마차, 가마, 말들이 끊임없이 왕래하며 점포가 즐비하다. 금은 장식품과 청동기를 만드는 곳이 있고 관염 · 미곡상 · 잡곡상 · 유병집 · 기름집 · 술집 · 과일집 · 국수가게와 각종 선물용 다식가게 등이 있다. 생선점포에는 "온갖 생선이 다 있으니 단골고객께서는 이 기회를 놓치지 마십시오"라는 글이 써 있다. "오로지 이 집뿐"이라는 야생동물요리집도 있다. 비단집 · 포목점 · 기성복집 · 목

거리, 성곽 등의 묘사가 세밀하고도 치밀하였고 기화起畵(화법의 한 가지로 단청丹靑이나 그림을 그릴 때 채색으로 먼저 무늬를 그린 뒤 색과 색의 구별이 뚜렷하도록 먹으로 윤곽을 다시 그리는 일)가 몹시 정확하였다. 전해오는 작품으로는 《청명상하도》가 있다.

180_ 본문에도 약간의 설명이 나와 있지만 워낙 유명한 그림이라서 좀더 상세한 주를 달아본다.

〈청명상하도〉의 웅대하고 장엄한 화면은 북송 선화宣和 연간의 변하汴河와 그 양쪽 강가의 청명절의 모습을 사실적으로 묘사하고 있다. 긴 두루말이 그림은 세 부분으로 나누어 볼 수 있는데 첫째 부분은 새벽빛에 아침이슬이 빛나는 장면을 시작으로, 교외 강가와 적막한 농촌 마을 어귀를 묘사하고 있다. 그런 가운데 가마와 기마 행렬이 도성 가까이 다가오는 모습이 점점 보인다.

두 번째 부분에서는 변하강 위로 바삐 왕래하고 있는 번화한 정경을 묘사하고 있다. 당시 변하汴河는 중국교통의 중심지로서, 각지의 형형색색의 배들이 모두 이곳에 와서 정박하였다. 변하의 양쪽 육지를 연결해 주는 거대한 아치형 다리는 견고하고 아름다워 마치 무지개가 걸려 있는 것 같아 무지개 다리란 뜻으로 '홍교虹橋'라고 불렀다. 홍교 위아래로 배와 마차와 사람들이 꼬리에 꼬리를 물고 왕래하는 모습이 정교하게 묘사되어 있다. 바로 이 바쁘게 움직이는 긴장되고 바쁜 장면이 《청명상하도》의 절정 부분이다.

마지막 부분은 시가지의 정경을 묘사하고 있다. 기루나 주점, 찻집과 점포, 여인숙과 약방들이 즐비하다. 사농공상 · 승려 · 도사 · 의원 · 마차꾼 · 뱃사공 · 노동자 · 부녀자와 어린이 등이 북적대며 각종 업종들 역시 없는 것이 없다. 거리의 행인들은 아주 바쁘게 어깨를 부딪히며 내왕이 끊이질 않는 모습이 '조태승가趙太丞家'까지 이어지다가 끝이 난다.

당시 사회 실상을 묘사하고 있기 때문에 송대의 도시 사회생활을 이해하고 연구하는 데 있어 아주 중요한 역사적 자료를 제공해주고 있다.

재상 · 잡화상 등도 있다. 현지 약재를 사용하는 '남녀내외약실'과 '소아내외약실'이 있는데 생동적으로 인물의 형상을 묘사하고 있다. 거문고 점포와 그림판매상, 표구서화상도 있다. 또한 집현당 책방이 있고 '태객서방兌客書坊'이라고 붉은 테두리에 흰 천으로 된 간판을 상점 앞에 내걸었고, 어떤 집은 '발태고금서적發兌古今書籍'이라고 쓰여 있다.[52] 성안에 있는 상국사相國寺에서는 《진전국새秦傳國璽[181]》를 새기고 판본을 팔았다.[53] 또 상국사 묘회廟會[182]가 몹시 번화했으며 매월 다섯 번 장이 섰는데(일설에는 3, 8일에 시장이 섰으므로 매월 여섯 차례라고도 함) 온갖 사람들이 와서 물건을 교역하였으며 서적도 팔았다. 불당 뒤의 자성문資聖門에는 서적과 재미있는 그림들이 있고 각로의 퇴직 관원들이 토산품과 향료와 약 등을 팔았다. 사동문대가寺東門大街에서도 역시 복두幞頭[183] · 요대腰帶 · 책방이 있다.[54] 전하기로는 송초의 문학가 목수穆修는 한유와 유종원의 선본을 얻고 무척 기뻐하면서 이 두 사람의 문집이 세상에 널리 행해지길 원해 스스로 판각을 하고 상국사에서 판매했다고 한다. 선비가 살 때는 가격이 맞지 않아도 "읽고 문장을 이루면 한 부를 증정했다."[55] 목수는 한

181_ '전국옥새傳國玉璽', 또는 '전국새傳國璽' '전국보傳國寶'라고도 한다. 진秦나라 이후 역대 황제들에게 전해지던 옥새로 진시황의 명에 의해 새겨졌다. '화씨벽和氏璧'을 가지고 만들었다고 한다. 사방 둘레는 4촌이고 위의 뉴紐에는 다섯 마리의 용이 휘감고 있으며 정면은 이사李斯가 직접 전각으로 "수명어천受命於天, 기수영창旣壽永昌"이라고 써서 "황권은 신이 내린 것으로 정통이고 합법"이라는 증표로 삼았다고 한다. 이후 역대 제왕들은 모두 이 옥새를 얻어야만 천명과 일치한다고 생각하여 몹시 귀히 여기고 나라의 보물로 간주하였다. 비록 제위에 올라도 이 옥새가 없으면 '백반황제白版皇帝'라 하여 경멸하였다. 그래서 이 보물을 얻기 위하여 전쟁을 불사하였고 중국에서 전해 내려오다가 갑자기 사라져 버렸으며 지금까지 오리무중이다.

182_ 옛날 또는 명절 등 일정한 날에 절 안이나 절 부근에 임시로 설치하던 장마당.

183_ 옛날에 남자가 쓰던 두건의 일종.

유와 유종원을 알리는 데 뜻을 두었기 때문에 원가를 아까워하지 않고 공짜로 줄 수 있었다. 상국사에서 책을 팔던 일이 일종의 도박으로 바뀌었는데 매수자들이 돈을 걸고 골패를 던져서 이기는 자가 책을 살 수 있었다.[56] 이렇게 서적을 판매하는 방법은 고금을 통해 세계 어디서도 보기 드문 현상이었다. 금나라가 개봉을 침략한 후에도 상국사 묘회는 여전히 성대히 열렸고 금나라에 점령된 송나라 사람들은 상국사의 고서를 파는 곳에서 《희풍일력熙豊日曆》 여러 질을 구하기도 했다.

감 본

개봉은 상업 중심지일 뿐만 아니라 정치문화 중심이기도 했으며 관료 사대부가 집결된 곳으로 관청이 즐비했다. 출판기구로는 국자감 · 숭문원崇文院 · 비서성 · 국사원 등이 있었으며 가장 중요한 곳이 국자감이었다. 국자감은 "경사經史 및 여러 책의 인쇄를 관장했고 조정에서 내리는 하사용의 책을 찾아 준비했으며 판매하고 그 가격을 받으니 이 모두 관에서 했다."[57]

감본은 정부 관용일 뿐만 아니라 판매하여 재정수입이 되었다. 송 감본은 주로 유가 경전을 간행 배포했다. 옹희 2년(985)에 《오경정의》를 출간했고 3년(단홍 원년)이 지난 후에 국자감 사업司業 공유孔維 등이 칙령을 받들어 공영달의 《오경정의》 180권을 교감했고 국자감에서 차례대로 판각을 하여 순화 5년(994)에 이르러서야 전부 완성하였다. 또한 《시》 · 《서》를 다시 재교를 보아 오자를 바로잡도록 명령했다(함평 원년). 경덕 2년(1005) 진종이 국자감에 행차하여 서고의 책을 열람하고는 형병邢昺에게 경서의 원본이 얼마인지를 물었다. 형병은 "국초에는 4천이 안 되었는데 지금은 10여 만이고 경전 정의는 모두 갖추었으며 지금 판본이 모두 갖추어져 있습니다. 사대부와 평민 집에도 모두 있으니 유학자로서는 좋은 시절을 만났습니다"고 대답했다.[58] 천성 3년 2월에 국자감에서 《초학기》·《육첩》·《운대韻對》 등 서적을 간행하도록 하였고 소설도 모두 모았으나 학자에게 무익하여 그만두었다. 인종이 창왕昌王 조종성趙宗晟(영종의 형제)에게 국자감의 책을 주어 표창했다. 후에 경서인판이 세월이 오래되어 훼손된 것이 많게 되자 국자감에서는 중각했다. 각종 경전을 거듭 번각을 하니 독자들이 공부하기에는 자연히 편리하게 되었다. 송나라 요현姚鉉은 "국자감에서 인쇄한 많은 도서들이 한대와 당대에 많았다고 해도 이에는 미치지 못한다"고 했는데 이는 확실히 그렇다. 북송 감본은 약 110여 종으로 남송인들은 이것을 '구경본舊京本' '경사구본京師舊本' '경도구인본京都舊印本' 혹은 '변경본' 등으로 불렀으며 남도 후에는 이미 찾기 힘들게 되었다.[59]

기타 관간본官刊本

숭문원에서는 《오지吳志》 30권(함평 3년)과 《광운》(경덕 4년)을 간행했다. 또한 《수서隋書》·《율문》 12권·《음의》 1권과 후진 가사협賈思勰의 농학 명저인 《제민요술齊民要術》 10권(모두 천성 연간)을 간행했는데 《제민요술》은 조정 사람이 아니고서는 얻을 수가 없었다. 또 가창조賈昌朝의 《군경음변郡經音辨》 7권(보원 2년)도 간행했다.

원풍 5년(1082)에 숭문원을 비서성으로 개칭했다. 조언약趙彦若 등이 《산경십서算經十書》를 교정 간행한 일은 수학사상 일대 사건이다.

내부에서는 《육선공문집陸宣公文集》(원우 8년)을 판각했다.

국사원國史院에서는 《경우건상신서景祐乾象新書》(경우 4년)를 판각했다.

이 밖에 형부·대리시大理寺[184]·진주원進奏院·상서탁지부尙書度支部·편칙소編敕所·상정일사칙령소詳定一司敕令所에서 각각 적지 않은 법률서를 간행했다. 태사국太史局에서는 인력소印曆所를 설치하여 책력을 판각하고 인쇄하는 것을 관장했다.

개보 연간에 성도에서 《대장경》 13만 판을 간행했고 후에 개봉으로 옮겼다. 태평흥국 8년(983)에 인경원印經院[60]을 설치했다. 희녕 신해(1071)년 음력 8월 초열흘에 중서성 찰자札子[185]에 신종의 뜻을 받들어 《대장경》판을 현성사顯聖寺 성수선원聖壽禪院에 하사하여 인쇄하도록 했다.[61] 중국내 각 지역의 사원에서는 자비로 지묵을 사서 그 판을 빌려 인쇄했다. 예를 들면 무주 개원사에서는 대장경을 안치할 누각을 새로 건립하고 변량으로 가서 《대장경》을 인쇄했는데 종이와 먹 값만 준비했다(지도 원년).[62] 가우 연간에 송강부 광성원光聖院에 《장경》을 하사하도록 했다. 또 정주汀洲 개원선사에 하사품으로 경 5백 함을 내렸다(숭녕 5년). 그래서 이 《개봉장》은 비록 익주판이긴 하지만 대부분 변경에서 인쇄 제작되었다.

후촉 맹창의 재상이었던 무소예는 명덕 2년 후에 성도에서 각서장을 고용해 《문선》·《초학기》·《백씨육첩》 및 《구경》 등을 판각했다. 후에 촉나라가 송나라에 투항하자 태조는 책을 좋아했기 때문에 촉나라 문집의 여러 인본을 모두 취하여 국가에 귀속시켰다. 문득 책 말미에 무소예의 이름이 있는 것을 보고는 그 연유를 구양형歐陽炯에게 물었다. 구양형은 "이는 무소예가 자비로 만든 것입니다"라고 대답했다. 그러자 즉시 그 판목을 무소예에게 돌려주도록 명을 내렸다. 당시에 그 책이 전국에 보급되어 있었기 때문에 후에 무소예 집안은 천금을 벌게 되었고 자손은 봉록까지 받게 되었다.[63] 이들 오대 촉판은 변경으로 옮겨와 다시 재판에 이용되었으며 이것이

184_ 현대 최고법원에 해당하며 형옥 안건을 심리했다.

185_ 관부에서 황제에게 상주할 때 사용하는 문서다.

바로 최초의 송본이다. 금나라 군대가 변경을 파괴하여 국자감의 서판이 전부 약탈되었을 뿐만 아니라 개봉부의 서적상마저도 재난을 면키 어려웠다. 당시 서적상들은 분명히 많았을 테지만 현재 알 수 있는 것은 다만 대상국사大相國寺 동영東營 육랑가六郎家와 집현당 책방일 뿐이다.

경사인본으로는 범중엄의 《단양집》과 당경唐庚의 《미산당선생문집》이 있는데 후자는 책 판매상이 간행한 것으로 오류가 많고 사실을 왜곡하고 있다.

개봉은 여진과 몽골에게 몇 차례 대파괴를 겪은 후에 이미 몹시 쇠락하여 당시 '한우충동汗牛充棟'[186]으로 표현될 만큼 많던 도서문물은 자연히 모두 사라졌다.[64]

◆ 항 주

오대십국 때에 오월의 전씨 왕국은 그 부유함이 각국 중 으뜸이었고 백성들은 늙어 죽을 때가지 전쟁을 알지 못했고 사시사철 즐기며 가무 소리만이 퍼져 있었다. 전류錢鏐와 전홍숙 부자부터 북송 말에 이르기까지 약 2백 년간 항주는 줄곧 번영과 평화의 행복을 누렸다. 송초에는 시박사市舶司를 개설했고 민상閩商[187]들은 산을 넘고 바다를 넘어 장사하러 다니니 지방도 부유해졌다. 북송 개봉사람들은 "여항余杭은 백 가지가 변화하니 땅 위의 천궁이다"고 말했다. 송 인종은 항주를 "이 지역은 호수와 산이 아름다우니 동남의 제일 도시

186_ 짐으로 실으면 소가 땀을 흘리고, 집에 쌓으면 들보에까지 찬다는 뜻으로, 가지고 있는 책이 매우 많음을 이르는 사자성어이다.

187_ 복건성 상인들의 약칭으로 주로 복건 남쪽의 천주泉州 · 하문厦門 · 장주漳州등에서 상업에 종사하는 사람들이다. 이들은 경제영역에서 공동의 사상, 언어, 행동을 하고 현재까지도 화교상의 주류가 되었다.

다"고 하였으니 결코 헛된 명예가 아님을 알 수 있다.

오월은 수공업이 발달한 것으로도 잘 알려져 있으며 여항현 유거촌에서는 등지藤紙, 온주에서는 견지蠲紙가 생산되었다. 충의왕 전홍숙과 연수화상은 대량으로 불경을 인쇄하여 보시했으며 도상圖像과 주문咒文은 을축(965)본 · 을해(975)본 《보협인경》이 있으며 이때 실제적으로는 이미 송대에 들어섰다. 각인장들도 많고 기술도 정교했다. 그렇기 때문에 북송 정부에서 서적을 출판할 때, 항주에 내려와 판각하거나 아니면 먼저 판에 글자를 쓴 후에 항주로 보내 판각하는 것을 좋아했다. 《사기》와 《전한서》 · 《후한서》 같은 것은 순화 5년(994)에 두호杜鎬 등이 먼저 교정을 끝낸 후에 내시 배유재裵愈賫를 항주로 보내 판각을 하도록 했다.[65] 함평 4년(1001)에 항주에서 《칠경정의》를 판각하도록 명령했다. 가우 5년(1060)에는 중서성이 황제의 어지를 받들어 항주로 내려가 《신당서》를 판각했다. 다음해 인종이 《송사》 · 《제서齊書》 · 《양서》 · 《진서》 · 《후위서》 · 《북제서》 · 《북주서》를 인쇄하도록 했다.[188] 그러나 국자감에는 인본이 없어 삼관비각三館秘閣에서 서적의 편집과 교정을 담당하는 관원에게 명해 더욱 세심하게 교감하도록 했다. 또 같은 곳의 관리 사신이 법첩法帖 글자판 모양의 해서체를 선택하여 《당서》를 판각했던 예에 따라 항주로 보내서 목판에 새기기 시작했다.[66] 치평 2년(1065)의 출판은 정화 연간에 이르러 겨우 끝나 학궁(학교)에 나누어주었지만 민간에 전해진 것은 적다.[67] 원우 원년(1086)에 어지를 받들어 항주에 내려가 《자치통감》을 판각했다. 희녕 2년(1069)에 《외대비요방外臺秘要方》을 항주에 보내어 목판에 베껴 새기기 시작했다. 6년이 지나 다시 《서경》 ·

188_ 원서에는 "次年仁宗因《宋書》《齊書》…"로 되어 있는데 因이 印의 오기가 아닌가 생각되어 인쇄로 번역했다.

《시경》·《주례신의》를 간행했다. 그래서 북송 감본은 변경汴京 국학의 목판본을 제외하고는 거의 항주에서 판각한 것이다.

항주의 '시역무市易務'189에서도 많은 책이 간행되었는데 과거에는 이것에 주의를 기울인 학자가 없었다. 후에 이 기구가 철폐되자 항주 지주知州였던 소식蘇軾은 이 서판들을 무상으로 항주 주학州學에 보내주도록 간청하여 인쇄판을 임대해주고 돈을 받아서 주학(학교)의 재정에 충당했다. 그는 "시역무는 원래 서판을 제조하는 데 1951관 469문을 사용했는데 오늘(원우 4년 8일) 이전에, …이미 순이익 외에도 관본 61관 512문을 초과했다"[68]고 했다. 그가 공포한 항목을 보면 인쇄판각한 서적은 이익을 도모하는 것으로 보이는데 애석하게도 그는 서목을 열거하지는 않았다.

경우景祐 4년(1037)에 항주에서 《백씨문집》 72권을 인쇄하였고 항주 상정관詳定官이 다시 상정190하도록 하니 항주통판 임기林冀 등이 관직과 성명을 쓰고 또한 문서에 상정했다. 장군방張君房은 "책쓰기를 좋아하여 《운급칠첨雲笈七簽》·《승이기乘異記》·《여정집麗情集》·《조설潮說》 등을 썼으며 전당 지현으로 있을 때 대부분 대자판으로 간행했고 안륙安陸으로 가지고 와 간행하여 세상에 내놓았다."[69] 인화현人和縣 지현이었던 적소응翟昭應은 《형통율소정본刑統律疏正本》을 《금과정의金科正義》로 바꾸어서 인쇄하고 판매했다. 항주지현 포종

189_ '시역법'에 의하여 호상豪商의 영업 독점에 예속되고 고리대금으로 고통을 받는 중소상인의 구제를 위하여 설치한 기구. 정부에서 중소상인의 물자를 매입해 주거나 연리 2할의 저리로 대부를 해 주었다. '시역법'은 북송의 재상 왕안석이 제정한 신법의 하나로 1072년 실시되었으며 농민보호책으로서 입안된 청묘법青苗法과 같이 중소상인의 보호를 목적으로 했다. 시역법은 폭리를 취하고 있던 호상들의 이익 독점을 위협하였으므로 보수관료와 결탁한 호상들의 강한 반대에 부딪치게 되었다.

190_ 나라의 제도나 관아에서 쓰는 물건의 값, 세액, 공물액 따위를 심사하고 결정하여 오랫동안 변경하지 못하게 하던 일.

맹蒲宗孟은 요나라 승려 행균行均의 《용감수감龍龕手鑒》을 간행했는데 송 황제를 피휘하여 본래 《수경手鏡》이었던 것을 《수감》으로 바꾸었다(원우 원년).

사각판私刻版으로는 임안 진씨 만권당의 《사기》(순화), 전당에서 간행된 전·후 《한서》(대중상부 9년), 임안 진사인 맹기孟琪가 모인摹印한 《당문수唐文粹》(보원 2년)가 있다. 장작감[191]주부將作監主簿인 이용장李用章은 《한시외전》을 간행했는데 이를 경력항본慶歷杭本이라고 부른다. 전당의 안씨顔氏는 《전국책》(치평 전)을 간행했다.

당나라 고준高峻의 《고씨소사高氏小史》 130권은 역대의 역사를 초록한 것으로 사마광도 그 책을 언급하며 학자들에게 보도록 했으며 북송에는 항본이 있다. 소동파는 생존 시에 이미 《항본동파집》(《응소집》은 없다)이 있었다. 항주 심씨沈氏는 《승회소자서僧懷素自序》[70]를 판각 간행했고 항주 대은방大隱坊에서는 《남양활인서南陽活人書》를 판각했다(정화 8년).

항주의 안가晏家에서는 승려를 청해 《묘법연화경》을 다시 교감한 후 권축장(경력 2년)을 만들었고 또 인쇄공에게 명해 인쇄를 하여 천하에 널리 퍼지게 했다(희녕 원년과 2년). 항주의 전가錢家에서도 역시 이 경전을 판각 인쇄했는데 범협장梵夾裝이다(가우 5, 8년). 이 두 책은 모두 근년에 산동성 신현莘縣 송나라 탑에서 출토되었으며 안씨와 전씨는 항주 최초의 경전서적상이다.

항주의 사원에서도 도서를 판각했는데 용흥사龍興寺에서는 《화엄경》(순화 함평 연간)을, 명교사明敎寺에서는 《한창려집》(외집은 없음, 대중상부 2년)을 간행했다. 사원에서는 통속적인 책의 간행은 보기 어렵다. 대

191_ 관서명으로 궁실의 건축을 담당했다. 금은보화로 기물을 제작하거나 비단 등에 자수를 놓는 등 각종 기이한 기물도 만들었다.

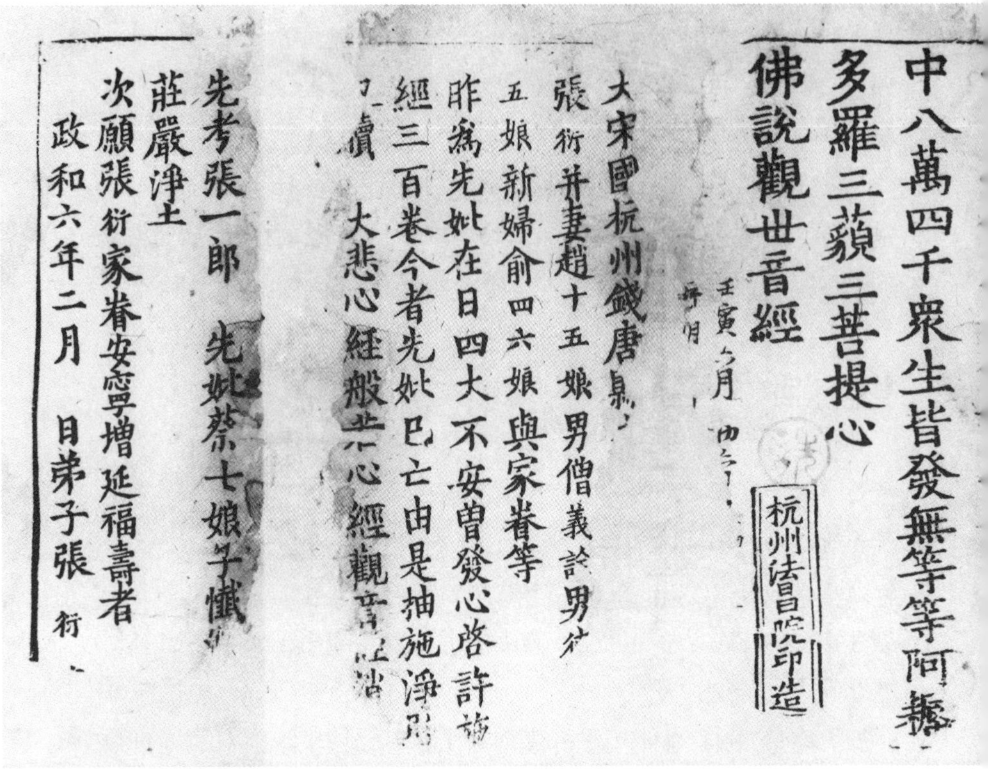
中八萬四千衆生皆發無等等阿耨
多羅三藐三菩提心
佛說觀世音經
杭州法昌院印造
大宋國杭州錢唐縣
張衍并妻趙十五娘男僧義詮男
五娘新婦俞四六娘與家眷等
昨爲先妣在日四大不安曾發心啓許施
經三百卷今者先妣巳亡由是抽施淨財
大悲心經般若心經觀音經
先考張一郎　先妣蔡七娘子
莊嚴淨土
次願張衍家眷安寧增延福壽者
政和六年二月　日弟子張　衍

[그림 12] 《설관세음경》 정화 6년 항주 법창원 간행. 절강박물관 소장

중상부사에서는 《대반열반경》을 간행했다(경우景祐). 필자는 법창원法昌院에서 간행한 《불설관세음경》(정화 6년)[그림 12]을 본 적이 있는데 여수麗水의 벽호碧湖 송탑에서 발견되었고 지금은 절강성 박물관에 소장되어 있다.[71]

송나라가 정강靖康의 난으로 중원이 함락되자 고종은 남으로 천도했다. 건염建炎 2년(1129) 항주는 임안부로 승격되었고 소흥 8년에 임안을 수도로 정했다. 11년(금 희종 황통 원년, 1141)에 금나라에 투항하고 '신하'라 자처하며 해마다 은 25만 냥과 견 25만 필을 조공으로 바

쳤다. 잠시 숨을 고른 후에 또 궁전과 정원을 짓고 노래하고 춤추며 태평성대를 구가했다. 임승林升은 "산밖에 청산이 있고, 누각 밖에 누각이 있네/서호에서의 가무는 언제나 멈출 것인가/훈풍이 불어오니 여행객이 취하누나/항주를 변주로 바꾸었네"라고 시를 읊었다. 임안은 황제가 머물던 '행재소'에서 정식 수도로 변했고 전국의 정치 상업문화 중심이 되었다. "사방의 백성들이 절강에 모여드니 보통 때의 백배가 되었다"고 한다. 정곡鄭穀은 "평강平江 · 상주常州 · 윤주潤州 · 호주湖州 · 항주 · 명주明州 · 월주는 사대부들이 모여드는 곳이라고 말하며 천하의 현인과 준걸들이 대부분 이곳으로 피해왔다"고 말했다.[72] 그러나 전당으로 피난 온 사람이 더욱 많다고도 했다. 소동파는 성안의 거주민이 원우 5년(1090)에 약 40~50만 명이라고 추측했다. 함순咸淳(1265~1274년) 연간의 《임안지》에서는 "지금 토착민과 외지인은 39만 1,259호며 인구는 124만 760명"이라고 기록되어 있다. 《서호노인번승록西湖老人繁勝錄》에는 "성 안팎에 백만 인가가 있다"고 기록하고 있다. 마르코 폴로는 약 160만으로 추측했다. 13세기에 세계에서 가장 인구가 많은 대도시였다. 피난민들은 항주를 변주汴州로 여기며 "누대 밖에서는 상서로운 연기가 흩날리고, 명월 속에 큰 소리로 외치네"[192]라고 했으니 왕실귀족 관료 상인들이 먹고 마시고 놀며 주색에 빠져 음탕한 생활을 하는 돈을 소비하는 곳이 되어 버렸다. 술집과 기원의 술잔이나 식기들은 모두 은으로 만들었고 서민들의 처첩들도 모자나 솥 등을 보석으로 장식해 그 호화로움이 귀족과 같았다.[73] 교육도 몹시 발달했는데 당시 소위 국학(국자감)이 있고 문무의 두 학과 종학宗學 · 경학京學 · 현학縣學 · 향교 · 가숙家塾 · 사당 · 서관 · 시회書會 등이 각 골목에 한 두 곳은 있어서

192_ 육유의 〈무림武林〉이라는 시의 한 구절이다. 무림은 항주다.

악기 연주소리와 책 읽는 소리가 종종 들렸다.[74] 가태嘉泰 3년(1203), 태학에 응시한 자는 3만 7천 명이었으며 서울로 과거를 보러 오는 각 로의 학생과 생원 사대부들은 자연히 모두 교과서와 각종의 서적이 필요했다.

감 본

악비가 무고하게 죽은 후 소흥 13년(1143)에 전당현 그의 고택(지금의 소경사昭慶寺 동쪽) 자리에 국자감이 세워졌다. 당시 국자감의 책이 너무 부족하여 임안부・호주・구주衢州・태주・천주・사천 등지에서 판각서판을 가져와 국자감에 보관하니 이 역시 감판인 셈이다. 국자감 서판고는 중문 안에 설치했고 책을 인쇄하는 곳은 '인문자소印文字所' 또는 '인서작印書作'이라고 했다. 송나라 이심전李心傳의 《조야잡기朝野雜記》에서 "소흥 5년 2월, 상서병부랑 왕거정이 말하길, '사고서적이 누락된 것이 많아서 여러 주현에 이미 간행된 서판을 청하니 경사자집 소설을 막론하고 각각 3질씩을 인쇄하여 본성으로 보냈다. 민간에는 관에서 지묵과 공임을 지급했다.' 이 말을 그대로 따랐다"고 기록되어 있다. 이심전은 또 "감본서적이란 소흥 말년에 간행한 것이다. 국가의 환란이후로 정말 겨를이 없었다. 9월 9일 장언실張彥實이 대제待制에서 상서랑이 되고 나서 처음으로 여러 도학과 주학에서 구감본 서적을 구하여 판각 인쇄하여 반포했다. 이를 따랐다. 그러나 취한 것이 빠지고 누락한 것이 너무 많아 그러므로 주감胄監[193] 《육경》에는 《예기》가 없고, 정사에는 《한서》가 없다"고 했다. 21년(1151) 5월에 보필하는 신하가 다시 말했다. 고종은 진익공秦益公에게 "국자감에는 다른 부족한 책도 있으니 차제에 판각하

193_ 국자감이나 국자감의 생원을 뜻하며 여기서는 국자감을 말한다.

도록 명하고 비록 비용이 많이 들더라도 아까워하지 마라"고 하니 이로써 경적이 다시 전부 갖춰지게 되었다.

소흥 때에 《감본약방》을 여러 로路에 반포했다(소흥 21년). 왕계선王繼先은 《대관증류본초 大觀証類本草》 30권, 석음釋音 한 권을 판각 인쇄했다. 비서성에서 수정 윤색하고 국자감에서 판각 인쇄하도록 조서를 내렸다(소흥 27년). 또한 《맥경》도 중간했다. 효종 때에 국자감에서 "《운략韻略》 전후에 고치거나 삭제한 곳이 있는데 틀린 곳이 많다"고 했다. 그래서 교정 간행하라는 조서를 내렸다(순희 원년). 국자감에 명해 《형통刑統》판을 중각하도록 하고 반포했다(4년). 또 국자감에 조서를 내려 경사자집 도서를 각각 한질씩 인쇄하게 해 오주·익주 두 왕부에 하사했다(8년).[75] 영종寧宗 가정 16년(1223)에 국자감에서 《육경》을 개정출판해서 정본으로 삼았는데 모거정毛居正이 《육경정오六經正誤》를 교정했다. 위료옹은 《육경정오서六經正誤序》에서 남송 감본은 오류가 많아 북송 감본과는 매우 차이가 있다고 했다. 또 《순희예부운략》을 간행했다. 이종理宗은 내탕금 백만을 내어서 《감응편感應篇》을 간행하고 친히 "모든 악행을 짓지 말고 많은 선을 받들어 행하라"는 글을 첫 페이지에 썼다.[76] 또 국자감에서 주희의 《통감강목》(가희 원년)을 간행하도록 조서를 내렸다. 이리해 남송 감본 사부四部는 모두 구비되었다. 송말의 이런 판편版片으로 책 제목을 알 수 있는 것은 모두 110여종[77] 이 있으며 몇 개는 북송 감본과 같다.

비서성은 국가도서관으로 석거石渠[194]는 비각 뒤 도산당道山堂 앞에 있었다. 동쪽 회랑에는 도서고·비각서고·경고經庫가 있고, 서

194_ 석거각石渠閣을 뜻하며, 즉 황실 장서고다. 본래는 서한西漢 황실에서 장서를 두던 곳으로 장안 미앙궁전 북쪽에 있었다.

쪽 회랑에는 비각서고·인판서고·편수소編修所·회요소會要所가, 북쪽에는 인서작印書作이 있었다. 비각서고는 여러 주의 인판서 6,098권과 1,721책이 비축되어 있었다.[78] 비서성에는 인판서고가 있었고 또한 인서작도 설치하여 수시로 서적을 인쇄할 수 있었다.

기타 관간본

덕수전德壽殿 유구劉球의 《예운隸韻》을 간행했다.

좌랑사국左廊司局 순희 3년(1176) 4월 17일, 좌랑사국 내의 조장전曹掌典인 진옥정秦玉楨 등이 《벽경壁經》195(《상서》)·《춘추좌전》·《국어》·《사기》 등의 서적이 대부분 좀이 먹어 상했기 때문에 감히 임금께 올려 보여드릴 수가 없다고 들었다고 상주했다. 이에 칙령을 받들어 대추나무와 초지椒紙를 사용해 각각 10부씩 만들어 4년 9월에 황제에게 올렸다. 감조監造 신하 조동曹棟이 목판의 교정을 보고 좌랑사국의 신하인 곽경郭慶이 문서를 검증했다.[79]

수내사修內司 의관 왕계선 등이 조서를 받들어 《소흥교정본초》 22권(소흥 29년)을 편찬하고 간행했다. 또 《악부혼성집樂府混成集》 105책을 간행했는데 고금의 가사의 악보를 모두 구비하고 있었다. 그러나 악보는 있지만 가사가 없는 것이 거의 반이나 되어 '예상霓裳' 한곡은 모두 36단段이다.[80] 수내사는 본래 장작감將作監196의 소속기관으로 이런 류의 서적과 수내사의 본직과는 무관한데 이런 대악보를 어찌하여 간행했는지 알 수가 없다.

195_ 공자의 옛집 벽에서 나온 《상서》를 말한다. 진시황의 분서갱유 때 많은 유가 서적들이 없어졌다. 한 무제 때 노공왕魯恭王이 공자의 옛 집을 헐고 정원으로 만들려다가 벽 속에서 《상서》와 《효경》을 포함한 다량의 죽간들이 쏟아져 나왔다. 벽 속에서 발견되었다 하여 《상서》를 《벽경》이라고 한다.

196_ 고대의 관서명으로 궁실의 건축을 관장하거나 금은보화를 상감하여 기물을 제작하거나 비단 등에 수를 놓는 등 각종의 기물을 만들던 관서이다.

태의국太醫局　《소아위생총미론방》을 간행했고 태의국의 하대임何大任은 《맥경》(모두 가정嘉定)을 판각했다.

임안부臨安府　《당문수》 1부를 다시 판각하니 모두 20책으로 이미 관리에게 교정을 부탁하여 끝냈다. 소언충蘇彦忠이 판각을 감독했고 유영劉嶸이 재교(소흥 9년 정월)를 봤다. 또 《한관의漢官儀》(소흥 9년 3월)·《서한문루》(소흥 10년 4월)를 판각 간행했으며 이상은 모두 북경도서관에 소장되어 있다. 또 여이호呂頤浩의 《충목집忠穆集》(건도 9년)을 간행했다. 순희 4년(1177), 임안부에 《성송문해聖宋文海》를 교정하고 판각하라는 조서를 내리니 비서랑 여조겸呂祖謙에게 이를 주재하도록 했다.

임안부 부학府學　국자감 구본인 가창조賈昌朝의 《군경대의》를 다시 판각하고 일일이 교정했으나 잘못된 것이 없었다(소흥 9년 5월).

절조사浙漕司　유목劉牧의 《역상구은도易象鉤隱圖》(건도)·《중흥관각서목》(순희 5년)·《중흥백관제명中興百官題名》을 판각했다.

절서제형사浙西提刑司　《작읍자잠作邑自箴》(순희 6년)을 간행했다.

사원에서는 임안부 남산의 혜인강원慧因講院 승려 의화義和가 《화엄경지귀華嚴經旨歸》(소흥 12년)를 판각했고, 임안부 북관접대 묘행원妙行院 비구니 행공行拱은 탁발을 하여서 지각선사의 《심부주心賦注》(소흥 30년)를 중각했다. 서호의 정자사淨慈寺 장생고에는 《가태보등록嘉泰普燈錄》판(가태 4년)이 있어 간행할 수 있었다. 임안부 보리교원菩提教院의 승려 도간道諫은 《정심계관발진언淨心誡觀發眞言》(가정 3년)을 간행했다. 항주 정계원淨戒院에서는 당나라 조유趙蕤의 《장단경長短經》을 새롭게 인쇄했다. 《장단경》은 현재 미국에 있다.

서방書坊

항주에는 북송 시기에 이미 서방이 있었으며 남도 후에는 개인 서점이 더욱 많아졌고 여기저기에 설립되어 경포經鋪 · 경방經坊이라 칭하거나 혹은 경적포 · 경서포 · 서적포, 또는 문자포라고도 불렀다. 고증할 수 있는 곳은 아래의 20여 개로 그 중 어떤 곳은 변경에서 이주해 온 것이다.

* 임안부 붕북棚北 목친방睦親坊 진댁서적포陳宅書籍鋪[197] – 혹은 임안부 목친방남 진댁경적포陳宅經籍鋪, 혹은 임안부 붕북 목친방남 진댁서적포라고도 한다.
* 임안부 붕북대가 진해원댁서적포陳解元宅書籍鋪 – 혹은 임안부 붕북 목친방 골목 진해원댁, 이상은 한 집안으로 볼 수 있다.[198]
* 임안부 홍교자남하 서안 진댁서적포
* 임안부 만고교鞔鼓橋 남하 서안 진댁서적포
* 육서인鬻書人 진사陳思
* 임안부 태묘太廟 앞 윤가서적포尹家書籍鋪 – 혹은 태묘전 윤가부자문자포尹家父子文字鋪라고도 한다.
* 임안부 중안교衆安橋 남가南街 동쪽 개경서포開經書鋪 가관인댁賈官人宅 – 혹은 임안부 중안교남 가관인경서포라고도 한다
* 임안부 수문방 맞은편의 왕팔랑가경포王八郎家經鋪
* 전당 문리거교門里車橋 남대가南大街 곽댁경포郭宅經鋪 –《한산자시집寒山子詩集》, 한국에 번각본으로 이 상표가 있다.
* 보우방保佑坊앞 장관인張官人 제사자문적포諸史子文籍鋪 – 혹은 중

197_ 원서에는 '臨安府棚北睦親坊陳宅書籍鋪'로 붙여 써 있다. 상호를 나타내는 명사로 보아 붙여 쓸 수도 있지만 번역본에서는 읽기 편하도록 내용에 맞추어 최대한 띄어쓰기를 했다.

198_ –표를 하고 설명한 것은 원저자 장수민이 설명한 것이다.

와자장가中瓦子張家라고도 한다.
* 귤원정橘園亭 문적서방文籍書房
* 항주 적선방積善坊 왕이랑王二郎
* 행재봉 앞 남가南街 서경방西經坊 왕념삼랑가王念三郎家
* 항주 대가붕大街棚 앞 남초고南鈔庫 맞은편의 심이랑경방沈二郎經坊
* 임안 조댁서적포趙宅書籍鋪 조씨쌍계서원趙氏雙桂書院[81]
* 임안 이씨서사李氏書肆
* 항주 묘아교猫兒橋 하동안河東岸 전지마포종가箋紙馬鋪鐘家를 열었다. – 《문선오신주》 간행, 포순서자鮑洵書字.
* 태학 앞 육가陸家
* 전당錢塘 왕숙변王叔邊
* 전당 유댁서숙俞宅書塾
* 임안부 중와남가동에 경사서적포를 연 영육랑가榮六郎家 – 《포박자》를 동경에서 가져왔다.

이 중 태묘 앞 윤가서적포, 장관인 제사자문적포, 귤원정 문적서방은 항주의 유명한 가게였다.[82] 오자목吳自牧은 《몽량록夢粱錄》에서 "수항교하 아래의 바늘가게, 연하교 아래의 생백生帛가게, 곽의산약포郭醫産藥鋪는 대수하大樹下 귤원정 문적서방에 있다"고 기록하고 있다. 주밀周密의 《무림구사》 권6 제시諸市에는 약령시 · 보석시장 · 고기시장 · 꽃시장 · 쌀시장 · 생선가게 · 게 가게 · 홍귤 가게 · 건어포 등 16개의 시장이 있으며 각각 소재지를 표기하고 있다. 또한 '서방' 아래에는 '귤원정'이라고 주를 달았다. 이에 따르면 대수하의 귤원정 문적서방이란 곳은 아마도 하나의 서점이 아니라 현재 북경의 유리창 서점거리처럼 서점시장을 형성하고 있었던 것 같다. 판각을 가장 많이 했고 가장 유명한 곳은 임안부 붕북 목친방남 진댁서적포로 진기陳起가 개설했다. 진기의 자는 종지宗之 또는 언재彦才라고 하며, 호는 운거芸居로 자칭 진도인陳道人이라고 하였으며 또한 무림진학사武林陳學士라고도 했다. 필자는 이전에 섭덕휘의 《서림청화》를 근거로 그의 아들이 진해원陳解元[199]이고 호는 속운續芸이라고 고증했었다.[200] 그러나 청나라 정병丁丙의 《무림방항지武林坊巷志》, 주팽朱彭의 《남송고적고》에는 "진종지陳宗之는 전당사람으로 영종 때에 향시에서 1등이었는데 이 때에 진해원이라고 칭했다. 어머니를 극진히 모시고 목친방睦親坊에 사는데 서방을 열어 책을 팔아 어머니를 봉양했다"고 되어 있다. 그러므로 진해원은, 즉 진기(종지) 본인이지 진속운이 아님을 알 수 있다. 항주사람들은 역사적 인물의 사적이나 연혁을 기록하는 것에 익숙했는데 섭덕휘의 추측이 비교적 믿을 만하다고 생각했었다. 주단신周端臣은 운거를 애도하는 〈만운거挽芸居〉시에 "아들 이름 이루는 것 볼 수 없네"라는 구절이 있고, 황문뢰黃文雷의 만시에서도 "운엽芸葉[201]은 창가에 영원히 있을 테고, 사업은 다행히도 아들에게 부탁했네"라는 구절이 있다. 이로 보면 진기의 아들 속운은 비록 아버지의 가업을 계승했지만 보통의 서적상이고 게다가 해원도 아니다. 만일 해원이라면, 즉 이미 이름이 났을 것이다. 진해원 진기는 시인이며 또 출판상으로 현재 《운거을고芸居乙藁》가 있다. 진기는 뜻을 이루지 못한 불우한 강호의 시인들에게 깊은 동정을 갖고 《강호소집·후집》 65종과 《남송육십가명현소집》을

199_ 해원은 명·청대의 향시鄕試에서 수석을 차지한 사람을 말한다.

200_ 《서림청화》에서는 진기에 관하여 많은 편폭을 할애하여 설명하고 있다. 최근에 출간된 《서림청화》(박철상 번역, 푸른역사, 2011년)에도 진해원의 호는 속운이라고 그대로 따르고 있다. 장수민의 설은 그동안 《서림청화》를 주석한 사람들에게서는 볼 수 없는 이론이다.

201_ 운엽은 운거를 말한다.

편찬 출간했다. 당시 수많은 무명시인들의 작품이 이 시집 속에 실려 이로 인해 전해질 수 있었으니 "문사들의 지음知音"이란 아름다운 명성을 얻을 수 있었다. 진기는 《성송고승시선聖宋高僧詩選》도 편찬했으며 이 역시 시를 쓰는 승려들의 지음이라 할 수 있다. 그는 수많은 당대 시인들의 작품을 간행했는데 현존하는 것으로는 10여 종의 송판(본서의 송판각본집부 참조)이 있다. 그래서 주단신은 "글씨는 진나라의 왕희지를 따를 만하였고, 당나라의 모든 시집을 간행하고자 했네"[202]라고 했다. 진기가 책을 파는 것에 대해 많은 사람들이 "책팔아 돈 받으니 복채보다도 밝다네"[203] "외상으로 책을 사는데도 돈을 묻지 않는다네"[204] "좋은 시가 책으로 만들어지면 남이 빌려본다네"[205] 라고 표현했다. 출판한 책은 정가를 저렴하게 하여 빌려보게 하였고 책을 팔 때는 또 외상을 주기도 하였으니 참으로 진보적인 사람이었다. 진기의 명성은 강호에 자자하였으며 시인들과도 우정을 쌓았고 시와 술로 왕래하였다. 어떤 때는 친구에게 매과빙옥전梅窠冰玉箋이나 흡연, 광향廣香 등을 선물했으니 그 생활이 얼마나 부유했는지 알 수 있다. 글씨는 진나라의 왕희지 같은 서예가들을 추종하였으니 그는 시인일 뿐만 아니라 또한 예술에도 뛰어났다.

임안성 안에는 어하御河가 있고 상에는 붕교棚橋가 있고 긴 거리가 있어 남붕 · 중붕 · 붕북대가로 나뉘었다. 이 일대의 서적포에서 간행한 책들을 장서가들은 '붕본棚本'이라고 한다. 진댁서적포가 가장 유명했다. 임안부 붕북대가 진해원댁서적포를 붕북목친방 골목 진해원댁, 또는 붕북목친방 진댁서적포, 또는 붕북목친방 남진댁서적

202_ 이 구절 역시 앞의 〈마음거〉 시 속에 있다.
203_ 이 구절은 주문박周文璞의 시 〈증진종지贈陳宗之〉 속에 있다.
204_ 이 구절은 황간黃簡의 시 〈추회기진종지秋懷寄陳宗之〉 속에 있다.
205_ 이 구절은 두뢰杜耒의 시 〈증진종지贈陳宗之〉 속에 있다.

포, 또는 진댁경적포라고도 한다. 진해원댁은 붕북목친방 골목에 있었으니 그래서 상술한 각종 호칭은 실제적으로 모두 진기 부자 일가의 서적포다. 진해원댁에서 간행한 책 중 고증할 수 있는 것은 32종이 있다. 목친방은 속칭 '종학항宗學巷'이라고도 하는데 종학은 조씨趙氏 종실의 자제들이 입학하던 곳이다. 진씨서포는 학교 부근에 있었으므로 자연히 장사는 잘 되었다. 목친방은 명청 때에 필교방弼教坊으로 이름이 바뀌었고 지금의 관항구官巷口 부근이다.

《남송고적고》에서 "남송 임안서적포에는 세 명의 유명인이 있는데 모두 전당사람이다. 두 진씨는 책을 팔아서 화를 자초했고 또 모두 도인으로 칭해졌다. 한 사람은 진사陳思로 《양송명현소집兩宋名賢小集》을 간행했는데 책 말미에 '임안부 붕북대가 진씨서적포'라고 새겨져 있다. 또 한 사람은 진기陳起로 스스로 진도인이라고 하며 목친방에서 서적포를 운영했으며 시에 능하고 강호의 시인들과도 교류가 있었다. 또 한 사람은 소진도인小陳道人이라는 사람인데 가사도賈似道[206]가 죄를 짓고 유배갈 때 지방관리들이 잘 단속하도록 그 지역의 호적을 만들었다"고 기록되어 있다. 이에 근거하면 진기 진도인 외에 또 다른 두 명의 진도인이 있었다. 진도인 진사陳思는 중도진도인사中道陳道人思라고도 하는데 위료옹은 그를 '책파는 사람[鬻書人]'이라고 했다. 진사는 《양송명현소집》·《보각총편寶刻叢編》·《서원청화書苑菁華》 등을 편찬했고, 저서로는 《서소사書小史》·《해당보海棠譜》 등이 있다. 또 저서 《소자록小字錄》의 제목에서 "성충랑[207] 집희전緝

206_ 가사도(1213~1275), 남송 이종 때의 권신으로 중국역사상 유명한 간신의 하나다. 1275년에 파직당하고 귀양 보내졌다. 귀양 도중 호송관인 정호신鄭虎臣에게 장주漳州에서 피살되었다.

207_ 송대의 관직명으로 휘종 정화(1111~1117) 연간에 무신 관급을 53단계로 정하였는데 그중 49단계가 성충랑이다.

熙殿[208] 국사실록원 비서들이 여기저기 찾았다"고 한 것을 보면 그는 보통의 서적상이 아니라 또한 작가라는 것을 알 수 있고 또 정부를 위한 서적 구매원이었음을 알 수 있다. 진진손陳振孫은 그가 판각한 것은 다른 서적포에서 헛되이 낭비한 흑판 판목들과 다르기 때문에 큰 이익을 얻었다고 여겼다. 이전에는 진사가, 즉 속운으로 진기의 아들이라거나, 혹은 진기를 진사의 아들이라는 설이 있었으나 모두 사실이 아니다.

소진도인은 대진도인이 있었기 때문에 얻어진 이름으로 진기의 아들 진운의 별칭이 아닌가 생각된다. 왜냐하면 아버지의 자가 운거므로 아버지의 뒤를 잇는다는 뜻으로 자칭 속운續芸이라고 했을지도 모르겠다. 청대 사람들은 진기를 진도인, 진사를 소진도인이라고 칭했는데 아마도 틀린 것 같다.

임안부 진도인 서적포에서는《석명釋名》·《화계畵繼》·《도화견문지》·《상산야록湘山野錄》·《등하한담燈下閑談》·《극담록劇談錄》·《속세설續世說》·《휘주록揮塵錄》8종이 있는데 어느 진도인이 간행했는지는 알 수가 없다. 또 원나라 대표원戴表元은 "항주 진도인 집에서 인쇄된 책은 의심되는 바가 있다. 멋대로 자신의 생각대로 고치니 책으로서는 일대 액운이다"고 했는데 여기서 진도인이 진기인지 아니면 진사인지도 알 수가 없다.

이 밖에 임안부 진댁서적포는 또 홍교자남하서안洪橋子南河西岸과

208_ 집희전은 원래 강전講殿으로 남송 이종 전에 황제들이 경서를 강의하도록 경연을 열던 장소다. 이종 소정 5년(1232) 11월에 기공하여 다음 해에 완공되었다. 이종의 어서에 '집희緝熙'라는 두 글자를 적어 넣었다. 집희전은 본래는 강전으로 대량의 경사류의 기타 보고서적들을 수장하고 있었다. 집희전이 완성된 후 대량의 도서 이외에 또 서화들도 수장했고, 이종이 독서하면서 쉴 수 있는 공간이었다. 집희전 장서 상황에 관해서는 왕계매汪桂海의《남송집희전고南宋緝熙殿考》에 상세한 설명이 있다.

만고교남하서안輓鼓橋南河西岸 두 집이 있었다. 전자는 《이승상시집》을 후자는 《용재삼필容齋三筆》을 간행했다.

태묘 앞 윤가서적포는 윤가부자 문자포로도 쓰는데 소설 · 이문 · 잡사 등 10여 종을 간행했으며 《술이기》 · 《속유괴록》 · 《북호록》 · 《강병극담록》 · 《조기입담釣矶立談》 · 《면수연담록》 · 《모정객화茅亭客話》 · 《곡유구문曲洧舊聞》 · 《각소편却掃編》 · 《협중집篋中集》 등이 있다.

장관인張官人 집에서는 《대당삼장취경시화》를 간행했다. 묘아교전지마포종가箋紙馬鋪鐘家에서는 미신류의 물건을 팔았고 또 《문선오신주》(소흥 연간)를 간행했다. 왕념삼랑은 《금강경》을 공경스럽게 인쇄했고 심이랑경방沈二郎經坊 에서는 《연경蓮經》을 간행하니 명실상부한 경방이라고 할 수 있다. 왕이랑과 가관인경서포賈官人經書鋪 역시 《묘법연화경》을 간행했다. 근자에 어떤 사람은 '개경서포開經書鋪'를 항주 중안교 남가동 가관인 댁에서 열었던 서적포의 이름이라고 하지만 사실은 아니다. 곽댁경포에서는 당나라 시승이었던 《한산 · 습득시》를, 조댁서적포에서는 《중편상비쇄금重編詳備碎金》을, 유댁서숙俞宅書熟에서는 《괴애장공어록乖崖張公語錄》을 간행했다. 전당의 왕숙변은 "《전한서》 · 《후한서》를 정밀히 교정을 가해 또한 큰 글자로 판각을 했으며 틀린 글자가 없다"고 했다. 이씨서사에서는 당나라 이고李翺의 《오목경五木經》(가희 2년)을 다시 판각했는데 오락에 관한 책이다.

영육랑榮六郎의 집은 원래 동경 대상국사 동쪽에 있었지만 임안부의 중와 남가동으로 이사한 후 경사서적포를 열고 책을 간행했다. "경사 구본 《포박자내편》을 교정 간행하니 한 글자의 착오도 없었다"(소흥 임신년 6월 1일). 육유는 "어가가 처음에 임안에 도착하자 옛 도읍과 사방의 선비 및 민간 상인들이 몰려들었다"고 했으며 《도성기승都城紀勝》에서는 "도성의 음식점들은 모두 옛 수도 사람들이 연

것으로 양고기 집에서는 술도 함께 판다"고 기록하고 있다. 당시 옛 수도에서 임안으로 피난 온 상인들이 "어가御街 앞에서 점포를 연 사람이 셀 수없이 많다"고 한다. 비단집, 약국, 각종 음식점의 주인장들은 새 수도로 피난 온 사람들로 옛 점포를 다시 열어 영업을 계속했다. 인쇄업계에도 영육랑 한 사람만이 아니었을 것이다.

항주는 당시 최대의 소비도시로 각양각색의 문화 오락과 어린이들이 놀 수 있는 상품들이 있어 남녀노소의 수요에 맞추어 공급했다. 당시 '소경기小經紀'(소상인이라는 뜻)라고 불리던 상인들은 다른 곳에는 없는 연 · 동개[209] · 쥐약 · 모기향 · 귀뚜라미 · 매미 · 기름종이 · 표구용 솔 · 화선지 · 종이 오리기[210] · 바둑알 · 바둑판 · 장기판 · 카드패 · 골패 · 지패紙牌 · 컬러 경문 · 판매용 글자본 · 다양한 장부 · 반조록班朝錄[211] · 관보 · 관리선발도[83] 등을 팔았다. 그중 컬러 경문 · 관리선발도 · 바둑판 · 지패 · 관보 등은 모두 인쇄품이다. 백탑교는 절동에서 항주로 들어가는 길목[84]에 있었고 《조경이정도朝京里程圖》를 인쇄 판매했으며 사대부들이 임안으로 갈 때 반드시 이를 사서 펴보곤 했다. 당시 어떤 사람이 시를 지어 "백탑교 주위에서 지도를 파는데 장정長亭[212]과 단거리의 역이 아주 분명하다. 임안로만을 말하자면 중원의 몇 거리와 비교할 수 없다"[85]고 벽에 써 넣었다. 이 시의 저자는 중원 옛 땅의 함락에 대해 심히 개탄을 하고 있다. 소백탑은 오대에 건축되었고 육화탑六和塔 동쪽, 임안과 전당

209_ 화살과 활을 넣어 등에 지는 통으로 흔히 가죽으로 만드는데, 활은 반만 들어가고 화살은 아랫부분만 들어가도록 되어 있다.

210_ 원문에는 '剪字'로 나오는데 전지剪紙의 한 방법으로 종이를 오려 글씨를 만드는 것이다.

211_ 조정 관원들의 직함과 성명을 기입한 책자.

212_ 이전에 십리마다 세웠던 정자로 '십리장정'이라고도 불렀다. 여행객에게 휴식을 제공하기도 하고 먼길 떠나는 사람들을 이별하던 장소다.

강 갑문입구에 있었으며 지금도 있다. 《조경이정도》는 지금의 교통 유람지도와 비슷하다.

항주본은 판각이 정교하여 국내외로 명성을 날렸다. 북송 때 고려국에서도 상인들에게 부탁하여 항주에서 불경판을 대신 판각했다.[86] 송대 장서가 섭몽득은 "천하의 책 인쇄는 항주가 최고며, 그 다음이 촉본이고 그 다음이 복건이다"고 했다. 이는 정설로 받아들여지고 있다.

◆ 소흥부

송나라의 육유陸游는 "지금 천하에서 큰 도읍은 금릉과 회계會稽만 있을 뿐이다. 형주 · 양주楊州 · 양주梁州 · 익주 · 담주潭州 · 광주는 모두 감히 이 도시들을 따라갈 수 없다"고 했다. 송나라가 남으로 천도한 후 소흥은 중국 내의 중요한 도시가 되었으며 1년여 간 임시수도가 되니 사람들 역시 번성한 곳으로 옮겨왔다. 소흥에서 판각한 것을 '월본越本' 또는 '월주본'이라고 한다. 일찍이 북송 희녕 2년(1069)에 양절동로 다염사茶鹽司에서 《외대비요방外臺秘要方》을 간행했다. 건염 4년(1130)에 어떤 사람이 《이부전주조례吏部銓注條例》를 판각 인쇄하여 판매하기를 건의했다. 소흥부는 《모시정의》 단소본單疏本[213](소흥 9년)을 제작했다. 편수編修 왕공들이 절동으로 출사하여 유씨劉氏의 《통감외기通鑒外記》를 판각하고 《구당서舊唐書》와 전 · 후 《한기漢紀》(모두 소흥 16년)를 중간했다. 제거提擧 형양 정공鄭公은 동절東浙에 명령하여 오숙吳淑의 《사류부事類賦》선본(국가도서관 소장), 비루판俾鏤版(소흥 16년)을 소장토록 했다. 파양鄱陽의 홍적洪適(1117~

213_ 《상서정의尚書正義》와 《오경정의五經正義》는 처음에는 한위漢魏의 구주舊注처럼 전문이 없었고 단지 소疏로 해석한 부분만 있었다. 이런 판본을 '단소본單疏本'이라고 하는데 현재 단소본이 전해지는 것으로는 남송 광종 연간에 간행한 것만 있다.

1184)은 관문전觀文殿 학사로 소흥부 지사를 지냈는데, 절동浙東을 안무하고 스스로 《예석隸釋》 및 그의 부친 홍호洪皓의 《송막기문松漠紀聞》을 인쇄했다. 후자에는 홍준洪遵(1120~1174)의 발문跋文이 있는데 "백형이 흡주와 월주에서 판각인쇄를 했다"고 했다. 홍적은 왕충王充의 《논형論衡》에서 "장막 안에 특이한 서적이 있으니 한대 유학자들의 논쟁거리다" "여러 권을 막료와 장교들이 본다" "목판에 새겨서 봉래각에 소장한다"(모두 건도 3년)라고 했다. 또 당 원미지元微之가 월주 태수일 때 《원씨장경집》을 구하고 판각하여 봉래각에 소장했다(건도 4년). 전단례錢端禮가 소흥 지사를 지낼 때 자신의 저서 《제사제요諸史提要》(건도 9년)를 간행했다. 홍적의 아우 홍매洪邁가 회계 태수일 때 봉래각에서 《만수당인절구萬首唐人絶句》를 출판했다. 처음에는 46권에 그쳤으나(소희 원년) 제사를 모시러 고향에 가서는 자비를 들여 무주婺州의 장인을 고용하여 계속 판각하여 책을 완성하고 드디어 시 만수를 채워서 소희 3년에 진상했다. 후에 오격吳格이 또 명을 받들어 보충 수정했다. 괄창括蒼의 왕신王信은 포표鮑彪의 《전국책戰國策》을 얻어 회계군재에서 이를 간행했다(소희 2년). 절동조사浙東漕司는 먼저 《역易》·《서書》·《주례》를 간행했고 13경 주소를 모아 한 권으로 볼 수 있게 했다. 삼산三山의 황당黃唐은 양절동로 상평 다염공무를 관리할 때 《모시》·《예기》 소의를 취하여 앞의 삼경과 함께 자세히 교정을 보아 나무에 판각하여 이전 사람들이 미비한 점을 폭넓게 보충하여(모두 소희 임자 3년) 《오경정의》라 합칭하니, 즉 악가岳珂[214]가 말한 "월중의 구본 주소注疏"다. 현재는 《상서》와 《예기》[그림 13]·《주례》 3종이 있다.

214_ 악가(1183~1243)는 남송의 문학가다. 자는 숙지肅之, 호는 역재亦齋이고 악비의 손자이자 악림岳霖의 아들이다.

禮記正義卷第七十
國子祭酒上護軍曲阜縣開國子臣孔穎達等奉
勅撰
燕義第四十七
正義曰案鄭目錄云名曰燕義者以其記君臣燕飲之
禮上下相尊之義此於別錄屬吉事案儀禮目錄云諸
侯無事若卿大夫有勤勞之功與群臣燕飲以樂之勤
勞謂征伐聘問詩曰吉甫燕喜是也臣有王事之勞亦
燕之故燕禮記云
若有王事是也
古者周天子之官有庶子官庶子官職

[그림 13-1]

六經疏義自京監蜀本皆省正文及注
又篇章散亂覽者病焉本司舊刊易書
周禮正經注疏萃見一書便於披繹它
經獨闕紹熙辛亥仲冬唐備員司庾遂
取毛詩禮記疏義如前三經編彙精加
讎正用鋟諸木庶廣前人之所未備乃
若春秋一經顧力未暇姑以貽同志云
壬子秋八月三山黃唐謹識
進士傅

[그림 13-2]

[그림 13] 남송 소흥 3년(1192)에 절동 다염사 소흥부에서 《예기정의》를 판각했다.

오홍의 심작빈沈作賓은 "분곤分閫[215]절좌浙左로 나갔을 때 여러 경전의 정의正義를 창대倉臺에서 간행했고 이 《좌전정의左傳正義》는 군치에서 복간하였다. 다섯이 합해 여섯이 되어 서로가 밝게 빛나고 있으며 후학에 도움을 주니 동주東州의 성대한 일이다"고 했다. (경원 6년)에 절동 다염사에서 다시 《논어주소해경論語注疏解經》과 《맹자주소해경》을 간행했다. 왕강汪綱이 월주의 태수로 있을 때 《만수당인절구시》 101권을 회계에서 반을 간행했고, 그 반은 파양에서 간행하니 왕강은 파양본 판각을 개척하게 되었고 합쳐서 하나가 되었다. 또 섭적葉適의 《습학기언習學記言》과 《참동계參同契》를 간행했고 월주와 관계 있는 《월절서越絶書》·《오월춘추》(모두 가정 16, 17년)를 간행했다. 또 왕십붕王十朋이 편찬하고 사주史鑄가 주를 단 《회계삼부會稽三賦》(대자본), 시숙施宿(1164~1222)의 가태嘉泰 연간 《회계기》(가태 2년), 장호張淏의 보경 연간 《속지續志》·《난정고蘭亭考》(절동 유사본庾司本) 등은 모두 판각본이다. 이 밖에도 소흥부에는 본래 《고주역古周易》·《자화자子華子》·《둔갑선시도遁甲選時圖》·월본 《문장정종文章正宗》이 있다. 사마온司馬溫의 《계고록稽古錄》이 처음으로 월에서 간행되었다. 월의 독서당에서는 사마광司馬光의 《절운지장도切韵指掌圖》(소정 3년)를 중각했다. 《악부시집樂府詩集》과 《초계어은총화苕溪漁隱叢話》(순희 원년)가 있으며 역시 월에서 판각하지 않았나 생각된다.

소흥부 관할의 승현嵊縣에서는 소흥 16년에 《신조중교전국책新雕重校戰國策》 30권을 한漢나라 고유高誘의 주에 섬천剡川의 요굉姚宏이 주를 보충하여 '섬천요씨본'이라 칭하니 학계에서 소중히 여겼다. 청나라 황씨[216]의 사례거士禮居에서 송각본을 영인했다. 요굉의 아우

215_ 장수나 혹은 변경의 대리를 맡는 것.

216_ 여기서 말하는 황씨는 황비열黃丕烈을 말한다. 황비열의 자는 소무紹武, 호는 요포蕘圃이고 사례거士禮居 주인이다. 청대의 저명한 문헌가이자 장서가

요관姚寬 역시 《전국책》 및 《사기》에 주를 했고 또한 그림도 곁들였다. 섭적葉適은 그의 박학다식함을 존경했지만 스승으로 모시지 못하는 것을 탄식했다. 그의 저서는 아주 많지만 대부분 없어졌다. 그의 저서로 《서계집西溪集》과 《서계총어西溪叢語》는 당시에 판각본이 있었으나 지금은 《서계총어》만 전해지고 있으며 《서계집》은 필자에게 유인본油印本을 모아 놓은 것이 있다. 고사손高似孫은 《섬록剡錄》(승현지)을 저술했는데 승현 현령 사안지史安之가 가정嘉定 8년에 판각을 했다. 이 판은 백년이 지났다고 한다. 지금은 오로지 청대의 번각본밖에 없다. 또 1985년에 필자는 새로운 연인본鉛印本[217]에 표점을 했는데 승현에 유인본이 있다.

양절동로 다염사공사고茶鹽司公事庫 아래의 소흥부 여요현餘姚縣에서 《자치통감》판을 간행했다. 여요현餘姚縣 주부승主簿丞의 관직과 이름이 네 명, 여요현 진사 섭여사葉汝士 등 열 명, 승현 진사 루악婁諤 등 아홉 명이 교감을 보고 감시했다(소흥 2년 판각하고 3년 12월 인쇄를 마쳤다).

◆ 경원부慶元府

경원부(지금의 영파시寧波市)는 소흥과 이웃해 있어 송대에는 일본과 고려와의 무역항이었다. 책 간행도 무척 많아서 이곳에서 간행된 것을 '사명본四明本' 또는 '명주본明州本'이라고 한다. 송 명주본을 원대에는 간단히 '명본明本'이라고 했다. 원대 서방에서 번각한 책으로는 《명본광운明本廣韻》·《상음구독명본대자모시詳音句讀明本大字毛詩》·《명주본배자구경직음明州本排字九經直音》 등이 있다. 북송 정화 4년

이다.

217_ 현대 활자 기술을 채택하여 조판 인쇄한 고서적이다.

(1114)에 사명신본四明新本 《유집柳集》이 있다. 남도 후에 명주의 공사고에서는 서현徐鉉의 《기성집騎省集》을 판각하고 《서공문집徐公文集》(소흥 19년)이라 불렀다. 명주본 《문선文選》(소흥 28년 수정 판각)이 있다. 사명군수四明郡守 진기陳杞는 증조부 진순유陳舜俞의 《도관집都官集》(경원 6년)과 주방언周邦彦의 《청진집淸眞集》(가태 연간)을 판각했다. 은현鄞縣 반궁泮宮에서는 《주자독서법朱子讀書法》(함순 2년)을 간행했다. 지방지는 세 차례 수정했는데 건도 《사명도경四明圖經》(건도 5년 간행), 보경寶慶 《사명지》(보경 3년 수정, 소정 2년 간행), 개경開慶 《사명속지四明續志》(개경 원년)가 있다.

보경 《사명지》 권 2에는 주학 서판이 기재되어 있고 《사명존요집四明尊堯集》·《사명속지四明續志》·《통감요람通鑒要覽》·《최궁교문집崔宮教文集》·《근사록近思錄·속록續錄》·《태극도太極圖》·《서명해西銘解》·《유속편諭俗編》·《제민장시말濟民莊始末》 등 28종이 있으며 모든 책마다 판수가 명시되어 있는데 도합 3천여 판이다.

◆ 무주婺州

양절동로 무주(지금의 금화시金華市) 서방은 남송 때에 임안부·건녕부建寧府·사천서방과 함께 유명했다. 소희 4년(1193) 6월에 신료들이 위에 열거한 서방에서 국가 기밀을 누설하는 출판을 엄금해야 한다는 상소를 올리고 관직에 있는 사람들도 글을 올렸다. 복건의 축목祝穆이 《만여승람方輿勝覽》을 편찬 간행하고, 관부에 구주衢州·무주의 서적을 판각하는 곳에 방을 부쳐 널리 공지하여 번각을 엄격히 금지해 줄 것을 요청했다. 이상의 두 가지 일에 근거해보면 무주서방은 금서를 간행했을 뿐만 아니라 번각판도 성행했음을 알 수 있다. 무주와 그에 속한 의오義烏·동양東陽·영강永康에서도 출판이 있었는데 지금 고증할 만한 곳은 다음과 같다.

* 무주시 문항門巷 당댁唐宅 –《주례정주周禮鄭注》
* 금화金華 쌍계당雙桂堂 송백인宋伯仁 –《매화희신보梅花喜神譜》, 경정景定 2년
* 무주 의오청구義烏青口 오댁吳宅 계당桂堂 –《노천선생문수老泉先生文粹》, 건도
* 무주 의오현義烏縣 소계酥溪 장댁蔣宅 숭지재崇知齋 – 건상본巾箱本[218]《예기》
* 무주 동양東陽 호창胡倉 왕댁 계당王宅桂堂 –《삼소선생문석三蘇先生文釋》, 건도
* 동양東陽 숭천여崇川餘 43랑댁四十三郎宅 –《초학기初學記》"감본을 대자로 쓰고 교정하여 판각하였으나 오류가 없다" 소흥 정묘 17년
* 무주 영강永康 청위清渭 진댁陳宅《정기精騎》– 대만에 3권이 존재

서방 이외에도 삼구三衢의 심비沈斐는 "집안에《고삼분古三墳》도서를 소장하고 있는데 당시 사람들 중 이를 아는 사람이 적어, 없어져 전해지지 않을까 걱정되어 무주학중에 판각하라고 명하고 천하와 그것을 함께하겠다"고 했다. 또 소순蘇洵의《가우집嘉祐集》(모두 소흥 17년)을 판각했다. 원나라 유관柳貫은 "《역정씨전易程氏傳》판본은 오

218_ 건상본은 판본의 유형이다. 고대에 중국에서 책을 간행할 때 판틀이 아주 작아서 두건 상자 속에 들어갈 수 있었다. 건상巾箱이란 옛날 사람들이 두건을 넣어 두던 작은 상자다. 건상은 본래는 판형이 아주 작은 도서를 말한다. 송나라 대식戴埴의《서박鼠璞》에 "오늘날 간행된 작은 책자를 건상본이라고 하는데 남제南齊의 형양왕衡陽王이《오경》을 손수 써서 건상 속에 넣어 두었다"라는 기록이 있다. 책이 작기 때문에 휴대하기에 간편하여 소매 속에 넣기도 하였으므로 수진본袖珍本이라고도 한다. 고대의 서적상들은 이런 종류의 유학 경전을 계속 간행했는데 이는 과거 응시생들의 컨닝을 위해서 제공되기도 했다. 이 수진본을 또한 협대본挾帶本이라고도 한다.

로지 무주 학중에 있는 구각뿐으로 동래 성공成公의 교정을 거치니 가장 완벽하다"고 했다. 무주 군재郡齋 이형李衡은 《주역의해촬요周易義海撮要》(건도 6년)를 스스로 판각했다. 무주 여택서원麗澤書院에서는 사마광 《절운지장도切韻指掌圖》(소정 3년 전), 여조겸呂祖謙의 《신당서략》을 중각했다. 금화 여씨사당에는 여본중呂本中의 《동몽훈童蒙訓》(가정 8년)이 있고, 태수 구씨를 위해 사당에 판각을 안치하였고, 또 무주군재에는 중각본이 있었다(소정 2년). 이 밖에도 무주에서 판각한 것으로는 《고문원古文苑》(한무구韓無咎 판각)·《경자법어經字法語》(순희 13년)·《오경》(소희)·《팔경백문八經白文》·《구경》·건상본巾箱本 《교점중언중의호주상서點校重言重意互注尙書》·《춘추전》·《음주한문공문집音注韓文公文集》·《증남풍선생문수曾南豊先生文粹》·《성송문선聖宋文選》·《용재수필容齋隨筆》 등이 있다. 무본 경서와 감본·건본建本·천본川本이 함께 이름났으며 출판물이 많음을 알 수 있다. 무본 주희 《논어집주》 10권은 일본에 전해져 일본인이 번각했다.

◆ 구주衢州

구주 역시 서적을 인쇄한 곳으로 유명하지만 그러나 서방은 고증할 수가 없다. 구주는 본래 구양수歐陽修의 《거사집居士集》(소흥 초)이 있었고, 조변趙抃의 《조청헌공문집趙淸獻公文集》이 있다. 오흥의 시원지施元之가 신안信安의 임시태수로 있을 때 왕부王溥의 《오대회요五代會要》·범로공范魯公의 《오대사》·《소자미집蘇子美集》(모두 건도 7년)·《신의상법요新儀象法要》(건도 8년)를 판각했다. 구주 주학州學에서는 《삼국지》를 판각했다. 구주 군재 유균游鈞은 조공무晁公武의 목록학 명저인 《군재독서지郡齋讀書志》를 판각했다. 구주 학교에서는 양백암楊伯巖의 《육첩보六帖補》(순우 4년)를 판각했다. 구주 군상衢州郡庠 조기趙淇는 주희의 《사서집주》(함순 9년)를 판각했다. 구주판본인 소철의 《고사古史》는 국자감으로 들어갔다. 또 공전孔傳의 《동가잡기東家雜記》·《백씨육첩사류白氏六帖事類》가 있다.

◆ 엄주嚴州

양절서로에 있는 엄주 역시 많은 책을 간행했으며 이곳에서 간행된 것을 '엄본嚴本'이라고 한다. 경정景定년의 《엄주속지嚴州續志》 권4에 "군郡에는 경사시문經史詩文과 공문서가 무릇 80종이 있다"고 기재되어 있다. 도서목록은 저자와 권수를 밝히지는 않고 단지 네 책만 화문각華文閣 전시승錢寺丞[219]이 임기 중에 돈을 내어 출간했다는 것만 명기하고 있다. 그 네 책은 《근사록近思錄》·《근사속록近思續錄》·《융당사서관견融堂四書管見》·《신정속지新定續志》다. 전시승은, 즉 전가칙錢可則으로 경정 원년에 엄주 지현이 되었고 2년에 화문각으로 승진했다. 나머지 책은 모두 판각자와 성명을 밝히지 않고 있다. 지금 알 수 있는 것은 《강급간의주의江給諫議奏議》(희순 13년)·《세설世說》(즉 《세설신어》)·《남사南史》·《대자유빈객집大字劉賓客集》은 육유가 신정 태수였을 때 중각하였다(순희 15년). 육유는 또 《검남시전집劍南詩前集》을 자체적으로 판각했다. 육유의 아들 육자휼陸子遹이 엄주 지현으로 있을 때 증조부인 육전陸佃의 저서 《도산집陶山集》·《이아신의爾雅新義》 및 육전이 교주한 《육자鬻子》·《갈관자鶡冠子》, 그 아버지 육유의 《검남속고劍南續稿》·《노학암필기老學庵筆記》를 판각 간행했다. 또 《개원천보유사開元天寶遺事》, 심랑潘閬의 《소요집逍遙集》, 위야魏野의 《거록동관집巨鹿東觀集》(4종 모두 소정 원년), 양박楊樸의 《동리시東里詩》, 석개石介의 《조래집徂徠集》을 간행했다. 육

219_ 전씨 성의 시승이란 뜻으로 지방관의 하급관리를 말한다. '시승'이라고 독음한다.

씨 부자는 차례로 엄주에 부임하였고 많은 책을 간행했다. 엄주본으로는 《육경정문六經正文》·《논어·맹자정문》·《의례주儀禮注》가 있고 소자본小字本으로는 《통감기사본말通鑒紀事本末》이 있고 지방지 6종이 있다. 장남헌張南軒은 여조겸의 《곤범閫範》을 간행했고, 허흥예許興裔는 《복재역설復齋易說》(가정 14년)을 간행했다. 위식衞湜은 《찰기집설札記集說》(가희 3년)을 자비출간했다. 엄주와 관계된 것으로는 소흥 《신정지新定志》, 순희淳熙 《엄주중수도경嚴州重修圖經》, 경정 《엄주속지嚴州續志》·《엄릉집嚴陵集》·《엄릉별집》·《조대집釣臺集·속집·별집》이 있다. 육유가 엄주로 부임하자 엄주사람들은 그의 시를 좋아한 나머지 판각하여 유포하였다.

◆ 호주湖州

양절서로에 있는 호주는 보경 3년(1225)에 안길주安吉州로 지명을 바꾸었다. 이곳이 태호太湖의 서남쪽에 있었기 때문에 송대에는 또 "소주와 호주의 곡식이 익어가니 천하가 풍족하다"라는 속담이 있었다. 호주 귀안현歸安縣 송정향松亭鄕의 사계思溪에 거주하던 좌무대부左武大夫 밀주密州 관찰사를 사직한 왕영종王永從·왕영석王永錫 형제는 사계에 원각선원圓覺禪院을 창건하고 보탑도 건설했다. 소흥 2년(1132)에 또 사재를 희사하여 판각공들에게 명해 《대장경》을 판각하도록 하고 550함을 인쇄 제조하여 유통시켰다. 당시 인경원印經院이 원각선원 안에 설치되어 있어서 왕씨 형제는 개인적으로 《대장경》을 간행하였으니 그들의 부유함이 어떠했는지 알 수 있다. 왕씨 형제는 《대장경》을 간행하고 여유의 판이 남게 되자 《당서唐書》와 《오대사》도 간행했다. 후에 이 두 서적의 서판은 우문시중宇文時中이 오흥 태수로 있을 때 판각한 오진吳縝의 《당서규류唐書糾謬》·《오대사찬오五代史纂誤》와 함께 모두 항주 국자감에서 가져가 감판이 되었다.

가희 3년(1239)에 안길주 사계에 있는 법보法寶 자복선사資福禪寺에서는 불경 5,740권을 간행했는데 '천天'자에서 '최最'자까지 일련번호를 매겼고, 반엽半葉[220]마다 6행行,[221] 1행은 17자로 범협본梵夾本이며 《사계자복장思溪資福藏》이라고 하는데 이와는 별도로 《사계원각장思溪圓覺藏》을 간행했다. 안길주 오정현 마을사람이 제기題記를 간

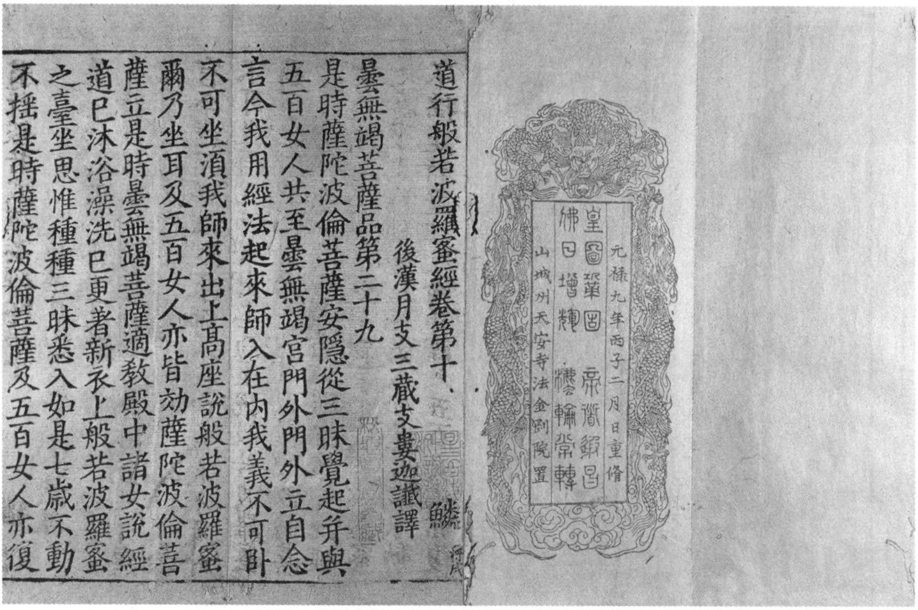

[그림 14] 《도행반야경道行般若經》 권 제10, 송대 안길주 사계의 법보 자복선사에서 판각한 대장경본이다. 양수경楊守敬이 일본에서 구매해 왔으며 두루마리 앞에 양수경의 소장인이 찍혀 있다.

220_ 반엽半葉은 판심이 있는 경우 종이를 반으로 접어 바깥쪽에만 글을 쓰는 방식으로 현재로는 한 페이지에 해당하지만 고서에서 사용하는 전문용어라서 그대로 반엽으로 표기한다.

221_ "한 장에 수록된 본문의 항수行數와 한 항行에 수록된 글자 수"를 '항관行款'이라고 한다(《한국금속활자인쇄사》 범우사, 2012.1). 그러나 이 책에서는 行款은 항관으로 표기했지만 行數는 행수로, 行은 행으로 표기한다. 고서용어로 '항'이라고 해야 옳겠지만 이해하기 쉽고 또한 국립국어원의 표기도 '행관', '행'으로도 표기하였기 때문에 이를 따른다. 그러나 서지용어로 적합지 않으면 '항'으로 고쳐야 할 것이다.

행해 기증했다. 청말 양수경楊守敬은 일본에서 1부를 구입했는데 겐로쿠[元祿] 9년에 일본사람이 필사한 것으로 현재는 국가도서관에 소장되어 있다[그림 14].

이 두 서적은 시대가 약 1백 년의 차이가 있어 아마도 왕씨 형제는 장경을 새기고 난 나머지 판에 사서史書를 판각하여 완성한 듯하다. 예를 들어 북송 복주에서 두 불장을 판각하였으니 같은 현에서 두 대장경을 판각한 것은 가능한 일이다. 그러나 왕국유만은 사계에 전후로 두 불장이 있지만 본래는 하나로 후에 다시 51함을 더한 것으로 따로 판각한 것은 아니라고 말했다.

호주에서는 또 《안륙집安陸集》·《석림거사집石林居士集》·《북산소집北山小集》·《위정공간록魏鄭公諫錄》·《논출집설論出集說》(순우 6년)을 간행했다. 오흥 군학에서는 《대송등과기大宋登科記》를 간행했다.

◆ 평강부平江府

양절서로 평강부(지금의 소주시)는 호주와 마찬가지로 태호와 임하고 있어 수로 교통이 교차하고 토지가 비옥하다. 남송의 범성대范成大는 《오군지吳郡志》에 속담을 인용하여 "하늘에는 천당이 있고 지상에는 소주 항주가 있다"[222]고 했다. 송나라 사람들은 "평강은 화수분과 같다"고 하였으며 경제가 풍부하고 도서 간행도 많아서 '고소본姑蘇本 '혹은 '소주본蘇州本'이라고 하며 또는 '오본吳本'이라고도 한다. 가우 4년, 왕기王琪가 《두공부집杜工部集》을 간행했다. "당시 《두집杜集》이 몹시 비싸 사람들은 책이 없어 고통스러워 했다. 소주 태수 왕기 집안에 소장본이 있었는데 판각과 교정이 아름다워 공관에게 이를 판가하도록 하여 만 권을 인쇄하니 한 부가 천원에 맞먹었다. 사

222_ 중국인이 자주 말하는 문장으로 원문은 "天上天堂, 地下蘇杭"이다.

대부들이 그것을 다투어 샀고 부자들은 10여 부나 샀다. 성의 빚을 상환하고 관청에서 쓰고 남은 나머지 돈은 관의 주방에 주었다."[87]

원풍元豊 3년 안지지晏知止는 《이한림집李翰林集》을 간행했다. 《위소주집韋蘇州集》에는 갈번교본葛蘩校本(소흥 2년)이 있고 또 위승상魏丞相의 중간본(건도 7년)이 있다. 《백씨문집白氏文集》·《구양공집歐陽公集》은 소주본이 있다. 오군재吳郡齋에서는 《동래선생시집東萊先生詩集》(건도 2년)을 간행했다. 위료옹魏了翁 《학산집鶴山集》은 고소본姑蘇本이 있다. 평강부에서는 이계李誡의 《영조법식營造法式》(소흥 15년)을 새기고 오군학사吳郡學舍에서는 여조겸의 《대사기大事記》(가정 15년)를 새겼다. 지방지로는 대중상부 연간의 《오군도경吳郡圖經》, 원풍元豊 연간의 《오군도경속기吳郡圖經續記》, 소정紹定 연간의 《오군지》(소정판)가 있다.

소주 일대에는 승려나 일반인 남녀 신도들이 평강부 진호陳湖 적사연성원磧砂延聖院(지금의 오현 연성원)에 경방經坊을 설립했는데 '대장경국大藏經局'이라고 했다. 소장주인 법충法忠·공덕주인 청규淸圭·승려 덕장德璋과 지청志淸이 공동으로 주재하여 시주금을 모금했다. 소정 4년(1231) 칠월부터 장경을 판각하기 시작하여 원대 지치至治 2년(1322)에 비로소 완성되었다. 《적사장磧砂藏》[그림 15]이라고 불리며 전체 591함에 일련번호는 '천天'자부터 시작하여 '번煩'자에서 끝나며 1532종, 6362권(혹은 1521종, 6311권이라고도 함)이다. 반엽에 6행이며 매 행은 17자로 절장본折裝本이다.

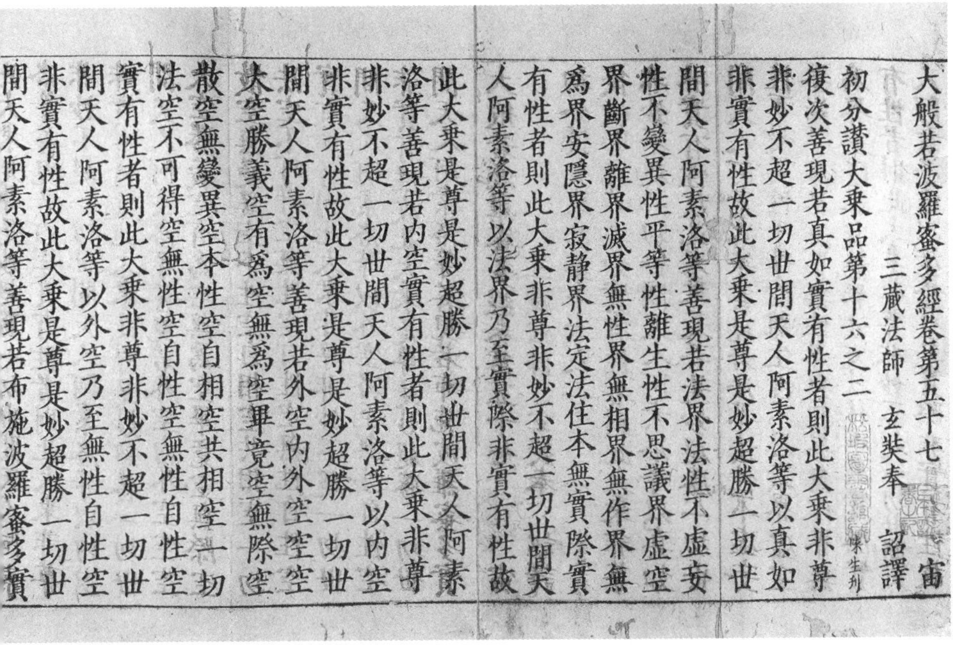
大般若波羅蜜多經卷第五十七　宙
初分讚大乘品第十六之二　三藏法師　玄奘奉　詔譯
復次善現若真如實有性者則此大乘非尊
非妙不超一切世間天人阿素洛等以真如
非實有性故此大乘是尊是妙超勝一切世
間天人阿素洛等善現若法界法性不虛妄
性不變異性平等性離生性不思議界虛空
界斷界離界滅界無性界無相界無作界無
爲界安隱界寂靜界法定法住本無實際實
有性者則此大乘非尊非妙不超一切世間天
人阿素洛等以法界乃至實際非實有性故
此大乘是尊是妙超勝一切世間天人阿素
洛等善現若內空實有性者則此大乘非尊
非妙不超一切世間天人阿素洛等以內空
非實有性故此大乘是尊是妙超勝一切世
間天人阿素洛等善現若外空內外空空空
大空勝義空有爲空無爲空畢竟空無際空
散空無變異空本性空自相空共相空一切
法空不可得空無性空自性空無性自性空
實有性者則此大乘非尊非妙不超一切世
間天人阿素洛等以外空乃至無性自性空
非實有性故此大乘是尊是妙超勝一切世
間天人阿素洛等善現若布施波羅蜜多實

[그림 15-1]

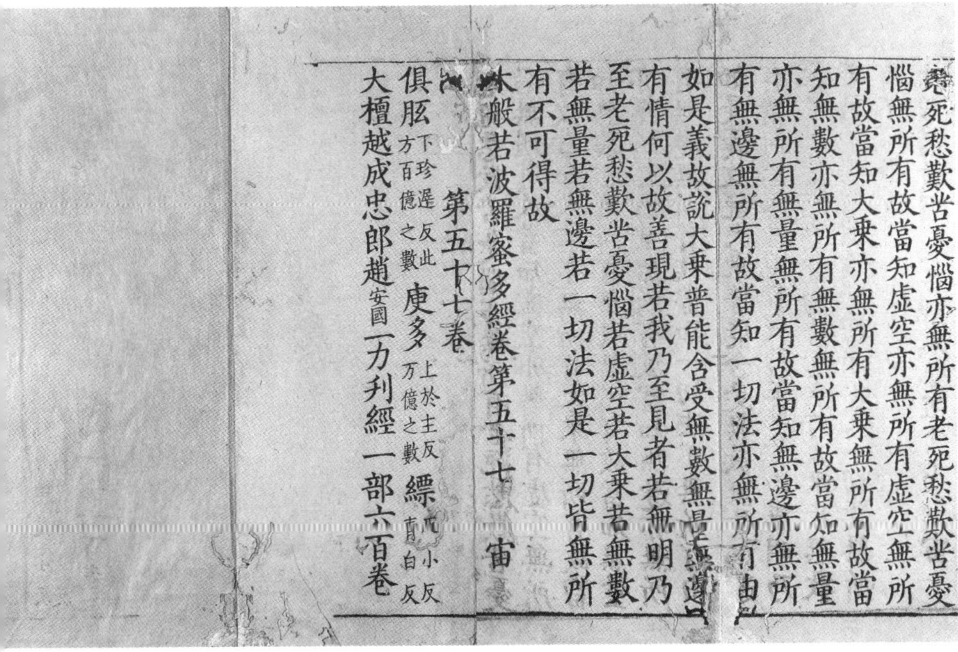
老死愁歎苦憂惱亦無所有老死愁歎苦憂
惱無所有故當知虛空亦無所有虛空無所
有故當知大乘亦無所有大乘無所有故當
知無數亦無所有無數無所有故當知無量
亦無所有無量無所有故當知無邊亦無所
有無邊無所有故當知一切法亦無所有由
如是義故說大乘普能含受無數無量無邊
有情何以故善現若我乃至見者若無明乃
至老死愁歎苦憂惱若虛空若大乘若無數
若無量若無邊若一切法如是一切皆無所
有不可得故
大般若波羅蜜多經卷第五十七　宙
第五十七卷
俱胝 下珍遲反此方百億之數　庾多 上於主反万億之數　縹 疋小反青白
大檀越成忠郎趙安國一力刋經一部六百卷

[그림 15-2]

[그림 15]《대반야바라밀다경》 권 제57, 남송 호주로 적사연성원에서 대장경본을 판각했다.

◆ 건강부建康府

강남동로의 건강부(지금의 남경시)는 양자강 하류에 있어 수륙교통이 편리하였기 때문에 군사상 중요 도시였다. 그래서 남쪽으로 천도한 후 진량陳亮 등이 임안에서 건강으로 천도하여 북방의 잃어버린 땅을 수복하는 것이 좋겠다고 건의했다. 남경은 남당이 수도로 정했을 때 이미 도서 간행이 있었다. 북송 강녕부에서 《건강실록建康實錄》(가우 34년)과 《화간집》을 간행했다. 남송 초에 지방관인 섭몽득은 군자금의 여분 6백만 민緡을 학궁(학교)에 주어 《육경》(소흥 초)을 간행하도록 했다. 경정 연간의 《건강지》 권 33에 건강부 서판이 68종에 이른다고 기록되어 있다. 모두 저자의 성명과 권수가 명기되지 않고 오직 모든 종류의 판수만 명기되어 있다. 적은 것으로는 《보경집保慶集》·《논어·맹습유孟拾遺》 각 19판이 있고 많은 것으로는 4,600판이 있는데 《예기집설》 같은 것은 합계 약 2만 판이 있다. 그 중 남경과 관련된 것으로는 건도 연간의 《건강지》(280판), 경원 연간의 《건강지》(220판), 경정 연간의 《건강지》(1728판), 《건강실록建康實錄》(740판), 《육조사적六朝事迹》(230판), 《금릉람고시金陵覽古詩》·《금릉회고시金陵懷古詩》 등이 있다. 경전을 해석하고 저술한 《동파논어》 외에도 《정자程子》·《근사록》·《사가례범四家禮範》·《제사정어諸史精語》·《통감필의通鑑筆義》·《황조특명록皇朝特命錄》·《부문공진제록富文公賑濟錄》·《구황록救荒錄》·《활민서活民書》·《소씨도덕경蘇氏道德經》·《사설師說》(154판)·《장민유사莊敏遺事》·《이공가전李公家傳》·《강행도록江行圖錄》·《문창잡록文昌雜錄》·《문장정종正宗》 등이 있다. 홍준洪遵(1120~1174)이 건업 태수일 때 자신이 편찬한 《한원군서翰苑群書》와 그의 아버지 홍호洪皓의 《송막기문松漠紀聞》(모두 건도 9년)을 간행했다. 그 중 《건강실록》(일명 《육조실록》)과 《화간집》 두 책은 모두 북송 간본으로 조겸지晁謙之가 복간할 때 다른 곳에서 출판된

《화간집》은 오류가 많다고 여겨 이 판본을 바로잡아 복간(소흥 18년)했다. 지방관리와 막료들이 임지를 떠날 때에도 관례대로 이 두 책을 전별 선물로 주었으며 이는 명대 서파본書帕本[223]의 발단이 되었다.

◆ 성도成都

성도는 당말에 이미 서적포에서 각종의 인본서적을 판매하였으며 오대 후촉에서도 대대적으로 판각을 했다. 인쇄방면에 있어서는 항주와 마찬가지로 비교적 양호한 기초가 있었다. 그래서 송초에 《대장경》처럼 방대한 책을 판각하고 제조할 수 있었다.

《불경대장佛經大藏》은 경經·율律·논論 삼장을 포괄하고 세 부분으로 이루어졌으며 수당 이래 것은 단지 필사본만 전해온다. 전하기로는 수문제가 46장을 사경했다고 한다. 보통은 붓과 먹으로만 베껴썼는데 더 공을 들이면 대량의 황금 백은으로 검은 먹을 대신하기도 했다. 오대의 오월吳越·민국閩國에서는 모두 금니 은니로 《대장경》을 썼다. 태평흥국 2년(977)에 태종이 성도를 순행했을 때 금니로 경장을 쓰라고 칙령을 내려 사신을 오대산 보살정에 보내 공양을 드렸

223_ 판본유형을 말한다. 명대 관리가 부임하거나 혹은 봉지를 받들어 귀경할 때 관례에 따라 책 한 권과 수건(帕는 수건이란 뜻임) 한 장을 전별 선물로 주었다. 당시 이런 것을 서파본이라 했다. 청대 고염무顧炎武의 《일지록日知錄》에는 《금대기문金臺紀聞》을 인용하여 원나라 때 주와 현에는 모두 학전이 있어 교수와 학생에게 음식을 제공했고, 그 나머지는 판각에 이용했다고 한다. 공사가 대단하여 여러 곳의 힘을 합해 판각하고 교정보아 간행했는데 몹시 정밀했다. 명대 홍무 초년에는 이런 학전을 모두 국자학으로 귀속시켰기 때문에 현학이나 서원에서는 자금이 부족하여 판각이 정밀하고 세심하지 못했다. 경릉과 만력 연간에 가정의 좋은 풍속을 이어받아 모두 판각하는 것을 좋아했다. 그러나 대부분은 교정이 틀리고 심지어는 멋대로 고침을 더하여 임지를 떠나는 관리에게 수건 한 장을 더하여 주었다. 그리하여 일서일파一書一帕라는 말이 생겨났다. 서파본은 명대 관에서 주는 선물이었으며 표지의 제본만을 중시하고 그 내용은 중시하지 않았다.

다.[88] 금은을 사용해 《대장경》을 쓴다는 것은 무척 낭비였다. 개봉성 안의 우국사佑國寺는 원래 후당(923~936) 필사본 《대장경》 5,048권이 있었다.[89] 송태조는 이것도 부족하다고 여겨 개보 4년(971)에 고품高品 · 장종신張從信을 익주로 보내 《대장경》판을 판각하도록 했다. 태평흥국 8년(983)에 이르러 12년의 시간을 들여서 판이 완성되니 13만장의 판, 전체 5,048권[90]이었다. 이로써 당의 《개원석교록開元釋教錄》에 기록된 숫자와 부합되었다. 이는 중국이 첫 번째로 출판한 불교대총서로 출판사상 공전의 대사업이었다. 북송 때는 고려 · 일본 · 안남(월남) · 서하 · 동여진 · 쿠차(지금의 신강)에 보낸 것이 바로 이 인본 《장경藏經》이었으며 이는 아시아 각국 초기의 인쇄사업에 커다란 영향을 주었다. 처음에 개보연간에 판각되었기 때문에 통상 '개보판開寶板'이라고 한다. 또 성도에서 판각했기 때문에 '익주판益州板'이라고도 하고 혹은 '촉판蜀板'이라고도 한다. 글자체는 당대 서예가인 구양순歐陽詢의 서체를 모방하였고 매 행은 10여 자로 일정하지 않다. 고서의 권축형태를 간직하고 있으며 황권黃卷[224]에 나무 축[木軸]이다. 1933년 범성법사范成法師가 산서성 진성晉城의 청련사青蓮寺에서 《개보장》 38권을 찾았지만 애석하게도 중국 내에 현존하는 것은 불과 십수 권뿐이다.[225]

224_ 책이 좀먹는 것을 막으려고 황벽나무 잎으로 누렇게 물들인 종이로 책을 만든 데서 비롯한 말이다. 지금은 책을 부르는 말로도 사용된다.

225_ 뒤에 불장을 소개할 때도 이와 똑같은 설명이 있는데 조사한 바로는 조금 달라 주석을 단다. 범성법사(1884~1958)는 속가의 성은 이씨고 강소성 여고현如皐縣 사람으로 여고의 숭선암에서 실융화상悉融和尚에 의해 머리를 깎고 중이 되었다. 사부의 지도로 글을 배우고 불경을 암송하기를 10여 년간 하였다. 22세 때 진강鎭江 초산焦山 정혜사定慧寺에서 수계를 받았다. 불경을 발견한 것에 관하여 중국어 바이뚜[百度] 사이트에는 범성법사가 1933년에 대장경을 발견한 곳은 청련사青蓮寺가 아니라 산서성 홍동현洪洞縣에 있는 광승사廣勝寺라고 되어 있다. 홍동현은 1954년에 본래의 홍동과 조성趙城이 합병

희종 8년에 새롭게 《서 · 시 · 주례신의周禮新義》를 수정하라고 명령을 내리고 항주와 성도부에 전운사 판각본을 보냈다. 숭녕崇寧 연간에 양절과 성도부의 각 로에 민간이 판각한 기서奇書를 조사曹司에서 찾아 비서성에 보내라는 칙령을 내렸다.[91] 이로 볼 때 성도도 항주와 마찬가지로 민간의 서적 간행이 성행했음을 알 수 있다. 익주 지주知州인 장영張詠은 책 판매업자에게 판각 인쇄한 《설허창시집薛許昌詩集》(함평)을 주었는데 호사가들은 장영이 지은 《판사判辭》를 판각하여 세상에 유포시켰다. 성도본은 본래 주굉朱肱의 《남양활인서南陽活人書》가 있었다. 《수경주》는 30권본(원우 전)이 있으며 하성종가본何聖從家本은 40권이다(원우 2년). 또 《태평어람》 · 《중각송제군주의重刻宋諸軍奏議》(순우 10년), 위료옹의 《중교학산선생대전문집重校鶴山先生大全文集》(개경 원년), 공이정龔頤正의 《속계고록續稽古錄》(원열우袁說友 간행)이 있다. 성도부시 서쪽 유가俞家에서는 《역대지리지장도歷代地理指掌圖》를 간행했다.

이 밖에도 촉에서 간행한 도서로는 《오대회요五代會要》(문언박文彦博 간행) · 《한창려집》(소부蘇溥 간행, 가우) · 《육로망집陸魯望集》(비인번郫人樊이 처음 간행, 원부 3년) · 《공자가어》(북송) · 《이태백집》(북송 소흥과 촉에서 판각) · 《유하동집柳河東集》 · 《백씨문집》(북송) · 《원씨장경집元氏長慶集》 · 《사마광문집》 · 《구양수집》 · 문여가文與可의 《단연집丹淵集》 · 진관秦觀의 《회해집淮海集》 · 《구경정의》 · 《육경의소》 · 《주문공정정채구봉서집전朱文公訂正蔡九峰書集傳》 · 대자본 《맹자》(사부총간 영인본) · 대자본과 소자본의 《사기》 · 이심전의 《국조회요총류國朝會要總類》 · 위숭衛嵩 대자본大字本 《원포경元包經》(상해지도) · 《책부원구冊

하여 생긴 현이다. 광승사 소개에도 범성법사가 이곳에서 '조성금장趙城金藏'을 발견했다고 되어 있다. 청련사는 산서성 진성晉城에 있으며 밀종으로 유명하다.

府元龜》(북송)·《당장경음의唐藏經音義》·《원화성찬元和姓纂》·《월절서越絶書》·《당사론단唐史論斷》·《예속隸續》·《소문육군자집蘇門六君子集》·《옥황본행집경玉皇本行集經》 등이 있다. 서촉의 최씨서방에서는 왕방王雱의 《남화진경주南華眞經注》(《속고일총서續古逸叢書》 참조)를 간행했다. 대체적으로 성도부로에서 간행한 책은 많다. 육유가 건위犍爲(사천성 낙산시에 있음)를 다스릴 때에 당나라 시인 《잠삼시岑參詩》를 판각했다. 임공臨邛의 한순韓醇은 《한유·유종원집》(순희 4년)을 간행했는데 글자가 세련되고 종이가 깨끗한 것이 판각과 인쇄가 모두 아름답다. 이곳 역시 성도부로에 속한다. 촉각으로는 《사기》·《한서》·《후한서》·《삼국지주》·《태평환우기太平寰宇記》·《태평어람》·《삼소선생문수三蘇先生文粹》·《삼소문집三蘇文集》·《신편근시십편양방新編近時十便良方》(만권당본)·《중첨교서촉본서림사류운회重添校西蜀本書林事類韵會》(구씨瞿氏서영書影[226]잔본)·《원포경전元包經傳》·《소문충공집蘇文忠公集》·《소문선공집蘇文宣公集》이 있다. 촉판은 대자본에 8~9행이고 글자 크기는 동전만하며 판식版式이 성기고 뚜렷한 것으로 가장 유명하다.

성도 부근의 도현都縣(지금의 쌍류雙流)은 닥종이[楮皮紙]와 죽지의 생산으로 유명한데 촉에서 간행된 경사자집은 대부분 광도지廣都紙[227]에 인쇄되었다.[92] 광도현 북문 배씨댁에서 남북송의 《육가주문선六

226_ 출판물의 판식과 부분적인 내용을 보여 주는 인쇄물.

227_ 종이 이름이다. 촉 지역의 광도廣都(지금의 쌍류현雙流縣 중흥진中興鎭)에서 생산되었기 때문에 이런 이름이 생겼다. 원나라 비저費著의 《촉전보蜀箋譜·광도지廣都紙》에 "광도지는 네 가지 색이 있는데 가산남假山南·가영假榮·염촌冉村(淸水)·죽사竹絲다. 모두 닥나무껍질로 만들었다. … 폭이 넓고 분粉이 없는 것을 가산남이라 하고, 폭이 좁고 분이 있는 것을 가영이라 하고, 염촌에서 제조된 것을 청수라 하고, 용계향龍溪鄕에서 제조된 종이를 죽지竹紙라고 한다"라는 기록이 있다.

家注文選》 60권을 인쇄해 팔았다. 북송《육가주문선六家注文選》은 숭녕 5년(1106) 판각본으로 정화 원년(1111)에 완성되었다. 흑색은 마치 옻칠처럼 까맣고 종이는 질기다.[93] 남송《육가주문선六家注文選》은 하동의 배씨裵氏네서 모든 대가의 선본을 장정했다. 각자공에게 명해 개경 신유(실제로는 경정 2년) 여름에 시작하여 함순 갑술(1261~1274) 한여름에 끝났다. 판각의 총 책임자는 조인曹仁[94]이었으며 여러 해의 판각을 거쳤기 때문에 "정밀한 교정을 하여 절대 틀린 곳이 없다"고 할 정도였다. 광도의 비씨費氏[228]는 진수당進修堂에서 대자《자치통감》을 간행하였으며 이를 '용조본龍爪本'[229]이라 한다.

성도부로에 있던 미산眉山은 소동파의 고향으로 대·소 두 본의《소문충문집蘇文忠文集》이 있는데 소동파를 위하여 미산의 공덕사에서 판각했다. 미산에서는《삼소문三蘇文》과 소철蘇轍의《소문정공문집蘇文定公文集》을 간행했다. 미산의 정사인程捨人 댁에서는 동향 사람 왕칭王稱의《동도사략東都事略》(소희)을 간행했다. 미산에는《신편십칠사책요新編十七史策要》가 있고 새롭게《국조이백가명현문수國朝二百家名賢文粹》(《판각도록板刻圖錄》 참조)를 간행했다. 미산에서《매정사륙류고梅亭四六類稿》를 간행하여 세상에서 성행하게 했고(가정 전), 또《매정선생사륙표준梅亭先生四六標準》도 간행했다. 미산에서는《주례》·《예기》·《춘추》·《맹자》·《사기》·《삼국지》를 판각했다.

228_ '광도의 비씨'라고 한 것으로 보아 비저費著를 말하는 것 같다. 비저는 원대 사학가로 성도시成都市 쌍류雙流사람이다. 진사출신으로 저서에《민족보民族譜》·《기물보器物譜》·《저폐보楮幣譜》·《성도지成都志》등이 있다. 비저를 소개하는 글에는 원대 사람이라고 되어 있지만 생존연대는 미상이다. 본 단원이 〈송대-목판 인쇄의 황금시대〉인데 원나라 비저가 간행한 도서를 언급한 것은 비씨가 송말원초 사람이거나 생존년이 원대에 상관없이 지방 위주로 기술했기 때문인 것으로 보인다.

229_ 용조본이란 견고하고 탄력이 좋은 홰나무의 일종인 '용조괴龍爪槐'(또는 번괴蟠槐라고도 함)에 글자를 새긴 서판으로 인쇄한 것을 말한다.

당나라 시문집도 여러 종류가 있는데 이전에는 촉각본이라고 여겼으나 지금은 미산각본으로 본다.[95] 돈후한 글자에 자획을 생략하였고 간체자를 많이 사용했으며 판식은 똑같고 모두 백마지에 인쇄했다. 모든 책에는 원대의 '한림국사원관서翰林國史院官書'라는 커다란 붉은 도장이 찍혀 있지만 그 자체에 촉각 및 미산이라는 글자는 없다. 또 《책부원구》·《후산시주後山詩注》 역시 미산본으로 생각된다. 미산본으로 가장 중요한 것으로는 《칠사七史》(송宋·제齊·양梁·진陳·위魏·북제北齊·북주서北周書)로 소흥 14년(1144)에 정헌맹井憲孟이 사천조四川漕로 있을 때 미산에서 간행하도록 명하였다. 이를 '촉대자본'이라고 하며 반엽에 9행, 한 행은 18자다. 역대 인쇄 중에서 인판이 모호하여 '납탑본邋遢本'[230]이라고 한다. 이 판은 청 가경 때까지 근 7백년간 사용되다가 남경에서 불에 타 훼손되었다.

남송시대 천협사로川峽四路는 지역이 협소하지만 비옥하여 인구가 가장 많고 농민들은 성실히 경작하여 조금도 노는 땅이 없어 1년에 서너번 수확을 할 수 있었다. 지방학교와 서당에는 많은 학생들이 모여들었고 문학인들도 끊임없이 배출되었다. 송 고종은 "촉 땅에는 많은 선비들이 있어 거의 삼오三吳와 구별이 없다"고 했다. 또 미산의 왕칭은 "우리 고향에는 문장가들이 스스로 배출된다"라고 했다. 포숙헌蒲叔獻은 "우리 촉지방의 서적은 크고 세밀함이 모두 완비되었다"고 했다. 송대 촉사람들 5백여 명의 단편적인 문장이 지금까지 전해오고 있다.

사천에서 판각된 통칭 '촉본' 혹은 '천본川本[96]'은 다시 성도본·광

230_ 인쇄를 여러 차례 하여 서판이 모호해지고 정확하지 않아 인쇄된 책을 '납탑본'이라고 한다. 대표적인 것으로 송대 미산에서 간행된 《칠사》로 청대까지 여전히 사용되었다. 인쇄한 글자 역시 모호하여서 '구행납탑본九行邋遢本'이라고 한다.

도본 · 미산본 등으로 분류되며 항주본과 함께 아름다움이 비교된다.

◆ 복주福州

민국閩國은 왕심지王審知가 다스릴 때 네 부의 금은자 필사본 《대장大藏》이 있었는데, 송대에 이미 그 행방을 알 수 없게 되었다. 개봉 경성은 비록 경판이 있었지만 남쪽사람들이 인쇄 제조하기에는 어찌되었든 불편했다. 복주사람들은 민국의 왕심지와 후에 오월의 충의왕忠懿王 전홍숙이 통치를 할 때 특히 불교를 많이 믿었다. 불법을 홍보하기 위하여 선남선녀들은 자신들이 시주를 하여 《장경》을 판각해야겠다고 생각하여 시랑侍郎 진양陳暘에게 책을 만들도록 권했다. 복주성 밖 백마산白馬山 동선사東禪寺 등각선원에서 주지 혜공대사慧空大師 충진冲眞 · 지필智畢 · 계장契璋 등이 탁발을 하여 "성상의 장수를 축원하고 국태민안을 빌기" 위하여 원풍元豊 3년(1080)에 《대장경》판 한 부를 판각하기 시작했다. 총 5백여 함, 약 6,434권으로 숭녕 2년(1103)에 《장경藏經》을 헌상했다. 묘호에 '숭녕만수崇寧萬壽'를 더했는데 이는 동선사판이며 또는 《숭녕만수대장崇寧萬壽大藏》이라고도 하며 간략하게는 《숭녕장崇寧藏》이라고 한다[그림16].

《삼산지三山志》에 "동선원에 미불米芾[231] 서액書額의 《대장경》판이 있다"고 했는데 여기서 말하는 것이 바로 이 경판이다. 그 판은 소흥 · 건도 연간에 보수를 하였고 원대 태정泰定(1324~1328) 때에도 있

231_ 미불(1051~1107)은 북송의 서예가이자 화가며 서화이론가다. 천부적인 자질을 지녔지만 외롭게 지냈으며 결벽증이 있었다. 이상한 돌을 수집하였고 그림으로 일가를 이루었다. 특히 고목석죽枯木竹石을 잘 그렸고 산수화에도 능했다. 또한 전서, 예서, 해서, 행서, 초서를 모두 잘 썼다. 특히 이전 사람들의 서법을 임모하는데 뛰어나서 어느 것이 진짜인지를 가려내기 어려울 정도였다. 송 사대 서예가의 한 사람이다. 교서랑, 서화박사, 예부원외랑을 역임했다.

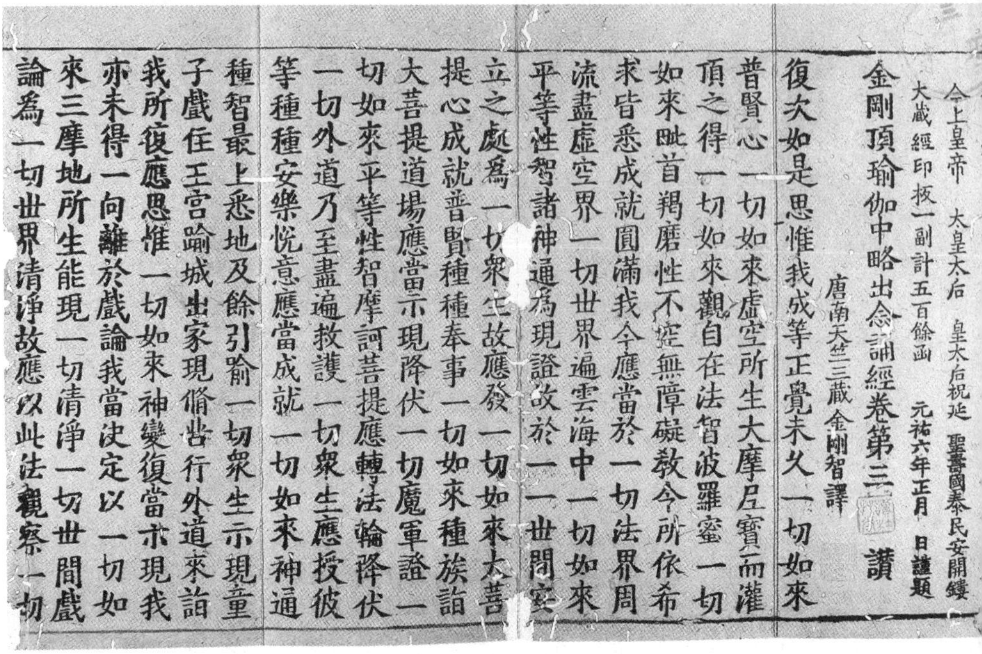
今上皇帝 太皇太后 皇太后祝延 聖壽國泰民安開鏤
大藏經印板一副計五百餘函 元祐六年正月 日謹題
金剛頂瑜伽中略出念誦經卷第三 讚
唐南天竺三藏金剛智譯
復次如是思惟我成等正覺未久一切如來
普賢心一切如來虛空所生大摩尼寶而灌
頂之得一切如來觀自在法智波羅蜜一切
如來毗首羯磨性不空無障礙教令所依希
求皆悉成就圓滿我今應當於一切法界周
流盡虛空界一切世界遍雲海中一切如來
平等性智諸神通爲現證故於一一世間安
立之處爲一切衆生故應發一切如來大菩
提心成就普賢種種奉事一切如來種族詣
大菩提道場應當示現降伏一切魔軍證一
切如來平等性智摩訶菩提應轉法輪降伏
一切外道乃至盡遍救護一切衆生應授彼
等種種安樂悅意應當成就一切如來神通
種智最上悉地及餘引喻一切衆生示現童
子戲任王宮踰城出家現脩苦行外道來詣
我所復應思惟一切如來神變復當示現我
亦未得一向離於戲論我當決定以一切如
來三摩地所生能現一切清淨一切世間戲
論爲一切世界清淨故應以此法觀察一切

[그림 16] 《금강정유가중략출념송경金剛頂瑜伽中略出念誦經》 권 제3, 북송 원우 6년, 복주 동선사 등각선원에서 숭녕 만수대장본을

었다. 고궁과 북경 · 남경 · 상해의 각 도서관에 소장되어 있는 것은 모두 낙질본落帙本[232]이다.

복주의 개원선사에서는 또 《비로대장경》판 한 부를 판각 제조했는데 5백여 함으로 간칭 《비로장》이라고 한다[그림 17]. 대략 정화 2년(1112)에 시작하여 현지의 남녀 신도가 합자하여 간행했으며 모임의 대표인 임소林昭와 탁원덕卓元德의 이름이 있다.

남도 후에 개원사 주지 혜통대사慧通大師 요일了一은 계속 탁발하여 소흥 21년(1151, 혹은 18년이라고도 하고 또는 건도 8년에 끝났다고도 함)에 완성했다. 이 두 부의 장경은 각 반엽 6행이며 매 행은 17자로 되어 있다. 모두 촉판에 비해 1천여 권이 더 많은데 이는 송대에 새롭게 번역한 불경을 첨가했기 때문이다. 국가도서관에는 낙질본(개원

232_ 한 질을 이루는 책에 몇몇 권이 빠지고 없어 권수가 갖추어지지 아니한 책.

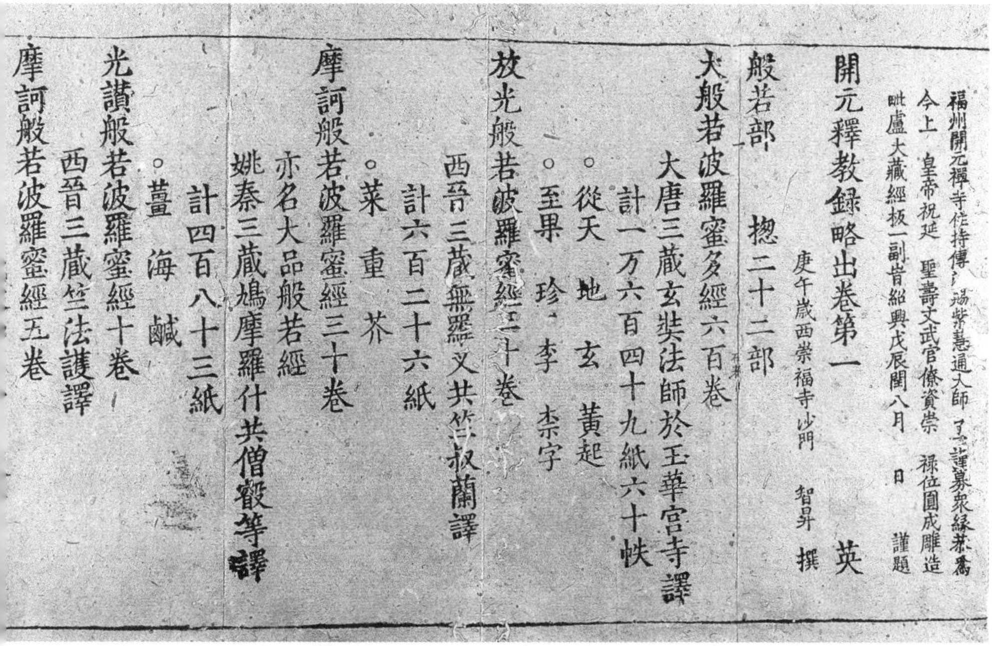
福州開元禪寺住持傳法賜紫慧通大師了一謹募衆緣恭爲
今上 皇帝祝延 聖壽文武官僚資崇 祿位圓成雕造
毗盧大藏經板一副時紹興戊辰閏八月 日 謹題
開元釋教錄略出卷第一 英
庚午歲西崇福寺沙門 智昇 撰
般若部 摠二十二部
大般若波羅蜜多經六百卷
大唐三藏玄奘法師於玉華宮寺譯
計一万六百四十九紙六十帙
。從天 地 玄 黃起
。至果 珍 李 柰字
放光般若波羅蜜經二十卷
西晉三藏無羅叉共竺叔蘭譯
計六百二十六紙
。菜 重 芥
摩訶般若波羅蜜經三十卷
亦名大品般若經
姚秦三藏鳩摩羅什共僧叡等譯
計四百八十三紙
。薑 海 鹹
光讚般若波羅蜜經十卷
西晉三藏竺法護譯
摩訶般若波羅蜜經五卷

[그림 17] 《개원석교록약출開元釋敎錄略出》 권 제1, 송 소흥 18년에 복주의 개원사에서 《비로대장경》을 판각했다.

사는 지금 공장으로 변해버렸음)이 있다.

민현閩縣 보은효관報恩孝觀에서는 《정화만수도장政和萬壽道藏》을 간행했다.

성도에서는 전체 《대장》 13만 판을 판각했는데 이는 판각사상 그때까지 없던 업적이었다. 그러나 복주 일대는 북송 때 《불장佛藏》 2부와 《도장道藏》 1부를 간행했고 그 판은 30만 쪽에 달하여 종교서적 출판사상 성대한 일이었다. 그 지역의 인력과 물자의 풍부함을 알 수 있다.

복주의 향리에서는 각기 '서사書社'(학교)가 있었고 학생 수도 많은 곳은 수백 명, 적은 곳은 수십 명에 달했다. 어떤 곳은 비록 40~50세가 되었어도 늙은 것을 부끄러워하지 않고 학교에 다녔다. 학교 과정은 1년에 경 하나를 통달해야 하는데 매번 3일과 8일에 시부詩賦 경의經義와 책론을 배워야 했다. 당시에 어떤 사람이 시를 짓기를

"학교는 마을에서 빈 적이 없고, 성안의 사람들 반수가 독서를 한다네"라고 했다. 건도 원년(1165) 가을에 복건성에서 향시에 응시한 사람은 1만 7천 명이었으며 어떤 사람은 심지어 10만 명이라고도 한다. 송말에 우산을 들고 책상자를 등에 메고 서울로 과거보러 오는 민지역 사람들은 항상 전국의 반을 차지했다.[97] 그러나 복주에서는 종교적인 서적을 간행한 것은 그다지 많지 않다. 고증할 수 있는 것으로는 복주 주학에서 《서산선생진문충공독서기西山先生眞文忠公讀書記》(개경 원년)를 간행했고, 복주에서 《도정절선생시집陶靖節先生詩集》, 삼산본三山本 진부량陳傅良 《지재문집止齋文集》을 간행했고, 삼산 정자성鄭自誠이 《주문공한문고이朱文公韓文考異》를 간행했다. 복건 제거사提擧司와 전운사轉運司에서 각각 공문서 간행본이 있고, 조사漕司에서는 《장자어록張子語錄》·《구산어록龜山語錄》을 간행했다. 복건로福建路 상평의창常平義倉 다사茶事를 관리하던 채약蔡篇은 그의 아버지 채유학蔡幼學이 지은 건륭建隆에서 정강靖康 말까지의 《국조편년정요國朝編年政要》를 간행했다. 북송의 복주는 일시적으로 도서 간행 사업이 성행했지만 남송에 이르러 대대적으로 쇠퇴했으며 이를 대신하여 건녕 서방이 흥기했다.

◆ 건녕建寧

건양현建陽縣과 건녕부建寧府 부근의 건안현建安縣은 남송 출판업의 중심지였다. 송나라 축목祝穆의 《방여승람》에서는 인본서적을 건녕부의 토산품이라 하고 서적업소가 사방에 있다고 했다. 건양현 서쪽 70리의 마사麻沙·수남水南·숭화崇化 및 장평長平·웅둔熊屯 등지는 서방이 숲처럼 많았다. 송 함순咸淳 3년에는 축목의 《신편방여승람新編方輿勝覽》(70권)을 간행했으며 두루마리 앞[卷首]에 복건 전운사가 번각을 금하는 전문이 실려 있다. "복건 전운사에서 녹백錄白[233]을 관장하고 … 양절 전운사를 경유하여 절동제거사들에게 방을 내려 번각을 금한다. 오늘날 서적시장에는 이익을 탐하는 무리들이 있는데 이들이 개인적으로 편집하고 전문적으로 번각을 할 수 없다. 살펴보건대 (이들이) 명목을 바꾸거나 문자(내용)를 생략해 놓아 공부하는 사람들과 선비들이 잘못 알게 되어 실로 피해가 많다. 관례에 따라 책을 판각할 때는 사대使臺의 신고를 거쳐 합당할 때만 할 수 있도록 방을 내거니, 마사 · 서방書坊 · 장평 · 웅둔 등 서적을 간행하는 곳에 이를 보내고 내걸어서 알리도록 하라"는 내용이 있다. 특히 마사 · 숭화 두 서방은 많은 책을 생산하여 '도서의 창고'로 불렸다. 송나라 유극장劉克莊은 "건양의 두 서방(마사와 숭화)은 고대의 서적을 대대적으로 갖추고 있으니 집집마다 현악기 소리와 책 읽는 소리가 가득하다"고 했다. 주희는 "건양판본 서적은 위로는 《육경》으로부터 아래로는 훈訓과 전傳까지 사방으로 유통되는 것이 먼 곳이라도 가지 않는 곳이 없다"고 했다. 그리고 과거시험장에 갖고 들어갈 수 있는 책도 제공되었는데 이를 '백배경사百倍經史'[234]라고 했다. 송나라 웅화熊禾는 또 "서적은 고려와 일본에도 유통되었다"고 했다. 건본의 생산량이 많고 그 유통된 지역이 광범위했음을 알 수 있다. 현재 두 현의 서방들을 아래에 기록해 보겠다.

* 건읍建邑 왕씨 세한당世翰堂 – 《사기색은史記索隱》 가우 2년
* 건안建安 채자문동숙蔡子文東塾 – 《소자격양집邵子擊壤集》 치평 3년
* 건안 여당경余唐卿댁 – 혹은 하연夏淵 여씨余氏 명경당明經堂이라

233_ 녹백은 송나라의 제도로 추밀원에서 황제의 어지를 받들어 명을 내린 후 이를 백지에 기록하여 문하성으로 보내는 것을 말한다.

234_ 여기서 '백배경사'가 어떤 모양의 책인지는 확실히 알 수가 없다.

고도 한다. 《허학사류증보제본사방許學士類證普濟本事方》 보우 원년, 일본에 있음.

* 건안 여언국余彦國 여현당勵賢堂 – 《신편류요도주본초新編類要圖注本草》
* 여씨余氏 광근당廣勤堂
* 건안 여인중余仁仲 만권당萬卷堂 – 《춘추공양경전해고春秋公羊經傳解詁》(소희 2년) 《예기禮記》 등.[98]
* 건안 여씨余氏가 고승高承의 《사물기원事物紀原》을 간행 – 경원 정사년
* 여정안余靖安 근유당勤有堂 – 《고열녀전古列女傳》. 혹은 정암여씨靜庵余氏가 판각. 숭화崇化의 여지안余志安이 근유서당勤有書堂에서 간행, 양복楊複의 《의례도儀禮圖》
* 건안 여공예余恭禮댁 《활인사증방活人事證方》 – 가정 9년
* 건안 유지문劉之問(유원기劉元起) – 《한서》, 경원 원년. 《후한서》 경원 4년
* 건안 유숙강劉叔剛댁 – 《대역수언大易粹言》 부록에 석음釋音 · 《예기주소禮記注疏》 · 《모시주소毛詩注疏》가 있다
* 건안 유일신劉日新댁 삼계당三桂堂 – 왕종전王宗傳 《동계왕선생역전童溪王先生易傳》, 개희 원년.
* 마사麻沙 유사륭劉仕隆댁 《광운廣韻》 – 일본에 있다.
* 마사진 수남 유중길劉仲吉댁 《신당서新唐書》 – 소흥 30년 《유편증광황선생대전문집類編增廣黃先生大全文集》 건도乾道 단오 관지가 있다.
* 마사 유지명劉智明
* 마사 유중립劉仲立 《한서》 – 건도 3년 《후한서》 홍륭隆興 2년
* 마사 유장사劉將仕댁 – 《황조문감皇朝文鑒》

* 마사 유통판劉通判댁 – 《오신주양자법언五臣注揚子法言》
* 건안 우씨가숙虞氏家塾 – 《노자도덕경老子道德經》
* 건녕부 마사진 우숙이虞叔異댁 – 《괄이지括異志》
* 마사진 남재南齋 우천리虞千里 – 《왕선생십칠사몽구王先生十七史蒙求》 건도 5년
* 건안 위중립魏仲立댁 《신당서》
* 건안 위중거魏仲擧 가숙家塾 – 《신간오백가주음변창려선생문집新刊五百家注音辨昌黎先生文集》·《유집柳集》 모두 경원 6년
* 건안 위충경魏忠卿 가숙家塾 – 《왕장원집백가주분류동파선생시王狀元集百家注分類東坡先生詩》
* 건녕부 황삼팔랑黃三八郎 서포 – 《한비자》 건도 원년. 《거송광운巨宋廣韻》 건도 5년.
* 건안 황선부黃善夫 가숙家塾 – 《사기집해색은정의史記集解索隱正義》, 전·후 《한서》 모두 경원. 《동파선생시東波先生詩》.
* 건안 황급보黃及甫 가숙家塾 – 《왕장원집王狀元集》·《백가주분류동파선생시百家注分類東坡先生詩》
* 건양 숭화서방崇化書坊 진팔랑가陳八郎家 – 혹은 건녕부 진팔랑서포陳八郎書鋪라고도 함, 《문선文選》, 소흥 31년.[99]
* 건안 진언보陳彦甫 가숙 – 《성송명현명육총주聖宋名賢明六叢珠》, 경원 2년.
* 건녕 서포書鋪 채기순보蔡琪純父[235] 일경당一經堂 – 혹은 건안 채순보蔡純父라고도 함, 《한서漢書》·《후한서後漢書》 모두 가정 원년.
* 건계建溪 삼봉三峰 채몽필蔡夢弼 부경傅卿 가숙家塾 – 건계를 혹은

235_ 이름은 채기蔡琪이고 자가 순보純父이다.

건안建安이라고도 함. 《사기》 건도 7년.

* 건안 왕무보王懋甫 계당桂堂 – 《송인선청부전宋人選青賦箋》
* 건안 왕붕보王朋甫 《상서》
* 건안 증씨가숙曾氏家塾 – 《문장자용분문근사록文場資用分門近思錄》, 송말
* 건안 강중달江仲達 군옥당群玉堂 – 《이십선생회란문감二十先生回瀾文鑒》
* 건안 경유서당慶有書堂 – 《상한명리론傷寒明理論》, 경정 2년
* 건안 만권당 – 《왕장원집제가주분류동파선생시王狀元集諸家注分類東坡先生詩》
* 건양 용산당龍山堂 – 《왕지부댁진본휘주록王知府宅眞本揮麈錄》

이상 37곳과 민산 완중유阮仲猷의 종덕당種德堂에서 《춘추경전집해》(순희 3년)를 간행했고 부학당富學堂 필씨畢氏도 아마 건녕에 있었을 것이다. 또 건양 마사서방에서 성씨를 명기하지 않은 사람이 증조曾慥의 《유설類說》(소흥 10년)·《황송사실류원皇宋事實類苑》(소흥 20년)을 간행했다. 송대에서 명대까지 건녕의 서방은 아주 많은데 줄곧 중국 전역에서 으뜸을 차지했다. 그중 개인 서당[家塾]으로 유명한 것도 역시 서방이다. 왕씨 세한당世翰堂, 채자문蔡子文의 동숙東塾은 북송의 서방이다. 그 나머지는 모두 남송이다. 이들 서방에서는 수많은 책을 간행했다. 어떤 서방에서는 자신들이 고시용 서적을 출판하기도 하였고 더욱이 날마다 편집하여 달마다 간행하니 시간이 모두 달랐다. 그 중 비교적 가치가 있는 것으로는 채몽필·황선부가 각기 《사기》를 간행했고, 채기蔡琪·유지간劉之間·유원기劉元起는 모두 《한서》를 간행했고, 유중립劉中立은 전·후 《한서》를 간행했고, 위중립魏仲立은 《당서唐書》를 간행했고, 위중거魏仲擧는 《창려집주》와

《당유선생집주唐柳先生集注》를 간행했다. 서방 중에는 특히 여씨余氏가 가장 유명하다. 청대 《여씨종보余氏宗譜》에 의하면 여씨서림 발원의 시조는 일찍이 광서 안무사였던 여동조余同祖라고 한다. 남송 때에 여씨 성을 가진 서방이 발달했다. 만권당 주인인 여인중余仁仲은 국학진사로 《상서정의尙書精義》·《공의이전公穀二傳》 등을 간행했으며 세상에서는 이를 "여씨余氏가 《구경》본을 세웠다"라고 했다. 홍국의 우씨본于氏本과 더불어 구두점이 분명하였기 때문에 '선본'이라고 했다. 근유당은 다른 곳에서 종이자료를 사서 '근유勤有'라는 두 자를 인쇄했다. 이종 때에는 여문흥余文興이 이전의 근유당의 이름을 따서 '근유거사勤有居士'라고 했고, 여정안余靖安은 근유당에서 《고열녀전古列女傳》을 간행했다. 건녕부 여씨와 유씨劉氏는 송원을 거쳐 명말까지 계속 영업을 하여 약 5백~6백 년간이나 지속되었으니 이는 세상에는 드물게 보는 출판상이다. 근자의 사람들은 건안은 당대부터 이미 서방이 성행했다고 여기며 여씨 가업도 이어져 왔다고 하는데 믿기 어렵다.

건녕군재建寧郡齋에서는 《서한회요西漢會要》(가정)·《동한회요東漢會要》(보경 2년)를 간행했다.

복건각본은 '민본閩本'·'건본建本' 또는 '건안본建安本'이라고 부르며 건양 마사진에서 간행한 것은 '마사본麻沙本'이라고 부른다. 마사본은 거칠게 만들어 책을 남발했는데 그 이유는 빠른 시일 안에 팔고자 함이었다. 그래서 잘못된 곳이 많아 당시 사람들은 마사본을 하찮게 여기고 저질본이나 나쁜 책의 대명사가 되었다. 또 무른 나무판에 판각을 했기 때문에 자획이 쉽게 모호해지고 뭉그러졌다. 또 현지에서 생산되는 종이 질이 얇고 잘 부서지는 누런 색이 주지(서지書紙)에 대부분 인쇄했다. 내용과 재료 형식이 모두 좋지 않았기 때문에 나쁜 인상을 주었다. 그러나 복건본이 온 세상에 퍼져 있고 품

종이 많고 원가가 저렴하여 현재까지 전해지는 송판본 중에는 건본이 비교적 많다. 그중에는 판각이 아름답고 학술가치가 있는 작품도 상당수 있음은 물론이다.

위에서 살펴본 출판간행의 중심지역 이외에 비교적 책을 많이 간행한 곳은 절동로浙東路의 대주臺州가 있다. 태주에서는 《독단獨斷》·《안씨가훈》·《순자》·《양자법언揚子法言》·왕통王通의 《문중자文中子》·《한창려집》·당중우唐仲友의 《후전여부後典麗賦》·《삼은시집三隱詩集》(모두 순희 연간)·《석림주의石林奏議》·가정 《적성지赤城志》 등 15종이 있다. 온주溫州에서는 《영가수어록永嘉守御錄》·《온주진사제명溫州進士題名》·《옥대신영玉臺新詠》·《대당육전大唐六典》·《안집顏集》 등 12종이 있다. 가흥嘉興과 처주處州에서도 각각 8종을 간행했으며 절강 판각서는 4백 종에 이른다.

복건로 천주泉州에서는 《공씨육첩孔氏六帖》(건도 2년)·《보양거사채공문집莆陽居士蔡公文集》(모두 건도 연간)·《사마문정공집司馬文正公集》·《잠허潛虛》·《심충민공구계집沈忠敏公龜溪集》·《연번로演繁露》·《고고편考古編》·《독사관견讀史管見》(순희 8년)을 간행했다. 온릉군상溫陵郡庠에서는 《정상서경진우공론程尚書經進禹貢論》(순희)·《양계선생집梁溪先生集》·《자치통감강목資治通鑒綱目》(모두 가정 연간)·진덕수眞德秀의 《심경心經》(단평端平 원년)을 간행했다. 유극장劉克莊의 《당본조중흥오칠언절구唐本朝中興五七言絕句》 선집 천주본이 있다.

송 가정 연간에 천주 안계현安溪縣의 인서국에 관해서는 건륭 《천주부지泉州府志》 권 17에 다음과 같은 기록이 있다.

> 인서국은 현치縣治 관청의 오른쪽에 있고(《융경부지隆慶府志》), 송 가정 연간에 진복陳宓을 책임자로 하여 사마온공서의司馬溫公書儀·당인시선唐人詩選을 이곳에서 간행하였다. 후에 책임자 주진周瑨이 《서산인정류편西

山仁政類編》·《안계현지安溪縣志》·《죽계선생주의竹溪先生奏議》·《경술성력봉사집록庚戌星歷封事集錄》·《후촌선생강서시선後村先生江西詩選》·《장충헌첩張忠獻帖》·《진복재수계서陳後齋修禊序》·《문방사우文房四友》·《왕구서결王歐書訣》 등의 책을 간행했다.

눈여겨볼 것은 광남동로廣南東路의 조주潮州는 책을 판각하는 것으로는 영남 제일이었다. 조주는 북송 대관 초에 이미 그곳 사람 유윤劉允이 군郡에 있는 창려昌黎 사당의 시주돈으로 소자본小字本의 《창려선생집》을 간행했다. 소흥 9년에 유방劉昉이 중간했고, 또 조주潮州 영산사靈山寺 각본도 있다. 조주본 《한집韓集》은 대자·중자·고이考異 3종 본이 있다. 진향백陳香白 선생이 보내온 《고대조주각서古代潮州刻書》(《광동도서관 학간》 1984년 3기)의 문장에 의하면(진향백씨는 원대의 《삼양지三陽志》에 기록된 것을 근거로 했다), 송대 조주 각본은 34종에 이르며 전체 10,890판이 있다고 한다. 그 중에 《여씨이집산呂氏易集散》·《춘추집전혹문春秋集傳或問》·《맹자설》·《주문공논맹혹문朱文公論孟或問》, 또 《중용집략中庸輯略》·진순陳淳의 《북계자의北溪字義》·《통감총류通鑒總類》·《신수조양도경新修潮陽圖經》·《한전漢雋》·《조충간집趙忠簡集》·《북문집北門集》 및 조주 사람의 《임현량초범집林賢良草範集》 등이 있고 그 판은 군치郡治·군학郡學·염계서원濂溪書院 등에 소장되어 있다.

기타 회남동로淮南東路의 고우군高郵軍, 강남동로의 요주饒州·파양鄱陽·지주池州·당도當塗, 강남서로의 강주江州·길주吉州·무주撫州, 광남서로廣南西路의 계림桂林, 형호남로荊湖南路의 장사長沙, 복건로의 장주漳州에서는 각각 2, 3, 5종을 판각하여 균등하지는 않다. 장사각본은 '담본潭本'이라고 하는데 서방이 있고, 임장臨漳에는 사타射垜서방이 있었고, 소무邵武에도 서방이 있었다. 여주현에는 약 2백여 곳이 있었지만 1, 2종 간행한 곳은 그 이름을 열거하지 않겠다. 아래의 표를 참고하기 바란다.

〈부록〉 남송 도서간행 지역 표

노 명	간 행 지 역
양절동로兩浙東路 (지금의 절강 동부)	○ 소흥부(월주)·회계·승현嵊縣·여요 ○ 경원부(명주)·은현鄞縣·상산象山·온주·서안瑞安·영가永嘉·태주·황암黃岩·천태 ○ 무주(금화)·동양東陽·의오義烏·영강·난계 ○ 구주衢州·개화開化·처주處州
양절서로兩浙西路 (지금의 절서 및 소남 지역)	○ 임안부(항주)·전당·임안·여항·신성·동려桐廬·염관鹽官·창화昌化·가흥부(수주秀州)·숭덕·동향桐鄕·화정華亭 △ 호주(안길주)·무강武康 △평강부(소주)·장주長洲·오강·상숙常熟·곤산昆山·진강부(경구京口)·단양丹陽·상주常州·무석·의흥宜興·강음군江陰軍
강남동로 (지금의 남경, 환남皖南 및 공동贛東 일부)	○ 건강부(남경)·율수溧水·율양溧陽·영국부寧國府·선성宣城·휘주·무원·지주池州·태평주太平州·당도當塗·광덕군廣德軍·요주·파양·덕흥·안인·신주信州·상요上饒·남강군南康軍
강남서로 (지금의 강서 및 악동鄂東 일부)	융흥부隆興府(남창)·강주江州·서창瑞昌·공주贛州·길주·무주撫州·임천·서주瑞州(균주)·고안高安·원주袁州·평향萍鄕·안복安福·흥국군興國軍·남안군·대유大庾·임강군臨江軍·신유新喩·건창군·남풍南豐
회남동로(지금의 소북 대부분 지역 및 환북 부분)	양주揚州·초주楚州·산양山陽·태주泰州·진주眞州·저주滁州·고우군·회안군淮安軍·우이군盱眙軍
회남서로(지금의 환북 및 악동, 예남 일부)	안경부(서주舒州)·여주廬州·서성舒城·화주和州·첨산灊山·무위군無爲軍·기주蘄州·나전羅田·황주·광주
형호북로(지금의 호북 및 호남 일부	강릉부·덕안부德安府·안륙安陸·무창(악주鄂州)·숭양崇陽·복주福州·귀주歸州·파동巴東·풍주灃州·형문군荊門

분, 양양부襄陽府)	軍 · 악주岳州 · 원주沅州 · 양양부 · 영주郢州
형호남로 (지금의 호남)	담주(장사) · 상음湘陰 · 유양瀏陽 · 무릉武陵 · 형주衡州 · 도주道州 · 영주永州(영릉) · 침주郴州 · 계양군桂陽軍 · 소양邵陽 · 전주全州 · 무강군武岡軍 · 다릉군茶陵軍
성도부로	○△성도부 · 광도廣都 ○ 미산 · 청신青神 · 가정부嘉定府 · 건위犍爲 · 공주邛州 · 양안陽安 · 면주綿州
동천부로潼川府路	동천부(재주梓州) · 수녕부遂寧府 · 자주資州 · 동량銅梁
기주부로夔州府路	기주 · 충주忠州 · 남평군南平軍
이주로利州路(위의 4로는 모두 지금의 사천과 귀주 섬서 일부분)	평창平昌
복건로 (지금의 복건)	△복주 · 후관侯官 · 회안懷安 · 영복永福 · 복청福淸 · 복정福鼎 ○ 건녕부 ○ 건안 ○ 건양(가화嘉禾) · 숭안崇安 · 천주泉州 · 진강晉江 · 남안 · 동안同安 · 안계安溪 · 남검주南劍州 · 장주漳州 · 용계龍溪 · 정주汀州 · 영화寧化 · 소무군邵武軍 · 흥화군興化軍 · 보전莆田
광남동로 (지금의 광동)	광주 · 회집懷集 · 조경부肇慶府 · 연산連山 · ○ 조주 · 조양湖陽 · 박라博羅 · 혜주惠州
광남서로(지금의 광서 및 해남도)	정강부靜江府(계림) · 상주象州 · 류주柳州 · 경주瓊州

* 비고: ○ 표시는 판각이 많았던 지역이고, △표는 《대장경》을 판각한 지역이다.

위의 표 안에는 모두 184곳을 기록했다. 양절동로와 서로가 48곳으로 가장 많다. 그 다음이 강남동로와 서로가 37곳이고, 형호남로와 북로가 28곳이며, 복건로는 23곳, 회남동로와 서로, 사천로가 각각 17~18곳이고 광남서로가 가장 적다. 각 지역의 간행 현황을 개략적으로 볼 수 있다. 당시 연장煙瘴 지방이라고 불리던 광남서로의 유주 · 상주 및 고현孤縣 바다 밖에 있던 경주瓊州 지역마저도 소흥 계해癸亥(1143)년 《초우세필용방初虞世必用方》을 간행했다. 이는 지금 사람들이 해남도에서 16~17세기에 출판된 서적이 있다고 하지만 이보다 4~5백 년 앞선다. 남송 시대의 판각인쇄는 거의 중국 전역에 전파되었음을 알 수 있다. 오로지 송대에 전국에서 지방지가 대규모로 판각된 것은 780종에 이르며 절동만 해도 130종이나 된다. 일부분은 원고본 · 필사본 · 판각되지 않은 것과 한 곳에서 3~4번 혹은 7~8번까지 중복한 것을 제외하고도 일반 지방지는 여러 곳에서 간행되었으므로 판각되어 간행된 지역은 위의 표의 배는 될 것이다. 신중한 기록을 위해 잠시 열외로 한다.

요즘 사람들의 저서에는 항주 · 무주 · 건주 · 촉의 서방이 모두 19곳이라고 하며 그 중 서은재書隱齋 아래에 함양咸陽이라 주를 달고, 박제당博濟堂 아래에 분양汾陽이라고 주를 달았다. 생각건대 함양 서은제와 분양 박제당은 서점 주인의 원적이거나 혹은 군망郡望[236]이었을 것이다. 남송 시대에 함양과 분양은 이미 금나라에 속했는데 송나라 사람들이 어떻게 그 곳에까지 가서 서점을 열수 있단 말인가? 이는 분명히 잘못된 것이다.

3. 판각본 내용

현재 당나라 이전의 서적은 역대의 전쟁으로 인해 대부분 이미 훼손되었다. 그런데 송대의 서적들은 세상에 전해 내려오는 것이 비교적 많고 일부 고대 작품도 송대의 인본에 의해 전해 내려온다. 그래

236_ 위 · 진 · 수 · 당 시대에 모든 군에서 명성과 지위가 높은 고관들은 그 군 사람들이 우러러보았기 때문에 그래서 군망이라는 이름이 생겼다. 예를 들면 태원太原 왕씨王氏, 농서隴西 이씨李氏 등이다. 사대부들은 군망을 몹시 자랑스러워했다.

서 송대의 인쇄는 중국 고대문화의 보존에 있어 그 공이 몹시 크다. 아래에 북송과 남송에서 간행된 도서 중에서 인본으로 전해오는 것과 간행시기 및 지점 등을 알 수 있는 것만 약간 서술하겠다. 대체적으로 남송본이 80~90%를 점하고 있으며 계산의 편의를 위해 여전히 사부四部의 차례지만 약간의 조정을 하겠다. 자부子部 중의 과학기술서적·의약서적·종교서적(불도장佛道藏)이 두드러지므로 송판 집부에서 자세히 살펴보겠다.

경부經部

봉건 통치자는 유가경전을 몹시 중시했으며 오대의 풍도馮道는 이미 《구경》을 판각 인쇄했다. 북송의 태종 때부터 다시 중복 간행했는데 소위 《삼경》·《오경정의》(단공端拱 원년에서 순화 5년, 혹은 옹희 2년이라고도 함)·《칠경정의》(함평)·《구경》·《십이경전주十二經傳注》(경덕 2년, 상부 7년, 천희 5년)가 여러 차례 국자감에서 간행되었다. 감본《구경》과 《설문說文》 등은 사람들이 종이와 먹 가격으로 상환하는 것을 허락했으니, 즉 정가로 팔았다. 태종 순화 원년(990), 국자감에 《구경》을 반포하도록 조서를 내렸다. 진종 함평 4년(1001)에는 군과 현의 학교 등 사람들이 모여 강의와 글을 읽는 곳에는 《구경》 한 부씩을 하사하도록 조서를 내렸다. 원우 때에는 《맹자》를 경부 속에 넣어서 《십삼경十三經》이라는 이름이 있게 되었다. 가우 치평 연간(1056~1067)에는 책을 팔 때 감본은 글자가 커서 팔기가 어려웠고, 건상본은 글자가 작아서 불편하게 되자 드디어 글자가 크지도 작지도 않은 《중서오경中書五經》이라는 것을 다시 간행하니 독자들이 다투어 샀다.[100] 왕안석이 저서 《서·시·주례신의新義》(희녕 8년 간행)가 있었는데 《삼경신의三經新義》라고 했다. 한동안 학자들은 이를 전수하고 배우지 않는 자가 없었다. 왕안석은 또 《역의易義》가 있었는데 스스로 얼마간 완벽하지 않아 선비가 취하기에는 전문적이지 않다고 여겼다. 소성 연간 후에 공원龔原·경남중耿南仲이 《역경》 삼서에 주를 했는데 모두 과거시험장에 유통되었다. 단행본으로는 《맹자》(감본, 대중상부 7년)·《주역집해周易集解》(경력 4년)·《춘추집전찬례春秋集傳纂例》(경력 8년) 등이 있다.

남도 후에는 국자감에 《육경》은 있었으나 《예기》는 없었다. 고종은 나머지 빠진 책을 전부 보충하라고 명을 내렸다. 가정 16년(1223)에 국자감에서는 《육경》을 개정 출판하여 정본으로 삼았다. 남송 감본으로는 《십이경정문十二經正文》·《십이경정의》·《십삼경전주傳注》가 있다. 기타 지방의 개인이나 서방에서 간행한 것으로는 소흥 초에 섭몽득이 건강에서 《육경》을 간행했고, 엄주嚴州에서 《육경정문》을 간행했으며, 사천에서는 《육경의소義疏》를 간행했다. 소희 원년(1190)에 주희가 장주漳州 태수로 나갔을 때 《역경》·《시경》·《서경》·《좌씨경문左氏經文》을 간행했는데 이를 《사경》이라 한다. 소흥 유사庾司에서는 구본 《역경》·《서경》·《주례》를 간행하여 정경正經의 주소注疏를 한 책에서 모두 볼 수 있어 연구하기에 편했으나 다른 경에는 빠져 있다. 삼산三山의 황당黃唐이 절동에서 벼슬을 할 때 《모시毛詩》·《예기》의 소의疏義가 앞의 삼경[237]과 같은 것을 찾아내어 모아서 편집하고 잘못된 것을 교정하여 다시 판각했다. 이때는 소희 임자 3년(1192)이며 그 간행 장소는 소흥이다. 섭덕휘는 《서림청화書林清話》에서 소흥 때에 복건에서 판각한 것이라고 했으나 이는 잘못이다. 경원 6년(1200)에 심작빈沈作賓이 절동 관리로 있을 때 다시 《좌전정의左傳正義》를 간행하여 다섯에 합하니 여섯이 되었다. 무주

237_ 앞에서 언급한 소흥유사庾司에서 간행한 《역경》·《서경》·《주례》를 말한다.

婺州에서 《오경》·《팔경백문八經白文》을 간행했다. 또 《구경정문九經正文》은 촉본·건본建本 외에도 무본婺本이 있다. 《건여씨구경建余氏九經》본은 건안 서점의 여인중이 간행(소흥 연간)한 것으로 선본이라고 칭해진다. 무주공사고撫州公使庫에서는 《육경삼전六經三傳》(순희 연간)을 간행했다. 요군옥廖群玉의 《구경》본이 가장 좋은데 수십여 종과 비교하고 백여 명이 교정한 후에 제작한 것으로 무주의 비초지萆鈔紙[238]에 유연묵油煙墨[239]으로 인쇄 제조했다.

송나라 유학자인 사마광·구양수·소식·소철·정이程頤·왕안석·주희·여조겸·채침蔡沈 등은 경서에 많은 주석을 하였고 각각 자신의 의견을 내보여 서로 간에 능력을 발휘했다. 송대 사람들이 경전을 말하고 해석한 책들은 청대의 《사고전서》에 약 185부가 수록되었다. 《역경》을 해설한 것이 56부로 가장 많고, 《춘추》가 그 다음이고, 《서경》·《시경》이 그 다음이다. 그중에서 송본이 남아 있는 것은 40~50종인데 자세한 서목은 열거하지 않겠다. 중국 고대 경전 저서는 이미 중국인만의 독점물은 아니고 지금은 인류 문명역사의 재산으로서 점차로 전 세계의 중시를 받고 있으며 근년에는 국제역학대회도 열리고 있다. 《역경》은 미국에 적어도 11종의 서로 다른 판본이 있다. 독일어에서 재번역 된 영역본도 약 50년간 24차례나 재판했다.

주희는 《대학》·《중용》·《논어》·《맹자》 네 책을 합해 주를 달았고 장주漳州에서 판각했다. 이로써 《사서四書》(소희 원년)라는 명칭이

238_ 비초지는 송대 종이의 한 종류다. 일반적으로 베껴 쓰거나 인쇄하는 데 쓰는 용지는 모두 가벼운 지질인데 이는 일반 수공예 종이에 비해 손색은 있으나 5백 년 정도는 보존이 가능하다고 한다. 비초지는 뽕나무 종류로 만들었다고 하는데 그 재료가 무엇인지는 확실치 않다.

239_ 배추, 무, 아주까리, 참깨 따위를 태울 때 나는 그을음에 갖풀을 섞어 만든 먹으로 '기름 먹'이라고도 한다.

생기게 되었다. 이종 순우 연간에 가사도賈似道가 국정을 맡아 다스릴 때 세력이 분산될까 두려워 고관대작들의 언행이 서로 다른데도 도학군자라고 말하니 만사에 불리하게 작용하고 몸을 망치고 나라를 망쳤다. 독자들은 《사서》·《근사록》·《통서》·《태극도》·《동서명東西銘》·《어록》류를 읽는 데 그쳤다. 태수가 되고 감사監司가 되기 위해서는 반드시 서원을 건립하거나 여러 현인들의 사당을 세우거나 했다. 또는 《사서》주를 간행하거나, 《어록》을 확대 편집하고 나면 현자라고 하여 명성을 취하여 고관봉록을 얻을 수 있었다. 선비들은 과거시험장에서의 글은 반드시 문장을 인용해야만 위과巍科240에 발탁되고 명사가 되었다.[101] 송말에 지방관리들은 《사서》를 간행하는 것이 일시적 유행이 되었다. 예를 들면 당도군재의 마광조馬光祖(순우 13년)와 구주군상 조기趙淇(함순 9년)는 모두 각본이 있다. 또 악록서원본·백록동서원본이 있다. 진덕수眞德秀에게는 《사서집편集編》이 있다.

여러 경전과 문자학·성운학을 해석한 전문서적도 송대의 관과 개인이 출판한 것이 적지 않다. 예를 들면 당나라 육덕명의 《경전석문經典釋文》 등은 북송에서 계속하여 교정 간행하였고 지금은 건덕 3년 감본이 있고 또 남송감본도 있다. 가창조賈昌朝의 《군경음변群經音辨》은 보원 2년 숭문원崇文院에 명하여 판각 인쇄하였고 경력 3년에 판각 인쇄를 마쳤다. 또 임안부 부학본(소흥 9년)이 있고 영화현寧化縣학본學本(소흥 13년)이 있다. 당나라 장준張參의 《오경문자》는 중화 원년본이 있다. 《이아爾雅》는 동식물의 명칭 근 4백 종을 열거했는데

240_ 고대에 과거시험에서 성적이 상위인 자를 말한다. 송 악가岳珂의 《정사桯史·유온고劉蘊古》에서 "그 둘째가 북방에 있는데 모두 위과에 올랐다"라고 했고 《성세항언醒世恒言·소소매삼난신랑蘇小妹三難新郎》에서도 "위과를 취하니, 즉 여유가 있으나 설날을 향유하기에는 부족하다"라는 내용이 있다.

경문經文을 해석했을 뿐만 아니라 또한 고대 생물학저서이다. 항주 간본(함평)이 있다. 남송 감본은 고주古注와 주소注疏 두 본이 있다. 엄주嚴州에서는 육전陸佃의 《이아신의爾雅新義》를 간행했고 온주에서는 《이아소》를 간행했다. 육전의 《비아埤雅》는 선화 7년본이 있다. 한나라 양웅揚雄의 《방언方言》은 감본과 심양군재본潯陽郡齋本(경원 6년)이 있다. 한나라 유희劉熙의 《석명釋名》은 진도인 서적포본이 있다. 한나라 허신許愼의 《설문해자說文解字》 15권은 매 권마다 상하로 나뉘어 전체 30권으로 서현徐鉉이 교정했고 국자감에 명해 판각하여 인판을 만들었고(옹희 3년, 또 가우 연간 간행) 건도 각본도 있다. 남당 서개徐鍇의 《설문해자전운보說文解字篆韻譜》는 옹희 4년에 서현이 서序에서 "필사하는 것에 비해 노력이 백배는 절약된다"고 하였으니 인쇄의 편리함을 알 수 있다. 양나라 고야왕顧野王의 《옥편玉篇》은 감본(천희 4년)이 있고, 또 남송 절본과 건본이 있다. 왕안석의 《자설字說》도 감본(소성 2년)이 있다. 《광운廣韻》은 숭문원에 명하여 판각 인쇄한 후에 국자감으로 보내 《구경》 서식에 의해 시행(경덕 4년)했고 다음 해인 대중상부 원년에 《대송중수광운大宋重修廣韻》으로 이름을 바꾸었다. 남송 건녕부 황삼팔랑서포에서도 판각하여(건도 5년) 책명을 《거송광운鉅宋廣韻》으로 바꾸었다. 《집운集韻》은 보원 2년에 어지를 받들어 판각하였고 경력 3년 8월에 인쇄가 완성되었다. 경덕 4년, 새롭게 정한 《운략韻略》을 반포하도록 조서를 내리고 국자감에 보내어 판각하도록 했다. 또 정도丁度가 수정한 《예부운략禮部韻略》을 국자감에 보내 인쇄 제작하도록 했다(경우 4년). 또 관간본(원우 5년)·남송감본(가정)도 있다. 이전 제목의 사마광의 《절운지장도切韻指掌圖》는 무본과 원본이 있다. 요나라 승려 행균行均의 《용감수감龍龕手鑑》은 희녕 연간에 송나라에 전해졌으며 원래 책명은 《수경手鏡》이었는데 항주에서 《수감》으로 바꾸어 간행했다. 《경우천축자원

景祐天竺字源》은 인도 산스크리티트어를 강의하는 전문서다.

중국은 청말 이전부터 아동 계몽도서가 있었다. 소위 삼三·백百·천千이라고 하는데, 즉 《삼자경三字經》·《백가성百家姓》·《천자문》을 말한다. 석 자, 혹은 넉자가 한 구절로 압운이 되어 있어 입에 붙어 읽기 쉽고 기억하기 쉬운 장점이 있다. 《천자문》은 양나라의 주흥사周興嗣가 차운次韻했다고 하며 앞의 두 책도 모두 송대에 출현했다. 《삼자경》은 전하는 바에 의하면 영파寧波의 왕응린王應麟이 지었다고 하는데 청나라 굴대균屈大均은 송말 순덕順德의 구적지區適之가 지었다고 한다.[102] 《삼자경》은 석 자가 한 구로 되어 있으며 천문·지리·역사·각 왕조·동식물 등 각 방면의 지식을 간략하게 서술하고 있다. 끝에는 '형설지공'의 이야기를 인용하여 아동들이 열심히 공부하기를 격려하고 있다.[241] 이를 모방한 것으로는 장태염章太炎의 《중정삼자경重訂三字經》이 있다. 맨 처음 영역된 《삼자경》이 최근에 싱가포르의 교육출판사에서 간행되어 세계 각지로 발매하고 있어 세계에 모습을 드러냈으니 유네스코에서 아동도덕총서의 하나로 선정하였다. 송나라 왕명청王明淸은 송대 시장에서 인쇄된 《백가성》은 전씨錢氏가 양절兩浙에서 나라를 지배할 때 백성들이 지은 것이라고 여겼다. 첫머리에 "조趙·전錢·손孫·이李"로 시작하는데 전씨는 새로 제정한 역법을 받들어야 하고, 조씨는 송나라의 국성이므로 그래서 전씨를 두 번째에 놓았고, 손씨는 충의忠懿의 정비正妃였으므로 세 번째에 오고, 그 다음은 강남의 이씨를 배열했다는 것이다.[242][103] 《백가성》은 송초에 만들어졌으니 《삼자경》보다 약 300년

241_ "人之初, 性本善"으로 시작하여 "戒之哉, 宜勉力"로 끝나는데 각 판본마다 전체 글자수가 1,120자에서 1,722자까지 서로 다르다.

242_ 《백가성》은 중국 성씨에 관한 책으로 북송 초에 완성되었다. 원래 수록된 성씨는 모두 411개였으며 후에 추가되어 504개가 되었다. 그 중 단성은 444개

이 빠르다. 이 두 도서는 당시에 폭넓게 유행한 최초로 글자를 익히는 교과서였지만 오늘날 송판을 찾을 수 없다. 당나라 이한李翰의 《몽구蒙求》는 고대 유명인들의 이야기를 모아서 넉자 한 구절로 된 운어韻語[243]로 암송하기에 쉽다. 송대는 대대적으로 이를 암송했으며 소학에서 어린이에게 글자를 가르치는 교과서로 가장 좋다고 여겼다. 송의 서자광徐子光 보주본이 있으며 일본에까지 전해졌다. 송대의 방작仿作으로는 범진范鎭의 《본조몽구本朝蒙求》가 있다. 서방에서는 또 《유학수지幼學須知》를 출판했고 여요餘姚의 손응부孫應符는 이를 더욱 확대했다.

사부史部

고대사 정사의 《십칠사十七史》는 모두 판각본이 있다. 섭몽득은 "순화 중에 《사기》·전후 《한서》에는 사司의 모인摹印이 있었으니 서적 간행은 점차 성행했다"고 했다. 사마천司馬遷·반고班固·범엽范曄의 명저 및 기타 고대사는 모두 필사본으로 전해져 왔으며 송대에 이르러 교정하고 판각 인쇄되기 시작하여 정본正本이 되었다. 순화 5년(994)에 관리를 선발해 《사기》·《전한서》·《후한서》를 나누어 교정을 끝낸 후 항주에서 판각했다. 함평 5년(1002)에 《삼국지》·《진서》의 교정이 끝나 국자감에 보내 판각했다. 건흥 원년(1022)에는 유소劉昭의 《보주후한지注補後漢志》를 간행했다. 또 《남사南史》·《북사北史》·《수서隋書》는 천성天聖 4년에 교정이 끝나 간행되었다.

고, 복성은 60개다. 중국고대의 어린이 계몽도서다. '조전손이趙錢孫李'로 처음에 시작된다. 2013년 4월에 중화복희문화연구회에서 중국의 성을 분석하였는데 중국에서 가장 많은 성은 왕王씨로 9,600만 명, 그 다음은 이李씨로 9,300만 명, 그 다음이 장張씨로 9,100만 명으로 이 세 성은 중국 전체인구의 22%를 차지한다.

243_ 시, 사詞, 구결口訣 등의 압운한 어구.

《당서》 225권은 가우 5년(1060)에 중서문하에 공문을 보내어 어의를 받들어 항주에 내려가 판각을 했다. 《송서》·《남제서南齊書》·《양서梁書》·《진서陳書》·《위서魏書》·《북제서北齊書》·《후주서後周書》를 《칠사七史》라고 한다. 가우 6년에 삼관비각三館秘閣에 완전하게 교감을 하라고 하였으니 법첩의 글자판 모양대로 하였다. 《당서》의 예처럼 점차 항주로 보내어 판각하도록 했다. 치평 3년(1066) 5월에 "두부府에 《칠사》를 하사하고 편집 교정관원에게 이르도록 하라"고 조서를 내렸다. 또 구양수의 《신오대사》 유고를 그 집안에서 구해 국자감에 보내어 간행했다. 이상의 《십육사十六史》는 명목상 북송감본이지만 실은 항주에서 많이 간행되었다. 정강의 난 때 변경汴京 국자감 서판 역시 전부 노략질 당했는데 이상의 《십육사》 이외에 또 설거정薛居正의 《구오대사》 등이 금나라 국자감에서 재판되었다. 북송정사 역시 《십칠사》가 있음을 알 수 있다.

고대사인 《국어》 21권은 전하기로는 좌구명左丘明이 지은 것이라고 하는데 오늘날 남아 있는 것은 오나라 위소韋昭의 주만 남아 있을 뿐이다. 천성 7년, 강음군학본江陰軍學本은 명도 2년 본으로 남송 감본이다. 사마천의 《사기》는 《전국책》에 의거했는데 오래되어 세상에 전하지 않다가 치평 초에 전당의 안씨 인본을 구했지만 자구에 탈자와 오자가 많고 진실을 잃어버린 곳이 많았다. 구본에는 한대 고유高誘가 주를 달았고 소흥 16년에 승현 요굉姚宏이 고유 주 잔본에 의해 이를 보충했다. 전체 33권으로 세상에서는 이를 '섬천요씨본剡川姚氏本'이라고 한다. 요굉은 "도하都下·건양 각본은 모두 남풍南豐을 시조로 하며 서로 간에 득실이 있다"고 했다. 30년에 요굉의 동생 요관姚寬 역시 《전국책》을 집주했다. 요관은 "절강 건원의 원래 소자 간행은 모두 남풍본을 교정본으로 했다. 괄창括蒼[244]의 경씨耿氏가 간행한 것은 너무 심하게 거칠다. 선화 연간에 손고孫固·손각孫

覺 · 전조錢藻 · 증공曾鞏 · 유창劉敞 · 소송蘇頌 · 집현원 모두 7본을 얻었고 조이도본晁以道本은 조금 늦게 얻었는데 모두 교정하여 12를 얻었다. 내가 보고 들은 바를 집주로 하여 고유의 없어진 것을 보충했다"는 말이 있다. 애석하게도 요관본姚寬本은 전하지 않는다. 포표鮑彪는 자신의 뜻대로 책의 편제를 바꾸고 《포씨전국책주鮑氏戰國策注》 10권이라 했는데 소흥 간본이 있다. 괄창의 왕신王信은 회계군재會稽郡齋(소희 2년)에서 이를 간행했다. 후한 때 회계사람 조엽趙曄의 《오월춘추》는 오나라와 월나라의 흥망의 시말을 기록했다. 한나라 원강袁康의 《월절서越絕書》는 앞의 책과 서로 같다. 신안新安의 왕강汪綱은 가정 17년에 월지역에서 《오월춘추》와 《월절서》 두 책을 간행했다. 한나라 순열荀悅의 《전한기前漢紀》와 진晉나라 원굉袁宏의 《후한기》는 전 · 후 《한서》와 서로 보완해가면서 간행되었고 두 책은 전당판(상부 연간)이 있고 후에 모두 월주越州(소흥 12년)에서 간행되었으며 국자감으로 편입되었다. 경구京口에서는 《급총주서汲冢周書》를 간행했다. 《화양국지華陽國志》는 가태嘉泰 4년본이 있다.

당나라 두우杜佑의 《통전通典》 2백 권은 식화食貨 · 선거選擧 · 직관職官 · 예禮 · 악樂 · 병형兵刑 · 주군州郡 · 변방邊防의 8항목으로 나뉘어졌다. 위로는 황제黃帝와 우虞로부터 시작해 아래로는 당나라 천보까지 풍부하게 포괄하고 있어 사학사상 이제까지 없던 시도였으며 후에 《통지通志》 · 《통고通考》가 이를 모방하게 되었다. 염관현鹽官縣의 판각본(북송)이 있다. 몇 년 전에 일본에 영인 북송본 8책이 있었다. 북경대학에 송각본이 소장되어 있다. 《두씨통전상절杜氏通典詳節》은 택선당擇善堂에서 간행했다(소희 5년). 《대당육전大唐六典》은 북송의 황실에서 판각하여 가까운 신하와 관각館閣에 하사했다. 소흥

244_ 지금의 절강성 여수현 동남쪽에 있다.

4년, 온주에서는 대자본을 간행했고 주학州學 교수인 장희량張希亮이 교정을 했고 영가현의 지현 첨역詹棫의 제題가 있는데 후에 국자감으로 들어갔다. 당나라 오긍吳兢의 《정관정요貞觀政要》 10권은 송나라의 소자본이 있다.

《십칠사몽구十七史蒙求》는 왕헌가王獻可의 간행본(건중정국建中靖國 원년)이 있다. 《왕선생십칠사몽구王先生十七史蒙求》는 마사진麻沙鎮 남재南齋 우천리虞千里본이 있다(건도 5년).

남도 후에 많은 서적이 없어져서 국자감에서 정사正史를 간행했으나 《한서》는 없고 기타 역사서 역시 대부분 지방에서 판각하여 국자감으로 들어가 감본이 되었다. 《대자사기大字史記》 같은 것은 회남로 전우사에서 간행했고, 《삼국지》는 구주衢州 주학에서 판각했다. 《신당서》·《오대사》는 호주湖州 사계思溪 왕씨王氏가 《장경》을 간행하고 남은 판에 간행한 것으로 국자감으로 편입되어 감본이 되었다. 북송은 원래 남북조 《칠사七史》를 간행하여 민간 학교에 반포했으나 중원이 몰락한 후에 거의 없어져 버렸다. 이때 사천 50여 주州는 모두 병화를 입지 않았다. 소흥 14년에 정헌맹井憲孟이 사천조漕가 되었는데 여러 주의 학관을 초빙하여 당일에 반포본을 구하고 미산에 간행을 명령하니 이로써 《칠사》가 전부 복원되었다. 기타 정사로 고증할 수 있는 것은 엄주에 옛 판본 《남사》판이 있고, 육유가 또 이것을 중간했다(순희 15년). 시원지施元之는 신안信安(구주)군재에서 《오대사》를 판각했다. 동주潼州 전운사에서는 《삼국지》를 판각했다(순희 13년). 추포군재秋浦郡齋에서는 《진서晉書》(가태 4년에서 개희 원년까지)를 간행했고 절동 전운사에서는 《구당서》 2백 권(소흥 12년)을 간행했다. 《신당서》는 마사진 수남 유중길劉仲吉 택본[245](소흥 30년)이 있고, 건

245_ 이런 경우는 宅本을 택본으로 번역했다.

안 위중립魏仲立 택본도 있다.

《사기》·《한서》 두 책의 판본이 가장 많은데 《사기》는 북송감본(순화 5년)이 있고 남송감본은 임안의 진씨 만권당(순화), 건읍 왕씨 세한당世翰堂(가우 2년), 건계 삼봉 채몽필蔡夢弼의 부경가숙傅卿家塾(건도 7년), 건안의 황선부본 등이 있다. 광덕군재본廣德郡齋本은 중자본 《집해색은集解索隱(순희 3년)·《사기집해》(남송초 각본)가 있다. 사천에는 대자본과 소자본 《사기》가 있다.

《한서》는 모두 18본이다. 순화 감본(5년), 경덕 감본(2년), 경우본(2년), 송 경문공각본, 희녕 진역陳繹의 교정 중각본(3년), 선화 감본, 소흥 6년 간본과 21년 중간본, 마사 유중립본(융흥 2년, 건도 3년), 호북 다염사본(순희 2년 보각), 건안 유지문劉之間(즉 유원기劉元起)본(경원 원년), 건안 황선부본(경원 2년), 길안吉安 노주서원본鷺洲書院本(가정 17년), 전당 왕숙변본, 건안 채순보蔡純父 가숙본家塾本, 건도에는 경원 간의 월본과 천본이 있다.

정사 《십칠사十七史》는 모두 기전체로 통사인 《사기》 외에 나머지는 모두 단대사다. 설거정의 《구오대사》, 구양수의 《신오대사》·《신당서》는 모두 송대인들의 문장이다. 송대 사람들은 역사쓰기를 좋아했고 통사 기전체로는 소철의 《고사古史》와 정초鄭樵의 《통지》 등이 있다.

편년체는 사마광(1019~1086) 《자치통감》이 290권, 목록 30권, 고이考異 30권으로 가장 유명하다. 전국戰國부터 시작하여 오대에 이르기까지 1362년간의 기록으로 역사서의 걸작이라고 칭해진다. 사마광이 이 책을 쓸 때에 용도각龍圖閣[246]·천장각天章閣[247]·삼관비각三館

246_ 송대 궁중에 세운 각명閣名이다. 진종 함평 4년(1001)에 회경전會慶殿 서쪽에 건립되었다. 이 각에는 태종의 어서御書·어제문집御製文集과 각종 전적典籍·도화와 보물, 그리고 종정사宗正寺에서 보낸 종실의 관적과 보첩譜牒

秘閣의 서적을 열람하고 정사부터 잡사雜史 332종을 취하였는데 초고가 방 두 개에 가득하였다. 장장 19년(혹은 17년이라고도 함)의 노력을 거쳐, 유서劉恕와 범조우范祖禹 등의 협조를 얻어서 겨우 완성했다. 원우 원년, 신종의 어제 서문이 있다. 성지를 받들어 항주로 내려 보내 판각을 하고 원우 7년에 판이 완성되었다. 소흥 2년 양절동로 제거다염사 공사고公使庫 하의 소흥부 여요현에서 판각하고 3년 12월에 인쇄제조해 들여보냈다. 또 촉 광도廣都의 비저費著 진수당進修堂 간본, 건강본, 건녕부본이 있고 송말의 악주鄂州 작산서원鵲山書院본이 있다. 남송 감본은 명초에 이르러 좋은 판은 나쁜 판의 반에도 못미쳤다. 가까운 사람 중에 백납百衲 송본 3종을 소장하고 있다. 남송 방각본[248] 《자치통감상절》은 육당로陸唐老(장원) · 여조겸 두 종의 발췌본이 있다.

주희는 《자치통감》을 《자치통감강목資治通鑒綱目》 59권으로 요약했고 뜻에 따라 삭제한 것은 《춘추》 필법을 본받았다. 건도 8년의 간본이 있고 온릉각판(가정)이 있으며 후에 그 판이 국자감으로 들어갔다. 이종理宗이 국자감에 보내 중간하도록 했다(가희 원년). 또 기본夔本이 있고 송말 첨광조詹光祖의 월애서당본月崖書堂本이 있다. 여릉廬

등을 소장했다. 북송 때에는 포청천으로 알려진 포증包拯이 일찍이 용도각 직학사로 재직한 적이 있다. 그래서 희곡이나 소설작품 속에서는 포청천을 '포룡도包龍圖'라고도 한다.

247_ 송나라 때의 각명閣名. 송 진종 천희 4년(1020)에 진종의 어집御集과 어서御書를 모셔두고자 건립을 명했으며 다음해에 완공되었다. 송 인종 천성 8년(1030)에 천장각대제를 두었다. 경우 4년(1037)에 천장각시강을 설치했고, 경력 7년(1047)에 천장각 학사와 직학사를 설치했다. 남송 때 임안에 다시 설치하고 서적과 부서符瑞 · 골동품 등과 종실의 명부를 보관했다. 또한 황제들의 어진도 보관했다.

248_ 옛날, 민간에서 책을 인쇄하고 팔던 상점에서 출판한 서적의 판본. 중국에서는 방본坊本이라고 한다.

陵의 조희趙希는 그 강綱만을 판각하고 목目은 버리고 책명을 《자치통감강목제요資治通鑒綱目提要》라 하니 마치 《춘추》경과 같다.

원구袁樞는 《통감》의 본문의 분류를 없애버리고 한 사항을 한 편으로 하여 각각 그 일의 처음과 끝을 상세히 적어 명백하고 알기 쉽도록 했다. 이리하여 이전의 역사 기록의 기전체와 편년체의 두 가지 체제 외에 기사본말체를 창시하여 사학에 대한 공헌이 지대한데 그의 책이름은 《통감기사본말通鑒紀事本末》이다. 엄주 소자본(사실은 중자임) 290권은 순희 을미년에 간행되었고 단평 갑오년에 수정되었으며 순우 병오년에 다시 수정했다. 순희 3년에 "엄주판을 10부 베껴 인쇄"하도록 조서를 내렸다. 조여□[249]趙與篡는 가흥에서 엄릉 구본자가 작고 잘못된 것이 많아 큰 책으로 바꾸어 정밀하게 교정을 보고 개인 돈을 들여서 중간하니 "특별히 노안이 아니라면 자제들을 가르치기에 좋아 서민과 사방의 친구들이 그것을 사용했다"(보우 5년). 건안 채문자蔡文子는 축약본을 만들어 제목을 《원씨통감기사본말최요袁氏通鑒紀事本末最要》라고 했다.

송사宋史　　송대 사람들이 스스로 저술한 송대 개인 역사는 아주 많은데 오늘날 전해지는 것은 10여 종이 있다. 양중량楊仲良의 《황조통감기사본말皇朝通鑒紀事本末》(여릉군재廬陵郡齋 판각, 보우 원년. 서호徐琥가 보우 5년에 재차 교정하여 판각)에서는 북송 아홉 왕의 본말을 기록했다. 서몽신徐夢莘의 《삼조북맹회편三朝北盟會編》에서는 송나라와 금나라의 화의와 전쟁의 시말을 기록했다. 기전체는 북송 아홉 왕을 기록한 왕칭의 《동도사략東都事略》이 있다. 태조에서 영조英宗까지 오대[250]를 기록한 《융평집隆平集》을 이전에는 증공이 지은 것이

249_ 독음을 알 수 없다.

250_ 태조-태종-진종-인종-영종까지의 5대를 말하는 것으로 보인다. 원서에는 '記太祖至寧英宗'이라고 되어 있는데 지녕은 금나라 위소왕의 연호(1213~1213)

라고 했으나 그 이름을 의탁한 것이 아닌가 의심된다. 편년체로는 진균陳均의 《구조편년비요九朝編年備要》가 있는데 또는 《황조편년비요皇朝編年備要》라고도 한다(소정본, 일본에 있음). 이도李燾의 《속자치통감장편》 520권은 북송의 1조8종一祖八宗[251]의 일을 기록한 규모가 아주 큰 저작으로 촉본을 방각본으로 보는 것이 정확하다. 남송을 기록한 것으로는 이심전李心傳의 《건염이래조야잡기建炎以來朝野雜記》가 있으며 고종·효종·광종·영종寧宗의 네 황제의 사실을 기록했다. 유시거劉時擧의 《속송편년자치통감續宋編年資治通鑒》(건염 원년에서 영종寧宗 가정 17년까지), 섭소옹葉紹翁의 《사조문견록四朝聞見錄》(고종·효종·광종·영종 네 황제), 《중흥양조편년》(건염 원년부터 순희 17년까지), 《양조강목비요兩朝綱目備要》(광종 소희 원년에서 가정 17년까지), 《송계삼조정요宋季三朝政要》(이종·도종·영국공瀛國公)가 있다. 고종 한 황제만을 기록한 것으로는 웅극熊克의 《중흥소기中興小記》, 이심전의 《건염이래계년요록建炎以來系年要錄》 2백 권은 양주본(보우 초기)이 있다. 이심전과 왕칭, 이도의 서적들은 모두 걸작으로 칭송된다.

조령詔令과 주의奏議는 군국대사와 정치득실을 반영하는 중요 사료다. 송대 사람이 편찬한 책으로는 《양한조령》(서한 송임복宋林虙 편찬, 동한 누방樓昉 편찬)이 있다. 《당대조령唐大詔令》은 송민구宋敏求가 편찬했다. 그 자손도 또 북송 조령을 편찬했는데 《황조대조령皇朝大詔令》 240권으로 모두 중흥 이전의 전고典故며 건녕의 이대이李大異 각본이 있다(가정 3년).

로 겨우 3개월간 사용되었으므로 송나라의 영종과는 아무런 관련이 없으며 영종의 연호는 치평治平이다. 또 영종寧宗은 남송의 제4대 황제이므로 이도 말이 안 된다. 이 부분이 오기인 듯하여 이 책에서는 至를 '~까지'로 번역하고 寧은 무시했다.

251_ 1조는 태조를 말하고, 8종은 태종·신종·인종·영종·신종·철종·휘종·흠종을 말한다.

주의奏議는 대부분 본인 문집 속에 있으며 송대에는 스스로 별도로 이를 편찬하기도 했는데 약 30여 집안의 것이 있다. 조보趙普의 《조한왕주의趙韓王奏議》는 마사 서방본이 있으며 주의는 수 편밖에 안 된다. 포증包拯[252]의 《포효숙주의包孝肅奏議》는 조번로趙磻老가 합비 태수일 때 판각했다(순희 5년). 범중엄의 《정부주의政府奏議》는 괄창태수 양안세梁安世가 판각했다. 유안세劉安世의 《진언집盡言集》(순희 5년), 진차승陳次升의 《당론집讜論集》도 있다. 화주和州에서는 부요유傅堯俞·범순인范純仁·유지劉摯가 지은 《삼로주의三老奏議》를 판각했다. 육유는 엄주에서 《조대강공주의釣臺江公奏議》(순희 13년)를 판각했고, 소무군재邵武郡齋에서는 《이강주의李綱奏議》를 판각했다. 섭몽득 《석림주의石林奏議》는 개희 3년본이다. 채유학蔡幼學 《육덕당주의育德堂奏議》는 송각본이 있다. 조여우趙汝愚는 북송 및 남송초 주의를 널리 모아 편찬하고는 《국조제신주의國朝諸臣奏議》라 이름 붙였다. 150권을 12문으로 나누었고 사료가 풍부하고 각본이 있으며 또 사계온史季溫이 복주에서 중각했다. 낭엽郎曄은 또 당 육지陸贄의 《육선공주의陸宣公奏議》 20권에 주를 달아 판각했다.

전기류인 《고열녀전古列女傳》은 가정 7년본이 있다. 송나라 왕당王當이 《춘추열국제신전春秋列國諸臣傳》을 편찬하여 도합 191명을 망라했다. 비구費樞는 《염리전廉吏傳》을 편찬했는데 열국列國에서 당나라까지 114명을 열거했다. 《십칠사백장전十七史百將傳》은 건양본이 있다.

252_ 포증(999~1062)은 포청천이라는 이름으로 우리에게 더욱 익숙하다. 자는 희인希仁이고 합비 사람이다. 감찰어사, 건의연병선장 등을 거치면서 충실하게 변방을 지켰다. 삼사호부판관三司戶部判官, 섬서 하북로 전운사 등을 역임했다. 조정에 들어와서는 여러 차례 내신들을 탄핵하였다. 가우 6년(1061)에는 추밀부사에 임명되었고 사후에 '효숙孝肅' 시호를 받았다. 청렴결백한 관리로 그의 행적은 소설과 희곡으로 쓰여졌으며 포청천 이야기는 중국 가정마다 모두 알고 있는 이야기이다.

공자의 가계 세손에 관한 것으로는 공종한孔宗翰[253]이 원풍말 홍주洪州 지현으로 있을 때에 자체적으로 《궐리세계闕里世系》라는 책을 간행했다. 소흥 연간에 공단조孔端朝가 그것을 계속하였고 49대에서 그쳤다.[254] 《조정광기祖庭廣記》는 순우 2년본이 있다. 공전孔傳[255]의 《동가잡기東家雜記》는 세계世系·봉작封爵·공림孔林·성인의 종적에 관해 서술했으며 구주 각본이 있다. 호자胡仔는 또 《공자편년孔子編年》을 엮었다. 악가岳珂는 그의 선조 악비의 유문遺文과 공적을 모아서 판각했으며 고종의 어찰 및 억울하게 무고를 당한 것과 이를 설욕한 시말을 《금타수편金陀粹篇》으로 완성했다. 또 이를 스스로 가흥(가정 11년)에서 판각하였고 또 감본도 있다. 사기암謝起岩은 《충문왕기사실록忠文王紀事實錄》을 편집했고 그 내용은, 즉 악비의 전기로 함순 7년 판각이 있고 홍무 4년 승현의 신문申文[256]과 11년 소흥부 공문지 뒤에 인쇄한 것으로 4책이 있다.

주희가 편찬한 《명신언행록名臣言行錄》·《이락연원록伊洛淵源錄》이 있다. 두대규杜大珪는 《명신비전완염집名臣碑傳琬琰集》을 편찬했는데 위로는 건륭부터 시작하여 아래로는 소흥에서 끝나는데 전체 원문이 있고 지금도 송본이 남아 있다. 여조겸 《구공본말歐公本末》과 또 《신조명공기술노소선생사류新雕名公記述老蘇先生事類》 두 책은 일본에 소장되어 있다. 《여충목가전呂忠穆家傳》은 그의 손자 여소문呂昭問

253_ 공자의 46대 손이다.

254_ 현재 공자 가계도는 80대까지 내려왔다. 즉 마지막으로 제32대 연성공衍聖公을 세습받은 공덕성孔德成(1920~2008, 대만대학 교수, 대만 고시원 원장 등 역임)은 공자 제77대 적손이며 '중화민국'의 유일한 세습관리이다. 현재 그의 장손이자 제79대인 공수장孔垂長이 있고 그가 2006년에 아들 공우인孔祐仁을 낳음으로써 공자 가계도는 제80대까지 내려왔다.

255_ 공자의 47대 손이다.

256_ 옛날에 상관에게 상정하는 문서를 말한다.

이 광덕군廣德軍에서 판각했다. 연보로는 촉본《도정절연보陶靖節年譜》, 건강본《소릉선생연보少陵先生年譜》가 있고, 남강南康에서는《주원공연보周元公年譜》를 간행했다.《주문공연보》는 건강·서양瑞陽·강려康廬 세 가지 각본이 있다.

안문雁門의 소사邵思는《성해姓解》3권을 지었고 경우 2년의 자서가 있으며 현존하는 최초의 성씨에 관한 책으로 일본에 북송본이 있다.

송대 사람은 과거를 중시하였는데 오흥군학에서는《대송등과기大宋登科記》를 출판했지만 진사과만 서술하고 있다. 요주饒州에서는 조사갈趙士輵과 경연년耿延年이 편찬한《황조등과록제명皇朝登科錄題名》을 판각했다. 휘주에서는 이춘李椿의《중흥등과소록中興登科小錄》을 판각했으며 건염 술신년부터 가희 경자년까지 전체 15,800명을 수록하고 있다.《소흥십팔년동년소록紹興十八年同年小錄》은 왕좌王佐가 진사에 합격했던 명단이며,《보우사년등과록寶祐四年登科錄》은 문천상文天祥이 진사에 합격했던 명단으로 두 책 모두 송본으로 전해오는데 명대에 등과록을 출판하는 전기를 마련해주었다.

지리 송대 사람들의 저서 중에는 지리에 관한 것도 자못 많은데 전국적 성격을 띤 지리서로 고증할 수 있는 것은 38종이다. 최초의 것은 송준宋准의《개보제도도경開寶諸道圖經》이다.《상부주현도경祥符州縣圖經》1,566권과 목록 2권은 특히 전무후무한 거작이다.

이종악李宗諤·왕증王曾·장지백張知白·안수晏殊·이수李垂·한희韓羲 등 여섯 명이 수정작업을 이끌었고 상부 3년에 책이 완성되었다. 이후 천희天禧·천성天聖·황우皇祐·원풍元豐·소성紹聖·대관大觀 등이 여러 책을《십팔로도十八路圖》, 또는《구역지九域志》,《주군지州郡志》,《방역지方域志》라고도 한다. 현존하는 것으로는 악사樂史의《태평환우기太平寰宇記》가 일본에 송본으로 남아 있는데《고일총서古逸叢書》본이다. 왕존王存 등의 《원풍구역지元豐九域志》는 이전에 청나라 전시루傳是樓[257]에 영인 송본宋本이 소장되어 있었다. 구양민歐陽忞의 《여지광기輿地廣記》(가태에 다시 수정하고 순우에 다시 수정), 왕상지王象之의 《여지기승輿地紀勝》 2백 권은 술고당述古堂 송각 족본足本[258] 이 있다. 축목의 《방여승람方輿勝覽》은 함순 3년 간본이 있다.

《산해경山海經》은 지리서이자 신화책으로 여러 신선과 요괴 이야기로 가장 오랫동안 전해져오고 있으며 세상에는 선본善本이 드물다. 북송에 경도구인본京都舊印本이 있었는데 우무尤袤는 수십본을 참고하여서 더한 부분과 빠진 부분을 교정하고 출판했다(순희 7년). 후위後魏 역도원酈道元의 《수경주水經注》에 관해 근대 지리학자인 정겸丁謙은 "우주에 일찍이 없던 기서奇書"라고 극찬했다. 성도 각본(원우 전)이 있고 또 성도에서 하성종何聖從 가의 본(원우 2년)을 새로 판각했는데 남송 초각본이다. 당나라 이길보李吉甫 《원화도현지元和都縣志》는 현존하는 지리총지總志 중 가장 오래된 것으로 순희 각본이 있다.

또 전문적으로 고려의 풍속지리를 기록한 서긍徐兢의 《선화봉사

257_ 청나라 서건학徐乾學의 장서루이다. 강소성 곤산에 있다. 서건학(1641~1694)의 자는 원일原一이고 호는 건암健庵이다. 강소성 곤산 사람이며 강희 9년(1670)의 진사로 내각학사와 형부상서 등을 역임했다. 일찍이 명을 받들어 《대청일통지大清一統志》·《청회전清會典》 및 《명사明史》를 편찬했고, 《통지通志·지당경해誌堂經解》를 편각했고, 《독례통고讀禮通考》를 편찬했다. 서건학은 부자로 강서의 수많은 진귀한 도서들을 수집할 수 있었다. 그는 자신의 집 뒤에 장서루를 건립하고 전시루라 이름지었다. 이곳에 1만 권의 도서를 수장했는데 부류部類에 따라 배열하니 아주 질서정연했다. 전시루에 소장된 도서는 대부분 송원대의 각본이었으며 서건학이 편집한 《전시루송원본서목傳是樓宋元本書目》은 유명하다. 첫 권에는 황종희黃宗羲가 쓴 〈전시루서기傳是樓書記〉가 있다. 후에 전시루의 장서들은 여러 곳을 전전하다가 대부분 청나라 이친왕怡親王 윤상胤祥의 소유가 되었다.

258_ 서적의 빠졌거나 삭제된 부분이 없는 완전한 판본.

고려도경宣和奉使高麗圖經》[259]은 그의 조카 서천徐蕆이 강음군(건도 3년)에서 판각했다. 책 속에는 항해 중 나침반을 사용한 일도 기술되어 있다. 조여적趙汝適은 천주泉州에서 제거복건提擧福建 시박사市舶司일 때 해상의 상인들에게 물어보아 남양南洋·인도양印度洋·아랍·동아프리카 각국의 풍토 산물을 기록하여 《제번지諸蕃志》를 완성하여 중국과 서방의 교통사의 귀중한 자료가 되며 외국어 번역본도 있다.

마왕퇴한묘馬王堆漢墓에서 비단에 그린 지도가 발견되었다. 위제僞齊 부창阜昌 7년(1136)의 《우적도禹跡圖》 석각은 현재 서안 비림에 보존되어 있다. 심괄沈括의 《천하군현도天下郡縣圖》가 있다. 인쇄지도로는 송나라 양갑楊甲의 《육경도六經圖》(건도 연간 판각)가 있는데 이 《육경도》에는 그림 3백여 폭이 있으며 그 안에 지도는 10여 폭이 있다. 〈춘추제국지리도春秋諸國地理圖〉·〈우공구주강계도禹貢九州疆界圖〉·〈순십이주도舜十二州圖〉 같은 것이 있다. 당중우唐仲友의 《제왕경세도보帝王經世圖譜》에는 당나라 승려 일행一行의 《산하분야도山河分野圖》(가태 원년 판각)가 있다. 정대창程大昌의 《우공산천지리禹貢山川地理》(순희 8년 판각), 여조겸의 《증수동래선생우공도설增修東萊先生禹貢圖說》도 있다. 《행계부씨우공집해杏溪傅氏禹貢集解》에는 〈우공구주산천도禹貢九州山川圖〉가 있다. 《역대지리지장도歷代地理指掌圖》의 이전 제목은 소식이 찬했다. 그러나 비곤費袞과 주희는 소식이 지은 것이 아니라고 보았다. 지금 진진손陳振孫의 《직재서록해제直齋書錄解題》(아래에서는 약칭으로 《진록陳錄》 이라 함)에 의거하면 촉 사람 세안례稅安禮가 지었다는 촉본이 있다. 그림은 44폭으로 그 중 《고금화이구역총요도古今華夷區域總要圖》 등은 그다지 정확하지 않다. 송대 지방지

259_ 고려 시대, 1123(인종 1)년에 중국 송 휘종이 사신으로 보낸 서긍徐兢이 고려에 와서 보고 들은 것을 그림을 곁들여서 기록한 책으로 모두 40권이다.

중에도 종종 부와 현의 지도를 앞에 놓은 것이 있다.

지방지 지방지는 《도경圖經》이라고도 하며 내용이 풍부하여 지방의 백과전서라고 할 수 있어 문화적으로 고귀한 재물이다. 일찍이 동한 때에 이미 《파군도경巴郡圖經》이 출현하였고 당에는 개원 《사주도경沙州圖經》이 있었으며 북송정부에서 가장 중시하던 책이다. 진진손은 "경덕 4년(1007)에 사방의 군현에게 도경을 올리라는 명령을 내리니 교정과 수정을 본 것이 1,566권이었다. 대중상부 4년(1011)에 반포했다. 지금 모두 없어졌는데 관官에 겨우 98권이 있다. 여가余家에도 겨우 소주·월주·황주 세 곳의 각본만 있을 뿐이다"고 했다. 《소주도경》 6권은 이종악李宗諤 등이 제를 하고 저술했다. 《월주도경越州圖經》 9권은 이종악이 상부 연간에 헌상했다고 한다. 《황주도경黃州圖經》 4권은 이종악이 제하고 상부 연간에 수정했다. 당시 이종악이 헌상한 것이 많게는 1,500여 권으로 이는 관방이 지방지 판각을 가장 크게 한 일로 지방지 사상 전무후무한 일이다. 대관 원년에 구역도지국九域圖志局을 설치하고 주와 군에서 도경을 편찬하라고 명령하여 각 지방지의 편찬을 촉진했다. 북송 지방지는 대중상부에 관에서 편찬한 《오군도경吳郡圖經》(소성 3년 판각), 주장문朱長文의 원풍 《오군도경속기吳郡圖經續記》(원부 개원 소주 공사고본, 소흥 연간에 중각), 송민구宋敏求의 희녕 《장안지長安志》, 상부 《월주도경》, 희녕 《회계편會稽編》, 임특林特의 《회계록會稽錄》, 조변趙抃의 《성도고금집기成都古今集記》 등이 있다.

남도 후에 남방 각처에 지방지 저술이 우후죽순처럼 생겨났는데 양절 동서로가 가장 많았다. 지방관과 현지 사대부의 중시를 받았기 때문에 어떤 지방에서는 계속하여 두 번, 세 번, 네 번 까지 수정하여 간행했다. 지방지는 연속성인 출판물이었기 때문이다. 임안부같은 곳에서는 건도·순우·함순 세 번의 지방지가 있고, 또 《인화현도경仁和縣圖經》이 있다. 명주明州에는 건도 《사명도경四明圖經》, 보경 《사명지四明志》, 개경 《속지續志》가 있다. 소흥에는 《신수소흥도경新修紹興圖經》, 소희 《월주신지越州新志》, 가태 《회계지》, 보경 《속지續志》가 있다. 승현에는 가정嘉定 《섬록剡錄》, 신창新昌에는 《섬동록剡東錄》·《신창지新昌志》가 있다. 상우上虞 역시 지방지가 있다. 엄주에는 소흥·순희·경정 세 번의 지방지가 있다. 태주 《적성지赤城志》도 정속正續 세 번의 지방지가 있다. 황암黃岩·영가永嘉·악청樂淸·괄창括蒼·동양東陽·신안·오흥에도 각각 지방지가 있다. 소주에는 소정 연간의 《오군지》가 있고, 또 순우 연간에는 《옥봉지玉峰志》(곤산)가 있고, 함순 연간에는 《비릉지毗陵志》(상주)가 있고, 가정 연간에는 《진강지鎭江志》가 있다.

강남동남로의 건강에는 건도·경원·경정 세 지방지가 있다. 또 순희 《신안지》, 소희 《정천지旌川志》, 가정 《경천지涇川志》·《의성지宣城志》가 있고, 함순 《율수지溧水志》 및 남강南康·심양潯陽·무주撫州·의춘宜春·우강盱江 등의 지방지도 있다.

회남동서로에는 《광릉지廣陵志》, 보우 《유양지維揚志》(양주), 소희 《의진지儀眞志》, 순희 《오릉지吳陵志》(태주), 순희 《고우지高郵志》 및 합비·무위無爲 등의 지방지도 있다.

사천에는 범성대의 《성도고금병기成都古今丙記》, 호원질胡元質의 《정기丁記》가 있고, 손여총孫汝聰의 《성도고금전후기成都古今前後記》, 원열우袁說友의 《성도지》가 있다.

복건로에는 양극가梁克家의 순희 《삼산지三山志》(즉 《복주지》)·《장악지長樂志》가 있다. 또 건안·연평延平·청장淸漳(장주)·은강鄞江·임정臨汀(정주)·보양莆陽·청원淸源 및 보우 《신계지仙溪志》(신유仙遊)가 있다.

기타 장사·악양·소양邵陽·영릉零陵·양양襄陽·무창·계림 등

지방지가 없는 곳이 없다. 지금의 운남성에는 지도至道 《운남록》이 있고, 귀주에는 《준의군도경遵義軍圖經》·《진주도경珍州圖經》이 있다. 광남동로에는 《신수조양도경新修潮陽圖經》이 있고, 광남서로에는 《경주도경瓊州圖經》·《경관도경瓊管圖經》·《경관지瓊管志》·《경대지瓊臺志》·《남녕군지南寧軍志》(담현儋縣)·《길양군도경吉陽軍圖經》(애현崖縣)·《만안군도경萬安軍圖經》(만녕현萬寧縣) 등이 있다.

초주楚州·강주江川·황주黃州·방주房州·형주衡州·광주廣州 등에도 각각 《도경圖經》이라고 칭해지는 지방지가 있었다. 진진손은 "건도 《계림지》는 내용이 소략하고 인쇄와 판각이 거칠다"고 했다. 《양양지》에 관해서는 또 "책이 아주 상세하고 판각 역시 아름답고 정교하여 도지圖志로서는 훌륭하다"고 했다.

양잠楊潛이 수주秀州 지현으로 있을 때 화정현華亭縣(송강)에서 소희 《운간지雲間志》 3권을 편찬했다. "책을 판각하는 데 공금이 부족하여서 일을 성사시킬 수 없었다. 읍의 어진 사대부들이 커다란 도움을 주어 완성할 수 있었다"고 한다. 이는 후세에 지방 인사들이 돈을 기부하여 지방지를 간행하는 시초가 되었다.

상당常棠이 보우寶祐[260]연간에 지은 《감수지澉水志》 8권은 전문적으로 해염현海鹽縣 감수진澉水鎭의 상황에 대해서 기술하고 있으며 이 책은 후세에 향진지鄉鎭志의 남상이 되었다.

송대 지방지는 현대인의 통계에 의하면 도합 289종이라고도 하고 또는 600종이라고도 한다. 필자가 장국금張國淦의 《중국고방지고中

260_ 상당은 남송 때의 사람으로 자는 소중召仲이고 절강성 해염현 감수진에서 은거생활을 했다. 보우寶祐(1253~1258)는 남송 이종의 여섯 번째 연호다. 다른 기록에 의하면 상당은 소정紹定 3년(1230)에 나숙소羅叔韶와 함께 《감수지》를 편찬했다고 한다. 이종은 여덟 개의 연호를 사용했고 그 중 소정은 두 번째로 1228~1233년까지이므로 보우와는 상당한 기간 차이가 난다. 어느 것이 확실한지는 알 수가 없다.

國古方志考》의 기록에 의거해보니 전체 718종이었다. 그 중 양절로兩浙路가 으뜸으로 약 165종이었으며 절동이 더욱 많아 132종이었다. 그 다음은 광남동서로로 약 120종이다. 그 다음은 사천사로四川四路[261]로 약 110종, 그 다음은 강남동서로와 형호남북로로 각각 약 70~80종이 있다. 복건로에는 43종이 있다. 북방에는 섬서, 감숙, 하남이 각각 약 10여 종이 있고 하북은 6종, 산동은 3종이 있다. 조공무晁公武와 진진손 두 사람이 지방지를 기록한 것을 보면 중복된 것을 제외하고 103종은 남송에서 이미 사라졌다. 지금 전하는 것은 30종에도 못 미치고 송각의 원래 판본은 수종에 불과할 뿐이다.

지리서 중에서 명산 명승지를 기록한 것으로는 곽지미郭之美의 《나부산기羅浮山記》 1권이 있으며 황우 3년(1051)에 광동에서 판각했다. 《황산도경黃山圖經》(소성 3년, 원부 3년 흡현에서 중각)과 진성유陳聖俞의 《여산기廬山記》가 일본에 송판본으로 남아 있고 영인본도 있다. 또 예수약倪守約의 《적송산지赤松山志》 등도 있다.

금석金石 송대에는 금석연구의 학문 역시 흥성했다. 증기曾機는 "원우 이후에 땅이 보물을 사랑하지 않아 제방이 무너지고 무덤은 폐허가 되었다. 솥을 깊이 묻었지만 후에 모두 드러나니 이리하여 고대의 일을 연구하는 책이 나오게 되었다"고 했다. 전해지는 여대림呂大臨의 《고고도考古圖》, 왕보王黼 등이 칙명을 받들어 지은 《선화박고도宣和博古圖》, 왕구王俅의 《소당집고록嘯堂集古錄》 세 권은 모두 송본이 있다. 《소당집고록》은 "한 기물이 나올 때마다 반드시 그 관지가 찍혀 있고 또한 해서로 그것을 설명했으며 판각한 것이 아주 정밀하여 다른 간본과는 달랐다"고 한다. 강주에서는 설상공薛尚功

261_ 사천 동부지역과 섬서 한중지역을 익주 · 재주梓州 · 이주利州 · 기주夔州로 나누어 사로四路라 한다. 일반적으로 역사서에서는 '천섬사로川陝四路'라고 한다. 이 책에서는 원서대로 '사천사로'로 했다.

의 《종정관지鍾鼎款識》(순희)를 간행했다. 금석문자로 주목할 만한 것은 구양수의 《집고록集古錄》과 조명성趙明誠 부부[262]의 《금석록》(서주舒州 판각, 순희, 조불전趙不譾 판각, 개희 원년)이 있다. 홍적洪適이 한나라 비석 189개를 수집하여 소장하고 그 전문을 모두 기록하여 가차 통용자로 일일이 소통되도록 증명하여 《예석隸釋》을 완성하고는 스스로 월에서 판각했다. 계속하여 여러 비석 글씨를 모아 《예속隸續》을 완성했다. 범석호范石湖 촉각본이 있다(순희 4년). 《예석》과 《예속》을 합한 순희 8년본이 있다. 또 진사陳思의 《보각총편寶刻叢編》, 왕상지王象之의 《여지비목輿地碑目》이 있다. 홍적의 아우 홍준洪遵이 지은 《천지泉志》는 초기 지폐학의 전문서적이었다.

《가정십일년구주력嘉定十一年具注曆》은 일본에 반엽이 남아 있다. 《대송보우사년병진세회 천만년 구주력大宋寶祐四年丙辰歲會天萬年具注曆》은 지금 청대 필사본이 남아 있다.

자부子部

송대에는 선진한대의 여러 철학자들의 저서를 처음으로 판각했을 뿐만 아니라 생산력의 발전에 따라서 수많은 과학기술 도서들도 출판했다. 의학은 정부의 중시를 받았기 때문에 더욱 발달하였고 관과 민간 출판의 의서들이 가장 많다. 고금의 유서類書도 많은 판본이 있고 또한 심심풀이의 오락 서적도 출현했다.

고대의 여러 유학자 중에 주나라 맹가孟軻(기원전 372~기원전 289)의 《맹자》가 있다. 북송 국자감에서 새롭게 《맹자》 14권과 《음의音義》 1권을 인쇄했다(대중상부 7년). 남송 감본에는 《맹자고주古注》에 조기

262_ 조명성과 여류 시인 이청조를 말한다. 조명성(1127~1194)은 송대의 유명한 금석학자이자 고문자 연구자였다.

趙岐의 장구章句가 있었으나 명초에 판이 없어졌다. 프랑스 한학자 스타니슬라스 줄리엥Stanislas Julien의 번역본이 있다. 맹자의 성선설과는 반대로 성악설을 주장한 순황荀況(기원전 313~기원전 238)의 《순자》는 당나라 양경楊倞의 주가 있다. 사마광은 《순자》와 양웅의 《법언法言》을 인쇄할 것을 요구했다. 《순자》 16권은 국자감본(희녕 원년, 또 원풍)이 있다. 순희 연간에 전전錢佃이 강서조사漕司로 있을 때 《법언》·《맹자》·《순자》·《문중자文中子》를 《사서》라 하여 판각했다. 《순자》는 원풍 감본을 가지고 그 다른 부분을 교정하여 간행했으며 저서의 편말에 모두 226조가 있어 다른 본에 비해 가장 완전한 것으로 보고 있다. 당중우唐仲友는 태주 공사고에서 희녕본에 근거해 중각했다(전본과 더불어 모두 순희 8년에 판각). 당본은 후에 항주로 유입되어 감본이 되었고 《고일총서》 영인본이 있다. 《순자》 민본閩本은 문자가 잘못된 것이 많았다. 《안자顔子》·《증자曾子》도 남송 감본이 있다. 한나라 가의賈誼의 《신서新書》는 두 본이 있으며 담주 주학에서 판각했고(순희 8년) 건녕부의 진팔랑서포본이 있다. 한나라 유향劉向의 《신서新序》는 춘추에서 한나라 초기까지의 일화들을 채록한 것으로 북송본과 남송본이 있다. 또 《설원說苑》은 순희본, 진강부학 교수인 이사침李士忱 각본(함순 원년)이 있다. 양웅의 《법언》은 치평 2년에 교감이 끝나서 국자감에서 인쇄 제조했다. 또 당씨[263]의 태주 각본이 있고, 숭천 여씨는 "감본을 간행했는데 교정에 오류가 없었다"고 했다. 또 마사의 유통판댁 앙고당仰高堂 오신주본五臣注本이 있다. 한말 순열荀悅의 《신감申鑒》은 우무尤袤가 강서조대에서 판각했다(순희 9년). 《공자가어孔子家語》는 위나라 왕숙王肅의 주가 있는데 청대사람들은 왕숙이 의탁한 것이라고 보았다. 변경 구인본·북송 촉대자

263_ 당중우를 말한다.

본 · 남송감본 · 건강본이 있다. 《공총자孔叢子》는 북송본이 있다. 북제 안지추顏之推의 《안씨가훈》은 태주본(순희 7년)과 촉본이 있고 민본은 유난히 오류가 많다. 《중설中說》은 《문중자》라고도 하는데 북송본과 남송감본, 전전본錢佃本, 은사隱士 왕씨의 취슬당取瑟堂본이 있다.

남송에서는 주희의 학문이 성행하였고 그의 《회암어록晦庵語錄》은 절각본, 구강각본九江刻本, 이도전李道傳의 지양池陽 각본이 있다. 《속록續錄》은 파양 이성전李性傳 서가 있는 각본이 있고, 여정덕黎靖德이 펴낸 《주자어류》는 촉각본과 안휘본이 있다. 양여립揚與立이 펴낸 《주희어략》은 도주道州 소일치蕭一致 각본이 있다. 오필대吳必大는 회암晦庵(주희의 호)의 말을 기록하여 《사해師海》라고 했으며 홍국 주감朱鑒 각본이 있다. 주문공朱文公 《소학서小學書》 및 주희와 여조겸이 공동으로 편찬한 《근사록近思錄》은 각각 건강판, 엄주판, 명주판이 있다. 진덕수眞德秀 《대학연의大學衍義》 43권은 대자본과 건상본이 있다.

병법서로 가장 오래되고 귀한 것은 춘추 시대 제나라의 손무가 오왕 합려를 위해 지은 병법 13편으로 책 제목은 《손자》 또는 《손자병법孫子兵法》이라고 한다. 고도의 지혜로 전쟁경험을 총결하여 불후의 군사학 경전이 되었다. 그 〈묘계妙計〉 · 〈작전〉 · 〈모공謀攻〉 · 〈허실〉 · 〈지형〉 · 〈용간用間〉 등의 편은 오늘날 작전을 지도하는 데 있어서도 여전히 소용이 되어 각국의 군사전문가들이 추앙하는 책이며 영국, 프랑스, 독일, 체코, 러시아, 일본, 한국 등에 번역본이 있다. 《손자》는 《오자吳子》 · 《육도六韜》 · 《사마법司馬法》 · 《삼략》 · 《위료자尉繚子》 · 《이정문대李靖問對》와 더불어 《손자칠서孫子七書》라고 한다. 송대 무사시험에서는 이 칠서로 선비들을 시험쳤는데 이를 《무경武經》 혹은 《무경칠서武經七書》라고 한다. 천성天聖감본(3년)이 있고 원풍 3년 4월에 다시 교정을 끝내고 판각했으며 또 남송감본도 있다. 송대 사람들은《육도》·《삼략》은 거짓이라 여겼고《이정문대》는 완일阮逸의 위작이라 여겼다.《십일가주손자十一家注孫子》는 남송 건도본이 있다. 건도 3년 관본《무경귀감武經龜鑒》을 장수들에게 하사했다. 이 책은 왕언王彦이 편찬한 것으로《손자》13편을 위주로 역대 사건을 이용하여 이를 증명했다. 국가도서관에 잔본이 남아 있다. 송대 사람들의 병서는 아주 많은데 중요한 것으로는 보원에서 경력 연간(1040~1044)에 증공량曾公亮 등이 편찬한《무경총요武經總要》40권이 있다.

도가경전으로는 노자《도덕경道德經》감본이 있다(대중상부 원년). 송초에 도사 왕동응王洞應이《도덕경광성의道德經廣聖義》를 판각했다. 조열지晁說之는《노자주老子注》(정화 5년)를 간행했고 웅극熊克이 중간했다(건도 6년). 또 범응원范應元《노자도덕경고본집주老子道德經古本集注》가 있다.《노자도덕경》은 건안 우씨가숙虞氏家塾본이 있고[104] 또 경정 개원본도 있다.

《장자莊子》는 당 천보 연간에는《남화진경南華眞經》이라고 했다. 성도에 사는 도사道士 임봉고任奉古가《남화정의南華正義》를 판각했다(태평흥국 8년).《장자》는 경덕 2년본이 있다. 숭문원 검토檢討 두호杜鎬 등이《남화진경》을 교정하여 판각하니 황제는 신하들에게 각각 1본씩을 하사했다(대중상부 원년). 또《남화신전南華新傳》(소성 3년 판각), 왕방王雱의《남화진경주》(서촉 최씨서점 간행),《장자남화진경주소》(송말 간행)가 있다.

《열자列子》는 주나라 열어구列御寇의 저술이라고 하며 당나라에서는《충허지덕진경沖虛至德眞經》이라고 했다. 종친과 신하들에게 각각 1본씩을 명령에 따라 하사했다(대중상부 5년, 선화 원년). 선화 5년 11월 조서에 의해 국자감에서《남화》·《충허》두 경에 어주를 달아 간행하고 학교에 나누어 주었다. 남송 임안에서도 《충허지덕진경》을 간행했다. 《열자권재구의列子鬳齋口義》는 경정본이 있다. 장자 · 열자 · 항상자亢桑於 · 문자文子는 모두 당나라에서 경으로 불렸다. 정화 7년, 채유蔡攸가 《항상자》(즉 《항창자亢倉子》) · 《문자》와 《장자》 · 《열자》를 함께 경으로 부르기를 청하여 이를 따랐다.

법가에 관한 책으로는 《관자》가 있으며 주나라 관중管仲 작품이라고 한다. 남송 임안본이 있으며 구원瞿源의 채도잠蔡道潛 댁의 묵보당墨寶堂본이 있다(소흥 22년, 융흥 2년). 조신도趙愼到의 《신자愼子》 1권은 마사 각본으로 겨우 5편(《숭문총목崇文總目》에서는 37편이라고 되어 있음)이 있다. 주나라 한비의 저서는 《한비자韓非子》 혹은 《한자韓子》라고 하며 건녕부 황삼팔랑 서포본이 있다(건도 원년).

잡가류로는 주나라 육웅鬻熊[264]을 기탁한 《육자鬻子》와 무명씨의 《갈관자鶡冠子》가 있는데 송나라 육전陸佃이 교주를 달고 육전의 증손자 육자휼陸子遹이 엄주 지현으로 있을 때 간행했다. 진나라 여불위呂不韋의 빈객들이 편집한 《여씨춘추呂氏春秋》는 그 안에 농학에 관련된 농사 · 땅 임대 · 토질 분별법 · 계절에 관한 관찰 4편이 있고 하주賀鑄가 "여항의 판본 30편이 없어졌고 또 탈자와 빠진 구절이 있다"는 발跋이 있다(원우 9년).

한대 회남왕淮南王 유안劉安의 《회남자淮南子》는 《회남홍렬해淮南鴻烈解》(다릉의 담숙단 판각)라고도 한다. 왕충王充의 《논형論衡》은 양문창楊文昌이 교정을 하였고 완전하다고 말한다(경력 5년). 홍적이 소흥부 지사일 때 여러 본을 막료들에게 교정을 보고 판각하여 후에 국자감에 들어갔다.

264_ 鬻熊의 한자음은 죽웅과 육웅으로 읽지만 인명일 때는 鬻를 중국어로 yu로 읽기 때문에 육웅으로 표기했다.

예술류로는 순화 3년에 대추나무에 판각한 《순화첩淳化帖》이 있다. 순화 연간에 "궁중 안에 소장하고 있던 역대 군신들의 책을 내어 그 판을 간행하도록 명하고 후에 대신과 이부二府[265]에 하사했다"고 한다. 송나라 곽약허郭若虛 《도화견문지圖畫見聞志》는 진도인陳道人 서적포본이 있다. 《악부혼성집樂府混成集》은 고금의 가사 악보를 모두 기록하였는데 105책에 이르며 내수사 간본이 있다. 주장문朱長文 《금사琴史》는 주정대朱正大 간본이 있다(소정 6년).

유서類書　　유서는 삼라만상을 포괄하고 있어 현대 사람들은 이를 백과전서(Encyclopedia)라고 해석한다. 위나라 《황람皇覽》 이래로 약 수백 종이 있지만 모두 전하지 않는다. 후촉의 무소예毋昭裔가 판각한 《초학기》·《백씨육첩白氏六帖》은 유서 인본의 시조라고 할 수 있다. 당나라 서견徐堅(659~929) 등이 《초학기》와 백거이의 《백씨육첩사류집白氏六帖事類集》 각각 30권을 판각했다. 인종 때에 국자감에서 판각했다(모두 천성 2년). 《초학기》는 남송본이 있고, 명대 만력 초에 서씨[266]의 영수당寧壽堂에서 송각본을 복간했다. 백거이의 저서는 소홍 간행본이 있고 오홍 장씨의 영인 송각본이 있다. 당 우세남虞世南이 수나라 비서성에 있을 때 후당(북당)에서 《북당서초北堂書鈔》 160권을 편찬했는데 명대에 송 필사본을 영인한 적이 있었다. 《예문류취藝文類聚》 1백 권은 당대 서예가인 구양순 등이 칙령을 받들어 편 것이다. 근래에 중화서국에서 송본을 영인했다. 고서 1천여 종을 수집했는데 없어진 것이 많아 종종 전편이 시문에 인용된다.

송대 사람들은 그들 스스로 지은 책이 아주 많은데 중요한 것으로

265_ 이부는 시대에 따라 그 기구 명칭이 다른데 한대에는 승상과 어사를 말하고, 송대에는 중서성과 추밀원을 말하며, 명청 시대에는 동지同知(지부知府의 부직)의 속칭이다. 순화 연간이므로 여기서는 중서성과 추밀원을 말한다.

266_ 명나라 초기의 서수명徐守銘을 말한다.

는 태종太宗이 이방李昉 등 14명에게 명령하여 편찬한 《태평어람太平御覽》 1천 권이 있다. 태평흥국 2년부터 8년까지(977~983) 편찬되었다. 처음 서명은 《태평편류太平編類》였으나 태종이 매일같이 열람하였기 때문에 《태평어람》이 되었다. 천지·주군州郡·봉건·직관職官·병兵·인사人事·예악·문학·치도·형법·석도釋道·복용服用·방술方術·질병疾病·공예기물·봉사奉使·사이四夷·진보珍寶·포백布帛·백곡百穀·음식·짐승·조류·어패류·곤충류·목죽木竹·과일·채소·향약·화초 등 55부로 나누었고 부마다 그 아래에 자목子目을 다시 분류했다. 1,690종이 책에 수록되었으며 실제로 책에 인용된 것은 2,800종으로 원본 중 70~80%는 이미 사라졌다. 청나라 완원阮元은 "《어람御覽》이라는 책이 있으니, 즉 진한 이래 없어진 책 1천여 종을 수록했다"고 했다. 수많은 고대 문헌자료를 보존하여 《예문유취》와 더불어 유실된 작품을 모으는 종사자들에게 주요한 근거가 되고 있다. 북송 인종 때에 감본이 있고 경원 5년 사천각본이 있는데 북경대학에 잔본이 보존되어 있다.[105]

진종眞宗이 왕흠약王欽若·양억楊億 등 15명에게 《역대군신사적歷代君臣事跡》을 편찬하도록 명하니 경덕 2년부터 대중상부 6년 동안 편찬하고 《책부원구冊府元龜》로 책명을 바꾸었다. 전체 책은 900여만 자로 1천 권이다. 오로지 육경자사六經子史만을 취하고 소설잡류서는 수록하지 않았다. 또 손석孫奭에게 발음을 풀이하도록 명했다. 전체 책은 제왕·윤위閏位[267]·참위僭僞·종실·외척·재보宰輔·장수·대성臺省·간쟁諫諍·사신詞臣·목수牧守·영장令長·배신陪臣·외신外臣 등 31부로 나누어졌다. 원문·조령詔令·주의奏儀 등에서 많이 발췌하여 전기의 총집합이라고 할 만하며 일반적인 유서와는

267_ 비정통의 제위帝位를 말한다.

다르다. 상부 8년 감본이 있고 북송 사천본, 남송 중기본이 있으며 국가도서관에 잔본이 보존되어 있다.[106]

개인저술로는 순화연간에 오숙吳淑이 짓고 직접 주를 단《사류부事類賦》30권이 있으며 전체 1백 편이고 제목 하나에 부가 하나 있다. 양절동로 다염사 대자정각본大字精刻本이 있다(소흥 16년). 강소우江少虞의《사실유원事實類苑》78권은 건양 마사 서방본이 있다(소흥 23년). 공전孔傳이《백씨육첩》을 계승하여 저술하고《공씨육첩孔氏六帖》이라고 했고 천주각본(소흥초, 건도 2년)이 있다.《당송백공육첩唐宋白孔六帖》은 송본으로 두 책을 합쳐 1권이 되었다. 양영재楊泳齋는 또《육첩보六帖補》를 저술하여 백거이《육첩》과 공전의《공씨육첩》을 보충했다. 그 문하생 유임례俞任禮가 구주衢州 학궁에서 간행했다(순우 4년).《금수만화곡錦繡萬花谷》은 전·후·속집이 있는데 지은이의 이름은 밝히지 않았고 원본은 순희 연간에 이루어졌으며 후에 서림에서 증보했다. 축목은《사문류취事文類聚》를, 반자목潘自牧은《기찬연해記纂淵海》를, 장준경章俊卿은《산당고색山堂考索》을 편찬했으며 모두 송본이 남아 있다. 사유신謝維新은 응방應坊 사람 유덕형劉德亨의 부탁으로《고금합벽사류비요古今合璧事類備要》를 지어 보우 연간에 완성하였고 송 방각본(보우 5년)이 있다.《군서회원재강망群書會元截江網》·《신편잠영필용한원신서新編簪纓必用翰苑新書》는 모두 지은이의 이름을 기록하지 않았다. 전자는 이종 때에 서방본이고 후자는 송본 64책이 있다. 또 송본 유서《신편유학추요新編儒學樞要》·《만권청화萬卷菁華》·《회계선생사운回溪先生史韻》등 5~6종이 있다.

법률서 역대 봉건통치자들은 정권과 사회질서를 공고히 하기 위하여 아무래도 법령을 공포하여 백성들이 이에 따르도록 핍박해야만 했다. 송초에는 당 율령 격식을 사용했지만 지속적으로 법률을 개정하고 새로 펴내어 전국적으로 20여 종을 반포 시행하였으며 북송 간행은 15종이 있다.[107] 최초로 간행된 것은 태조 건륭 4년에 대리시大理寺에서 판각하고 찍어낸 《건륭형통建隆刑統》 30권이 있다. 《건륭편칙建隆編勅》 4권은 판대리시判大理寺 두의竇儀 등이 저술한 도서로 중국법전의 최초 인본이다. 이 책이 출판된 지 얼마 안 되어 《건륭형통》의 단옥률斷獄律에 '80' 두 글자가 '18'로 잘못 쓰여진 것을 발견했다. 법률은 각처에서 판결을 하는 표준으로 한 글자라도 틀리면 관련이 크기 때문에 이리하여 대리시인판[108]을 수정 개정했다. 법률은 또 법과학생들의 빼놓을 수 없는 교과서로 판국자감 손석孫奭은 "여러 과에서 오로지 명법 한 과의 법문 및 소의 말미만 인본이 있으니, 거인들은 진본으로 공부하기가 어렵다"고 말했다. 이리하여 조서를 내려 국자감 인원들이 《율律》 12권, 《음의音義》 1권, 《당율소의唐律疏義》 30권을 교감하고 숭문원으로 보내 판각했으며 천성 7년 12월에 판각을 끝내고 반포 시행했다. 휘종 때에 법률서의 두께와 크기는 몹시 컸는데 《정화중수칙령격식》 138권, 《간상看詳》 410권으로 전체 548책이며 또 《선화신수명당칙령격식宣和新修明堂敕令格式》 1,206책은 모두 판각인쇄 후에 반포 시행했다.[109]

남송 국자감은 《형통》(순희 4년) · 《소흥형통신명紹興刑統申明》 1권(순희 14년)을 재판각했다. 《가정이부조법총류嘉定吏部條法總類》는 7년 2월에 반포 시행했다.

송 법령서는 각기 칙勅 · 영令 · 격格 · 식式 네 가지가 있었다. 미연에 금지하는 것을 칙勅, 이미 일어난 일을 금지하는 것을 영令, 수시칙의 명령을 모은 법전으로 칙령을 보충 변경하는 역할의 격格, 율령을 시행하는 데 필요한 세칙을 정한 규정인 식式이 있었다. 송대에 칙을 편찬하는 것은 율문보다 더 중했다.

《여혜경치현법呂惠卿治縣法》 10권에서는 "법령 · 사송詞訟 · 형옥刑獄…"이라고 하는 소성 2년의 자서가 있다. 소재지에서 이 법을 많이 간행했다.

오락도서　　중국은 바둑을 아주 오래전에 발명했으며 공자는 바둑을 두는 것이 배불리 먹고 종일토록 아무 것도 안하는 것보다는 정신건강에 좋다고 했다. 바둑 시합은 요즘에는 문화 시합 항목이 되었다. 돈황에서는 고 필사본 바둑두는 그림[혁서弈書]이 발견되었다. 남송 때에 항주에는 바둑알 · 바둑판 · 장기 · 주사위를 파는 작은 가게가 있었으니 당시 사회에서 바둑 두기가 유행했음을 알 수 있다. 송대에는 삼상희도三象戲圖가 《상기신기집象棋神機集》에 수록되어 있다. 바둑은 송대에 국수國粹를 배출했으니 유종劉宗 · 유중보劉仲甫 · 양중은揚中隱 등은 모두 바둑을 잘 두어서 세상에 이름을 알렸다. 또한 기보棋譜인 《망우청락집忘憂淸樂集》이 간행되었는데 휘종의 어제시御製詩 "근심을 잊고 맑은 즐거움은 바둑판 위에 있다"[忘憂淸樂在枰棋]라는 글에서 제목을 얻었다. 제題에는 또 "어서원御書院 기대조棋待詔에서 이일민李逸民에게 붉은 비단을 하사하고 다시 편집했다"고 되어 있다. 처음에는 황우 연간에 장학사張學士가 《기경십삼편棋經十三篇》의 초안을 잡아 지었다.[110]

청 《사고전서》에 송나라 안천장晏天章의 《원원기경元元棋經》 1권, 13편을 수록했다. 역대 국수는 그 범위를 넘지 못하고 있고, 장학사가 초안을 잡은 13편과 비교해 볼 겨를도 없을 지경이다. 《사고전서》는 또 유중보劉仲甫의 《기결棋訣》 1권 4편도 수록했는데 역시 이일민 책에서 나왔다. 이일민의 책은 바둑 사료를 제공할 뿐만 아니라 바둑시합에도 참고할 수 있으니 일본 바둑계는 사진을 초안삼아 영인본을 출판했다.

임안부에서는 (소흥 9년 3월)에 유창劉敞의 《한관의漢官儀》를 판각 인쇄했는데 《한관의채선漢官儀采選》이라고도 하며 승채법升采法과 강채법降采法이 있다. 임안의 소상인들은 선관도選官圖를 판매했는데 이전에 북경 묘회에서 팔던 승관도升官圖와 아주 비슷하다.

홍준洪遵은 천폐학泉幣學의 전문서적인 《천지泉志》를 처음으로 만들었을 뿐만 아니라 《홍씨집험방洪氏集驗方》을 판각 간행했고 또한 외국의 주사위 오락인 쌍륙雙陸[111]을 소개했다. 쌍륙은 위나라 조식이 처음 만들었다고도 하는데 홍준은, 즉 서축西竺(축패쌍륙은 천축에서 나왔으므로 파라색희巴羅塞戲라고 함)에서 시작되었다고 한다. 조비의 위나라에 전래된 후에 양梁 · 진陳 · 위魏 · 제齊 · 수 · 당에서 성행했다. 홍준은 "삼불제三佛齊와 도파闍婆(모두 지금의 인도네시아) · 점성占城(지금의 월남 중부, 명 성화 연간에 안남에게 멸망당했음)에서 쌍륙을 하는 것을 파승巴僧이라고 한다. 판版은 파판巴版이라 하고 말을 고차姑茶라고 한다. 화리목花梨木으로 판을 만들고 칼로 줄을 파서 길을 낸다. 대부분 바닥에 앉아서 판을 그 위에 놓고 말을 놓고 나가는 것은 보통 방법과 같다. 주사위는 나무나 뿔로 길게 만들었는데 요么와 육六은 없다"고 한다. 《보쌍譜雙》이란 책은 소흥 신미년(21)에 완성되었다. 이처럼 위나라 이래로 성행하던 외국의 쌍륙이 송대에 이르러서도 유행했다. 후에 《쌍륙격雙陸格》이란 책도 나왔다. 이이안李易安 등의 《타마도경打馬圖經》 · 《타마격打馬格》은 쌍륙과 비슷한데 근대에 이르러 사라져 버렸다. 당나라 이고李翺의 《오목경五木經》은 임안 이씨 서포에서 다시 판각했다(가희 2년 한여름). 오목이란 도박종류의 놀이다. 유명한 건축가인 이계李誡 역시 《육박경六博經》 · 《마경馬經》 등 각 세 권을 저술했다. 이와 같은 기보인 쌍륙과 같은 오락 유희서적의 출판은 당시 사회가 평화롭고 번영한 상황을 반영하고 있다.

집부集部

중국의 고대서적은 문학작품인 집부의 수량이 가장 많지만 한 · 위 · 육조문집이 청대의 《사고전서》에 수록된 것은 10여 명에 불과하고 대부분은 후세 사람들이 보충하여 모은 것이다. 당인들의 문집은 모두 3백여 명으로 대부분 송대의 각본이 있으며 촉본과 항본이 가장 많다. 송나라의 진진손은 "대저 촉에서 당대 사람 60가집을 판각했는데 다른 곳의 각본과 많이 다르다"고 했다. 임안 진씨서적포에서 당대 사람들의 문집을 판각한 것도 적지 않다. 명대 문연각에는 당대 사람들 70인의 문집이 보존되어 있다. 송대 사람들은 한유와 유종원의 문장을 제창하였기 때문에 이 두 사람의 판본이 가장 많다. 《한유집》은 28판이나 된다. 송대 사람들은 스스로 시문집을 지었으며 약 1,500종으로 당시에 판각 인쇄되었다. 소동파 시문 역시 사람들에게 사랑을 받았으므로 《소동파집》 판본도 20여 종에 이른다. 청대 《사고전서》에는 송대인의 별집 약 395종을 기록하고 있으며 그 중 송대에 판각한 원본은 대부분 없어지고 단지 《영락대전》에서 사라진 문장들만을 수록했다. 현재 당·송 별집과 고대문집 및 총집으로 송판으로 확인할 수 있는 것은 260명(그 중 한 책이 여러 판인 경우도 있음)의 항목 아래에 있다(일반적으로 권수를 생략했음. 모든 송대인의 저작과 송대인이 교정 간행한 것은 인명·지명·연호에서 모두 송자를 생략했음. 권수와 국도國圖라고 한 것은 국가도서관 소장이라는 것을 말함. '금존今存'이라고 한 것은 다른 도서관 소장임. '일존日存'이라는 것은 일본소장을 말함).[268]

초사楚辭

* 초나라 굴원屈原 등 《초사楚辭》: 요정휘姚廷輝 본이 있다. 황백사黃伯思는 무림武林·오군吳郡 판각본으로 교정했다.[269]
* 주희의 《초사집주楚辭集注》: 동안군재同安郡齋에서 가정 연간에

268_ 이 책에서는 금존今存과 일존日存 역시 전체 명으로 번역했다.

269_ 원서에는 저자와 서명의 글자체와 설명의 글자체를 따로 하여 구별하였지만 이 책에서는 ':' 으로 대신하였다. : 다음은 저자의 설명이다.

간행했다. 상문룡向文龍[270]은 상음현재湘陰縣齋에서 함순 3년에 판각했다. 건강부에 《중편초사重編楚辭》 570판이 있다. 《초사》는 국가도서관에 대자백지 12책과 대자황지 8책이 있다.

* 전고지錢杲之 《이소집전離騷集傳》: 청나라 황비열黃丕烈이 "송판의 절정판이다"라고 발문에서 말했다. 1책이 있다.

별집別集

〈고대〉

* 한 양웅揚雄[271] 《이십사잠二十四箴》: 광덕군간본廣德軍刊本.
* 한 채옹蔡邕 《채중랑집蔡中郞集》: 천성 원년.
* 위 조식 《조자건집曹子建集》 또는 《진사왕집陳思王集》: 만옥당萬玉堂 판각, 원풍 5년, 가정 6년.
* 진 이준二俊 《육사형陸士衡 · 육사룡집陸士龍集》: 서민첨徐民瞻이 화정현학華亭縣學에서 판각, 경원 6년 《육사룡문집陸士龍文集》 5책.
* 진 도잠 《도연명집陶淵明集》: 왕중량王仲良이 선화 4년에 신양에서 대자본 간행. 증집曾集이 소희 3년에 남강군재南康郡齋에서 판각. 《정절선생시집靖節先生詩集》은 탕한湯漢의 주가 있으며 순우 원년에 복주에서 판각했다. 2책. 《전주도연명집箋注陶淵明集》 유일본으로 일본에 있다.
* 송 《포조집鮑照集》: 청나라 사람에게 송판이 있다. 전시루傳是樓 장서.
* 제 사조謝朓 《사선성집謝宣城集》: 원본 10권은 누소樓炤[272]가 선주

270_ 상문룡이라고 독음을 했다. 이는 죽림칠현 중의 한 사람인 向秀를 상수라고 발음하는 것처럼 성인 경우에는 그 발음이 '상'이기 때문이다.

271_ 여기서는 시대별로 정리해 놓은 것이므로 오해할 소지가 없기 때문에 설명에서처럼 '한나라 양웅'으로 표기하지 않고 그냥 '한 양웅'으로 표기한다.

272_ 누소(약1073~1145)의 자는 중휘仲暉이고 남송의 대신이다.

군재에서 소흥 27년에 유일하게 시부 5권 판각. 홍급洪伋이 가정 13년에 중각.

* 양 소통 《소명태자집昭明太子集》: 우무尤袤가 지양군재에서 순희 8년에 판각.
* 양 강엄江淹 《강문통집江文通集》: 임안부 붕북 목친방 남진댁 경적포에서 인쇄(아래에는 서붕본書棚本으로 간략히 칭함)
* 양 도홍경陶弘景 《도정백집陶貞白集》: 《도은거집陶隱居集》이라고도 한다. 소흥 13년.

〈당〉

* 왕발王勃 《왕자안집王子安集》: 촉본
* 《양형집楊炯集》: 서붕본書棚本
* 《낙빈왕문집駱賓王文集》: 서붕본, 촉본.
* 장구령張九齡 《곡강집曲江集》: 곡강본, 원우 연간, 촉본.
* 《두심언시집杜審言詩集》: 건도 6년에 길주 판각, 서붕본, 국가도서관 소장. 두심언은 두보의 선조다.
* 왕유王維 《왕마힐문집王摩詰文集》: 촉본과 건창본의 차례가 다르다. 《왕우승문집》은 고종 때에 간행되었고 유일본이며 일본에 있다. 《왕우승집주》 10권 본이 있다.
* 이백 《이태백집》: 북송 촉각본이 있으며 국가도서관 소장. 안지지晏知止가 원풍 3년에 소주에서 판각하였으며 《이한림집李翰林集》이라 명명했다. 촉각본으로 대·소 두 본이 있다. 《이태백문집》촉간이 있고, 고종 때에 발간되었으며 일본에 있다. 함순 5년 본이다.
* 두보 《두공부집》: 왕기王琪가 고소군재姑蘇郡齋에서 가우 4년에 판각했다. 태수 배집裵集이 치평 연간에 판각했다. 건강부 《두공

부시杜工部詩》 520판이 있다. 《구가집주두시九家集注杜詩》는 성도에서 순희 8년에 판각했다. 증악曾噩이 광동조사廣東漕司에서 보경 원년에 판각했으며 가장 선본이다. 증악은 "촉본은 종이가 나쁘고 글자가 빠져서 사람들이 만족하지 않았다. 이에 촉본을 베껴서 모임의 선비와 친구들이 그 탈자와 오자를 바로잡았다"고 했다. 소정 4년 본이다. 황씨 《보천가주두공부시사補千家注杜工部詩史[273]》는 천록임랑의 구 소장본이다. 《문류증광십주두공부시門類增廣十注杜工部詩》는 백지에 6책이다. 또 《분문집주두공부시分門集注杜工部詩》·《왕장원집백가주편년두릉시사王狀元集百家注編年杜陵詩史》 32권이 있다(소주에서 건안인본建安印本이 발견되었다).

* 황보식皇甫湜 《황보시정집皇甫詩正集》: 민각본.
* 《황보염시집皇甫冉詩集》: 중자中字 황지 1책.
* 진계秦系 《진은군집秦隱君集》: 천주 남안南安 판각. 진계는 섬현剡縣 및 남안에서 은거했으며 안남安南 사람[274]인 재상 강공보姜公輔와 우정을 쌓았다. 고적高適의 《고상시집高常侍[275]集》은 청나라 전시루傳是樓에서 송판을 소장했다.
* 잠삼岑參 《잠가주시岑嘉州詩》: 육유는 "내가 어렸을 때 잠삼시를 좋아했는데 이태백, 두자미 이후에 제1인자라고 생각한다. 건위를 다스릴 때 잠삼시 80여 편을 판각했다"고 했다. 건도 9년의

273_ 원문의 책 제목이 길 경우에 번역은 읽기 쉽도록 적당한 곳에서 띄어쓰기를 했다.

274_ 원문은 강공보가 안남 사람이라고 되어 있으나 강공보의 고향은 흠주欽州인데 저자가 어떤 출처를 사용했는지 모르겠다. 강공보는 안사의 난 때 섬계에서 은거하였고 후에는 남안의 구일산九日山에서 은거하면서 진계와 교류했다. 이들이 은거했던 곳이 남안이므로 '남안'을 혹 '안남'으로 잘 못썼는가 의심된다.

275_ 고상시는 고적의 별명이다.

일이다. 원대에는 ‘한림국사원관서翰林國史院官書’라는 커다란 붉은 도장이 찍혀 있다(아래에는 이를 원관서인元官書印으로 약칭한다). 황지 1책이다. 청나라 유연정劉燕庭이 송각본 당 30가문집을 소장했는데 원의 ‘한림국사원관서’ 도장이 찍혀 있었다. 지금 이런 류의 원대 관인이 찍힌 당인집은 십수종에 불과하다. 옛날 목록에는 촉본이라고 하였으나 본서에는 이런 기재가 없다.

* 《맹호연시집孟浩然詩集》: 구 목록에는 촉각이라고 한다. 원관서인이 있다.
* 《상건시집常建詩集》: 서붕본, 황죽지黃竹紙 1책.
* 원결元結 《원차산집元次山集》: 강주본, 촉본
* 안진경 《안노공문집顔魯公文集》: 유원강留元剛이 소흥 후기에 영가 연간에 판각. 유익喩翊이 건도 3년에 파양군재에서 판각.
* 오균吳筠 《종원집宗元集》: 대자본.
* 유장경劉長卿 《유문방사劉文房事》: 송본. 원관서인이 있다. 백마지 2책. 《유수주집劉隨州集》, 건창본. 장관경長卿官 수주자사隨川刺史.
* 위응물韋應物 《위소주집韋蘇州集》: 희녕 9년 교정 각본. 소흥 2년 갈번葛蘩 교정본. 평강부학平江府學 재교 후 간행. 건도 7년. 황지 대자 3대책. 서붕본 3책.
* 전기錢起 《전고공집錢考功集》: 촉본. 전후집 13권. 사고 《전중문집錢仲文集》 10권.
* 육지陸贄 《육선공문집陸宣公文集》: 원우 8년 내부본, 원관수인이 있다. 백지 6책.
* 권덕여權德輿 《권문공집權文公集》: 송가본, 청나라 막우지莫友芝 《여정지견전본서목郘亭知見傳本書目》 참조. 《진록陳錄》에서는 《권승상집》으로 되어 있다.

* 한유《창려선생집》: 송초간본. 변경감본. 북송경본. 목수穆修 간행, 상국사 판매본이다. 항주 명교사明教寺본은 외집이 없으며 대중상부 2년에 간행. 가우 소항본은 가우 7년에 간행. 소부蘇溥 촉각본은 가우 연간에 간행. 대관 초년에 조주潮州 한문공 사당에서 시주돈으로 간행. 소흥 9년의 조주대자본, 중자본, 고이본考異本이 있다. 조주 영산사 각본. 남송감본. 명초판은 사라졌다. 《한문공시주韓文公詩注》8권은 요관姚寬의 주가 있다. 방숭경方崧卿은 "지금 도서관에는 아직 구본이 있다"고 했다. 원주본과 천본도 있다. 장감세張監稅 택본은 순희 원년본이다. 임공臨邛의 한순韓醇은 《한류집韓柳集》본을 순희 4년에 간행했다. 당중우唐仲友는 순희 8년에 태주에서 판각했다. 방숭경의 《한집거정韓集擧正》은 인쇄와 장정이 정교하고 아름다워 정본精本으로 알려져 있으며 대부분 상부 항본·가우 촉본을 정본으로 삼고 있다. 일본에 송본 《한집거정》 10책이 있다. 남안군에서 순희 16년에 간행했다. 건안 위중거魏仲擧 가숙家塾에서 《신간오백가주음변창려선생문집新刊五百家注音辨昌黎先生文集》을 경원 6년에 간행했다. 남검주군재南劍州郡齋에서 보경 3년에 《주문공교창려선생집朱文公校昌黎先生集》을 판각했다. 임강군학臨江軍學에서 소정 6년에 판각했다. 요씨廖氏 세채당世綵堂 본은 함순 연간 것으로 대자 백지 32책이다. 마사 소자본과 중자본도 있다. 《음주한문공집音注韓文公集》은 중자 백지 16책이다. 축충祝充의 《한문음의韓文音義》 1권은 장표張杓가 판각했다.
* 《창려선생집고이昌黎先生集考異》 10권: 송나라 주희가 지었고 장흡張洽이 지주池州에서 소정 2년에 판각했다. 1978년 산서성 기현에서 송판이 발견되었는데 백마지로 중국에서의 유일본이다.
* 《유종원집》: 원부元符 연간에 목수穆修가 간행하고 상국사 판매

본으로 43권을 만들었다. 경사 소자본 33권이 있고 틀린 곳과 정확한 곳이 반반씩이다. 항본과 촉본이 있다. 심해沈晦가 정화 4년에 사명신본四明新本을 판각했다. 소흥 4년본도 있다. 섭정葉程은 영릉군상零陵郡庠에서 건도 원년에 재교를 보고 판각했다. 《유주외집柳州外集》은 대자 백지 1책이다. 첨산군재灊山郡齋에서 《증광주석음변당유선생집增廣注釋音辨唐柳先生集》을 건도 3년에 판각했다. 임공의 한순韓醇이 순희 4년에 간행했다. 마사 소자본은 3본이 있다. 엄주 주학에서 순희 13년에 《당류선생집唐柳先生集》을 판각했다. 가정 개원에 중각했다. 갈교葛嶠는 남안군에서 방숭경 교정본을 간행했다. 건안 위중거는 경원 6년에 《오백가음변유선생문집五百家音辨柳先生文集》을 간행했다. 고소姑蘇의 정정鄭定은 가흥에서 《중교첨주류문重校添注柳文》 45권을 간행했으며 외집 2권은 가화주본嘉禾注本이라고도 한다. 가사도賈似道의 문객인 요형중廖瑩中이 세채당世綵堂에서 《하동선생집》을 함순연간에 판각했다. 백지에 인쇄가 아주 좋으며 16책이다.

* 유우석 《유빈객집》: 대자본이 있다. 육유가 엄주에서 순희 15년에 재판각을 했다. 일본에 있다. 《유몽득문집》은 국가도서관에 4권이 있다.
* 장적張籍 《장문창문집張文昌文集》: 천본과 평강본이 있다. 원풍 8년본 《장사업집張司業集》을 만들었다. 《장사업시집》은 서붕본(대만에 있음)이다.
* 황보식 《황보지정문집皇甫持正文集》: 육유의 엄주 각본 1책이 있다.
* 이고李翺 《이문공집》: 촉본 20권, 시가 없다
* 맹교 《맹동야시집孟東野詩集》: 북송본, 남송 촉본은 《맹동야문집孟東野文集》으로 되어 있다. 원관서인. 중자 대본으로 백지 2책이

다. 서붕본. 국재본國才本[276]은 경정 3년판이 있다. 북경대학에서 송본을 소장하고 있다.

* 《노동집盧仝集》: 천본
* 《무원형집武元衡集》: 천본
* 가도賈島 《장강집長江集》: 수녕간본
* 《이하시가편李賀詩歌編》: 서붕본. 《이장길문집李長吉文集》, 국가도서관 소장.
* 《왕건시집王建詩集》: 임안의 진해원陳解元댁 간행. 중자에 백지 4책. 대부분 필사했다.
* 심아지沈亞之 《심하현집沈下賢集》: 원우 원년 본.
* 이덕유李德裕 《회창일품집會昌一品集》: 잔본 송본, 황비열黃丕烈이 구본 소장. 경병耿秉은 경구京口에서 《이위공비전집李衛公備全集》을 판각하였으며 영가 및 촉본 34권 외에 《고장집姑藏集》 5권이 있다.
* 원진 《원씨장경집元氏長慶集》: 건안의 유린劉麟이 선화 6년에 판각, 촉본. 홍적이 소흥부에서 건도 4년에 판각. 《원미지문집元微之文集》, 원관서인. 3책이 남아 있다.
* 백거이 《백씨문집白氏文集》: 북송 항주본, 경우 4년에 72권을 만들었다. 여산본, 소본, 촉본에 외집 1권이 있다. 남송 소흥 소자본. 충주본에 〈연보〉가 부록으로 있다. 촉본 《백씨장경집白氏長慶集》이 있다. 백거이집은 2부가 있는데 1부는 10책으로 명나라 송렴宋濂의 소장인이 있고 1부는 책 수의 기록이 없다.
* 두목杜牧 《번천집樊川集》: 전개田概가 희녕 6년에 판각. 청 전시루에 송판 《두번천별집杜樊川別集》·《속별집續別集》 소장. 두목은

276_ 무슨 본인지 확실치 않다.

두우杜佑의 손자다.

* 노조盧肇《문표집文標集》: 의춘군상에서 소흥 30년에 판각.
* 요화姚禾《요소감시집姚少監詩集》: 천본, 국가도서관 소장.
* 설능薛能《설허창시집薛許昌詩集》: 삼천에서 함평 6년에 판각. 익주 지사 장영張詠이 책 판매자에게 주어서 경덕 2년에 판각하고 인쇄. 설능은 회창會昌 진사로 관직은 허창절도사에 이르렀다.
* 《장효표시집章孝標詩集》: 서붕본.
* 《주경여시집朱慶餘詩集》: 서붕본, 중자 1책.
* 장호張祜《장승길문집張承吉文集》: 송대 촉에서 송인본을 판각, 국가도서관이 홍콩에서 구매해 왔다. 10권본으로 비교적 유통되는 것은 1권 · 2권 · 5권본으로 편폭과 문자는 유통되는 것보다 우수하다.
* 허혼許渾《정묘집丁卯集》: 촉본. 서붕본으로 미국에 있다. 《허용회문집許用晦文集》, 원관서인. 중자에 백지 1책.
* 이빈李頻《이악시집梨岳詩集》: 금화金華의 왕야王埜가 건주建州에서 공덕에 보답하기 위해 가희 3년에 판각했다. 당 건주 자사 이빈덕신李頻德新[277]
* 《이군옥시집李群玉詩集》: 임안의 진해원陳解元 댁 간행.
* 《어분시집於濆詩集》: 서붕본.
* 손초孫樵《손가지문집孫可之文集》: 송각본. 원관서인. 백지에 1책.
* 육구몽陸龜蒙《육로망집陸魯望集》: 비인번郫人樊이 원부 3년에 촉에서 판각했다. 비릉毗陵의 주곤朱衮이 정화 원년에 오강吳江에서 간행하고 그 제목을 《입택총서笠澤叢書》라고 명명했다. 촉본으로 17권이 있다. 《보리집甫里集》은 섭인葉茵이 보우 연간에 판

277_ 덕신은 이빈의 자字다.

각했다.

* 사공도司空圖 《사공표성집司空表聖集》: 혹은 《일명집一鳴集》이라고도 하며 중자 백지다. 촉본 《일명집》은 잡저雜著는 있지만 시가 없다.
* 정곡鄭谷 《정수우문집鄭守愚文集》: 송본. 원관서인. 백지 1책.
* 《장빈시집張蠙詩集》: 서붕본.
* 호증胡曾 《영사시咏史詩》: 송판각 3권. 명판각 2권
* 주욕周昙 《영사시》: 송본으로 가장 좋다.
* 왕정백王貞白 《영계집靈溪集》: 홍력 판각본.
* 두순학杜荀鶴 《당풍집唐風集》: 《두순학문집杜荀鶴文集》 3권 12행본, 송촉본, 호관滬館.
* 이중李中 《벽운집碧雲集》: 서붕본.
* 나은羅隱 《참서讒書》: 신성현新城縣 각본. 《나소간갑을집羅昭諫甲乙集》 서붕본으로 4책.
* 《주하시집周賀詩集》: 서붕본.
* 《당구시唐求詩》: 서붕본, 18쪽.
* 이함용李咸用 《이추관피사집李推官披沙集》: 서붕본.
* 《당여랑어현기시唐女郎魚玄機詩》: 서붕본. 1책 12쪽이 전한다.
* 당나라 승려 《한산寒山 · 습득시拾得詩》: 항주 전당문 안 거교 남대가 곽댁지포 《한산자시寒山子詩》, 백지 1책. 건강부 《한산자시》 68판. 《삼은시집三隱詩集》은 천태 국청사 승려 지남志南이 순희 16년에 판각. 그 안에 〈한산시〉가 있다.
* 《두씨연주집竇氏聯珠集》: 순희 5년에 기주蘄州 판각. 당나라 두상竇常 일가의 시 속에 수록.
* 남당 이건훈李建勛 《이승상시집》: 임안부 홍교자남하 서안 진댁서적포 인쇄.

* 촉 위장韋莊 《완화집浣花集》: 서붕본.
* 《화예부인시花蕊夫人詩》 1권: 형양의 모서毛恕 판각. 화예는 맹창孟昶의 왕비다.
* 촉 승려 관휴貫休 《선월집禪月集》: 촉 건덕 5년 판각. 송 난계현 도솔선사 승려 가찬可燦이 가희 4년에 중각.

〈송〉

* 서현徐鉉 《기성집騎省集》: 호극순胡克順이 편찬하여 간행한 후 천희 원년에 황제에게 올렸다. 서침徐琛이 명주 지현일 때 소흥 19년에 사공고에서 판각하게 하고 《서공문집》이라 했다. 일본이 송판 《서공문집》 12책을 소장하고 있다.
* 전석田錫 《함평집咸平集》: 한가판漢嘉版.
* 반랑潘閬 《소요집逍遙集》: 육자휼陸子遹이 소정 원년에 엄주군재에서 판각.
* 구준寇準 《구충민시집寇忠愍詩集》: 《구채공시집寇萊公詩集》이라고도 한다. 용릉군재舂陵郡齋에서 선화 5년에 판각. 홍륭 원년에 중각본. 《구충민시집寇忠愍詩集》 소흥 32년. 《파동집巴東集》은 파동현 판각. 구준은 파동의 지현을 역임했다.
* 장영張詠 《괴애선생문집乖崖先生文集》: 곽삼경郭森卿이 숭양현재崇陽縣齋에서 판각. 개희 원년에 병란으로 훼손되었다. 이갱伊賡이 함순 5년에 숭양현재에서 중각. 대자 황지黃紙 4책(2책은 필사본이다). 공씨龔氏의 간본이 있다.
* 왕우칭王禹偁 《소축집小畜集》: 소흥 17년 황주주학 판각. 4책. 주엄朱嚴 판각
* 임포林逋 《화정선생시집和靖先生詩集》: 심선沈詵이 소흥 3년에 절서조해漕廨에서 판각. 《중편서호임화정선생시집重編西湖林和靖先

生詩集》: 백지 1책.

* 목수穆修《목참군집穆參軍集》: 송간본 반쪽에 11행, 매 행은 24자다. 《여정지견전본서목郘亭知見傳本書目》에 보인다.
* 안수晏殊《임천집》: 간본이 불완전하다.
* 위야魏野《거록동관집鉅鹿東觀集》: 천성 3년본. 육자휼이 엄주에 있을 때 소정 원년에 판각. 백지 3책.
* 양박楊樸《동리시東里詩》: 육자휼이 엄주에서 판각.
* 송기宋祁《경문공문집景文公文集》: 영종寧宗 때 간행. 일본에 있다.
* 범중엄《범문정공문집范文正公文集》: 20권, 북송 구경본舊京本으로 《단양집丹陽集》이라 한다. 유후俞詡가 건도 3년에 파양군재에서 판각. 순희 13년에 요주饒州에서 보충간행. 가정 5년본은 대자 백지 9책. 북송본이 있다.
* 석개石介《조래집徂徠集》: 육자휼이 신정(엄주)에서 간행(엄주).
* 채양蔡襄《채충혜집蔡忠惠集》: 건도 4년에 홍화군학興化軍學 판각. 천주泉州 교수였던 장옹蔣雝이 교정하고 군상에서 건도 5년에 판각. 천주 태수였던 왕십붕이 《보양거사채공문집莆陽居士蔡公文集》 36권을 간행했는데 다른 판본에 비해 완전하다. 대자 백지 16책으로 그 안에 6책은 정성스럽게 필사하여 보충했다.
* 소순흠蘇舜欽《소자미집蘇子美集》: 시원지施元之가 구주에서 건도 7년에 판각.
* 소송蘇頌《소위공문집蘇魏公文集》: 《계창위서목季滄葦書目》 송간본이 있다.
* 진양陳襄《고령선생문집古靈先生文集》: 소흥 5년본. 진휘陳輝가 소흥 31년에 장주군재贛州郡齋에서 중각. 부록으로 〈연보〉가 있다. 현존.

* 황서黃庶 《벌단집伐檀集》: 황서의 손자인 양절로 전우판관 황락黃莘이 가정 2년에 판각했다. 황정견黃庭堅이 황서의 아들이다.
* 《온국문정사마광문집溫國文正司馬光文集》: 유교劉嶠가 복건로에서 소홍 2년에 판각. 32책. 천주 공사고 인서국에서 순희 10년에 《태사온국문정공전가집太師溫國文正公傳家集》을 인쇄 제작, 무강군군학본武岡軍軍學本은 《온국문정사마공문집》이라고 한다. 가정 17년 광주본.[112]
* 조변趙抃 《조청헌공문집趙清獻公文集》: 16권. 경정 원년본. 국가도서관 소장.
* 진순유陳舜俞 《도관집都官集》: 증손인 진기陳杞가 경원 지현일 때 판각. 경원 6년.
* 문동文同 《단연집丹淵集》: 가성지家誠之가 공주邛州에서 경원 4년에 판각.
* 주돈이周敦頤 《염계선생집濂溪先生集》: 권이 나누어지지 않았다. 송본. 백지 대자. 돈敦을 돈惇으로 잘못 썼다. 혹은 《원공주선생염계집元公周先生濂溪集》이라고도 한다. 12권. 모두 국가도서관에 소장. 《염계대성집濂溪大成集》 조주본이 있다.
* 정호程顥 · 정이程頤 《하남정씨문집河南程氏文集》: 순희 6년에 용릉군상 판각. 순우 6년본. 건녕본 정호 정이집은 모두 1집으로 《하남정씨문집》이라고 한다.
* 정해鄭獬 《운계집鄖溪集》: 진육秦焴이 안륙군학安陸郡學에서 순희 13년에 판각.
* 위양韋驤 《전당위선생집錢塘韋先生集》: 손자 위능정韋能定이 임정臨汀군상에서 건도 4년에 판각.
* 풍산馮山 《풍안악집馮安岳集》: 노주瀘州의 주예周銳가 가정 8년에 판각.

* 증공曾鞏《원풍유고元豐類稿》: 조장려趙妝礪가 건창建昌에서 개희 원년에 판각.
* 《남풍증자고선생문집南豐曾子固先生文集》: 건양에서 건상본을 간행. 송판각이 네 쪽 현존한다. 《증남풍문수曾南豐文粹》.
* 매요신梅堯臣《완릉선생집宛陵先生集》: 선주군宣州軍에서 소흥 10년에 판각. 가정 16~17년에 수정. 현존.
* 양걸楊杰《무위집無爲集》: 15권. 조사찬趙士粲이 무위군 지현일 때 소흥 13년에 판각, 대자 백지 4책.
* 공문중孔文仲 · 무중武仲 · 평중平仲《청강삼공집清江三孔集》: 왕소王遹가 임강에서 경원 연간에 모아서 판각.
* 심구沈遘 · 심괄沈括 · 심료沈遼《삼심집三沈集》: 괄창括蒼에서 판각. 심괄의 《장홍집長興集》 40권. 심괄은 심구의 숙부로 심구보다 나이가 어리지만 사촌형제는 아니다. 심구는 《서계집西溪集》, 심료는 《운소집雲巢集》이 있다.
* 소옹邵雍《격양집擊壤集》: 건안의 채자문蔡子文이 동숙東塾의 지경실之敬室에서 치평 3년에 판각. 전시루에 송본 소장.
* 서적徐積《절효집節孝集》: 소흥 18년본. 가화嘉禾 때 판각. "글자의 획이 마모되어서 선후의 차례를 잃었다" 건도 5년에 회남동로전운사판관 왕앙형王央亨이 순우 10년에 판각. 회안주학 옹몽정翁蒙正이 경정 5년에 판각.
* 장선張先《안륙시집安陸詩集》: 북송 구경본. 남송의 양사옹楊嗣翁이 호주에서 중각. 북송에 두 사람의 장자야張子野가 있었는데 이는 오흥 사람으로 《장자야사張子野詞》가 있다.
* 구양수《구양수문충공집歐陽文忠公集》: 북송 변경본(경사구본京師舊本), 강절본, 민본, 촉본이 있고, 길주공사고본吉州公使庫本의 제목은 《육일거사집六一居士集》으로 선화 4년에 판각. 여릉본廬陵

本·금주본綿州本·소주본이 있다. 구주본衢州本은 《거사집》이라고 하며 소흥 연간 50권을 판각했으며 가장 아름답다. 백지 대본으로 12책이 현존한다. 주필대周必大가 소희 연간부터 경원 2년까지 길주에서 판각. 손겸익孫謙益이 교정했으며 《구양문충공집》이라 한다. 대자 백지 46책. 《구양선생문수歐陽先生文粹》 5권, 여조겸이 소희 4년에 편찬. 소자 백지 5책. 송대의 '소흥부학관서紹興府學官書'라는 큰 붉은 도장이 찍혀 있다.

* 장방평張方平 《악전선생문집樂全先生文集》: 40권. 효종 때에 간행되었고 신愼자는 '금상어명今上御名'으로 구構자는 '태상어명太上御名'으로 피휘했다. 황릉면 6책.
* 임손林巽 《임현량초범집林賢良草範集》: 조주에서 판각. 50판.
* 범순인范純仁 《범충선집范忠宣集》: 건도 3년에 요주 판각. 심기沈圻가 가정 5년에 판각. 범순인은 범중엄의 아들이다.
* 왕안석 《임천선생문집》: 북송 임천본과 용서본龍舒本이 있다. 첨태화詹太和가 임천군재에서 소흥10년에 판각. 증손 왕각王珏이 양절서로 전운사에서 소흥 21년에 1백 권을 판각. 현존. 왕각은 "이전에 간행했지만 거칠고 잘못된 곳이 많다"고 했다. 마사본. 《왕문공문집王文公文集》 소흥 간행, 일본에 있다. 육유는 진보지陳輔之가 금릉학사에서 《반산집半山集》을 판각했다고 하는데 건강부 《반산노인절구半山老人絕句》 38판이 있다.
* 소순蘇洵 《가우집嘉祐集》: 무주학 교수인 심비沈斐가 소흥 17년에 교정 판각하고 《가우신집嘉祐新集》이라 했다. 《신교정노천선생문집新校正老泉先生文集》은 계양군桂陽軍 군학 교수인 오염吳炎이 수희 4년에 판각. 황지 4책. 《유편증광노소선생대전문집類編增廣老蘇先生大全文集》은 중자 1책이 현존한다. 《삼소선생문수三蘇先生文粹》.[113] 무주 동양왕댁 계당에서 간행 현존. 《가우집嘉祐集》

은 촉각본이 현존한다. 《삼소문집三蘇文集》은 전시루에 송판이 소장되어 있다.

* 소식 《동파집》: 북송 경사인본. 구강九江의 비석 장인인 이중녕李仲寧의 판각본이 있다. 항주에는 본래 《응조집應詔集》이 없었지만 동파가 생존시에 이미 세상에 간행되었다. 남송감본은 명대 초에 판이 없어졌다. 증손인 소교蘇嶠가 항주에서 중각본을 간행했다. 소씨 미산 공덕사에서 판각, 대소 2본이 있고 강주본, 길주본이 있다. 《진록陳錄》에 "장 아무개가 길주를 위해 건안본을 취하여 잃어버린 것을 간행하였는데 고증은 하지 않았다"는 기록이 있다. 청나라 막우지莫友芝는 장아무개가 간행본과 길주본으로 나누어 둘로 했다고 하는데 이는 틀린 말이라고 했다. 마사 서방에 《대전집》이 있으며 《지림志林》잡설을 게재했다. 서촉의 조기趙夔가 30년의 정력을 다하여 편집하고 써서 간행하였는데 연대가 미상이다. 《소문충공집蘇文忠公集》은 촉각으로 백지 대자 7책이 있다. 《동파집》은 신愼자에 획이 빠져 있으며 중자 백지 30책으로 완전치 않다. 또 1부는 백지 10책이다. 《동파집》은 건도 9년본이고 현재 8쪽만이 있다. 동파의 《응조집》은 소자 백지 소본 2책이다. 《동파선생별집 · 속별집》은 소교蘇嶠가 건안에서 판각했다. 순우 10년의 여릉廬陵군상 각본도 있다. 《경진동파문집사략經進東坡文集事略》 60권은 승현주부 항주사람 낭엽郎曄이 헌상했으며 소희 판각이다. 이는 동파문의 주석본으로 고증이 몹시 자세하다. 중자 백지 12책이다. 《증간교정왕장원집주분류동파선생시增刊校正王狀元集注分類東坡先生詩》에 "왕십붕王十朋이 편집하고 건안 우평재虞平齋 무본서당務本書堂에서 간행했다"는 전문篆文의 비碑가 있다. 중자 6책. 《왕장원집백가주분류동파선생시》 25권은 "건안의 황선부黃善夫가 가숙 지경실之敬室에서 간

행했다"는 표지가 있다. 중자 백지로 소자 주가 있고 12책이다. 《왕매계집주분류동파선생시집王梅溪集注分類東坡先生詩集》은 앞에 "건안 만권당 간행"이라는 1행이 쓰여 있다. 《집주동파선생시》에는 구構자에 필획이 빠져 있고 중자에 소자로 주를 달았으며 백지 1책이다. 또 한 부는 글자가 비교적 작으며 2책이다. 시원지施元之 등의 《주동파선생시注東坡先生詩》 42권이 있고 회동창사淮東倉司에서 가태 연간에 판각했다. 돈敦자의 필획이 빠져 있다. 대자 장체長體에 백지 4책이다. 동파시는 여러 판본이 있는데 오직 회동창사淮東倉司 간본이 깨끗하고 단정하니 보배이다. 정우鄭羽가 경정 3년에 중각했다. 미국에 있다. 송대에 《삼소선생대전집三蘇先生大全集》을 판각했고 지금 《동파외제집東坡外制集》이 있다.

* 소철蘇轍 《난성집欒城集》: 촉본 건안본 마사본이 있다. 증손인 소후蘇詡가 균양군재筠陽郡齋에서 순희 6년에 판각. 소후는 발跋에서 "《난성공집欒城公集》을 간행했다. 건양본은 오류가 너무 많고, 마사본은 더욱 심하고, 촉본의 오류도 역시 많다. 지금 집안에 소장되어 있던 구본을 가지고 이 세 집을 합하여 84권으로 하여 조심스럽게 동료 관원들과 후손들이 교정을 보고 균양의 공금으로 간행한다"고 했다. 4세손인 소삼蘇森이 개희 3년에 중각했다. 《소문정공문집蘇文定公文集》은 판을 보충했고 대자 백지 5책이다. 또 1책을 보충했다. 《영빈선생대전문집潁濱先生大全文集》 137권은 송 판각으로 송인본이 있는데 일본에 있다. 《난성집》은 국가도서관에 21권이 있다.

* 황정견 《산곡집山谷集》: 구강九江의 비각 장인인 이중녕李仲寧이 판각했다. 마사진 수남의 유중길劉仲吉 댁에서 건도 단오에 판각하고 《유편증광황선생대전문집類編增廣黃先生大全文集》이라 명명

한 50권이 있으며 현존한다. 순희본 《산곡외집시주山谷外集詩注》가 있다. 《산곡별집》은 포전蒲田의 황여가黃汝嘉가 경원 연간에 증각했다. 손자인 황순黃畓이 괄창에서 간행하고 《산곡편년시집山谷編年詩集》이라고 했다. 전문계錢文季가 미산에서 가정 원년에 판각했다. 임연任淵의 《산곡시주山谷詩注》는 황랄黃埒이 소정 5년에 간행했으며 대본 1책이 현존한다. 손자인 황계온黃季溫이 순우 10년에 민헌치閩憲治에서 간행. 《예장황선생문집豫章黃先生文集》은 건도 연간에 간행. 일본에 현존.

* 장뢰張耒 《완구집宛邱集》: 촉본 75권.
* 진사도陳師道 《후산거사문집後山居士文集》: 효종 때의 판본이 있으며 신愼자의 필획이 빠져 있다. 대자 황지 20책이 있다. 촉본 20권. 사명본四明本이 있다. 유효위劉孝韙의 임천각본. 임연任淵의 《후산시주後山詩注》는 중소자 1책이 현존한다. 또 다른 송본도 있는데 행의 글자 수는 같지 않다.
* 진관秦觀 《회해집淮海集》: 40권. 왕정국王定國이 건도 9년에 고우군학高郵軍學에서 449판을 판각. 대자 황지 10책. 사운謝雲은 고우군학 교수로 소희 3년에 촉본을 교정하여 65자를 더하고 24자를 빼고 오자 3백여 자를 교정하여 《회해선생한거집淮海先生閑居集》이라 했다. 돈敦자에 필획이 빠졌다. 대자 6책이다. 본문 첫 페이지에 '미산문중간眉山文中刊'이라는 다섯 글자가 있는데 문중文中은 각지 공장의 이름이다. 이전에는 미산간본이라고 했다.
* 소문蘇門 《육군자집六君子集》: 촉각본. 육군자는 위에 서술한 황정견 · 장뢰 · 진사도 · 진관 이외에 조보지晁補之와 이치李廌가 있다.
* 조열지晁說之 《숭산문집嵩山文集》: 손자인 조자건晁子健이 임정군상臨汀郡庠에서 건도 3년에 판각했다. 《진록陳錄》에서는 《경우집景迂集》이라고 했는데 20권이 있고 조자건이 전 10권을 간행했다.

* 조보지《계륵집雞肋集》: 종제인 조겸지晁謙之가 70권으로 편집하여 소흥 7년에 건양에서 간행했다.

* 조충지晁沖之《구자집具茨集》: 소흥 11년본. 조충지의 아들은 조공무晁公武이다.

* 미불米芾《보진산림집습유寶晉山林集拾遺》: 8권. 손자인 미헌米憲이 균양군재에서 가태 원년에 판각했다. 대자 백지다. 악가岳珂가《보진영광집寶晉英光集》을 윤주潤州 미불 사당에서 소정 5년에 편집 간행.

* 석유石柔《귤림집橘林集》16권 후집 15권:《진록陳錄》에 "(귤림)집은 겨우 2책으로 권수가 이와 같은데 마사방본이 왕왕 그렇다"고 되어 있다.

* 곽상정郭祥正《청산집青山集》: 30권, 절각浙刻과 당도각當塗刻이 현존.

* 방유심方惟深《방비교집方秘校集》: 10권, 보전판莆田版. 왕안석은 그의 시를 가장 사랑했다.

* 장순민張舜民《화만집畫墁集》: 이 문집은 정화 연간에 유행했으며 이 책을 파는 장사들이 골목에 가득했다고 한다. 남송판이 있다.

* 육전陸佃《도산집陶山集》: 증손자인 육자휼이 엄주에서 판각.

* 요절饒節《의공노인문집倚松老人文集》: 2권. 황여가黃汝嘉가 경원 5년에 중간. 현재 권2의 나머지 쪽이 남아 있다. 요절은 후에 승려가 되었다.

* 주장문朱長文《악포집樂圃集》: 소희 5년.

* 유엄劉弇《용운집龍雲集》: 변경본, 마사본, 모두 먼저 25권을 간행했다. 나양필羅良弼이 소흥 4년에 32권으로 편집했다. 길수吉水의 호원형胡元衡이 가태 4년에 판각했다.

* 화진華鎭《운계거사집雲溪居士集》: 소흥 13년본.

* 추호鄒浩 《도향집道鄕集》: 아들 추병후鄒柄詡가 편집하여 소흥 5년에 복당福唐[278]에서 판각. 청나라 막우지莫友芝가 송본을 항주 서점에서 보았다고 했다.
* 이지의李之儀 《고계거사집姑溪居士集》: 오불吳芾이 당도의 임시 수령일 때 건도 3년에 판각을 명했다.
* 이복李復 《휼수집潏水集》: 신주공사고본. 건희 9년.
* 사과謝薖 《죽우집竹友集》: 《사유반집謝幼槃集》이라고도 한다. 조사붕趙士鵬이 소흥 22년에 무주학궁撫州學宮에서 판각. 무주군학궁 순희 2년. 형 사일謝逸의 《계당집溪堂集》과 더불어 《임천이사집臨川二謝集》이라고 한다.
* 주방언周邦彥 《청진선생문집淸眞先生文集》: 경원 지현 진기陳己가 경원 6년에 판각. 《청진잡저淸眞雜著》는 표수漂水 각판.
* 하주賀鑄 《경호유로집慶湖遺老集》: 호징湖澄이 소양邵陽군재에서 소희 3년에 판각.
* 모용언봉慕容彥逢 《이문당집摛文堂集》: 상주 군주학에서 순희 13년에 판각.
* 조정신趙鼎臣 《죽은기사집竹隱畸士集》: 손자 조강립趙剛立이 복주에서 간행. 40권까지 간행을 그치고 떠났다. 원본은 120권이 있다.
* 당경唐庚 《미산당선생문집眉山唐先生文集》: 20권. 북송 경사본. 아우 당유唐庾가 선화 4년에 "경본이 너무 많이 잘못되고 원래 내용이 사라져 소년 때의 것을 가지고 중각"했다고 한다. 중자 백지 4책. 혜주군주학惠州軍州學에서 소흥 21년에 판각. 민본은 너무 잘못되어 거의 읽을 수 없다. 촉본.
* 종택宗澤 《충간집忠簡集》: 유방劉昉이 판각. 가정 이후에는 모두

278_ 복주福州의 별칭이다.

남송에서 했다.

* 양시楊時 《귀산집龜山集》: 송본으로 35권.
* 이강李綱 《양계선생문집梁溪先生文集》: 180권, 부록이 6권 있다. 천주군재에서 가정 6년에 판각. 잔본이 현재 남아 있다.
* 황상黃裳 《연산집演山集》: 아들 황개黃玠가 건창군학에서 건도 2년에 판각. 황상은 장원을 했으며 나이 87세 때 건염建炎에서 사망했다. 건염(고종의 연호)은 남송에 속한다.
* 조정趙鼎 《득전거사집得全居士集》: 증손자인 조벽趙璧이 따로 그 시를 간행하고 부록으로 악부 3권을 더했다. 문집명은 《충정덕문집忠正德文集》. 사고전서에 수록.
* 섭몽득 《석림거사건강집石林居士建康集》: 8권. 오흥 이사본里舍本. 가태 3년본.
* 진여의陳與義 《간재집簡齋集》: 소희 3년본. 전시루에서 송판 《진간재시집》을 소장했다.
* 정구程俱 《북산소집北山小集》: 건도 9년본. 건도 6년 호주관사 장부를 사용하여 종이 뒷면에 인쇄.
* 장강張綱 《화양집華陽集》: 손자 장부張釜가 사재를 희사하여 지주군학池州郡學에서 소희 2년에 판각.
* 여이호呂頤浩 《충목집忠穆集》: 임안부본. 건도 9년. 명초판은 이미 없어졌다.
* 요관姚寬 《서계집西溪集》: 요관의 종손 요용姚鎔이 《서계집》·《서계총어西溪叢語》를 섭적葉適에게 주었다. 섭적의 《제요령위서계집題姚令威西溪集》 참조. 부록으로 《서계거사집》 5권을 만들었다. 또 《서계악부西溪樂府》 1권도 있다.[114]
* 심여구沈與求 《구계집龜溪集》 소흥 원년본. 천주군주본泉州軍州本. 순희 3년. 손자 "심선沈詵이 절동조로 있을 때 처음으로 종류에 따라 모

아 편집하여 12권으로 하니 이 판이 세상에 유통되었다." 소희 2년.

* 주송朱松《위제집韋齋集》: 순희본. 주송의 아들이 주희다.
* 왕정규王廷珪《여계선생집廬溪先生集》: 길주 동강 유씨댁의 매계서원梅溪書院에서 순희 14년에 판각.
* 손적孫覿《손상서대전문집孫尚書大全文集》: 57권. 송간본. 황지 4책, 33권이 현존.
* 나종언羅從彥《예장문집豫章文集》: 건도본.
* 왕빈王蘋《저작왕선생집著作王先生集》: 참춘군상蘄春郡庠[279]에서 순희 3년에 판각. 증손인 왕사문王思文이 보우 연간에 판각.
* 구양철歐陽澈《구양수선집歐陽修撰集》: 호연胡衍이 임천 관원들의 사무소에서 가정 17년에 판각.
* 장원간張元幹《노천귀래집蘆川歸來集》: 손자 장흠신張欽臣이 가정 12년에 판각.
* 여본중呂本中《동래선생시집東萊先生詩集》: 오군재에서 건도 2년에 판각. 황여가黃汝嘉가 경원 5년에 중간. 대자 황지 2책으로 6권이 현존.
* 호전胡銓《충간선생문선忠簡先生文選》: 지양군학池陽郡學에서 경원 5년에 판각.
* 호인胡寅《배연집斐然集》: 정조지鄭肇之가 가정 3년에 판각. 풍방좌馮邦佐가 단평 원년에 판각.
* 정강중鄭剛中《북산문집北山文集》: 아들 정량제鄭良制가 건도 9년에 판각.
* 장구성張九成《황포선생문집橫浦先生文集》: 20권. 소정 2년본. 백지 12책.

279_ 호북성 동남부에 있는 현縣이다.

* 황공도黃公度 《지가옹집知稼翁集》: 아들 황옥黃沃이 소양군재邵陽郡齋에서 경원 원년에 판각. 황공도는 장원급제를 했으며 보전莆田 사람이다.
* 범준范浚 《향계집香溪集》: 범준의 조카 범원경范元卿이 소흥 31년에 판각. 《여요굉서與姚宏書》가 있다.
* 장효상張孝祥 《어호거사문집於湖居士文集》: 가정본. 장효상은 장원급제했다.
* 임지기林之奇 《졸제문집拙齋文集》: 20권. 송본이 현재 2권 전한다.
* 왕작王灼 《이당선생문집頤堂先生文集》: 5권. 왕무간王撫幹댁에서 건도 8년에 판각. 현존.
* 조언단趙彥端 《개암거사집介庵居士集》: 강서운부 조언조趙彥操가 순희 14년에 판각.
* 주자지周紫芝 《태창제미집太倉稊米集》: 진천림陳天林이 양양을 다스릴 때 처음으로 판각 시작. 건도 연간. 교감이 정확치 않고, 필획에 착오가 있는 곳이 무려 385곳이나 되고 글자는 천여 군데가 틀렸다. 순희 10년에 진천림이 잘못된 것을 시정하는 것을 힘껏 돕고 각자공들에게 명하여 수정했다.
* 갈립방葛立方 《시랑갈공귀우집侍郎葛公歸愚集》: 20권. 송 무주각본. 현재 9권이 남아 있다.
* 요강廖剛 《고봉집高峰集》: 소무군학邵武軍學에서 건도 7년에 판각. 보충본은 함순 7년에 판각.
* 주희 《회암집晦庵集》: 항본 《회암대전집》. 명초에 남감에 수록되었다. 왕야王埜가 건안에서 가희 3년에 판각. 순우 5년본은 《회암선생문집》《회암선생무집》이라 칭하는데 대자로 명확하지 않은 1백 책이 있다. 건녕부 건안서원에서 함순 원년에 판각. 현존. 《회암선생주문공문집》이라고 한다.

* 여조겸《동래집東萊集》: 무주婺州사당에서 판각했고《동래여태사문집東萊呂太史文集》이라고 한다. 명초에 남감으로 편입되었다. 여교년呂喬年이 가태 4년에 판각했다. 현존.
* 육구연陸九淵《상산집象山集》: 개희 3년본. 가정 5년본. 소정 4년본이 있다.
* 주필대周必大《주익문충공집周益文忠公集》: 2백 권. 개희본. 이종 때에 간행, 일본에 있다. 송 간본《주문충대전집周文忠大全集》《주익문충공서고周益文忠公書稿》는 경원 연간 판각. 대자 백지 1책이 현존. 또 1부는 2책이 남아 있고 한 권은《주익공서고》라고 한다. 대자 백지 판각과 인쇄가 몹시 좋다.
* 원흥종員興宗《구화집九華集》: 손자 원영조員榮祖가 보경 3년에 판각.
* 홍적洪適《반주문집盤洲文集》: 송본. 백지 32책.
* 주부周孚《두재연도편蠹齋鉛刀編》: 해백약解百禴이 순희 6년에 판각.
* 왕염王炎《쌍계집雙溪集》: 순희 6년본.
* 우무尤袤《양계유고梁溪遺稿》: 우조尤藻가 신안에서 50권을 판각. 현재 1권이 전한다.
* 육유《검남시고劍南詩稿》: 육유가 처음 엄주 태수일 때 순희 14년에 전집 20권을 판각하여《신간검남시고新刊劍南詩稿》라 했다. 대자 백지다. 육유의 아들 육자휼陸子遹이 엄주 태수로 있을 때《속고續稿》67권을 가정 3년에 판각했다.《위남문집渭南文集》50권은 육자휼이 율양학궁溧陽學宮에서 가정 13년에 판각했다. 모두 국가도서관에 있다. 육유는 시가 1만여 편이 있으며 육전陸佃의 손자이다.
* 양만리楊萬里《성재선생집誠齋先生集》: 순희 16년본. 중자에 황지 20책, 일본 가나자와[金澤]문고 장묵인長墨印이 있다.《성재선생남해집誠齋先生南海集》은 순희 13년에 유환劉渙이 판각했고 일본

에 남아 있다. 《성재집》은 가정본이 있고 단평 2년본은 일본에 있다.

* 진부량陳傅良 《지재문집止齋文集》: 시식施拭이 영가군재永嘉郡齋에서 가정 원년에 판각. 서봉徐鳳이 영가군재에서 선비를 위하여 1만 민緡을 들여 판각했다. 가정 5년. 삼산본 50권이 있다.
* 왕십붕王十朋 《매계집梅溪集》: 아들 왕문시王聞詩가 부광浮光에서 임시 태수로 있을 때 녹봉을 남겨 아우 왕문례王聞禮에게 명해 소희 3년에 판각하도록 했다. 《속집續集》은 가정 15년에 판각. 왕십붕은 장원출신이다.
* 설계의薛季宣 《낭어집浪語集》: 조카 손자 설단薛旦이 무주에서 보경 4년에 판각.
* 최돈례崔敦禮 《궁교문집宮教文集》: 사명四明에서 438판 판각. 보경 《사명지四明志》 참조.
* 누약樓鑰 《공괴집攻媿集》: 120권. 사명 누씨 집안에서 판각, 현재 잔본이 있다.
* 임헌林憲 《설소소집雪巢小集》: 천태판.
* 왕완王阮 《의풍문집義豊文集》: 1권. 아들 왕단王旦이 박라博羅에서 순우 3년에 판각. 대자 백지 1책.
* 진량陳亮 《용천문집龍川文集》: 구진장邱眞長이 금화주학金華州學에서 가정 6년에 판각했는데 같은 관청에서 근무를 하던 동료들이 노역과 비용을 도와주었다. 진량은 장원 출신이다.
* 섭적 《수심선생문집水心先生文集》: 조여당趙汝讜의 서序를 판각. 회동본에는 본래 습유가 없다.
* 대복고戴復古 《석병시집石屛詩集》: 소정본.
* 사요필史堯弼 《연봉집蓮峰集》: 손자 사사도史師道가 중각본을 냈다.
* 양관경楊冠卿 《객정유고客亭類稿》: 송본. 중자 황지 5책.

* 갈홍葛洪 《반실노인문집蟠室老人文集》: 대자가 몹시 정교하다. 남경도서관에 2책이 소장.
* 장식張栻 《남헌집南軒集》: 엄주본.
* 진순陳淳 《북계집北溪集》: 순우 8년에 용계서원龍溪書院 판각.
* 채감蔡戡 《정재집定齋集》: 아들 채이蔡廙가 소정 3년에 판각.
* 위경衛涇 《후악집後樂集》: 아들 위초衛樵가 영주에서 소정 5년에 판각.
* 정청지鄭清之 《안만당집安晚堂集》: 서붕본.
* 악가岳珂 《당호시고棠湖詩稿》: 1권. 서붕본[그림 18]. 또 《옥저집玉楮集》 107판이 있다.

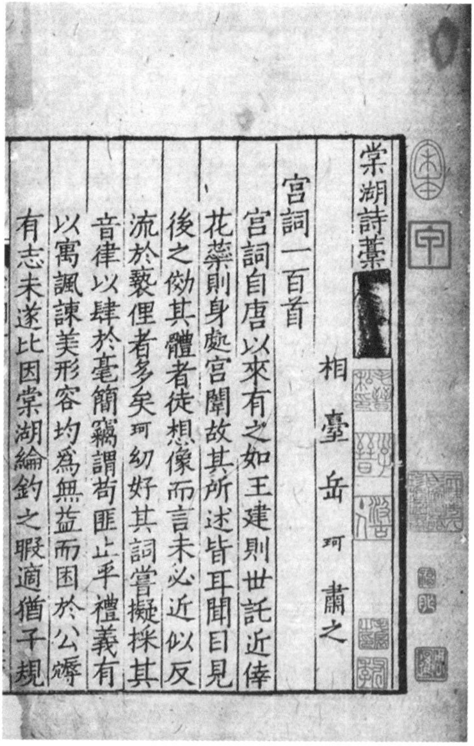

棠湖詩藁
相臺岳珂肅之
宮詞一百首
宮詞自唐以來有之如王建則世託近倖花蘂則身處宮闈故其所述皆耳聞目見後之倣其體者徒想像而言未必近似反流於褻俚者多矣珂幼好其詞嘗擬採其音律以肆於毫簡竊謂若匪止乎禮義有以寓諷諫美形容均爲無益而困於公㴑有志未遂比因棠湖綸釣之暇適循千規

[그림 18-1]

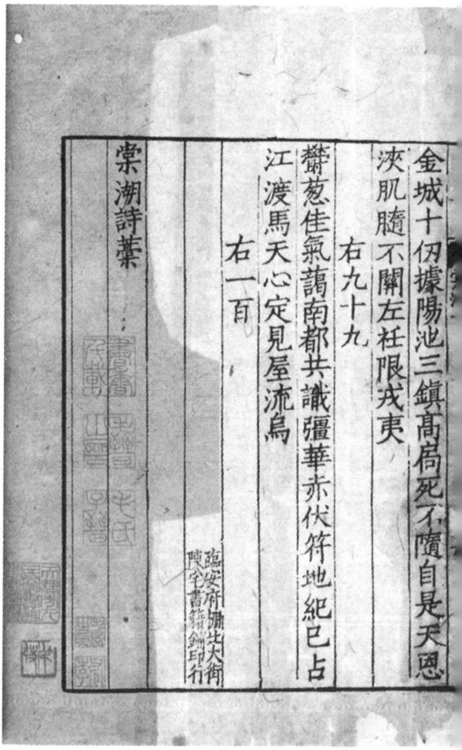

金城十仞據陽池三鎮高扃死不隳自是天恩浹肌髓不闌左衽限戎夷
右九十九
欝葱佳氣藹南都共識彊華赤伏符地紀已占江渡馬天心定見屋流烏
右一百
臨安府棚北大街陳宅書籍鋪印行
棠湖詩藁

[그림 18-2]

[그림 18] 악가岳珂 《당호시고棠湖詩稿》는 임안부 붕북대가 진씨댁서포에서 간행 인쇄되었다. 천진도서관 소장.

* 유재劉宰 《만당문집漫堂文集》: 형산의 조계趙葵가 가희 4년에 판각.
* 허응룡許應龍 《동윤집東澗集》: 조주판.
* 유과劉過 《용주집龍洲集》: 아우 유해劉澥가 단평 원년에 판각.
* 위료옹魏了翁 《학산집鶴山集》: 고소본. 온양본이 있다. 성도부로본은 개경 원년 판각, 《중교학산선생대전문집重校鶴山先生大全文集》이라 한다. 북경도서관에 32책이 있다. 《위학산거양시주魏鶴山渠陽詩注》는 단평에서 판각.
* 진덕수眞德秀 《서산문집西山文集》: 청나라 황비열黃丕烈이 송본 소장.
* 강기姜夔 《백석시집白石詩集》: 소정 6년본.
* 홍자기洪咨夔 《평재문집平齋文集》: 32권. 송본. 일본에 있다.
* 유학기劉學箕 《방시한거사소고方是閑居士小稿》: 가정 연간본.
* 이유李劉 《매정선생사륙표준梅亭先生四六標準》: 40권. 송본. 국가도서관 소장.
* 진기경陳耆卿 《운창선생초집篔窗先生初集 · 속집續集》: 오자량吳子良이 강서조사에서 판각.
* 사미녕史彌寧 《우림을고友林乙稿》: 1권. 사명四明의 사씨史氏 가에서 가정 5년에 판각. 자체가 자연스럽고 아름다워 절품으로 보고 있다. 원나라 곽천석郭天錫 소장. 대자 1책이 있는데 또 홍콩에서 1책을 사왔다.
* 왕신汪莘 《방호존고方壺存稿》: 함순 원년본.
* 이증백李曾伯 《가재집고可齋集稿》: 아들 이표李杓가 편집간행. 유지劉籥이 무릉에서 재간행. 이표가 3차 간행. 건상본으로 함순 6년.
* 유극장劉克莊 《후촌거사집後村居士集》: 임희일林希逸이 포전莆田군

재에서 순우 9년에 판각. 소흑구小黑口, 대자 황지 10책. 또 1부는 중자 소흑구로 백지 16책. 함순 8년에 《후촌대전집後村大全集》을 제작했고 현존.

* 서원걸徐元傑 《매야집楳埜集》: 아들 서직량徐直諒이 경정 2년에 판각.
* 방악方岳 《추애선생소고秋崖先生小稿》: 죽계서원에서 보우 5년에 판각.
* 임희일林希逸 《권재속집鬳齋續集》: 함순 6년본.
* 승려 도잠道潛 《참료자시집參寥子詩集》: 12권. 송본. 중자 백지.
* 승려 거간居簡 《북간문집北磵文集》: 10권. 최상서崔尚書 가에서 간행한 패자牌子가 있다. 가정 10년. 중자 백지 4책.
* 승려 도찬道璨 《무문인無文印》: 삼순 9년본. 현존.

사집詞集　　송사宋詞는 당시唐詩와 병칭되며 문학사에 있어 특수한 위치에 있다. 송대 사인은 1백여 명으로 그 중 유명한 사람으로는 안수晏殊·안기도晏幾道 부자와 유영柳永·구양수·소식·진관·황정견·주방언·이청조·신기질辛棄疾·육유·강기姜夔·오문영吳文英·주밀周密 등이 있다. 조무구晁無咎는 특히 진칠秦七(淮海)[280]과 황구黃九(山谷)를 다른 사람들이 따라올 수 없는 사 작가라고 말했다. 장사서방長沙書房에서는 《백가사百家詞》를 판각했다. 진진손은 "그 앞의 수십명 모두 유명한 작품이다. 그 아래에는 작품이 떨어지면서도 눈속임으로 끼워 머릿수만 채운 자들이 많은데 시장 사람들은 이익을 얻기에 급급하여 몇 질을 더 끼워넣으려 욕심을 부려 선택할 여지가 없다"고 했다. 진진손은 자세히 90명을 열거하였고 이외에도

280_ 진관秦觀을 말한다.

또 강기의 《백석사白石詞》, 요관姚寬의 《서계악부西溪樂府》, 사달조史達祖의 《매계사梅溪詞》 등 19명을 기록했다. 사집은 일반적으로 본인 문집의 시 뒤에 붙혀 놓기 때문에 그래서 사를 '시여詩餘'라고도 한다. 지금 당시의 단행본으로 판각된 것을 열거하면 다음과 같다.

* 반랑潘閬 《소요유逍遙詞》: 엄주군재에서 소정 원년에 판각.
* 소식 《동파악부》: 소흥 21년본.
* 진관 《회해거사 장단구淮海居士長短句》: 건도 연간 판각. 현존.
* 주방언 《청진사淸眞詞》: 강환強煥이 율수현재에서 순희 7년에 판각. 엄주본의 서명은 《청진시여淸眞詩餘》이다. 《상주주미성사편옥집詳注周美成詞片玉集》은 가정 4년본으로 황지 3책. 또 한 권은 글자가 거칠며 2책이다.
* 하주賀鑄 《동산사東山詞》: 송본. 상책 1책이 현존.
* 장원간張元幹 《노천집蘆川詞》: 송본. 대자 2책. 송책적지인宋冊籍紙印.
* 신기질辛棄疾 《가헌사稼軒詞》 1권: 신주본 12권. 장사에서 가장 많이 볼 수 있다.
* 장효상張孝祥 《어호선생장단구於湖先生長短句》: 건도 연간에 판각. 청나라 장금오張金吾가 영인한 송각본을 소장.
* 조관曹冠 《연희사燕喜詞》: 순희 14년에 선성宣城에서 판각.
* 강기 《백석도인가곡별집白石道人歌曲別集》: 6권, 전희무錢希武가 가태 2년에 운간雲間에서 판각.

장단구의 선본인 촉의 조숭조의 《화간집花間集》은 격률에 따라 지은 사 비조로 부순 간념부분이 있다. 그렇지는 다른 본이 모두 오류가 많다고 여겨 소흥 18년에 이를 수정하여 복간했다. 백지에 4책이다. 경정 《건강지建康志》에 《당화간집唐花詞集》 177판이 있다. 또 순희 14년의 악주鄂州 공사고본公使庫本이 있다.[115] 송나라 황승黃升의 《중흥이래절묘사선中興以來絕妙詞選》 10권은 순우 9년에 유성보劉誠甫 각본이 있다. 국가도서관 소장.

소설 중국의 과거 문인들은 시 · 문 · 사詞는 중시했지만 소설은 경시하여 문학사에 있어서 소설의 중요성을 알지 못했다. 송대의 가장 중요한 소설 《태평광기太平廣記》 5백 권은 다행히 아직 존재하고 있다. 태평흥국 2년에 태종이 이방李昉 · 오숙吳淑 · 서현徐鉉 등 10여명에게 야사소설에서 취하여 이 책을 만들게 했으며 3년 8월에 완성되었다. 6년 정월에 태종의 어지를 받들어 판각 인쇄했다. 후에 후학들이 관심가질 만한 것은 아니다라고 말하는 사람이 있자 드디어 흑판을 수거하여 태청루太清樓[281][116]에 저장했다. 남송 역시 중각을 하지 않았다. 이리하여 이 책을 본 송대사람은 많지 않다. 이 책은 신선, 보응報應, 신귀神鬼, 요괴의 이야기들을 모았고, 고대의 야사와 전기소설을 집대성하여 소설가의 바다라고 칭해진다. 노신魯迅은 이 책에 대해 높은 평가를 했다. 그는 "《광기廣記》는 한 · 진으로부터 오대에 이르는 소설가의 말에서 344종에 이르는(혹은 526종) 것을 풍부하게 뽑아 가려내어 책을 만들었으니 이미 없어진 책들도 종종 이에 비추어 알 수 있다"[117]고 했다.

송대 사람들은 소설잡사나 이상한 말들을 저술했다. 예를 들면 왕명청王明清의 《휘주록揮麈錄》, 홍매洪邁의 《이견지夷堅志》 등 약 50여 명이 있고 송대 사람이 《세설신어世說新語》 같은 고대소설도 간행하였으나 지금 생략하겠다. 송대에 《대당삼장취경시화詩話》 · 《대당삼장취경기》를 간행했고 과거에 이미 영인본이 있었다. 일본 오쿠라 슈

281_ 태청루는 북송 황궁 정전의 서북쪽의 영양문迎陽門 안 후원에 있었다. 태청루는 황궁 후원의 가장 중요한 장서고다.

고칸[大倉集古館][282]에 송판 《대당삼장취경시화》 3책이 소장되어 있다.

총집總集　　양나라 소명태자 소통蕭統의 《문선文選》은 후촉 무소예毋昭裔의 판각본이 이미 있었다. 송대에 "《문선》이 낡아지도록 읽는다면 수재는 이미 반이 된 것이나 다름없다"[283]는 말이 있을 정도로 광범위하게 유통되었고 후세의 문장에 커다란 영향을 주어서 이를 '선체選體'라고 한다. 당나라 이선李善의 주석본이 있다. 또한 여연제呂延濟・유량劉良・장선張銑・여향呂向・이주한李周翰 다섯 신하가 주를 단 오신주五臣注본도 있다. 오신주에 이선의 주를 합하여 육신주본六臣注本 60권을 만들었다. 이선주본李善注本은 대중상부 4년 감본이다. 또 천성 7년에 목판본이 있는데 현존하는 천성명도본天聖明道本으로 '통通'자에 필획이 빠져 있으며 19권이 존재한다. 우무尤袤가 지양군재池陽郡齋에서 "녹봉을 남겨 이선주본을 판각하니 원열우袁說友가 그 비용을 도와주었다. 사명四明・공상贛上에서 판각한 어구를 잘라낸 병폐는 없다"(순희 8년)고 했다. 현존하는 것은 백지 60책으로 청나라 호극가胡克家가 송대의 초판본을 모방하여 만든 것이다. 오신주 《문선》은 천성 4년 전에 먼저 이천二川, 양절兩浙 인본이 있었는데 "글자의 모양이 크고 빠진 부분이 심각하고 교정본도 거칠

282_ 오쿠라 슈코칸[大倉集古館]은 메이지부터 다이쇼[大正] 시대에 걸쳐 활약했던 실업가인 오쿠라 기하치로[大倉喜八郎]가 설립한 일본 최초의 사립미술관으로 일본 도쿄 고미술가 중심에 있다. 1917년에 개관했으나 1923년에 관동대지진으로 많은 소장품들이 사라졌다. 1928년에 오쿠라 기하치로의 장남 오쿠라 기시치로[大倉喜七郎, 1882~1963]가 많은 소장품을 기증하고 중국풍의 전시관을 새롭게 건축해 다시 개관했다. 현재 2,500여 점의 미술, 공예품과 약 1천여 부의 한적漢籍을 소장하고 있다. 1년에 5차례의 기획전을 열고 있다.

283_ 원문은 "文選爛, 秀才半"으로 과거에서 수재가 될 희망이 있다는 말이다. 송대 육유陸游의 《노학암필기老學庵筆記》 권8에 "국초에 일찍이 《문선》이 있었는데 당시 문인들이 이 책을 전문으로 공부했다. … 그리하여 선비들은 '《문선》이 낡아지도록 읽는다면 수재는 이미 반은 된 것이나 다름 없다' 라는 말이 있게 되었다"는 기록이 있다.

고 잘못된 점이 많다"고 했다. 천성 4년에 사천 서방의 창평 맹씨가 "소자에 해서체로 판각이 깊고 인쇄가 진하며 빠지고 가벼운 것은 멀리하게 되고 글자가 분명하니 오래갈 수 있다"고 했다. 명주본(소흥 8년 판각본은 오래되어 낡아 없어져 소흥 28년에 중각했음) 및 항주 묘아교貓兒橋 하동안河東岸에서 연 전지마포종가箋紙馬鋪鍾家 인쇄본이 있는데 전당 포순鮑洵의 글자로 30권에 현재 1책이 있다. 육신주본六臣注本은 원우 9년 수주학秀州學에서 간행되었고 오류를 개정한 곳이 가장 많다. 또 광도廣都 배씨댁에서 인쇄한 판매본(숭녕 5년 판각, 정화 원년에 완성, 또 함순 10년본)이 있다. 남송 감본이다. 또 강남서로본(소흥 말년)이 있는데, 즉 장지강張之綱이 공주贛州에서 간행한 것으로 일본에 있다. 또 건녕본도 있다.

《옥대신영玉臺新詠》은 남송에 '구경본舊京本'이 있었으며 영가 진옥보陳玉父의 가정 8년 판각본이다.

태종은 이방李昉 등에게 태평흥국 7년(982)에 칙령을 내려 《문원영화文苑英華》 1천 권을 편찬하도록 하여 《소명문선昭明文選》을 잇도록 하였다. 양나라 말기부터 시작하여 남북조 문장은 열의 하나를 수록하였고, 당대의 문장은 열의 아홉을 수록하였다. 전체 시문 2만여 수를 수록했으며 당대 문장이 많이 보존되었다. 대중상부 4년 감본이 있으며 지금 사람들은 《문원영화》가 남송 영종寧宗 때까지 이어져 오다가 판각된 것이라고 보기도 하지만 이는 틀린 말이다. 효종은 비각본이 많은 오류가 있었기 때문에 주필대周必大에게 교정을 보아 헌상하도록 명령하였기 때문에 주필대의 길주 각본이 있다(가태 원년에서 4년까지다. 중자 대책으로 13책이 현존한다. 경정 원년 왕윤王潤이 장정을 하였으며 집희전緝熙殿[284] 서적 도장이 찍혀 있다). 고사손高似孫이 《문원영

284_ 집희전은 원래 강전講殿으로 남송 이종理宗 이전에는 각 황제들이 경연을

화찬요文苑英華纂要》를 지었으며 사씨史氏 간본이 있다(가정 16년).

요현姚鉉이 《문원영화》를 발췌하여 엮었는데 당대 문장 1백 권을 편찬하여 《당문수唐文粹》라 했다. 임안 진사인 맹기孟琪는 일을 좋아하여 모인摹印하여 유포했다. 남도 후에 임안부에서 중각했다(소흥 9년. 재교를 감독한 장징張澄 등의 서명이 11행 있다).

조맹규趙孟奎는 《분문찬류당가시分門纂類唐歌詩》에 1,300여 명, 4만여 수를 실었다(함순 개원 자서. 영인필사 송본 12책).

《고문원古文苑》은 순희본이 있지만 주가 없다. 장초章樵가 재편했고 순우 각본이 있다(6책).

송대인들은 송대인의 문장을 편집하기도 했는데 미산眉山의 《신간국조이백가명현문수新刊國朝二百家名賢文粹》(경원 3년) 60책이 있다. 위제현魏齊賢 · 섭분동葉芬同 등이 편찬한 《성송명현오백가반방대전문수聖宋名賢五百家播芳大全文粹》(소희 개원, 허개許開 서가 있음)에 520명을 수록했으며 변문이 많다(호관滬館에 1책이 있다). 건도 연간에 《성송문선전집聖宋文選全集》을 판각했고 소자 2책이 있다. 강전江佃이 《신조성송문해新雕聖宋文海》 120권을 편찬했으며 건안서방본이다. 효종은 임안부에 교정 간행판을 명령했다(순희 4년). 소자 백지에 2책이 있다. 주필대는 이 책의 편집순서에 윤리가 없다고 여겨 효종에게 주청했다. 이에 효종은 여조겸에게 개편하여 올리라고 명령하고 《황조문감皇朝文鑑》이란 책명을 하사하고 비단 3백 필과 은을 하사하도록 했다. 《문감文鑑》이 유통되자 《문해文海》는 드디어 자취를 감

열고 경사를 논하던 장소다. 이종 소정紹定 5년(1232) 11월에 처음으로 중건하기 시작하여 다음해 6월에 완공되었다. 이종이 어서御書로 '집희緝熙'라는 두 글자를 쓰고 또 친히 《기記》를 지었다. 집희전은 구강전舊講殿이라고도 하는데 원래는 대량의 경사류와 그것을 보충할 수 있는 도서들을 수장하고 있었기 때문이다. 그러나 집희전을 건설한 후에는 대량의 도서 이외에도 수많은 서화들을 수장하였고 이종이 독서하고 휴식을 취하는 곳이 되었다.

추게 되었다. 여조겸이 편찬한 《황조문감》 150권은 건녕서방본으로 문자에 탈자 오자가 많아 심유개沈有開가 신안군재新安郡齋에서 판각했다(가태 4년). 조언적趙彥適은 구판과 갈라진 곳을 두루두루 취하여 새롭게 하니(가정 15년) 군수郡守 유병劉炳이 다시 새롭게 보충교정했다(단평 원년. 백지 64책). 청나라 황비열이 송대 판각된 대소자 5본을 소장했다. 《송문감宋文鑒》에는 북송문장을 두루 수록하여 "문집 8백여가를 수록하니 모두 조사하여 편집했다"고 했다. 남송에 이르러는 문집이 이 숫자의 배가 되었다. 그래서 송대 사람들 스스로도 "문장이 지금의 조정보다 더 많을 수는 없다"고 했는데 이런 말이 특별히 헛된 과장은 아니다.

진기陳起는 《남송육십가명현소집南宋六十家名賢小集》·《강호전집江湖前集·후집後集·속집續集》을 편찬 간행했다. 진사陳思는 《양송명현소집兩宋名賢小集》 366권을 편찬하니 약 240여 명으로 송대 작품이 이로 인해 전해지게 되었다.

시화詩話 송대 사람들은 시 짓기를 좋아하였고 특히 시를 평하는 것을 좋아해서 시화詩話가 많기로는 송대보다 더한 시대가 없다. 구양수가 《육일시화六一詩話》를 지은 것을 시작으로 그 후의 작가 수가 무려 1백여 명을 헤아린다. 현존하는 것은 완열阮閱·섭몽득葉夢得·갈립방葛立方·계유공計有功·호자胡仔·주필대·위경원魏慶元·유극장劉克莊 등 40여 명의 작품이 있고 그 중에서도 엄우嚴羽의 《창랑시화滄浪詩話》가 비교적 유명하다.

송대에는 고려사람들의 시문도 간행했다.

송대에는 고서 및 송나라의 저술을 판각했을 뿐만 아니라 고려인의 시문집도 판각했다. 송대에 《고려시高麗詩》 3권이 있다. 원풍 연간에는 정월 대보름 잔치에 고려 사신 최사제崔思齊[285]·이자위李子威[286]·고호高琥·강수평康壽平·이수李穗 등을 초청하였다. 신종이

시를 지어 사신을 접대하는 관리인 필중행畢仲行에게 하사했다. 필중행과 다섯 사신 그리고 중서성과 추밀원 두 부에서 모두 시를 지어 올리니 이는 중국과 한국 두 나라 시인들이 시에 화답한 작품이다. 그후 사신 김제金梯·박인량朴寅亮·배□裵□·이강손李絳孫·노류盧柳·김화진金化珍 등 여섯 명이 도중에서 서로 시문으로 화답한 시 70여 편을 스스로 편집하여 《서상잡영西上雜詠》이라 하였다. 손강孫絳은 이를 위해 서문을 썼다.[118] 《고려시》 3권 부록 같은 것은 송대 사람들이 간행하였고 그래서 조공무晁公武가 능히 소장할 수 있었을 것이다.

박인량과 유홍柳洪은 고려 문종 34년(즉 송 원풍 3년, 1080)에 사신으로 송나라에 왔고 김근金覲도 역시 이 일행 속에 있었다. 송나라 사람들은 박인량과 김근이 지은 척독尺牘[편지]·상소·시가 등을 보고 칭찬이 그치지 않았다. 그리하여 두 사람의 시문을 간행하기에 이르렀으며 이렇게 간행된 책이 바로 《소화집小華集》이다.[119] 송나라 사람과 고려 사신들이 서로 시로 화답하고 또 시문집으로 간행하였으니 중국과 한국 양국 국민들의 우정이 깊었음을 알 수 있다.

총서叢書 많은 수의 저서를 본래의 면모대로 보존하기 위해

285_ 최사제(?~1091)는 문종 8년(1054) 과거에 급제하였다. 1081년 송나라가 의약품을 보내준 것에 대한 사은사謝恩使가 되어 송나라에 다녀왔다. 갈 때는 예부상서였지만 송나라에서 돌아온 뒤에는 우산기상시右散騎常侍가 되었다. 선종 5년(1088) 중추원사, 이듬해 참지정사參知政事를 역임, 1090년 수사공 문하시랑 동중서문하평장사 감수국사 판이부사 상주국(守司空門下侍郎同中書門下平章事監修國史判吏部事上柱國)에 이르렀다. 시호는 양평良平이다. 〈송나라로 가는 배에서 서울의 친구들에게[入宋船上寄京中諸友]〉라는 시가 있다.

286_ 이부시랑의 자격으로 1081년에 최사제와 함께 사은사가 되어 송나라에 다녀왔다. 그전 1076년(문종 30)에는 요나라의 황후가 상을 당하자 형부시랑으로 호부상서 왕석王錫과 함께 사신으로 다녀왔다

여러 책을 한 책에 모아 새로운 이름으로 하는데 이를 '총서叢書'라고 한다. 실은 불장과 도장이 바로 종교적인 대총서다. 가태 초년에 유정손兪鼎孫이 송나라 정대창程大昌의 《연번로演繁露》·《고고편考古編》 등 몇 명의 여섯 가지 책을 모으고 이를 《유학경오儒學警悟》라 했다. 좌규左圭는 주필대의 《옥당잡기玉堂雜記》, 고사손高似孫의 《자략子略》 등을 모아 갑·을·병·정으로 나누어 계癸까지 10집으로 약 1백 종이나 되는 책을 수록하여 《백천학해百川學海》라고 명명하였다. 마사본이 있고 '곽廓'자는 영종寧宗의 묘호를 피휘했다. 이종 때에 간본이 있고 청나라 육심원陸心源이 구판을 소장했다.[120] 무진武進의 도씨陶氏가 함순본에 의거하여 영인 간행했다. 유정손과 좌규가 편찬한 책은 총서의 비조로 불리고 있다. 총서는 명, 청대에 성행하였고 건륭의 《사고전서》는 특히 총서의 대관大觀이라고 할 수 있다.

과학기술 서적

중국의 고대는 수학 방면에 있어서 많은 발명이 있었다. 당나라에는 명산과明算科가 있었다. 송 숭녕崇寧 3년에 처음으로 산학算學을 세웠으며 210명을 정원으로 하여 구장九章 등을 가르쳤다. 일찍이 원풍 7년(1084), 비서성 교서랑 섭조흡葉祖洽과 조언약趙彦若 등 여섯 명이 《산경십서算經十書》를 교정했다. 신종이 이를 비준하여 이미 교정을 본 판각에 의거하여 만들었으며 비서성본이라고 했다. 《진록陳錄》에서는 이를 원풍경감본이라고 했다. 《산경십서》는 《황제구장黃帝九章》(《구장산경九章算經》 이라고도 함)·《주비산경周髀算經》·《오경산법五經算法》(산법 대신 산술算術이라고도 함)·《해도산경海島算經》·《손자산경孫子算經》·《장구건산경張丘建算經》·《오조산경五曹算經》(혹은 산법算法이라고도 함)·《집고산경緝古算經》·《하후양산경夏侯陽算經》(산법이라고도 함)·《산술습유算術拾遺》(《수술기유數術記遺》 라고도 함) 10책을 말한다. 괄창括蒼의 포한지鮑澣之 정주汀州 지사가 가정 6년에 다시 이 10책을 중간했다. 지금 송본으로 전해오는 것은 몇 종류에 불과하다.[121]

명대 산학가算學家 정대위程大立는 《산법통종算法統宗》 권17에서 산경의 원류에 대해 서술하기를 "원풍·소흥·순희 이래로 판각한 것이 많고 더구나 견문이 많은 사람들이 이를 지었다"고 했다. 《의고근원議古根源》 등 18종이 있다.[122] 그는 또 "가정·함순·덕우 등의 연간에 또 각각의 책을 간행했다"고 했다. 이로 보아 송대에 판각한 수학에 관한 책이 다른 시대에 비해 많았음을 알 수 있다. 현존하는 《산경십서》는 청나라의 《사고전서》 속에 들어 있다.[123] 송나라 진구소秦九韶는 대수代數를 발명했는데 당시에는 '천원일술天元一術'이라고 하였으며 《수학구장數學九章》을 저술했다. 전당 사람 양휘楊輝는 자字가 겸광謙光이다. 청렴으로 자신을 경계하고, 유교로 관직에 힘쓰고, 흉중을 토로하는 기지로 앞 시대 현인들의 심오한 뜻을 이어갔다. 《양휘산법楊輝算法》은 청대에는 아직까지 송각잔본이 있었으며 조선에서 명 홍무 항주본을 번각했다.[124] 정대위가 보고 들었던 유익劉益·장주蔣周·장순원蔣舜元 및 이름을 밝히지 않은 사람 등 18종의 산서算書가 있다고 했는데 모두 사라졌으니 정말로 산학사에서 크나큰 손실이 아닐 수 없다.

송대의 천문서적으로는 《경우건상신서景祐乾象新書》와 왕안례王安禮 등의 《영대비원靈臺秘苑》이 있다. 후한의 대과학자인 장형張衡(78~139)은 이미 수운혼상水運渾象 및 하루하루씩 떼어내는 일력도 만들었고 이를 '서륜명협瑞輪蓂莢'[287]이라고 불렀다. 애석하게도 이미

287_ 명협은 중국 요임금 때 있었다는 전설상의 상서로운 풀로 초하루부터 보름까지 하루에 한 잎씩 났다가, 열엿새부터 그믐까지 하루에 한 잎씩 떨어지고, 작은 달에는 마지막 한 잎이 시들기만 하고 떨어지지 않았다 하여, 달력 풀 또

없어졌다. 북송의 의약학자이며 천문학자였던 소송蘇頌(1020~1101)은 소성紹聖 연간(1094~1096)에 태사국太史局 사람들과 유명한 과학 명저인 《신의상법요新儀象法要》 3권(일명 《소성의상법요紹聖儀象法要》)을 완성했다. 여기에 혼의渾儀·혼상渾象·수운의상대水運儀象臺의 설계를 기록하고 각각 전체설계도와 분해설계도가 있는데 전체설계도는 모두 63폭으로 중국에서 현존하는 최초의 기계설계도다. 장형이 제조한 것은 높이 3장 반, 너비 2장의 자동 천문대로 그중에는 한 세트의 구리 항아리 물시계[銅壺滴漏]의 기기로 15분마다 나무로 만든 사람[木人]이 자동적으로 종을 때린다. 15분이 처음 시작할 때 종이 울리고 정시가 되면 종을 걸어두고 막대기를 바꾸어서 종을 쳐서 숫자가 바뀌었음을 알린다. 소송은 감았다 풀었다 하는 기계를 설계했으며 이는 오늘날 시계 속의 태엽과 같다. 이리하여 수운의상대의 창조는 유럽 중세기 천문 종의 선조라고 말할 수 있다.[125] 《신의상법요新儀象法要》는 오흥의 시원지施元之가 삼구三衢(구주) 좌소재坐嘯齋에서 판각했으나(건도 임신년 팔년본) 전하지 않는다. 청 《사고전서》와 《수산각총서守山閣叢書》에 수록되었다.

천성 9년(1031)에 연숙燕肅(991~1040)이 연화루蓮花漏를 발명하고 이를 사용하여 시간을 재었다. 명주明州에 《동호누전제도銅壺漏箭制度》 1권이 있다. 소흥 말에 사명군수 한중통韓仲通이 새롭게 연화루를 제조했다. 순우 7년, 군수 안이중顏頤仲이 이용면李龍眠의 각루刻漏의 제도와 왕안석의 명문을 취하여 이를 새겼다.[126]

사명에서 《동호누전제도》를 새긴 같은 해에 소주에는 석각 천문도가 있어 세상에 이름을 알렸다. 명초 남감南監에 《천문지天文志》 24권이 있었는데 판 774면이 있고 경정 《임천지》와 함께 거론되는

는 책력 풀이라고도 한다.

데 아마도 남송판인 것 같고 작자는 미상이다.

밀물과 썰물에 관한 전문서적으로는 당나라 때 이미 두숙몽竇叔蒙의 《해도지海濤志》가 있었다. 북송의 연숙燕肅이 《해조도론海潮圖論》 1권을 진상했다. 전당 지현인 장군방張君房의 《조설潮說》 1권까지 모두 세 편이 있다. 《조설》은 항본杭本이다.

후위 말에 유명한 농업과학가인 가사협賈思勰의 명저 《제민요술齊民要術》 10권은 고대의 농학유산을 총결하고 계승했다. 청대 사람들은 농업에 관한 여러 책들을 이 책과 비교한 후, 이 책보다 더 좋은 것은 나올 수 없다고 여겼다. 전체 책에는 농예農藝 · 원예채소 · 과수 · 목축 · 농산품가공 등에 대한 생산경험을 논술하였으며 어떤 것은 지금까지도 참고할 만한 가치가 있다. 송 천희 2년에 《제민요술》을 천하에 반포하고 나무를 심고 짐승을 기르는 법을 가르쳤다. 갈우지葛祐之는 "이 책은 천성 연간에 숭문원의 교본이 있는데 조정 사람들이 아니고서는 얻을 수가 없다"[127]고 서에서 말하였다. 소흥 14년본이 있다. 천희 연간에 《제민요술》과 동시에 교감하고 판각하고 하사한 서적으로는 《사시찬요四時纂要》가 있으며 이는 당말 한악韓鄂의 작품이다. 일찌감치 실전되었다. 일본사람이 근래 만력 연간에 조선의 박선朴宣[288]이 송 지도 2년 각본을 번각한 것을 발견하고는 영인했다.

송대 사람들이 직접 지은 농서도 있다. 진부陳旉는 《농서》 세 권을 지었는데 농사, 소 기르기와 뽕나무 심기, 양잠 등에 관해 서술했다. 진주眞州(지금의 의징儀徵) 지주 홍흥조洪興祖는 그의 휘하에게 명령하

288_ 생몰년 미상. 조선 중기의 무신으로 1583년(선조 16) 2월의 니탕개尼湯介의 난 때 왕명으로 오운吳澐과 함께 조방장助防將이 되어 용사 8천명을 거느리고 파견되어 동관진潼關鎭에서 적을 물리치는 공을 세웠다. 1587년(선조 20)에 전라좌수사가 되었다.

여 간행했다. 후에 고우군 지사 왕강汪綱이 재판했다. 진관秦觀의 《잠서蠶書》 1권은 왕강이 고우군재에서 판각했다(가정 3년). 또 진주 군재각본도 있다(가정 갑술 7년). 《잠서》 원문 역시 송본 《회해집》 권6 잡문 속에 있다. 희녕 진사인 온릉사람 증안지曾安止(1068~1074)는 《화보禾譜》 5권을 저술했다. 뇌양耒陽 현령인 그의 조카 손자 증지근曾之謹이 《농기보農器譜》 3권과 속2권도 저술했으나 지금은 모두 없어졌다.

천태의 진경기陳景沂의 《전방비조全芳備祖》 전집 27권과 후집 31권이 있는데 전집은 화부花部, 후집은 과일부 · 초목부 · 초부草部 · 목부木部 · 농상부農桑部 · 채소부 · 약부 등으로 매 부를 사실조事實祖와 부영조賦咏祖 두 부류로 나누었다. 부영조에서는 송시를 특히 상세하게 채록하였으며 세계 최초의 식물학 사전이라고 칭해진다. 명청대의 《군방보群芳譜》 · 《광군방보廣群芳譜》의 원본이 되었으며 청대 《사고전서》의 유서류에도 수록되었다. 일본에 송대 마사 잔본이 있다고 한다.

오인걸吳仁傑의 《이소초목소離騷草木疏》 4권은 《이소離騷》 중에 인용된 초목을 일일이 설명하였고 나전현상羅田縣庠 간본이 있다(경원 6년. 현재 국가도서관에 소장).

송대에는 원예의 발달로 과수목과 화훼에 관한 전문 서적도 수십 종이 있다. 채양蔡襄의 《여지보荔枝譜》[289]가 판각이 되었고 《모란기牡

289_ 여지는 중국 남부에서 생산되는 과일로 상록 교목으로 잎은 어긋나고 깃꼴 겹잎이다. 연한 황록색의 꽃이 피며 열매는 둥글고 돌기가 있으며 껍질은 붉고 속은 희다. 나무크기는 10~15미터이다. 학명은 Litchi chinensis이다. 당나라의 양귀비가 몹시 좋아했다고 한다. 그래서 두목杜牧의 〈과화청궁過華清宮〉이란 시에 "모래 먼지 날리며 달려오는 말을 보고 양귀비는 웃지만, 사람들은 말이 여지를 싣고 오는 줄을 모른나네(一騎紅塵妃子笑, 無人知是荔枝來)"라는 구절이 있다.

丹記》와 함께 간행했다. 한언직韓彦直(世忠子)이 온주 지현으로 있을 때 《귤록橘錄》 3권을 저술했다. 송지宋志는 《영가귤록永嘉橘錄》을 지었는데 28종류의 감귤 품종에 관한 것으로 하권에는 나무를 심는 법이 있으니 세계에서 첫 번째의 감귤에 관한 전문 서적이다. 진사陳思는 해당화에 관한 《해당보海棠譜》를 지었는데 역시 식재방법을 기술하고 있다. 범성대의 《범촌매보范村梅譜》에는 그가 재배한 매화 12종류에 관해 기술했다. 낙양의 모란에 관해서는 구양수가, 양주의 작약에 관해서는 왕관王觀의 전문적인 기록이 있다. 조시경趙時庚은 《금장난보金漳蘭譜》를 썼다. 사주史鑄의 《백국집보百菊集譜》는 여러 사람들(유몽劉蒙 · 사정지史正志 · 범성대 · 호융胡融 등)의 국화에 관한 족보를 발췌하여 133종을 한권의 책에 나열했다.

식품방면으로는 승려 찬영贊寧의 죽순에 관한 《순보筍譜》, 태주 진인옥陳仁玉의 버섯에 관한 《균보菌譜》가 있다. 남송에서는 태주의 버섯이 가장 맛있었고, 절강과 민 지역의 명교明教(마니교) 신자들은 버섯을 가장 중히 여겼기 때문에 버섯 가격이 배로 오르기도 했다. 또 부굉傅肱의 《해보蟹譜》 · 고사손의 《해략蟹略》[290]이 있다. 이상의 식물과 동물 서적은 대부분 송대에 판각한 《백천학해百川學海》에 수록되었다.

농산품 가공에 관한 서적으로는 차 · 술 · 설탕에 관한 서적이 있다. 중국은 최초로 차나무를 재배하였다. 당나라 육우陸羽는 이미 《다경茶經》이라는 작품이 있으며 이는 세계에서 찻잎에 관한 첫 번째의 전문서적이다. 《백천학해》본에 있다. 송대에 찻잎은 서하, 금나라와 교환하던 중요한 상품으로 지금까지도 여전히 남방의 중요 생산품이다. 송대 사람들은 건차建茶[291]를 중시했고, 또한 회계의 일

290_ 《해보蟹譜》와 《해략蟹略》은 모두 게에 관한 음식 전문서적이다.

주차日鑄茶[292] 역시 유명해 구양수는 “양절이 제일”[293]이라고 칭찬했다. 송나라 육유陸游의 시에 “주머니 속에 일주가 있어 천하에 전해지니 좋은 샘물이 아니라면 맛이 어울리지 않는다”고 했다. 그러나 일주에서 생산되는 양이 몹시 적고, 대부분 이웃현인 섬현剡縣에서 생산되는 차로 이를 충당했다. 휘종은 《성송다록聖宋茶錄》을 저술했다. 채양蔡襄의 《다록茶錄》, 황유黃儒의 《품다요록品茶要錄》, 웅번熊蕃의 《선화북원공다록宣和北苑貢茶錄》 등이 있으며 모두 건차의 채집과 제조, 덖는 방법 등에 관하여 서술했다.

《제민요술》에 이미 술을 담고 장 담그는 것에 관해 기술하고 있고 전문적인 양조 서적도 있었다. 송나라 주익중朱翼中(즉 주굉朱肱, 대은옹大隱翁)이 《주경酒經》 3권을 저술했다.[128] 《제민요술》에서는 누룩을 만들고 배합 방법과 백양주白羊酒 · 지황주地黃酒 · 국화주菊花酒 · 도미주酴醾酒[294] · 포도주 만드는 법에 관하여 상세하게 서술하고 있다. 명대 섭자기葉子奇는 “포도주와 소주는 원나라에서 시작되었다”고 한다. 그러나 사실은 당 · 송대에 이미 포도주가 있었고 당나라 초기에 장안에서는 향기롭고 맛이 좋은 녹색 포두주를 제조할 수 있었다.

291_ 복건성 건계建溪일대에서 생산되는 명차. 건차는 특히 송대 복건성 건주 건안현(지금의 건구建甌)의 북원北苑 봉황산 일대에서 나는 차를 말한다. 이 일대에서 나는 것을 북원공차北苑貢茶라 하며 몹시 유명하다. 중국의 차 진상 역사상 가장 오래도록 진상했던 차로 북원공차는 458년 동안 황실에 진상했다.

292_ 일주차는 또 ‘일주차日注茶’ · ‘일주설아日鑄雪芽’라고도 한다. 소흥현에서 동남쪽 50리에 있는 회계산 일주령日鑄嶺에서 생산되며 역사적으로 유명한 명차다. 송나라 이래로 진상품이었다. 청대 강희제 때는 전문적으로 일주차를 제조하여 진상했다.

293_ 구양수는 《귀전록歸田錄》에서 “차는 양절兩浙에서 많이 생산되는데 양절의 품종 중에서도 일주가 제일이나”라고 했다.

294_ 쌀로 만든 단술.

왕작王灼의 《당상보糖霜譜》는 당대 설탕의 기원에 관해 서술했다. 사탕수수를 심는 법, 설탕을 제조하는 그릇, 설탕을 응고시키는 법 등을 기록했다. 최초로 사탕수수로 백설탕을 만드는 법에 관해 쓴 전문서적이다.

건축기술에 관한 서적으로는 목공 유호喩皓의 《목경木經》 및 숭녕 2년(1103)에 전국에 반포한 《영조법식營造法式》이 출현했다. 《영조법식》 34권과 《목록간상目錄看詳》 2권은 석명釋名 · 각각 제도에 관한 것 · 공한功限[295] · 요례料例[296] · 건축디자인 다섯 부분으로 구분하였고 희녕 연간에 편찬하기 시작하였다. 후에 정주 관성현(지금의 하남성 신정현) 사람인 이계李誡(?~1110)가 다시 새롭게 편찬했다. 이계는 박학다식하고 서화에 정통하였으며 그가 그린 〈오마도五馬圖〉는 휘종의 칭찬을 받기도 했다. 특히 건축에 뛰어나 일찍이 궁전과 태묘 · 벽옹辟雍(국자감)을 10여 년간 건축했으며 관직은 장작감將作監에 이르렀다. 대목수 · 소목수 · 석공 · 조각공 · 죽공 · 기와공 · 미쟁이 · 화공 등 각 장인들의 실제 경험을 모아서 건축 건설 방면에서 가장 전면적인 사전을 편찬했다. 그 자세함과 상세함은 유호의 《목경》을 뛰어 넘으며 그림과 문장이 모두 훌륭하여 고건축을 집대성하여 세계 건축사상 크나큰 가치를 갖고 있다. 현재도 고건축을 중수할 때 그림그리기라든가 도안 같은 것은 여전히 이 책을 참고할 가치가 있다. 송 숭녕 2년 평강부平江府 각본이 있다. 또 소흥 15년 평강부 각본이 있다. 1949년 전[297]에는 주씨석인본朱氏石印本과 또 도씨陶氏의 오채복제본五彩復製本도 있다.

295_ '노동 기준량'을 말한다.

296_ '재료의 소모 한도액'을 말한다.

297_ 원서에는 '해방 전'이라고 했는데 중국에서 말하는 해방은 1949년에 신중국이 성립된 해를 말한다.

북송은 담수침동법膽水浸銅法을 발명했다. 이 방법은 얇은 철판을 담수(황산동용액) 속에 넣어 그 농도에 따라 5일에서 10일까지 담가 놓는다. 그런 후에 철판 표면에 구리 분말이 붙으면 그것을 긁어내서 화로 속에 넣어 제련하여 구리를 만드는 것이다. 송대에는 대량으로 구리를 생산하였는데 이것이 바로 이런 담동膽銅이다. 신주新州에는 담동갱이 두 개 있었는데 하나는 황산동액에 철판을 담가 구리를 얻는 것으로 힘은 적게 들고 이익은 많았지만 그 물에는 제한이 있었다. 하나는 담반[298]토에 구리를 끓이는 방법으로 흙은 무한히 많지만 이익이 박했다. 침동은 한 근에 50전을 기본단위로 하고 전동煎銅(끓여 만든 구리)은 80전을 기본단위로 했다.[129] 두 가지 방법은 각각 이로움과 폐단이 있었다. 송《진록》에《침동요략》이 1권 있는데 장갑張甲이 편찬했으며 '덕홍초택德興草澤'[299]이라고 칭했다. 소성 원년 초기에 담수에 철을 담갔다가 구리를 만드는 방법이 시작되었다고 한다. 초택이라고 하는 것은 강서성의 포의布衣라는 뜻이다. 현재 어떤 사람은 요주饒州 흥리장興利場을 관리하던 장잠張潛이 지은 것이라고 하여 이전의 설과는 다르다.[300] 원서는 이미 없어졌고 명초 위소危素《위태복집危太僕集》에 1편이 있다.

송대 천리사泉吏司의《야금록冶金錄》이 있으며 구리를 제련하고 주조하는 방법을 총결한 서적이다. 역시 지금은 산실되었다.

송대 유명한 병서인《무경총요武經總要》는 성의 공격 · 수성 · 수공水攻 · 화공火攻 · 각종 병기에 관해 기록하였고 또한 세 개의 화약 배합법에 관해서도 기록했다. 그 중요한 것으로는 초석硝石 · 황산 · 목

298_ 담반膽礬은 황산구리로 이루어진 황산염 광물로 살충제, 안료, 매염제, 전해액 등으로 쓰인다.

299_ 덕홍은 강서성의 상요시上饒市(이전의 요주)에 있다.

300_ 지금은 많은 사람들이 장잠을《침동요략》의 저자로 보고 있다.

탄 및 송진 · 역청瀝青[아스팔트] · 밀랍 · 약물 등을 사용했다. 또한 얇은 철편을 길이 2촌의 머리와 꼬리가 있는 물고기 모양으로 오려 숯불 속에 이를 태워서 대야의 물속에 담그는 방법에 관해서도 언급했다. 인공으로 자성이 생기도록 하는 방법인 인공자화법人工磁化法을 이용하여 지남어指南魚를 만들었는데 과학적 가치가 풍부하다.

과학자 심괄의 명저 《몽계필담夢溪筆談》은 청나라 팽원서彭元瑞가 송본을 소장하고 있었지만 지금은 전하지 않는다.

의약서적

고경전古經典 중국의 노동자 인민들은 질병 중에 투쟁하면서 몇천 년간 풍부한 경험을 축적해 왔다. 의약학醫藥學은 중국 문화유산의 위대한 대보고이자 송대 사람들이 이 방면에 있어 커다란 공헌을 했다. 송대는 경성에 의학을 설립하고 의사들을 육성했다. 가우 2년 후 매년 경성 및 외지의 각처에서 의술과 약을 시술했으며 대량으로 의약서적을 출판했다.

선진 이래의 고대 의서들은 연대가 오래되어 베껴 써서 전해져 내려왔기 때문에 모두 잘못되고 탈루가 있고 중복되거나 글자들이 엉터리였다. 게다가 의리義理가 뒤바뀌어 읽기가 무척 어려웠다. 인종은 유학자이면서도 의학에 통달한 사람에게 명하여 여러 책을 수집하여 여러 번 자세히 교정을 보도록 했다. 의관 진종고秦宗古 · 주유장朱有章 등이 공동으로 상정했다. 천성 4년(1026)에 조헌각晁憲慤 · 왕거정王拳正에게 《황제내경소문黃帝內經素問》 24권, 《난경難經》 2권, 《소씨제병원후론巢氏諸病源候論》 50권을 교정하도록 명령했다. 5년(1027) 4월에 국자감에 명해 모인摹印하여 반포했다.[130] 가우 2년(1057)에 교정의서국校正醫書局을 설치하고 직집현원장直集賢院掌 우석禹錫 · 비각교리秘閣校理 임억林億과 장동張洞 · 집현교리 소송蘇頌 등이 함께 교정하도록 했다. 또 손기孫奇·고보형高保衡·손조동孫兆同에게 함께 교정보도록 명령했다. 매번 한 책이 끝나면 즉시 황제에게 올리고 임억 등에게는 서를 써서 국자감에 보내 반포 시행하도록 했다.[131] 이는 한기韓琦의 상소를 수용한 것이다.[132] 한기는 《영구靈樞》·《태소太素》·《갑을경甲乙經》·《광제廣濟》·《외대비요外臺秘要》 등에도 잘못된 곳이 많으므로 관리를 선발하여 교정해야 한다고 말했다. 또 《본초本草》를 보주하였고, 《도경圖經》·《천금익방千金翼方》·《금궤요략방론金匱要略方論》·《상한론傷寒論》을 수정하여 모두 모인摹印했다. 서진의 태의령 왕숙화王叔和의 《맥경脈經》 10권, 진나라 황보밀皇甫謐의 《침구경針灸經》 12권을 교정하여 진상한 후에 어지를 받들어 판각하고 시행했다(모두 희녕 2년). 상술한 《황제내경소문》은 의약서적의 비조로 역대의 보배이자 중국 의학이론의 기초를 세웠으며 몇 종류의 영역본이 있다. 한나라 남양南陽 사람 장기張機(장중경의 별명)의 《상한론傷寒論》·《금궤요략》은 변증론으로 치료하는 내과 의학의 명저다. 손기孫奇는 "사람을 살리는 것은 반드시 중경의 책이다"고 했다. 《상한론》은 감본이 있고(치평 2년, 또 원우 3년 소자본), 양절로 소자본(원우 3년 전)이 있다. 《맥경》은 현존하는 최초의 맥학 전문서로 감본(희녕)이 있고 또 광서조사본廣西漕司本(소성 3년)이 있다. 《침구경針灸經》은 침구학의 기초로 소흥 연간의 중간본이 있고 가정 연간에는 태의국의 하대임何大任 각본이 있다. 수나라 소원방巢元方 등이 저술한 《제병원후론諸病源候論》(감본, 천성 5년)은 최초의 병인·병리학 전문서다. 약왕藥王으로 추대받는 당나라 손사막孫思邈은 101세(581~682)까지 살았다고 하는데 경조화원京兆華原(지금의 섬서성 요현耀縣) 사람이다. 그의 저서 《천금요방千金要方》·《천금익방千金翼方》 각 30권은 당 이전의 의원들의 처방전을 집대성했다. 미현郿縣 사람 왕도王燾의 《외대비요방外臺秘要方》은 대부분 이전부터 전문적으로 전수해주던 비법이다. 이상 세 사람의 책은 모두 북송 감본이 있다. 《외태비요방》은 양절동로본도 있다. 이런 중요한 경전이 전해올 수 있었던 것은 모두 송대 관방과 개인이 판각하고 인쇄하였기 때문이다.

황우 3년(1051) 전, 남방의 주와 군에서는 해마다 질병과 전염병이 발생하여 어떤 지역에서는 10여 만 명이 죽기도 했다. 정부는 이에 전 교정관 손조孫兆가 교정한 당나라 왕도의 《외태비요방》 40권을 취하여 판각을 시행하도록 했다(희녕 2년). 《상한론》 등의 의서는 책 수가 많기 때문에 종이와 먹값이 비싸서 민간에서는 사두기가 어려웠다. 그리하여 철종 원우 3년(1088)에 국자감에 명령하여 소자 판각본을 만들도록 했다. 그리고는 겨우 종이와 먹값만을 받고 각 로路에 팔았다. 또 《맥경脈經》·《천금익방》·《금괴요약방金匱要略方》·《보주본초補注本草》·《도경본초圖經本草》 다섯 권의 의서는 일상생활에서 빠질 수 없는 책이다. 그러나 국자감에서 원래 판 것은 모두 대자본으로 비쌌기 때문에 의사들은 이를 사기가 어려웠고 외지에서는 더욱 구입하기가 어려웠다. 이리하여 소성 원년에 성지를 내려 소자본을 판각하도록 하고 소성 3년에 판각이 완성되었다. 이런 것들은 독자들의 구매력을 위해 생각해낸 방법으로 참으로 좋은 정책이라고 할 수 있다.

구종석寇宗奭의 《본초연의本草衍義》에서 "국가에서 《성혜聖惠》를 편찬하고, 《소문素問》을 교정하고, 《본초》를 다시 정하고, 《도경圖經》을 따로 편찬했다. 장중경의 《상한론》과 《천금》·《금괴金匱》·《외대外臺》 같은 책은 수장고에서 선명하게 빛이 난다"고 했다. 그중 《성혜방聖惠方》·《도경본초圖經本草》는 모두 송대에 편찬되었다.

송대의 처방전 송나라 사람들은 고대 경전인 의서를 계속하여 모인했을 뿐만 아니라 자신들도 수많은 의서의 처방전을 편찬했다. 태종 태평흥국 3년 내에 친히 경험한 유명 처방전 1천여 개가 나왔다. 이에 의국에 조칙을 내려 각 집안에서 내려오는 처방전을 모아 왕회은王懷隱에게 명하여《태평성혜방太平聖惠方》1백 권을 교감 편찬하도록 했다. 순화 3년에 책이 완성되니 천하의 여러 주에 반포했다. 왕우칭王禹偁의《소축집小畜集》에《사사성혜방표謝賜聖惠方表》가 있으며 전체 101책이다. 소자본도 있다. 소흥 16년 회남전운사에서 간행했다. 다음 해에 복건전운사에서 또 간행했다. 지금 남아 있는 것은 청대의 필사본뿐이다. 인종은 태의에게《성혜방》의 요지를 간략히 하도록 명하고 황후 3년에 반포하고 여러 도에 보내니 이것이《황우간요제중방皇祐簡要濟衆方》5권이다. 또《경력선구방慶曆善救方》1권을 제작하여 경력 8년에 반포하여 시행했다. 영종 원부 2년에는 관리를 파견해《신의보구방神醫普救方》을 교정하여 국자감에 보내 판각하여 반포하고 시행하도록 했다.

휘종 정화 연간에는 어지를 받들어《성제총록聖濟總錄》2백 권을 편찬하였다. 71문으로 분류하여 황실의 서가에 소장하고 있던 귀중한 처방전과 비결을 모아 편집했다. 금나라 초양직焦養直은 서문에서 "실제적인 중의학 이론의 회요會要[301]이며, 학자들의 지침서로 백성들의 생명을 관장한다"고 했다.《성혜방》과《성제총록》은 북송의 양대 명저다. 또《태평혜민화제국방太平惠民和濟局方》이 있는데 처음에는 북송에서 만들었고 남송에서 재수정과 3차 수정이 있었다. 소흥 21년에 또《감본약방》을 각 로에 반포했다.

송나라 때는 조정이 처방전을 간행했을 뿐만 아니라, 사대부들 또한 자신이 써보았거나 집안에 전해오는 경험상 효과가 좋은 처방을 편집 간행하여 세상에 내놓기를 좋아하여 환자들이 좋은 혜택을 받

301_ 어떤 왕조의 각종 경제, 정치 제도를 기재한 서적. 주로 책 이름에 쓰인다.

을 수 있었다. 문언박文彦博은 《본초》에 근거하여 약을 사용하고 40개의 처방을 모아서 《약준藥準》이라 불리는 책을 편찬했다. 심괄은 뛰어난 인재로 박학다식했으며 의술에 통달했다. 그의 좋은 처방을 사용한 많은 사람이 효과를 보았으며 《영원방靈苑方》이란 책을 저술했다. 어떤 이는 이 책과 소식의 책을 합쳐 《소심양방蘇沈良方》이라 부르기도 한다. 방안시龐安時는 《방씨가전비보방龐氏家傳秘寶方》, 태의령太醫令 손용화孫用和는 《손씨전가비보방孫氏傳家秘寶方》, 여혜경呂惠卿은 《전가비보맥증구결병방傳家秘寶脈證口訣幷方》을 저술했다(뒤의 두 권은 원풍 8년에 간행됨). 또한 장예張銳는 《계봉보제방鷄峰普濟方》, 촉나라 사감史堪은 《사재지방史載之方》을 저술했다(이 두 권은 휘종 시기 간행됨). 《사재지방》과 《사씨지남방史氏指南方》은 모두 엄주판이 있다. 유생이자 의원인 초우세初虞世는 소홍 13년 경주瓊州에서 《초우세필용방初虞世必用方》을 간행했다. 본 조정(송나라)의 선비였던 그는 후에 삭발을 하고 승려가 되었고 이 책은 매우 희귀하여 지금 천일각天一閣 필사본 1책 만이 있다.

평강부平江府 지사였던 이조정李朝正은 《비급총효방備急總效方》 40권을 남겼다(소홍 24년에 정간됨). 홍준洪遵은 《홍씨집험방洪氏集驗方》에서 "내가 그것을 모두 복용하여 효험을 보았고, 아직 써보지 못했더라도 후일 전해져 검증받을 것이다. 고숙姑孰에서 이 내용을 판각하여 백성과 공유한다"라고 말했다. (건도 6년)에 이정李樫은 《상한요지傷寒要旨》 1권, 《약방藥方》 1권(건도 7년, 안휘성 고숙에서 판각함)을 남겼고, 육유는 《육씨속집험방陸氏續集驗方》(강서성 창사倉司에서 판각, 순희 7년), 당도當塗에서는 《서씨가전방徐氏家傳方》(순희 5년, 또 민산閩山의 종덕당種德堂에서도 간행), 소흥 사람 막백허莫伯虛는 영가永嘉에서 《왕씨박제방王氏博濟方》과 부록 《막씨방莫氏方》[133]을 간행했다. 당시 영가에서는 《왕석역간방王碩易簡方》이 크게 유행했다. 엄주에서는 《위제방衛濟方》·《본사방本事方》·《옹저방癰疽方》[302]이 간행되었다. 괄창에서는 처주處州 지사인 전우錢竽가 《해상방海上方》을 간행했다. 사명四明에서는 왕우王俁가 《본초단방本草單方》을 간행했는데 모두 4,260개의 처방전이 있다. 청대 전시루傳是樓에 송나라 판본 《본초집방》이 있다. 복건성의 제거사提擧司에서는 《제가명방諸家名方》을 간행했으며 이는 시장에 늘 있는 책이었지만 태의국 처방전에는 수록되지 않았다. 진일화陳日華는 임정臨汀에서 방이오方夷吾가 편찬한 《집요방集要方》을 간행했고, 면양군재沔陽郡齋에서는 왕구王璆의 《속첨시재백일선방續添是齋百一選方》을 간행했다(경력 2년). 조주판본으로는 《치미병방治未病方》과 《비급방備急方》이 있다. 하연夏淵의 여씨余氏 명경당明經堂에서는 《허숙미류증보제본사방許叔微類證普濟本事方》(원우 원년)을, 환계서원環溪書院에서는 《인재직지방론仁齋直指方論》을 간행했다. 또한 엄용화嚴用和의 《엄씨제생방嚴氏濟生方》(보우 연간), 동급董汲의 《여사비요방旅舍備要方》, 주좌朱佐의 《유편주씨집험의방類編朱氏集驗醫方》(함순 2년)과 《유연자귀유방劉涓子鬼遺方》은 모두 그 판본 속에 독창치료법이 담겨져 있고 송나라 판본이 오늘날까지 전해져 오고 있다. 만권당萬卷堂에서 대자본으로 간행한 《십편양방十便良方》의 첫머리에는 고금의 처방론을 인용했다. 이 책에는 소수의 옛 처방전 외에도 66종의 방법이 포함되어 있으니 이를 통해 당시 얼마나 처방전의 책이 유행했는지 짐작할 수 있다.

송나라의 태의국은 9개의 과科로 나뉘어졌다.[134] 300명의 학생이 있었고, 대방맥과大方脈科 학생이 120명으로 가장 많았다. 그 다음으로 풍과風科에 80명, 기타 과에 각각 10~20여 명이 배치되어 있었다. 송대에는 산부인과와 소아과(당시는 소방맥小方脈이라 불림)와 관련된

302_ 옹저는 크게 번지는 악성 종기를 통틀어 이르는 말이다.

전문서적도 적지 않았다. 진자명陳自明은 《부인대전양방婦人大全良方》을 저술했고, 예전에는 송나라 판본이 존재했었다. 장락長樂 사람인 주단장朱端章은 소장하고 있던 여러 사람들의 산부인과의 경험을 묶어서 8권으로 편찬하고 이를 《위생가보산과비요衛生家寶産科備要》라고 했으며 남강군재南康郡齋에서 판각했다(순희 11년). 현재 국가도서관에 소장되어 있다. 《산보제방産寶諸方》이라고도 불리는 《산보방産寶方》은 엄주각본이 있고, 《산보유요産寶類要》는 건강판이 있다. 송나라 사람 신옹信翁의 《산경産經》(혹은 산론産論이라고도 불림)은 간본刊本이 있다.

소아과는 건강建康 판본만이 있는데 《전씨소아방錢氏小兒方》·《장씨소아방張氏小兒方》·《소아보생방小兒保生方》·《소아창진논방小兒瘡疹論方》 등 4 종류가 있다.[135] 각지에서 간행된 것으로는 '소아과의 성인'라 불리는 태의승太醫丞 전을錢乙이 지은 《소아약증진결小兒葯證眞訣》이 있다. 금나라가 멸망하자 남송으로 도피한 진문중陳文中[303]은 《소아병원방론小兒病源方論》(보우 2년), 《소아방론小兒方論》(환계서원環溪書院, 경정 5년), 《소아두진방론小兒痘疹[304]方論》을 저술했다. 저자의 이름을 알 수 없는 《소아위생총미방론小兒衛生總微方論》은 태의국에서 출판한 의학서적으로 신생아에서부터 어린이가 될 때까지의 소아과 의학지식을 전반적으로 하나하나 상세히 기록하고 있다.[136] 《유유신서幼幼新書》는 담주潭州 지사 유방劉昉이 저술하였지만 출판을 마무리 짓지 못하고 세상을 뜨게 되어 이경李庚[305]이 완성했다. 이

303_ 본문에서는 진문종陳文宗이라고 표기되어 있는데 이는 진문중陳文中의 오기인 것 같아 바로잡는다. 진문중은 자가 문수文秀고 생존연대는 미상이다. 지금의 안휘성 숙주시宿州市 사람이다. 강소성 일대에서 15년간 의술을 펼쳤으며 치료한 사람이 아주 많다.

304_ 두진痘疹은 천연두를 말한다.

305_ 원서에는 서숙徐璹이 정리한 것으로 기재되어 있다. 그러나 현재 고증할 수

러한 소아과 전문서적들을 통해 당시 아동의 건강을 얼마나 중요시 여겼는지 알 수 있다.

침구치료는 중국의 독창적인 의술로 근래 들어 세계 각국에 퍼지고 있다. 후진後晉과의 전쟁에서 승리하여 거란이 얻은 전리품 중에 동인銅人[306]이 있었다. 침술 전수법이 다르거나 사람마다 혈 자리가 각기 달라서 환자가 죽는 일이 발생했다. 이에 인종은 즉각 의관 왕유일王惟一에게 명을 내려 침과 뜸을 놓는 기혈氣穴과 경락의 혈 자리를 연구하게 하였고, 왕유일은 동인 모형 두 개를 만들었다. 천성天聖 5년 10월, 황제의 명으로 두 개의 동인은 각각 의관원醫官院과 상국사相國寺에 안치했다. 당시에는 파격적이었던 침구동인鍼灸銅人을 보기 위해 많은 사람들이 당시 온갖 사람들의 교역 장소였던 서울의 상국사로 모여들었다. 이 신기한 모형으로 된 동인은 의관원 학생의 실습용으로 쓰였고, 당시 침구의 발전과 의학지식의 보급에 큰 역할을 했다. 당시 만들어진 동인이 전해지진 않지만, 명대 정통正統 8년 당시의 형상을 본떠 만든 동인을 북경역사박물관에서 만날 수 있다. 왕유일은 또 이전에 들은 이야기를 모아 오류를 수정해서 《동인침구도경銅人鍼灸圖經》을 편찬하였고, 《옥해玉海》를 《동인수혈침구도경銅

있는 똑같은 한자이름의 서숙은 당대의 서예가 서숙뿐이다. 서숙은 서호徐浩(703~782)의 아들이다. 연대로 보아서 서숙은 송대 사람이 아니라 당대 사람이다. 또한 중국의 과학기술명사심정위원회[全國科學技術名詞審定委員會]에서도 《유유신서》를 소개할 때 이경이 정리했다고 되어 있다. 그 내용을 소개하면 다음과 같다. "남송의 유방劉昉 등이 소흥 20년(1150)에 편집 저술했다. 유방은 남송의 관리로 책쓰기를 좋아하였는데 당시에 소아에 관한 책이 없자 각 방면의 자료를 수집하여 집무실의 왕력王歷·향공鄕貢 진사 왕식王湜 등에게 명하여 정리하고 쓰도록 하니 38권의 책이 되었다. 병으로 일어나지 못하자 문하생 이경李庚이 이 일을 주재하여 완성하였는데 전체 책은 667문門으로 약 120만 자나 되었다. …" 이 자료에 의하여 서숙을 이경으로 고쳐 번역했다.

306_ 침구학술용을 위해 인체의 경락과 경혈을 나타낸 청동으로 주조한 모형.

人腧穴鍼灸圖經》 3권(귀지貴池 유씨의 송본 복제본)으로 만들었다. 이 책은 천성 5년 황제의 명으로 모사 인쇄하여 반포되었고 7년에 여러 주州에 하사했다.[137] 왕집중(王執中)이 쓴 《침구자생경鍼灸資生經》(가정 13년에 서정경徐正卿이 발간, 소정 4년에 조륜趙綸이 재간행)이 있다.

본초本草　　중국 약초[中草藥]는 치료효과가 좋고 편리하며 가격이 저렴하다는 등의 장점을 가지고 있다. "신농이 온갖 풀들을 먹어 보았다"라는 전설이 있는데도 불구하고 《본초》라는 이름은 서한시대에 비로소 출현했다. 《신농본초경神農本草經》에는 약재 365종이 기록되어 있다. 남북조시대 양梁나라의 도홍경陶弘景이 저술한 《본초경집주本草經集注》 7권에는 더 늘어나 730종이 기록되어 있다. 당나라 현경顯慶 4년(659)에 출판된 《신수본초新修本草》 54권에는 844종의 약재가 적혀 있다. 송나라 태조 개보 6년(973), 황제의 칙령으로 상약봉어尙藥奉御 유한劉翰, 도사道士 마지馬志, 의관 적후翟煦 등 아홉 명이 관련 서적들을 비교 수정하고 정리하여 《개보신상정본초開寶新詳定本草》 20권을 펴냈고, 마지가 주석하고 황제의 어제 서序가 있다. 목판 인쇄의 원판은 국자감에서 판각했다. 7년 《신정본초》는 모든 약재에 대해 기록했지만 아직 약재로 승인되지 않은 것도 있을 수 있다 하여, 유한과 마지 등에게 명을 내려 재검토하여 교정하게 했다. 《신농본초경》에서 언급한 내용은 따로 백자白字로 쓰고, 명의들이 전수한 것은 흑자黑字로 구별하여 상세히 기록한 《개보중정본초開寶重定本草》 21권을 편찬했다. 신약과 구약 합쳐 983종이 기록되어 있다. 천하에 널리 반포하고 전하여 이를 행하게 하라는 조서가 내려졌고 이로서 의관들은 약을 어떻게 써야 하는지 알게 되었다. 가우 2년 8월, 장우석掌禹錫·임억林億·소송蘇頌·장동張洞에게 명을 내려 수정작업을 했고, 6년 12월이 되어서야 필사하여 판본을 만들었지만 여전히 목록은 21권이었다. 《가우보주신농본초嘉祐補注神農本

草》(약칭《가우보주본초嘉祐補注本草》) 혹은 《보주본초》라는 이름이 내려졌는데 여기에는 신약과 구약 합쳐 총 1083종이 적혀 있다. 소송은 황제의 명으로 전국 각지에 분포해 있는 약재의 그림을 그렸고 이를 종류대로 분류한 후 차례대로 심사 결정하여 《본초도경本草圖經》에 수록했다. 《본초도경》은 총 20권이 편찬되었고 목록은 1권이다. 가우 7년에 이를 황제에게 바친 후, 명에 따라 판각하여 널리 유통시켰다.[138] 명나라의 이시진李時珍은 "심사하여 수정한 것이 상세하고 명백하여 활용도가 높다"라고 《본초도경》을 높이 평가했다. 《본초도경》은 중각한 소자본(소성 3년)이 있지만 지금은 유실되었다.

성도의 의학자인 당신미唐愼微가 집필한 《증류본초證類本草》는 《경사증류비급본초經史證類備急本草》라고도 불리며 총 31권으로 되어있다. 대관大觀 2년에 판각된 것은 《대관본초大觀本草》라고 불린다. 그 후 정화 6년에 판각된 개정판은 《정화본초政和本草》라 하였으며, 여기에는 1,700여 가지의 약재가 수록되어 있다. 후에 이시진은 이를 매우 높이 평가했다. 남쪽으로 천도한 후, 왕계선王繼先은 《증류본초》를 교정하여 총 32권으로 된 《대관증류본초》와 한 권의 해설집을 펴냈으며 국자감에서 판각하게 했다(소흥 27년). 가정 4년, 유갑劉甲은 발문을 통해 "처음 판간본은 강서江西에서, 재간은 남릉南陵에서, 대조 수정은 동재東梓에서 행했다"라고 했다. 구약寇約은 숙부 구종석寇宗奭이 편찬한 《본초연의本草衍義》를 판각했다(선화 원년). 순희 연간에 강서 전운사轉運司에서 판각한 것도 있다. 진연陳衍의 《보경본초절충寶慶本草折衷》은 국가도서관에 소장되어 있다. 그러나 남송 궁정에 있던 《출상채회본초出相彩繪本草》는 소실되었다. 현재 남아있는 채색본은 송나라 낭야瑯琊 사람 묵암(默庵, 묵암은 왕개王介의 호)이 편찬한 《이참암본초履巉岩本草》 3책뿐이다.

이 밖에 송나라 때 발행한 의서로는 원풍 연간에 편찬된 《양생필용방養生必用方》과 건강에서 간행된 《상한수지傷寒須知》, 절서浙西 전운사에서 판각된 동위董煟의 《활민서活民書》[307]와 《수국맥서壽國脈書》도 있다. 의서 《육갑천원기운검六甲天元氣運鈐》에 대해 주굉朱肱은 "이것의 소자본小字本을 만들었다"라고 하였으며 현재 중국국가도서관에 소자본 2책이 소장되어 있다. 일부 의서는 국자감에서 수차례 찍어내어 대자본도 있고 소자본도 있으며 지방에서 또는 개인에 의해 번각되기도 했다. 《남양활인서南陽活人書》는 총 18권으로 되어 있으며 북송 때 경사본 · 성도본 · 호남본 · 복건본 · 양절본 등을 각각 해당 지역에서 판각하였는데 교정하지 않아 오류가 많다. 오흥 사람 주굉은 100여 곳을 수정하였으며 각자공에게 명하여 항주 대은방大隱坊에서 판각하여 중자본으로 간행했다(정화 8년, 즉 중화重和 원년). 송대의 의서는 400여 권에 달하며 출판되어 고증할 수 있는 것은 1백여 종에 달한다. 일부 판각판은 6~7가지 판본이 남아 있다. 이로 미루어 송대에 의서가 매우 유행했음을 알 수 있으나 안타깝게도 대부분 소실되었다. 청나라 때 사고전서에 기록되어 있는 것은 대부분 《영락대전》에서 발췌한 것이다.

송대의 의서는 현재까지 전해져 내려올 뿐만 아니라 이웃 나라에도 전해졌다. 휘종 시대에는 두 차례에 걸쳐 의관 모개牟介와 양종립楊宗立 등을 고려로 파견해 의학을 전수하고 《태평성혜방太平聖惠方》도 전파했다. 고려는 11세기에 《상한론傷寒論》 등의 의서를 판각했다.[139] 의서는 잇따라 일본에도 전해졌다. 일본에는 지금도 송나라의 의서가 적지 않게 보존되어 있다. 중국에서는 남아 있지 않은 《태평성혜방》 같은 명저도 다행히 일본에 필사본을 영인한 것이 남

307_ 여기서는 《구황활민서救荒活民書》를 말한다.

아 있다. 《위씨가장방魏氏家藏方》도 필사본 형태로 일본에 남아 있다(현재 전자와 후자 모두 북경대학교 소장). 북송 말에 편찬된 《중교활인서重校活人書》와 《외대비요방外臺秘要方》, 이조정李朝正의 《비급총효방》과 《양씨가전방楊氏家傳方》도 일본에 송나라 판각본이 남아 있다. 《비급총효방》은 북경의 한 상점에서 일본인이 1만 위안에 사갔다.[140]

건녕建寧 사람 송자宋慈는 맡은 관직에서 활약하며 《세원록洗冤錄》 5권을 집필하여 순우 7년(1247)에 완성하였으며 어명에 따라 공포하고 시행했다. 이것은 세계 최초로 체계적으로 저술된 법의학 전문서적으로 서양보다 350여 년 앞선다. 19세기 이후 7~8종의 외국어로 번역되었다.

종교서적

송 진종은 "불교와 도교는 이로운 것이므로 세상을 교화하는 데 보충할 수 있다"라고 했다. 당시 중국에는 40만 명에 달하는 승려와 6만 명의 비구니가 있었다. 송나라 조덕린趙德麟은 《후청록侯鯖錄》에서 "경덕 연간에 2만 5천 개의 절이 있었으며, 가우 연간에는 3만 9천개의 절이 있었다"라고 했다. 휘종은 도교를 특별히 숭상해서 '도군황제道君黃帝'로 불렸고 각지에 도관道觀을 세웠다. 따라서 송나라 때는 불교의 《대장경》뿐만 아니라 도교의 《도장경道藏經》도 판각했다. 불경과 도경의 간행은 송나라 때에 이루어진 방대한 규모의 판각작업으로, 그중 불경은 7판까지 간행되었다.

불장佛藏 북송의 태조가 개보開寶 4년(971)에 익주로 사람을 보내어 《대장경》을 판각할 것을 명했다. 5,048권의 불경을 13만여 장의 판목에 새겨 넣은 중국 최초의 대장경으로 중국을 비롯한 여러 나라의 대장경 중 가장 오래된 것이다. 관판본인 《대장경》은 '익주판'으로도 불린다. 또 개보 연간에 간행을 시작하였기 때문에 《개보장開寶藏》이라고도 한다. 1933년 산서성 진성시晉城市 청련사青蓮寺에서 개보장 38권이 범성법사范成法師에 의해 발견되었다.

후에 복건성의 승려와 신도들이 복주 동선사 등각원等覺院에서 대장경을 간행하니 6,434권에 이르렀다. 북송 신종 원풍 3년(1080)에 시작하여 휘종 숭녕 2년(1103)[141]에 완성했다. 완성된 대장경을 황제께 바치니 《숭녕만수대장崇寧萬壽大藏》 혹은 '동선사판'이라 불렀다. 복주의 개원선사開元禪寺에서도 《비로대장경毘盧大藏經》 6,117권이 간행되었다. 휘종 정화政和 2년에 시작해 남송 고종 소흥 21년[142]에 완성하였으니 이를 '개원사판'이라 부른다. 동선사판과 개원사판은 각각 500여 함, 6,000여 권으로 구성되어 있다.

소흥 2년(1132), 양절서로 호주부 귀안현歸安縣에서 휘종 선화 연간에 밀주관찰사密州觀察使를 지낸 왕영종王永從이 가산을 털어 사계思溪 원각선원에서 대장경 550함을 판각하니 이를 《사계원각장思溪圓覺藏》(5,918권) 혹은 《원각장》이라 부른다[그림 19]. 최근 일각에서 《원각장》이 고종 소흥 2년 한 해에 완성되었다고 주장하나 이는 당연히 불가능한 것이다. 남송 이종 가희 3년, 안길주安吉州 사계 법보法寶 자복선사資福禪寺에서 불경 5,740권을 판각했다. 이를 《사계자복장思溪資福藏》 혹은 《자복장資福藏》이라 한다[그림 20]. 같은 현에서 잇달아 대장경이 판각된 것이다.

소주 일대에서 승려와 신도들이 평강부平江府 진호陳湖 부근의 적사연성원磧砂延聖院에 대장경국大藏經局을 세웠다. 신도들로부터 시주를 받아 남송 이종 소정 4년 7월에 판각을 시작하여 원 영종英宗 지치 2년에 완성했다. 총 6,362권(일설에는 6,350권)으로 《적사장》이라 부른다. 태원의 숭선사崇善寺에 원본 4,800여 권이 있다고 들었다. 1936년, 상해에서 서안의 개원사開元寺와 와룡사臥龍寺에 있던 판본을 영인본

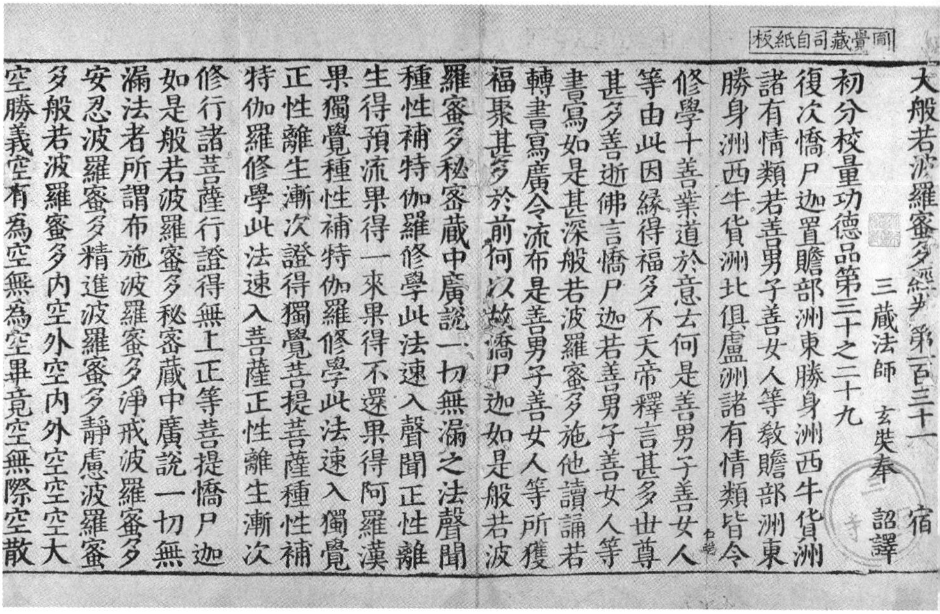
大般若波羅蜜多經卷第一百三十一 宿
三藏法師 玄奘奉 詔譯
初分校量功德品第三十之二十九
復次憍尸迦置贍部洲東勝身洲西牛貨洲
諸有情類若善男子善女人等教贍部洲東
勝身洲西牛貨洲北俱盧洲諸有情類皆令
修學十善業道於意云何是善男子善女人
等由此因緣得福多不天帝釋言甚多世尊
甚多善逝佛言憍尸迦若善男子善女人等
書寫如是甚深般若波羅蜜多施他讀誦若
轉書寫廣令流布是善男子善女人等所獲
福聚甚多於前何以故憍尸迦如是般若波
羅蜜多秘密藏中廣說一切無漏之法聲聞
種性補特伽羅修學此法速入聲聞正性離
生得預流果得一來果得不還果得阿羅漢
果獨覺種性補特伽羅修學此法速入獨覺
正性離生漸次證得獨覺菩提菩薩種性補
特伽羅修學此法速入菩薩正性離生漸次
修行諸菩薩行證得無上正等菩提憍尸迦
如是般若波羅蜜多秘密藏中廣說一切無
漏法者所謂布施波羅蜜多淨戒波羅蜜多
安忍波羅蜜多精進波羅蜜多靜慮波羅蜜
多般若波羅蜜多內空外空內外空空空大
空勝義空有為空無為空畢竟空無際空散

[그림 19-1]

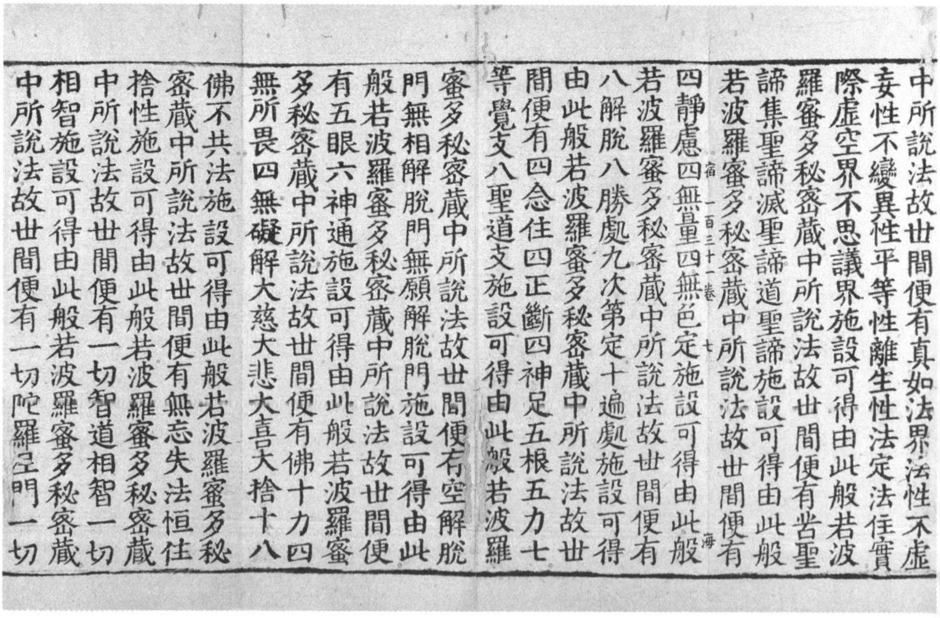
中所說法故世間便有真如法界法性不虛
妄性不變異性平等性離生性法定法住實
際虛空界不思議界施設可得由此般若波
羅蜜多秘密藏中所說法故世間便有苦聖
諦集聖諦滅聖諦道聖諦施設可得由此般
若波羅蜜多秘密藏中所說法故世間便有
四靜慮四無量四無色定施設可得由此般
若波羅蜜多秘密藏中所說法故世間便有
八解脫八勝處九次第定十遍處施設可得
由此般若波羅蜜多秘密藏中所說法故世
間便有四念住四正斷四神足五根五力七
等覺支八聖道支施設可得由此般若波羅
蜜多秘密藏中所說法故世間便有空解脫
門無相解脫門無願解脫門施設可得由此
般若波羅蜜多秘密藏中所說法故世間便
有五眼六神通施設可得由此般若波羅蜜
多秘密藏中所說法故世間便有佛十力四
無所畏四無礙解大慈大悲大喜大捨十八
佛不共法施設可得由此般若波羅蜜多秘
密藏中所說法故世間便有無忘失法恒住
捨性施設可得由此般若波羅蜜多秘密藏
中所說法故世間便有一切智道相智一切
相智施設可得由此般若波羅蜜多秘密藏
中所說法故世間便有一切陀羅尼門一切

[그림 19-2]

[그림 19] 《대반야바라밀다경》 권131, 송대 호주 사계 원각선원에서 판각한 대장본을 권단卷端과 제7판을 자복장본과 대비해 본다.

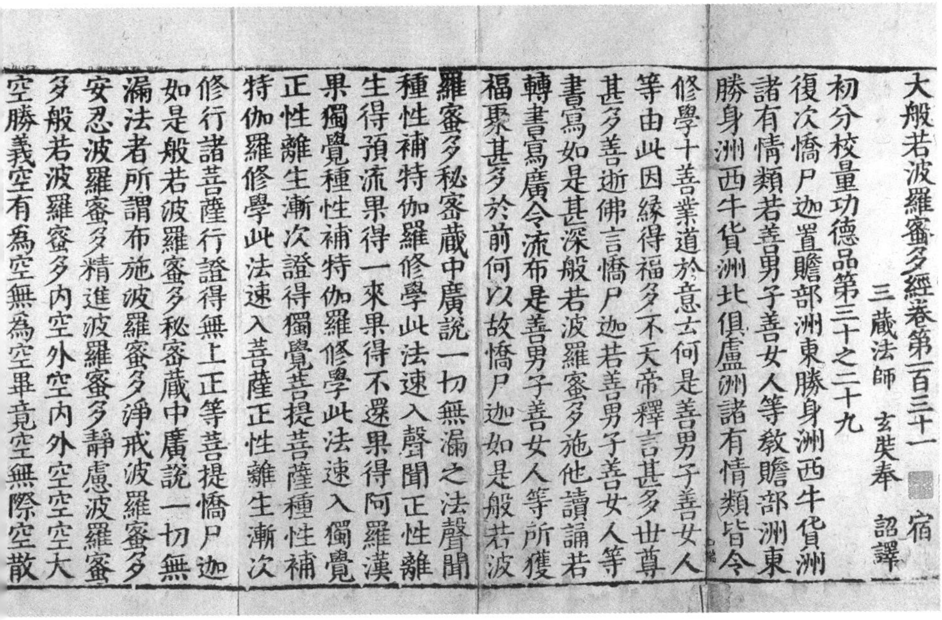
大般若波羅蜜多經卷第一百三十一 宿
三藏法師 玄奘奉 詔譯
初分校量功德品第三十之二十九
復次憍尸迦置贍部洲東勝身洲西牛貨洲
諸有情類若善男子善女人等教贍部洲東
勝身洲西牛貨洲北俱盧洲諸有情類皆令
修學十善業道於意云何是善男子善女人
等由此因緣得福多不天帝釋言甚多世尊
甚多善逝佛言憍尸迦若善男子善女人等
書寫如是甚深般若波羅蜜多施他讀誦若
轉書寫廣令流布是善男子善女人等所獲
福聚甚多於前何以故憍尸迦如是般若波
羅蜜多秘密藏中廣說一切無漏之法聲聞
種性補特伽羅修學此法速入聲聞正性離
生得預流果得一來果得不還果得阿羅漢
果獨覺種性補特伽羅修學此法速入獨覺
正性離生漸次證得獨覺菩提菩薩種性補
特伽羅修學此法速入菩薩正性離生漸次
修行諸菩薩行證得無上正等菩提憍尸迦
如是般若波羅蜜多秘密藏中廣說一切無
漏法者所謂布施波羅蜜多淨戒波羅蜜多
安忍波羅蜜多精進波羅蜜多靜慮波羅蜜
多般若波羅蜜多內空外空內外空空空大
空勝義空有為空無為空畢竟空無際空散

[그림 20-1]

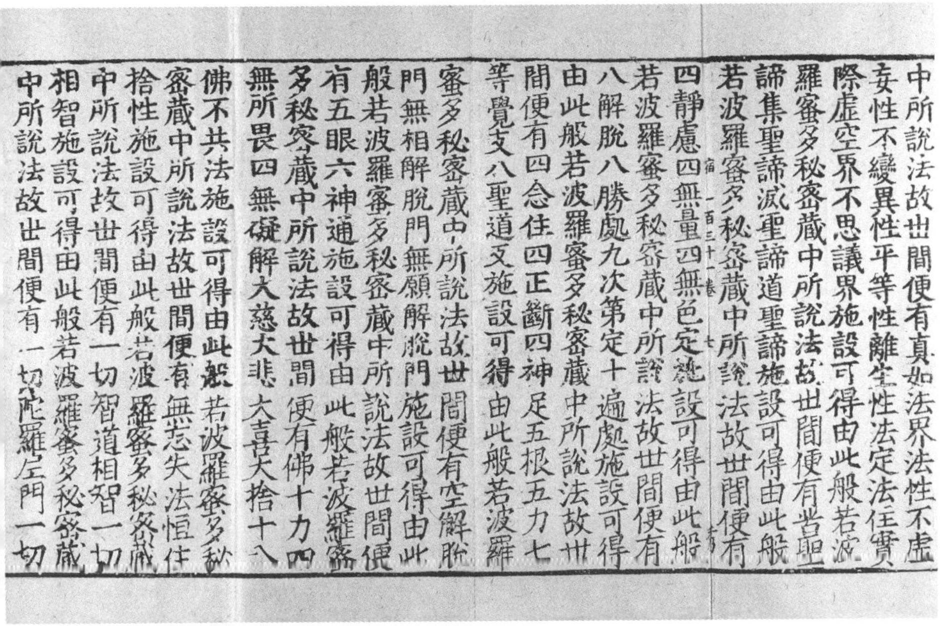
中所說法故世間便有真如法界法性不虛
妄性不變異性平等性離生性法定法住實
際虛空界不思議界施設可得由此般若波
羅蜜多秘密藏中所說法故世間便有苦聖
諦集聖諦滅聖諦道聖諦施設可得由此般
若波羅蜜多秘密藏中所說法故世間便有
宿 一百三十一卷 七
四靜慮四無量四無色定施設可得由此般
若波羅蜜多秘密藏中所說法故世間便有
八解脫八勝處九次第定十遍處施設可得
由此般若波羅蜜多秘密藏中所說法故世
間便有四念住四正斷四神足五根五力七
等覺支八聖道支施設可得由此般若波羅
蜜多秘密藏中所說法故世間便有空解脫
門無相解脫門無願解脫門施設可得由此
般若波羅蜜多秘密藏中所說法故世間便
有五眼六神通施設可得由此般若波羅蜜
多秘密藏中所說法故世間便有佛十力四
無所畏四無礙解大慈大悲大喜大捨十八
佛不共法施設可得由此般若波羅蜜多秘
密藏中所說法故世間便有無忘失法恒住
捨性施設可得由此般若波羅蜜多秘密藏
中所說法故世間便有一切智道相智一切
相智施設可得由此般若波羅蜜多秘密藏
中所說法故世間便有一切陀羅尼門一切

[그림 20-2]

[그림 20] 《대반야바라밀다경》 권 제131, 송대 안길주 사계 법보 자복선사에서 대장경본을 판각하였는데 권단卷端과 제7판을 원각장본과 대비해 본다.

으로 만들었는데, 장정 방식을 접장摺裝에서 선장線裝으로 바꾸었다.

명나라의 조학전曹學佺은 "원오선사圓悟禪師가 송판 대장경을 소각사昭覺寺에서 판각했다. 나는 이를 수녕遂寧의 광덕사廣德寺에서 보았다. 스님의 말에 따르면 열 권 중 두세 권이 아직 대자사大慈寺에 남아 있다고 한다"[143]고 기록하고 있다. '익주 관판본' 외에 북송 때의 승려 원오가 촉지역에서 대장경을 판각하였으나 이에 대한 기록이 전해지지 않고 있다. 원오圓悟의 저서인 《벽암록碧巖錄》은 현재 일본에 여러 판본이 내려오고 있다. 원오의 묘는 현재 소각사에 있다.

익주 대장경은 훗날 개봉으로 옮겨졌으며, 북송 때에 하사품이나 혹은 남방에 인쇄를 청할 때는 모두 이 익주판을 저본底本으로 하였다. 복주에도 이 장경판이 있고 절강 역시 이 판에 의해 간행했다. 남송 고종 소흥 32년, "명주 봉화현奉化縣 충의향忠義鄉 단운산端雲山의 참정태사參政太師 왕공王公 사당에 대장경이 있어 신도들에게 널리 보도록 했다"고 전해지는데 이는 복주 동선사판을 따라 간행된 것이다.[144] 남송 효종 순희 원년에 "효종이 내탕고內帑庫에서 2만 냥을 내어 상천축사上天竺寺[308]에 바쳤다. 윤장전輪藏殿을 세우고 복주 대장경을 안치했다. 황태자에게 편액을 쓰도록 명하니 '법륜보장法輪寶藏'이라 했다"[145]고 전해지나 복주의 어떤 대장경인지는 알려지지 않았다.

복주 개원사開元寺 장경을 속간한 사람으로는 동천로潼川露 안무사 풍즙馮檝 등이 있다. 풍즙의 자는 제천濟川이며 호는 부동거사不動居士이다. 소흥 10년, 그는 《대장경》 13권을 시주했고, 그중 1권은 영은사靈隱寺에 보관했다. 송나라 승려 거간居簡의 《북간문집北磵文集》

308_ '附上天竺'을 '상천축사'라는 절에 바치다는 의미로 해석했다. 절강성에는 '천축삼사天竺三寺'라고 해서 상천축上天竺 · 중천축中天竺 · 하천축下天竺이라는 절이 세 개가 있었다.

4권에서는 "근래 촉의 창주昌州 지역의 부동거사 풍즙이 장수를 빌며 5,048권을 시주하니 모두 합해 48장藏이 되었다. 《반야般若》·《보적寶積》·《화엄》·《열반》을 합하면 총 841권으로 이 또한 많은 양이다"라고 전하고 있다.[146] 보통 이 841권을 《소장小藏》이라 부른다. 송나라가 남도한 후 경장經藏이 훼손되자 풍즙은 자신의 녹봉을 써가며 대장과 소장 48장을 보완했는데 이는 전례가 없을 정도로 많은 수량이었다.

일본 승려 게이세이[慶政][309]는 일찍이 복주를 방문했다. 《대반야경》과 《대보적경》 그리고 가정 연간에 보완해 판각한 《대방광불화엄경大方廣佛華嚴經》에는 모두 "일본 승려 게이세이 희사"라는 문구가 있다. 《대반열반경》에서도 "일본 승려 행일行一 희사"라는 문구를 많이 찾아볼 수 있다. 이를 통해 두 일본 승려가 판각에 일조했음을 알 수 있다. 송·원대에는 일본 승려들의 중국 방문이 잦았는데, 일본 승려 시도[至道]는 원 지순至順 3년에 대도에 있던 대각사大覺寺의 주지가 되었다. 쇼겐[邵元]화상[310](호가 고겐[古源]임)은[311] 원나라 때 소림

309_ 게이세이(1189~1268)는 가마쿠라 시대의 승려이다. 출가하여 천태종 문파의 승려가 되어 1208년에 교토 니시야마[西山]에 은거하였다. 1217년에 송나라에 갔다가 1218년에 귀국했다. 1226년에 니시야마에 법화산사法華山寺를 건립했다. 저서로는 《히라산 고진 레이타쿠[比良山古人霊託》《법화산사연기法華山寺緣起》《유구국표류기》 등이 있다.

310_ 고겐 쇼겐[古源邵元]은 1295년에 태어났다. 젊었을 때는 가마쿠라[鎌倉]와 쿄토[京都]에서 선을 공부하고 1327년에 중국 원나라로 건너가 소림사에서 21년간 공부했다. 원 조정에서 선발한 1백인의 고승가운데 하나였으며 1347년에 귀국했다. 1351년에 교토 도후쿠지[東福寺] 제25대 주지를 지냈으며 1364년 세수 70에 입적했다. 쇼겐 화상은 소림사 제15대 주지인 식엄息菴의 위업을 찬양하는 글을 짓고 비문을 새겼다.

311_ 원서에는 '古源上人'이라고 되어 있는데 쇼겐의 출생지는 에치젠[越前: 홋가이도에 있음]이므로 저자가 어떤 지역을 말하는지 알 수가 없다. 古源은 쇼겐의 호다.

사의 '상좌'까지 올랐다.

고려시대 명승 의천義天[312]은 중국으로 불경을 구하러 왔다. 그는 원풍元豊(1078~1085) 말년 자비를 털어 7,500여 권의 교장敎藏을 들여다 놓고, 항주 남산 혜인원慧因院에 우거했다. 그 후 고국으로 돌아가 사신을 통해 금나라 서적인 《화엄삼역華嚴三譯》 180권을 혜인원으로 보냈다. 이로 인해 혜인원을 속칭 고려사高麗寺라 부르게 되었다.[147] 불경을 판각할 때 시주를 하거나 인쇄본을 혜인원으로 보낸 것으로 미루어보아 한중일 세 나라의 우호관계가 아주 오래전부터 이어져 왔음을 알 수 있다.

도장道藏 양나라 완효서阮孝緖가 편찬한 《칠록 · 선도록仙道錄》은 경계經戒 · 복이服餌 · 방중房中 및 부도符圖 네 부분으로 분류했으며, 총 1,138권이다. 당 현종은 사신을 시켜 도경을 구해 도장을 편찬했는데 그 목록이 바로 《삼동경강三洞瓊綱》이며 총 3,744권에 이른다. 또한 이를 전사해 중국 전역에 배포했다. 천태의 동백숭도관桐柏崇道觀에는 오월 국왕 전홍숙錢弘俶 재위기간 초록한 《금은자도장경金銀字道藏經》 200함이 보관되어 있다. 두천사杜天師[313]는 촉 지역에서 도경道經 3,000권을 수집했다. 송 진종 대중상부 2년(1009)에는 도경을 여항餘杭으로 보내 왕흠약王欽若에게 교정하도록 명했다. 그는

312_ 대각국사大覺國師 의천(1055~1101)의 이름은 왕후王煦이고 고려 제11대 왕인 문종의 넷째 아들로 태어나 11세 때 출가하여 승려가 되었다. 고려 천태종의 시조이다. 송나라에서 유학(1085~1086)하고 돌아온 뒤 흥왕사의 주지가 되어 교장도감을 설치하고, 송나라, 요나라 및 일본 등지에서 수집한 경서를 정리하여 〈속장경〉 4,740여 권을 간행하였다. 1094년 흥왕사 주지를 거쳐 해인사 · 홍왕사에 있다가 1097년에 국청사의 제1대 주지가 되었다. 그는 교종과 선종으로 나뉘어 대립하고 있던 불교의 종파를 하나로 통합하여 천태종을 열었다. 죽기 이틀 전에 국사에 책봉되었다.

313_ 두광정杜光庭(850~933)을 말한다. 왕연王衍이 재위에 오른 후 두광정을 '전진천사傳眞天師' '숭진관대학사崇眞館大學士'라고 칭했다.

기존의 목록에 따라 보충하고 정리해 총 4,395권의 도경을 편수했고, 이를 《보문통록寶文統錄》이라 불렀다. 대중상부 5년에는 장군방張君房이 도교 서적 정비에 온 힘을 쏟아 소주 지역의 옛 장경藏經 1천여 권과 월주와 태주지역의 옛 도장 또한 각각 1천여 권을 찾았다. 조정에서는 계속해서 복건성 일대에서 도서와 명사마니경明使摩尼經 등의 문헌을 찾아 4,565권에 이르는 《대송천궁보장大宋天宮寶藏》을 수찬하였고, 천자문千字文에 따라 순서를 매겼다. 즉, 천天자로 시작해 궁宮자로 끝난다. 진종 천희 3년(1019)에 이르러 칠장七藏을 완성했다.[148]

휘종 정화 연간에 도장을 판각하기 시작했다. 순희 연간에 양극가梁克家가 편찬한 《삼산지三山志》 권38에 "민현閩縣의 보은광효관報恩光孝觀에서 정화 4년(1114)에 예부 상서인 황상黃裳이 《비천법장飛天法藏》을 짓기를 주청하고 천하의 모든 도교서적을 소장하니 총 540함이었다. 이에 《정화만수도장政和萬壽道藏》이라는 이름을 하사하고 판각해 서울[개봉]로 들여왔다"고 한다. 이 도장道藏은 총 5,481권으로 도장 전체를 판각하기 시작했을 때는 복주福州의 지주 황상이 판각을 감독했고, 정화 6~7년에 간행을 시작했다고 한다. 그러나 《양지梁志》에 의하면 정화 4년에 이미 완성되었던 것 같다. 순희 2년에는 경문을 항주 태을궁太乙宮으로 보냈다. 순희 8년, 명주明州 봉래관蓬萊觀에서는 과다하게 돈을 1만 관이나 들여 장경 5,480권을 소장했다. 이에 대해 "화려하고 눈이 부셔 사방에서 찬사를 보낸다"[149]라는 기록이 있다.

안남(安南, 지금의 베트남) 이씨 왕조의 태조 이공온李公蘊은 진종에게 《대장경》과 《도장경道藏經》을 얻기를 청했다(천희 2년, 1018). 치평 2년(1065), 범진范鎭은 "건륭관에 관본을 보내 전하기에 부족함이 없도록 하라고 조서가 내리니 모두 5백 질帙, 4,500권으로 당나라 때보다 1,922권이 더 많았다.[150]"고 한다. 생각건대 왕흠약王欽若이 옛 목록에 따라 《도장경》의 동진洞眞 · 동현洞玄 · 동신洞神 · 태진太眞 · 태평太平 · 태청太淸 · 정일正一 등의 부部를 보충하여 간행한 것으로 보인다. 또한 관본을 이웃나라와 사천에 보냈다고 하니 당시에 이미 판본이 존재한 것으로 여겨지며 휘종 연간에는 판각을 새로 만들 필요는 없었던 것으로 보인다.

마니교가 절강과 복건 지역에서 성행하였으나 정부에서 이를 불법으로 규정했기 때문에 불상과 불화 모두 공개적으로 금지되었다. 자세한 내용은 뒷 부분의 '금서와 판권' 부분을 참고하기 바란다.

판 화

중국은 목판 인쇄를 발명함과 동시에 판화를 제작하기 시작했다. 당나라의 현장법사는 유럽의 판화보다 700년이나 앞서 보현보살상을 인쇄했다. 당나라 함통본 《금강경》 앞 부분에 실린 삽화의 불상은 이미 상당히 정교한 수준이었다. 오대시기 오월에서는 관음상을 인쇄해 보시했다. 남북송 시대에는 고금의 여러 서적을 대량 출판했을 뿐 아니라, 왕실과 민간에서도 낱장으로 또는 서적의 삽화용으로 판화를 많이 인쇄했다.

몇 년 전, 일본에서 정교한 불상화가 발견되었다. 위쪽에는 "화원대조待詔 고문진高文進 그림, 월주越州의 승려 지례知禮 조각"이라는 글이 작은 글씨로 두 줄에 걸쳐 새겨져 있었다. 중간 부분의 왼쪽 테두리에는 "갑신甲申년 10월 정축 삭 15일 신묘에 판각 인쇄해 널리 보시하여 영원히 공양하도록 한다"[151]라고 새겨져 있다. 오른쪽 테두리에는 네 줄에 걸쳐 찬사가 있는데 안타깝게 파손이 되었지만, 송 태종 옹희雍熙 원년 갑신甲申(984)에 새긴 판화 중 가장 뛰어난 작품이다. 고문진은 사천지역 성도 사람으로 그의 아버지와 할아버지도 유명한 화가였다. 고문진은 불상화에 능했으며, 태종 연간에는 한림대조翰林待詔로 황제의 명을 받고 상국사의 벽화를 그렸다. 이 불상화는 유일하게 현존하는 고문진의 작품이다.

인종이 겨우 열 살의 나이로 황제의 자리에 오르자, 태후는 문신 송수宋綬 등에게 태조 · 태종 · 진종의 이야기 중 100가지를 채택하여 한 권의 책으로 엮으라고 명했다. 책의 이름은 《삼조보훈三朝宝訓》[152]이라고 붙였고 이 책을 이용해 어린 황제를 교육했다. 또한 강주絳州 출신 화가 고극명高克明에게 그림을 그리라는 명을 내렸다. 그림 속 인물의 크기는 3.3cm 정도였지만 궁궐이나 산천뿐 아니라 의장대의 기물이 모두 갖춰져 있다. 내부각본內府刻本《노부도鹵簿圖[314]》 30권은 황제의 교외 의장행렬을 그렸는데 이 역시 한림대조 고극명 등이 명을 받아 그린 것이다. 그림이 매우 정교하며 판각한 판은 궁궐 안에 보관되었다. 원풍元豊 말기, 철종이 아홉 살의 나이로 등극하자 황태후는 판을 가져다 모사 인쇄할 것을 명했다.[153] 천성天聖 초기에는 왕증王曾이 고대 성현들의 사적 60가지를 채택하여 그림으로 그려 바쳤다. 이에 인종은 조서를 내려 치하했다. 판각판을 이용해 인쇄했으며 모두 황제의 측근 시종에게 하사했다.[154]

인종 자신도 그림을 잘 그렸는데 '신화宸畵'라는 것으로 일찍이 판각하여 인쇄했다.[155] 태종의 딸 헌목공주獻穆公主가 눈병이 들어 보이지 않게 되었다. 이에 인종은 친히 용수보살을 그리고 대조에게 베끼도록 하여 판각하여 시주했다.[156]

《산해도경山海經圖》은 민중간본이 있으며 혹은 장승요張僧繇가 그렸다고 하는 사람도 있지만 이는 사실이 아니다. 《황우신락도기皇祐新樂圖記》에서는 종鍾 · 경磬 · 북 · 정鼎 · 난도鸞刀[315]를 그 모양대로

314_ 황제의 행차행렬을 그린 그림.

그렸다. 《신정삼례도新定三禮圖》에서는 각종의 복장 · 마차 · 악기 · 기구 등 1백여 폭을 그렸다. 《고열녀전古列女傳》(가정 7년)에는 고대 유명한 여성들의 모습이 그려져 있다. 유대조劉待詔는 《경직도耕織圖》(소흥 연간)를 진상하였고 대추나무에 새겼다. 《본초》에는 동식물 그림이 들어 있다. 《매화희신보梅花喜神譜》(가희 간행, 경정 연간에 중간)에는 매화 그림 백 폭이 있다. 《영조법식》은 건축설계도고 《신이상법요新儀象法要》는 기계제작도다. 《무경총요》에는 각종 무기 그림 1권이 있다. 《고고도考古圖》 · 《선화박고도宣和博古圖》는 세 발 달린 솥인 정鼎과 술잔 등을 그린 고대 기물도다. 엄주본 《산보방産寶方》의 첫머리에는 열두 달에 생산되는 물건 그림이 있다. 각종 삽화가 들어가 있어 당연히 독자들의 환영을 받았다.

희녕 5년에 화공에게 오도자吳道子가 그린 종규鍾馗 모습을 모사하여 탁본하여 이를 새기도록 명령하고 섣달 그믐에 공봉관供奉官 양해梁楷를 동서부로 보내 이를 하사했다.[157] 당시 경성에서는 매번 절기를 맞을 때면 불경과 불상을 인쇄하여 시주했다. 12월은 설날이 가깝기 대문에 시장에는 모두 문신門神 · 종규 · 복숭아그림 판화 · 복숭아 부적[桃符],[316] 재문둔려財門鈍驢, 회두녹마回頭鹿馬를 그린 그림이 유행했다.[317][158] 정강靖康 이전에 변경의 문신은 여러 가지 모양이었는데 호랑이 투구를 쓴 것이 후세에 연화年畵[318]의 남상이 되었

315_ 칼 자루에 종이 매달린 칼로 고대 제사에 희생물을 베는 용도로 사용되었다.

316_ 옛날에 악귀를 쫓기 위해 수문신守門神의 그림을 그리거나 이름을 써서 대문에 걸던 나무판.

317_ 원서에는 "財門鈍驢回頭鹿馬之行帖子"라고 되어 있으나 《동경몽화록》에는 "財門鈍驢回頭鹿馬天行帖子"라고 되어 있다. 원저자의 오기라고 생각하여 이 책에서는 《동경몽화록》에 근거하여 '天行'으로 해석했다. 재문은 대문을 일컫는 말이어서 "財門鈍驢, 回頭鹿馬"로 읽으면 맞을 것 같다. 사람들은 이 그림을 문신의 시초로 보고 있다.

318_ 연화는 중국의 문신화門神畵에서 시작되었다. 청 광서 연간에 정식으로 연화

다. 남송 임안부에는 전지마포종가箋紙馬鋪鍾家가 있었다. 《몽량록夢粱錄》에는 붉은 종이에 '복福'을 쓴 것과 지마포에서 간행한 종규 · 재신 · 종이말 등의 미신품이 실려 있다.[319] 주밀周密의 《무림구사》에는 "도성에서는 10월부터 조천문朝天門에서는 비단으로 장식한 새 달력을 다투어 팔았고, 여러 가지 크고 작은 문신 · 도부桃符 · 종규鍾馗 · 산예狻猊[320]등을 팔았다. 시장이 몹시 번화했다"라고 기록하고 있다. 이는 항주에서 변경까지 내려오는 습속이었다. 사천 지역에서는 부채그림을 인쇄하는 선화인판扇畵印版[159]이 있었으며 이 역시 일종의 민간 예술이다.

정치가이자 사학가인 사마광은 당시 백성들의 존경을 받고 있었다.

年畵라는 명칭이 있게 되었다. 중국 특유의 그림으로 농촌 사람들이 즐겨하는 예술 형식이다. 일반적으로 설날에 집안에 붙여서 장식하는데 길상과 축원의 의미가 담겨 있다. 그래서 연화라는 이름이 붙었다. 전통적인 민간의 연화는 대부분 목판에 인쇄하였다. 하남성 개봉의 주선진朱仙鎭 · 산동성 유방濰坊의 양가부楊家埠 · 강소성의 도화오桃花塢 · 천진의 양류청楊柳青은 역사적으로 유명한 연화 생산지로 '중국의 연화 4대가'로 불린다. 그 중 주선진의 목판연화는 유구한 역사를 갖고 있으며 중국 목판연화의 비조이자 발상지다. 우리나라에서는 세화歲畵 · 문배文排라고 하나 그림의 내용이 다르므로 이 책에서는 원서대로 연화年畵라고 하였다.

319_원서의 춘패春牌는 붉은 종이에 쓴 '복福'자를 말한다. 《몽량록》에는 "… 歲旦在邇, 席鋪百貨, 畫門神桃符, 迎春牌兒, 紙馬鋪印鐘馗 · 財馬 · 回頭馬等, 饋與主顧"라고 되어 있다. 장수민이 인용한 것과는 조금 차이가 있다.

320_산예狻猊는 일설에는 사자의 별칭이라고도 하지만 또 다른 전설에는 용의 아홉 아들 중의 하나로 네 번째로 매우 사납다고 한다. 모양은 사자같으며 구름 속에 앉아 있기를 좋아하는 습성이 있다. 부처가 산예의 인내심을 지켜보고는 부처가 타는 짐승으로 삼았다고 한다. 그래서 산예의 형상은 일반적으로 향로에 출현하고 있으며 연기와 안개를 내뿜는다. 곽박郭璞은 《목천자전穆天子傳》(권1)에서 산예를 사자라고 보았다. 당대 고승 혜림慧琳도 "산예는 사자다. 서역에서 왔다(狻猊狮子也, 出西域)"라고 했다. 그런가 하면 우리나라에서도 산예라는 명칭이 오래전에 나온다. 산예는 신라 오기五伎의 하나로 사자탈을 쓰고 연출하는 연극이다. 최치원의 《향악잡영(鄕樂雜詠)》 5수에 묘사되어 있다.

서울에서 그의 초상화를 그려 판화로 만들어 팔면 무척 판매가 잘되어서 "집안에 사마광 초상화 한 폭 있으면 음식에 반드시 축복이 있다"고 할 정도였다. 그래서 사방에서 사람을 서울로 보내 구매하게 되니 당시 화공들은 부를 누리게 되었다.[160] 이는 역사에서 보기 드문 현상이다.

역사박물관에는 대추나무에 조각한 북송 목각 판화의 실물이 소장되어 있는데 거록성巨鹿城 터에서 출토된 것이다. 한 폭의 미녀그림으로 길이 59센티미터, 너비 15센티미터로 굵은 허리에 비대한 몸집으로 둥근 얼굴에 두턱진 턱이 당대 그림 형태다. 한 폭에 세 명의 여인이 있는 그림은 그다지 선명하지 않지만 "삼고치잠대길三姑置蠶大吉, 수천근收千斤, 백량대길百兩大吉"[321]이라는 글자가 있는 것으로 보아 잠신상蠶神像이 아닌가 생각된다.[161]

4. 송판의 특색

글자체

송본 서적의 글자체는 아주 다양한데 유명한 서예가인 송 4가는 모두 노공魯公[322]을 종주로 받들었기 때문에 모각하는 사람들도 역시 이와 비슷하였다. 사람들은 유공권柳公權 · 구양순歐陽詢(솔경체率更體) · 소동파 글씨 · 휘종 수금체瘦金體를 배우기도 했다. 또한 행서 ·

321_ 앞의 "삼고치잠대길三姑置蠶大吉"은 좌측 하단에, "수천근백량대길收千斤百兩大吉"은 우측 하단에 쓰여져 있다. 이 자료는 복식연구가들이 자주 이용하는 자료로 투르판에서 출토된《수하미인도樹下美人圖》, 견본《위기사녀도圍棋仕女圖》, 돈황에서 발견된《인로보살상引路菩薩像》과 비슷하다고 한다.

322_ 안진경을 말한다. 대종代宗 때에 관직이 이부상서吏部尚書 · 태자태사太子太師에 오르고, 노군공魯郡公에 봉해졌기 때문에 '안노공顔魯公'이라고 부른다.

해서·필기체·고체古體·간체簡體도 있다. 자형은 네모진 것[方], 긴 것[長], 편편한 것[扁], 원활한 것[圓活], 가늘고 마른 것[細瘦] 등 여러 가지가 있었다. 예를 들면 다음과 같은 것들이 있다.

* 안진경체: 대자大字 《금강경》(태평천수사太平天壽寺, 개경 원년), 건강본 《화간집花間集》《위생가보산과비요衛生家寶產科備要》《묘법연화경》
* 구양순체: 《구본거사집衢本居士集》《백씨육첩류취白氏六帖類聚》(진종 때 간행), 세채당본世綵堂本 《한유집》《유종원집》
* 유공권체: 남송의 건본은 대체적으로 유공권체와 비슷하다
* 동파체: 왕중량王仲良의 신양信陽 간 대자본 《도잠집》(자획은 소동파를 흉내내었고 책 역시 오묘함을 갖추고 있다. 선화 4년. 《초계어은총화후집苕溪漁隱叢話後集》 권2 참조).
* 수금체: 《구본거사집》의 목록. 《통현진경通玄眞經》
* 필기체: 《곤산잡영昆山雜詠》(서정지徐挺之 곤산현재昆山縣齋 개희 3년) 《우림을고友林乙稿》(청나라 황비열은 "진본으로 거침이 없이 아름답고 수려하여 우아함의 홍취를 감싸고 있다. 송판각 중에서 특별한 풍채가 느껴진다. 후에 모방을 용납하지 않는다"고 했다. 절품絶品으로 보았다. 국가 도서관에 있는 원본은 원나라 곽천석郭天錫의 구 소장품으로 후에 또 홍콩에서 1책을 구매해 왔다. 《난정속고蘭亭續考》 《고금절구古今絕句》
* 고체古體: 《동령진경洞靈眞經》(《항창자亢倉子》)
* 간체簡體: 《운장사륙여화雲莊四六餘話》《동계왕선생역전童溪王先生易傳》《동채음주당감東菜音注唐鑒》《노소선생대회문집老蘇先生大會文集》《공상서대전문집孔尚書大全文集》《기찬연해記纂淵海》《성현사실聖賢事實》《만권정화후집萬眷精華後集》《통간기사본미촬요通鑒紀事本未撮要》《장문창문집長文昌文集》
* 방체方體: 임안부본 《한관의漢官儀》, 서붕본書棚本 《당녀랑어현기

시唐女郎魚玄機詩》

* 장체長體: 《화정선생시집和靖先生詩集》《주동파선생시注東坡先生詩》《문선》《외태비요방》
* 편체扁體: 《황조사학규범皇朝仕學規範》《동래여태사문집東萊呂太史文集》
* 원활체圓活體: 《주역》(광종 때 《천록임랑天祿琳瑯》 하나를 판각, 자획이 원활하고 새긴 솜씨가 뛰어나다.)
* 세수체細瘦體: 《홍씨집험방洪氏集驗方》《상한요지傷寒要旨》

송본은 대부분 글을 잘 쓰는 사람이 판 위에 글을 썼다. 송초에 조안인趙安仁(958~1018)은 해서를 아주 잘 썼다. 그래서 국자감의 《오경정의》판에 판각할 글씨를 썼는데 해를 넘겨서야 끝낼 수 있었다. 각종의 자체는 아름다움이 비교되는데 현재 출판물에서 사용하는 연자鉛字의 단조로움만 못하지만 방체가 비교적 보편적이었다. 방체는 자획을 반듯하게 잘라서 신비스럽고 엄숙하며 경건하다. 수금체·동파체·편자체는 모두 보기 드물다. 구본衢本 구양수의 《거사집》은 구양순체지만 목록 1책은 수금체다. 송나라 사람들의 저작은 자신이 저술하고 자신이 직접 판에 쓴 것이 있는데 악가岳珂의 《옥저시고玉楮詩稿》 8권에서 "사람을 파견해 등록謄錄[323]을 썼기 때문에 글씨가

323_ 등록은 수험생의 시험지를 다시 한편 베껴 쓰는 것으로 필적을 통해 시험 감독관의 부정행위를 방지하기 위한 것이다. 등록제도는 북송에서 시작되었으며 과거시험이 발전된 단계에서 나온 중요한 조치였다. 1810년에서 1820년 사이는 청말의 과거제도가 도박으로까지 변질되는 현상이 범람하였고 밀수가 창궐하고 사회가 혼란하였으며 벼슬길로 나아가는 것이 어려운 시기로 과거시험장 역시 부정이 심했다. 그런 중에 이런 등록도 유명무실해졌으며 과거제도 존재의 합리성도 당연히 없어지게 되어 과거제도는 청말에 더 이상 필요없게 되었다.

심히 저속하여 볼 수가 없다. 이에 스스로 하고 싶은 마음이 생겨 107판을 손으로 썼다"는 말이 있다. 《역대고사歷代故事》 12권은 저자인 양차산楊次山이 직접 써서 간행했다. 《고금절구》에 두보와 왕안석 두 사람의 절구가 있으며 이는 전당의 오열吳說이 편찬하였고, 또 한 권은 손으로 직접 쓰고 판각한 것이 전해 온다(소흥 23년). 《난정속고蘭亭續考》는 저자 유송俞松이 스스로 판목에 썼다고도 한다. 유송의 《우림을고》·《곤산잡영》은 유명한 사람의 손에서 나온 것이라서 아름답고도 수려하여 절품絶品이 되었고 사람들이 좋아한다. 지금의 방정하고 반듯한 명조체를 송자宋字라고 부르는데 이는 잘못된 것이다.

송본 중에서 《설문해자》는 전문篆文이 있고, 《소당집고록嘯堂集古錄》은 종정문鍾鼎文이 있다. 그러나 《동령진경》은 적지 않은 고대 속자俗字가 있다. 즉 亓(其)[324] · 汞(能) · 叓(事) · 兵正(長) · 圣(至) · 䘉(蠶) · 辳(農) … 등이 있다. 악가는 "근세에 미산 이씨의 《고운古韻》 및 문공文公의 《효경간오孝經刊誤》 등 서적에도 고체를 혼용하고 있다"고 했다. 이들이 이런 글자를 쓴 뜻은 아마도 세상을 놀래게 하고 자신의 박식함을 자랑하려고 한 것이겠지만 자연히 이런 것은 보기 드물다.

남송에서는 필획을 간소화한 간체자가 유행하였는데 10여 종의 송본에서 볼 수 있다. 모두가 간체자이거나 혹은 3~4자, 혹은 8~9자 등 일정하지는 않다. 예를 들면 国 · 㒷(興) · 斈(學) · 挙(舉) · 𧦝(譽) · 辝 · 无(無)[325] · 齐(齊) · 与(與) · 礼(禮) · 乱(亂) · 实(實) · 续(繼) · 尽(盡) · 躰 · 楼(樓) · 变(變) · 迁(遷) · 宝(寶) · 蚕(蠶) … 등이 있는데 대부분 각 본이 서로 같다. 심지어는 의서인 《유연자귀유방劉涓子鬼遺方》

324_ 기其이 고기이기도 하나.

325_ 無자부터 ( ) 속의 한자는 원서에 없고 간체자만 있는데 편의를 위하여 역자가 ( )속에 번체자인 한자를 넣었다.

에도 간체자가 출현했다. 상술한 간체자는 사회적 관습으로 이미 약속된 것으로 근대에 와서도 여전히 채용되고 있다. 번잡함에서 간단하게, 어려운 것에서 쉬운 것으로 바뀌는 추세는 문자 자체의 규율로 간체자는 쓰기 쉽고, 알기 쉽고 판각하기 쉬워서 각자공과 독자들의 환영을 받았다.[162] 그러나 《동령진경》에서 사용된 고대 속자들은 보통 글자보다도 필획이 더욱 번잡하였으므로 자연히 도태되었다.

송본 중에는 자체의 대소가 있고 또 세자細字・소자小字・중자中字・대자大字 네 종류가 있었다. 대자는 본래 노안老眼에는 편하지만 판목과 지묵 재료에 비용이 많이 들어가 원가를 높였기 때문에 보통 독자의 구매력에 적합하지 않았다. 대본이나 큰 책은 휴대하기도 불편하였기 때문에 보통은 소자본으로 바꾸어 간행했다. 북송 감본 의서 같은 경우는 처음에는 대자본이었으나 의사들이 돈이 없어 살 수 없기 때문에 소자로 중간했다. 또 감본 경서자는 팔기가 어렵고, 건상본은 또 글자가 작아 불편하여서 책을 파는 사람들은 결국 크지도 작지도 않은 《중서오경中書五經》을 간행하기에 이르렀다. 이른바 '중서'라는 것은 크지도 작지도 않은 중자체를 말한다. 송본 중에서는 중자체가 대부분이고 어떤 것은 소자를 중자로 바꾸기도 했으니 광덕군재廣德郡齋에서는 《촉소자체본사기蜀小字體本史記》를 중자본으로 바꾸었다(순희 3년).

송나라 대식戴埴의 《서박鼠璞》에 다음과 같은 글이 있다. "오늘날 간행되는 소책을 '건상'이라고 하는데 처음에 남제 형양왕 소균蕭鈞이 《오경》을 직접 써서 두건상자에 넣고 다니자 여러 왕들이 이를 흉내내었다. 옛날에는 간본이 없어서 비록 왕이라 하더라도 친히 필사를 해야 했다. 지금 건상본에는 갖추어지지 않은 것이 없다. 가정嘉定 연간에 학관 양린楊璘의 주청으로 소판小板을 금지하고 훼손했으나 근래에 다시 성행했다. 다만 이 작은 소책들은 건상에 소장하기 위한 것이 아니니다."

남송의 서방에서는 세서소본細書小本이 성행하여 선비들에게 시험용으로 휴대하기 편하게 제공되었으며 갖추지 않은 것이 없어 비록 금령이 있어도 여전히 금지할 수가 없었다. 왕형공王荊公의 《백가시선百家詩選》은 세자경질細字輕帙로 한 됫박의 술값에 지나지 않았지만 소매 속에 넣을 수 있었다. 작고 가격이 저렴하여 휴대하기에 편리한 것이 장점이었다. 건상본은 부피가 작기 때문에 글자체 역시 따라서 작았다. 송판에서 가장 작은 것은 과거에는 폭이 3촌 반, 길이 2촌의 《수서상절隋書詳節》이라고 했다. 필자가 본 가장 작은 책은 《석벽정사음주당서상절石壁精舍音注唐書詳節》과 《신편분류증주정오결의운식新編分類增注正誤決疑韻式》이었고 《태학분문증광성현사실太學分門增廣聖賢事實》은 너비가 겨우 4센티미터, 높이가 8센티미터에 불과하고 판광은 손바닥보다도 작아 소매 속에 쏙 들어갔다. 그러므로 수진본袖珍本이라고 부른다. 비록 손톱 크기만한 스웨덴 인본처럼 소형은 아니지만 송본 중에서는 가장 작다고 할 수 있다.

송본 《묘법연화경》은 글자체가 가장 미세하여 세자細字 혹은 미자본微字本이라고 부른다. 송본 중에서 행관行款이 가장 조밀한 것은 남송 각본의 《구경백문九經白文》으로 매 반엽에 20행이고 1행에 27~30자로 균등하지 않다. 그러나 이 불경의 반엽은 많게는 36행으로 매행은 66~70자로 같지 않다. 작은 것은 파리정도의 크기고 조밀한 것은 개미가 지나는 것과 같지만 정묘하고 작게 판각한 것이 신의 경지에 이르렀다. 전체 책이 69,000자 임에도 불구하고 겨우 15쪽만을 사용하여 간행했으니 수진석인본袖珍石印本과 같다. 원대 사람은 발문에서 "불교가 동쪽으로 흘러와서 권질이 간단해진 것이 이 판본보다 더 기이한 것은 없다"고 썼다. 소자본이지만 겨자씨 속에 수미산

을 담아낸 격으로 중국 목판 인쇄사상 공전절후의 기서奇書라 할 만하다.[163]

과거에 장서가들은 송대의 대자본을 형용할 때 종종 큰 글자는 동전만하다고 했다. 악가의 《구경삼전연혁례九經三傳沿革例》에서는 경사대자구본京師大字舊本, 촉대자구본蜀大字舊本, 촉학중각대자본蜀學重刻大字本, 건대자본建大字本 등을 거론하고 있는 것으로 보아 당시 대자본 경전이 적지 않았음을 알 수 있다. 어떤 것은 책의 반엽 4행, 한 행에 8자로 한 행의 글씨가 아주 적기 때문에 글자체는 자연히 크다. 《논어집주》·《맹자집주》의 글씨는 아주 크고 호반본湖頖本 《논어집설論語集說》(순우 6년)의 자형은 비록 그다지 크지는 않지만 위아래 여백과 좌우 양변에 공백을 많이 남겨 놓아 대자본 《통감기사본말通鑒紀事本末》본보다 더욱 넓고 크다. 지금 볼 수 있는 송판본 중에서 가장 크며 《영락대전》과 비슷한 크기다. 첫 책의 책표지는 청나라 성친왕成親王이 제題를 쓴 순우 목판본이다.

피휘避諱

중국의 피휘는 주周나라와 진秦나라 때부터 시작되었다. 당나라 《개성석경開成石經》에 이미 피휘가 되어 있으니 예를 들면 태종 이세민의 세世자는 卅로 썼으며, 설泄자는 설洩로, 민民자는 巳으로, 맹氓자는 맹甿으로 썼다. 송대에 이르러 인본서의 피휘는 특히 엄격했다. 송나라 정대창程大昌은 "당시 임금의 이름은 즉 어명御名이라 명하고 만일 선대 임금의 이름이 있으면 이름을 바꾸는 것을 휘諱라 하니 묘휘廟諱다"[164]고 했다. 전제 군주 시대에 황제의 이름은 신성불가침한 것으로 송본 《율律》에서도 "여러 상서에서 일을 주청할 때 종묘휘를 잘못 범한 자는 곤장 80에 처한다"고 되어 있다. 이와 같은 법률 조문이 정해져 있었으니 일반 문인은 감히 이를 사용해 보려고

도 하지 못했다. 아래에 송대 황제의 묘휘를 열거해 보면 다음과 같다.[165]

태조 (趙)匡胤

태종 炅(熲 炯……)

진종 恒(峘 姮 佷)

인종 禎(禎 貞 徵)

영종英宗曙(曙署樹澍)

신종 頊(旭勗)

철종 昫煦(昫休)

휘종 佶(姞郆吉)

흠종 桓(梡桓宀丸晥垣……)

고종(構構搆搆購诟)

효종 眘(慎蜃……)

광종 惇(敦)

영종寧宗擴(廓郭)

이종 昀(匀馴)

도종(禥)

공제 㬎

단종 昰

제병帝昺

본명만 피휘한 것이 아니고 동음자의 성명과 음이 비슷한 것마저도 피휘했다. 어떤 황제는 하나의 이름만이 아니라 이전 이름도 모두 피휘했다. 예를 들면 태종의 이전 피휘자는 光義 또는 匡丿였고(송 진균陳均의 《구조편년강목비요九朝編年綱目備要》 참조), 효종의 옛 이름은 배종伯宗 또는 琮(《춘추공양경전해고春秋公羊經傳解詁》), 또 다른 이름은 瑋(《포양거사채공문집蒲陽居士蔡公文集》)이었으며, 이종의 옛 이름은 귀성

貴誠(《신당서》)이었다. 어떤 경우는 자신이 황제는 안 했지만 피휘를 해야 했으니 영종의 아버지 복안의왕濮安懿王 양讓, 효종의 아버지 수안희왕秀安僖王 偁 역시 피휘했다. 개국 황제인 태조의 아버지 이름은 弘殷(선조宣祖라고 함), 조부의 이름은 敬(익조翼祖라고 하며 竟境鏡驚라고 피휘), 증조부 이름은 珽(珽庭로 피휘), 고조의 이름은 朓(姚洮로 피휘), 시조(혹은 성조聖祖라고도 씀) 이름은 玄朗인데 모두 피했다.

게다가 헌원황제軒轅黃帝를 먼 선조로 보아서 헌원 두 자를(《사류부事類賦》에서는 軒轅으로 쓰고, 《빈퇴록賓退錄》에서는 軒轅으로 썼다) 이를 암휘暗諱라고 했다. 소희 연간에 문서령을 중수했는데 "여러 문서는 황제黃帝의 이름을 끌어다가 쓴 것을 질책할 수 없다. 경서의 구 문서는, 즉 피휘하지 않는다"고 했다. 조씨 황제의 본인 및 그 조상들을 피휘할 뿐만 아니라 어떤 때는 외척을 피휘할 때도 있었다. 예를 들면 진종황후 유씨劉氏는 인종 때에 황태후가 되었다. 그의 조부 이름이 慶이고 부친 이름이 通(북송본 《문선》에는 逋涌라고 되어 있으며 또 일본에서 소장하고 있는 《제민요술》에도 보인다)[166]이라 이를 피휘했다가 명도 2년에 이르러 제외하였다. 철종 고태후의 아버지 이름은 준혜遵惠라서 그 이름을 피휘했다가 소성 원년에 제외되었다. 유씨와 고씨의 이름마저도 피해야 했다.

송나라 사람들이 피휘하는 방법은 약 10가지로 나누어 볼 수 있다.

1) 자획의 생략[缺筆]

한자는 일정한 필획으로 구성되어 있어 한 글자에서 점이나 획을 생략해 버리면 글자 같지 않은데 이런 것을 소위 '위자불성爲字不成', 즉 '글자가 안 된다'라고 한다. 또한 '공본자점획空本字點劃'이라고 하는 것은 어떤 것은 한 획, 어떤 것은 두 획을 생략하고, 어떤 것은 글자 중간에 생략하는 것을 말한다. 예를 들면 驚警처럼 쓰는 글자다.

그러나 일반적으로 마지막 점이나 획을 생략하는 것이 가장 많은데 匡恒貞佶宇诟慎瑄勠玄徵弘朌镩樹 같은 글자다.

2) 개자改字

개자는, 즉 본 글자를 바꾸는 것으로 광형匡衡을 강형康衡으로 바꾸거나(《서한회요》 송본 참조. 아래도 동일함), 《상서》의 〈윤정胤征〉을 〈사정嗣征〉으로 바꾸는 식이다. 사현謝玄·방현령房玄齡의 현玄자는 모두 원元으로 바꾸었고(《원씨세범袁氏世範》), 제환齊桓은 제위齊威로, 환온桓溫은 원온元溫으로(이시랑경진李侍郎經進 《육조통감박의六朝通鑒博議》), 환담桓譚은 언담言譚으로(《망우청악집忘憂清樂集》), 오환烏桓은 오긍烏亘으로(《동한회요》), 환丸은 원圓으로(《홍씨집험방》), 당신미唐慎微는 당근미唐謹微(《경사증류비급본초經史證類備急本草》)로 바꾸었다. 또한 은殷은 상商으로, 양讓은 손遜으로, 환桓은 상常으로, 홍弘은 홍洪으로, 돈敦은 숭崇으로(뒤의 석자는 낭엽郎曄 주석본의 《육선공주의陸宣公奏議》에 보인다), 정관貞觀은 정관正觀으로, 정원貞元은 정원正元으로 바꾸었다. 이처럼 고대의 국명이나 왕조명, 인명, 연호는 모두 바꿔버렸다.

3) 어명御名이나 묘휘의 주

어떤 것은 본자를 쓰지 않고 주로 작게 어명을 처리하는데 흠종의 이름 조환趙桓의 한자를 쓰지 않고 '연성어명淵聖御名'이라고 두 줄 넉자의 작은 글씨로 주를 달았다. 소흥 연간에 양회 강동전운사에서 《삼사三史》를 판각했는데 그 《양한서》 안에 흠종을 피휘하여 '연성어명'[167]이라 하였다. 흠종은 효자연성황제孝慈淵聖皇帝의 호칭이 있기 때문이다. 어떤 것은 '구構'자에 '금상어명今上御名'이라고 주를 달았다(백납본百衲本 《후한서》). 어떤 것은 '신慎'자에 '금상어명'이라고 주를 달고, 구자에 '태상어명太上御名'이라고 주를 달고(《악전선생문집樂全先生文集》), 어떤 것은 구자에 고종 묘휘 주를 달고, 돈敦자에는 어명이라고 주를 달았다(《화정선생집和靖先生集》). 어떤 것은 돈敦자에 '광종묘휘光宗廟諱'라 주를 달았다. 예를 들면 許(光宗廟諱)盟好[326]라 하였고, 확霩 자 밑에 '어명동음'(擴)이라고 주를 달았다(《제유명도집諸儒鳴道集》). 어떤 것은 현玄자에 성조어명聖祖御名이라고 주를 달았다. 예를 들면 '體(聖祖御名)子借地法'[327]이라고 쓴 것이다(《위생가보산과비요衛生家寶産科備要》).

4) 필획을 생략하고 한자부수인 에운담[口]을 더하는 법[缺筆加圓圍]

《회계삼부會稽三賦》에는 곽廓자가 있다. 《주례정주周禮鄭注》에는 광윤匡胤·환恒·정貞·랑朗·은殷 등 송나라에서 피휘하는 글자에 필획을 생략하고 에운담[口]을 더하거나 에운담[口]만을 더하고 필획은 생략하지 않은 것도 있다.

5) 에운담을 더하고 필획을 생략하지 않는 법[墨圍不缺筆]

《음점대자순자구해音點大字荀子句解》에서는 환桓·완完·신愼·돈敦·곽廓에 대해서, 《주례정주周禮鄭注》에서는 홍弘·환丸·구溝자 밖에 에운담을 더하고 필획은 생략하지 않았다.

6) 검은 바탕에 흰 글자[黑地白文]

효종의 신愼[328]자는 음각으로 사용했다.

7) 공란[空闕]

천희 4년 5월 6일 위위시승衛尉寺丞 임식林湜은 "국자감 경서인판 글자 안에 성조의 피휘가 있으니 빈 자리로 놔두기를 바란다"하니 이를 따랐다.[168] 송나라 피휘는 필획을 생략하지 않고 송 황제와 관련되면 공란으로 비워 두었다. 고본孤本《제유비점고문집성諸儒批點

326_ 원래는 '許敦盟好'인데 '許(光宗廟諱)盟好' 이렇게 고쳐 쓴 것이다.

327_ 원래는 '體玄子借地法'인데 '현'자 자리에 '성조어명'을 써넣어 '體(聖祖御名)子借地法'의 형태가 된 것이다.

328_ 효종의 이름 조신趙愼의 신愼자는 본래 신眘이다.

古文集成》에 보인다.

8) 편방偏旁의 생략

애璦를 애愛로, 환桓을 긍亘으로 변을 생략했다.

9) 종모從某로 하는 법

균筠은 종죽從竹·종균從均이라고 표기했다(이상은 《함순 임안지》에 보인다).

10) 글자를 삭제하는 법[刪字]

도홍경陶弘景을 도경陶景이라고 썼다(《개보중정본초서開寶重定本草序》에 보인다).

송본 서적에서 피휘가 가장 많은 것은 인종과 흠종의 이름이고 그 다음이 효종과 영종英宗이고, 그 다음이 고종과 태조, 또 그 다음이 광종과 신종이다. 인종의 재위기간은 40년으로 역사에서는 그가 어질다고 한다. 그러나 흠종은 정강靖康(1126~1127) 연호가 2년도 안되어 포로가 되었는데 도대체 어찌하여 이처럼 많은 피휘가 있는지 참으로 이해하기 어렵다. 필자가 북경도서관에 소장되어 있는 송본 3백 수십종에 의거해보니 인종의 이름인 정禎자를 피휘한 것은 80여 차례,[169] 흠종의 환桓자는 65차례,[170] 효종의 신愼자는 45차례,[171] 영종의 서曙자는 40차례,[172] 고종의 구構자는 33차례,[173] 태조 조광윤의 광匡자는 30차례, 윤胤자는 다섯 차례,[174] 광종의 돈惇자는 19차례,[175] 신종의 욱頊자는 10차례,[176] 영종寧宗의 확擴자는 아홉 차례,[177] 태종의 경炅자는 두 차례[178]였다.

철종의 眗자, 휘종의 佶자, 이종의 昀자 등은 모두 자주 보이지 않는다. 송본 《시인옥설詩人玉屑》에서는 姬자를 姫로 하여 도종度宗의 이름인 기禥자를 피했다. 도종 이후는 국세가 점점 쇠락해져 서판과 도판이 나날이 없어지게 되니 자연히 피휘하지 않게 되었다.

이 밖에도 조씨 선조들의 이름에서 가장 많이 피휘한 것은 태조의 敬자로 50차례,[179] 태조의 아버지 弘殷,[180] 성조 玄朗[181]은 각각 수십 차례였다. 고조 朓자는 두 차례, 증조 珽자는 두 차례, 복안의왕濮安懿王 양讓은 25차례였다.

보통의 관각본은 피휘를 엄격히 하였지만 개인이나 방각坊刻본에서는 비교적 느슨했다. 예를 들어 《난정속고蘭亭續考》는 남경에서 출판되었는데 단 한번 인종의 貞자만을 피휘하였고 남송의 여러 왕들은 피휘하지 않았다. 《통람총류通鑒總類》에서는 단지 匡자 하나만 필획을 생략했다. 어떤 책에서는 피휘자가 겨우 7~8자 혹은 10여 자에 불과하였고 어떤 책들은 50여 자를 피휘하였다. 효종 순희 연간에 단평端平의 순우淳祐가 수정한 소자본 《통람기사본말通鑒紀事本末》[182]이 그 예다. 또 동일한 책에서 동일 글자를 피하기도 하고 피하지 않기도 하였는데 桓자 같은 경우는 네 종류가 이렇다.

또 어떤 경우는 생전에는 피휘를 하지 않는데 이런 것을 '생불휘生不諱'라 하고 졸곡卒哭[329]이 지나서야 피휘한다. 소흥 30년에 항주에서 출판한 《심부주心賦注》에서는 단지 境자 1자만을 피휘하였고 警·樹는 물론 고종의 이름인 構자마저도 피휘하지 않았다. 소흥 8년에 건각본 《사기집해史記集解》, 9년에 《모시정의》를 간행했으나 모두 고종을 피휘하지 않았다. 송대 불경을 판각할 때도 피휘는 비교적 관대했으며 피휘하기도 하고, 간혹 피휘하지 않은 것도 있다. 그러나 당나라에서 제왕을 피휘한 것은 보존하고 있었다. 《법원주림法苑珠林》(중화 원년 판각에는 송대 제왕들을 피휘하지 않았음), 임안 가관인賈官人 경서포經書鋪의 《묘법연화경》 등 다섯 종의 불경은 愍자로 모두

329_ 졸곡은 상례에서 부시곡無時哭을 끝마치는 것을 말하며, 삼우제 뒤에 지낸다. 사람이 죽은 지 석달 만에 오는 첫 정일丁日이나 해일亥日에 지낸다.

필획을 생략했다. 오열吳說의 《고금절구》, 이맹전李孟傳이 간행한 《방언》(심양군재 경원 6년) 두 책은 불경이 아니지만 역시 愍자가 있어 몹시 이상하다. 세채당본 《창려선생집》의 범례에서 “만일 당대 황제를 피휘하려면 丙을 景으로, 民을 人으로 하는 종류인데 오히려 옛 방식을 보존하며 바꾸지 않는다”고 했다. 이런 종류는 당연히 보기 드물다.

송대는 황제만을 피휘한 것이 아니라 어떤 때는 집안에서도 피휘했다. 이런 것을 가휘家諱라고 하는데 가휘는 진晉나라에서 시작되어 남북조에 이르러서는 더욱 심했다. 왕희지는 아버지 이름자인 正을 피휘하여 모든 책에 정월을 초월初月이라 하거나 혹은 1월이라 하였다. 나머지는 政자로 正을 대신했다.[183] 송대 사대부들은 자기 조상에 대한 존경을 표시하기 위하여 책을 판각할 때에도 자기 집안의 휘를 피했다. 전단례錢端禮는 소흥부에서 자신의 저서 《제사제요諸史提要》(건도)를 판각할 때 그 안에 錢鏐(류무숙왕鏐武肅王)·佐(좌충헌왕佐忠獻王)·俶(숙충의왕俶忠懿王) 석자는 모두 필획을 생략했다. 남송에서는 자연히 3대 오월왕을 피휘할 이유가 없으니 전씨를 피휘하는 것은 가휘일 뿐이다. 육자휼陸子遹은 그의 아버지이자 시인인 육유의 《위남문집渭南文集》(가정 13년)을 표양학궁漂陽學宮에서 판각했는데 游자를 모두 游나 遊로 새기었다. 사명四明의 사씨史氏는 사미녕史彌寧의 《우림을고友林乙藁》를 판각했는데 모든 寧자를 寍로 새기었다. 주륜周綸은 주필대周必大의 《주익문충공집周益文忠公集》(개희 2년)을 교정 간행하면서 주필대 및 그의 증조부 衎, 조부 詵, 아버지 利建의 이름을 모두 마지막 필획을 생략했다.[184] 위한魏閑은 위야魏野의 《거록동관집鋸鹿東觀集》을 판각할 때 역시 遊자를 피휘한 곳이 14자에나 된다.[185]

서적의 피휘는 북송과 남송대에 성행하여 당시에 글을 쓰는 사람과 각자공에게 적지 않은 불편함을 주었으니 자칫 잘못하면 휘를 범하게 되었다. 또한 후에 판본 연대를 심사 결정해야 하는 학자들도 최대한 방증을 해야만 했다. 명나라 모진毛晉은 구 송판 《주역왕주周易王注》 3책을 소장하고 있었는데 명나라 동기창董其昌·문진맹文震孟 등의 제가 있고, 청나라 진혜전秦惠田은 발문에서 "이는 진짜 북송의 가본佳本이다"고 했다. 그 안의 媾자가 필획이 생략되어 있고, 慎자 역시 필획이 생략되어 있어 구씨瞿氏의 《철금동검장서목록鐵琴銅劍藏書目錄》에 이미 남송 효종 때의 각본이라고 확정해 놓았기 때문이다. 요나라와 금나라는 피휘가 비교적 적고 원나라는 피휘가 없으며 청대에 와서 다시 대대적으로 피휘를 하게 되었다. 일본도 피휘를 하지 않고, 고려 왕씨에서는 간혹 볼 수 있다.

문장부호[標點]

고서는 대부분 문장부호가 없으며 전체 《이십사사廿四史》는 근년에 이르러서야 비로소 문장부호를 마쳤다. 고대에 아동의 교과서인 《삼자경三字經》·《백가성百家姓》·《천자문千字文》·《천가시千家詩》·《몽구蒙求》 등은 석자 한구, 넉자 한구로 어떤 것은 압운이 있어 표점이 필요 없고 아동이 유창하게 읽을 수 있고 외우기도 쉽다. 그러나 일반 서적들은 권점圈點[330]이 없기 때문에 어린이가 읽기에 곤란할 뿐만 아니라 성인이나 선비들도 어떤 곳에 권점을 찍어야 할지, 즉 어느 곳에서 쉬어야 할지를 판단하기 어려웠다. 1949년 전에 상해의 일부 소형 서점에서 연인鉛印 출판한 고서들은 신식의 문장부호를 표방하고 호소했지만, 어떤 문장부호들은 정말로 이상하였고,

---

330_ 권점은 "권점을 찍다", "방점을 찍다"라는 뜻으로도 풀이되지만 원래는 글을 맺는 끝에 찍는 고리 형상의 둥근 점(ㅇ)을 가리킨다. 고대의 방식이 현재까지 전해져서 현재 중국어의 마침표도 속이 빈 'ㅇ'을 사용한다.

자신이 맞다고 여기며 다른 사람들의 선생이 되고자 했으나 권점을 찍은 것이 통하지 않았다. 그리하여 인명 · 지명마저도 잘못 알아 오류가 많이 나와 늘 웃음거리가 되었으니 자신도 잘 모르면서 남을 가르치는 격이었다.

우리가 지금 통용하고 있는 문장부호인 마침표 '。'는 고대에 이미 있었다. 그러나 쉼표인 ' , ', 쌍반점[331]인 ' ; ', 쌍점[332]인 ' : ', 의문부호인 '? '는 즉 서양의 것을 빌려 쓰고 있다. 서양의 초기 간행본[333]도 필사본에 의거하면 처음에는 단지 쌍점 ' : '과 마침표 '。' 밖에 없었다. 그러나 마침표는 '。' 가 아니라 ' . '이며 방점은 '◆'다. 15세기 말에 비로소 쉼표와 쌍반점이 생겨났으며 쉼표는 어떤 때는 빗금 '/ '으로 대신하기도 했다. 의문부호인 '?'는 후에 생겨났다. 1553년 유럽 인본에 비로소 감탄사인 ' ! '가 있게 되었는데 중국에서는 이것도 빌려 쓰고 있다. 인명과 지명 부호로는 '____'를 썼고, 책 제목일 때는 '~~~~'[334]를 사용했으며 이는 중국만이 독창적으로 쓰는 것이다. 근자에는 인명 지명부호도 폐기되어 독자들에게 커다란 불편을 주고 있으며 책제목 부호는 '《 》'로 바뀌었고, 편폭이 길 때 쓰는 인용 부호인 '「 」'는 " "로 바뀌어서 원래의 일목요연함을 따르지 못하고 있다.

송나라 원채袁采의 《원씨세범袁氏世範》에 "다음으로는 점을 찍고

331_ 쌍반점은 '반구절점'이라고도 한다. 영어로는 세미콜론(semicolon)이다. 문장을 일단 끊었다가 이어서 설명을 더 계속할 경우에 쓴다. 주로 예를 들어 설명하거나 설명을 추가하여 덧붙이는 경우에 쓴다.

332_ 콜론(colon)을 말한다.

333_ 즉 incunabula다. 중국어로는 '요람본搖籃本'이라고 하는데 1501년 이전에 활판 인쇄되어 현존하는 책을 말한다.

334_ '___' 과 '~~~~'는 세로쓰기 경우일 때는 글자의 왼쪽에, 가로쓰기일 경우는 글자의 아래쪽에 한다.

읽는 법을 익히는 것이 철부지 아이들의 스승이 된다"는 말이 있는데 이로보아 남송의 서당 선생님들도 아동에게 구두점을 읽는 법을 가르쳤음을 알 수 있다. 악가의 《구경삼전연혁례九經三傳沿革例》에는 "권점은 반드시 교정해야 한다"는 말이 있다.

송본 속에서 볼 수 있는 문장부호를 아래에 열거해보면 다음과 같다.

•	소흑점. 《원씨세범》은 매 구절에 소흑점을 사용하여 끊어 읽기를 표시하고 있으며 매 단락의 말미에는 오히려 점을 찍지 않았다.
∘	속빈 점. 《황조사학규범皇朝仕學規範》에는 모든 구마다 ∘가 있다. 건안 여인중본 《춘추곡량전》·《공양경전해고》에는 모든 구마다 ∘가 있지만 단락의 말미에는 ∘가 없다. 악가는 "세상에 전해오는 《구경》은 감본, 촉본, 경본, 항본 이후에 건업 여씨본과 홍국 우씨于氏본이 있는데 모두 구두점을 나누어서 선본으로 불린다"라고 했다. ∘가 있기 때문에 구절을 끊어 읽기에 편하도록 했다. 진문충공의 《문장정종文章正宗》 역시 권점이 찍혀 있다.
∘ ∘ ∘ ∘ ∘	《신간제유비점고문집성新刊諸儒批點古文集成》에 보인다.
¦	구절의 해당되는 옆에 한다. 《성송천가명현표계聖宋千家名賢表啟》·《우재고문편迂齋古文編》에 보인다. 어떤 곳은 인용문자로 대체하기도 하였는데 생략부호와 같다. 《회계선생사운回溪先生史韻》에 보인다.
、 、 、 、 、	《응씨류편서한문장應氏類編西漢文章》·《우재고문편》에 보인다.
│	흑선은 어떤 때는 길게 나란히 가는데 《우재표주숭고문결迂齋標注崇古文訣》·《응씨류편서한문장》·《신간제유비점고문집성》에 보인다.
[秦] [隋] [太祖]	앞의 진, 수, 태조는 《우재표주숭고문결》에 보이고, 뒤의 천인, 도서는 《우재고문편》에 보인다.

天人 圖書 (boxed)	
(文)(武)(周公)	《우재표주숭고문결》에 보인다.
㊈文 ㊈武 ㊈嗚 ㊈孔子 (circled)	문장의 중요한 글자나 인명에 표시를 한다. 《우재고문편》에 보인다.

위에서 열거한 것처럼 우재迂齋선생 누방樓昉은 인명이나 왕조명 혹은 중요한 글자에는 네모 표시를 하든가 둥근 표시 등 서로 다른 기호를 사용하고 있다. 송본에는 마침표인 '。'와 점(쉼표)인 '•'가 있는데 실제적으로는 현재의 쉼표와 같고 문장의 말미나 혹은 단락의 말미에 정말로 마침표가 필요할 경우에는 'o'를 사용하는데 오히려 생략했다. 어느 때는 빽빽하게 원을 그리거나 선을 길게 그려 오히려 구두句讀[335]의 의미를 잃어버렸다.

335_ 고서에서 글귀나 문구에서 쉬는 부분을 '구句' 또는 '두讀'라고 하였는데, '구두'와 같이 붙여 읽을 때의 '구句'는 완정된 작은 단락을 말하는 것이고, '두讀'는 문장 중의 말뜻이 아직 끝나지 않아 끊어 읽을 수 있으며 '구'보다 더 작은 단락을 말한다.

간기刊記[336]와 패기牌記

현존하는 당인본《금강반야바라밀경金剛般若波羅蜜經》권말에 다음과 같은 간기가 있다.

"함풍 9년 4월 15일 왕개王玠가 양친을 위해 받들어 만들고 보시합니다" 이는 육조 필사본에서 변해온 것이다. 417년의 서량본西涼本《율장초분律藏初分》제3권 말에는 다음과 같이 쓰여 있다.

"건초 10년 12월 승려 진업進業이 주천서성酒泉西城 맥북사陌北祠에서 사경을 끝내고 이를 기록한다."

인본印本은 필사본을 답습하여 간행자의 성명과 시간을 기록했다. 서양의 인본서적 중에도 이와 같은 간기가 있고 성질이 비슷하며 colophon이라고 한다. 중국에서는 이를 간어刊語라고 한다. 유럽의 최초 인쇄본에도 간기가 있는데, 즉 1457년 독일에서 출판한 마인즈 시편[Mainz Psalter]이라는 성경이 바로 그것이다.

중국의 송판서적 중에도 종종 간기를 볼 수 있으며 다음과 같은 것들이 있다.

* 《한관의漢官儀》(권말): 소흥 9년 3월 임안부 판각 간행(紹興九年三月臨安府雕印).
* 당《주경여시집朱慶餘詩集》: 임안부 목친방 진댁경적포인(臨安府睦親坊陳宅經籍鋪印).
* 당《여랑어현기시女郎魚玄機詩》: 임안부 붕북 목친방남 진댁서적포인(臨安府棚北睦親坊南陳宅書籍鋪印).

336_ 고서적의 권말卷末에 출판연월일 · 출판지 · 출판자명 · 출판사정 등을 적은 부분. 고활자나 목판 등으로 발행된 서적에 한해서 사용하는 용어이며, 손으로 쓴 문서나 서적의 것은 사기寫記라고 한다. 간행 연월일은 연호로 표기하는 것이 일반적이나 책에 따라서 간지干支, 고간지古干支, 혹은 왕의 재위년을 사용하기도 한다. 우리나라 고서는 대부분 중국의 연호를 사용했다.

* 당《왕건시집王建詩集》: 임안부 붕북 목친방 골목 진해원댁 간행
  (臨安府棚北睦親坊巷口陳解元宅刊印).
* 《속유괴록續幽怪錄》(목록 다음): 임안부 태묘 앞 윤가서적포 간행
  (臨安府大廟前尹家書籍鋪刊行).

또 두 줄로 쓰여진 것도 있는데 다음과 같다.

* 建安 虞氏
  刊於家塾在《老子道德經》
  (편목 말미에 있음).
* 麻沙劉通判宅
  刻梓於仰高堂在《五臣注揚子法言》
  (제목 끝에 있음).

글자 수가 비교적 많은 것도 있는데《포박자내편抱樸子內篇》같은 경우에는 권21 다음에 간기 70여 자가 있다. 건안 여인중이 판각한《춘추공양경전해고春秋公羊經傳解詁》(소희 2년) 서문 다음에는 1백여 자의 간기가 있다.

간기의 네 주위는 검은 선으로 둘러쳐 있으며 단선 혹은 쌍선, 혹은 화문[문양]으로,[337] 목도장 같은 것으로 만든다. 이것을 중국에서는 '목인木印' 혹은 '흑기墨記'라고 하며 통칭 '패자牌子' 혹은 '패기牌記', 또는 '비패碑牌'라고 하는데 간기의 진일보한 형태다. 서양 고인쇄본 중에서는 이런 형식은 보이지 않는다. 송판의 패기는 1행으로 장방형인데 다음과 같다.

337_ 간기는 형태에 따라 목기木記와 패기牌記로 나누는데, 목기는 네모꼴 속에, 패기는 여러 형태의 도형 속에 간행기록이 있는 것을 말한다.

崔尚書宅刊梓

《북간문집》(가정본 목록 앞의 첫 페이지)

隱士王氏取瑟當刊

《중설中說》(첫머리 편목 뒤)

장방형으로 두 줄로 쓴 것이 비교적 많은데 세채당본《창려선생집》의 권말[그림 21]과《사기집해색은정의史記集解索隱定義》에는 모두 이런 패기가 있다[그림 22].

또 글자 수가 비교적 많은 광고식의 패기도 있는데 예를 들면 전당 왕숙변이 간행한《후한서주後漢書注》와 용산서당龍山書堂의《휘주록》패기가 있다.

간기 혹은 패기는 주로 해서체를 사용했고 간혹은 예서 · 전서篆書 · 행초서行草書가 있으며 어쩌다가 음각문을 사용한 것도 있으며 대부분 목록 서문의 뒤에 있다. 보통은 책 한권에 간기나 패기가 하나 있지만, 몇 개의 패기가 있는 것도 있으며, 어떤 책은 간기가 있는데도 불구하고 또 패기가 있는 것도 있다. 독자들에게 서점의 상호와 책을 간행한 연월일과 지점을 알려주고 있지만, 단지 출판자만을 기록하고 연월일이 없는 것이 보편적이다. 글자 수가 가장 적은 것은 6자이고 8~10여 자가 비교적 보편적이다. 그러나 소희 4년본 여조겸이 편찬하고 주를 단《신교정노천선생문집新校正老泉先生文集》의 목록 뒤의 뒷면에 행초서의 커다란 패기가 있는데 10행에 160~170자로 한 편의 서문과 발문을 판각한 것에 상당한다. 패기는

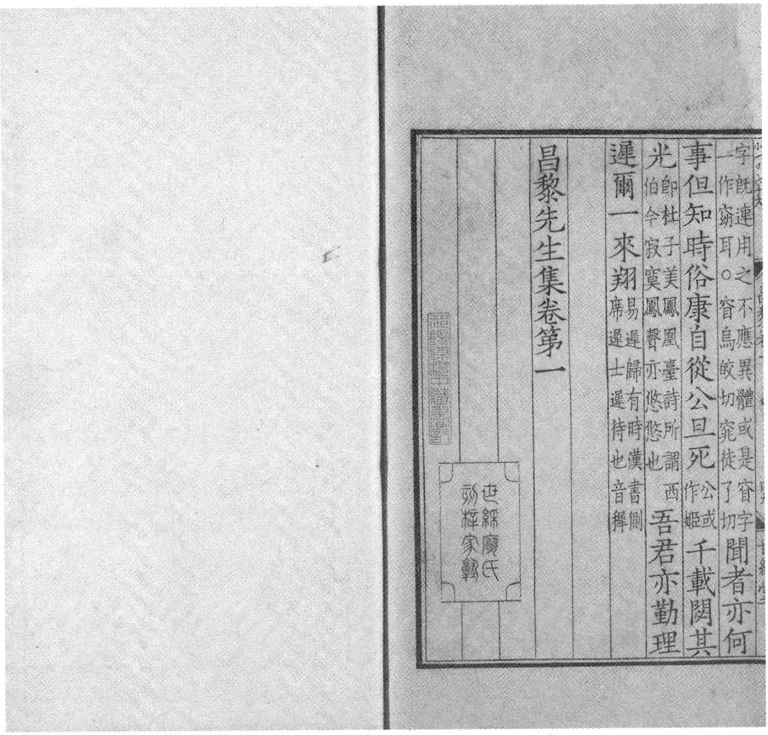

[그림 21] 세채당에서 판각한 《창려선생집》 패기

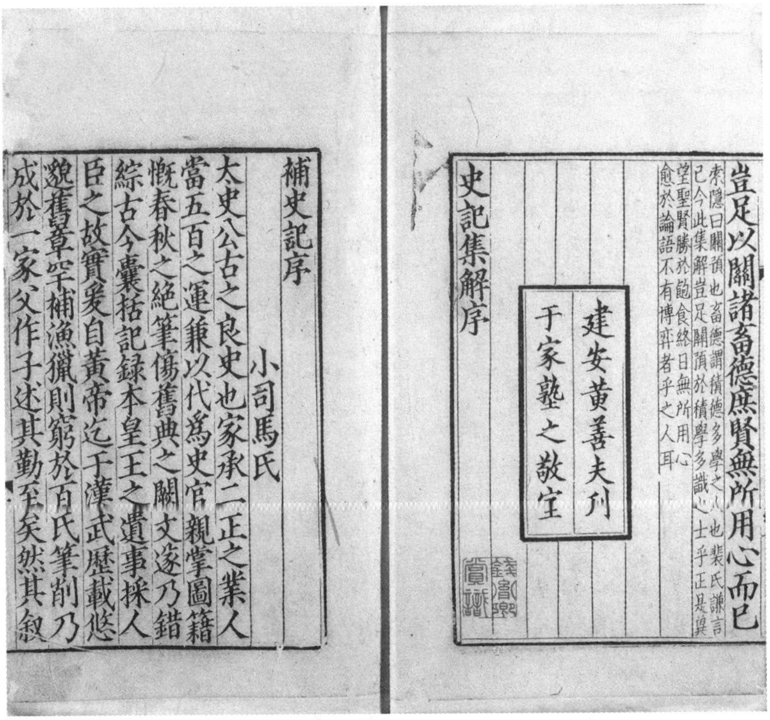

[그림 22] 건안 황선부黃善夫가 판각한 《사기집해색은정의》 패기

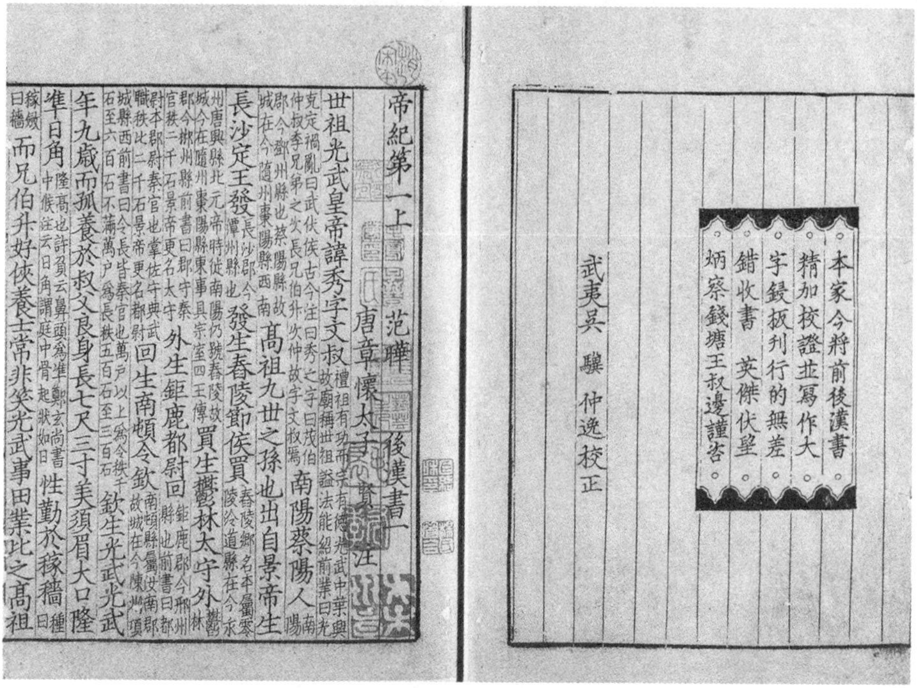
本家今將前後漢書精加校證並寫作大字鋟板刊行的無差錯收書英傑伏望炳察錢塘王叔邊謹咨

武夷吳驥仲逸校正

帝紀第一上 范曄 後漢書一

唐章懷太子賢注

世祖光武皇帝諱秀字文叔 南陽蔡陽人 高祖九世之孫也出自景帝生長沙定王發 發生舂陵節侯買 買生鬱林太守外 外生鉅鹿都尉回 回生南頓令欽 欽生光武 光武年九歲而孤養於叔父良身長七尺三寸美須眉大口隆準日角 性勤於稼穡 而兄伯升好俠養士常非笑光武事田業比之高祖

[그림 23] 전당 왕숙변이 간행한 전 · 후 《한서》 패기

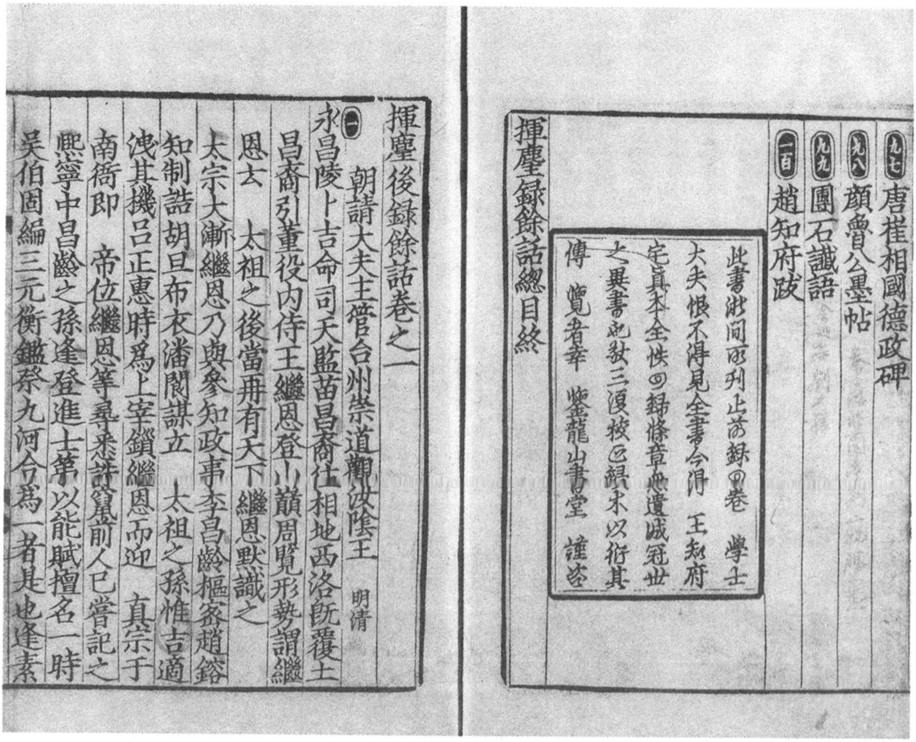
揮麈後録餘話卷之一

明清

朝請大夫主管台州崇道觀汝陰王

永昌陵卜吉命司天監苗昌裔往相地西洛既覆土昌裔引董役內侍王繼恩登山巔周覽形勢謂繼恩云 太祖之後當再有天下繼恩默識之 太宗大漸繼恩乃與參知政事李昌齡樞密趙鎔知制誥胡旦布衣潘閬謀立 太祖之孫惟吉適洩其機呂正惠時爲上宰鎖繼恩而迎 真宗于南衙即 帝位繼恩等尋悉誅竄前人已嘗記之熙寧中昌齡之孫逢登進士第以能賦擅名一時吳伯固編三元衡鑑夯九河合爲一者是也逢素

九七 唐崔相國德政碑

九八 顔魯公墨帖

九九 圜石讖語

一百 趙知府跋

揮麈録餘話總目終

此書浙間所刊止前錄四卷 學士大夫恨不得見全書今得 王知府宅真本全帙四錄條章無遺誠冠世之異書也敬三復校正鋟木以衍其傳 覽者幸鑒 龍山書堂 謹咨

[그림 24] 용산당에서 판각한 남송 왕명청의 《휘주록》 패기

방각본이나 개인각본에서 많이 볼 수 있는데 광고 선전 효과를 가져왔기 때문이다. 왕숙변이 간행한 전·후《한서》에는 "정밀하게 교정을 하였고 … 착오가 전혀 없다"[그림 23]라고 되어 있다. 용산서당에서 간행한《휘주록》은 전질全帙에 전서全書다[그림 24].

마사진 수남의 유중길 댁에서 간행한《유편증광황선생대전문집類編增廣黃先生大全文集》50권에는 "이전에 간행한 것에 비하여 3분의 1이 증가되었다. 건도 단오에 씀"이라고 되어 있는데 건도는 도합 9년 동안인데 어느 해의 단오였는지는 설명하지 않고 있다. 어떤 패기에는 "조심하여 간행한다" "절대로 착오가 없다"라고 되어 있지만 실은 그다지 조심하지 않았다. 예를 들어 완씨阮氏 종덕당種德堂에서 간행한《춘추경전집해》(순희 3년)에는 "조심스럽게 남본에 의거하여 세 번 교정을 보고 간행했다. 이履는 구衢와 통하고 막히는 곳[窒碍]이 없다"고 했는데 사실은 질애窒碍를 실애室碍로 잘못 쓰고 있다. 그래서 '세 번이나 교정을 봤다'는 말은 정말이지 자신도 믿기 힘든 말로 다른 사람을 속인 것이다. 어떤 광고는 그 책이 어떻게 사용하는지를 설명하고 있는데 여씨 가숙에서 손수 교정한《동래선생시율무고東萊先生詩律武庫》에서는 "시詩와의 전쟁에서 갖춰야 하는 것으로 (이 책을) 사용하면 천군을 쳐부수고 적들을 항복시킬수 있다"고 완전히 상업적인 광고를 하고 있다. 또 다음에 출간될 새 책을 예고하기도 하여 독자들의 구매력을 끌어내고 있다. 예를 들면 전당 왕숙변이 간행한《후한서》목록 후에는 "지금 유박사劉博士의《동한간오東漢刊誤》를 구하시면 이 책은 지속적으로 후에도 간행할 것이다"고 했다. 미산본 왕칭의《동도사략》에는 "미산 정사인 댁에서 간행했는데 상부에 신청했지만 복간이 불허되었다"는 말을 사용하여 판권을 보호했다.

일반적으로 간기와 패기는 모두 책을 판각할 때 새기는 것이지만 일부분은 인쇄할 때 덧붙이는 경우도 있다. 예를 들면 촉판 장경《불설아유월치차경佛說阿惟越致遮經》에는 "대송 개보 6년 계유년에 칙명을 받들어 판각하고 제조한다"는 간기 옆에 또 두 개의 장방형 패기가 있다[그림 25]. 하나는 "희녕 신해 연간에 찰자를 써서 성지를 받들어 대장경판을 현성사 성수선원에 보시하여 인쇄하여 만들다"라는 글이 있다. 또 하나는 대관 2년(글자가 정확하지 않아 생략함) 것이 있다.

이는 촉판을 개봉으로 옮긴 후에 새롭게 더한 것이다. 간기와 패기는 송판을 심사 결정할 때 유력한 근거가 되기 때문에 후에 사람들이 이를 가지고 위조하기도 한다. 예를 들면 《왕장원집제가주분

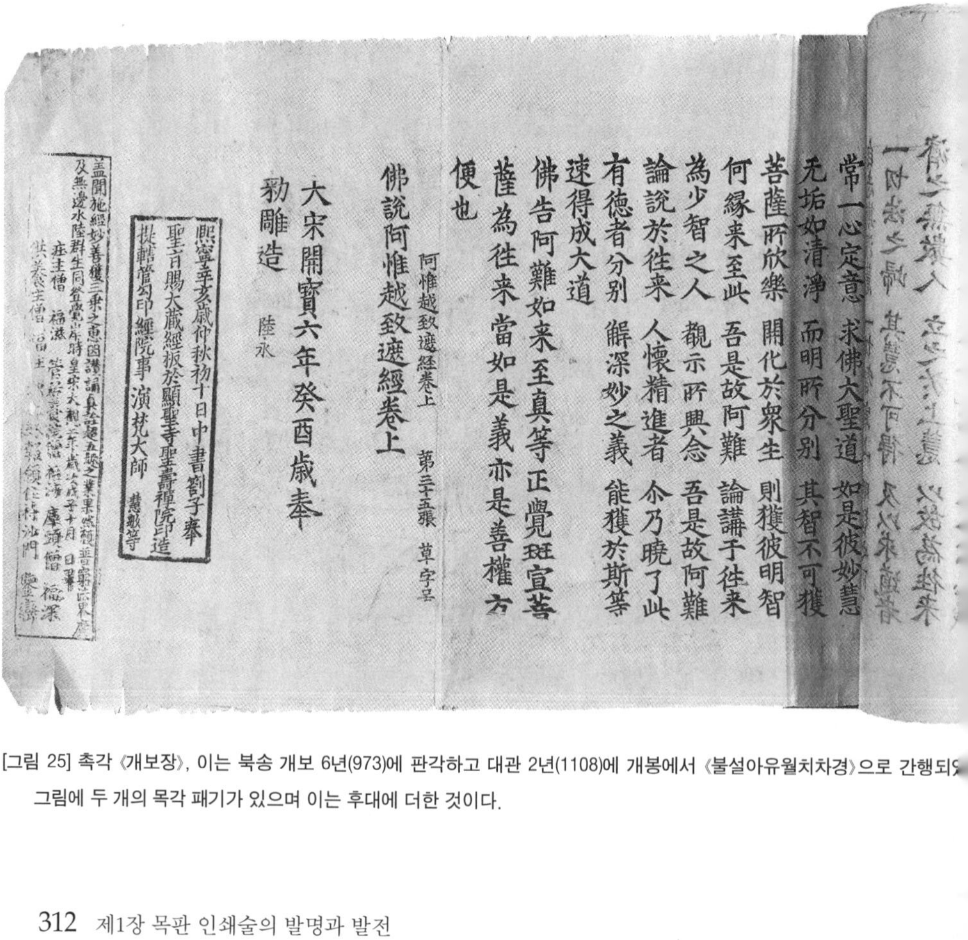

[그림 25] 촉각 《개보장》, 이는 북송 개보 6년(973)에 판각하고 대관 2년(1108)에 개봉에서 《불설아유월치차경》으로 간행되
그림에 두 개의 목각 패기가 있으며 이는 후대에 더한 것이다.

류동파선생시王壯元集諸家注分類東坡先生詩》 목록 후에는 상인이 "천주제거시박사동오아노서적포인泉州提擧市舶司東吳阿老書籍鋪印"이라고 목각 간기 1행을 위조하여 써 넣었다.

기 타

판면版面 송판宋版의 목재로는 주로 배나무를 많이 썼으며 대추나무도 사용했다. 판식版式[338]은 대부분 사각형 또는 직사각형이고 광곽匡郭[339] 안의 각자刻字 부분에도 대소의 구별이 있다. 큰 것은 판면의 반의 길이가 1자 정도 되고 작은 것은 손바닥만하다. 폭은 7센티미터를 넘지 않고 길이도 10센티미터 이하로 《신편분류증주정오결의운식新編分類增注正誤決疑韻式》이 여기 속한다. 그런데 《태학분문증광성현사실太學分門增廣聖賢事實》은 폭이 4센티미터가 조금 넘고, 길이는 8센티미터에 불과하여 《수서상절隋書詳節》보다도 작다. 불교 대장경의 판목은 특히나 길어 청나라 《용장경龍藏經》은 매 판이 보통 빨래판보다도 길었다. 송나라 사람들은 서판書板 하나를 1편片이라고 했기 때문에 판편版片이라고 부르게 되었다.

행격行格**의 글자 수** 중국 고서의 광곽 안에는 가늘고 검은 세로 줄이 한 줄 한 줄 쳐 있는데 송나라 사람들은 이를 계행界行[340]이라 불렀다. 이것은 고대에 죽간이나 목간을 이용하여 글을 쓰던 흔적이 인본印本 서적에 반영된 것으로 여기서 1행은 죽간이나 목간 하나의 폭을 나타낸다. 옛사람들은 흰 비단에 검은 비단실[烏絲]이나 붉

338_ 판본의 양식. 광곽匡郭 · 행격行格 · 판심版心 등과 같은 판 전체의 짜임새와 그 형태적 특징을 가리킨다.

339_ 서책 책장이 네 변을 둘러싸고 있는 검은 선. 사주단변四周單邊 · 사주쌍변四周雙邊 · 좌우쌍변左右雙邊 등이 있다. 중국에서는 판광版框이라고도 한다.

340_ 우리나라에서는 계선界線이라고 한다.

은 비단실[朱絲]을 사용하여 계선을 짰기 때문에 오사란烏絲欄 또는 주사란朱絲欄이라 명명했다. 장서가들은 검은색 계선이 있는 지사본紙寫本 서적을 오사란초본烏絲欄抄本이라 부른다. 인본 서적은 불경을 제외하고 모두 이런 계선이 있으며 행격이라고도 불렀다. 청나라 강표江標의 《송원본행격표宋元本行格表》는 행격의 수량을 전문적으로 기록했다. 송판 서적의 행 중에 작은 것은 매 반엽이 4행이고 1행에는 글자가 8개 있으며 소자小字는 2행으로 되어 있어 1행이 대략 14~15자 정도다. 이러한 서적으로는 《간록자서干祿字書》(보우 5년)가 있다. 5행인 서적으로는 《자통字通》이 있으며 대자大字는 18자, 소자는 협행夾行으로 20자다. 그런데 3행에 각 행마다 10자로 된 것도 있으니 《자비도량참법慈悲道場懺法》이 바로 이 경우다. 행이 많은 것은 매 반엽이 20행이고 매 행은 25자로, 무본婺本 《구경九經》이 이에 속한다. 20행에 행마다 27~28자에서 30자까지 서로 다른 것도 있으니 마사본 《구경백문九經白文》 중에는 6·7·8·9·10·11·12·13·14·15·16·19· 20개 등의 행도 있다. 대체로 반엽은 7·8·9행에서 10·11·12행이 비교적 일반적이다. 자수는 16~17자에서 22~23자 사이가 비교적 많다. 매 행의 자수는 모두 일정하지만 또한 개별적으로 차이가 나는 경우도 있다. 예를 들면 《예서》는 반엽이 13행이고 매 행에 대자가 20에서 21~22자로 동일하지 않다. 청나라 왕단리王端履는 "송나라 사람들이 책을 간행할 때는 각 행의 자수가 행수와 동일하니, 예를 들면 매 쪽[341]이 20행(즉 반엽 10행)이면 매 행 역시 각각 20자이고, 매 쪽이 22행이면 매 행 역시 각각 22자다"라고 했다. 섭덕휘는 《서림청화》에서 송판 《의례주儀禮注》는 매쪽 28행, 1

341_ 원서에서 '一頁' 한 페이지라는 뜻이다. 그동안 '반엽'을 사용했기 때문에 '1엽'이라고 할까 고민했으나 우리 실성에 맞지 않아 '쪽'으로 번역했다. '반엽'은 고서를 말할 때 지금도 여전히 사용하기 때문에 그대로 썼다.

행이 24자이고 《사마온공집司馬溫公集》은 매 쪽 24행에 1행이 20자인 점을 근거로 사실은 그렇지 않으며 왕단리의 견해는 근거가 부족하다고 지적했다. 불장佛藏은 대부분 6행 17자다.

지금까지 본 바의 송본 《묘법연화경》은 매 반엽마다 많게는 36행으로 매 행은 66~70자로 각기 다르며 글자는 개미만큼 작지만 필획은 또렷하여 청말 소형 석인石印과 같아 참으로 매우 보기 드문 서적이다. 69,000자를 15쪽 속에 다 넣었다. 원나라 사람이 지정至正 연간 기해己亥년에 제題를 부쳐 이르기를 오군吳郡의 장모章某라는 사람이 이를 얻으니, 성스러운 가르침이 동쪽으로 전해진 이래 서적 제작의 간결함은 책 출판에 있어 더 이상 특이 사항이 아니라고 했다. 세자細字 황지黃紙에 13쪽만 남아 있고 절말折末에 '건륭어람지보乾隆御覽之寶'라는 도장이 찍혀 있다. 지정 연간에 수십 명의 승려가 제자題字하였고 홍무 시기의 발문이 있다.

근대에 간행된 연인본鉛印本과 석인본이 서양식을 따르면서 계선줄은 이미 완전히 사라졌다.

변란邊欄 중국 인본 서적은 목판·활자를 막론하고 글자 둘레에 모두 광란框欄이 있었다. 그러나 근대 인본은 서양식을 따라 일괄적으로 광곽을 두지 않는다. 광곽은 변란이라고도 부르며 단변單邊과 쌍변이 있는데 송판은 상하 단변, 좌우 쌍변이 비교적 일반적이었다. 간혹 네 변 모두 단변인 경우가 있는데 《동령진경洞靈眞經》이 이에 속한다. 네 주위 모두 쌍변인 것으로는 무주 당택본唐宅本 《예기》, 구택寇宅에서 인쇄 제작한 구종석寇宗奭의 《본초연의》(선화 원년), 세채당본世綵堂本 《한집韓集》·《유집柳集》이 있다. 남송 건녕부본建寧府本 중에도 네 주위가 쌍변인 것이 있다. 청나라 조신진趙愼畛(1761~1825)은 《유소잡식榆巢雜識》에서 "송판 서적은 상하 경계에 검은 먹줄을 한 줄만 쳤고 먹줄이 두 줄인 것은 없다"고 하였는데 이는 틀린 말이다. 변란에 다시 짧은 횡란橫欄을 더하여 모르는 글자의 음을 주로 달아 밝힌 것도 있었는데 건상본《공양춘추》가 이렇다. 원·명 이후에는 위쪽에 그림을, 아래에 글을 배치하는 양란兩欄으로 변했다.

서구書口 송판 호접장蝴蝶裝은 평평하게 펴면 양장洋裝이나 평장平裝과 같고, 포배장包背裝[342]·선장線裝으로 바꾸면 서구에 백구白口·흑구黑口의 구분이 생긴다. 한 판면의 중심을 판구版口 또는 서구라 부르며, 인쇄용지를 맞접은 후 포개어 풀로 판심版心을 붙이면 호접장이 된다. 맞접을 때 비뚤어지지 않게 하기 위해 어미[魚尾](물고기 꼬리지느러미) 모양을 새기며, 이외 때로 판심에 가늘고 작은 검은 선을 새겨 쉽게 가지런히 접을 수 있도록 했다. 판심에 이러한 가는 검은 선이 있는 것을 흑선구黑線口 또는 선흑구線黑口라고 하고 선이 비교적 굵은 것은 소흑구小黑口라 한다. 송판 중《삼국지》·《동계왕선생역전童溪王先生易傳》은 흑선구,《후촌거사집後村居士集》·《후한서주後漢書注》는 소흑구라 할 수 있다.《정사程史》는 대흑구大黑口에 가깝다. 그러나 대다수는 백구로 중봉中縫에 검은 선이 없다. 어미 위아래로부터 광곽까지 내려오는 검은 선은 상비象鼻라고도 부르며, 원·명판 중에서 상비 넓이가 1센티미터에 이르는 것은 대흑구 또는 조흑구粗黑口라고 한다. 송판 판심의 어미 위에 해당 판의 자수를 적은 것도 있고, 위쪽 어미 아래에 서명의 약칭이 있으며 중봉 판심 중앙에 쪽수가 표시되어 있고, 아랫단에는 종종 각자공의 성명을 새겼는데 성명을 다 쓰는 경우도 있고 이름이나 성만 있는 경우도 있다.

어미魚尾 서적이 두루마리식의 권자본에서 서화첩처럼 페이

342_ 중국에서는 장배裝背, 장배裝褙, 표배裱背, 표배裱褙라는 용어를 사용하기도 한다.

지로 바뀌게 되자 인쇄용지를 접어야 했다. 뒷면을 붙이기 쉽도록 판심 기봉騎縫[343]에 '' 모양의 기호를 넣어 접을 때 중봉이 비뚤어지지 않도록 했다. 그 모양이 물고기 꼬리지느러미 같아 어미라 부른다. 혹자는 어미를 넣는 방식이 당 태종[186] 때부터 시작되었다고 하지만 어떤 근거로 그러는지 알 수 없다. 어미는 단어미·쌍어미와 3개짜리까지 있다. 임안의 진댁陳宅 서적포에서 간행한 《어현기시魚玄機詩》는 가 하나만 있고 어미의 위아래 쪽 판심은 모두 비어 있다. 《주경여시집朱慶余詩集》은 아래에 쪽수(페이지 수)를 달았다. 《오조산경五曹算經》은 단어미 위에 글자 수를 표시했다. 쌍어미로는 길주본吉州本 《구양문충공집》(경원 2년)이 있는데 이 책은 상어미上魚尾 밑에는 서명을, 위에는 글자 수를 써 넣었다. 하어미下魚尾 밑에는 각자공의 이름이 있다. 건안建安 여인중본余仁仲本 《춘추공양경전해고春秋公羊經傳解詁》 역시 쌍어미다[그림 26].

대체로 단어미와 쌍어미가 일반적이다. 어미가 3개인 경우도 있는데 《본초연의》가 그렇다. 2개의 어미가 상하 동일한 방향으로 되어 있는 것[344]도 있고, 서로 마주보고 있는 것[345]도 있다. 명나라 판각본에는 어미가 4~5개에서 6개까지 있으며 때로 화문어미花紋魚尾가 있는 것도 보인다. 송본 중에는 책 전체에 어미가 없는 것도 있는데 서주거사西疇居士[346]의 《춘추본례春秋本例》가 그러하다.

《십편양방十便良方》에서처럼 어미가 주목을 끌기 위한 부호가 될 때도 있는데 권수卷首에 《태평성혜방》·《갈씨주후방葛氏肘後方》 등의

343_ 인쇄용지 두 장이 연결되거나 장정하여 합쳐지는 부분의 중봉中縫을 말한다.

344_ 이런 것을 '上下下向魚尾' 혹은 '下向黑魚尾'라고 한다.

345_ 이런 것을 '上下內向魚尾' 혹은 '內向黑魚尾'라고 한다.

346_ 최자방崔子方의 호다. 최자방은 사천 사람으로 자는 언직彦直이다.

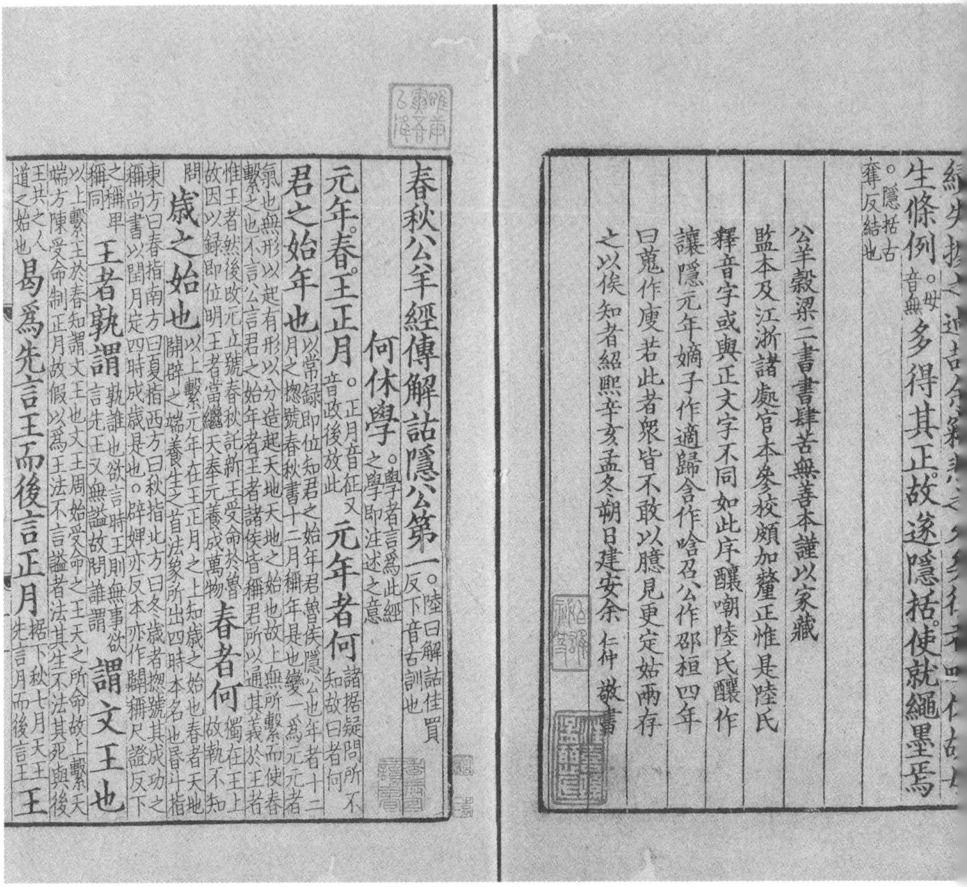
春秋公羊經傳解詁隱公第一 陸曰解詁佳買反下音古訓也
何休學 ○學者言爲此經之學即注述之意
元年。春。王正月。○正月音征又音政後放此 元年者何 諸据疑問所不知故曰者何
君之始年也 以常錄即位知君之始年君魯侯隱公也年者十二月之揔號春秋書十二月稱年是也變一爲元元者氣也無形以起有形以分造起天地天地之始也故上無所繫而使春繫之也不言公言君之始年者王者諸侯皆稱君所以通其義於王者惟王者然後改元立號春秋託新王受命於魯故因以錄即位明王者當繼天奉元養成萬物 春者何 問
歲之始也 以上繫元年在王正月之上知歲之始也春者天地開辟之端養生之首法象所出四時本名也昏斗指東方曰春指南方曰夏指西方曰秋指北方曰冬歲者揔號其成功之稱尚書以閏月定四時成歲是也。○辟婢亦反本亦作闢稱尺證反下之稱同
王者孰謂 孰誰也欲言時王則無事欲言先王又無謚故問誰謂
謂文王也 以上繫王於春知謂文王也文王周始受命之王天之所命故上繫天端方陳受命制正月故假以爲王法不言謚者法其生不法其死與後王共之人道之始也
曷爲先言王而後言正月 据下秋七月天王先言月而後言王 王

生條例。○毋音無 多得其正故遂隱括。使就繩墨焉 ○隱括古奪反結也
公羊穀梁二書書肆苦無善本謹以家藏監本及江浙諸處官本參校頗加釐正惟是陸氏釋音字或與正文字不同如此序釀嘲陸氏釀作讓隱元年嫡子作適歸含作唅召公作邵桓四年曰蒐作廋若此者衆皆不敢以臆見更定姑兩存之以俟知者紹熙辛亥孟冬朔日建安余仁仲敬書

[그림 26] 남송 소희邵熙 2년(1191) 건안 여인중 만권당에서 판각한 《춘추공양경전해고》

도서 목록을 인용할 때 모두 ◣ 모양의 어미가 있다. 송본《심부주心賦注》에는 사공寫工과 각자공을 표시한 부분에 모두 각기 어미가 있다.

서이書耳 송판 서적은 독자들이 책장을 넘기며 쉽게 훑어볼 수 있도록 광곽 밖 왼쪽 상단 모서리에 편명을 새겼다. 건안 우씨虞氏 가숙간본家塾刊本《노자》의 경우, 첫 쪽 광곽 왼쪽 상단 모서리에 있는 '체도體道 · 양신養身' 넉 자는 제1장과 제2장의 편명이다. 《통감》은 광곽 밖 좌측 상단에 '한고조漢高祖' 석 자가 있다. 소자小字 옆에 작은 직사각형 테두리를 더해 놓은 것도 있는데 그 모양이 사람의 귀 같다고 하여 서이書耳 또는 이제耳題 · 이자耳子라 부른다. 예를 들면《기찬연해記纂淵海》·《음점대자순자구해音點大字荀子句解》(경정 원년) 두 권 모두 이와 같은 서이가 있다. 서이는 건본建本에서 많이 보인다.

서이의 위치는 서양 고인본古印本의 접자接字(catch word)[347]와 유사하지만 의미 면에서 완전히 동일하지는 않다. 접자는 매 쪽 아래의 공백인 행 오른쪽 모서리 아래 한 글자다. 이 글자는 그 다음 쪽에서 가장 먼저 나오는 첫 번째 글자로 그 기능은 장정공이 장정할 때 종이를 잘못 접지 않도록 도와주는 역할을 한다. 접자는 최초로 이탈리아 베니스의 한 인본印本에서 보이는데 후에는 사용하지 않았다.

묵등墨等 송판 서적 중에는 간혹 글자가 새겨지지 않은 작은 검정 칸을 볼 수 있다. 예를 들면《당여랑어현기시唐女郎魚玄機詩》중의 한 수인〈기제련사寄題鍊師〉에는 2개의 작은 검정색 ◪■[그림 27]이 있는데, 글자가 아직 판각되지 않았기 때문에 '묵등'이라 한다.《장자어록張子語錄》·《상한명리론傷寒明理論》·《갑을집甲乙集》·《이승상시집》등의 서적에도 모두 이와 같은 묵등이 있다. 이는 본래 결자缺字가 있던 것으로 신중을 기하기 위하여 그 당시에 각자하지 않고 후일 완벽한 본이 나오기를 기다렸다 다시 보충하여 각자하고자 하는 조치다. 이는 의문점을 속단하지 않고 묵등을 만들어 유보하여 원작의 의미를 존중하고 있음을 나타낸 것이다. 청나라 고광기顧廣圻가 "송본 서적은 글자가 없는 부분 또한 좋다"고 한 말은 바로 이에 대한 것이다. 주관적으로 억측하여 고치고 함부로 채워 넣는 것보다는 이렇게 하는 것이 확실히 좋다. 묵등은 '묵정墨釘' 또는 '등자等字'

347_ (사전 등의)난외 표제어이다.

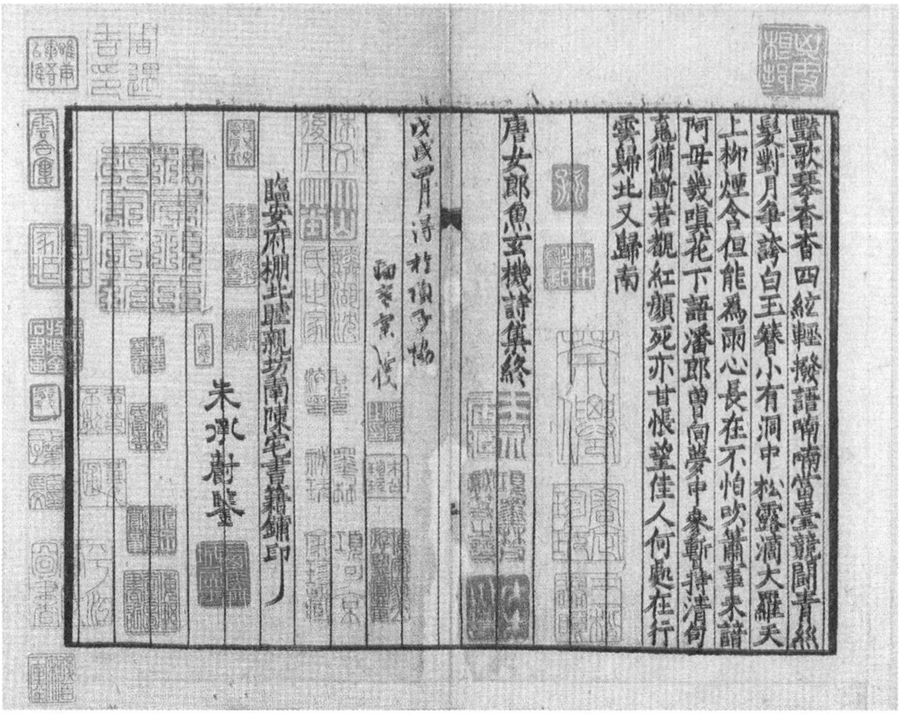

[그림 27-1]

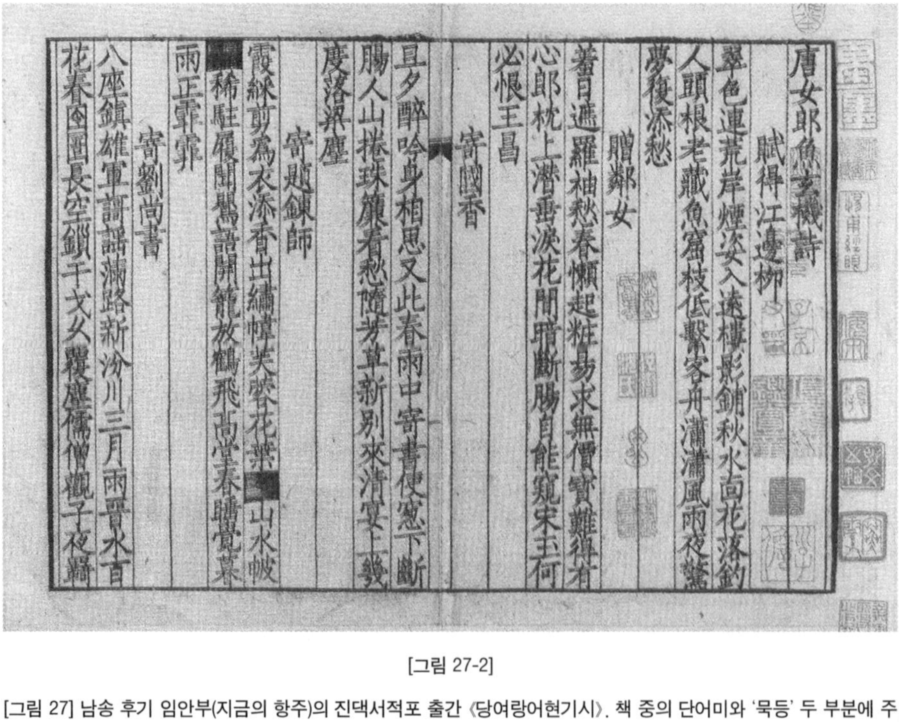

[그림 27-2]

[그림 27] 남송 후기 임안부(지금의 항주)의 진댁서적포 출간 《당여랑어현기시》. 책 중의 단어미와 '묵등' 두 부분에 주의할 것.

라고도 하며, 후대 사람들은 결자가 있는 부분에 □ 모양의 백광白框을 만들었다. 《목천자전穆天子傳》에는 백광이 많다.

서목[목록]의 인용

근대 중국 및 외국 저작이나 논문에는 독자들이 참고나 조사에 편리하도록 종종 참고서적과 논문자료 목록을 부기했다. 일찍이 북송 초에 편찬된 저명한 유서類書 《태평어람》 1천 권은 권두에 인용한 서목 1,690건이 있으며 1건이 1종種이거나 1부로 대부분 오대와 당대 이전의 저작이다. 세상에 발견되지 않은 몇몇 비서秘書들 중 십중팔구는 애석하게도 이미 실전되었다. 《교주잡사交州雜事》·《임읍기林邑記》·강태康泰의 《부남토속扶南土俗》… 등이 그러한데 《어람》에 근거하여 그 편린이나마 엿볼 수 있다. 중국 역대 출판물 중에 이와 같은 서목 인용을 모방한 서적은 일반적이지 않다. 후에 남송 인본 중 장자張鎡의 《황조사학규범皇朝仕學規範》 12책 앞에 있는 '소편서목所編書目' 1백 건은 송나라 사람들의 저작 100종을 인용한 것이다. 또 송본 《십편양방》·《태평성혜방》·《초우세방》·《갈씨주후방》 등 66종은 각각의 서명에 어미魚尾를 덧붙여 사람들의 주목을 끌었다.

서첨書籤 인쇄

송본 서적에는 붓으로 쓴 서첨이 있다. 《문원영화》는 노란 비단 책표지에 남색 비단에 붓을 사용하여 대자大字로 쓴 '문원영화' 넉 자를 붙여 놓고 아래에 소자小字로 주를 달아 권수를 표시했다. 또 책표지 오른쪽 상단에 남색 종이에 붓으로 내용의 세목을 밝혔다. 구본衢本 《거사집》은 호접장이며 노란색 책표지에 남색 비단 서첨을 붙이고 붓으로 《구양문집歐陽文集》(거사집居士集)이라고 썼다. 그러나 한 권 한 권 책마다 제목을 쓰기는 번거로웠기 때문에 아예 서첨까지 판에 새겨 인쇄했다. 지금 볼 수 있는 소정본《산곡시주山谷詩注》는 대자大字 황지인黃紙印으로 호접장이며 대책大冊 한 권이 보존되어 있다. 검은색 책표지 왼쪽 상단에 인쇄한 남색 비단 서첨 '산곡시주山谷詩注' 넉 자를 붙여 놓았고 서명 아래 소자小字로 15권에서 17권까지의 권수와 대자로 '곤坤' 자 한 글자를 붓으로 써 놓았다. 아마도 원서는 팔괘 순서에 따라 배열하였을 것이다. 《부석문호주예부운략附釋文互注禮部韻略》(소정 3년 경인 간행)의 제2책 책머리에 인쇄된 서첨《예부운략부석문호주禮部韻略附釋文互注(하평성下平聲)》가 있다. 연성원延聖院 대장본은《문수사리근본다라니법文殊師利根本陀羅尼法》등 네 경전을 한 권으로 합권(함순 2년)하였고 접장摺裝이며 경문의 바깥 표지는 남색 종이를 바탕으로 하고 황지에 경전의 이름을 인쇄한 서첨을 붙여 놓았다. 이런 서첨은 비단에 인쇄된 것, 종이에 인쇄된 것이 있으며 독자들에게 편리함을 제공한다. 따라서 원 · 명 간행본에도 채택되었으며 원 · 명 서첨 대부분은 종이를 이용하여 인쇄했다.

재료와 공임 명시

송대 관각官刻 서적은 종종 서책 한 권의 인쇄 제작에 들어가는 지묵 등의 자재와 공임 및 정가 판매하는 장부상의 명세 항목을 적어 밝혔는데 후대 인본 서적에서는 사라졌다. 이 역시 송판 특징의 하나다. 당시 판각상의 감가상각비에 해당하는 '임판전賃板錢'이라는 것이 있었다. 서적 출판에 사용된 종이로는 인서지印書紙 · 부엽지副葉紙 · 장배지裝背紙 · 표배지褾褙紙 또는 서피표배지書皮表背紙라 부르는 것이 있다. 대부분 종이 가격, 사용된 종잇장 수, 종묵면랍棕墨面蠟 공임을 기재하여 밝혔다. 그러나 두루뭉술하게 공묵장배전工墨[348]

348_ 인쇄 생산 원가.

裝背錢, 공묵전工墨錢, 종묵호약인배장공식등전棕墨糊藥印背匠工食等錢,[349] 장인공식전裝印工食錢이라고만 칭했지 각자刻字·인쇄·표구[裝背]를 한 각 장인의 공임은 세분하지 않았다. 그렇기 때문에 지금까지도 1천 자를 새긴 비용 및 인쇄공의 공임 계산법을 규명하는 데 여전히 어려움이 있다. 가태嘉泰 연간의 《회계지》(명 정덕正德 5년 중간본)는 책마다 '장배□문裝背□文'이라고 쓰여 있지만 글 중의 '背'자 다음이 본래 결자이기 때문에 과연 몇 문이 들었는지 알 수 없다.

송본 중 자재 공임을 적어 밝힌 책으로 황주본黃州本《소축집小畜集》(소흥紹興 17년), 원주본沅洲本《속세설續世說》(소흥 27년), 고우본高郵本《회해집淮海集》(건도 계사 9년 고우 군수 왕정국王定國이 간행), 상산본象山本《한준漢雋》(순희 10년), 화정본華亭本《이준문집二俊文集》(경원慶元 2년), 소흥부본紹興府本 가태《회계지》(가태 2년), 서주본舒州本《대역수언大易粹言》등이 있다.[187]

《대역수언》12권은 서주 태수인 천주泉州 사람 증동曾穜을 위하여 그의 수하가 75종의 서적을 참고하여 간행하였으며 총 45만여 자이다. 각종 비용을 더하면 2관 7백 문이며 판매가는 8관문貫文 족足[350]이다. 《소축집》은 인쇄용지를 제외하고 총 '1관 136문족'이며 현매할 때 각 부의 가격은 5관문貫文 성省[351]이다. 《한준》은 임판전이 100문足, 공묵장배전工墨裝背錢은 160문족足이고 매 부가 2책이며 현매

349_ 여기서는 먹값, 풀값, 인쇄공과 배접공의 임금을 통틀어 말하는 것 같다. 식전은 식대를 말한다.

350_ 족足은 족맥足陌의 뜻으로 고대 화폐 용어다. '陌'은 '佰' '百'과 통한다. 화폐 교역 중에서 백문百文에 하나도 부족하지 않으면 이를 족백足佰이라고 한다. 지금 뜻으로는 정액과 같다. 이 족백과 반대의 뜻으로는 단맥短陌이라고 한다. 백에 부족한 것지를 가지고 백문으로 충당하려 하는 것을 속칭 '단매'이라고 한다. 옛날에는 일반적으로 단맥 정액은 80문으로 했다.

351_ 성省은 성맥省陌을 말한다. 1백을 1백으로 하는 것을 족맥이라고 하는 반면 부족한 백을 가지고 백이라고 하는 것을 '성맥省陌'이라고 한다.

가는 6백 문족足이다. 또한 공묵에서 나오는 이윤으로 선비들의 생활을 도왔다. 이로써 송대 서적 인쇄는 2~3배의 순이익을 얻을 수 있는, 이익을 추구할 만한 일이었으며 또한 이로써 학생을 보조하거나 기타 공공 용도로 썼음을 알 수 있다. 서방書坊은 비밀 유지를 위하여 서적 인쇄비용과 이윤이 발생하는 장부상의 항목을 공개하려 하지 않았다.

서점 광고

항주 심이랑沈二郎 경방經坊은 다음과 같이 광고했다. "본 서점은 고본《연경蓮經》에 일일이 구두점을 찍고 저명한 전문가를 초빙하여 교정을 거쳐 중간하였습니다. 또한 도산장道山場의 초조抄造[352] 방식으로 만든 곱고 새하얀 상품의 종이를 엄선하여 정성껏 인쇄하였습니다. 항주 대가붕大街棚 앞 남초고南抄庫 맞은 편의 심이랑 경방에서 새로 판각하고 드디어 인쇄 간행했습니다. 멀리 사방의 고객들께서는 본 서점의 간판을 찾아오셔서 구매해 주시길 부탁드립니다. 삼가 아뢰니다."[188] 심이랑 집안은 서점을 경영하였으며《연경》은, 즉《묘법연화경》을 말한다. 이 광고는 고서에 구두점을 찍고 고급 상품 용지를 사용하여 인쇄 제작하였음을 강조했다. 불경 인쇄 외에 항주의 다른 서적포처럼 일반 서적을 인쇄하였는지는 알 수 없다.

송본의 장점과 단점

송대 관본官本은 여러 번 교정을 거쳤기 때문에 오류가 비교적 적어 내용이 믿을 만하다. 고대부터 전해온 필사된 경서 · 사서 · 의서

352_ 제지 방법이다. 여기에는 크게 건법과 습법이 있으며, 현재 절대다수의 종이는 습법으로 제작된다.

등은 송대 사람들의 간행을 거쳐 점차 완성된 판으로 만들어졌다. 이외 기타 서적 역시 송대 사람들의 간행이 있었기 때문에 전해 내려올 수 있었다. 송대 정부는 착오를 피하고 후학에게 오류를 물려주지 않기 위하여 서적 교감을 매우 중시했다. 개보 연간에 간행된 《경전석문經典釋文》에는 감관勘官 · 상감관詳勘官 · 중상감관重詳勘官 등의 직함이 있다. 단공端拱이 교정한 《오경정의五經正義》는 감관 · 상감관 · 도감관都勘官이 10명이었고 재교 3명, 도재교都再校 2명이 있었다.[189] 다섯 단계의 과정을 거치며 반복 교감하는 것은 출판인들이 배울 만한 점이다. 북제 안지추顏之推는 다음과 같이 말했다. "서적 교정이 어찌 쉽겠는가. 양웅揚雄과 유향劉向만이 비로소 이 직분에 맞다고 할 수 있을 뿐이다. 천하의 서적을 두루 다 보기 전에는 함부로 글자를 고쳐서는 안 될 것이다." 이는 확실히 경험에 근거해서 나온 말이다. 만약 교정자가 양웅과 유향 같은 학식 없이 망령되이 교정을 보고 수정하면 오직 오류를 더할 뿐이다. 송나라 초기에는 대부분 관각館閣[353]의 유명 학자들을 선출하여 교감 및 정리를 책임지도록 했다. 《한서》 순화 연간의 감본은 손하孫何 · 장필張佖 등이 교정하였고, 경덕 감본은 조연刁衎과 조형晁迥 등이 재교를 보았다. 인쇄 후에 오류가 발견되자 국자감 직강直講 왕수王洙, 비서승秘書丞 여정余靖에게 모두 숭문원崇文院으로 가서 다시 교정하도록 명했다. 이에 관각의 여러 본을 모두 참고하며 교정하니 741자를 보충하고 212자를 없애고 1,309자를 수정했다. 경우 2년 9월, 약 1년의 시간이 걸려 교정을 마쳤다. 오류가 있으면 반드시 수정하였으니 이로써 이들의 진지한 교정 태도를 볼 수 있다. 서적 교정은 떨어진 낙엽을

353_ 북송에는 소문관昭文館 · 사관史館 · 집현원集賢院의 삼관과 비각秘閣 · 용도각龍圖閣 등의 각이 있었는데 이를 '관각館閣'이라 한다. 각기 도서 경적 업무를 분담하며 국사 편수 등을 했다.

쓰는 것과 같아서 쓸고 나면 낙엽이 또 떨어지는 것처럼 다시 교정을 볼 때마다 결국 몇 개의 오자를 잡아내게 된다. 인종仁宗은 의서 교정을 특별히 중시하여, 가우 2년 편수원編修院에 교정의서국校正醫書局을 설치하고 장우석掌禹錫 · 소송蘇頌 · 임억林億 · 장동張洞 등에게 교정을 보게 했다. 또 손기孫奇에게 함께 교정을 보도록 명했다.[190] 임억 등이 교정한 《황제내경소문》은 오자가 60여 자, 주석의 뜻이 보강된 것이 2,000여 항목에 이른다. 당시 의서 교정은 학식 있는 선비뿐 아니라 의관도 참여했다. 《보주본초補注本草》는 의관인 진종고秦宗古와 주유장朱有章이 공동으로 상세히 교정했다. 이들 가운데 소송은 천문학자일 뿐 아니라 《본초》의 전문가였다. 명나라 고렴高濂은 "처방전의 글자는 하나만 틀려도 그 폐해가 가볍지 않으니 송나라 판각이 훌륭하다"고 했다. 송판의 오류는 어떤 글자는 자의와 반절反切[354]상 아주 작은 오류라도 반드시 교정했다. 판각공들은 번거로운 것을 꺼려 판의 오자를 실제로 전부 수정하지 않고 관리를 속이기도 했다. 이런 사실은 위료옹의 《육경정오서六經正誤序》에 보인다. 또 판각공이 고의로 오자를 새긴 경우도 있다. 송나라 왕명청王明淸은 《투할록投轄錄》에서 "근자에 회서로淮西路 조사漕司가 휘하의 여러 주에 각기 성혜방聖惠方을 나누어주고자 작업하였는데 서주의 판각공이 식대를 제때에 받지 못하자 분한 마음을 이기지 못하고 자주 쓰는 약재를 고의로 틀리게 새기어 본래 처방만 못하게 되었다"고 했다.

다른 지방의 서적 간행 역시 오류가 없기를 희망하며 여러 번 대조 교정했다. 수주秀州의 주학州學은 국자감본 《문선》을 단락에 따라

354_ 한자의 자음字音을 표시하기 위하여 각각 성모聲母와 운모韻母를 나타내어 두 한자를 조합하는 발음 표시 방식이다.

선택하고 배열하며 이선李善과 오신五臣의 주를 편집해 넣었다. 오자·탈자·중복된 자를 수정한 부분이 약 2만여 곳에 이른다(원우 9년). 성도城都에서 판각한 《태평어람》은 건본建本 중의 오자 3만 8천여 자를 수정했다. 소식은 《동파지림東坡志林》에서 "촉본蜀本 대자大字 서적은 모두 선본善本이다"라고 했다. 개인이 간행한 서적으로는 임안 진사 맹기가 《당문수唐文粹》를 모인했는데 이를 평하길 "교정이 바르고, 글씨가 반듯하며, 각자가 뛰어나고 마음을 다한 것이 지극하다!"라고 했다. 건륭제가 제자題字한 글자의 필획이 반듯하게 또박또박 쓰여 있고 먹빛이 마치 칠과 같다. 요군옥廖群玉의 《구경九經》본이 가장 뛰어난데 이 책은 수십 종류와 비교한 후 백여 명의 교정을 거쳐 완성되었다. 그러나 혹자는 여러 경전의 주가 삭제되고 누락되어 도리어 한유와 유종원 문장의 정밀하고 뛰어난 정도에 미치지 못하게 되었다고 애석하게 여겼다.[191] 개인이 판각으로 책을 간행하며 교정에 백여 명을 동원하는 일은 당연히 보기 드문 일로 서적 간행이 조금도 소홀하지 않았음을 알 수 있다.

송각宋刻 서적은 내용이 좋을 뿐 아니라 외양 역시 아름답고 서법이 정묘하며 글자를 새긴 기술이 정밀하고 뛰어나다. 또한 종이 질이 견고하고 윤이 나고 먹색이 칠과 같으며 황색 비단의 호접장으로 아름답고 세련되었다. 책을 펼치면 묵향과 풀향이 퍼져 옛사람들이 여러 차례 칭찬했다. 명나라 사조제謝肇淛는 "송판이 귀하다고 하는 까닭은 점 하나도 오류가 없을 뿐만 아니라 전각箋刻이 정밀하여 법첩法帖과 같기 때문이다. 무릇 송각에는 비수肥瘦 두 종류가 있다. 풍만하고 당당함[肥]은 안진경 서법을 배운 것이고 가늘면서도 힘찬 것[瘦]은 구양순을 배운 것이다. 행관行款이 성김과 조밀함이 자유롭고 균일하지 않으며 필력이 모두 생동적이다. 종이는 고풍스런 색상에 매우 얇으면서도 좀이 슬지 않는다."[192] 명나라 고렴은 "장서로 소장하기에는 송대 판각본이 제일 좋다. 송대의 서적은 종이가 견고하고 각자는 부드러우며 필획은 마치 그린 듯하다. 격格은 단변을 썼고 사이사이에 휘자諱字가 많다. 먹 사용은 농도가 엷고 비록 물에 닿으면 젖지만 마르면 흔적도 남지 않고, 펼치면 서향이 퍼져 그 자체로 색다른 향이 풍긴다"[193]고 했다. 명나라 장응문張應文은 "장서가들은 송대 판각을 귀하게 여기니 대부분 글씨를 쓰는 데 비수肥瘦 규칙이 있으며 가장 뛰어난 필법으로는 구歐·유柳[355]의 필법이 있기 때문이다. 종이 질은 빛이 나고 깨끗하며 먹빛은 푸른빛이 도는 것이 사랑스럽다"[194]고 했다. 청나라 손종첨孫從添은 "남송과 북송의 판각본은 종이 질과 종이 결 문양이 다르고, 필획의 각자刻字 기법이 소박하면서도 힘차고 우아하다. 먹의 기운이 향기로우면서도 담백하고, 종이 색은 푸른빛을 띠면서 윤이 나니 이를 펼치면 놀랄 만한 점이 있다. 이른바 '묵향지윤墨香紙潤, 수아고경秀雅古勁'이라 하는 것은 송 판각의 절묘함을 이르는 말이다"[195]라고 했다. 전영錢泳은 "판각 인쇄 서적 중 송의 판각을 최고로 치며 원대에 이르러서도 송의 번각본飜刻本은 여전히 아름다웠다"[196]고 했다. 손육수孫毓修는 "송대 관본 서적은 종이는 질기고 글자는 부드러우며, 필획은 그린 듯하다. 구歐·우虞[356]의 필법이 모두 있으며 피휘避諱에 신중하고 엄격하다. 두루마리를 펼치면 일종의 서향이 돌며 자체로 특이한 향이 생겨난다"[197]고 했다. 원나라 조자앙趙子昻(조맹부)는 송본《문선》에 제하며 "옥저은구玉楮銀鈎"[357]라 하였고, 명나라 동기창董其昌은 발문에서 "종

355_ 해서체 4대가인 구양순歐陽詢·유공권柳公權·안진경顔眞卿·조맹부 중 구양순과 유공권을 가리킨다.

356_ 우세남虞世南. 구양순·저수량褚遂良·설직薛稷과 아울러 '당초 4대가'로 불린다.

357_ 옥저는 종이의 미칭美稱이고 은구는 아름답게 쓴 글씨를 말한다.

이의 질은 옥과 같고 먹에서 나는 빛은 칠과 같다. 각기 절묘한 경지에 이르지 않음이 없으니 북송 때 간행 인쇄된 서적 중 상품으로 친다"고 했다. 건륭제는 제에서 "종이에 윤기가 도는 것이 옥과 같으니 남당南唐의 징심당澄心堂 제조 방식으로 만들었다. 필적이 정밀하고 오묘하니 북송 사람들의 취지가 담겨있다. 《한서》는 지금 황궁에서 《문선》과 더불어 아름다움으로 쌍벽을 이룬다"고 했다. 조자양의 구 소장본 《문선》과 《양한서》는 각자와 지묵이 모두 최상으로 정밀하고 오묘하여 송본 중 으뜸이었다. 명나라 왕세정王世貞은 별장 하나를 팔아 《양한서》를 구했고, 전겸익錢謙益은 1,200금을 주고 구입하여 세상에 드문 진귀한 물건이 되었다. 그러나 청 가경 2년 무영전武英殿에 화재가 났을 때 이 책도 훼손되었다. 송 건본建本 역시 뛰어나다. 채기일蔡琪一의 경당본經堂本 《후한서》는 그 각자 기법이 정교하고 우수하며 대자大字가 보기 좋다고 육심원陸心源이 칭찬했다. 여인중본余仁仲本 《주례》는 "필획의 색과 광택이 좋고 종이 색이 지극히 아름다웠다"[198]고 한다. 천주 주학본州學本 《우공론禹貢論》은 "지묵이 정교하고 빛나니 예를 들어 《황정黃庭》[358]을 처음 탁본하면 그 광채가 사람을 비추는 것 같으며 송 판각본 중의 걸작"[199]이었다고 한다. 송 정본서精本書는 그 자체가 예술품이기 때문에 사람들이 보물처럼 귀하게 여기고 좋아한다.

당연한 말이지만 송나라 책이라고 모두 다 훌륭하고 아름답지만은 않으며 절대 오류가 없는 것도 아니기 때문에 송나라 사람들 스스로도 이에 대하여 많이 비평했다. 사마광은 "국가가 비록 정사를 교정하고 모사하여 인쇄하지만 천하 사람들이 몇 권이나 가질 수 있

358_ 《황정경黃庭經》을 말한다. 왕희지가 해서체 소자小字로 쓴 것으로 1백 행이다. 원본은 황소견黃素絹본인데 송대에 돌에 모각模刻하여 탁본이 전해지게 되었다.

겠는가? 오래되면 반드시 세상에 전해지지 않게 된다. 또한 교정한 것이 절대적으로 정밀하지만은 않아, 단지 심약沈約의 서전敍傳만 보아도 오류가 수판에 이르니 다른 것 역시 어떠한지 알 수 있다"[200]고 했다. 소동파는 "요즘 사람들은 가볍게 마음대로 책을 수정한다. 비천한 사람들의 호불호가 대체로 비슷한데 이에 따라 부화뇌동하여 수정하니 고서는 날이 갈수록 오류가 생겨난다"[201]고 했다. 진후산陳後山[359]은 "근래 간행본은 오류가 뒤섞여 있다"고 했다. 섭몽득은 다음과 같이 말했다. "당나라 이전 서적은 모두 필사본이고 모인 방법이 아직 없었으니 사람들은 책을 소장하는 것을 귀하게 여겼다. 서적을 가지고 있는 사람이 많지 않았지만 장서가는 교감에 정통하였기 때문에 종종 완벽한 판본을 가지고 있었다. 배우는 자들은 기록하여 전하기가 어려웠기 때문에 소리 내어 암송하니 그것도 정통하고 상세했다. 오대 시기에는 풍도馮道가 처음으로 관에서 판각하고 인쇄 간행할 것을 주청했다. 송 순화 연간에는 《사기》와 《전한서》와 《후한서》를 다시 담당 관리에게 넘겨주어 모인하도록 했다. 이로부터 서적을 판각하는 자가 더욱 많아졌고 선비들은 더 이상 장서에 뜻을 두지 않았다. 책을 구하기 쉬워지자 선비들이 소리내어 하는 암송 역시 지리멸렬하게 되었다. 그러나 판본은 처음에는 정확하지도 않고 오류도 없지 않았지만 세상은 이미 판본을 모범으로 여겼고 장본藏本은 나날이 사라져 이에 그 오류를 점차 바로잡을 수 없게 되었으니 참으로 애석하다."[202] 섭몽득은 필사 시대가 인본 시대로 진입하는 데 따르는 이점과 폐단을 정확하게 지적했다. 인본은 교정을 하지 않기 때문에 오류가 오류로 이어지는 상황을 야기하여 돌이킬 수 없는 손실이 발생했고 어느 때는 우스운 상황도 발생했

359_ 진사도陳師道를 말한다. 송대 강서시파江西詩派의 주요 인물이다.

다. 송나라 주욱朱彧은 다음과 같이 말했다. "요우姚祐는 원부元符 연간 초에 처음으로 항주 주학州學의 교수가 되어 학당에서 여러 유생들에게 시험을 치게 했다. 《역易》에 있는 '건위금乾爲金, 곤역위금坤亦爲金, 하야何也?'라고 출제했다. 이전에 복건福建 서적에서 판각을 잘못해 곤위부坤爲釜의 '부釜'에서 위의 2점을 빠뜨렸기 때문에 요우가 이를 금金으로 잘못 읽었다. 유생들이 이에 의문이 생겨 질문을 하자 요우가 다시 억지를 부렸다. 이에 여러 유생들 중 하나가 성심으로 다시 질문을 하자 결국 요우가 관본을 꺼내 이 부분을 살펴보니 과연 '釜'자였다. 이에 크게 부끄러워하며 '내가 산 것은 복건본이다'고 말하며 당상에 올라 곧바로 자신에게 벌을 내리니 자신의 잘못을 변호하지 않음이 이와 같았다."[203]

이 일은 육유陸游의 《노학암필기老學庵筆記》에도 나오는데 오직 관본을 수정한 것만이 감본監本이고, 복건본은 마사본麻沙本일 뿐이다.[204] 송나라 시기 시책試策은 "정괘는 어째서 단이 없는가?[井卦何以無彖]"[360]라는 문제를 냈지만 이는 정통으로 자리 잡고 있던 민본閩本[361]에서 이 글자(바로 '彖'자)가 빠진 것일 뿐이다.[205] 《안씨가훈》은 촉본蜀本과 민본이 있는데 대체로 민본에 오류가 더 많다. "《미산당선생문집眉山唐先生文集》은 민본의 오류는 분간할 수 없지만 얼마 지나지 않아 촉본을 구해 민본을 교정하니 민본의 이점이 더욱 많아졌다."[206] 소후蘇詡는 증조부의 《난성공집欒城公集》 발문에서 "건안본에는 오류가 매우 많고 마사본은 더욱 심하며 촉본 역시 오류를 면할 수 없다"고 했다. 주휘周煇는 "인쇄본 문자의 오류는 일반적이다. 대체로 볼때 서책 교정은 먼지를 닦는 것과 같아 닦으면 바로 생

360_ '정괘'는 《역경》 64괘의 제48괘이고 '단'은 단사彖辭다. 모든 괘에는 단사가 있는데 복건본에는 '단'이 누락되었다.

361_ 바로 복건본이다.

긴다. 갈상지葛常之 시랑侍郎이 《운어양추韻語陽秋》를 지었는데 시평詩評의 한 항목에서 '… 자첨子瞻을 자미子美로 잘못 썼다'고 하였는데 그 의중을 알 수 있을 듯하다. 마사본의 오류가 후학을 잘못 이끄는 경우가 많다"[207]고 했다. 장호張淏는 《운곡잡기雲谷雜記》에서 다음과 같이 언급했다. "근래 민閩 지역의 서적상은 종종 함부로 마음대로 첨가하고 바꾸는데 그 종류가 매우 많아 전부를 상세히 기록할 수 없다. 지금 잠시 한두 가지 만을 예로 들면, 선화 연간에 '목주睦州'를 '엄주嚴州'로 바꾸어 놓아, 현재 간행되는 《원풍구역지元豊九域志》는 이를 따라 여전히 목주를 엄주로 바꾸었다. 앞으로 오류가 뒤섞인 서적이 전해져 후학들을 그르치게 된다면 이는 모두 여기에서 비롯한 것이다." 판본의 오류는 건양과 마사의 서방본이 더욱 심하여 비난을 받았으며 송·명이래 열악한 판본의 대명사가 되었다.

오류는 마사본·촉본뿐 아니라 감본에도 있었다. 경덕 2년 오현吳鉉은 국학 판본 《이아석문爾雅釋文》에 오류가 많아 두호杜鎬·손석孫奭에게 상세히 교정볼 것을 명했다고 한다. 북송의 감본은 비교적 양호하며 남송의 감본은 일반본과 큰 차이가 없다. 악가岳珂는 "《구경》 감본의 오자 및 탈자는 대부분 오대[362]로부터 답습한 것으로 속본俗本과 크게 다르지 않다. 소흥 초, 강남의 여러 주에서 판각한 것만 취해 보아도 수도 승평承平감본[363]과도 역시 서로간에 차이가 커 보인다. 또 담본潭本·무본撫本·민본·촉본 등 여러 본들과도 서로 다른 점이 있다."[208]고 했다. 송나라 사람들은 당시 판각 인쇄로 하는 서적 간행에 절대 만족하지 않았다. 구양수 같은 경우 "구본 《한문韓文》은 촉에서 나왔는데 문자 필획을 새긴 것이 지금의 속본보다

362_ 원문은 오계五季다. 즉 후량後梁·후당後唐·후진後晉·후한後漢·후주後周를 가리킨다.

363_ 송이 남도하기 이전의 국자감 판각본을 가리킨다.

훨씬 정교하지만 탈자 오류는 더 많다"고 했다. 우무尤袤는 "《문선》은 사명四明과 공贛 지역에서 각각 일찍이 목판 인쇄되었는데 종종 어구를 줄인 것이 유감"이라고 했다. 육유는 "근래 사대부는 판각 인쇄본을 매우 좋아하나 개략적이고 교정을 거치지 않았다. 오류가 많은 본이 세상에 가득 퍼져 배우는 사람을 그릇되게 인도하니 판각하지 않는 것만 못하다"[209]고 했다. 이것은 바로 목이 멘다고 아예 먹기를 포기하는 격이자 오류에 대한 과도한 반응이다.

명나라 호응린胡應麟은 "지금 서적 중에서 송각본을 귀하게 여기는 이유는 오자가 없는 까닭이다. … 내가 보건대 송본의 오류도 적지 않다"[210]고 했다. 청나라 왕사정은 "오늘날 사람들은 송각본만을 귀하게 여기나 송본을 살펴볼 때 오류가 많으니 선본善本을 따르면 된다"[211]고 보았다. 전대흔錢大昕은 "오늘날 사람들은 송 판각본을 귀중하게 여기며 절대 오류가 없다고 하지만 꼭 그렇지만은 않다. … 남송 판각본은 이미 오류가 없을 수 없었다"[212]고 했다. 송본에 오류가 많다는 예증은 무수히 많다. 북송 전당錢塘 안씨顏氏가 인쇄한 《전국책》은 자구의 탈자와 오자상의 오류가 특히나 뚜렷하다. 원부 연간 수도의 소자본小字本 《유집柳集》은 오류와 정확한 것이 반반씩이다. 경사 인본 《동파집》은 "변성세모다풍설邊城歲暮多風雪, 강압춘료여군별强壓春醪與君別"에서 '춘료春醪'를 '향료香醪'로 오각했다.[213] 수도에서 간행한 당경唐庚의 《미산당선생집》의 오령五嶺 이남 지역을 기술한 기록 부분만 해도 역시 오류가 많다.[214] 송본 《왕우승집王右丞集》 중의 〈출새작出塞作〉은 21자가 누락되었다. 건녕 연간에 판각한 《여씨가숙독시기呂氏家塾讀詩記》는 누락된 글자가 더욱 많다. 《산곡황선생대전시주山谷黃先生大全詩注》는 소흥 파양鄱陽의 허윤許尹이 서敍를 썼는데 소흥 아래 연월이 누락되었다. 채몽필蔡夢弼은 《사기》를 판각할 때 "건도칠월춘왕정상일서乾道七月春王正上日書"라고 했는데 여기서 '七月'은 '七年'의 오류다.[364] 지금 송본《통전通典》에는 '關內'가 '開內'로 '工商'이 '二商'으로, '女冠'은 '女官'으로 잘못되어 있다. 또 '記里鼓車'는 '記黑鼓車'로, '文散官特進'은 '時進'으로, '武散官驃騎將軍'은 '驟騎將軍'으로 잘못 새겨져 있어 읽는 사람을 웃게 만든다. 심지어 책 제목이 잘못된 경우도 있는데《백호통덕론白虎通德論》이《백호건덕론白虎建德論》으로 잘못 쓰였다. 고종은 홍매洪邁를 만난 자리에서 그가 쓴《심재수필甚齋隨筆》을 칭찬하며 훌륭한 의론議論이다고 했다. 고종이 본 책이 무녀婺女[365](금화金華) 판각본이었던 관계로《용재수필容齋隨筆》이《심재수필甚齋隨筆》로 잘못되어 있었기 때문이다.[215]

상술한 송각본은 확실히 적지 않은 오류가 있지만 이런 이유로 그 장점을 부정할 수는 없다. 왜냐하면 고서는 대부분 판각을 할 때마다 한 번씩 오류가 발생할 가능성이 있기 때문이다. 어찌되었든 송본은 결국 고본에 가까운데도 원 · 명 이후 판본과 비교하면 당연히 오류가 비교적 적다. 청초 육이전陸貽典은《관자管子》를 교정하며 발문에서 "고금의 서적 중 송판만이 반드시 정확한 것은 아니며, 작금의 판본이라고 반드시 잘못된 것은 아니다. 그러나 옳고 그름을 비교하는 것은 일반적인 것이라, 송각의 오류는 두세 개이지만 작금의 판각은 올바른 것이 예닐곱이 되지 않으니, 어찌 구본을 따르지 않으랴?"라고 말했다. 이 말이 가장 공평 타당하다. 송나라를 좋아하는 사람들이 송판본을 맹신하여 송판본은 모두 정확하고 아름답지 않

364_ 이 부분에서도 한자의 독음을 쓰지 않고 그냥 한자만 쓴다. 한자를 잘못 쓴 것을 말하는 것이기 때문에 한자만을 써도 될 듯하기 때문이다.

365_ 무주婺州를 말한다. 괄호 속에 금화라고 써 있으므로 무주임이 분명하다. 참고로 무녀婺女는 무녀성婺女星을 말한다. 무녀성은 직녀성 남쪽에 있는 별로 이십팔수二十八宿 중 현무칠성玄武七星의 하나다.

은 것이 하나도 없다고 여기는 것 역시 잘못이다.

5. 금서와 판권

금 서

송대 관각 서적과 개인 판각 인쇄 서적은 유례없이 발전하였지만 모든 서적을 다 임의로 간행할 수 있는 것은 아니었다. 조정은 그들의 통치에 저해되거나 위험하다고 여길 경우 출판을 금지했다. 송나라 나벽羅壁은 "송나라가 흥기하여 치평治平 연간에 이르기 전에는 여전히 함부로 판각하는 것을 금하여, 반드시 국자감에 신청해야 했다. 희녕 연간 후에야 이 금지가 완화되었다"고 했다.[216] 그러나 금지령은 때에 따라 엄격했다 완화되었다 하였는데 원우 5년(1090) 7월은 여전히 엄격히 금지하던 상황이었다. 그래서 부득이 회요會要나 실록實錄을 판각 인쇄해야 하는 경우를 제외하고 기타 서적을 판각 인쇄하고자 하는 자들은 선관選官이 상정詳定[366]하여 학자들에게 유익하다고 결론이 난 경우에만 비로소 판각이 허용되었다. 인쇄가 끝나기를 기다렸다 비서성秘書省에 보냈다. 만약 상정 결과 합당하지 않다고 나오면 심리가 실시되었다. 여러 경박한 글은 판각 인쇄될 수 없었고 이를 어기는 자는 곤장 100대에 처해졌다. 주현州縣 감사監司에게 군현郡縣의 일을 위임하고 국자감이 관찰했다."[217]

송나라는 남도 후에는 반드시 심사를 거친 후에야 서적 출판을 허락하였으며 아울러 이를 수차 명문화하여 법령으로 공포했다. 소흥 15년(1146) 12월 17일에 태학정太學正 손중오孫仲鼇가 "지금까지 민간 서방書坊의 서적 간행은 먼저 관련 기구의 검열과 연구를 거쳤습니

366_ '심의를 거쳐 결정하다'는 의미다.

다. 그런 후 다시 교관敎官의 토론에 넘겨진 후 출판 가능한 문건을 선택하여 판각을 허락했습니다"고 했다. 이에 그 말을 따랐다. 17년 6월 19일, 좌수직랑左修職郞 조공전趙公傳이 다음과 같이 말했다. "최근 몇 년간 여러 로路의 서방에서 곡학曲學 사설邪說과 법도에 맞지 않는 글을 함부로 인쇄 간행하니 사리판단이 분명치 않은 배우는 사람들에게는 그 폐해가 매우 큽니다! 각 로의 운사차관運司差官에게 논의를 맡겨 장차 그 결과가 판본에 나타나기를 바라며, 《육경》의 자사류子史類에 맞지 않거나, 더욱이 성현에 대한 시비 판단에 오류가 있는 것이라면 바로 파기해야 합니다."[218] 이에 그 조치를 따랐다. 《소흥령紹興令》에는 더욱 확실하게 "개인이 각판 인쇄하고자 하는 서적은 먼저 소속 기구인 전운사에 신청한 후 선관이 상정하여 배우는 사람들에게 유익하면 인쇄 간행하도록 처리한다"[219]는 명문 규정이 있다. 효종 순희 7년(1180) 5월 기묘일에 "서방이 사사로이 서적 판각하는 것을 금지하는 명령을 내렸다."[220] 광종 소희紹熙 원년(1190) 건녕부에 다음과 같은 조서를 내렸다. "바라건대, 서방이 일전에 금령을 어기고 시험 관련 자료를 판각하여 판매하였으니, 지금 모든 판본을 파손시키라. 이에 현상금을 거니 고발하도록 하라. … 이외 여타 주군州郡에서도 공금을 함부로 사용하여 사사로이 간행해서는 안 된다. 후학을 미혹하는 잘못을 범하는 자에게는 반드시 벌을 내리며 사면하지 않는다. 기거랑起居郞 제갈연서諸葛延瑞의 주청을 따른다."[221] 4년 6월 19일 조서는 다음과 같다. "금후 서책의 판각 인쇄는 반드시 해당 주州 위관委官의 심사와 결정을 거친 후에만 간행할 수 있다. 이에 각 주의 판判[367]에게 한결같이 성실하게 살필

367_ 통판通判을 말한다. 관명으로 양식 운반·가전家田·수리水利와 소송 등을 담당했다.

것을 위임하니, 만약 위반하는 자가 있다면 그 취지에 따라 처벌할 것이다."[222] 《경원조법사류慶元條法事類》 권17에는 다음과 같은 기록이 있다. "개인적으로 서적을 조판 인쇄하고자 하는 자들은 먼저 소속 전운사에 신청서를 납부한다. 그런 후 선관이 상정하여 학자들에게 유익하다면 인쇄 간행을 수락한다. 이에 인본은 상정관의 성명을 갖추어 비서성과 국자감에 송부한다. 개인적으로 판각 인쇄한 여러 서적들 중 소속 기구에 제출하여 상정을 받지 않은 것이 있다면 그 인쇄 판매자는 곧 곤장 100대에 처한다. 인쇄만 하고 판매하지 않으면 (3)등을 감한다." 임의로운 서적 인쇄에 대한 제한은 수차례 명령하고 훈계하는 것에 그치지 않았다. 그러나 송대 관료 정치하에서 이 조치는 진지하게 집행되지 않았고 법령 역시 유명무실한 문서와 다름 없었다.

송대 조정의 판금 도서는 아래의 약 6종이 있다.

1) 천문도참天文圖讖 역대로 천문 도참 전습傳習에는 모두 금령이 따랐다. 그런데 송 태조와 태종은 새로 천하를 얻었기 때문에 더욱 민감하였고 백성이 도참을 이용하여 반란을 꾀할까 두려웠기 때문에 이를 더욱 엄금했다. 태조는 원상元象[368] 기물 · 천문 도참 · 칠요력七曜曆[369] · 태일뇌공太一雷公 · 육임六壬[370] 둔갑遁甲[371] 등을 금지하였고 사가에서 이를 소장하면 안 되었다. 이것을 소장한 자들은 관으로 압송되었다. 태종은 즉위하자마자 "여러 주에서 천문 술수를 잘 아는 자들을 대대적으로 수색하여 궁궐로 보내도록 명한다. 감히

368_ 하늘의 별자리 모양이다.

369_ 일日 · 월月과 오성五星으로 날을 표시하는 역법이다. 즉 일 · 월 · 화 · 수 · 목 · 금 · 토로 중국에서 4세기에 사용했었다.

370_ 음양오행으로 길흉을 점치는 술법이다.

371_ 고대 방사方士의 술법의 하나로 길흉을 보고 교묘하게 피하기 때문에 둔갑이라 한다.

숨겨주는 자가 있으면 저잣거리에서 사형에 처한다. 고발자는 상금 30만"이라고 밝혔다. 또 "여러 도道에서 보낸 천문 상술相術[372] 등을 아는 자가 351명으로, 68명은 사천대司天臺의 노비로 삼고, 나머지는 모두 얼굴에 문신을 하여 섬으로 유배 보냈다."[223] 이와 같은 엄격한 처벌 조치가 있었기 때문에 전습자들은 묵형을 당한 뒤 유배 보내지거나 충군充軍[373]되었고 숨겨주는 자는 참수되었다. 이렇게 되자 더욱더 감히 판각 인쇄하여 시장에 유통시킬 수 없게 되었다. 오직 《역경》의 복서卜筮[374] 및 음양이택二宅을 논하는 책만 제외되었다. 왕수王洙가 삭제 교정한 음양 이택을 논하는 《지리신서地理新書》는 북송 감본이 있어 금나라 때 대대적으로 유행했다. 육임六壬 둔갑과 상술相術 관련 서적은 명나라 건양의 서방에서 소수 간행 인쇄되었다. 송초까지 전해지던 천문 도참 · 태일 뇌공 · 음양 술수 서적은 거의 전부가 실전되었다. 송나라 학사원과 사천감司天監이 함께 확정한 《금서목록》 역시 실전되었다.

2) 명교경상明教經像 휘종은 교만하고 사치스러우며 방종 방탕하였고 정치는 부패하여 농민들은 도탄에 빠졌다. 이런 가운데 이 고난에서 벗어나길 바라며 남북 각지에서 비밀 종교가 유행했다. 일찍이 숭녕崇寧 3년(1104) 4월에 "무도한 무리들이 날조한 《불설말겁경佛說末劫經》을 몰수하고, 정부는 형호남荊湖南 · 북로제전형옥사北路提典刑獄司에게 인쇄 편찬한 자를 철저히 조사하도록 명했다." 정화政和 4년(1114) 8월 30일 조서는 다음과 같다. "하북河北 주현에 요교妖教를 전수하고 배우는 자들이 심히 많아, 이에 극형을 가하나 끝내

372_ 사람의 관상이나 땅의 지형을 보고 길흉을 예언하는 술법이다.

373_ 고대 유형流刑의 하나로 죄인을 변방으로 유배 보내 군졸로 충당하거나 노역을 시키는 것을 가리킨다.

374_ 귀갑龟甲이나 서초筮草를 이용하여 앞일을 예측하는 방법이다.

회개하지 않는다. 듣건대 별도의 경문經文을 서로 전습하여 선동하고 미혹되어 이와 같은 상황을 초래했다. 비록 천문 도참 서적이 아니라 해도 또한 마땅히 법을 세워 금한다. 이를 소지한 집은 주현을 통해 관련 서적을 바치고 수령들은 이런 것들을 취합하여 상서성에 납부하고, 혹 인쇄판과 석각石刻이 있다면 끝까지 찾아내어 관원이 직접 파손하기를 바란다."[224] 얼마 지나지 않아 하북 일대가 금나라에 의해 몰락하자 모든 경문의 인쇄판과 석각 역시 행방을 알 수 없게 되었다.

그런데 남방의 각 로路의 비밀 종교는 "곳곳에 없는 곳이 없었으며 회남에서는 이를 '이회자二襘子', 양절에서는 '모니교牟尼教', 강동에서는 '사과四果', 강서에서는 '금강선金剛禪', 복건에서는 '명교明教'·'게체재揭諦齋' 등으로 불렀다. 명칭이 하나가 아니고 명교가 더욱 심했다."[225] 모니교 또는 마니교摩尼教라고도 하는 명교는 절강과 복건에서 가장 심했고, 강서와 절강지역의 채식을 하고 귀신을 섬기는 신도들[375]은 그들만의 풍습을 만들었다. 선화 2년(1120) 10월, 방랍方臘의 기의가 일어나고 몇 달 지나지 않아 항주 등 6개 주 52개 현을 점령하였는데 이는 바로 명교도의 협조에 의한 것이었다. 방랍기의는 비록 진압되었지만 북송 정권 역시 와해되기 시작하였고 명교는 여전히 성행했다. 선화 3년 10월 4일 신료들이 "온주 등 지역에서 지나칠 정도로 허황된 자가 자신을 '명교'라 칭하고 '행자行者'라 합니다. 거처하는 마을마다 집을 짓고 재당齋堂이라 하는데 온주에 모두 40여 곳이 있습니다"[226]고 했다. 난계蘭溪의 범준范浚은 "강서와 절강 사람들은 요망한 교를 전습한 지 오래되었다. 그러나 해가 갈수

375_ 고대 중국 당국은 이런 류의 교파를 관서官書에 '흘채사마吃菜事魔'라고 칭했다.

록 더욱 심해져 마을마다 부락마다 이어져 집집마다 모두 관련 서적이 있다"[227]고 했다. 명교도는 농촌에 깊이 침투하여 교당을 세웠는데 온주에만 40여 개 소가 있었고 삼산三山(복주福州)은 더욱 심했다.

명교도 구성원은 일반 농민뿐 아니라 수재秀才 · 관리 · 군병軍兵 및 종자宗子(즉 황족)도 있었고 '마치 아교와 옻칠을 한 듯' 매우 단단하게 결속되었다. 이 점이 바로 통치 집단의 걱정을 불러일으켰다. 육유는 "만일 비밀리에 움직이기 시작한다면 매우 무섭다 할 것이다. 한나라 장각張角 · 진晉나라 손은孫恩과 근년의 방랍이 모두 이와 같다.… 이에 여러 차례 분명히 고지할 것을 주장하니, 지금 전습자에게 한 달로 기한을 제한하여 불상과 의모衣帽를 가지고 관가로 가 자수하면 그 죄를 감면하여 준다. 기한이 만료되면 다시 상금을 걸고 사람들이 고발 체포하는 것을 허락한다. 주현에 그 경문 인쇄판을 발본색원하여 바로 소각하기를 명령한다. 요상妖像을 그리거나 명교 등 요망한 경문을 베껴 쓰거나 간행 인쇄하는 자는 법을 만들어 1년간 징역을 살게 한다. 이로써 앞으로 암암리에 난이 일어날 우환을 거의 미연에 제거할 수 있을 것이다"라고 말했다. 명교도의 생활방식은 일반적이지 않다. 그들은 흰 옷에 검은 모자를 쓰고 조상에게 제사를 드려 혼을 불러들이며 절대 육식을 하지 않는다. 유향을 태우는 것은 유향을 귀하게 여긴 것이고, 버섯을 먹는 것은 버섯을 귀하게 여긴 것이다.[228] 또한 때가 되면 명교재明教齋를 드리러 간다. 명교도는 문자와 그림을 통한 포교를 중시하여 적지 않은 경문을 멋대로 저술하고 불상을 그렸는데 다음과 같은 것들이 있다.

《흘사경訖思經》 · 《증명경證明經》 · 《부모경》 · 《태자하생경太子下生經》 · 《문연경文緣經》 · 《칠시게七時偈》 · 《일광게日光偈》 《월광게月光偈》 · 《평문책平文策》 · 《한찬책漢贊策》 · 《증명찬證明贊》 · 《광대참廣大懺》 · 묘수불정妙水佛幀 · 선의불정先意佛幀 · 이수불정夷數佛幀 · 선

악정善惡幀 · 태자정太子幀 · 사천왕정四天王幀[229]

선화 3년 8월 25일 조서는 "《이종경二宗經》을 제외하고 모두 소각한다"[230]고 했다. 이에 위에서 열거한 각종 경전과 불상은 당연히 모두 소각되었다. 《이종경》이라 하는 것은 당 무측천 시기에 페르시아인이 전하였으며 돈황 고사본古寫本 중에 《모니경牟尼經》의 잔경이 있다. 홍매는 《이견지夷堅志》에서 '이종'을 '명과 암'으로 해석했다. 또 《삼제경三際經》도 있는데 이는 과거 · 미래 · 현재를 말하는 것이다. 대중상부 연간에 《도장道藏》이 유행하자 부호인 임세장林世長이 재물을 써서 마니교 경전을 도장 안에 편집하여 넣도록 하였고, 후에 박주亳州 명도궁明道宮에 안치하였다.[231]

육유는 당시 복건 지역에 "위경僞經과 요망한 불상이 판각 유포되었다"고 하며 "민남에도 역시 명교 경전이 매우 많다"고 했다. 판각하고 모사하여 인쇄할 때 《도장》 중에 있는 교정관 직함을 그 뒤에 멋대로 도용했다. 《이장경》이 《도장》 속에 수록되었기 때문에 훼손되지 않자 명교 교도들은 기타 경전에도 《도장》에 있는 교정관의 직함을 이용하여 합법적임을 나타내었다. 안타까운 점은 당시 성행했던 대량의 명교 경전과 불상들이 지금은 한 점도 전해지지 않는다는 사실이다. 《도장》에 수록되었던 《이장경》 · 《삼제경》조차 없어졌다.

대주臺州 마니교는 청나라 동치同治 초에 '무위교無爲敎'로 개명하였고 금육禁肉 하는 교도 2천여 명이 만촉회운萬燭會雲을 거행했다.

3) 변방정책의 시무時務 송나라 정부의 최대 관심사는 요나라(거란) 및 그 뒤에 출현한 금나라와의 국방 문제였다. 국가의 안전을 보호하기 위해 관련 정치 군사 기밀의 유출을 매우 염려했다. 이에 수차례 법령을 반포하여 경계를 한층 엄격히 강화했다. 일례로 인종 강정康定 원년(1040) 5월 2일 조서는 "도성의 무도無圖의 무리와 서점을 하는 자들을 탐문 조사하니, 이들 중 많은 자들이 여러 색목인이

가져온 변방 정책[邊機]과 관련된 내용을 문서로 판각 인쇄하고 판매하여 외부로 유포했다. 이에 이들을 면밀히 추적하여 붙잡는 일을 개봉부에 맡기고 고발하도록 하며 관련자들을 국문하여 황제께 보고한다"고 되어 있다. 철종 원우 5년 7월 25일, 예부는 "무릇 시정時政의 득실을 논하는데, 변방의 군사기밀과 관련된 글은 베껴 기록하고 퍼뜨리면 안 된다. 본국의 《회요》와 《실록》은 조판 인쇄되면 안 된다. 위반하는 자는 징역 2년에 처한다. 고발하는 자는 상금이 10만 관貫"[232]이라고 했다. 대신 가운데 구양수와 소철 등은 이 문제에 대하여 매우 경계하는 태도를 취하였으며 기밀이 유출되어 나라에 불이익이 될까 두려워하며 매우 지극하고도 간곡하게 이 문제에 대하여 논했다. 지화至和 2년 구양수는 다음과 같이 말했다. "신이 삼가 엎드려 보건대, 여러 차례 조정의 지시가 있어 글의 판각 인쇄 금지에 엄밀하지 않음이 없으나 근자에 판각이 더욱 많아지고 있습니다. 무릇 일찍이 판각 인쇄 약조를 맺지 않은 서포에서까지 판매하는 자가 생겨나고 있습니다. 삼가 신이 보건대 도성에서 문집 20권을 조판 인쇄하여 《송문宋文》이라 이름 붙인 것은 대부분 지금의 시정에 대한 의론으로 제1편이 왕년의 부필富弼의 《양관표讓官表》이고, 그 사이에 북방 오랑캐[北虜]와 관련된 사항이 매우 많으며 그 언어가 상세하니 유포되어서는 안 됩니다. 판각 인쇄자들이 상황의 요체를 몰라 이 책자들이 점차 멀리 유포되어 오랑캐의 수중으로 들어가면 조정에 불리하지 않을까 삼가 두렵습니다. 또한 더 많은 그 나머지 글은 후학에게 필요치 않은 것이거나 사람들이 본받을 만한 것이 못 됩니다. 아울러 편집하게 되면 배우는 자들을 잘못 이끌 수도 있습니다. 신은 지금 개봉부에 있는 판본을 소각하고 서포를 금절하고 금후 만약 관가의 상정을 거치지 않고 망령되이 문집을 판각 인쇄하여 절대 판매할 수 없게 하는 지시를 분명히 내리시기를 간절히 청하옵니다. 서포와 여러 색목인들을 고발하도록 허락하고 상금 2백 관문을 내리며 법을 어긴 자의 재물로 이를 충당합니다. 판각한 자 및 판매자들도 아울러 엄단해야 합니다."[233] 소철은 요나라에 사신으로 갔다 돌아온 후 북쪽 변경의 일을 찰자札子에 이렇게 논했다. "본조本朝의 민간에서 판각 인쇄한 글들이 신 등이 본 바에 의하면 북쪽에 없는 것이 없습니다. 그곳에는 본조 신료들의 장소章疏[376]와 사대부의 책론, 조정의 득실에 관한 논의 및 국정과 군무의 이해利害를 언급한 글이 적지 않습니다. 평민 백성은 어리석고 식견이 짧아 오직 이익만을 바라보고 경박한 내용을 담은 글을 인쇄 간행하여 미치지 않은 곳이 없습니다. 만약 북쪽으로 남김없이 흘러 들어가면 위로는 기밀이 유출되는 것이고, 아래로는 오랑캐들의 비웃음거리가 되니 이 모두 매우 불리합니다. 찾아가 듣건대 이런 문서를 오랑캐에 판매하면 이익이 10배나 된다고 합니다. 이익을 탐하는 것은 인지상정이라 비록 상벌을 중하게 하여도 금할 수 없습니다."[234] 선화 4년 밀주密州 지주 직무대리 조자서趙子書의 상주문은 다음과 같다. "삼가 듣건대 신종 황제 정사正史는 많은 부분을 전임 재상의 《왕안석일록王安石日錄》을 근거로 하여 취했다고 합니다. 그중에 군사전략과 정치 방책이 곳곳에 담겨 있으니 그 책은 진실로 비밀이어야 합니다. 그러나 근자에 서적 판매인들은 도리어 《서왕일록舒王日錄》을 판매하니 신의 어리석은 생각으로는 삼가 바람직하지 않다고 여겨 금지하기를 청합니다. 나라의 기밀 대사가 여염에 퍼지거나, 주위의 오랑캐 나라에 전해져 그 국체國體가 실로 강대해지면 안 됩니다" 하니 이를 따랐다. "이에 개봉부 및 제로諸路의 주군州軍에 판본을 폐기하고 판매를 금지시키라는 명령을 내려야 합니다. 만약 이를

376_ 옛날 신하가 군주에게 올려 간언하는 문서다.

위반하면 각종 고발을 허락하고 상금을 1백 관으로 해야 합니다."[235] 이 세 명은 문제의 심각성을 느껴 판본을 파손 폐기시키고 유통을 금지시킬 것을 요구했다. 《송문》과 《서왕일록》이라고 하는 두 책은 전해지지 않는다.

북송은 기밀문서를 판각 인쇄하는 일을 금지하였을 뿐 아니라 판매자에게도 역시 혹독한 처벌을 가하도록 규정했다. 일찍이 경덕 3년(1006) 조서에서는 "백성들 중 서적을 가지고 변경 근처 각장榷場[377]으로 가 교역하는 자는 《구경》 관련 서적이나 그 소疏가 아니면 모두 거래를 금지한다"고 했다. 원풍元豊 원년(1078)에 다시 "여러 각장은 만일 《구경소九經疏》 이외의 서적을 북방 손님에게 팔거나 중국인이 아닌 사람에게 개인적으로 판매하는 자들은 3년 형에 처한다. 이런 일을 범한 자들은 1등을 감하여 모두 인근 주로 유배 보내고, 상황이 심각한 자는 천 리 밖으로 유배 보낸다. 사람들이 고발 체포하는 것을 허락하며 상금을 내린다. 이를 영으로 세우고 성문화한다"[236]는 조서를 내렸다. 대관大觀 2년(1108) 3월 13일 조서는 "변경 주위의 주군州軍은 여전히 엄격하게 금지하고 몰래 감추어 은밀히 국경 밖으로 판매하는 자는 동전출계법銅錢出界法[378]에 의거한다"[237]고 했다. 송나라 초기 동전출계법은 처벌이 매우 엄격하여 2관을 국경 밖으로 유출한 자는 1년 형, 3관 이상인 자는 저잣거리에서 사형에 처했다[棄市]. 국경 밖으로 서적을 판매해도 역시 충군充軍으로 유배되거나 심하면 사형에 처했다. 그러나 오직 재물과 이익만을 추구하는 상인들은 적국에 판매하면 그 이익이 10배에 이르기 때문에 개인적 이익 앞에서 이성적으로 판단하지 못하였고 금령을 고려할 여

377_ 송 · 요 · 금 · 원 시기 변경에 설치한 시장으로 근린국과 무역이 이루어졌다.
378_ 전체 명은 동전출계죄상령銅錢出界罪賞令으로 동전을 외국 상인과 교역하면 2년 감옥형이나 천리 밖으로 호적을 옮겨야만 했다.

지가 없었다. 요나라 지배자들의 주요 관심사는 《구경》이 아니라 송나라의 중요 정보 자료였다. 대관 2년 조서는 "북방 오랑캐 나라를 방문하면서 본 왕조에서 간행 인쇄하여 판매한 문집 서책류를 많이 거두어 모으라"고 되어 있다. 소철은 거란에 사신으로 가서 보고 "본 왕조의 민간에서 판각하여 간행한 문서 중 북쪽 지역에 없는 것이 없다"고 여겼다. 이로써 북송의 인본 서책은 거란에 광범위하게 유통되었으며 번각된 것도 있었음을 알 수 있다. 이는 거란이 서적 수출을 금지하는 상황과 선명한 대비를 이룬다. 심괄은 《몽계필담》에서 "거란은 금서가 매우 엄격하여 중국으로 유출시키는 자는 모두 사형에 처했다"고 했다. 거란은 명령을 내리면 반드시 행하여 상인들은 감히 법을 어기지 못했다. 따라서 요나라 인본 중 송나라로 들어온 것은 정치와 무관한 자서字書와 《금강경》뿐이다. 그런데 자서는 송나라 사람이 몰래 가지고 들어온 것이다. 이런 상황은 이후의 조선과 일본 간의 상황과도 매우 유사하다. "조선의 서적은 일본으로 전해지지 않은 것이 없지만 일본은 영이 엄하여 문서를 국외로 유출할 수 없었다."[238]

남송은 이후 금나라와 대치하며 평화와 전쟁이 반복되었기 때문에 변방의 시무時務는 누설되면 안 되었다. 남으로 천도 후 "상인들은 기거랑起居郎 웅극熊克의 《중흥소기中興小紀》와 《구조통략九朝通略》 등의 서적을 가지고 회하淮河를 건너고자 하였다. 그런데 회하 하류지역인 우이盱眙에 있던 군대가 이 소식을 듣게 되었다. 이에 여러 도는 군과 읍의 서방을 잘 살펴 국체와 관련된 서적은 종류를 불문하고 모두 파손 폐기하라는 명을 내렸다."[239] 소희 4년(1193) 6월 19일, 신료들은 "조정 대신의 주의奏議와 대간臺諫의 장소章疏, 내외의 봉사封事,[379] 선비들의 정문程文,[380] 비상사태 기밀 계획은 누설되어서는 안 됩니다. 그러나 지금도 여전히 저잣거리에 유포되고, 서적포에서 간행하여 사방의 먼 변경지역까지 유포되었으니 이 일은 바람직하지 못합니다. 준엄하고 단호하게 금지하기를 간청합니다. 사천 제사制司는 공문을 소속 주州와 군軍[381]에 하달하며 아울러 임안부 · 무주婺州 · 건녕부는 매년 조례와 법규에 따라 지휘하며 엄준하게 서적 판매를 금지하기를 바랍니다. 아울러 서방에서 판각한 목판과 이미 인쇄된 서적은 즉시 추적 압수하여 관리가 소각해야 합니다. 이미 소각 처분한 명단은 추밀원에 보고하도록 해야 합니다"[240] 라고 말했다. 《경원조법사류慶元條法事類》에는 다음과 같은 말이 있다. "여러 향시에 합격한 거인擧人의 정문程文을 임의로 판각 인쇄하는 자는 곤장 80대에 처한다(원주는 '시부경의론 중 일찍이 소속 기구의 상정을 거친 것은 제외한다'임). 그 일이 적국의 정황, 특히 아국에 대하여 취하는 적국의 행위와 관련된 자는 3천리(원주: 내시內試[382] · 책사策事[383] · 변방 담당자 및 시무자 담당자는 이에 준한다)로 유배 보낸다. 아울러 고발을 허용한다." 장소章疎, 밀봉된 상소와 유생의 시무 대책은 자연히 치국 및 군사와 관련되는데 그 중 유생의 시험지는 현장에서 답이 작성되고 오류 발생이 더욱 용이하기 때문에 판금되었다. 그러나 이런 류의 시험지인 정문이 과거시험장에서 표절용으로 제공되었기 때문에 유생들은 앞다투어 구매하여 입신양명의 수단으로 삼았다. 남송의 "건녕 서방이 편집 인쇄한 과거시험장용 서적은 매일 편집하여 매월 발행하였기에 시대가 달라지고 세월이 바뀌어도" 여

379_ 밀봉한 주장奏章이다. 옛날 신하가 상주문을 올릴 때 누설을 염려하여 검은 비단주머니에 넣어 봉했다.

380_ 과거 시험장에서 쓰는 일정한 법식이 있는 글을 말한다.

381_ 송대 지방행정구역으로 군軍은 로路의 직속이며 주州와 동급이다.

382_ 과거시험 중 가장 높은 단계인 전시殿試.

383_ 참가자들은 하나의 사물을 중심으로 하여 관련 전고와 역사적 사실을 서술하여 누가 더 많이 알고 있는지 겨룬다.

전히 베스트셀러 서적이었다. 절대 유명무실한 문서 한 장으로 금지하고 근절시킬 수 있는 일이 아니었다.

4) 법령·역서 북송 대리시大理寺·숭문원崇文院 등 기관은 20여 종의 법령을 출판했지만 개인적인 판각 인쇄는 금지했다. 경력 2년(1042) 인화仁和(지금의 항주) 지현知縣 적소응翟昭應이 《형통률소刑統律疏》 정본을 《금과정의金科正義》라고 바꾸어 판각 인쇄 판매하자 "전운사가 죄를 국문하고 그 판을 파손하라"는 조서를 내렸다. 원우 3년(1088) 3월 1일 조서는 "칙서와 춘추를 편집하고 공문을 반포하여 인쇄 판매를 못 하게 하라"고 되어있다. 소성 2년(1095) 정월 21일 형부에서는 "형법을 배우는 모든 사람은 칙敕·영令·식式 등을 반드시 이용해야 하며 관원을 소집해 공탁을 허락하여 지묵 비용[工値]을 납부하고 해당 부서로 가서 상황을 진술하고 인쇄 발부받는다. 이를 어기는 자는 도인법盜印法과 같이 그 죄를 논하는 것을 허락한다"고 하니 이에 따랐다.[241] 법률을 공부하는 사람들은 반드시 관원의 보증이 있어야 비로소 돈을 주고 필요한 교재를 살 수 있으며 남의 이름을 사칭하여 수령하는 것을 허락하지 않았다.

남송 법률서는 여전히 개인 인쇄를 금지했다. 《경원조법사류》에는 "율·칙령·격식格式[384]·계속적으로 내려오는 조례제도 및 책력을 사적으로 새기거나 불법 인쇄하는 자는 각기 곤장 1백 대에 처한다. 사람들의 고발을 허락한다"는 규정이 있다. 불법인쇄법의 금지사항은 정부의 위엄을 유지하고 오류 발생을 방비하기 위해서 만들어졌을 것이다.

당 문종과 후주後周 시대에 이미 칙령으로 개인적인 책력[私曆] 발행을 금지했다. 송 희녕 4년(1071) 조서는 "사천감司天監에서만 책력

384_ 관리가 업무를 처리하는 규칙과 법도.

을 인쇄 판매할 수 있으며, 민간에서 사사로이 인쇄하면 안 된다"고 했다. 사람들은 이것이 왕안석의 주장이라고 본다. 유지劉摯는 "그 이익을 구하려 책력까지도 관아에서 팝니다"라고 상소했다. 정삭正朔 반포는 황제의 특권이었다. 황제의 존엄을 유지 보호하기 위해 개인의 판각 인쇄를 허락하지 않았지만, 왕안석은 재정 수입의 증가에 치중하였기 때문에 반대파의 공격을 받았다.

남송은 개인이 책력을 판각 인쇄하면 곤장 1백 대에 처했다. 원래 주注는 "사건을 더하고 대소본 책력을 판각 인쇄하여 판매하는 자는 이에 준하니 천리 편관[385]에 처한다"고 되어 있다. 또 "책력을 소략하게 판각하여 인쇄하는 자는 곤장 80대에 처한다"고도 되어 있다. 단지 큰달, 작은달, 절기 및 국기國忌(황제 사망일)를 표시하여 판각 인쇄하는 자는 죄를 면했다. 이와 같이 간단명료한 소력小曆은 오늘날 우리네 고향에서 지금까지 유행하고 있는 '춘우도春牛圖'[386]와 유사하다. 즉 작은 종이 한 장에 1년 12개월 매 달의 대소 및 24절기를 인쇄한 것으로 '황제 사망일' 같은 것이 없음은 당연하다. 옛날에는 거지 우두머리[丐頭][387]가 인쇄하여 시골에 판매하던 것으로 근년 들어 그림 속의 농우農牛는 이미 트랙터로 바뀌었다.

5) 회요會要[388] **· 실록**實錄 원우 5년 25일 조서는 "《회요》와 《실록》은 판각 인쇄하면 안 된다. 위반하는 자는 2년 형에 처한다. 고발

385_ 편관編管은 송대 관리가 죄를 지으면 멀리 떨어진 주군으로 보내져 그 지역의 호적에 편입되며 지방 관리의 단속을 받는 것을 가리킨다.

386_ 옛날 중국에서 그 해의 날씨 · 강수량 · 간지 · 오행 · 농작물 수확 등을 예측하는 데 사용한 자료 도감이다.

387_ 명 만력 연간 의탁할 곳이 없는 가난하고 병든 노인을 수용하여 정부가 경제적으로 지원하고 관리를 위해 이들 중에서 우두머리를 뽑았는데 이들이 바로 개두丐頭이다. 개두는 정부 · 관원 · 소재지 상인 및 주민과 일정한 관계를 형성하며 독자적인 경제를 형성했다.

388_ 한 조대의 각종 규정 제도와 그 변화 상황을 기록한 서적.

자에게 상금 10만을 내린다. 조정의 《국사》와 《실록》은 이에 전사傳寫하면 안 된다"[242]고 했다. 《경원조법사류》는 "어서御書·본 왕조의 《회요》를 판각 인쇄하는 자 및 시무時務와 국경 기밀문서를 언급하는 자는 곤장 80대에 처하며 사람들의 고발을 허락한다"고 되어 있다. 이로써 남송과 북송 모두 당대의 《회요》와 《실록》 판각 인쇄에 금령이 있었음을 알 수 있다. 그러나 실제로 매우 엄격하게 집행되지는 않아서, 저명한 역사학자 이심전李心傳이 편찬한 580권에 이르는 《국조회요총류國朝會要總類》가 촉蜀에서 판각되었다. 그 판본은 국자감으로 압수되었지만[243] 곤장형이 내려졌다는 소리는 듣지 못했다. 앞 왕조의 회요를 제한 없이 출판한 것은 말할 것도 없다. 《당회요唐會要》는 오군吳郡 판각본(경력 6년 전)이 있고 《오대회요五代會要》는 문언박文彦博의 촉 판각본(경력 6년) 등이 있다.

회요와 실록 등은 기본적인 국사 자료로서 가장 중요하며 당시에는 기밀을 유지해야 했고 공개하기 어려운 내용이 상당수 있었다. 따라서 판각 인쇄를 허락하지 않았을 뿐만 아니라 전사도 금지했다. 송대 《실록》은 이미 유실되었다. 다행히 《송회요》는 《영락대전》에 보존되어 오다가 청나라 서송徐松이 집록 출판하고 섭위청葉渭淸의 정리를 거쳐 오래전에 북평北平도서관에서 출판되었다. 중국 내에서 공적·사적으로 소장하고 있는 《명실록明實錄》은 모두 명나라 사본寫本[389]이거나 후에 전해진 초본抄本[390]인데 대부분 완전하지 못하다. 조선이나 일본에서 구입해 간 것도 있다. 《명실록》과 《대청실록大淸實錄》은 1949년 이전에 정식으로 출판되기 시작했다.

6) 어서자御書字**, 소문**蘇文**·황문**黃文 인종 가우 6년(1061) 정월

389_ 본래 판각본이나 저본底本 없이 붓으로 베껴 제작된 본.

390_ 저본에 근거하여 붓으로 기록하여 제작된 부본副本.

계축癸丑 조서에 "개봉부는 지금부터 어서자를 모각摹刻하여 판매하는 자를 중형으로 다스리라"[244]고 했다. 조서에서 말하는 어서자는 아마도 황제의 친필 묵적墨迹일 것이며, 바로 후대에서 말하는 '신한宸翰'이다. 인종은 비백체飛白體에 능하고, 휘종은 수금체瘦金體를 만들었으며, 고종은 석경石經(지금 항주에 있음)에 어서를 남겼다. 남송과 북송의 여러 황제들 중 글을 잘 쓰는 이가 많아 민간에서 이들의 어서를 임의로 모각하여 본래의 필체와 달라졌다. 이에 혹시나 어서를 욕되게 하는 일이 생길까 하여 이를 금한 것이다. 남송에는 "어서를 판각 인쇄하면 곤장이 80대이며 고발을 허락한다"는 규정이 있었다.

숭녕·대관 연간(1102~1110)에 지배계층의 내부 갈등이 첨예화되자 채경蔡京은 원우학술元祐學術[391]을 조사한 후 금지했다. 선화 5년(1123) 중서성은 다음과 같이 말했다. "복건과 가까운 지역에서 인쇄 제작한 소식과 사마광의 《문집》 등을 사정査定하여 토의 결정했다. 금후 거인擧人들 중 원우학술을 전습하는 자는 법을 위반한 것으로 간주하여 처벌한다. 인쇄 제작 및 판매자 역시 같은 죄로 다룬다. 이에 관련 조칙을 법률로 만든다. 인쇄 판매되는 문집이 발견되면 수도에서 개봉부·사천로·복건로福建路의 여러 주군州軍이 판을 파손하라는 조서를 내린다."[245] 사마광의 《자치통감》은 신종이 어제서御製序를 썼기 때문에 감히 파손하지 못했다. 소동파·황산곡黃山谷의 시문은 많은 독자들의 사랑을 받았기 때문에 엄하게 금할수록 독자들은 더욱 보고 싶어 하여 책값 역시 올랐다. 그러나 당시 법을 어기는 것을 두려워한 서점은 소식과 황정견 두 사람의 서적 판본을 모

391_ 소식을 필두로 한 원우元祐 연간의 사인詞人들은 학자였는데 원우학술은 바로 이들의 학술을 가리킨다. 원우 연간은 신정을 반대하는 구당이 정권을 잡고 있었기 때문에 후에 벌어진 당쟁에서 원우는 구당 또는 그 구성원을 지칭하였다.

두 파손했다. "오직 왕의 인척 집안만이 판각 인쇄하였으며, 대략 황금 1근과 소식의 글 10편과 바꾸었으니 이들의 글을 금지할수록 그 서적은 더욱 귀해졌다."[246] 황금 1근으로 동파의 글 10편을 바꾸었다니 보기 드문 높은 가격이라 할 수 있다. 거란 사람이 동파의 동생 소철蘇轍(자유子由)을 만나서 "거란은 동파의 《미산집》은 물론이고 소철 및 이들의 부친인 소로천蘇老泉(소순蘇洵)의 저작까지 모두 다 있다"고 말했다. 바로 소철의 시에도 "누가 우리 집안의 서적을 가지고 북방 땅으로 갔는가, 오랑캐를 만나면 소식을 묻곤 한다"는 부분이 있다. 후에 금나라 사람들이 변경汴京에 들어와 "감본 서적과 《장경藏經》을 찾아내고 검토하며 《자치통감》과 소식과 황정견 문집 등은 모두 지명하여 탈취했다."[247] 동파의 《대소소집大蘇小集》은 요나라 서방에서 출판되었고 《동파주의東坡奏議》 역시 금나라 국자감에서 간행된 것으로 미루어 요·금 모두 적국이지만 역시 소동파를 존경했음을 알 수 있다. 남도 후 《사마광집》은 복건로본·천주공사고본泉州公使庫本·무강군학본武岡軍學本이 있었다. 그런데 《동파집》 판본은 적어도 20여 종에 달하니 참으로 이른바 "사람들이 원우의 학문을 전하니 집안마다 미산의 서적이 있다"고 하겠다. 조선인은 "우리 해동의 시인들은 대부분 소동파·황정견을 숭상한다"고 했다. 이로써 조선의 시단에까지 영향을 미쳤음을 알 수 있다.

장순민張舜民도 당적黨籍[392]에 들었고 그의 저서로는 《화만집畵墁集》이 있으며 "정화 연간에 일단 발행되자, (책을) 파는 자가 골목을 메웠다"[393]고 전한다. 비록 채경이 금지하였지만 원우학술은 남도 후

392_ 원우의 당적, 왕안석의 신법에 반대한 문인·학자 119명의 리스트를 말한다.

393_ 이 구절은 주자지周紫芝의 《태창제미집太倉稊米集》에 소동파의 싯구와 비슷한 구절이 장순민의 시집에도 있고 《동파집》에도 있는데 사람들은 종종 장

에도 여전히 판각 간행되었다.

북송은 《송문》·《서왕일록》·《금과정의》 등의 서적에 대하여 차례로 모두 판을 훼손하라는 조서를 내렸다. 남송은 성도·장사에서 출판한 공이정龔頤正의 《속계고록續稽古錄》(신종 희녕에서 영종까지의 일을 기록) 역시 판본을 파손하라는 성지를 내렸다. 이종 보경寶慶 초 사미원史彌遠이 황태자를 폐위시킬 무렵, 저명한 전당錢塘 서점의 진기陳起가 간행한 《강호집江湖集》이 판매되었다. 그는 여기에 "가을비는 동궁전 오동나무에 내리고, 봄바람은 상공교 버드나무에 분다"는 시를 써서 제양군왕濟陽郡王 조횡趙竑을 애달파하고 사미원을 책망했다. 이에 《강호집》의 서판은 쪼개졌고, 그는 유배를 갔으나 승상 정청鄭淸의 힘 덕에 유배 간 지 얼마 지나지 않아 사면을 받아 돌아오게 되었다. 이 시화詩禍는 권신 재상의 노여움을 사서 관련자들은 묵형墨刑에 처해져 유배당했고 서판書板은 빠개졌으며 같은 죄로 연루된 자가 6명에 이르는 송대의 필화사건이라 할 수 있다.

송대에는 본 왕조와 관련된 서적의 판각 인쇄를 금지했을 뿐 아니라, 때로 당나라 사람들의 저서 역시 소각 파손되기도 했다. 도군道君 황제[394]는 도교를 숭상하였기 때문에 선화 연간에 당나라 승려 법림法琳이 노자를 반박하기 위해 편찬한 불서 《변증론辯證論》·《파사론破邪論》·《견정론甄正論》을 소각했다.[248] 이런 판금과 파손을 거치면서 《대장大藏》에는 이 부분이 빠지기도 하였지만 《남장南藏》에는 여전히 《파사론》이 수록되어 있다.

순민의 시가 소동파 시집에 들어갔다고 오해를 하였다고 한다. 이는 장순민과 소동파가 아주 가까웠고 그 시풍도 호방하였기 때문이다. 주자지는 또 정화 7, 8년에 서울에서는 책을 파는 사람과 사는 사람이 골목을 메웠다고 한다.

394_ 송 휘종을 말한다.

판 권

송대 서적은 상품으로 시장에 유통되었기 때문에 자연히 베스트셀러와 판매가 부진한 서적 간의 구별이 있었다. 베스트셀러는 중국 내외에 널리 유행하여 이익을 얻었기 때문에 다른 출판상들도 이익을 노리면서 모방하여 번각본을 펴냈다. 고서를 번각 인쇄하는 경우는 문제가 없지만 당시 다른 사람의 저작인 경우 판권 문제가 발생했기 때문에 출판업자는 팻말에 "이미 상부에 보고하였으며 복판을 허락하지 않는다"는 글귀를 분명히 써놓게 되었다.[249] 그러나 역대 왕조의 조정은 판권을 명문 규정으로 보호하지 않았기 때문에 이런 류의 경고식 팻말은 실효성이 없는 공허한 말에 불과했다.

남송 초에 어떤 사람이 《화원우부집和元祐賦集》을 난계蘭溪의 범준范浚 이름을 도용하여 판각하고 여기저기 판매했다. 범준은 이에 소송을 걸어 공문을 회람토록 하고 건양建陽에서 그 판을 폐기시켰다.[250] 건양의 서방은 오직 이익만을 추구했기 때문에 이름을 도용한 가짜 작가가 나오기까지 했다. 돈을 벌 수 있는 책이라면 각지의 서방은 표지를 바꾸고 내용을 줄이며 이름만을 바꾼 채로 출판했다. 출판업자들은 자신의 노력이 수포로 돌아가지 않게 하고 들인 돈을 날리지 않기 위하여, 종종 당국에 부탁하여 방을 붙여 명시해주기를 부탁했다. 이에 구주衢州·무주婺州·마사麻沙의 서방과 장평長平·웅둔熊屯의 서적 판각 지역 등지에서는 이 방을 걸어두었다. 예를 들면 건안의 축목이 편집 간행한 《방여승람方輿勝覽》·《사육보원四六寶苑》·《사문류취事文類聚》는 바로 이렇게 방문을 붙혀서 저작권을 보호했다.[251] 나월羅樾은 단창무段昌武의 《총계모시집해叢桂毛詩集解》를 간행했는데 국자감이 공거公據[395]를 발부하여 유포하고 아울러 첩문

395_ 관부의 증빙 문서다.

牒文을 갖춘 양절로兩浙路와 복건로의 전운사가 준비된 문구로 소속 서방을 단속하는 식으로 이루어졌다. 예를 들면, 만일 약속을 지키지 않고 어기는 자는 책판을 추적하여 쪼개 없애고 엄중처벌을 한다고 했다.[252] 당시 내렸던 첩문이 방을 붙여 명시한 것과 더불어 도대체 어느 정도 효과가 있었는지는 여전히 의문이다.

6. 납판의 창시

송나라 사람들은 각종 목판·동판을 인쇄 도구로 사용했을 뿐 아니라 밀랍을 이용하여 인쇄하는 방법까지 발명했다. 소성 원년(1094) 개봉 경성 사람들은 새로 급제한 장원 명단을 신속히 통보해야 했는데 목판을 조각할 겨를조차 없어 밀랍으로 각인을 대신 했다. 이 기록은 송나라 하원何薳의 《춘저기문春渚紀聞》 권2에 보인다.

> 필점畢漸이 장원이고 조심趙諗이 차점자이었다. 과거시험이 끝나고 처음으로 급제한 진사의 이름을 호명하니 서울 사람들은 이를 통보하기에 급하여 밀랍으로 각인했다. 장원한 필점의 '점漸' 자를 각자한 부분 중 삼수변에 먹이 묻지 않아 제대로 나오지 않았다. 전달자는 준엄하게 큰 소리로 "장원 필참畢斬, 차석 조심趙諗!"이라고 외쳐댔다. 식자들은 모두 이를 상서롭지 못하다고 여겼다. 후에 조심은 정말로 모반을 꾸미다 주살되었다. 이것이, 즉 필참조심畢斬趙諗[396]이다.

당시 새로운 장원 이름은 필점畢漸[253]이었는데 밀랍은 유성油性이기 때문에 '漸' 자의 삼수변에 먹이 묻지 않아 인쇄되지 않았다. 그런

396_ '필참조심은, 즉 "끝내 조심을 참수한다"는 뜻이 된다.

데 전달자는 큰 소리로 "장원 필참, 차석 조심!"이라고 외친 것이다. 후에 방안榜眼(과거의 차점자) 조심은 결국 참수되었다. 송나라 오증吳曾은 《능개재만록能改齋漫錄》 권16의 '필점과 조심의 비결秘訣'에서 이에 대해 역시 언급하고 있다. "장원 필점은 악의가 있는 자라 등과를 기록하는 비에 이름을 새길 때 삼수변을 없애버렸는데 얼마 되지 않아 조심이 사형 집행을 받게 되자 비로소 필참조심이라는 비결을 깨달았다." 이 일은 미신에 가깝지만 바로 미신이기 때문에 하원이 기록한 것이다. 이러한 납인蠟印은 긴급을 요하는 신속함에 적합한 물건이지만 원·명 시대에도 사용했는지 여부는 기록에 보이지 않는다. 그러나 청나라 때는 신문 인쇄에 자주 사용했다.

7. 관과 개인의 장서

송대 인쇄업의 발달로 시장에 인본이 가득했고 서적 애호가가 증가하였는데 이는 장서가 및 관과 개인의 장서 수량의 증가 면에서 전시대를 뛰어넘었음을 반영한다. 송나라 초기 태평흥국 3년에 숭문원을 설립하고 고금의 서적이라면 모두 소장했다. 또 삼관三館이라는 것이 있었는데 바로 소문관昭文館·사관史館·집현원集賢院으로 모두 숭문원에 있었다. 동랑東廊은 소문昭文의 서고이고, 남랑南廊은 집현의 서고, 서랑西廊은 경經·사史·자子·집集으로 나뉜 사관의 서고로 모두 6개의 서고가 있었다. 서적은 정본과 부본만 해도 8만권[254]이 되었다. 삼관 중 사관이 가장 중요했으며 장방평張方平의 《사관서목史館書目》이 있다. 또 비각秘閣도 숭문원 당堂 안에 지어 삼관의 서적을 이곳에 나누어 보관했다. 경우 원년 장현張賢 등에게 《삼관비각서목三館秘閣書目》을 편찬하도록 명했다. 그러나 가장 중요한 국가 서목은 《숭문총목崇文總目》 64권으로 인종이 왕요신王堯

臣·구양수·송기宋祁 등 10여 명에게 명령하여 편집되었고 3만 669권이 기록되었다.

남도 이후 당중우唐仲友는 《건도비부군서신록乾道秘府群書新錄》 82권이 있었다. 순희 6년 소감少監 진규陳騤가 올린 《중흥관각서목中興館閣書目》 70권은 목차가 1권이고 모두 52문文으로 계산해보면 4만 4486권의 책이 실려 있다. 이는 《숭문총목》과 비교할 때 1만 3817권이 더 많다. 가정嘉定 13년 비서승 장반張攀이 올린 《중흥관각속서목中興館閣續書目》 20권에는 순희 이후 구한 책이 845부, 1만 4943권이 수록되었다.

송대는 경성에 국가 도서관이 있었을 뿐 아니라 지방에도 여러 곳에 장서각을 지었다. 대관 2년 황제가 주학州學 장서각에 '계고稽古'[397]라는 이름을 하사했다. 지방 장서각은 남송으로 들어와 더욱 성행하여 강서 11부府에 모두 각각의 장서가 있었다. 그 중 사천 주군州郡은 줄곧 장서가 가장 많았고 건강부 장서도 수백 종이었다. 경원부慶元府에서 소장한 하사받은 서적은 380부, 3,219책이다. 현재 중국국가도서관에서 소흥부학紹興府學의 관서官書였던 여조겸呂祖謙의 《구양선생문수歐陽先生文粹》(소희 4년 소자본小字本)를 여전히 볼 수 있으며 책에 양각의 붉은 글씨로 찍혀 있는 대관大官의 도장 수십 방方을 볼 수 있다. 인쇄된 글은 "안무제형사安撫提刑司 왕랑중汪郎中(즉 왕강汪綱)이 소흥부학 관서官書로 배치되어 생원의 열람은 허락하나 부학의 문 밖으로 가지고 나가는 것은 허락하지 않는다"는 내용이 있다. 이런 규정은 이미 현대 도서관 열람 규칙과 유사하다.

또한 서원 역시 장서가 풍부하여 정주靖州 학산서원鶴山書院[398]의

397_ 계고는 옛날의 사적을 고찰하여 도리와 시비를 분명히 한 후 지식을 총결하여 현재에 이로움을 주고 소용이 되게 한다는 뜻이다.

398_ 1226년, 위료옹魏了翁이 정주靖州(지금의 호남성 회화懷化)에 유배되었을

장서는 10만 권에 달했다.

송대 종실과 공경 및 각지의 사대부와 유생들 사이에 개인적으로 서적을 소장하는 것이 풍조를 이루었다. 예를 들면 조덕린趙德麟은 수만 권을 소장했고, 영왕榮王 조종작趙宗綽의 장서는 7만 권이었으며, 강정江正도 수만 권의 장서가 있었으며 대부분 오월吳越 시대의 서적이었다. 사마광 · 부필富弼 · 소송蘇頌 · 증공曾鞏 · 하주賀鑄 등은 모두 장서가 만 권 또는 만 권 이상이었다. 왕부王溥 · 이방李昉 · 양휘지楊徽之 · 조열지晁說之 등도 역시 장서가 매우 많았다. 북송 장서가들은 대개 북방의 변경汴京 일대에 많이 있었다. 남도 후에는 남방에 많이 있었으며 특히 절강이 가장 번성했고 복건이 그 다음이었다. 소위 벼슬아치로 조금이라도 명성이 있는 사람이라면 집안에 반드시 책이 수천 권 있었다.

당말唐末 월주越州에는 이미 장서가가 있었다. 동창董昌은 월나라 사람 배씨裴氏의 장서를 빼앗아 정부에 헌납하여 손실된 비서秘書를 보충할 수 있었다. 남송에는 좌승상 육재陸宰(육유의 부친), 상서 석공필石公弼 및 제갈행인諸葛行仁 세 사람[399]이 있었다. "소흥 13년에 비서성을 건립하기 시작하며 천하에 흩어져 있는 책을 구한다는 조서

때 학산서원을 창건했다. 위료옹은 학산서원에서 유가의 여러 경전에 주소를 달고 새롭게 교정편찬하였으며 자신만의 독특한 경학사상을 제출했다. 또한 강학을 통하여 육구연의 아들 육지지陸持之의 문인들과 대립본戴立本, 등처후滕處厚, 장공순蔣公順 및 사천성의 학자들인 고득高得 · 정장程掌 등을 통하여 자신의 교육사상을 전파했다. 이곳에 있는 동안에 위료옹은 《구경요의》 · 《주역집의》 · 《고금고古今考》 등 주요저서를 완성하였고 수많은 문장을 이곳에서 썼으며, 그의 저서 중 대부분을 이곳에서 완성했다. 이곳에서 그의 영향은 아주 컸는데 정주 문화교육사업의 발전을 촉진시켰다. 명대에 세 번에 걸쳐 중창했다. 청말 1906년에 고등소학당으로 이름이 바뀌었고 1914년에 학산고등소학교로 바뀌었으며 현재는 정주학산소학교가 되었다.

399_ 이 세 사람을 좌승육씨左丞陸氏 상서석씨尚書石氏, 진사제갈씨進士諸葛氏라고 하며 월주의 3대 장서가라고 한다.

를 내렸다. 첫 번째로 소홍부는 회계會稽 육재 집안의 장서를 기록하라 명하였는데 모두 1만 3천 권이 넘었다."[255] 순희 5년 대리평사大理評事 제갈행인은 서적 1만 권을 조정에 헌납했다. 그의 아들 중 하나가 조관詔官[400]이었다. 소홍 연간에 호주湖州 섭몽득과 하씨賀氏는 장서가 각각 10만 권이었다. 왕명청王明淸은 "섭몽득은 어려서 기품이 높고 혁혁하였으며 책 모으기를 좋아하여 10만 권이 넘었다"고 전하는데 섭몽득은 송대 개인 장서가 중 으뜸이었다. 그는 오현吳縣 사람으로 오정烏程에 거주하였고 《석림서목石林書目》이 있다. 호주에는 섭몽득·하씨 외에도 주밀周密은 "그 뒤로 제재齊齋 예씨倪氏, 월하月河 막씨莫氏, 죽재竹齋 심씨沈氏, 정씨程氏, 하씨 등은 각기 적어도 수만 권이 되었지만 모두 산실되어 전해지지 않는다. 직재直齋 진씨陳氏가 책이 가장 많았지만 역시 산실되었다. 우리 집은 삼대가 모아 서적이 4만 2천여 권, 금석각金石刻이 1천 5백여 종이 있다"고 말했다.[256] 호주에서 장서가 성행한 이유는 예로부터 전해오는 풍습이 있었기 때문으로 청말 민초까지도 쇠퇴하지 않았다. 사명에는 누약樓鑰의 동루東樓에는 서적이 1만 권이 넘었고 모두 손으로 교감한 것이었다. 사씨史氏(이름은 홍희鴻禧)의 벽지碧沚, 조씨趙氏의 자중루資重樓, 왕응린王應麟의 급고당汲古堂[401]이 원섭袁燮의 《장서목록》에 기재되어 있다. 은鄞 지역 사람 고사손高似孫의 부친 고문호高文虎는 승현嵊縣에 장서료藏書寮가 있었다. 대주臺州의 채서蔡瑞는 《석암서목石庵書目》이 있었다.

400_ 조서詔書 초안을 맡아보던 관리다.

401_ 왕응린의 부친 왕목王木은 사과詞科에 합격하지 못한 것을 부끄럽게 여겼다. 이에 널리 전적을 빌려와 왕응린·왕응보 두 형제에게 필사하여 읽게 했다. 후에 두 형제 모두 박학사과博學詞科에 합격했다. 이에 송 이종은 '급고전충汲古傳忠'이라는 이서를 이들의 부친에게 하사했고 장서각의 이름을 급고당汲古堂이라고 부르게 되었다.

복건 지역은 전쟁을 겪지 않았기 때문에 집안의 서적 대부분이 완비되어 있었다. 선유仙遊의 방우보方于寶는 삼여재三余齋에 서적 수만 권을 모아두었다. 포전莆田의 정초鄭樵는《협제서목夾漈書目》이 있었다. 그의 조카 손자인 정인鄭寅은《정씨서목鄭氏書目》이 있었다. 건안의 오비吳秘는《가장소목家藏書目》이 있었고 장포漳浦의 오여吳與는《오씨서목》이 있었다.

송성宋城의 왕수王洙와 그 아들 왕흠신王欽臣은《남도왕흠신서목南都王欽臣書目》이 있으며 서적은 모두 4만 3천 권이었다. 비부秘府[402]의 도서가 많기는 했지만 이를 넘어서지는 못했다. 강릉江陵 전위田偉의 박고당博古堂의 장서는 3만 7천 권이며 한 권도 중복된 것이 없었다. 황산곡黃山谷은 "서적이 많음이 전씨를 넘는 자가 없다"고 했다. 그 아들 전호田鎬는《형주전씨서총목荊州田氏書總目》을 편찬했다.

이숙李淑의《한단도서지邯鄲圖書志》10권은 도서를 57류로 분류했는데, 경·사·자·집을 모두 계산하면 1,836부, 23,186권이 된다. 또한 예술지·도서지道書志·서지書志·화지畵志가 있고 전체 8항목이 되었다. 정인鄭寅은 소장한 책들을 칠록七錄으로 분류했으며 경·사·자·예藝·방기方技·문·류類로 나누었다. 이숙과 정인 두 사람은 도서분류법에 새로움을 가미했다.

송대의 개인 장서목록으로 고찰해 볼 수 있는 것은 이문夷門의 채씨蔡氏, 동평東平의 동유董逌와 주헌朱軒, 파양의 오량사吳良嗣, 박주亳川의 기씨祁氏, 서주徐州의 강씨江氏, 유수濡須의 진씨秦氏, 심립沈立, 심소경沈少卿, 방작모方作謀, 여위공余衛公, 유항劉沆, 구양참정歐陽參政 등 35명이 있다.

아쉬운 것은 송대 관방과 개인 도서목록이 많이 전해지지 않는 점

402_ 궁내 도서와 비기를 소장한 곳이다.

이다. 《숭문총목崇文總目》은 남송 감본이 있었는데 명나라 초기에 그 판이 없어졌다. 청나라 건륭 연간에 《영락대전》 12권을 모아 간행했지만 그 중요한 해제를 실전했으니 이미 그것이 전체 모습은 아니다. 지금 세 사람의 개인 소장가의 목록만을 볼 수 있고 우무尤袤의 《수초당서목遂初堂書目》 1권에 이 몇 종의 판본이 실려 있어 논자들은 이 책이 판본학의 물꼬를 텄다고 말한다. 그러나 권수와 작가를 삭제해버려 그다지 의의가 크지는 않다. 단지 조공무晁公武 · 진진손 두 사람의 서적 목록은 책마다 그 대의大意를 논하고 득실을 품평하고 이치를 드러낸 곳이 많아서 목록학의 명저라고 할 만하다. 마단림馬端臨의 《문헌통고》 중 〈경적고經籍考〉는 이를 저본으로 했다. 조공무는 소덕선생昭德先生이라고 하는데 오홍의 장서가 섭몽득의 내외종 사촌동생으로 거야巨野 출생이며 촉의 아미峨眉로 이사와 살았다. 소흥 21년에 《소덕선생군재독서지昭德先生郡齋讀書志》를 저술했다. 이 책은 또 《조씨독서지晁氏讀書志》라고도 하는데 조공무의 장서는 24,500여 권이었다. 《조씨독서지》는 순우 9년에 남충南充의 유균游鈞이 판각하여 신안군재信安郡齋에 두었는데[403] 이를 구주본衢州本이라고 하며 각본은 이미 실전되었다. 다음해에 원주袁州(지금의 의춘宜春)에서 다시 판각하니 이를 원주본이라고 하며 구주본보다 7부部를 더 수록하여 전체 1,468부다. 원주본의 구본은 지금 고궁에 소장되어 있다. 진진손의 자는 백옥伯玉이고 호는 직재直齋며 안길安吉(혹은 길안吉安이라고 하는 사람도 있는데 이는 잘못임) 출신이다. 일찍이 남성南城[404]의 관리를 하였고 홍화군통판興化軍通判, 대주臺州와 가흥부嘉興府의 지현, 시랑侍郎을 역임했으며 동남지역의 으뜸가는 장서가였

403_ 당시 유균은 신안군 군수였다.

404_ 남성은 강서성에 있다.

다. 민 지역에서 관리를 할 때는 보전莆田의 정씨鄭氏·방씨方氏·임씨林氏·오씨吳氏의 책들을 기록하여 옮기니 수록한 책이 3천여 부에 51,180여 권으로 《직재서록해제直齋書錄解題》를 저술했다. 원본은 이미 사라졌고 지금 통용되는 것은 《영락대전》의 목록에서 나온 것이다.

사마광 등이 《자치통감》을 편찬할 때는 관속들을 선발하고 임용하여 숭문원崇文院에 국을 설치한 후에 용도각龍圖閣·천장각天章閣·삼관비각三館秘閣의 서적들을 열람하도록 허락하여 국가가 특별히 소장하고 있던 도서들이 역할을 다하도록 했다. 개인 장서가들도 개방적이었다. 소식의 친구인 이상李常(공택公擇)의 이씨산방李氏山房에는 서적이 9천여 권이나 있었다. 그 서적들을 집안에 소장하지 않고 여산의 승려들 숙소에 놓아 사람들이 모두 이용하도록 했다. 송수宋綬[405]는 양휘지楊徽之(921~1000)가 하사받은 책과 필사안畢士安(938~1005)의 책을 얻으니 모두 2만 권이었으며 그 《서목書目》이 있다. 송수의 아들 송민宋敏이 장서 3만 권을 구하였는데 특히 당나라 시인집이 가장 풍부하였고 모두 3~5번의 교정을 거쳤으므로 선본이라고 한다. 수도(변경)에 춘명방春明坊이 있었는데 당시 사대부들이 독서를 좋아하여 모두들 춘명방 부근에 집을 얻어 그곳으로 이사와서 편하게 책을 빌려 읽으려고 했기 때문에 그 근처의 집세는 늘 다른 곳보다 배 이상이 되었다. 왕신王辛은 장서가 수만 권이었으며 모두 손수 교정을 하였기 때문에 사대부들은 대부분 이곳에서 빌려 갔다. 조불우趙不迂도 모아놓은 책이 수만 권이어서 강서성 연산현鉛山縣에 서루書樓를 지어 대중들에게 열람하도록 했다. 이방李昉 역시 소장서가 많았으니 "학교에 오는 사람에게 식량을 주며 학자들을 초빙

405_ 송수는 양휘지의 외손자다.

했다."[257] 봉신奉新의 호중요胡仲堯도 수만 권을 수집하고 "요리사와 창고를 설치하고 사방의 학자와 선비들을 초빙했다". 이곳에서는 사람들이 책을 빌려 보고 베껴 쓰기를 좋아하여 이미 현대도서관의 역할을 했다. 당나라의 만 권 장서가였던 두섬杜暹이 "사람들에게 (장서를)팔거나 빌려주는 것은 불효"406라고 단정한 것보다는 훨씬 진보적이다. 이방과 호중요는 먼 곳에서 온 독자들에게 음식도 준비해 주었다. 이는 진대 전당사람 관내후關內侯 범울范蔚이 7천여 권의 책을 소장하였기 때문에 원근에서 온 독자들이 늘 1백여 명이었지만 범울이 의식을 장만해 주었던 일과 비견된다.[258] 이런 일은 현대 국내외 도서관에서도 할 수 없는 일로 정말로 소중한 일화가 아닐 수 없다. 1949년 이전에 북경도서관에서도 일찍이 독자들을 위한 식당을 개설한 적이 있었고, 경산 서문西門 어사아문도서관御史衙門圖書館에는 독신기숙사가 있어 외지 독자들이 묵을 수 있었으며 식비와 숙박비는 직원과 같았다. 그 중 어떤 이는 후에 유명한 학계인사가 되었으니 이런 우수한 전통은 계속 확대발전할 만하다고 했다.[259]

송 목록학의 전문서로는 고사손의 《사략史略》(일본에 송본이 있음)과 《자략子略》이 있다. 남송 국자감인본으로는 《신당서》의 목록에서 따와 별도로 간행한 《당예문지唐藝文志》 6권이 있다. 또 채방서목采坊書目 · 금서목록 · 석도서목釋道書目 및 개인저서 서목이 있다. 유극장은 "정협제鄭夾漈의 저서 7백 종은 《도서지圖書志》 1권에 다 있으며 그의 평생에 지은 책을 기록하였고 저작의 뜻을 서술했다"고

406_ 송나라 주휘周煇의 《청파잡지清波雜誌》에 당나라 두섬이 가족들에게 쓴 편지를 게재했는데 거기에 다음과 같은 말이 있다. "깨끗한 녹봉으로 책을 사서 스스로 교정하였으니 자손들은 이를 읽고 성인의 도를 알 것이다. 이를 팔거나 빌려주면 불효다(清俸買來手自校, 子孫讀之知聖道, 鬻及借人爲不孝)." 이에 대해 주휘는 책을 파는 것은 불효일지 모르나 책을 빌려주는 것도 불효라고 하는 것은 과하다고 말했다.

말했다.

8. 기타 인쇄

신 문

송대는 《개원잡보開元雜報》를 모방하는 이외에도 개인이 펴낸 신문도 출현했다. 당시 신문의 명칭은 아주 번잡하여 〈조보朝報〉라는 것은 조간신문이며 매일 문하후성에서 편집 발행하여 천하에 알리는 것이었다. 〈내탐內探〉·〈성탐省探〉·〈아탐衙探〉이라고도 하는데 종류는 모두 소형 신문으로 누설이 금지된 것을 싣고 있었기 때문에 그래서 '새롭게 들었다' 해서 은어로 신문新聞[407]이라고 했다. 청나라 왕인준王仁俊은 〈내탐〉은 지금의 〈궁문초宮門鈔〉고, 〈성탐〉은 지금의 〈제당보提塘報〉고, 〈아탐〉은 지금의 〈원문초轅門鈔〉라고 하였다. 〈궁문초〉는 당나라에 이미 있었다는 것이 《손초집孫樵集》을 보면 증명이 되는데 조승趙升이 말한 것에 근거하면 송나라 때도 역시 이것이 있었다.[260] 이때부터 오늘날의 소형신문[小報]이나 신문[뉴스] 같은 명칭이 시작되었다. '저보邸報'라는 명칭은 비교적 보편적이었다. "장상서張尚書 장영張詠은 진대陳臺를 다스렸다. 하루는 저보에서 동년의 왕문정王文貞이 아침에 등용되었다는 것을 보고는 괴애乖崖[408]의 낯색이 몹시 기쁘지 않았다"고 되어 있다.[261] 소동파의 시구에 "앉아서 저보를 보고 우수迂叟[409]와 이야기를 하니, 한가롭게 저산滁山의 취옹醉翁을 기억하네[410]"라는 글이 있다. 왕안석과 양만리도 모

407_ 현대 중국어에서도 '신문'은 뉴스라는 뜻이고, news paper는 여전히 '报紙 baozhi'라고 한다.

408_ 괴애는 장영의 자다.

409_ 사마광의 만년의 호가 우수迂叟이다.

두 저보를 읽었다는 시가 있다. 정화 연간 후에 황제는 여러 차례 미행을 하였는데 처음에 민간에서는 몰랐으나 채경蔡京이 사표謝表[411]에서 "작은 마차를 타고 7번이나 친히 미행을 하셨다"라고 말하자 이 말이 저보에 실리고 사방으로 전해졌다.[262]

저보에는 관리들의 승전이나 상벌도 미리 보도했을 뿐만 아니라 휘종 황제가 사사롭게 노는 것까지도 보도되었다. 소성 원년 경성사람들은 신임 장원 이름을 급히 전달하려고 납각인을 사용하였는데 이는 후대에 신문사에서 펴내는 호외에 해당된다.[263]

송나라 주린지周麟之의 《해릉집海陵集》에는 "소형신문[小報]이란 진주원進奏院에서 나오는데 대략 고급 관리들이 이것을 한다. 근래의 일이 애매모호하고 궁중 밖에서는 모르는데 고급관리들은 꼭 경쟁적으로 작은 종이에 이런 내용을 써서 원근으로 빠르게 알린다. 이를 '소보小報[소형신문]'라고 한다"고 했다. 소형신문은 종종 거짓을 진실로 만들고, 없는 것을 새로 만들어서 실제로는 비밀을 흘리고 쓸데없이 신용을 잃으니 국체를 보호하기 위해서 정부에 '엄격하게 상벌을 정하고 유통을 금지'할 것을 요구하였지만 그러나 근절되지 않았다. 조간신문[朝報]에서 보도하는 것은 조정에서 이미 시행하는 명령과 이미 정해진 관직 임명이기 때문에 새로운 뉴스는 아니고 실은 묵은 소식이었다. 그러나 소형신문은, 즉 소식을 앞서 가로채 발표하므로 사회에서는 환영을 받았다. 하루에 종이 한 장만 나오지만 앉아서 셀 수 없이 많은 이익을 얻을 수 있었다.[264] 이처럼 신문을 발행하는 것은 이미 돈을 벌 수 있는 사업이었다.

남송 항주에는 다른 곳에 없는 사업이 있었으니 바로 조보를 공급

410_ 여기서 말하는 취옹은 〈취옹정기〉를 쓴 구양수를 말한다.

411_ 옛날에 신하가 왕에게 감사함을 표하기 위해 올리는 상주서上奏書.

하는 일이었다.[265] '조보를 공급한다[供朝報]'는 것은 신문을 파는 사람으로 관방의 신문을 파는 사람을 지칭하는 말이다. 《서호노인번승록西湖老人繁勝錄》에는 각종 장사하는 업종을 실었는데 서울에는 440업종이 있었고 그 안에 '조간신문 판매'[266]도 들어 있다. 아마도 소형신문도 겸하여 팔았던 것 같다. 항주는 인쇄업이 가장 발달하였으니 조보도 응당 인쇄품이었을 것이고 특히 소형신문을 발행하는 자들은 커다란 이익을 얻었기 때문에 설사 사람을 고용하여 손으로 썼다 해도 손실을 보지는 않았을 것이다. 청말에 이르러도 여전히 조간신문을 파는 사람이 있었는데 "당역塘驛 잡역이 전문으로 하는 것으로 관가에서 베껴 다시 인쇄하여 이를 사람들에게 팔았다. 팔 때는 반드시 징을 가지고 다녔으며 그 거동이 자못 비열해보여 사회에서는 그를 경시했다"[267]는 말이 있다. 송대 관방과 개인이 발행한 조간신문과 소형신문은 수량이 적지 않았겠지만 아쉽게도 오늘날 한 장도 남아 있지 않다.

지 폐

송대에는 인쇄사업이 몹시 발달하여 중국 전역에서 서적을 판각 인쇄하는 것 말고도 인쇄품 중에서 지폐 인쇄는 그 수량이 방대했다. 역사기록에는 송초 지폐로 가장 일찍 나온 것은 사천 교자交子로 그 기원은 진종 때 장영張詠이 촉지역을 진무하던 때라고 기록되어 있다.

교자交子　처음 사천 지역에서는 철전鐵錢을 사용했는데 시장에서 장사할 때 3~5관문만 되어도 휴대하기가 곤란했다.[268] 촉지역 사람들은 닥나무종이로 권券을 만들어 안쪽에 표시를 하고 비밀 제호를 감추고 붉은색과 검은색을 섞어 써서 스스로 살펴 검증할 수 있었다. 민전緡錢의 숫자를 써서 매매하기에 편하도록 하였는데 이를 '교자'라고 불렀다. 이후에 부호 16명이 연대보증하여 이를 발행[412]했지만 쇠퇴하여 상환할 수 없자 소송사건이 여러 곳에서 일어났다. 익주 지사인 설전薛田이 개인교자를 폐지하도록 주청하여 천성 원년(1023)에 관영으로 바꾸어 익주 교자무交子務를 설치했다. 천성 2년 2월에 시작하여 3년 2월까지 교자 125만 6340관을 만들었고 그 후에는 매 계界(1계는 3년)마다 이 숫자를 기준으로 했다.[269] 희녕 2년(1069)에 노주潞州 교자무를 설치했고 또 섬서에도 설치했다. 대관 원년(1107)에 조서에 따라 사천 교자무를 전인무錢引務라고 바꾸었다. 그 조직으로는 감관 1명에 전장掌典 10명 · 인쇄공 81명 · 각자공 6명 · 주조공鑄造工 6명이었다. 남송 시대에 사천교자는 통칭 '천인川引'이라고 불렀으며 5백문 · 1관貫의 두 종류로 나누어 모두 99계나 발행했다.

전인錢引 숭녕 4년(1105)에 여러 로路에 전인錢引을 사용하라고 명령을 내리고 새로운 인쇄를 비준하니 사천의 구법舊法과 같았다. 전인은 여러 로에 유통되었지만 민閩 · 절浙 · 호광湖廣지역에서만은 통용되지 않았다. 어떤 사람은 민 지역이 채경蔡京의 고향이기 때문에 면세되었다고 한다.

관자關子[413] 고종 소흥 6년(1136)부터 교자무를 폐지하고, 각화무榷貨務로 하여금 현금을 비축하고 관자를 제조하도록 명령했다. 후에 가사도賈似道는 금은 관자[그림 28]를 발행했으나 제 17계界 회자會子는 쓰지 않고 폐기했다. 제18계 회자는 3분의 1로 신화폐와 바꾸었다.

공거公據 소흥 29년(1159)에 공거와 관자를 삼로총령소三路總領所에 보내니, 회서准西 · 호광湖廣 관자는 각각 80만 민緡이고, 회동

412_ 이전까지만 해도 1관의 이자는 30전이었으므로 많은 이익을 취할 수 있었기 때문에 부사들이 연대보증하여 발행했다.

413_ 어음과 화폐를 말한다.

공거는 40만 민, 모두 1만에서 10만까지 다섯 등급이 있었다. 관자는 3년간 실시되었고 공거는 2년간 실시되었다.

회자會子[414] 소흥 30년(1160)에 호부시랑 전단례錢端禮는 어지를 받들어 "현금을 비축하여 성 안팎에 유포시켰다."[270] 다음 해에 임안부에 회자무와 예도다장隸都茶場을 설치하라고 조서를 내리니 모두 천전川錢법으로 이를 행하는 것으로 보았다.[271] 또한 호북 회자는 직편회자直便會子라고도 하며 모두 7백만 민緡으로 총령 왕각王珏이 새롭게 만들었다(홍륭 원년).[272]

[그림 28] 남송 경정景定 5년(1264)에 가사도가 발행한 금은현전관자金銀見錢關子 동판이다. 1984년 안휘성 동지현東至縣에서 발견되었다.

회교淮交 양회兩淮에서 통용되었고 효종 때에 4백만 관을 제조했다.[273]

위에서 말한 교자交子 · 전인錢引 · 관자關子 · 공거公據 · 회자會子 · 회교淮交 등은 이름이 다르지만 종이 지폐라는 것은 같다. 그 중 가장 오래도록 통용된 것은 사천 교자며, 발행수량이 가장 많은 것은 회자다. 송대 초기에는 동전과 지폐가 동시에 유통되었고 지폐를 현

414_ 회자는 남송 고종 소흥 30년(1160)에 정부 관방 호부에서 발행한 화폐다. 사천에서 발행한 전인의 방법을 모방하여 박행했다. 회기는 송대에 발행량이 가장 많은 지폐로 처음에는 임안에서 시작했다. 이를 또 '편전회자便錢會子(즉 수표라는 말임)라고도 한다. 소흥 5년(1135)에 편전회자를 환전해 성 밖으로 나가는 것을 금지하였지만 반대에 부딪히자 그 다음날 바로 취소하기도 했다.

금으로 바꿀 때는 매 관貫당 1천문에서 30문을 떼었다. 지폐는 3년이 한 기한이었으므로 전에 발행한 지폐는 반드시 새로운 지폐로 바꾸어만 했으며 매 1천에 64를 취하였는데 이를 '관두전貫頭錢'이라고 한다. 고종이 관자와 회자를 제조하여 모두 현금으로 비축했다. 영종寧宗은 가정 2년(1209)에 조서를 내려 창고에 있는 금은 · 도첩度牒[415] · 교지 · 비단 · 종이 · 유향乳香 등을 떼어내어 20만을 끌어 모아 임안부 관청에 주어 구 화폐를 바꾸어 주는 데 보태도록 했다. 승려와 도사들에게 주는 도첩과 5품 이상의 관원들의 가족에게 내리던 봉고封誥[416]는 정부의 커다란 수입원이었다. 또한 비단 · 종이 · 향료 등의 실물과 금은은 구지폐를 회수하는 데 사용되었다. 그런데 카터Thomas F. Carter는 신지폐의 일부분은 실로 만든 향수지를 사용했다고 해석했다. 비단과 종이와 유향 세 가지를 가지고 만든 견직물인데 실로 만든 향수지라 하는 것은 너무나 곡해한 것 같다.

송대의 국방력은 부진하여 늘 거란 · 서하 · 여진이 침범해 왔다. 북송 진종 경덕 원년(1004)에 맺은 '전연澶淵의 맹약'에서 요나라에 은 10만 냥, 견 24만 필을 조공으로 바치기로 했다. 인종 경력 2년(1042)에는 은 10만 냥과 비단 10만 필이 증가되었다. 2년(1044)이 지나서 송은 또 서하에 은 7만 2천 냥, 비단 15만 3천 필, 차 3만 근을 조공하기로 했다. 요나라가 망하고 여진이 흥기했다. 고종은 잠시 동안의 평화를 구하고자 안타깝게도 금나라를 향해 '신하'로 자처하여 임술년(소흥 12년, 1142)부터 해마다 은 25만 냥, 비단 25만 냥을 조공했다. 효종은 건도 원년(1165)에 '대송의 조카 황제[大宋侄皇帝]'라고까지 하며 은 20만 냥, 비단 20만 필로 감했다. 영종寧宗의 개희開禧 3년

415_ 옛날, 관청에서 승려와 비구니에게 부여한 출가 증명서.

416_ 제왕이 5품 이상의 관원의 선조나 처에게 작위, 명호를 내리던 영전을 말한다.

(1207)에 금나라에 패배하고 다시 은 30만 냥을 조공으로 바치게 되었다. 그 후에는 몽골과 전쟁을 하여 군비 지출이 막대해지자 농민들의 피와 땀을 쥐어짜고 시박의 수입을 더욱 옥죄는 이외에도 지폐를 남발하여 소위 "천하의 중대한 계획은 종이의 공급에 의거한다"라는 말이 있게 될 정도였다. 먼저 종이는 휘주徽州 · 지주池州 두 지역에서 생산되었고 계속하여 성도에서도 제조했다. 건도 4년에는 촉이 수도에서 멀리 떨어졌기 때문에 종이 공급이 지속적이지 않자 임안부 서호 적산호赤山湖 근처에 국局을 설치했다. 이곳 견습공들의 숫자는 한없이 많아 함순 때에는 1,200명이나 되어서[274] 교자지폐를 만들던 공장의 지폐공 61명(소희 5년)보다 20배가 많았다. 회자소會子所와 다염소茶鹽所는 삼소대문三小大門 안에 있었고 그 관직은 도사관겸제령都司官兼提領이다. 임안부 회자고會子庫는 소정 5년(1232)에 훼손되었다가 다시 중건되었다. 도사관제령과 장인이 240명이었고 하루에 인쇄하는 종이는 좌탕左帑에서 가져왔으며 회자에 이를 귀속시켰다.[275] 1천 2백 제지공과 2백여 인쇄공이 회자를 인쇄 제조하였으니 그 수량이 엄청나게 많았다. 효종 초기에 회자는 매 기한의 액수가 1천만 관이었다. 이종 순우 6년(1246)에는 6억 5천만 관에 도달했다. 다음 해(1247) 회자는 더욱 기한을 제한할 수 없어 영원히 실시하게 되었고 신구 화폐가 동시에 사용되었다. 지폐의 가치가 점점 떨어지게 되자 "쌀값이 1관 오르면 하루에 써야 할 돈은 전에 비해 열배다"는 말이 생길 정도로 물가는 비싸지고 지폐 가격은 점점 떨어지게 되었다. 이렇게 되자 눈앞의 곤란함을 해결하고자 뒷감당은 생각지도 않고 잘못된 방법만 강구하다 보니 더욱 지폐의 인쇄 제조가 필요하게 되었다. 제17계 때의 회자는 매 관이 겨우 동전 50문에 해당되었다. 농민들이 돈을 빌리려 해도 빌릴 데가 없고, 기술자들이 생산을 할 수 없고 상점은 밤낮으로 문을 닫아야만 했다. 동

전이 없어 귀하게 되고 이전에 모아놓은 지폐는 말할 것도 없이 동전으로 교환할 수 없는 폐지가 되었으니 아무 쓸모없이 되어 버렸다. 원나라 마단림馬端臨은 "쌀값은 닥나무 종이고,[417] 소금값도 닥종이고, 백관의 봉급도 닥종이고, 군사들의 음식도 닥종이고 주현에서 지탱할 수 있는 것은 닥나무 종이가 아닌 것이 아무것도 없다. … 물가가 폭등하고 돈값은 폭락하니 민생은 살기 어렵고 병사들은 늘 배고픔의 걱정이 있고 주현의 백성들은 살 수 없어 한탄하니 이 모든 것이 닥종이의 폐단이다"[276]고 말했다. 송말에 재정이 고갈되자 모든 군정 비용은 전부 지폐에 의존하게 되었다. 지폐가 남발하게 되자 통화팽창이 일어나 경제는 붕괴되고 그 폐해가 전쟁과 같으니 물가의 비등으로 군과 백성은 곤란하게 되었다. 닥종이 지폐는 그 마음속을 갉아먹고 크게는 사지를 잘라버리는 격이 되니 결국은 망하게 되었다.

송의 교자에 찍는 인쇄 문양은 집과 나무와 인물, 점포의 사인, 개인의 비밀번호, 제호, 붉은 먹과 검은 먹으로 섞어 써서 개인적인 기재를 하였고 관貫에는 얼마를 적어 넣을지는 제한하지 않았다.[277] 각자공 장휘蔣輝는 이목판梨木版에 가짜로 회자 1관문성一貫文省을 새겨넣었고 인물은 직접 접리선생接履先生[418] 모양을 그려 넣었다. 교자·회자에는 모두 인물 그림이 있었다는 것을 알 수 있고, 전자는 아마도 동인銅印으로 찍어냈던 것 같다. 대관 원년 5월에 교자무를 전인무錢引務로 바꾸고 인장을 주조했으며 칙자敕字,[419] 대료례大料

417_ 닥나무로 종이를 만들었기 때문에 닥종이라고 하는데 여기서는 지폐를 말한다.

418_ 접리의 接은 輯과 통하는데 집리輯履는 형색이 빈곤한 모습을 형용한다. 집리선생이란 행색이 초라한 남자를 뜻한다.

419_ '칙사화문인敕字花紋印'을 말한다. 예를 들어 그 문양이 금계라면 그 낙은 '금계봉칙金鷄捧敕'이 된다.

例,[420] 연한年限,[421] 배인背印[422]은 모두 흑색으로 하였고, 청면青面[423]은 남藍으로 하고, 홍단紅團[424]은 주색朱色으로 했다. 여섯 개 인장은 모두 화문으로 장식하였으며 홍단과 배인은 옛날이야기를 표현한 것으로 왕상王祥의 효성에 감동하여 잉어가 뛰어올랐다는 이야기,[425] 제갈무후諸葛武侯의 목우유마木牛流馬 이야기,[426] 당 태종 때에 바깥문을 닫아걸지 않고 쌀은 한 말에 3전이었다는 이야기 등이 있다.[278] 각자공 장휘도 적토색, 짙은 남색(인디고색), 흑갈색을 사용하여 이런 류의 주색, 흑색, 남색을 사이사이 섞어서 위조하였으니 거의 후세의 투인套印에 가깝다.

420_ '첩두오항료례貼頭五行料例'의 약칭이다. 대료례는, 즉 "지부국재병至富國財并" 등과 같은 격언을 인쇄한다.

421_ '연한화문인年限花紋印'을 말한다. 즉 화폐의 유통 연한을 규정한다. 예를 들면 "삼이유룡문三耳卣龍文" 등을 인쇄했다.

422_ 뒷면 인쇄.

423_ 청면(남색바탕)에는 "합환만세등合歡萬歲藤"과 같은 것을 인쇄했다.

424_ 홍단은 '용귀부서龍龜負書' 이야기들을 인쇄했다.

425_ 〈24효〉에 들어 있는 이야기다. 진나라 때 왕상이란 사람이 있었는데 어려서 어머니를 여의고 아버지와 생활했다. 후에 주씨朱氏가 계모로 들어왔는데 주씨는 왕상을 좋지 않게 대했지만 왕상은 효성이 극진했다. 주씨는 격호滆湖에서 나는 잉어를 좋아하여 매끼마다 끊이지 않았다. 어느 겨울 혹한이 몰아쳐 강이 얼어붙어 잉어를 잡을 수가 없었다. 주씨는 잉어가 없자 밥을 못 먹었다. 왕상은 잉어를 구하기 위해 얼음 위에 엎드려 자신의 몸으로 얼음을 녹였다. 왕상의 온기에 얼음이 녹더니 잉어가 올라왔다. 왕상이 잉어를 가지고 가 계모에게 드리니 계모는 울면서 "왕상아, 나의 아들아"라고 하면서 잘못을 뉘우쳤다고 한다. 이 이야기에 관해서는 《태평환우기太平環宇記》와 《함순비릉지咸淳毗陵志》에 모두 기록되어 있다.

426_ 제갈무후는 제갈량을 말한다. 목우유마는 삼국시대 촉한의 승상 제갈량이 발명한 운송기로 목우木牛와 유마流馬로 나뉘어 있다. 역사기록에는 건흥 9년에서 12년(231~234)까지 제갈량이 북벌할 때 사용했다고 한다. 약 4백 근을 실을 수 있으며 특별한 행렬일 경우는 수십 리, 여러 사람들과 함께 가면 20리를 갈 수 있다고 한다. 그래서 촉나라의 10만 대군에게 양식을 제공했다. 그러나 확실한 방식과 모습은 지금으로서는 고증하기 어렵다.

남송 효종 때에 중앙 및 지방에서 회자를 인쇄 제조할 때는 이미 동판을 사용했다. 융흥隆興 원년(1163)에 호회湖會 동판을 사용하여 제조하라는 조서를 받아 상서성에 보고했다.[279] 건도 3년에 내부금을 발행하여 회자를 바꿔 거둬들이고 동판을 몰수하여 제조를 못했다.[280] 현재 우리가 볼 수 있는 대일관문성大壹貫文省 행재회자고行在會子庫 동판[427]은 북경 역사박물관에 소장되어 있다.[281]

통화를 발행하는 것은 정부 특권으로 종이를 돈으로 대신하는 것은 특히 아주 적은 자본으로 커다란 이익을 얻을 수 있으므로 위조가 발생했다. 희녕 원년(1068)에 "위조에 대한 죄와 상을 처음으로 만드니 관인문서법과 같다"[282]고 했다. 소흥 말년에 위조회자법僞造會子法을 만들었다. 회자를 인쇄할 때는 먼저 천지川紙를 사용했으며 물건의 재료는 깨끗하고 공예도 정교했다. 후에는 절지浙紙를 사용하였는데 위조가 쉽고 위조자에게 주기도 아주 간편했다. 효종 때에 각자공 장휘와 방백이方百二 등이 관의 회자를 위조했을 뿐만 아니라 지방관원인 당중여唐仲友도 장휘에게 압박을 가해 가짜 회자를 새기도록 하여 반년 동안에 약 20차, 도합 2,600여 번이나 인쇄했다. 당중

427_ 북경 역사박물관에 소장되어 있는 대일관문성 행재회자고 동판 그림이다.

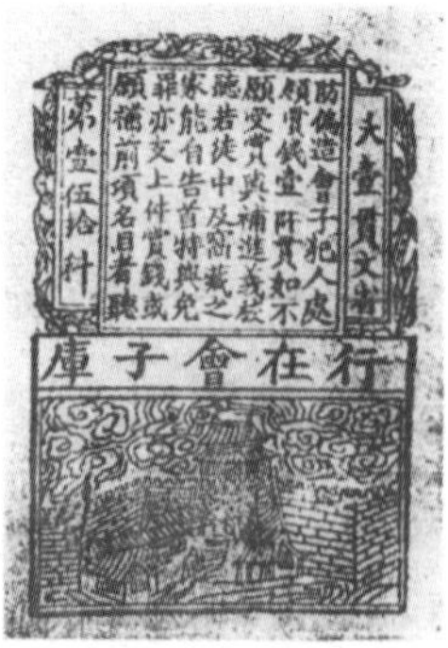

古今收藏网www.gooking.net

우는 태주의 관리로 서적을 판각 인쇄하여 팔았을 뿐만이 아니라 법을 어기는 것을 두려워하거나 걱정 없이 사적으로 관의 회자를 제조하였으니 정말이지 사리사욕을 채우다 보면 눈이 멀어지는가 보다.

송대 320년간 중앙과 지방에서는 천문학적인 숫자의 각종 지폐가 있었고 평민과 관원들이 위조한 지폐도 많았지만 지금까지 전해지는 것은 한 장도 없다.

다염초인茶鹽鈔引 · 계약서

중국의 찻잎은 당나라 육우陸羽의 저서 《다경茶經》이 나온 후에 차를 마시는 풍습이 성행했다. 송대에 이르러 찻잎은 중요한 상품이 되었으며 차와 소금 · 술 · 향료 · 명반 다섯 종류는 정부의 전매품으로 수입이 막대했다. 요관姚寬은 차에는 10강十綱이 있다고 기록했다. 제1, 제2강은 너무 연하고, 제3강이 가장 묘하다고 하며 40여 종의 차 이름을 기록했다.[283] 송대에는 차로 음료를 만드는 것 말고도 또 감상품으로 여겼다.[284] 용봉단차龍鳳團茶 한 근은 황금 두 냥의 가격이었다. 건안차의 품질은 천하제일이고 월주越州의 일주차日鑄茶는 구양수가 양절兩浙의 제일이라고 하였으며 《청상기靑箱記》에서는 강남 제일이라고 여겼다.[285] 그러나 일주차는 생산량이 극히 적어서 《섬록剡錄》에는 "여러 근처의 봉우리에서 취하였으나 섬지역이 반을 차지하니 세상에서 일주차라고 끓이는 것은 모두 대부분 섬차剡茶다"라고 기록하고 있다. 섬차는 당대부터 지금까지 사람들이 찬양하고 있는데 지금 승현嵊縣의 주차珠茶는 연 생산량 15~16만 담擔[428]으로 중국에서 제일 많다. 송대 찻잎은 중국내의 소비용으로 제공되었을 뿐만 아니라 인종 경력 4년부터는 해마다 서하에 은과 비

428_ 담擔은 고대의 단위로 1담은 1백 근이다.

단 외에도 차 3만근을 보냈다. 송과 금이 대치한 후에 변경의 각장을 따라서 사적으로 금나라에 판매하는 찻잎도 몹시 많았다. 상인들이 차를 사서는 먼저 정부에 돈을 내고 다인茶引을 취득한 후 생산농가나 차 시장에 갈 수 있는데 이것이 소위 '다인법茶引法'이다. 정화 원년(1111)에 채경이 만들었는데, 즉 변경汴京에 도다장都茶場을 설치하고 다인茶引을 인쇄판매했다. 세수의 이익금이 4백여 민緡(1민은 일관, 즉 1천문에 해당됨)이나 되었다. 건염 연간에 도강渡江한 후에도 법은 바뀌지 않았다.[429] 조개趙開는 성도에서 다인을 인쇄했는데 백근은 대인大引으로 했고 개인상인을 엄격히 금지했다. 소흥 말에 동남 10로路 60주州 242현縣에서 해마다 생산되는 차는 1,590여 만 근으로 지폐를 받은 것은 270여 만 관이었다.[286] 《몽량록夢粱錄》에는 합동장合同場에 관해 기록하고 있는데 군교軍橋의 아래를 지나면 다염초인茶鹽鈔引을 함께 관장한다는 기록이 있다. 다염소는 삼성三省의 대문 안에 있었다. 다염초인을 인쇄제조하기 위하여 회자고처럼 임안 태부 사문 안에 전문적인 교인고交引庫를 설립하고 다염초인을 제조하였으며 청구서가 승부丞簿[430]를 압도했다.[287] 이는 회자고 다음의 정부인쇄 기관이다. 송대에는 식용 소금이 네 가지가 있었다. 말염末鹽이라고 하는 것은 해염海鹽으로 양절 등 11로에서는 모두 이것을 먹었다. 과염顆鹽이라고 하는 것은 해주解州 감택監澤에서 나는 것이다. 정염井鹽은 우물을 파고 거기서 얻는 것으로 사천의 4로에서는 이 정염을 먹었다. 애염崖鹽이라고 하는 소금은 개주階州・성주成州・봉주鳳州에서 먹었다. 대략 연간 수입은 2천여 만 민이었다.[288] 남송의 소금과 차의 두 가지 세수는 정부 수입의 반을 차지했다. 식

429_ 고종이 항주로 피난하여 천도한 것을 말한다. 건염 3년(1129)에 남으로 내려갔다.

430_ 고대에 승丞(고대에 보좌를 담당했던 관리)과 주부 등의 보좌관을 말한다.

염 역시 인법引法을 사용하여 초인은 상인만이 수령하며 차·소금·향료를 취하여 반드시 각 로에 분배해야 했다. 과염초인顆鹽鈔引은 단지 섬서에서만 통용되었으며 말염초인은 강회 지역에서만 통용되었다.[289] "항주 대가에서는… 오간루五間樓 북쪽에서부터 관항 남가까지 두 길은 모두 금은과 염초인鹽鈔引 교역가게가 있었다. 앞쪽은 금은 그릇과 현금이 있었는데 이를 '간타전看垛錢'이라고 한다. 이 돈은 각화무에서 염초인을 청산할 때 준비해 나누어주는 것으로 풀무를 돌려 바람을 넣는 것처럼 분분하게 무수히 많았다"[290]는 기록이 있다.

염초인의 교역 액수의 거대함을 알 수 있다. 소금은 백성 생활의 일용품으로 필수불가결한 품목으로 역대 정부에서는 모두 관에서 판매했기 때문에 '관염官鹽'이라고 했다. 송대 관직 중에 소위 '제거다염상평공사提擧茶鹽常平公事'가 있는 것으로 보아 당시 차와 소금 두 물건을 얼마나 중시했는지를 알 수 있다.

송대의 계약서 또한 일종의 정부 수입이었다. 개보 2년(969)에 처음으로 민간이 인쇄한 계약서로 돈을 받았는데 전답이나 가옥을 저당잡히고 계약서 대금을 납부하도록 하고 그 납세증명서 한도는 2개월로 제한하도록 명했다. 숭녕 3년(1104)에는 부동산 매매에도 세금을 요구할 뿐만 아니라 소나 가축을 저당잡히고도 계약서 대금을 요구했다. 당시에 칙명으로 여러 현의 저당 잡힌 가축 계약서는 세조초稅租鈔와 함께 전답과 집 매매계약서를 인쇄하여 팔았고 게다가 관부에서 인쇄하여 팔았는데 종이와 붓 먹 공임을 제외하고는 양에 따라 이자돈을 받아 학비로 사용하도록 도와주었다. 소흥 5년(1135)에 "처음에 여러 주의 통판에게 명하여 전답과 집 매매계약서를 인쇄하여 판매하니 … 현의 전리典吏들이 자체적으로 인판을 주관하여 종종 인쇄하여 개인적으로 팔고 있다. 지금 주州의 통판들에게 위임하여 천자문으로 번호를 매겨 인쇄제조를 하려고 한다. 매월 여러 현에 발부할 것이니 백성을 보면 계약증서를 사고 관에서 그 대금을 지급한다"고 했다.[291] 중개수수료는 송나라 주와 현의 재원이었으므로 사사로이 인쇄하여 파는 것을 방지하기 위해 천자문으로 번호를 매겼지만 그래도 폐단을 근절할 수 없었던 것 같다. 항주성 안에는 시각소市榷所 · 중개소가 있었다. 후에 관리들의 폐해가 있게 되고 심부름꾼들이 성가시게 하자 드디어 그 명칭을 폐기하고 봉장소封椿所[431]에 이월하여 함께 주관하도록 했다.[292]

9. 장 정

중국의 고서는 죽간이나 목간을 글을 쓰는 재료로 사용할 때는 삼노끈이나 명주로 만든 끈이나 혹은 가죽으로 죽간이나 목간 편을 엮어서 책으로 만들었다. 구멍을 뚫어서 묶은 것이 아니기 때문에 그래서 서책書冊이라고 부른다. 종이가 발명되자 글을 쓰거나 글을 베끼거나 할 때 무척 편리해졌다. 또 종이를 길게 연결시킨 후 말미에 작고 둥근 나무 막대기를 붙여서 둘둘 말면 한 권의 책이 되는데 이것이 서적을 칭할 때 쓰는 단위사[量詞]인 권卷의 기원이다. 서적은 둥근 막대기 하나가 종이 양측으로 조금 길게 나와 있어서 그 모양이 차축車軸처럼 보였기 때문에 '권축卷軸'이라고 부른다. 수 양제 때

431_ 송나라 조기에는 각 할거세력들이 갖고 있는 금은과 비단을 징수하여 서울로 올려 보내도록 하고 이것들을 따로 창고를 만들어 비축해두었는데 이를 봉장고封椿庫라고 한다. 매년 절기마다 남는 여분도 이곳에 두었다. 송 태조는 이 창고의 돈을 가지고 연운 16주를 속해 왔다고 한다. 송 태종이 우장고右藏庫라고 명칭을 바꾸었고, 태평흥국 3년(978)에 다시 내장고內藏庫로 바꾸었다. 남송 효종 때에는 봉장고를 설치했으며 상하 두 창고로 분류하여 각종 잡세 수입을 비축했다가 급한 용도에 썼다. 본서에서 밀하는 봉장소는 봉장고로 여겨진다.

에 비각秘閣의 사부四部 책을 백아白牙·청아青牙·녹아綠牙·자단축紫檀軸으로 분류했는데 이는 당시 국가도서관의 장서였으므로 비용을 아까워하지 않고 상아와 자단목으로 축을 만들었다. 국가도서관에는 현재 돈황에서 출토한 육조六朝와 당나라 때 민간인들이 쓴 불경 7천여 권이 있는데 보통은 나무로 만든 축을 사용했으며 표구를 한 사람의 이름도 없다. 당 정관 23년 국전國詮이 쓴《선견률善見律》1권은 당나라 때 표구장인 보문개輔文開가 원래 표구한 것이다. 당대에 인본이 생긴 이후에도 권자본이 지속되어 왔는데 유명한 함통본《금강경》및 오대 오월국에서 인쇄한 불경 모두 권자본이다.

권축장卷軸裝 북송에는 변경에서 인쇄한《개보장開寶藏》이 있었는데 권자식으로 전체 5,048권이지만 현재 중국 내에는 겨우 10여 권 만이 존재할 뿐이다. 근자에 발견된 소량의 불경 역시 권자본으로 만들었다. 또 일본에 있는 북송 때에 간행한《소성신첨주역신살紹聖新添周易神煞》1권도 1축으로 되어 있다.

선풍장旋風裝 당대唐代의 선풍장은 실물을 본 사람이 아주 적다. 그래서 생산은 한 것 같지만 실은 아닐 것이라고 미루어 짐작하며, 경전을 나누어 머리끝을 두 페이지로 잘 붙이면 뒤집어 지기 때문에 그래서 선풍장이라고 했다고 하지만 실은 이런 것이 아니다. 청초의 유명한 장서가인 전증錢曾의《독서민구기讀書敏求記》에서 "오채란吳彩鸞[432]이 쓴《당운唐韻》을 나는 태흥 말 집에 있어서 보았는데

432_ 오채란의 정확한 생존연대는 알 수 없으며 당나라 태화 연간(823~825)의 하남성 사람이라고 한다. 오맹吳猛의 딸이고 남편은 문소文蕭이다. 집안이 가난하여 책을 베껴 쓰는 것을 업으로 삼았다. 원 왕운王惲의《옥당가화玉堂嘉話》권 2에 "吳彩鸞龍鱗楷韻",《석거보급石渠寶笈·초편》에 "唐吳彩鸞書唐韻"이라는 글이 있다. 이 밖에도 사서 속에 오채란 이름으로 필사한 운서가 많은데《절운切韻》·《옥편玉篇》등이 있다. 오채란의 해서체는 아름답고 운필이 유려하며 필법이 몹시 능숙하였으며 글을 쓰는 것이 빠르고도 정확했다고 한

선풍엽권자旋風葉卷子본으로 한 쪽씩 넘겨가면서 볼 수 있었으며 마지막에 이르면 한 권으로 합쳐졌다. 장방기張邦基는 《흑장만록墨莊漫錄》에서 '선풍엽旋風葉'이라고 하는 것이 바로 이렇다"고 했다. 전설에 의하면 오채란은 인간세상으로 귀양 온 선녀로 그가 쓴 《당운》이 다행히도 고궁 박물관에 남아 있다[그림 29].

이치충李致忠 선생은 일찍이 이 원서를 보았는데 당 사본 《왕인구간류보결절운王仁昫刊謬補缺切韻》(즉 《당운》)에 의거한 것으로 전체 책은 총 5권 24쪽이라고 한다. 첫 페이지는 단면에 글자를 썼으며 기다란 권지卷紙로 바탕을 하고 그 나머지 23페이지는 양면에 글씨를 썼다. 그래서 매 쪽 오른쪽은 글자가 없는 빈 곳이고 페이지를 따라 왼쪽을 향해 비늘처럼 서로 엇갈리게 붙여서 첫째 페이지 말미에 오게 된다.

그 모습이 마치 용의 비늘 같은데 서로 엇갈리게 연결되어 있으므로 간직할 때는 처음부터 끝까지 말려 있게 되므로 외관상으로는 완전히 권축의 모양이지만 펼쳐보면 용의 비늘같이 보인다. 첫 페이지를 제외하고는 권의 마지막까지 전체 표구를 했으므로 뒤집어 볼 수는 없으며 그 나머지는 전부 쪽수를 따라서 뒤집어볼 수가 있다.[293]

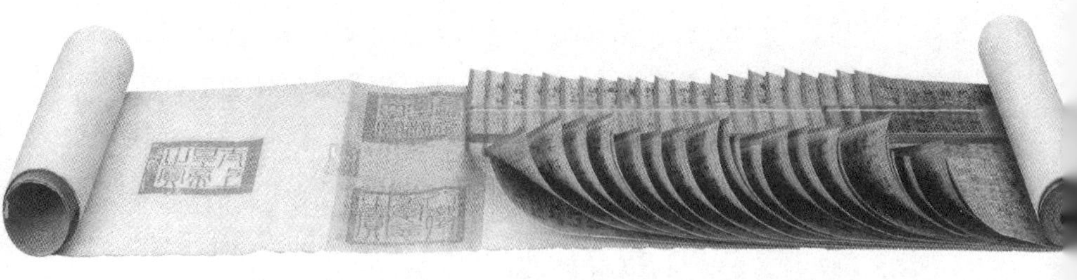

[그림 29] 당나라 선풍장(선풍엽권자). 당 오채란이 쓴 《당운》이다. 고궁박물원 소장

나. 그런데 남편인 문수는 전기傳記 속에 나오는 인물로 그에 대한 정확한 사료는 없다. 당나라 배형裴鉶의 전기 작품에 《문수文簫》가 있다.

이는 현존하는 당대 선풍장의 실물로 과거 많은 사람들의 오해를 불식시킬 수 있다. 원나라 왕운王惲이 보았다는 이 책은 천보 8년(749)에 제조한 글자 모양이다. 고궁본은 송 휘종이 금니로 제첨題簽[433]했으며 권말에는 송렴宋濂이 제발題跋을 썼는데 "진실로 세상에서 귀한 진본이다"고 감탄했다. 송렴은 이 장정의 정교함을 선화 연간의 궁정 장인의 손에서 나온 것으로 추측했다. 그것이 당나라에서 장정했다가 북송에서 개장改裝했는지는 모르겠으나 중국 서책사상 현존하는 유일한 선풍장으로 정말로 세상에서 진귀한 보물이다.

전증錢曾은 또 "그 표구는 오늘날 사람들이 알 수 있는 것이 아니다. 북송부터 간행된 것이 세상에 나왔는데 그 장정의 기술은 절대 지존이다. 내가 다행히 이 《당운》을 볼 수 있었으니 당나라 때의 옛 모습을 보게 되었다"고 했다. 선풍장은 권자장의 개량으로 긴 권자를 보는 것보다 편리하여 권축장의 외형적인 형식을 보존하면서 또한 넘기면서 볼 수 있는 절첩장의 편리함을 갖고 있으니 이는 천본 연간의 당나라 장정공이 새롭게 창조한 것이다. 그러나 선풍장은 어느 정도의 장정기교를 필요로 했기 때문에 보통의 권축장이나 호접장의 간편함보다는 못하다. 그래서 송대 인본이 성행한 후에는 대부분 호접장을 만들어 선풍장으로 한 것은 볼 수 없게 되었고 그 장정 기술은 거의 사라졌다.

범협장梵夾裝　　범협장은, 즉 경절장經折裝[434]으로 돈황에서 나온 《입릉가경소入楞伽經疏》가 당대의 경절본이다. 오대 천복본天福本 《금강경》은 건우 2년본 불경으로 모두 범협절첩본이다. 송대 불장은 권자본인 《개보장》을 제외하고는 복주福州 동선사東禪寺의 《숭녕

433_ 책의 이름을 표지에 직접 쓰지 않고 다른 종이 쪽지에 써서 붙인 것.

434_ 한국에세는 일반적으로 절첩장이라고 하는데 이 책에서는 원서대로 번역했다.

만수대장崇寧萬壽大藏》, 개원사의 《비로대장毗盧大藏》과 호주湖州 · 사계思溪의 두 불장, 평강平江 《적사장磧砂藏》 및 소수의 몇 종의 불경은 모두 경접장經摺裝이다. 인쇄를 마친 종이를 병풍처럼 일정한 크기로 반복하여 접어서 책을 만들었다. 마치 후세의 회계장부와 비슷한 모양이다. 일본에서는 이를 접본摺本(절본折本)이라고 하는데, 즉 범협장이다. 그 중 소수는 양쪽에 인쇄를 한 것으로 한 쪽을 다 보고 나서 계속하여 다른 면을 볼 수 있어 아주 편리하다. 범협장은 불교전적 중에서 거의 유일한 장정형식으로 불교신도들은 이런 장정이 아니면 불경을 모독하는 것으로 보고 존경을 나타내기에 부족하다고 여겼다.

호접장蝴蝶裝　　권자를 읽을 때에는 반드시 권자[두루마리]를 펼쳐야 비로소 그 내용을 볼 수 있었는데 다 읽은 후에는 다시 말아 밖에서 끈으로 잘 묶어두어야 한다. 만일 네모난 책으로 바꾸면 두루마리를 펼치고 말아야 하는 번거로움이 없기 때문에 두루마리에서 네모난 책으로 바뀌니 이는 서적 형식의 대대적인 진보였다. 송나라 구양수의 《귀전록歸田錄》에 "당나라 사람들의 장서는 모두 권축으로 만들었으며 그 후에는 엽자葉子가 되었다. 그 제작 방법이 지금의 책자策子[435]와 같아 모든 글자를 검증할 때는 권축을 펼쳤다가 감기가 어려웠기 때문에 엽자로 썼다. 오채란의 《당운》 · 이합李郃의 《채선彩選》 같은 것이 이에 속한다"라고 되어 있다. 또 《후산총담後山叢談》에서도 "고서는 모두 긴 두루마리였는데 당대에 이르러 비로소 엽자가 있었고 지금은 서책이라고 한다"는 말이 있다. 정대창程大昌의 《연번로演繁露》 권10에서도 "고서는 모두 긴 두루마리[長卷]였는데 당나라에 이르러 비로소 엽자가 있게 되었으니 지금의 서책書冊이

435_ 몇 쪽으로 된 서책을 말한다.

다"는 말이 있다. 이에 근거해보면 권축이 서책(책자策子)이 된 것은 당나라임을 알 수 있다. 오대에 목판 인쇄의 감본경서를 황제에게 진상할 때 130책策(冊)으로 만들었다. 정대창이 말한 지금의 서책이라고 하는 것은 당시에 엽자를 붙인 것을 말하며, 즉 호접장이다. 당나라 사람들의 사경은 이미 다른 호접장이 있다고 들었다.

송 인본서에서 가장 성행한 것은 호접장으로 간략히 접장蝶裝이라고도 한다. 그 방법은 실이나 노끈을 사용하여 구멍을 뚫어서 제본하는 것이 아니라 풀을 붙여서 하는 것으로 일본에서는 '점혈粘頁'[436]이라고 한다. 풀을 인쇄된 종이의 뒷면의 중간 판심(기봉騎縫을 말하며, 즉 선장본의 책의 앞 단면인 서구書口에 해당됨)에 붙이고 다 붙힌 후에 밖을 책표지로 잘 감싸 표구를 하기 때문에 장배裝褙, 장배裝背, 표배裱背라고도 하지만 장정裝訂이라고는 하지 않는다. 판심이 안에 있고 네 주위는 공백으로 밖에 있어 한 페이지를 넘길 때마다 마치 나비가 날개짓을 하는 것 같아서 나비라는 뜻인 호접장이라고 한다. 책표지는 대부분 딱딱하기 때문에 세워서 책장에 꽂을 수 있어 지금의 양장洋裝이나 평장平裝과 같다. 호접장의 책을 철한 부분(즉 書腦)이 위로 향하고 책의 앞면(즉 書口)은 아래로 향하여 둘을 곧게 세워놓을 때 책장의 위쪽 여백이 위에 있게 되어 책제목을 책등에 인쇄하는 것이 약간 다르다. 호접장을 세워놓았을 때는 책등에 책제목을 쓰지 않고 책제목의 권수를 세워놓은 책 밑의 아래 여백에 써넣는다. 이와 같은 것으로는 송 호접장인 《산곡시주山谷詩注》·《구본거사집衢本

436_ 일본어로는 뎃쵸우소[粘葉裝]라고 한다. 중국어에서 혈頁은 페이지를 말하기도 하지만 어느 경우에는 '엽葉'과 같은 뜻이 되는데 발음은 둘 다 葉과 같은 'ye'이며, 이 경우는 '粘葉'으로 보이지만 원서대로 '粘頁'로 그대로 쓴다. 葉의 간체자는 '叶' 로 쓰기 때문에 한국과 일본에서는 점엽장이라고 하지만 중국인들은 '점혈'로 쓰기 때문에 그대로 둔다.

居士集》이 있다. 만일 선장서라면 책표지가 약하기 때문에 세워놓을 수가 없고 뉘어놓을 수밖에 없으므로 책 밑의 책 수 역시 가로쓰기나 가로 인쇄로 해야 한다. 월남의 완阮 왕조의 인본 중에는 책 밑에 세로쓰기한 것도 있다.

호접장은 구멍을 뚫어서 노끈으로 묶거나 실로 엮을 필요가 없이 책의 순서를 찾아서 페이지를 접고 책등에 풀을 먹이고 책표지로 감싸고 하여 13번의 공정을 거쳐야만[294] 한다. 하지만 선장금양옥線裝金鑲玉에 비하면 절차가 거의 반 정도로 줄어들었으나 난이도는 커졌다. 현재 중국 내에서 이런 기술에 익숙한 사람은 겨우 나이 든 몇 명의 장인이 있을 뿐이다. 호접장은 주로 풀로 붙이는 것으로 송대에는 소위 면랍麵蠟 혹은 호약糊藥이라고 불렀다. 여기서 면이라는 것은 밀가루를 말하고 납은 황랍黃蠟이며, 약은 접착제·백반·백급白芨(대왕풀)[437]과 각종의 향료를 말한다. 명나라 장훤張萱의 《의요疑耀》 권5에 "지금 비각에 소장되어 있는 송판서는 모두 호접장으로 그 풀은 수백 년이 경과되었어도 떨어지지 않는다. 우연히 《왕고심필록王古心筆錄》을 보게 되었는데 다음과 같은 장면이 있었다. 왕고심이 노승 영광永光을 만나게 되자 그 승려에게 물었다. '전대에 《장경》의 이음매는 실과 같은데 세월이 오래되어도 떨어지지 않으니 어찌된 것입니까' 그러자 승려가 대답했다. '이전의 방법은 닥나무즙·밀가루·백급 부스러기 세 가지를 섞어서 풀로 만들었는데 이것을 종이에 풀칠하면 영원히 떨어지지 않고 견고하기가 아교칠 같습니다'고 대답했다. 송나라에서 책을 장정하는 데 어찌해서 이 법을 안 쓴단 말인가?"라는 말이 있다. 청나라 육훤陸烜의 《매곡수필梅谷隨

437_ 한약재로 자란紫蘭의 뿌리를 말한다. 백급白及 혹은 백급白芨이라고도 한다. 피를 멎게 하므로 주로 외상에 바르거나 위궤양에 먹는다. 또 점질이 있어 풀을 만들기도 한다.

筆》에서도 "고서를 보수하는데 풀을 만들 때는 반드시 백급을 넣어야 세월이 오래되어도 떨어지지 않는다"는 말이 있다. 돈황에서 발견된 육조와 당대에 쓰여진 사경은 어떤 것은 1천년이 지났지만 이음매가 실과 같지만 여전히 떨어지지 않고 있다. 송 호접장의 서책 역시 대개는 완벽한데 이는 백급과 밀가루 풀 덕택이라고 할 수 있다. 송과 원본의 서책에서는 책을 펼치면 향기가 나는데 먹 속에 있는 향료 외에도 이 백급으로 쑨 풀 속에 백모향과 콩잎 비슷한 곽향藿香 같은 것을 넣었기 때문일 것이다. 후세 사람도 "풀을 쑬 때는 밀가루, 사천성에서 나는 산초, 백반, 백부초百部草 가루 등을 넣어야 한다. 이렇게 해야만 좀이 스는 것을 막을 수 있다"고 했다.

호접장의 장점은 전체 폭의 그림이 한 판 안에 들어갈 수 있어 일목요연하지만 선장서를 두 개의 반폭으로 나누어 하는 것보다는 못하기 때문에 그러므로 현재 지도책은 여전히 이 방법을 택하고 있다. 《명사 · 예문지》에서는 "명나라 초기 비각서적은 모두 송과 원의 서적으로 아름답지 않은 것이 없다. 장정은 뒤집어 접고 네 주위는 밖으로 향하게 하여 벌레나 쥐가 손상하지 못하도록 했다"고 기록하고 있다. 벌레나 쥐가 갉아먹지 않는 것은 아니니 송과 원본은 대부분 호접장이라서 설사 책의 앞 단면이나 혹은 위쪽과 아래쪽의 여백을 벌레가 먹거나 쥐가 갉아도 판광版框 내의 문자는 하나도 손상이 없으니 이것이 호접장의 커다란 장점이다. 만일 선장 서적이라면 책의 앞 단면이 손상되었을 테고 글자 역시 반드시 훼손되었을 것이다. 양장과 평장을 서가에 세워서 꽂을 때 위쪽 여백이 노출되어서 먼지 타기가 쉽지만 호접장은 세웠을 때 책등이 위로 향하게 되어 먼지가 책속으로 쉽게 들어오지 않는데 이것이 장점이다. 그러나 호접장을 펼쳐 읽을 때 한 페이지를 펼칠 때면 글자가 없는 뒷면의 공백을 봐야만 하니 이것이 옥의 티라 할 수 있겠다. 현재의 어떤 사람은 호접장은 풀이 너무 많아 곰팡이가 끼고 벌레가 끼어들어 손상된다고 여기는데 이런 주장은 결코 채택할 수 없다. 이는 단지 주관적인 생각이며 사실이 아니다. 국가도서관은 호접장을 가장 많이 소장하고 있는데 약 3백여 종이 있지만 곰팡이가 끼거나 좀이 먹은 것이 거의 없고 개별로 명청 시대에 장정을 중히 여겨 선장본으로 바꾼 것을 제외하고는 모든 송대의 원래 장정은 거의 완전하다.

현존하는 비교적 초기의 송대 호접서는 돈황 사본인 《왕릉변王陵變》(태평흥국 3년)이 있다. 송 호접서는 일반적으로 종이를 책표지로 하였고 신경을 많이 쓴 것은 능라나 명주천으로 했다. 남부의 왕흠신王欽臣 집안에서는 포기지蒲圻紙[438]에 글을 썼는데 이는 전적으로 사람들에게 빌려주기 위한 것이었다. 그중 명주천으로 책등에 '진고서鎭庫書'라고 적은 것이 있는데 이는 자신만이 볼 수 있는 것이었다. 《역전易傳》 20책 같은 경우는 자색 비단으로 표구를 했고(가정 초), 온주에서 판각 인쇄한 《대당육전大唐六典》은 검은 비단으로 장정을 했고(소흥 4년), 채항蔡抗이 헌상한 《서집전書集傳》 필사본 12책은 황색 비단으로 표구했다(순우 7년). 《주역본의周易本義》·《악서樂書》·《후한서》·《악전선생문집樂全先生文集》 같은 인본은 모두 황색 비단 장정으로 구양수가 "비각 장서는 황색 비단으로 장정하였는데 이를 태청본太清本이라고 한다"라고 하였는데 이를 말한 것이다. 이런 종류의 황색 비단으로 표구한 딱딱한 책표지의 겉모습은 무척 아름답다. 그러나 아직 양장서에 소나 양가죽으로 장정한 것은 보지 못했다.

거론할 가치가 있는 것으로는 송나라 왕윤王潤이 장정한 《문원영화文苑英華》로 펼쳐보기가 무척 편리하다는 점이다. 매 권의 머리와

438_ 포기蒲圻는 악남鄂南에 있는데 대나무 산지로 현재까지도 각종의 대나무로 유명하다. 육유의 《노학암필기老學庵筆記》에도 포기지가 나오는데 아마도 대나무를 원료로 한 종이가 아닌가 싶다.

마지막 페이지를 상중하 부위로 나누어 홍색·황색·홍갈색의 작은 비단조각을 붙여서 서양의 큰 자전처럼 책의 앞 단면에 처음 시작하는 자모에 작은 구멍을 만들어서 찾기에 편하게 하였다. 이러한 방법은 중국 서적사상 전무후무할 것이다.

송 호접장 역시 기타 민족에서도 채용되었는데 예를 들어 최근에 발견된 요나라 판의 당나라 이한李翰이 편찬한 《몽구蒙求》나 근년에 감숙성 무위武威에서 발견된 서하문자의 사경은 모두 호접장이다. 호접법은 일찍이 일본에 전해졌고 지금 볼 수 있는 것은 고우야산[高野山]판의 《반야심경비건般若心經秘鍵》이 있다. 표지는 자청지磁青紙에 금색으로 서명이 쓰여 있다. 또 《비전안과룡수총론秘傳眼科龍樹總論》 10권이 있는데 오에이[應永][439] 27년(1420)의 구 뎃쵸우본[粘葉本][440][295]으로 실로 장정하지 않고 풀칠하여 장정했는데 송대 사람들이 말한 호접장이다. 현대 일본에서 신간이 나올 때 어쩌다가 호접장으로 하는데 예를 들면 간다 기이치로[神田喜一郎] 박사의 대작 《창암장서절구鬯盦藏書絕句》[441]는, 고아하고 정교한 호접장으로 필자도 책 두 권을 선물받은 바 있다.[296]

선장線裝　호접장의 글자가 없는 면을 피하기 위하여 북송인들은 선장을 생각해냈다. 인쇄가 된 공백을 안으로 반으로 접어 한데로 모아 글자가 인쇄된 두 개의 반쪽을 밖으로 노출시키니 읽기에 비교적 간편했다. 그러나 당시에 보수적인 사람들은 여전히 호접장이 선장보다 우수하다고 여겼다. 당시에 선장을 '봉귀縫繢'라고 했는데 '봉귀'라고는 했지만 물론 바늘로 꿰맬 수는 없는 것이다. 선장은

439_ 오에이 시대는 1394~1428년까지다. 이 시기는 쇼와[昭和] 메이지[明治] 다음으로 긴 35년간이다.

440_ 원서에서 앞에는 '粘頁'로 썼는데 여기서는 '粘葉'으로 썼다. 주석 436)참조.

441_ 간다 기이치로의 호가 鬯盦이며 서실 이름은 佞古書屋이라고 했다.

일본어로는 도지홍[綴本]이라고 한다. 송대의 장서가인 왕수王洙는 "서책은 호접장으로 만드는 것이 제일인데 오래되어도 떨어지거나 헤지지 않고 떨어져 나가지도 않으며 차례를 찾을 때는 초록만 하면 되니 여러 번 세상에 전해지지 않는 책을 구하여 이로써 전부를 얻을 수 있었다. 만일 봉귀(선장본)라면 세월이 오래되어 단절되면 차례도 알기 어렵다. 처음에 동씨董氏의 《번로繁露》[442] 몇 책을 얻었는데 이리저리 뒤바뀌어 있어 엎드려서 읽은 나머지 그 실마리를 찾아 차례를 이어서 겨우 약간 완전한 모습을 회복할 수 있었으니 이것이 선장본의 폐단이다. 일찍이 송선헌宋宣獻과 이에 관해 이야기 했는데 송선헌은 여러 학자들이 기록한 바를 호접장으로 만들어 놓았다. 내가 일찍이 삼관三館의 황본서黃本書와 백본서白本書를 본 적이 있는데 모두 호접장으로 만들어 상하의 난계欄界는 모두 종이에 나와 있었다. 후에 고우高郵에서 손신로孫莘老 집안의 서적들을 빌려서 이 방법으로 만들었다. 또 전목錢穆의 부친이 소장한 것도 이와 같은 것을 보았는데 대부분은 백지를 사용해 표지를 만들고 딱딱한 황지로 좁은 첨자籤子를 만들었는데 이전 사람들은 주로 이 방법을 사용했다. 나의 성정은 책을 전하는 것을 좋아하지만 후일에 기서奇書를 구해도 선장을 할 수가 없다"[297]고 하였다. 북송의 관방과 개인 장서본은 모두 호접장이었음을 알 수 있다. 남송 장서가인 진진손은 일찍이 북송 내부 예사전睿思殿 구 소장본 《춘추가감春秋加減》 1권을 얻었는데 소 선장본으로 되어 있었으며 겨우 10여 판이었다. 그러나 선장은 송나라에서 그다지 유행하지 못했다.

442_ 동씨는 동중서董仲舒를 말하고 《번로》는 《춘추번로春秋繁露》를 말한다. 이 책은 동중서가 《공양춘추公羊春秋》를 연구한 산물로서 그의 철학사상이 집중적으로 반영되어 있다.

10. 인쇄 재료

종이 · 먹 · 붓 · 벼루는 필기 도구일 뿐만 아니라 또한 예술품으로 문인들이 진귀하게 여겼다. 송나라 소순흠蘇舜欽은 "밝은 달빛은 깨끗한 안석에 비치고, 붓 · 벼루 · 종이 · 먹이 좋은 것이 있으니 인생의 즐거움이다"고 말했다. 글을 쓸 때는 종이와 붓의 조화, 먹과 벼루의 정교함을 귀하게 여겼다. 그렇지 않으면 비록 글을 쓸 수 있지만 잘할 수는 없기 때문이다. 그러므로 문방사우는 송나라 사대부들의 중시와 제창으로 송대 인쇄공업의 번영을 촉진시켜 인쇄업이 흥성했을 뿐만이 아니라 문방사우의 발전에도 상호 촉진이 있었다.

붓 당대에는 "선주宣州에서 종이와 붓을 진상했으며 오로지 제갈諸葛 성씨만이 그 업을 세상에 전했다. 치평治平 · 가우嘉祐 연간 전에는 제갈씨가 만든 붓을 얻는 사람이 진귀한 골동품을 가지고 있다고 여겼는데 그 한 자루는 다른 붓의 몇 자루와도 적수가 안 되었다".[298] 구양수는 선성宣城 제갈고諸葛高의 자호필紫毫筆에 대하여 "힘있고 부드러움이 사람 손에 적합하고 백 자루가 다 똑같다"고 하며 서울의 붓보다도 훨씬 좋다고 했다. 또 그는 시에서 "서울에서 붓을 만드는 여러 모필장들은 자칭 잘한다고 현판을 걸어놓았네/편편찮은 것이 서로 동으로 이어져 있으니 마치 옷 솔기 사이의 이와 같다네/… 가격이 비싸도 돈을 쓰지만/며칠을 쓰지 못하고 망가진다네"443[299]라고 했다. 모필장들이 옷 솔기 사이의 이처럼 많았다고 하

443_ 장수민은 미주에 이 시 제목을 〈답매성유혜선주필희서答梅聖俞惠宣州筆戲書〉라고 하였는데 보통은 〈성유혜선주필희서聖俞惠宣州筆戲書〉라고 한다. 전체시는 다음과 같다.

〈聖俞惠宣州筆戲書〉
聖俞宣城人, 能使紫毫筆.
宣人諸葛高, 世業守不失.

니 다른 문방업도 분명히 성행했을 것이다. 소동파는 항주의 정혁필程奕筆을 좋아했다. 송대의 유명한 모필장으로는 상주常州의 허씨許氏, 안륙安陸의 성안도成安道, 익양弋陽의 이전李展이 있었다. 진릉晉陵의 모필장인 시민柴珉은 붓의 제작이 아름다웠으며 선주필을 모방하였지만 더욱 특이했다. 광서성 정강부靜江府에서는 양호필羊毫筆이 생산되었다. 남송 신안新安에서는 왕백汪伯의 현필玄筆을 진상했다. 영국부寧國府와 건강부에서도 모두 붓을 진상했다. 함순 연간의 호주湖州의 모필장인 풍생馮生이 등장하고부터는 호주필이 중국의 으뜸이 되었다.

벼루 송대 사람들 역시 흡연歙硯을 중시했으며 이종 때에는 신안에서 네 가지 보물을 진상했는데 그 중 하나가 옛날 갱석坑石의 벼루, 즉 무원婺源의 흡석연歙石硯이다. 송나라 사람들은 흡연은 단연端硯의 적수가 아니라고 생각했다. 단연은 광동의 단주端州(지금의 조경肇慶)에서 생산되는데 당나라 이래로 유명하여 송대에도 해마다 공물로 바쳤으며 사람들은 모두 이를 귀중히 생각했다. 희녕 연간에 두자杜咨가 단주의 지현으로 있을 때 백성들에게 돌의 채집을 금지하고 두자 자신이 이를 독점하니 '두만석杜萬石'이라는 나쁜 말이 떠돌았다. 그러나 포증包拯(포청천)이 단주에서 임기를 다 마치고 돌아갈 때에는 단연 하나도 가지고 가지 않았다. 두 사람의 어질고 어질

緊心縛長毫, 三副頗精密.
硬軟適人手, 百管不差一.
京師諸筆工, 牌榜自稱述.
累累相國東, 比若衣縫虱.
或柔多虛尖, 或硬不可屈.
但能裝管榻, 有表曾無實.
價高仍費錢, 用不過數日.
豈如宣城毫, 耐久仍可乞,

지 않음이 이렇게나 차이가 있다. 명나라 심덕부의 《야획편野獲編》에 다음과 같은 기록이 있다. "송 휘종 때에 수많은 물적 자원이 조공으로 들어왔는데 내부에 소장되는 것을 제외하고는 친왕과 환관[444] 및 양부兩府[445]의 시종에 이르기까지 하사품으로 받았다. 이후 모래가 쌓여 물이 깊어지자 다시는 만들 수 없게 되어 이 벼루는 드디어 세상에서 진기한 보물이 되었다. 정강의 난 이후 남쪽으로 천도할 때 사대부들은 각자 이 벼루를 갖고 강을 건넜다. 덕우德祐[446]의 어가를 수행하면서 또 민지역까지 가지고 왔는데 보전甫田, 주복舟覆에 이르러서는 사람과 벼루가 모두 없어지게 되고 그곳의 지방민들이 얻게 되었다. … 지금 송나라의 단연이 천하에 가득한데 이는 모두 보전에서 만든 위조품이다"라는 말이 있다. 벼룻돌은 단주성 동쪽 30리 지점인 영향靈羊 협곡에서 생산되었다. 상암上岩 · 중암 · 하암[447]의 구분이 있고, 신 · 구 갱도의 구별, 수암水岩 · 한암旱岩의 구별이 있는데 하암자석下岩子石을 제일로 친다. 색깔과 돌의 결이 영롱한 것이 옥과 같고, 물을 넣고 먹을 갈면 쉽게 갈아지며 붓을 상하게 하지도 않으며 가는 소리도 들리지 않는다. 원석에 있는 청색의 결에는 반드시 눈[眼]이 있다.[300] 또한 자색은 마치 돼지 간 같은 색으로 하석에서 생산되는데 이를 자단紫端이라고 한다. 윤택이 나고 매끈매끈하며 두드려보면 그 소리가 청아하여 마치 물이 흐르는 것 같다. 벼루를 만드는 장인들은 천연석의 형태와 눈[眼]에 의하여 사각형, 원형, 장방형, 타원형 등 여러 형태의 벼루를 조각하여 중국의

444_ 원문에서는 '대당大璫'이라는 표현을 썼다. 당璫은 한나라 때 환관이 무관직에 있을 때의 복식이다. 이후에 환관의 대명사가 되었다.

445_ 중서성과 추밀원을 말한다.

446_ 덕우(1275~1276)는 송 공제恭帝 조현趙顯의 연호로 남송에서 겨우 2년 동안만 사용했다.

447_ 우리나라에서는 상석 · 중석 · 하석이라고 구분한다.

특수한 미술 공예가 되었다. 송대에는 "자단을 벼루로 연마하니 천금에 해당된다"는 설이 있었다.[301] 필자는 고궁에서 소식·악비·육유·사방득謝枋得·문천상 등 송대 명인들의 벼루를 본 적이 있는데 모두가 단연이었다. 문천상이 소장한 것은 자단의 작은 벼루로 그 이름은 '옥대생玉帶生'이라고 했다. 이는 벼룻돌 중간에 흰색의 띠가 있어 무늬결이 마치 자색도포의 옥대와 같아서 이런 이름을 얻게 된 것이다. 여러 사람들의 소장품에는 자신이 직접 새겨 넣은 글이 있기 때문에 사람들은 더욱 귀하다고 여긴다. 당시에도 징니연澄泥硯을 중시했다. 송대 사람들은 벼루를 사랑했기 때문에 미불米芾의 《연사硯史》, 고사손의 《연전硯箋》 같은 전문서적도 전해지고 있다.

먹 중국의 먹 역시 중요한 발명품으로 글씨를 쓰고 그림을 그리고, 인쇄를 하고 탁본을 하고, 궁전 건축물을 장식하고, 여성들이 눈썹을 그리는 것 말고도 혈증이나 눈병을 치료하는 약물로도 사용했다. 먹의 특징은 색이 변하지 않고, 퇴색하지 않는 것인데 육조시대나 당대의 사경, 혹은 오대나 송초의 인본을 막론하고 1천 년 혹은 1천 5백~6백년이 지났어도 여전히 칠흑처럼 광택을 내고 있다. 한나라에서는 유미묵隃糜墨이 유명하고 위나라에서는 위탄묵韋誕墨이 유명했다. 후위後魏 가사협賈思勰의 《제민요술》 권9 합묵법合墨法에서는 아교·물푸레나무껍질·계란 흰자위·주사朱砂·사향 등을 사용하여 유연탄有煙炭[448]을 배합하는 방법을 기록하고 있다. 송대에는 전문적으로 먹을 제조하는 방법과 경험을 기록한 이효미李孝美의 《묵보墨譜》, 조관지晁貫之의 《묵경墨經》 같은 전문서적이 있다. 먹 제

448_ 중국어로는 연매煉煤라고 하는데 갈탄褐炭이나 역청탄瀝青炭 등과 같이 탈 때 연기가 나는 석탄으로 코크스(cokes)의 재료로 쓰인다. 이 책에서도 유연탄이라고는 했지만 여기서 말하는 것은 이런 공업적인 것이 아니라 소나무 송진이 타면서 나오는 그을음을 말한다.

조업은 몹시 발달하여서 수많은 먹 제조 명장들이 나왔다. 송대 장방기張邦基는 《묵장만록墨莊漫錄》 권6에서 "근자에 유명한 먹 제조장들이 있는데 번곡潘谷·진첨陳瞻·장곡張谷의 이름이 한때를 풍미한 후로 또 상산常山의 장순張順, 구화九華의 주근朱覲, 가화嘉禾의 심규沈珪, 금화金華의 반형潘衡 같은 장인들 모두 옛사람들에게 부끄럽지 않을 정도다. 선정 연간에 관규關珪·관진關鎭·매정梅鼎·장자張滋·전수원田守元·증지유曾知唯 등이 있었으며 이들 역시 훌륭하다. 당주唐州 동백산의 장호張浩가 제조한 먹은 정교하고 묘법이 심히 기이하다"고 했다. 어떤 명장들은 황제에게 고용되어 어묵御墨을 제조하였으니 이세영李世英은 일찍이 덕수궁묵德壽宮墨을, 섭방헌葉邦憲은 복고전묵復古殿墨을, 유사선劉士先은 집희전묵緝熙殿墨을 제조했다. 이세영[302]의 아들 이극공李克恭·이낙온李樂溫과 반형의 손자 반병이潘秉彝 그리고 경호鏡湖(소흥) 방씨方氏, 구주衢州의 섭무실葉茂實과 채도蔡瑫, 변경의 장민張孜, 하동의 해자성解子誠과 한위승韓偉升, 담주潭州의 호경승胡景繩, 사천의 포소蒲韶(혹은 포대소蒲大韶라고도 함)와 양고梁杲는 모두 먹을 아주 잘 만들었다. 북송의 변경·하동·태행太行·왕옥王屋·제원濟源·당주唐州는 모두 먹의 생산지다. 남송은 양절을 중심으로 임안·소흥·가흥·금화·구주·상산에서도 모두 먹을 생산했다. 그러나 생산량이 가장 많고 가장 유명한 곳은 특히 휘주徽州를 꼽을 수 있다. 휘주에서의 먹 제조는 당말의 이초李超부터인데 송 인종은 '신안향묵新安香墨'이라고 칭하며 군신들에게 이 먹을 하사했다. 그의 아들 이정규 대에 이르러서는 더욱 명성이 높았다. 송대에는 연말이 되면 대용봉묵大龍鳳墨 천근을 진상해야 했다. 장계유莊季裕도 "휘주에서는 먹 제조공이 배출되고 좋은 먹이 많다"[303]고 했다. 황산의 먹 제조공인 장처후張處厚·경덕진耿德眞이 제조한 것은 정품이어서 심규의 먹과 비견된다. 송 이후부터 오늘날에 이르기까지 휘주먹은 모든 먹을 압도하고 시장을 독점했다. 남송에서는 사천의 붓, 사천의 먹이 절품이라고 칭해졌다. 양만리楊萬里는 "그대는 천하의 신기한 물건인 촉나라 사람의 오환烏丸[449]을 보지 못했는가? 앞에는 포소蒲韶가 있고 뒤에는 양고梁杲가 있다네"라는 시구가 있다. 양고는 오동기름의 유연油煙[450]을 사용했다.

송대는 먹 제조공만이 먹을 제조한 것이 아니라 사대부들도 역시 먹을 만들고 저장하고 또한 먹을 품평하는 것을 좋아했다. 이들은 한가할 때면 먹과 차를 꺼내어 비교하곤 했는데 "차는 흰 것을 숭상하고, 먹은 검은 것을 숭상한다"는 말이 한 시기를 풍미했다. 사마광이 수집한 먹이 수백 근에 달했으며 소동파도 7천 정을 수집했으며 기분 좋은 날이면 스스로 먹을 감상하곤 했다. 소동파는 "근세의 사대부들은 먹을 많이 제조하는데 먹 제조공 역시 그의 기교를 다한다"고 했다. 소동파 본인 역시 담이儋耳에서 반형潘衡에게 먹을 제조하도록 명한 후에 "해남송연海南松煙, 동파법묵東坡法墨"이라고 써넣었다. 그 방법에 대해서는 "모든 홀笏[451]마다 금화연지金花臙脂 몇 개를 합쳐 사용하므로 흑색이 아름답게 나타나고 단사丹砂를 사용하는 것보다 낫다"고 했다. 그는 조계일晁季一(계일은 조관지의 자임)·하방회賀方回·장병도張秉道·강위장康爲章 등의 문인들은 모두 먹을 제조할 수 있었다[304]고 했다. 장방기의 외삼촌 오순도吳順圖는 해마다 백 근의 먹을 제조했다.

먹을 제조할 때 가장 기본적인 재료는 송연, 혹은 오동기름인 유연油煙이지만 송연이 가장 좋다. 한나라에서는 부풍扶風의 유미隃糜

449_ 먹의 별칭이다,

450_ 기름, 가스 등을 불완전연소시킬 때 생기는 주성분이 탄소인 검은 물질.

451_ 여기서 홀의 뜻은 tablet처럼 홀처럼 길고 가는 틀을 말한다. 이 틀 속에 먹의 재료를 넣어 만든 것으로 보인다.

종남산終南山의 소나무를 귀하게 여겼다. 진나라에서는 구강九江 여산의 소나무를 귀하게 여겼다.[305] 송나라에서는 황산의 소나무를 귀하게 여겼다. 전하기로는 "황산의 소나무는 기름지고 견고하므로 다른 지역의 것과 다르다"는 말이 있다. 그러므로 어떤 휘주먹에는 '황산송연黃山松烟'이라는 글자가 새겨져 있다. 송나라 조희곡趙希鵠은 "북쪽의 먹은 대부분 송연을 사용하므로 흑청색이고 남쪽의 먹은 유연을 사용하므로 먹색이 순흑색이다"고 했다.[306] 그러나 사실 남쪽의 먹도 송연이 적지 않고 북쪽의 먹 역시 유연을 사용한 것이 있다. 희녕·원풍 연간에 장우張遇는 어묵御墨을 바쳤는데 유연에 사향을 넣고 금박을 입혔다. 그래서 이를 '용향제龍香劑라고 부른다.[307] 동연桐煙먹으로 유명한 것은 담주 호경胡景의 순먹이다. 호경은 "오로지 동백기름만을 태운 그을음을 취하였기 때문에 '동화연桐花煙'이라고 하는데 그 제조한 것이 몹시 견고하며 얇아서 화가들이 이를 보배로 여기며 눈동자를 그리면 마치 칠을 한 것과 같다"[308]고 했다. 송 휘종은 소합蘇合의 유수연油搜烟 먹을 칭찬하였으며 금나라 장종도 이를 구입하였으니 한 냥의 먹이 황금 한 근과 맞먹었다. 그래서 위조하려 해도 할 수 없어 '묵요墨妖'라고까지 했다.[309] 심괄은 또 연안 일대에서 생산되는 석유 그을음을 가지고 먹을 만들었는데 이를 '연주석액延州石液'이라고 했다. "흑광은 칠과 같으니 송연묵이 따라오지 못한다" 또는 "이 물건(석유)은 반드시 세상에서 성행할 것이다"라는 말들이 있었는데 이는 정말로 과학적 탁견이다. 송대는 황산 소나무의 그을음을 태운 것을 칠연漆烟이라 했다. 유연탄 이외에도 아교 역시 먹을 제조하는 중요 성분으로 일반적으로는 싼 가격의 소가죽 아교를 사용하였지만 송대에는 먹이 견고하고 갈라지지 않게 하기 위하여 부레풀[魚膠][310]과 계란 흰자위를 사용했다. 먹을 갈 때 소리가 나지 않게 하기 위해 황벽黃蘗 나무를 사용했다. 먹이 더욱 진한 색을 내도록 물푸레나무의 껍질[秦皮]·주사朱砂·오이풀·오배자·녹반綠矾을 첨가했다. 향을 높이기 위해서는 곽향藿香·영릉향零陵香[452][311] 등을 먹과 배합하였다. 그래서 후위後魏에 비해서 더 개선되었다. 그 먹의 완제품은 "집으면 가볍고, 향을 맡으면 향기가 나고, 갈면 (소리가) 아주 맑았다"고 한다. 원우 연간에 반곡潘谷[453]의 먹은 "향기가 좋고 결이 단단하여 먹을 다 갈아 쓸 때까지 향기가 퇴색하지 않았다"[312]고 한다. 송대에는 관방과 개인이 생산한 대량의 좋은 먹이 있어 비석을 탁본할 때 문인들에게 아주 편리했기 때문에 인쇄품의 질과 양을 향상시켰다. 그래서 인쇄된 책은 검고도 광택이 났으며 게다가 책 한 권을 펼칠 때마다 책의 향이 흘러나왔다. 책향은 호접장의 약풀에서도 나왔지만 더욱 중요한 것은 먹향이었다. 현재 가장 오래된 먹은 당나라 때 먹으로 "개원 4년 병진丙辰"이라는 글씨가 새겨져 있다. 일본의 쇼소인[正倉院]에 소장되어 있다. 중국 내에는 단지 명대의 먹이 있고 고궁 안에서도 당대나 송대의 먹은 보지 못했지만 최근에 서한먹이 출토되었다는 이야기는 들었다.

452_ 콩과에 속하는 향초의 한 종류다.

453_ 반곡은 송 원우 연간의 흡현歙縣 사람으로 일생동안 먹을 만들었다. 그가 만든 '송범松梵' '산예狻猊' 등은 '먹 중의 신품'으로 불린다. 송 휘종이 소장한 진품에는 '팔송범'이 있는데 모두 반곡이 만든 것이라고 한다. 육우陸友의 《묵사墨史》에는 반곡이 죽은 후에 소동파가 그를 추모하여 썼다고 하는 "一朝入海尋李白, 空見人間話墨仙"라는 시구를 소개하고 있다. 반곡은 먹 제조에 뛰어났을 뿐만 아니라 먹 감별에도 일가견이 있었다. 무슨 먹이든지 그는 만져만 보아도 금방 좋고 나쁨을 알았다. 한번은 황산곡黃山谷이 자신이 소장하고 있던 먹을 감정해달라고 주었다. 그는 먹을 만져보더니 "이것은 이승안李承晏이 만든 연제軟劑로 지금은 얻기 어렵습니다"고 했다. 또 다른 하나를 만져보고는 "이것은 제가 20년 전에 만든 것으로 지금의 기력으로는 이런 먹을 만들 수 없습니다"고 했다 《흡현지歙縣誌》에는 "송 휘종 때에는 매년 좋은 먹 천 근을 진상했다"는 기록이 있다.

종이 "수대에 옛 서적은 아주 아름다운데 광릉廣陵 마지麻紙를 이용해 필사했다"는 말이 있다. 당대에 육합지六合紙·천마지川麻紙가 있었는데 송대에도 여전히 유명했다. 송나라 진주에서는 마지를 진상했다. 소동파는 "사천의 종이는 포두기布頭機[454]로 천의 날줄의 나머지를 이용하고 씨줄을 이용하지 않는 것으로 만들었기 때문에 그 이름을 포두전布頭箋이라고 하는데 이 종이는 천하에서 으뜸이다"고 말했다.[313] 원나라 비저費著의 《촉전보蜀箋譜》에서는 "세상에서는 모두 나무껍질로 종이를 만드는데 촉에서는 여전히 채륜의 법[455]을 사용한다. 전지箋紙는 옥판玉版·공여貢餘·경설經屑·표광表光이 있다. 옥판과 공여는 헌 천과 부스러기, 엉클어진 삼을 섞어 만든 것이다. 오직 경설과 표광은 엉클어진 삼을 사용하지 않았다"고 한다. 비저는 또 "광도지廣都紙는 네 가지 색깔이 있는데 모두 닥나무 껍질로 만들었다. 사천에서 경사자집을 인쇄할 때는 모두 광도지를 사용했다[314]"고 했다. 비저만이 오로지 "죽지 역시 닥나무 껍질로 만든다"고 했으니 이를 몰랐거나 혹은 대나무 재료 속에 닥나무 껍질이 들어갔는지는 모르겠다.

당대에는 섬현剡縣의 등지藤紙를 가장 좋은 것으로 쳤지만 당말에는 이미 없어졌다. 그러나 송초에는 명사들이 아직도 이 명칭을 사용하였는데 구양수의 시에 "섬현 등지의 매끈함은 마치 유리와도 같다"고 한 것이나 소동파의 시에서 "계석溪石 마간馬肝[456]을 다듬었으

454_ 개송기開鬆機라고도 하는데 천조각이나 물건을 만들고 남은 가장자리의 천, 혹은 헌 옷을 헤트려서 커다란 천막이나 양탄자를 만들 때 사용하는 기계다.

455_ 이는 채륜이 처음 종이를 만들 때 헤어진 옷이나 그물망 등을 이용해 종이를 만들었다는 것을 의미한다.

456_ 마간석을 뜻하며 벼루를 만들 수 있다. 이 구절은 소식의 〈손신노기묵孫莘老寄墨〉 시에 나온다. 조차공趙次公은 "단주端州의 깊은 계곡에 있는 돌이며 그 색이 마치 말의 간과 같은 자색이라서 이런 이름이 붙었다"라고 주를 달았다.

며, 섬등은 옥판을 열었다"고 하고, 황산곡의 시에서는 "전갈꼬리 은구銀鉤로 주옥珠玉을 쓰고, 섬등의 촉견蜀繭이 송연松煙을 비추네"라는 시구가 있다. 섬등촉견은 후에 종이의 대명사가 되었다. 옛날에 북경 유리창 남쪽에 종이가게가 있었는데 금색글씨의 편액에 '섬등촉견'이라고 쓰여 있었다. 소동파는 "성도의 완화계의 물은 맑기가 아주 다른데 구마저漚麻楮로 전箋을 만드니 깨끗하고 아름답다. 수십리 밖에서는 만들 수 없으니 물의 힘이라 믿는다"고 했다. 섬등지가 매끄럽고 새하얀 것은 깨끗한 섬계의 물 덕택인 듯하다. 가태嘉泰 연간의 《회계지》에서는 "섬등지가 명성을 얻은 것이 가장 오래되었고 그 다음이 태전苔箋이다. 지금은 죽지가 홀로 천하에 이름을 날리고 있어 다른 곳에서도 이를 모방하려고 하지만 비슷하지 않고 드디어 등지를 눌러버렸다"고 했다. 또 "책을 만드는 사람들은 죽지를 사용하기를 좋아하는데 첫째는 매끄럽기 때문이고, 둘째는 발먹색이 좋기 때문이고, 셋째는 필봉에 적합하기 때문이고, 넷째는 모이거나 흩어지는 것이 비록 오래 걸려도 먹이 결코 변치 않음이고, 다섯째는 좀이 먹지 않기 때문이다"[315]고 했다. 남송 시대 승현嵊縣은 죽지로 전국에서 이름을 떨쳤다. 승현 땅에는 대나무가 많아서 죽지는 가격이 쌌으며 또한 벌레가 잘 먹지 않아 자연스럽게 다른 지방에서도 이를 흉내내 만들려고 했지만 그러지 못했다. 동시에 또 고빙지敲冰紙를 생산하기도 했는데 가정 연간의 《섬록剡錄》에서는 "섬지역의 서쪽 끝에는 물이 깊고 맑으며 산에는 또 등나무와 닥나무가 많은데 얼음을 두드릴 때가 가장 좋다고 하니 마땅히 겨울물이다"는 기록이 있다. 소흥부에서는 종이를 진상했다. 미원장米元章[457]은 월지역의 죽지를 칭찬하였다. 그는 시에서 "월의 대나무에 만번의 절구질을

457_ 원장은 미불米芾의 자다.

하니 금판金板과 같다네, 어찌 항유杭由와 지견池繭을 쓰리오?"라고 했다. 진후산陳後山은 "책 인쇄에는 월지가 양지襄紙보다 낫다"고 했다.

함순 《임안지》에서는 "등지를 조공했으며 부양富陽에는 소정지小井紙가 있고, 적정산赤亭山에는 적정지赤亭紙가 있다"고 했다. 소동파는 "천대天臺의 옥판玉版은 징심당澄心堂보다 낫다"고 하였고 미원장은 황암등지黃岩藤紙를 사용했다. 당중우唐仲友는 태주에서 책을 인쇄할 때 표지表紙와 황단지黃壇紙 두 종류를 사용하였는데 황단지는 임해臨海에서 생산되었다. 서안부瑞安府에서는 견강지蠲襁紙를 진상했고 무주에서도 역시 종이를 진상했다.

흡주歙州는 당대에 종이를 진상했다. 송대에는 빛이 나고 새하얗고 반들거리는 빙익지冰翼紙가 조공으로 충당되었다. 또 표지表紙·추지硾紙·응상지凝霜紙도 있었다. 이종 때에 신안현에서는 네 가지 보물을 진상했는데 징심당지와 이정규李廷珪의 먹이 있었지만 당연히 모조품이었다. 순희 연간의 《신안지》에는 "적계지績溪紙는 징심당지의 유물로 그 새로운 것도 선명함이 징심지를 뛰어넘는다. 흡현과 적계 사이에 있는 용수龍須에서 생산되는 것이라서 용수지龍須紙라고도 한다. 특히 적계지가 가장 유명하다. 안휘성의 이현黟縣과 흡현에서도 좋은 종이가 많았는데 긴 것은 한 폭이 50척이나 되어서 수십 명이 들어야 할 정도여서 큰 바구니 주위에 붙여 불에 쬐어 말렸으며, 처음부터 끝까지 그 얇기가 똑같았다"고 했다. 또 "칠색지七色紙를 헌상했는데 해마다 144만 8632장이었고 그 칠색이란 상양常樣·강극降極·대초大抄·경련삼초京連三抄·경련소초京連小抄이다. … 또한 학사원지學士院紙·우조지右曹紙·염초다인지鹽鈔茶引紙 등은 그 숫자 속에 들어가지 않았다"고 한다. 지주池州에서도 당대와 송대에 종이를 진상했다. 송 학자들은 지주의 닥종이를 사용하였는데 이를 '백마지白麻紙'라고 했다. 송대에 "강동지江東紙를 많이 사는데 강동지의 하얀 색은 마치 봄날의 구름같다"는 시구도 있다. 강동지는 강남동로의 휘주와 지주 두 지역에서 생산되는 종이를 말한다. 요주饒州 덕흥현德興縣에는 가죽종이에 인쇄한 책도 있다. 강남서로에는 길주의 죽지竹紙·무주撫州의 다삼지茶杉紙와 우설지牛舌紙가 있다. 송나라 사람들은 무주 숭인崇仁의 비초지萆鈔紙에 묵각한 것을 가장 귀하게 여겼다. 요군옥廖群玉의 《구경》은 무주의 비초지에 유연묵으로 인쇄제조한 책이다. 악주鄂州의 포기지蒲圻紙는 송대 사람들이 책을 인쇄하는 데에 가장 많이 사용했으며 "두껍고 얇고 촘촘하고 느슨한 것이 모두 있고 또한 성질과 점성이 적당하며 오래가도 떨어져 나가지 않기 때문"이라고 했다.

송나라의 채양은 "지금 종이는 남방에서 많이 생산되는데 오전烏田·고전古田·유권油拳·혜주惠州가 지명도가 있는데 모두 적계績溪를 따라 해보려고 했지만 어림없었다. 순주循州의 등지藤紙는 미세하고 아름다웠지만 황색에서 차이가 났고, 오직 촉전蜀箋의 백색이 두껍고 아름답다."[316] 미불은 복주지福州紙에 관해 처음으로 말했다. 순희 《삼산지三山志》에 "죽지는 고전古田·영덕寧德·나원羅源에서 생산된다. 닥종이는 연강連江과 서향西鄕에서 생산된다. 박등지薄藤紙는 후관적안侯官赤岸에서 생산되었고 후등지厚藤紙는 보고령福辜嶺에서 생산된다"고 했다. 이로 보면 복주에서도 등지가 생산되었음을 알 수 있다. 건녕부에서는 대량으로 죽지를 생산하였으며 '서지書紙'라고 불렀으니 서지란, 즉 인쇄용으로 공급되었다는 말이다. 명나라 동기창은 "송대에는 등백지藤白紙가 있었는데 이를 연마하고 광택을 낸 종이가 소본지小本紙·납황장경전蠟黃藏經箋(금속산金粟山·전륜장轉輪藏 2종)·백경전白經箋·백옥판白玉版·필지匹紙·잠견지蠶繭紙.[317]"라고 했다.

송대의 종이 품종은 아주 많으며 품질 역시 우수하다. 당나라 때 이미 견고한 화살이라도 뚫을 수 없는 종이 갑옷이 있었다. 송대에는 종이 옷·종이 모자·종이 휘장·종이 이불 등이 있었고 항주시의 상인들은 종이로 옷을 만들어 사람들을 속이곤 했다. 여러 도시에서는 종이로 안을 댄 옷을 많이 만들었으니 종이가 얼마나 튼실하고 내구성이 강한지를 알 수 있다. 이러고 보면 금속산金粟山 장경지의 견고함이 소가죽종이와 같으며 색 역시 비슷한 것이 이상한 것도 아니다. 그리고 복주의 동선등각원에서 인쇄한 《종경록宗鏡錄》도 두꺼운 것이 마치 서양의 카드종이와 같아서 양면에 인쇄를 했지만 종이 뒷장에 전혀 비치지 않는다. 과거에 국내외 학자들은 중국의 종이는 얇은 것만 있어 양면에 인쇄를 할 수 없다고 여겼는데 이는 명청대의 얇은 종이만 보았기 때문이다. 서양의 종이에는 수인(watermark)이 있지만 중국종이에는 없다. 중국종이는 간혹 종이 뒷면에 제지공의 표시가 찍혀 있다. 종이 뜨는 법에 관해서는 송나라 주밀周密의 《계신잡식癸辛雜識》에 "무릇 종이를 뜰 때는 반드시 닥풀[黃蜀葵]의 가지와 잎을 넣고 찧어야 비로소 뜰 수가 있다. 점성이 없으면 뜰 수가 없다. 닥풀이 없으면, 양도등楊桃藤·무궁화 잎·야생포도 등을 사용하면 된다. 그러나 이런 것을 취하면 점성은 없다"[318]고 했다.

송대에는 또 종이를 다 만든 후에 가공하여 색상과 광택을 더했다. 임안에는 죽지鬻紙가 있었는데 전분을 입힌 것으로 깨끗하고 윤기가 나며 이를 '견지繭紙'라고 한다.[319] 오 지역에는 여러 색소와 아교를 섞어 종이를 만들고 문양을 감추었다가 후에 문양을 압인하는데 이것을 채전采箋이라고 한다. 장자張鎡의 시에 "소주의 분전粉箋은 아름답기가 꽃과 같으니, 물위의 부평초가 서리살이 내린 듯하여 옛날부터 칭찬을 했다네. 근년에는 전적으로 옅은 납색蠟色을 만드는데, 연옥軟玉처럼 빛나는 것이 흠잡을 데가 없다네"라고 썼다. 촉 지역의 분전은 오나라의 방법을 사용했기 때문에 이를 '오전吳箋'이라 했다.[320] 《섬록》에는 "촉사람들은 십색지十色紙를 만들었는데 문양이 있는 것을 어자전魚子箋, 또는 나전羅箋이라고 하며 섬계에서 생산된다"고 했다. 승현 역시 십색지가 있었다.

송대는 또 좀벌레를 피하기 위한 황지黃紙·초지椒紙와 죽지도 만들었다. 북송과 남송에서는 황지에 인쇄하는 것을 좋아하였는데 이는 좀 먹는 것을 방지할 수 있기 때문이었다. 예를 들어 "가우 4년 2월 관각에 편정서적관編定書籍官을 배치하고 별도로 황지를 이용하여 정본을 인쇄했다. 이는 좀이 먹는 것을 방지하기 위해서이다"[321]라거나 소흥 14년 "여러 군에서는 마땅히 서적을 판각하는 데 황지를 이용하여 한 질을 인쇄하고 비서성으로 보내라는 조서가 내렸다"[322]는 기록을 볼 수 있다. 복주의 개원사 《비로대장경》 종이 뒷면에 "개원경국염황지開元經局染黃紙"라는 커다란 장방형 도장이 있다. 황지는 대개 황벽나무(황백黃柏)를 물들이기 때문에 좀먹는 것을 피할 수 있었다. 이렇게 좀을 방지한 종이에 책을 인쇄하는 기술은 후세에서는 따라가기 힘들다. 청대에는 광동의 불산佛山에서만 여전히 황단黃丹을 이용해 만년홍萬年紅을 제조했는데, 서적의 받침종이[gasket paper]로 만들어 좀이 먹는 것을 방지했다. 송대 인쇄는 위에서 말한 황지·광도지廣都紙·월지越紙·양지襄紙·표지表紙·인서지印書紙·황단지黃壇紙·피지皮紙·비초지革鈔紙·장경지藏經紙와 휘주·지주·성도의 회자지會子紙가 있다. 이외에 책표지의 표배부엽지表背副葉紙·표배벽청지表背碧青紙·장배요청지裝背饒青紙·삼성지三省紙·신관지新管紙·죽하지竹下紙·고경지古經紙 등이 있으며 모두 장정을 인쇄용으로 공급했다. 가태의 《회계지》(명대 정덕正德 5년 각본) 책 말미에는 "소흥부에서 이번에 《회계지》 1부 20권을 간행하는데 인서지 8백 폭幅, 고경지 10폭, 부엽지 20폭, 배고경지평표背古經紙平

表 10폭을 인쇄하는 데 사용하였다. 공묵전工墨錢 8백문八百文을 사용해 모든 책마다 장정을 하는 데 □문文[458]이 들었다. 오른쪽과 같이 모두 갖추었다.[459] 가태 2년 5월 □일에 유징俞澄과 왕사충王思忠이 적는다. 안무사 사교정서적司校正書籍 부치傅穉"[460]라고 적혀 있다.

송대에는 종이를 절약하기 위하여 인쇄할 때는 종이를 넓게 펼쳐 이은 후에 인쇄를 했으며 송본《정사程史》같은 경우는 절반을 붙여서 여러 쪽을 인쇄했다. 또 종종 글자를 썼던 공문서의 뒷면에 인쇄하여 책으로 만들기도 했다. 건도간본《홍씨집험방洪氏集驗方》같은 경우는 순희 7년 공문지를 사용하였는데 쪽마다 관인이 찍혀 있고 장인匠人 정복程福·현위縣尉 조적趙積의 이름이 있다. 개희본開禧本《운선산록雲仙散錄》은 가태 4년 관책으로 썼던 종이를 이용하여 인쇄했다. 효종 때에 인쇄한 호광회자湖廣會子는 거인擧人 시험의 낙제자의 답안과 폐기된 다인 등 폐지를 재생한 환혼지還魂紙를 이용해 인쇄 간행했다. 남송의 경성에는 전문적으로 폐지를 수집하는 상점이 있었으며 폐기된 물건들을 이용하여 환혼지의 원료로 사용했다.

송나라의 종이는 품질이 좋을 뿐만 아니라 생산량도 아주 많았다. 건도 4년에 임안 서호가에 조회지국造會紙局을 설치했고, 함순咸淳 때에는 그곳의 작업공들이 1,200명이나 되었다. 전문적으로 지폐용지를 인쇄하는 데도 1,200여 명이 일하는 제지공장이 있었으니 그 규모가 적다고는 할 수 없다. 다른 지역의 제지공까지 합친다면 1만 명

458_ 원서에는 "每冊裝背___文"으로 문자 앞에 한 칸 띄웠다. 아마도 이 빈 칸에 돈의 액수를 써 넣었던 것 같다.

459_ 원문은 "右具如前"인데 이는 옛날의 글쓰기가 세로 쓰기로 오른쪽에서 왼쪽으로 나가는 형태이기 때문이다. 현재 가로 쓰기에서는 "위와 같다"일 것이다.

460_ 부치傅穉는 송대의 유명한 서예가로 구양순체를 잘 썼다고 한다. 자는 한유漢儒고 호주湖州 사람이다.

을 넘을 테니 전국에 인쇄용의 종이를 공급할 수 있었다.

종이와 먹은 인쇄의 기본원료며 인쇄도서의 품질에 따라서 원가와 이익의 관계가 몹시 크다. 송대에는 양질의 종이와 먹을 대량으로 생산했으므로 각종 인쇄물의 용도에 쓰도록 공급되었고 인본의 품질 역시 높았으나 후세에서는 모두 이에 미치지 못했다.[323]

요대(916~1125) 《거란장》의 판각

1. 총 론

거란족은 요하遼河 상류의 황하潢河(서랍목륜하西拉木倫河) 일대(지금의 내몰공 자치구 소오달맹昭烏達盟 남북쪽)에 거주했다. 916년(후량 정명貞明 2년)에 야율아보기耶律阿保機가 황제를 칭하면서 요나라의 태조가 되었다. 태종 야율덕광耶律德光은 대동大同 원년(947)에 변경으로 들어와 '대요大遼'라는 이름으로 건국했다. 성종 야율융서耶律隆緖는 통화統和(983~1012) 후에 '대거란'으로 개칭했다. 도종道宗 야율홍기耶律洪基는 함옹咸雍 2년(1066)에 다시 '대요'로 복원했다. 거란족은 말이 풍부하고 병사들이 강했다. 그래서 성종 때에는 영토가 동쪽으로는 동해,[461] 서쪽으로는 천산天山에 이르렀고 조공국은 60여 나라에 달했다. 서하는 요를 향해 번藩이라 칭했으며 당시 동아시아에서 가장 강대한 나라였다. 1125년 천조제天祥帝 야율연희耶律延禧가 금나라 병사들에게 포로가 되니 황족 야율대석耶律大石이 부족들을 이끌고 서쪽으로 옮겨가(1131) 중앙아시아에 나라를 세웠다. 국호를 '합라거

461_ 원문에는 일본해로 되어 있는데 동해로 바꾸었다.

란哈喇契丹'(흑거란)이라고 하고, 수도를 호사알아타虎思斡兒朵에 세우고, 함해咸海·아모하阿母河 동쪽지역(지금의 키르기스스탄과 우즈베키스탄 일대)을 막고 78년간(혹은 90여 년간이라고도 함) 멀리 서방까지 명성을 떨쳤다. 그래서 지금도 러시아어로는 중국을 거란[契丹, 치단]이라고 칭한다.

거란족은 어업과 수렵 그리고 유목을 하면서 중원 북부로 진입하여 농경을 배우기 시작하였다. 중원문화를 접촉한 후에는 점차 노예사회에서 봉건사회로 진입했다. 마르크스는 "야만의 정복자는 늘 그들에게 정복당한 민족의 비교적 높은 문명에 정복당하는데 이는 영원한 역사적 규율이다"[324]고 했다. 거란족이 이와 같았고 후에 여진족·당항족黨項族·몽골족 역시 이러한 역사 규율에서 벗어나지 않는다. 요 태조는 건국 초기에 공자사당을 세웠다. 태종은 회동會同 10년에(즉 대동 원년) 후진後晉의 도성인 개봉으로 들어와 한족 황제의 복장을 입고 백관의 하례를 받았다. 진晉 출제出帝와 궁녀, 기예인, 각각의 장인들 수천 명을 포로로 잡고 지도와 호적부·역법·석경石經·동인銅人·명당明堂·물시계 등을 빼앗아 상경(상경은 임황부臨潢府로 지금의 내몽골 자치구 소오달맹 파림좌기 남쪽에 있음)으로 가져갔다. 성종은 당나라 오긍吳兢의 《정관정요貞觀政要》를 좋아하고 특히 시읊기를 좋아하였는데 어제御製 5백여 수가 있으며 "(백)낙천의 시집은 나의 스승"이라는 구절이 있다. 태조의 태자太子 동단왕東丹王 야율배耶律倍는 백거이를 더욱 좋아하여 자신의 이름을 황거난黃居難, 자는 낙지樂地라고 개명했는데 그 이유는 백거이의 자가 낙천樂天이기 때문이다. 야율배는 음양에 통달했고 음률을 알았으며 시인이자 화가이기도 했다. 그의 그림은 송대 《선화화보宣和畫譜》에 수록되기도 했다. 서책 만 권을 보았고 의학과 무술에 관한 책을 마을의 산만큼이나 소장했다. 광종과 도종도 모두 유가의 학술을 좋아하였으며 도종은 시부를 지었고 《청녕집淸寧集》을 편찬했다. 황족인 야율융선耶律隆先의 시집명은 《낭원집閬苑集》이고 야율양耶律良은 《경회집慶會集》이 있다. 요나라 통치계급은 한족 문화에 대해 이처럼 심취했다.

요나라는 장서부를 건문각乾文閣이라고 했으며 광종 야율종진耶律宗眞이 중희重熙 23년(1054)에 새로운 비서감을 방문하기도 했다. 도종은 함옹咸雍 원년(1065)에 건문각에 소장되지 않은 경적들을 구하여 유신들에게 교정을 보도록 조서를 내렸다. 이런 일들은 한문 도서를 중시했음을 알 수 있다.

요나라 초기에는 북송으로부터 서적을 수입했다. 북송 경덕 3년(1006)의 조서에 "백성들이 서적을 변경의 각장에서 무역하는데 《구경》의 책이 아니면 모두 이를 금지한다"고 했다. 사실상 당시에는 송대 군사변방에 관한 도서 역시 많은 양이 유입되었다. 대관 2년(1108) 조서에는 "거란을 방문하니 본국의 도서를 많이 쌓아놓고 문집 서책류를 팔고 있는 것을 보았다"고 경고하기도 했다. 소철蘇轍이 사신으로 거란에 갔다 와서는 "신이 삼가 생각건대 본국의 민간에서 판각 인쇄한 서적들이 북쪽 변경지역에 없는 책이 없습니다"고 보고했다.[325] 송에서 간행한 책이 요나라에서 광범위하게 유통되고 있음을 알 수 있다. 송 상부祥符 연간(1008~1016)에 "거란 사신이 도착하여 본국의 《위야시魏野詩》를 암송하는 것을 좋아한다고 하였으나 상질上帙만 구했으므로 전부 얻기를 원했다. 그것을 하사하도록 고했다".[326]는 기록이 있다. 그저 단순히 송나라의 서적에만 의존하기에는 수요에 만족할 수 없었기 때문에 요나라도 자체적으로 책을 판각했다.

성종 개태 원년(1012) 8월에 나사那沙는 불상과 유교책을 하사해줄 것을 청했다. 그리하여 호국인왕불상 하나와 《역경》·《시경》·《서경》·《춘추》·《예기》 각 1부씩을 하사하도록 조서를 내렸다.[327] 도종 청녕淸寧 원년 12월(1055)에는 학양사學養士를 설치하도록 하고

《오경전소五經傳疏》를 반포했다. 함옹 10년(1074)에 《사기》·《한서》를 심사 결정하여 세상에 반포했다.[328] 학교가 있게 되니 당연히 교과서가 필요하게 되고 그래서 이런 경서와 역사서를 반포하게 되니 마땅히 인본이다.

2. 간행장소

요대의 출판중심으로 중요한 곳은 남경인데 혹은 연경燕京(지금의 북경)을 말하기도 한다. 남경의 석진부析津府는 요나라 정치·경제·문화의 중심지였다. 유명한 《요장遼藏》(《거란장契丹藏》을 말함)[그림 30]을 연경에 설치된 인경원印經院에서 간행했고 인경원 판관 신하인 한자목韓資睦의 이름이 있다.

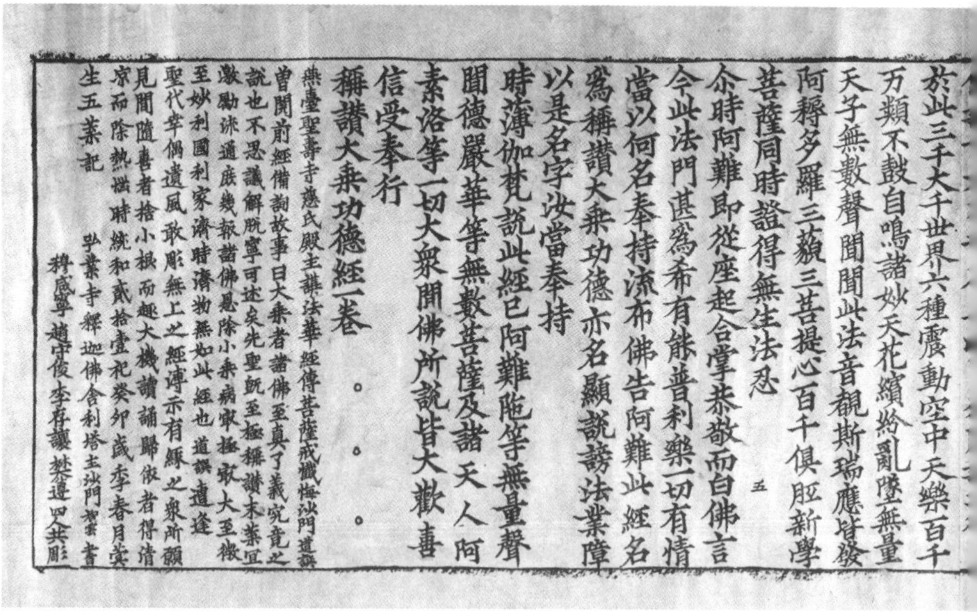
於此三千大千世界六種震動空中天樂百千
万類不鼓自鳴諸妙天花繽紛亂墜無量
天子無數聲聞聞此法音覩斯瑞應皆發
阿耨多羅三藐三菩提心百千俱胝新學
菩薩同時證得無生法忍 五
尒時阿難即從座起合掌恭敬而白佛言
今此法門甚為希有能普利樂一切有情
當以何名奉持流布佛告阿難此經名
為稱讚大乘功德亦名顯說謗法業障
以是名字汝當奉持
時薄伽梵說此經已阿難陁等無量聲
聞德嚴華等無數菩薩及諸天人阿
素洛等一切大衆聞佛所說皆大歡喜
信受奉行
稱讚大乘功德經一卷 。 。 。
燕臺聖壽寺慈氏殿主講法華經傳菩薩戒懺悔沙門道譔
曾閱前經備詢故事曰大乘者諸佛至真了義究竟之
說也不思議解脫寧可述矣先聖旣至極稱讚末葉宜
激勵流通庶幾報諸佛悲除小乘病寂極敦大至微
至妙利國利家濟時濟物無如此經也道譔遭逢
聖代幸偶遺風敢彫無上之經溥示有緣之衆所願
見聞隨喜者捨小根而趣大機讀誦歸依者得清
凉而除熱惱時統和貳拾壹祀癸卯歲季春月蓂
生五葉記
弘業寺釋迦佛舍利塔主沙門智雲書
穆咸寧 趙守俊 李存讓 樊遵 四人共彫

[그림 30] 《칭찬대승공덕경稱贊大乘功德經》 거란장, 권축장, 산서성 응현應縣 목탑에서 발견

기타 몇 권의 불경 역시 연경에서 간행했다[그림 31]. 가령 연대燕臺 대민충사大憫忠寺의 《신조제잡찬新刁(雕)諸雜贊》 같은 것이다. 대민충사는 지금 북경의 법원사法源寺로 당송 이래 역사적으로 유명한 사찰이다. 연경의 홍법사와 대호천사大昊天寺에서도 불경을 판각 인쇄했다.

요나라 남경은 관의 판각 이외에도 또한 개인서점도 출현했으니 《상생경소과문上生經疏科文》은 연경 앙산사仰山寺 앞의 양가楊家에서 인쇄 간행한 것이다.

《묘법연화경》 권4의 제에 "연경 단주가檀州街 현충방문顯忠坊門 남쪽에 사는 풍가馮家 인쇄제조"라고 쓰여 있다. 처음에는 풍가네서 인

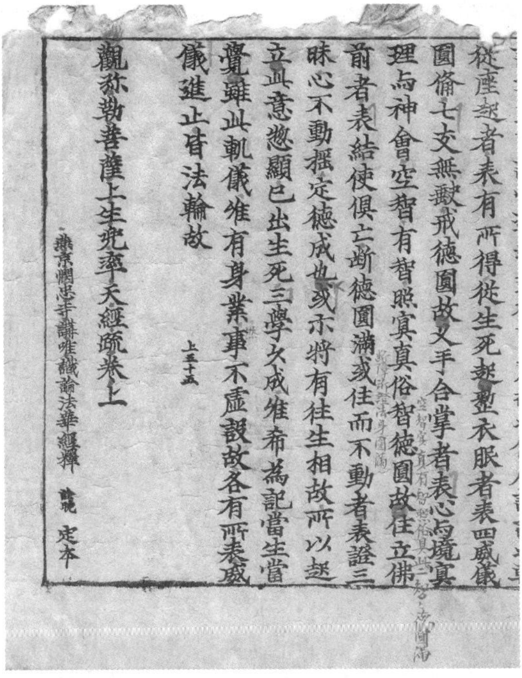
從座起者表有所得從生死起整衣服者表四威儀
圓脩七支無黷戒德圓故叉手合掌者表心與境冥
理與神會空智有智照冥真俗智德圓故住立佛
前者表結使俱亡斷德圓滿或住而不動者表證三
昧心不動搖定德成也或亦將有往生相故所以起
立與意懃顯已出生死三學久成唯希為記當生當
覺雖此軌儀唯有身業事不虛設故各有所表威
儀進止皆法輪故 上五十五
觀彌勒菩薩上生兜率天經疏卷上
燕京憫忠寺講唯識論法華經釋 詮曉 定本

[그림 31] 《관미륵보살상생도솔천경소觀彌勒菩薩上生兜率天經疏》 권상, 권축장, 요각본遼刻本. 위력韋力 선생 소장

쇄 제작했다고 했는데 옆의 제기題記에는 또 "경판주經版主는 국자좨주 겸 감찰어사·무기위武騎尉 풍소문馮紹文이 자신의 재물을 내어 특히 훌륭한 장인에게 《묘법연화경》 1부를 판각하도록 명하고 인쇄 제작하여 유통시킨다. … 때는 태평 5년(1025) 세차 을축 8월 15일 을축에 기록한다"라는 글이 있다. 이에 근거하면 관원인 풍소문은 판각할 돈을 출자한 경판주이지 자신이 풍가서점을 개설한 것은 아니다. 또 단주가는 연경성 내의 한 도로일 뿐이지 연경 부근의 단주(밀운密雲)가 아니다.

범양范陽에도 서점이 있었다. 범양은 요나라에 속한 남경도 석진부로 지금의 하북성 탁현涿縣이다.

남경 이외에 또 제2의 수도인 중경中京이 있다. 중경대정부中京大定府는 지금의 내몽골 자치구인 소오달맹 영성寧城 서대명성西大名城(일설에는 지금의 하북성 평천현 동녕성으로 평천과 이웃하고 있음)에 있었다. 청녕淸寧 10년(1064), 도종은 중경에 잠시 머물렀는데 민간의 개인적인 서적 간행을 금지했다.[329] 당시 민간에서 간행한 서적은 통치계급의 이익에 틀림없이 저촉되었으므로 그래서 금지를 당했을 것이다. 이에 근거해 보면 내몽골 자치구 소오달맹에서 11세기에 요나라가 이미 인쇄를 했다는 점을 알 수 있다.

3. 판각본 내용

경부經部

경부에는 《오경전소》가 있다. 자서字書[462]로는 한족이면서 요나라

462 한자의 형체形體, 독음, 뜻을 해석한 책으로 《설문해자說文解字》·《이아爾雅》·《광운廣韻》 등이 이에 속한다.

승려인 행균行均의 《용감수경龍龕手鏡》이 있는데 2만 6천여 자를 수록하였으며 불경과 민간의 속자 역시 수록되었다. 모든 글자에는 반절음反切音과 자의字義를 주했으며 주는 전체 16만여 자로 풍부하게 망라하였고 문자배열 역시 몹시 창의적이다. 승려 지광智光이 서문을 썼다. 통화統和 15년(997) 간본이 있다. 연경 숭인사崇仁寺의 승려 희린希麟이 당나라 승려 혜림慧琳의 《일체경음의一切經音義》를 모방하여 《속일체경음의續一切經音義》 10권을 저술하고 불경의 의미를 해석하였으며 《요장》에 수록되었다. 두 책 모두 조선과 일본에 번각본이 있다.

당나라 이한李翰의 《몽구蒙求》는 1천여 년간 광범위하게 전해오는 유명한 어린이용 책으로 역사의 전고를 채용하였고 내용이 풍부하다. 4자 1구로 대우와 압운이 있어서 읽기에 편하고 기억하기에도 쉬웠다. 당나라 이화李華는 이에 관하여 "암송하며 학습하기에 쉽고, 문장의 형태를 알게 되고, (집안에서) 나오지 않고 책만 읽어도 천하의 일을 안다"고 했다. 소위 《몽구》라는 것은 본래 《주역》 몽괘蒙卦에 "동몽구아童蒙求我"라는 의미를 취한 것으로 그 뜻은 아이를 가르친다는 것이다. 후대에 이를 모방한 책들이 아주 많다. 또한 한국과 일본에서도 성행하였으니 동아시아 각 국에서 글자 깨우치기 교육에 있어서 아주 큰 역할을 했다. 청 《사고전서》에 수록된 것은 송나라 서자광徐子光 주석본인데 〈제요提要〉에서는 또 당나라 이한李翰을 오대 후진後晉의 이한李瀚이라고 잘못 적어 놓았다. 근자에 요판 《몽구》를 발견했는데 현존하는 책 중에서는 최초의 각본이다. 요판 《몽구》는 요의 휘자인 '명明'·'진眞'자를 피하였으며 현존하는 것은 7쪽 반으로 매 쪽은 20행으로 1행은 16자다. 백마지에 호접장이다. 전체 책은 본문만 있고 주는 없으며 '1부 3권'이라고 분명하게 써 놓았다. 말미에 음의가 부록으로 있으며 실제적으로는 주에 직음 혹은 반절을 해놓았지만 자의는 해석하지 않았다. 교감이 정확치 않고 틀린 글자도 많은데 예를 들면 '굴원屈原'이 '굴원屈源'으로, '마원馬援'이 '마수馬授'로 잘못 쓰여 있다.

사부史部

사부는 도종 때에 반포한 《사기》·《한서》가 있다. 요대의 사서로는 도종 때 한림학사 왕정王鼎의 《분초록焚椒錄》 한 권만 현재 남아 있다.

요나라 각자공 조수준趙守俊 집안은 불경 판각 이외에도 자칭 "연경조력일조수준燕京刁曆日趙守俊(연경의 책력을 판각하는 조수준)"이라고 하였으니 조씨 집안이 전문적으로 책력을 판각했다는 점은 알 수 있지만 그가 판각한 것이 관방 책력인지 아니면 개인 책력인지는 알 수가 없다.

자부子部

자부에 속하는 의서醫書는 건통乾統 연간(1101~1110)에 간행한 《주후방肘後方》이 있다. 즉 갈홍이 말한 "모두 단행으로 쉽게 되어 있고, 경험이 집약되어 있다. 울타리와 밭 사이를 둘러보면 모두 약이다. 집안에 이 처방전이 있다면 의사가 필요 없다"고 할 정도다. 금나라 사람들은 이를 선본이라 했다. 송나라 왕구王璆의 《정선백일방精選百一方》 역시 요나라 각본이다. 태의 직로고直魯古는 토욕혼土谷渾[463] 사람으로 《맥결침구脈訣針灸》를 지었으며 명대에도 여전히 이 서적이 전해지고 있었다.

463_ 4세기 초에 티베트계 유목민이 중국 청해青海 지방에 세운 나라. 오호 십육국 시대부터 세력을 떨쳤으나 663년에 토번에게 망했다.

새로 발견된 요판 중에는 점치는 것과 무속巫俗에 관한 판각본도 몇 페이지 있다. 야율순耶律純의 《성명총괄星命總括》이 있는데 청나라 필사본이다.

집부集部

집부로는 범양范陽 서점에서 간행한 소동파시 수십 편이 있는데 책명은 《대소소집大蘇小集》이다. 송나라 왕벽지王辟之의 《민수연담록澠水燕談錄》에 보인다. 소철蘇轍은 시에서 "누구라도 가집家集을 갖고 연경에 가면, 지나는 사람마다 대소大蘇[464]에 관해 묻는다"라고 하였으니 소동파의 시도 위야魏野의 시처럼 요나라 사람들이 좋아했음을 알 수 있다. 소식의 시문은 시를 짓기가 바쁘게 사해에 이미 전해지고 암송될 정도였으니 그 이름을 모를 수가 없고 역시 요각본도 있는 것이다.

불경과 불장佛藏

요대의 통치자들은 유학을 중시했을 뿐만 아니라 더욱이 불교를 제창했다. 흥종興宗은 특히 부도법浮圖法을 중시하였으며 승려로 삼공삼사三公三師 겸 정사령政事令에 배수된 자가 20명이나 되었다. 이렇게 되자 권문세가들도 이에 동화되어서 많은 집안의 남녀들이 승려와 비구니가 되었다. 중천축마갈타국中天竺摩竭陀國(지금의 인도)의 삼장법사 자현慈賢은 거란국의 국사國師가 되었고 불경 4종 8권을 번역했다. 요나라의 황제들은 사원에 갈 때마다 음식을 시주했는데 도종은 한번에 36만 명 분을 시주하였고 대량의 사람과 가축, 토지를 하사했다. 소철은 요나라 승려들이 돈놀이를 하며 폭리를 취하는 것

464_ 소식을 말한다.

에 대해 언급했는데 백성들을 탈취하여 그 고통이 아주 심하다고 했다.[330] 이는 금나라가 사원에 전당포를 두고 고리대금업을 했다는 것과 같은 맥락으로 요나라와 금나라 사원의 경제적 부유함을 알 수 있고 그래서 경전의 판각이 가능했던 것이다. 요나라는 오경五京에 대부분 사원과 불탑을 건설하였으며 그중에는 하북성 계현薊縣의 독락사獨樂寺 관음각觀音閣과 현재 북경(요나라 때는 남경이라 했음) 천녕사탑天寧寺塔, 산서성 응현應縣의 높이 20장이나 되는 불궁사佛宮寺 목탑 같은 것은 아직까지도 높이 우뚝 서서 웅대한 자태를 뽐내고 있으니 중국 건축물의 장관이다.

성종은 장인들에게 《대반야경》 600권을 판각하여 제조하도록 하고 또한 《대화엄경》·《금광명경》·《묘법연화경》 등의 인판印版을 시방十方에 영원히 시주하도록 명령했다.[331] 도종은 승려 각원覺苑의 《대일경의석연밀초大日經義釋演密鈔》(청녕 5년)·《신변가지경의석밀초神變加持經義釋密鈔》를 판각 인쇄하도록 칙령을 내렸다. 각원은 서문에서 "지난 겨울에 행재로 가서 뵈었는데 면전에서 받들어 바치니 판각 인쇄를 칙령으로 내렸다"고 했다. (약 대강大康 3년) 또 승려 선지善知에게 고려에서 올린 불경을 교정보도록 하고 이를 반포하여 시행했다(태강구인太康九人).[465] 도종은 또 이무여산醫巫閭山[466]의 사문沙門 지복志福의 《석마가연론초釋摩訶衍論鈔》의 서문을 썼는데 "장구를 삭제하고 진술을 잘 전하니 판각하여 널리 전하고 싶다"고 했다. 기

465_ 태강구인이 무엇을 말하는지 알 수가 없다. 태강은 하남성 주구시周口市에 있는 현의 이름이다. 앞에 '대강 3년'에 교정을 보았다는 내용으로 보아 '대강 9년大康九年'이 아닌가 생각된다. 大康은 太康으로도 쓰기 때문인데 확인할 수 없다.

466_ 이무여산醫巫閭山과 여산은 같다. 요녕성에 있는 산으로 지금은 국가자연보호구로 지정되었으며 명승지로 이름이 높다. 원명청의 제왕들이 등극하면 이 산 아래에 있는 북진묘北鎭廟에 와서 제사를 드린 것으로 유명하다.

타 민간의 사원과 국자감 쇄주 풍소문馮紹文과 운주 절도부사 장숙張肅 등 관리들도 불경을 판각했다.

최대의 사업은 방대한 불경《대장大藏》을 간행한 것으로 이를 두 부나 간행했다. 한 부는 대자로 뚜렷한 권축본이고, 또 한 부는 세자細字로 정교하게 판각한 1천 책이 안 되는 소본이다. 과거에 필자는 이런 문헌에 근거하여《요장遼藏》은 579질 5,048권의 권축이라고 여겼는데 또 "책은 1천이 안 된다"고 하니 서로 모순이 되어 이 두 가지 설은 같지 않아 어떤 것이 정확한지 알 수가 없다. 근년에 발견된 대자《거란장契丹藏》실물에 근거하면《요장》은 대소 두 종류의 판본이 있음을 알 수 있지만 소자본 판각에 관해서는 이미 고증할 수 없다.

《거란장》은《요장》이라고도 하며 송《개보촉장開寶蜀藏》번각본에 의거하면 전부가 한문으로 되어 있다. 근자의 어떤 학자들이 거란문이라고 여기고 있는데 이는 틀린 말이다.《거란장》의 간행 연대에 관해서는 섭공작葉恭綽이 "대략 홍종(1031~1054)에서 도종(1055~1064)까지이다"라고 보았다. 그러나 사실은 성종 통화統和(983~1012) 연간에 시작되었다. 현존하는《거란장》《칭찬대승공덕경稱贊大乘功德經》에 '통화 21년'(1003)이라는 글자가 있으니 홍종 중희重熙 7년(1038), 즉 도종 이전에는 이미 전부 완성되었음을 알 수 있다. 요나라 승려 각원은 "홍종 황제가 다스리는 기간 큰 뜻이 경전에 들어 있으니 멀고 가까운 곳에 두루 퍼지게 하고자 정성스레 판각을 하였으나 상세한 교감이 필요하다"[332]고 했다.《요장》은 관간본이므로 인경원을 설치했던 것이다.

중희 7년에 대동大同(요나라 때는 서경으로 불림)의 화엄사華嚴寺에 박가교장전薄伽教藏殿[467]을 세우고《장경》579질帙을 보관했다. 후에 금

467_ 박가薄伽는 산스크리트어로 '세존世尊'이란 뜻이며 부처의 10대 칭호의 하

나라 군대가 서경을 공격했을 때 전각누관殿閣樓觀이 모두 재로 변하고 단지 박가교장만이 다행히 남았지만 그러나 경전은 이미 반은 유실이 되었다. 금나라 초기에는 《요장》의 목록에 의거하여 유실된 경전을 모으니 3년의 시간을 들여서야 보완할 수 있었다. "권축의 양식은 이전 것이나 새것이 서로 다르지 않고 글자의 해설도 앞뒤가 같았다."[333] 이 《요장》은 이미 실전되었으며 대장을 보관하던 박가교장만이 지금까지 아무 탈 없이 있는데 중국에 현존하는 가장 오래된 서고다.

중화重和(즉 중희) 13년(1044)에 거란 귀족인 지지화상志智和尚은 연경에서 300만을 모금하여 경 한 장을 만들었다. "찹쌀풀과 신라먹을 깨뜨려 비로소 인쇄하여 만드니 백단목白檀木으로 축을 만들고, 신라지新羅紙로 표구를 하고, 운금雲錦[468]으로 주머니를 만들고 아름다운 비단으로 보자기를 만들고, 가벼운 비단을 엮어 채색끈을 만들고, 소방蘇枋나무[469]로 상자를 만들고…알 수 없는 불이 나서 절이 타버렸을 적에, □□간에 밭두둑으로 경전을 옮기니 당일에는 놓을 여가가 없었다. 불이 난 후에 많은 사람들이 경전을 절로 돌려오기를 말하나, 즉 《반야》 1축만이 결여되었는데 끝내 그 행방을 알기가 어려웠다. 달포가 지나 촌노 양영梁永 … 경전 1권을 얻었는데 … 이것이, 즉 잃어버린 경전이었다."[334] 이 내용으로 보아 고려지와 먹을 사용하여 인쇄 제작하고 상등품의 재료로 장정을 하였으며 백목단으로 축을 만든 권축본이다. 고려지와 먹은 예로부터 유명하였으며 대지

나다. '박가교장薄伽教藏'이란 석가모니가 설법한 경전교장을 말한다.

468_ 구름무늬가 있는 비단.

469_ 다목이라고도 한다. 콩과의 작은 상록 교목으로 높이는 5미터 정도다. 봄에 나비 모양의 꽃이 원추형으로 차례로 피고, 열매는 푸른색의 납작한 열매를 맺는다. 활 만드는 재료, 물감의 원료, 한약재로 쓴다. 동인도가 원산지로 따뜻한 곳에서 자란다.

세묵大紙細墨은 거란에 보내는 예물이었다. 찹살풀로 먹을 배합하여 책을 인쇄했다는 것은 요대 인쇄공들의 새로운 방법으로 보이며 후세에서는 들어본 적이 없다.

중화 22년(1053), 중경도中京道 중흥부興中府 안덕주安德州(지금의 요녕성 조양현朝陽縣 동남쪽)의 영암사靈岩寺 사승 잠오潛奧 등이 "많은 사람들의 정재淨財[470]를 끌어모아 경1장을 구입하여 널리 유통시켰다. 24년(1055)에 구성전九聖殿을 건립하고 감실 속에 안치했다"[335]고 한다. 함옹 4년(1068)에 옥하현玉河縣 남안과촌南安窠村(지금의 북경 서북 향산 남쪽, 완평서宛平西)의 신도 등종귀鄧從貴가 돈 30만 냥을 희사하여 여러 승려들의 숙사 지붕을 수리해 주었다. 또 재물 50만 냥을 희사하여 "동지들의 협조를 모아 《대장경》 579질을 인쇄하여 내외장을 감실에 넣어 양대산陽臺山 청수원清水院에 두었다"고 한다. 청수원은, 즉 현재 북경 서산의 유명한 고찰인 대각사大覺寺로 이 절 안에서 청수가 솟아 이런 이름을 얻게 되었다. 현재 대각사에 가면 아직도 사문 지연志延이 쓴 〈대료양대산청수원창조장경기大遼陽臺山清水院創造藏經記〉라는 요나라의 비문을 볼 수 있다.[336] 대안 5년(1089)에 연경석진부析津府 안차현安次縣 사람 유유극劉惟極 등은 안차현 사대리祠垈里 사원 안에 정전 세 칸을 건립하고는 다시 내장內藏 한 곳을 만들어 "그 안에 1천질의 교장을 안치하고 후세 만대에 이름을 남기었다."[337] 건통 3년(1103) 이전에 내수현淶水縣의 동생董生이란 사람이 그 재산을 다써서 "대장大藏 하나를 구성해 내전內典 5백여 질을 인쇄하여 내수현의 서북쪽 금산연교원金山演教院의 감실 안에 안치했다."[338] 또 의주宜州(지금의 요녕성 의현義縣 동북 35리 지점임)에 야율상곤耶律詳袞 집안의 묘지에 청욕도원廳峪道院이 있었는데 절을 세우고 《장경》 5,048권을 안

470_ 신불神佛을 섬기거나 남을 도와주기 위하여 깨끗하게 쓰는 재물.

치했다.[339] 이상의 자료에 근거해보면 《요장》은 홍종 중희 초에 이미 판각이 완성되어 인쇄를 마쳤고, 도종 때에 또 여러 차례 인쇄를 하였으며 인쇄가 다 되어 권축으로 장정이 되었으며 연경 부근의 사원에서 많이 소장하였음을 알 수 있다.[340]

1974년, 요나라 청녕淸寧 2년(1056)에 창건된 서경도 응주應州(지금의 산서성 응현)의 불궁사 석가 목탑 내의 석가상의 복장에서 요대의 진귀한 문물이 발견되었다. 그중에 《거란장》 12권이 있었는데 《대방광불화엄경大方廣佛華嚴經》·《묘법연화경》[471]·《칭찬대승공덕경稱贊大乘功德經》·《대법거다라니경大法炬陀羅尼經》·《대방편불보은경大方便佛報恩經》·《중아함경中阿含經》 같은 것으로 각 권에는 모두 천자문으로 번호를 매겼다. 그 번호와 방산房山의 요각遼刻 《석경》이 같으니 이는 《거란장》임을 증명하는 것이다. 매 페이지는 27행으로 매 행의 자수는 15자에서 16~18자로 일정치 않다. 책머리의 속표지에 불상의 그림이 있는데 몹시 정교하게 판각되었다. 글자체도 아름답고 서체도 굳세고 판식도 정확하며 대자라서 보기도 편하다. 전부 권축장으로 둥근 나무 축에 대나무로 만든 막대에, 비단으로 만든 띠가 있고 권마다 말아놓은 후 인쇄가 된 제첨題簽을 붙였다. 요나라의 인쇄품은 과거에 줄곧 공백으로 남아 있었는데 오늘날에 비로소 《거란장》의 진면목을 보게 된 셈이다.

소자본 《거란장》에 관해서는 겨우 《동문선東文選》에서 그 내용을 볼 수 있는데 고려 승려 밀암密庵[472]의 《단본대장경찬소丹本大藏慶贊

471_ 원서에는 《大方廣佛花嚴經》·《妙法蓮花經》으로 '花'로 되어 있는 것을 '華'로 바꾸었다.

472_ 고려의 승려로 밀암密庵은 그의 호이다. 시호가 원감국사圓鑑國師며 별칭으로 초명 법환法桓, 이름 원개元凱, 탑호는 보명寶明이다. 출생지는 정안定安이고 1284년(충렬왕 10) 문과에 장원하여 한림이 되었다. 사신으로 일본에 다녀온 뒤 승려가 되었으며, 원오圓悟의 법을 잇고 조계曹溪의 제6세가 되었다.

疏》에서 다음과 같이 말했다. “이 대보大寶를 읽었는데 다른 나라에서 왔으며 그 질帙이 간단하고 가벼우며 2백 함이 안 된다. 종이는 얇고 글자는 빽빽한데 책은 1천이 안되니 사람이 만든 것이 아니라 거의 신의 기교를 빌려서 이룬 것 같다.”[341] 이 5백여 질 5천여 권을 압축하여 2백 함 1천여 책도 안 되는 《대장》으로 만들었으니 자연히 행이 빽빽하고 세자細字가 아니면 불가능했을 것이다. 그러나 판각의 기교가 마치 신력을 빌려온 것 같다고 하니 요나라 각자공들의 솜씨가 얼마나 높은 경지에 있는지를 알 수 있지만 실물이 아직 발견되지 않았다.

요대에는 《장경》 한 부를 인쇄하는 데 종이와 먹, 그리고 장정공들에게 지불해야 하는 돈은 50만~60만 냥이 필요하고, 심지어는 300만 냥이 들기도 했다. 전체 불경을 판각하거나 석각 《대장》을 만드는 비용은 상당히 방대했다. 요나라가 중원의 북쪽에 있어 그다지 부유하지는 않았지만 후진의 개봉과 고려의 개성 두 도성에서 대량의 재물을 노략질해왔다. 이외에도 성종 통화統和 22년(1004, 송 경덕景德 원년)에 송 진종과 ‘전연澶淵의 맹약’을 체결했는데 이 조약에 따라서 송나라는 매년 요나라에 은 10만 냥, 비단 20만 필을 사람들을 시켜 웅주雄州(지금의 하북성 웅현)까지 운반하여 건네주었다. 홍종 중희 11년(1042)에는 또 세폐 은 10만 냥과 비단 10만 필을 증가했다. 거란은 승리자의 신분으로 매년 이처럼 어마어마한 불로소득을 얻었다. 이를 계산해보면 백년간 송나라는 백은 2만 2천 냥에, 비단은 3천만 필이나 되었다. 서하도 또 해마다 요나라에 번이라 자청하면서 조공을 바쳤다. 《요사 · 식화지》에는 황하 이북 음산과 요하의 평

원나라 세조의 초청을 받고 대도에 가서 빈주賓主로 대접받고 금란가사와 백불白佛을 하사받았다. 그의 시와 글이 《동문선》에 실려 있다. 저서에 《원감국사가송圓鑑國師歌頌》이 있다.

원에서 각각 금은광을 얻어 야금과 채굴, 제련이 시작되었다. 성종에서 요말에 이르기까지 요나라는 모두 그 이익금에 기대었다. 그러므로 각처에서 불사와 보탑 건축이 흥성하였고 《대장》과 석경을 판각할 수 있었던 것이다.

요대에는 목판 《대장》 두 부의 간행 이외에도 또 지금의 북경 부근의 방산현房山縣 석경산石經山에 지속적으로 전체 《대장》을 크고 작은 돌비석 위에 조각해 나갔다. 사업이 점차 방대해져서[342] 불교사상 기적을 이룬 곳이라고 칭해진다. 1949년 이후에 동굴을 열어 탁본공을 고용하여 전체 경전 몇 부를 탁본하였고 그 중 한부는 국가도서관 금석조金石組에 소장하였다.

거란문자의 번역본

거란은 나무에 일을 기록하였지만 본래 글자는 없었다. 태조 신책神冊 5년(920)에 야율서성耶律庶成이 글자 수천 자를 만들어 거란대자라고 하여 창제했다(일설에는 돌려부등突呂不等이 만들었다고 함). 6년(926)이 지난 후 태조의 아우 질랄迭剌이 회골回鶻 사신 이순二旬으로부터 그 말과 글자를 공부하여 거란소자를 만들었으며 소수였으나 이것이 습관이 되었다. 거란 글자는 한자의 예서를 모방하여 그 반을 더하거나 제거하였고, 어떤 것은 한자를 연용하였다. 예를 들면, "一·力·十·八·丁·丙·介·山·穴·目(독음은 미상) 등의 글자와 어떤 글자는 5~6개, 혹은 7~8개의 한자를 한데 중첩하기도 하였으니 예를 들면 𠍅伏(州·大·八·乙·小·八·十·八·人·大·力) 같은 글자이다. 필획이 많게는 20~30획이나 되어 써놓고 나면 네모난 글자가 아니라 장방형이 되었고, 필획이 너무 많아서 실제로는 쓰기가 어렵고 알아보기도 어렵다. 성종은 친히 거란대자로 백거이의 《풍간집諷諫集》을 번역하였고 여러 신하들에게 그것을 읽도록 했다. 지금 알 수 있는 거란 번역본은 금나라나 서하에도 미치지 못한다. 전체는 아래와 같다.

* 《백씨풍간집白氏諷諫集》 성종 번역
* 《오대사》 흥종 중희 연간에 소한가노蕭韓家奴 번역
* 《정관정요》 중희 연간에 소한가노 번역
* 《통력通曆》 중희 연간에 소한가노 번역
* 《방맥서方脈書》 야율서성 번역

이런 번역본들은 전해오지는 않는다. 흥종은 《정관정요》를 좋아하여 소한가노가 거란자로 번역하여 흥종에게 진상하자 즐겨 읽었다. 당나라 사학가인 오긍吳兢이 지은 《정관정요》는 당 태종의 치국 경험을 기록한 것으로 중국 역대통치자들이 중시했을 뿐만 아니라 요나라, 금나라, 하나라, 원나라의 각 부족 역시 자신들의 문자로 번역하여 정치교과서로 삼았다. 당대에는 일본에까지 전해져 일본인들 역시 몹시 중시하여 1962년 《정관정요정본貞觀政要定本》을 출판했다. 이로보아 이 정치서가 끼친 영향이 몹시 컸다는 사실을 알 수 있다.

송나라의 여정余靖・조약刁約이 거란에 사신으로 갔는데 능히 거란어(북어北語)로 시를 지을 수 있었으나 이는 한자로 거란음을 빌려 쓰는 것이었지 거란글자로 쓰는 것은 아니었다. 남송의 진진손은 《변결록辨鴂錄》 1권에서 "거란어로 번역한 것이 모두 8편이다"고 했다. 그러나 이미 없어졌다. 금나라의 완안욱完顏勗은 거란어로 시를 지을 수 있었다. 금나라 명창明昌 원년(1190)에 거란문 사용을 금지한 것을 보면 거란문자가 금나라에 들어와서도 여전히 사용되었음을 알 수 있다. 거란문자는 서하문자와 달랐기 때문에 한문 대조의 자전字典이 유포되었지만 현재는 《요도종애책遼道宗哀冊》 등 소수의 석각문만이 남아 있어 그 음독을 명확히 알 수가 없다.

927년, 요 태조가 발해국(700~927, 지금의 길림성 동부)을 멸하고 동단국東丹國이라 국명을 바꾼 후, 태자 야율배耶律倍를 동단왕에 봉했다. 후에 야율배는 동생 야율덕광(태종)에게 핍박을 받아 바다를 건너 후당에 투항하였다. 이름을 이찬화李贊華(또는 원욕元欲이라고도 함)로 개명하고 거란에서 "책 수천 권을 싣고 왔는데, 특이한 책과 의서 경서들은 모두 중국에 없는 것들이었다".[343] 발해는 당나라 초기에 항상 사람을 장안에 파견하여 책을 구했기 때문에 동단왕이 가지고 온 기이한 책들은 발해 구장당본舊藏唐本이었으나 애석하게도 전해오는 것이 없다. 요 성종은 나사那沙에게 유교경전을 하사했으며, 도종과 천조제는 고려의 문종 왕휘王徽, 숙종 왕옹王顒, 예종 왕오王俁, 의천국사에게 각각 《장경》 1부씩을 보냈다. 보대保大 2년(1122)에 혜소국사慧昭國師[473]는 한번에 요본遼本 《대장》 3부를 사가지고 귀국했다.[344] 요나라가 《장경》을 보낸 것은 몹시 관대하였음을 설명해준다. 그러나 송나라와 서하에는 한번도 보내지 않았다.

송나라 심괄은 "거란은 서책을 엄금하였는데 중국에 들여보내면 모두 사형이었다"고 했다. 이는 국가정사에 관한 출판물에 해당되고 불경이나 자서字書 같은 서적은 비교적 관대하였으므로 송나라 사람들은 수창 원년(1095)에 판각한 《금강경》[345]과 통화판統和版의 《용감수경龍龕手鏡》을 볼 수 있었다. 《용감수경》은 송나라 사람이 번각한 것으로 송 황제의 휘를 피하기 위하여 《용감수감龍龕手鑒》으로 책명을 바꾸었다. 요판의 서적들이 송대로 유입된 것은 이 두 종류 뿐이다. 북송에서는 비록 수차례에 걸쳐 요나라에 책을 유입하지 말 것

473_ 혜소국사(972~1054)는 승려 정현鼎賢의 시호다. 정현은 유가종瑜伽宗의 고승이다. 1046년 고려 문종이 즉위하자 내전에서 〈금고경金鼓經〉을 강했으며, 1048년에는 문덕전文德殿에서 〈금광명경金光明經〉을 강설하여 비가 내리도록 빌었다고 한다. 1049년 왕이 봉은사에 거동하여 왕사王師로 삼았고 1054년 국사國師에 봉해졌다. 1060년(문종 14)에 세워진 김현金顯이 지은 비가 경기도 안성시 칠장사에 남아 있다.

을 명령하고 훈계했으나 요나라에는 송 민간의 인본이 없는 것이 없었다. 송 상인들은 심지어 국가 외교기밀의 문서까지도 팔아먹었으니 "적국에 이를 팔면 그 이익이 10배가 되기 때문"이었다. 그러므로 관방에서는 이를 금지할 수가 없었다. 이는 거란의 도서 금지와는 선명한 대비가 된다. 원나라 초기에 야율초재耶律楚材 집안에서는 요 천조제(1101~1125) 때 야율엄耶律儼이 수정한 《황조실록皇朝實錄》 70권을 소장하고 있었는데 이 역시 없어진 지 오래다.

판 화

《거란장》의 책 앞의 속표지에는 아름다운 그림이 있는데 대불이 연화대 위에 앉아 계시고 옆에는 작은 시립불이 있다. 불상의 조각이 몹시 섬세하여 송나라 《적사장磧沙藏》의 불상과 아름다움이 비교된다. 기타 다른 불경의 판각에도 불화가 있다.

요의 대목판화 《치성광구요도熾盛光九耀圖》의 그림은 세로 120센티미터이며 너비는 15센티미터로 오늘날까지 중국에서 발견된 가장 큰 폭의 인쇄된 불화이다. 또 《약사유리광불설법도藥師琉璃光佛說法圖》는 세로 77센티미터에 너비는 36.5센티미터인데 이 두 가지의 불교 고사화故事畫는 목각 백마지에 판각 인쇄 제작한 후에 다시 착색을 했다. 어떤 사람은 돈황에서 발견된 오대불상 인쇄품 중에도 손으로 색깔을 칠한 것을 거론하면서 위의 요판화가 바로 이 방법을 이어받은 것이라고 한다.

전국戰國 시대에 발명되었다고 하는 날염비단은 채색 무늬비단이며 당나라 때의 날염비단에는 이른바 교힐絞纈·납힐蠟纈·협힐夾纈이 있었으며 당대의 날염견은 실물로도 발견되었다. 요나라의 인쇄품 중에 주의할 만한 것으로는 홍·람·황 3색의 대형 견본 나무석가모니불 세 폭 판화이다. 이 판화는 채색이 선명하고 세로가 65센티미터, 너비 62센티미터로 목각판에 반으로 접은 인쇄로 부처와 제자의 얼굴과 기타 세부적인 것이 모두 붉은색과 흑색 두 가지 색으로 개광開光[474]을 채색했다. 혹은 이 세 폭의 인쇄는 실크스크린 인쇄(silk screen)[475]에 속하지만 양투인兩套印 인쇄와 비슷하여 먼저 붉은색을 인쇄하고 후에 남색을 인쇄했다. 바탕에 글자를 쓰는 황색은 붓을 사용하여 칠하는데 이는 민간에서 투각 날염하여 꽃무늬 천을 만드는 방법과 비슷하다. 실크스크린 인쇄방법은 정교한 선들을 인쇄하기 쉽지 않기에 붓으로 눈썹, 눈, 입, 코, 수족과 복장 등의 윤곽을 그린다. 또 반폭의 누판漏版을 제작하여서 인쇄할 때에 비단을 반으로 하여서 화면의 인물도안과 글자를 좌우 대칭으로 하여 '나무석가모니불'이라는 일곱 자를 정면의 글자로도 반대편의 글자로도 새길 수 있었다. 요컨대 이 세 폭의 불화는 비록 종이에 인쇄한 것이 아니고 비단에 인쇄한 것이지만 중국의 채색 인쇄사상 중요한 지위를 차지하고 있다.

4. 요판의 특색

피 휘

요나라 사람들도 송대의 피휘를 모방했다. 송본 불경은 피휘를 하지 않았고 《거란장》에서도 피휘를 하지 않았다. 단지 요나라 판각 중에 엉성한 불경이나 잡서에서는 피휘를 많이 했다. 피휘한 글자로

474_ 꽃 모양, 뿔 모양, 둥근 모양 따위의 여러 가지 모양의 윤곽을 본뜬 무늬

475_ 등사판과 유사한 공판인쇄의 하나. 결이 성긴 명주를 틀에 붙이고 인쇄하지 않을 부분을 갖풀이나 형지型紙로 덮어 가리고 그 위에서 고무 롤러로 잉크를 눌러 인쇄한다. 잉크를 두껍게 칠할 수 있어서 색조가 뚜렷하며 종이 이외에 입간판과 같이 큰 물체에도 인쇄할 수 있는 것이 특징이다.

는 광光(태종 야율덕광) · 명明(목종 야율경, 후에 이름을 명明으로 바꾸었음) · 현賢(경종 야율현) · 진眞(광종 야율종진) 넉자였다. 어떤 곳에서는 명자 하나만을 피휘하고, 어떤 때는 명과 진 두 글자를, 어떤 때는 광 · 진 · 명 석자를, 어떤 곳에서는 광 · 명 · 현 · 진 넉자 전부를 피휘했다. 어떤 곳에서는 한 획을 생략하였고, 명자는 대부분 두 획을 생략하여 眀으로 썼다. 《몽구》에서는 명과 진 두 자를 피하였고 명자는 역시 眀으로 썼다. 본자本字만을 피한 것이 아니라 동음자의 혐명嫌名[476]자도 있었으니 진眞자는 견甄 · 진鎭으로 모두 피했다. 또한 편이나 방을 피하기도 했는데 허신許愼의 신愼자도 피했다. 청나라 전대흔은 "요나라 사람들은 공손히 피휘를 했다"고 하였으나 실제적으로는 피휘하지 않기도 했다. 새로 발견된 61건의 요나라 판각 인쇄품 중에는 단지 7건만이 피휘를 했다. 여러 판각경 중에서 성종 통화 · 태평 연간의 것들은 피휘하지 않았고 도종 함옹 7년에는 넉 자 모두 피휘를 했다.

제첨 인쇄

제첨은 책 제목이 시작되는 역할을 하며 수장자들은 일반적으로 인본 위에 붓글씨로 서명을 쓰는데 이는 점검할 때 편하게 하기 위해서다. 그런데 인쇄된 제첨은 요대의 각자공과 인쇄공들이 처음 한 것으로 《거란장》에서 맨 처음 보인다. 권축의 외관에 인쇄한 불경의 명칭과 권차卷次의 좁고 긴 쪽지를 붙인다. 예를 들면 "《대방광불화엄경》 권 제47수垂"와 같은 것이다. '수垂'자는 거란장에 매긴 천자문 번호다. 이는 남송 소정본紹定本에 인쇄된 제첨에 비하여 근 2백 년이나 빠르다.[346]

476_ 임금의 이름자를 백성이 피하고 쓰지 않던 일. 한국에서는 고려 중기에 시작되었다.

금대(1115~1234)
감본과 불장·도장의 목판 인쇄

1. 총 론

여진족(요나라 흥종興宗 야율종진耶律宗眞을 피휘하여 여직女直이라고도 함)은 백산白山 흑수黑水 지역에서 흥기했는데 완안完顏 부족장 아골타阿骨打(금 태조 완안민完顏旻, 1068~1123)가 수국收國 원년(송 휘종 정화 5년, 1115)에 황제의 자리에 오르고 나라를 세워 국호를 대금大金이라 했다. 그의 동생 오걸매吳乞買(태종 완안성完顏晟, 1075~1135)는 요遼의 천조제天祚帝를 포로로 잡았으며, 서하도 신하의 나라로 삼았다. 천회天會 4년(송 정강靖康 원년, 1127) 12월, 송나라의 동경성東京城 개봉부를 침략했다. 송나라는 금의 군대에게 금 오백만 냥과 은 오천만 냥을 바쳤다. 송나라의 휘종과 흠종 두 황제를 포로로 잡고 황실의 빈, 왕, 황제의 애첩, 부마 등 천여 명과 기술과 기예를 가진 천 명, 그리고 각종 장인, 배우, 의관을 포로로 데려갔다. 태학太學을 수색하여 경학에 두루 통한 자와 선학에 정통한 승려 각 수십 명, 음양 관련 관직자[347] 및 기녀, 곡예사 등 재주를 가진 자 등 북쪽으로 끌려간 남녀가 대략 10만여 명에 이른다. 4개월간의 수탈을 겪게 되자 북송의 백여 년간 축적된 보물과 관가와 개인의 재물은 한 순간에 아무

것도 없게 되었다. 금나라는 이처럼 방대한 재물과 인재, 기술자들을 확보할 수 있었기 때문에 3년 안에 민간인 80만 명, 군사 40만 명을 동원하여 변경을 본떠서 웅장하고 아름다운 중도성中都城(유적지는 지금 북경 외곽 서남쪽에 있음)과 궁전과 궁궐정원을 지을 수 있었다.

금나라는 희종熙宗(완안단完顔亶)부터 유학을 중시하여 직접 공자 사당에 제사를 지냈고 《상서》와 《논어》를 읽었다. 대정大定 연간(1161~1189)에 세종世宗(완안옹完顔雍)의 통치가 비교적 안정되자 농업과 공업의 생산이 발전하게 되어 호구 수도 배로 증가했고 국고에 쌓인 금은이 대략 금액으로 환산하여 일억 관貫 정도 되었다. 희종 황통皇統 원년(1141)부터 남송은 매년 금나라에 은 25만 냥과 비단 25만 필을 바쳤다. 대정 5년(1165)부터는 매년 조공을 세폐歲幣로 바꾸고, 은 20만 냥과 비단 20만 필로 줄였다. 장종章宗(완안경完顔璟, 1168~1208)은 태화泰和 8년(1208) 후에 다시 세폐를 30만 냥과 30만 필로 늘렸다. 역사에서는 세종을 '작은 요순堯舜'이라 칭한다. 장종은 휘종의 글씨체인 수금체瘦金體를 모방한 서체를 쓰고 송의 휘종처럼 시문을 잘 지었으며 서화를 수집하기를 좋아했다. 오늘날 남아 있는 국보급 서화는 대부분이 장종의 소장본이다. 대정과 명창明昌 연간에 유학적 분위기가 크게 바뀌어 학교가 나날이 번성하고 선비들이 과거를 통해 재상에 오르는 이가 많아졌다. 서적 간행 사업도 역시 크게 발달하여 관과 개인의 소장 서적도 많아졌다.

2. 간행장소

금나라는 오늘날 서쪽으로는 쿠릴(kuril) 열도와 흑룡강 내외의 전 동북 지역, 황하 남북 섬서陝西지역을 점유했고 남송과는 남북으로 대치했다. 금나라의 영토는 19로路로 나누는데 그중 서적 간행 지역으로 고증할 만한 곳은 9로路가 있으며 중도中都·남경·평양平陽·영진寧晉 등이 중심이 된다.

중도中都

해릉왕海陵王 완안량完顔亮은 정원貞元 원년(1153)에 연경으로 수도를 옮기고 '중도中都'라 하였다. 그리하여 중도의 대흥부大興府는 금나라의 정치·상업·문화의 중심지가 되었고 육지와 해상의 모든 물건이 다 그 안으로 몰려들었다. 도합 22만 9천 가구가 있었다. 비서감을 설치해 경전과 서적을 관장했으며 교서랑은 전문적으로 도서를 관장했고, 국자감에서는 서적을 발행했다.

초기에 변경이 파괴될 때 많은 젊은이와 옥백과 금은비단이 모두 급하게 사람이 지거나 수레에 실려 금나라 진영으로 갔는데 금나라 장수 점한粘罕(宗翰)은 "오늘날 나라를 멸망하게 하고 그 약탈이 너무 심하니 후대에 비난받을 것이다"고 했다. 이리하여 지도와 호적부 문서와 그 판각 목판마저 함께 가져갔으며 그 욕심이 여기서 그치지 않았다. 여러 차례 송나라 국자감 서적과 비각秘閣·삼관三館·비서성의 서적을 찾아 가져갔고 개봉부 서방의 서적조차 약탈을 모면하기 어려웠다. 《장경藏經》, 《자치통감》을 찾아내고 또다시 국자감 인판, 석도경釋道經판, 홍려시鴻臚寺[477] 경판을 가져갔다. 송나라 국자감 주부主簿는 박사들과 함께 책 인판을 압송하도록 하고, 게다가 관館에 있는 서적도 모두 금의 진영으로 보내기로 체결을 마쳤다. 또 군

477_ 관서명이라서 독음은 홍려시로 한다. 진秦나라에서는 전객典客이라고 했으며 한나라 때 대행령大行令으로 바꾸었고 한무제 때 다시 대홍려大鴻臚로 개칭했다. 홍려는 본래 큰소리로 전하면서 의장대를 인도한다는 뜻이다. 대홍려는 외빈을 모시던 곳이다. 북제 때 홍려시를 설치했고 후대에도 모두 이를 따랐다. 그러나 남송·금·원나라에서는 폐지했다가 명·청대에 다시 설치했다. 주요 업무는 조정의 의례를 관장했다.

사 8천 명을 보내어 서적을 금나라 군영으로 운송했다. 비서각 서적은 진흙 속에 어질러졌고 서적의 인판이 모두 연경으로 옮겨지게 되었다.[348] 적잔휘赤盞暉는 종필宗弼을 따라 강남을 침략했을 때 역시 《자치통감》인판을 가지고 돌아갔다. 이런 전리품은 북방으로 운송되어 금나라 사람들도 이용하게 되니 금판金版이 되었다.

감본監本　　금나라 국자감에서는 《육경》과 《논어》·《맹자》·《효경》·《십칠사》 및 《노자》·《순자》, 《양자楊子》를 인쇄했다. 이런 29종은 당연히 북송의 구판舊版이다. 금나라 사람들은 이를 다시 인쇄하여 모든 학교에 보급했다. 송나라 소동파의 시문은 요·금나라 양국에서 환영받았기 때문에 금나라 군대가 변경을 침략했을 때 소동파와 황정견의 시문을 찾으라고 지시하기도 했다. 세종은 《동파주의東坡奏議》를 간행하라고 국자감에 조서를 내렸다. 금나라 시인인 동래東萊 유영劉迎은 시문과 악부를 지었고 그 책을 《산림장어山林長語》라 했는데 장종이 국학에 지시하여 간행한 것이다.[349]

금사金史는 관간본으로 《위전사절사魏全死節事》가 있으며 태화泰和 6년에 세상에 반포했다.

여진문자 번역본인 각 서적도 역시 중도中都에서 출판했다.

남 경

금나라는 중도로 수도를 옮긴 후 변경을 남경 개봉부로 개명했다. 남경은 장종의 태화(1201~1208) 연간에 이미 74만여 가구가 있어 금나라 최대 도시가 되었다. 시장이 설치되었으며 상업이 홍성했다. 막강한 몽골 군대가 여러 차례 남쪽으로 침략해와 약탈을 하자 중도는 위기에 처했다. 선종宣宗(완안순完顔珣)은 정우貞祐 2년(1214) 5월에 연경을 떠나 남쪽으로 도망가며 서적과 중요 보물을 다 버리고 비서성·봉래원蓬萊院·분문관賁文館의 서적 3만 수레와 무소뿔과 옥, 마노 등 기물을 모두 낙타 3천 마리를 이용하여 남경으로 옮겼다. 변경의 관리와 백성은 수레에 실린 것을 보고 탄식하며 "떠난 지 90년 만에 여기로 또 돌아오리라는 것을 누가 알았으리요?"[350] 라고 말했다. 원유산元遺山[478]은 금나라가 연경에서 변경으로 옮길 때 수레와 임금님 수레, 궁실 사면의 벽장식, 보옥, 비기秘器 등 변경에 가져온 것은 천분의 일뿐이라고 보았다. 이를 통해 볼 때 당시 금나라의 서적과 문물이 얼마나 많이 있었는지 알 수 있다. 내부內府 서적이 삼만 수레에 이르렀고 그중 송대의 것도 있고 당연히 금대에 새로 출판된 것도 적지 않았다. 남으로 수도를 옮긴 후 남경은 다시 연경을 대신해 금나라의 수도가 되었다. 남경의 국자감은 상국사相國寺 부근에 있었는데 상국사는 북송 때처럼 3일과 8일에 시장이 열려 백성들이 교역을 했고 서적도 판매했다. 금나라 말기 시인 원호문元好問은 당나라 사람이 대나무 종이[竹紙]에 쓰고 송나라 사람이 교정 본 흔적이 있는 《입역총서笠譯叢書》를 구입하기도 했다.

남경로의 도都 전운사轉運使 양숙梁肅은 관청의 물자를 출자하여 《정관정요》(대정大定 9년)를 판목에 새기도록 명했다. 세종의 손자 밀국공密國公 완안숙完顔璹(1172~1232)은 정대正大 연간에 남경에 거주했는데 어려서부터 똑똑하여 시문에 능하고 서적을 많이 읽어 살아 생전 남긴 시문도 꽤 많다. 만년에 스스로 시 300수와 악부 100수를 묶어 《여암소고如庵小藁》를 출간했다. 조한한趙閑閑이 여기에 서문을 쓰고 세상에 선보였다.[351] 원호문은 《여암소고如庵小藁》 5권은 변량汴梁의 책 파는 사람이라면 대부분 가지고 있다고 말했다. 완안숙은 천흥天興 원년(1232)에 61세로 사망했다. 만년에 변경에 살면서 시집을 출간했으며 남경의 서점 대부분이 판매를 했다. 《지리신서地理新

478_ 원호문元好問(1190~1257)을 말한다. 유산遺山은 원호문의 호다.

書》는 이른바 이문본夷文本이다. 《공씨조정광기孔氏祖庭廣記》는 남경구간본南京舊刊本이 있다.

평양부平陽府

진북晉北에는 선비가 많다고 알려졌고 문물이 번성하여 태원부太原府에는 제지 공방과 먹 제조 공방이 있었다. 남로 평양부(지금의 산서성 임분시臨汾市)는 천회天會 초에 차부次府에서 상부上府로 승격되었는데 매년 크게 발전하여 우수한 인재가 많이 나오고 과거에 합격한 이도 가장 많았다. 제지 공방에서는 백마지白麻紙를 생산했다. 《금사金史》에 금 태종 8년(1130) 경적소經籍所를 평양에 세워 경전을 간행했다고 한다. 《금사·지리지》에 평양부에 서적이 있고 소금 생산지가 있었다고 한다. 서적은 평양의 특산품 중 하나였다. 청나라의 전대흔錢大昕은 역사에서 이른바 "서적이 있다[有書籍]"라고 하는 것은 그곳에 해당 기관을 세웠다라는 뜻으로 보았는데 이는 후대의 관서국官書局에 해당한다. 또 많은 서방이 있었기에 당시 평양과 홍동洪洞에는 "집에 서가가 설치되고 사람들은 문고를 쌓았다"고 한다. 어떤 서방은 금말 원초까지도 계속 영업을 했다.

서방書坊

* 평수平水서적 왕문울王文鬱 – 《신간운략新刊韻略》 정대正大 6년, 《대관본초大觀本草》
* 평양平陽 장존혜張存惠(위경魏卿) – 회명헌晦明軒(혹은 평양 장존혜당張存惠堂, 혹은 회명헌장댁晦明軒張宅이라 부름), 《부수문집滏水文集》 간행.
* 평수서헌平水書軒 진陳씨 – 《동인수혈침구도경銅人腧穴針灸圖經》 5권 간행, 대정 병오 26년, 청말 귀지貴池 유세형劉世珩 영각본影刻本.

* 평수 중화헌왕댁中和軒王宅 – 《도덕보장道德寶章》 중간, 정대 5년
* 평양 이자문李子文 – 《증광분문유림잡설增廣分門類林雜說》
* 평양 희가姬家 – 《사미도四美圖》 판각 인쇄. 《관우도상關羽圖像》, 평양 서徐씨 판각으로 서명되어 있고 판화가 정교하다. 4 미인은, 즉 왕소군王昭君 · 조비연趙飛燕 · 녹주綠珠 · 반희班姬를 말하는데 모두 용모가 수려하고 자태가 아름답다.
* 평양 – 여러 곳에서 《지리신서地理新書》를 인쇄 판매했다. 또 《춘추찬례春秋纂例》 · 《낙녹자삼명소식부珞琭子三命消息賦》 · 《명당구경明堂灸經》을 간행했으나, 모두 어느 서방인지 상세하지 않다.[352]

영진寧晉

하북서로河北西路 영진현 당성형리唐城荊里 사람 형호荊祜는 자가 백상伯祥이고 그의 조상은 원래 도자기를 만들던 사람이었다. 그의 할아버지와 아버지 대에 와서 이미 《오경》 등의 서적을 간행했고 20년이 되지 않아 형씨 집안의 서적이 황하 이북지역에 널리 퍼졌다. 정우 연간(1213~1216)에 몽골군이 남쪽으로 침략해오자 그는 《오경》 · 《태화율의편泰和律義篇》 · 《광운廣韻》 등 서판을 폐허 속에 숨겨두었다가 후에 다시 꺼내어 보충하고 완성했다. 형씨 집안의 인쇄는 정밀하고 가격이 저렴했다. 그래서 판로가 넓어 돈을 많이 벌었는데 돈을 벌면 잘 베풀어서 마을에서도 칭송을 받았다.[353] 형씨 판각본으로 오늘날 남아 있는 것은 효천洨川 형진荊珍이 처음으로 판을 만든 한도소韓道昭의 《숭경신조개병오음집운崇慶新雕改並五音集韻》 15권이 있다[그림 32]. 형진荊珍은 형호荊祜의 집안 사람이다. 영진에는 효수洨水가 있어 효천洨川 역시 영진의 다른 이름이다.

이 외에도 고증할 수 있는 서방으로는 태원 서방 유생劉生이 새긴

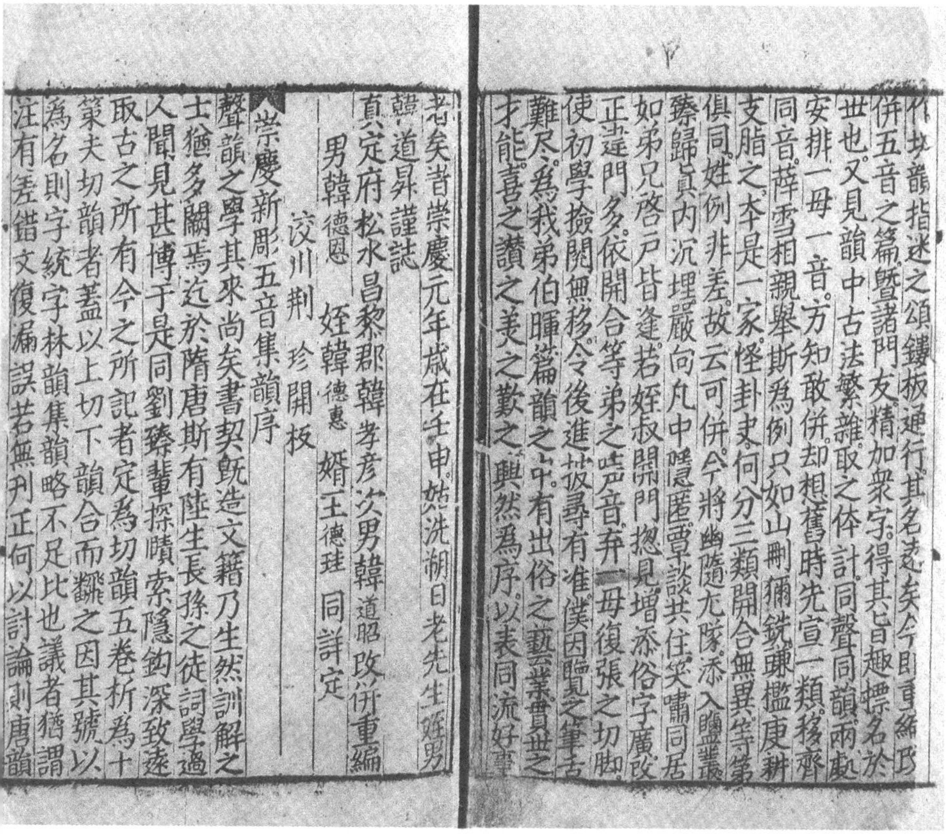

作切韻指迷之頌鏤板通行其名遠矣今則重編改
併五音之篇暨諸門友精加衆字得其旨趣標名於
世也又見韻中古法繁雜取之体計同聲同韻兩處
安排一母一音方知敢併却想舊時先宣一類移齊
同音薛雪相親舉斯為例只如山刪獮銑嫌檻庚耕
支脂之本是一家怪卦夬何分三類開合無異等第
俱同姓例非差故云可併今將幽隨尤隊添入鹽叢
臻歸真內沉埋嚴向凡中隱匿覃談共住笑嘯同居
如弟兄啓戶皆逢若姪叔開門揔見增添俗字廣設
正違門多依開合等弟之声音弃一母復張之切脚
使初學撿閱無移今後進披尋有准僕因覽之筆舌
難尽為我弟伯暉篇韻之中有出俗之藝業貫世之
才能喜之讃之美之歎之興然為序以表同流好事

者矣旹崇慶元年歳在壬申姑洗朔日老先生姪男
韓道昇謹誌
真定府松水昌黎郡韓孝彦次男韓道昭改併重編
男韓德恩 姪韓德惠 婿王德珪 同詳定
洨川荆 珍開板

崇慶新彫五音集韻序
聲韻之學其來尚矣書契既造文籍乃生然訓解之
士猶多闕焉迨於隋唐斯有陸生長孫之徒詞學過
人聞見甚博于是同劉臻輩探賾索隱鈎深致遠
取古之所有今之所記者定為切韻五卷析為十
策夫切韻者蓋以上切下韻合而翻之因其號以
為名則字統字林韻集韻略不足比也議者猶謂
注有差錯文復漏誤若無刊正何以討論則唐韻

[그림 32] 금 숭경崇慶 원년(1212) 영진 형씨가 새긴 《숭경신조오음집운崇慶新雕五音集韻》

유완소劉完素의 《상한직격傷寒直格》(대정 연간)이 있고, 숭주嵩州 복창福昌 손하孫夏씨서적포에서 새긴 《경사증류대전본초經史證類大典本草》·《본초연희本草衍義》(정우貞祐 2년)가 있다.

이 밖에도 각 로路에서 서적을 인쇄하던 곳으로는 중도로의 옥전현玉田縣, 하북서로의 진정부眞定府·형대邢臺·보정保定·준주濬州가 있다. 대명부로大名府路에는 대명부가 있다. 하동북로에는 태원부·유차현楡次縣·오대산이 있고, 하동남로에는 곡옥曲沃·강주絳州·습주隰州·포주蒲州·택주澤州·산양山陽·하내河內가 있고, 산동서로에는 동평부東平府와 곡부曲阜가 있다. 산동동로에는 제남·동래東萊·영해주寧海州·서하栖霞가 있고, 남경로에는 박사亳社·숭주嵩

州 · 하남부 · 소림사 · 당주唐州가 있다. 경조부로京兆府路에는 경조京兆 · 동주同州 · 조읍朝邑 · 예주醴州 등 9로 30곳에서 모두 서적을 간행했다. 지금의 하북 · 산서 · 산동 · 하남 · 섬서 등의 성省지역에서도 널리 간행되었다.

3. 판각본 내용

금나라의 판각본은 비록 송대보다 많지는 않지만 요나라와 서하의 수준을 뛰어넘었고 고찰할 만한 책 제목도 백여 종이나 된다. 고서와 송나라 사람의 저술 외에도 금나라 사람의 저작이 수십 종에 달하고 의약 서적과 도사들의 저술이 많다. 가장 큰 사업은 《석장釋藏》과 《도장道藏》의 간행이며 게다가 《도장》은 여러 부가 있다.

경부經部

경부에 속하는 것 중 국자감에서 간행한 것으로는 《역경》(위나라 왕필王弼, 진晉나라 한강백韓康伯 주), 《서경》(한나라 공안국孔安國 주), 《시경》(한나라 모장毛萇 전傳, 정현鄭玄 전箋), 《춘추좌씨전》(진晉나라 두예杜預 주), 《예기》(당나라 공영달孔穎達 소), 《주례》(한나라 정현 주, 당나라 가공언賈公彦 소) 등 《육경》이 있다. 청나라 김문조金門詔[479]는 《보삼사예문지補三史藝文志》에서 천덕天德 3년(1151)에 국자감에서 인쇄한 것이라고 보았다. 그해 금나라는 처음으로 국자감을 설치했고 아직 도읍을 옮기기 전이어서 제반 사업이 다 초기 단계였다. 그러므로 이 《육경》은 이 해에 인쇄된 것이 아닐 수도 있다. 감본監本은 《육경》 외에

479_ 김문조의 자는 질동軼東, 호는 동산東山이며 강도 사람이다. 건륭 병진년의 진사다. 지현에 제수되었다.

도 《논어》(위나라 하안何晏 집주集注, 송나라 형병邢昺 소), 《맹자》(한나라 조기趙岐 주, 손석孫奭 소), 《효경》(당 현종 어주)이 있다. 개인이 간행한 것으로는 영진 형씨가 간행한 《오경》, 평양부에서 간행한 《춘추찬례》(당나라 육순陸淳, 태화 3년 전)가 있다. 금나라 왕대균王大鈞은 "황실이 사부辭賦를 전적으로 숭상하여 이로 선비를 뽑으니 《오경》과 《삼사》에 한하여 출제했다. 단지 《육경》과 《사서》는 전쟁으로 아직 안정되지 않아 중원 땅에 판본이 적어서 학자들이 대부분 베껴 써서 책으로 만들었다"[354]고 했다.

자서字書와 운서韻書로는 《비아埤雅》와 《광운》이 있다. 금나라 사람 창주滄州 청지현淸池縣의 형준邢準이 펴낸 《신수류음인증군적옥편新修絫音引證群籍玉篇》 30권(대정 28년)은 금원 시기에 가장 완비된 자전이다. 한도소韓道昭의 《태화오음신개병류취사성편泰和五音新改並類聚四聲篇》 15권(태화 8년)과 《숭경신조개병오음집운》이 있다. 한도소는 자서에 이르기를 "다시 판각공에게 명하여 좋은 판본을 만들게 했다"고 했는데 이로 볼 때 이것은 중간본重刊本임을 알 수 있다. 태화 연간에 한효언韓孝彦과 그의 아들 한도명韓道明은 《중편개병오음편重編改並五音篇》 8권과 《중편보첨분문자원촬요重篇補添分門字苑撮要》를 간행했다. 평수서적 중에는 왕문울王文鬱이 《증주예부운략增注禮部韻略》을 교정하여 《신간운략新刊韻略》이라 명명한 5권(정대 6년)이 있는데 또한 《평수신간운략平水新刊韻略》이라 부르기도 한다. 게다가 옛날의 운 206부를 106부로 바꾸어 더 정밀해졌고 주해를 첨가하여 더 상세하고도 정확하다. 장천석張天錫은 《초서운회草書韻會》를 편찬했다. 금나라 때는 과거 시험 칠 때 시험장에 운서를 가지고 들어갈 수 있어서 비교적 많이 간행되었다.

사부史部

국자감에서 간행한 사부史部는 《사기》 · 전후한 · 삼국 · 진 · 송 · 제 · 량 · 진 · 후위 · 북제 · 북주 · 수 · 신구당서新舊唐書 · 신구오대사新舊五代史 등 《십칠사》가 있다. 장종은 명창 원년(1190)에 사언司言에서 《육경》 · 《십칠사》 · 《효경》 · 《논어》 · 《맹자》 · 《순자》 · 《양자》 · 《노자》 안에서 시험 출제를 하고 모두 제목 아래에 그 본전에 대해 주해하도록 명령했다.[355] 《십칠사》는 시험 출제와 관련이 있어서 감본이 비교적 보편적으로 유통되었다. 태화 7년(1207) 11월에 송나라 구양수의 《신오대사》를 학관學官에 두고 송나라 설거정薛居正의 《구오대사》는 없애도록 조서를 내렸다. 구양수의 저술만 사용하게 되니 설거정의 서적은 점차 사라지게 되었다. 《구오대사》는 남경로 전운사轉運司에서 나온 승안承安 4년(1199)의 간행본이 있다. 명나라 사재항謝在杭과 진제陳第는 원본을 소장했었다. 필자는 1949년 전에 상무인서관商務印書館에서 높은 가격을 주고라도 구하고자 했으나 구할 수 없었다. 《자치통감》은 금판金版 120권, 50책이 있다.[356] 《통감상해通鑑詳解》 역시 금판金版 50권[480]이 있다.[357]

양숙梁肅이 간행한 《정관정요》 10권은 청나라 천록림랑天祿琳琅[481]에 유일하게 금판金版이 있는데 건륭 황제의 제시題詩가 있다. 공괴孔瓌(공자의 49대손)가 편찬한 《조정광기祖庭廣記》 목각판이 전해진다(정륭正隆 원년). 남경에서 공원조孔元措(공자의 51대손)가 《공씨조정광기孔氏祖庭廣記》 12권(정대 4년)을 중간했다. 《위전사절사魏全死節事》는 사관에게 보내어 판각하고(태화 6년) 세상에 반포했다.[358] 금나라 세종은 일찍이 야율리耶律履에게 송나라의 명신 중 누가 가장 뛰어난지

480_ 여기서의 권은 우리가 현재 말하는 책의 양사인 권으로 중국어로는 '本'이다. 앞에 등장했던 권은 전부 고서 용어인 '卷'이다.

481_ 황실의 장서각임.

묻자 야율리는 소식이라고 대답했다. "세상 사람들은 소식의 시문이 뛰어나다는 것을 압니다. 소식이 천하의 일을 논의한 것을 신이 살펴보니 실로 경제의 인재입니다. 옛사람 중에서 찾아보자면 육지陸贄(754~805) 이후로 소식에 비견될 만한 이를 보지 못했습니다. … 내일 소식의 상소문을 기록하여 올리겠습니다." 이에 국자감에 명하여 간행했다.[359] 금나라 감본의 경전과 역사서는 대부분이 북송 경성京城 구판이며 《동파주의東坡奏議》와 유영劉迎의 《산림장어山林長語》만이 확실하게 금나라 국학에서 새로 발간한 것이다.

금각본은 금나라 곽명여郭明如가 편집한 《신편조고장표기요新編詔告章表機要》 4권과 대정 연간에 채규蔡珪가 간행한 《진양지晉陽志》 13권이 있다. 또 왕처일王處一이 간행한 《서악화산지西岳華山志》(대정 23년, 도장본道藏本이 있음)는 중국 고대 산에 대한 산지山志의 하나다. 대정 13년 《대명력大明曆》에 대해 송나라 진진손陳振孫은 그 주석이 취할 만한 것이 없다고 여겼다.

자부子部

당나라 현종이 주해한 《노자》 감본이 있다. 박사亳社 시옹時雍이 《도덕진경전해道德眞經全解》(정륭 4년, 도장본이 있음)를 간행했고, 왕빈王賓은 송나라 이림李霖의 《도덕진경취선집道德眞經取善集》을 간행하여(대정 12년) 필사하는 사람들의 노고를 면해 주었다(도장본이 있음). 송나라 여혜경呂惠卿의 《임신중개정여태위경진장자전해壬辰重改正呂太尉經進莊子全解》 10권이 현재 전한다. 《순자》(당나라 양경楊倞 주)와 《양자》(진晉나라 이궤李軌, 당나라 유종원柳宗元, 송나라 송함宋咸, 오필吳秘 주)는 모두 감본이다. 조병문趙秉文의 《양자법언미지楊子法言微旨》는 고택古澤의 진陳씨가 각자공을 고용하여 판각 인쇄하여 광범위하게 전해지게 되었다(원광元光 원년).[360] 진씨는 '평민'이라고 불렸으니 당연히 사회적인 지위가 높지 않은 사람이다. 금나라 때는 《순자》·《양자》·《노자》 내에서 문제가 출제가 되었지만 후세 과거에서는 없어지게 되었다. 송나라 사마광 《잠허潛虛》에 대해 주자朱子는 "호사가가 북방의 시장에서 판본을 얻었다"[361]고 말했다.

금나라 법률서로는 영진 형씨가 간행한 《태화율의편泰和律義篇》 12편, 563조가 있다.

대정 병오(26)년에 금나라 하간河間사람 유완소劉完素(자는 수진守眞)가 편찬한 《소문병기기의보명집素門病機氣宜保命集》 3권을 간행했는데 손전기孫殿起의 《판서우기販書偶記》 권9에 보인다.

음양 풍수서적의 금각본金刻本은 송나라 사람 이동李仝·동방명東方明의 《신조주소락록자삼명소식부》와 《신조이연음양삼명新雕李燕陰陽三命》이 있다. 후자는 명나라 당인唐寅의 낙관이 있다. 송나라 왕수王洙가 편찬하고 금나라 필리도畢履道가 교정하고 보충한 《중교정도해지리신서重校正圖解地理新書》 15권(장겸張謙이 명창 3년 교정 간행)은 묏자리에 대해 전문적으로 언급하고 있다. 왕수의 원서는 북송 감본이 있다. 금나라 명창 이전의 고당古唐·이문夷門·포판蒲阪 그리고 평양平陽 여러 곳에서 인쇄하여 판매했으나 모두 완본은 아니지만 금대의 판본이 가장 많은 서적이다. 《옥수경玉髓經》 전·후집도 역시 풍수 서적이고 또 별자리 운명을 말해 주는 《대정신편편람大定新編便覽》 2권이 있는데 북경대학도서관 소장이다. 사천대司天臺 학생은 천문, 결혼 택일, 장례일, 삼명오성三命五星[482]의 기술에 대해 시험을 쳐

482_ 삼명三命이란 세 가지 운명, 곧 명대로 복을 누리는 것과 착한 일을 해도 해를 입는 것과 선악 간에 마땅한 갚음을 받는 것의 세 가지를 말한다. 오성五星이란 지구에 가까운 다섯 개의 별 금성, 목성, 수성, 화성, 토성을 이르는 말인데 풍수와 지리에서 산의 형세를 금, 목, 수, 화, 토의 다섯별에 비하여 일컫는 말이다.

야 했기에 이러한 미신 서적도 판로가 광범위하게 있었다.

유서類書로는 금나라 정륭 5년 전에 《절사節事》라는 책이 새로 출간되었는데 가격이 수십 금金이었으나 그 서적을 구한 사람은 바로 몰래 감추었다. 기주冀州의 노중현路仲顯의 모친은 수년 간 입을 것과 먹을 것을 아껴서 아들에게 그 책을 구입해 주고는 학우들과 모두 같이 보게 했다.[362] 이로 볼 때 금나라 초기에 서적의 가격이 비교적 비쌌다는 것을 알 수 있다. 당나라 우립정于立政이 편찬한 《유림類林》을 평양의 왕붕수王朋壽는 100개 항목으로 확장하여, 옛 책과 비교해 분량을 3배 늘이고 《중간증광분문류림잡설重刊增廣分門類林雜說》이라 하였는데 15권이 있다. 그의 동향인 이자문李子文은 이 책을 배포하지 않으면 안 되겠다고 생각하여 기꺼이 간행하여 널리 전하니(대정 29년) 지금까지 남아 있다. 이 책은 효행에서부터 동물류, 조류, 벌레류, 어류에 이르기까지 역사서에서 그 예를 인용하고 있는데 현재 유실된 부분이 많다.

집부集部

장종 명창 2년 4월에 학사원學士院에 당나라의 두보·한유·유우석劉禹錫·두목杜牧·가도賈島·왕건王建과 송나라의 왕우칭王禹偁·구양수·왕안석·소식·장뢰張耒·진관秦觀 등의 문집 26부가 들어왔다. 새로 들어왔다고는 하지만 금나라에서 새로 인쇄했거나 혹은 금나라 초기에 획득한 북송판에 의거해 다시 인쇄한 것으로 의심된다. 또 송나라 문동文同(1018~1079)의 《단연집丹淵集》,[363] 증공曾鞏의 《남풍증자고선생집南豐曾子固先生集》,[364] 송나라 왕십붕王十朋의 《집주분류동파선생시集注分類東坡先生詩》(금각본金刻本, 현재는 호접장 6쪽이 전해짐), 신기질辛棄疾의 《가헌악부稼軒樂府》[365]가 있다. 송나라 도숙헌陶叔獻 원본 《양한책요兩漢策要》 12권을 과거 시험에 급하게 사용했는데, 김상언金常彦이 가택을 수리하다 옛 판본을 찾아내어 이를 베껴서 간행해 세상에 내놓았다(대정 25년). 그의 손자 둘이 모두 진사에 급제하자 또 교정을 보고 보충하여 목판에 새기도록 명령해 널리 퍼지게 되었다(대정 25년). 송나라 호전胡銓의 《핵진회소고劾秦檜疏稿》는 금나라 사람이 구입하여 판각하여 판매해 많은 이익을 보았다.[366] 송나라 장단의張端義는 휘종이 북쪽의 오국성五國城(오늘날 길림성吉林省 부여현扶餘縣) 혹은 한주韓州(오늘날 요녕성遼寧省 창도현昌圖縣)에서 포로로 있을 때의 일을 적었다. "크고 작은 길흉의 상사喪事나 제사의 절차에 금나라 황제는 반드시 하사품이 있었다. 한번 하사할 때마다 반드시 사표謝表[483]가 있었다. 북노北虜(金을 말함)가 이 사표를 한 질로 집성하여 국경 무역하는 각장榷場에서 간행하니 광범위하게 교역되었고 40~50년간 송나라 사대부들이 모두 이것을 갖고 있었다. 나도 일찍이 한 권 본 적이 있다"[367] 고 했다. 이는 송나라에 대한 일종의 모독인데 각장은 송과 금 두 나라 접경 지역에서 무역을 하던 곳으로 이 각장간본榷場刊本은 금나라에만 있다.

금나라 사람의 시문 저술로는 완안욱完顔勖(목종穆宗의 다섯째 아들)의 《사호시문射虎詩文》이 있다. 희종은 해도海島에서 삼 일 동안 사냥하며 친히 호랑이 다섯 마리를 잡았다. 이에 완안욱이 《동수사호부東狩射虎賦》를 지어 헌정하니 세종이 명하여 간행했다(대정 20년).[368] 세종의 아들 완안윤성完顔允成은 《낙선노인집樂善老人集》이란 시집이 있다. 손자 완안숙完顔璹은 《통감通鑒》을 정독하고 책읽기를 즐기고 시도 잘 지었으며 《여암소고如庵小藁》가 있다. 세종 때의 우상右相 야율리는 《망언거사집忘言居士集》을 세상에 내놓았다. 금나라 때 지명도가 있던 선비들이 《중주집中州集》에 백 수십 명 이상 있는데 오늘

483_ 군주의 은혜에 감사드리는 상소로 사장謝章이라고도 한다.

날 오직 조병문趙秉文 · 왕적王寂 · 왕약허王若虛 · 이준민李俊民 · 원호문元好問의 문집만 세상에 전하고 있다. 소림사 장로였던 수중선사粹中禪師[484]는 조병문 · 야율초재와 함께 시를 지어 서로 노래로 화답했다. 또한 조병문이 불교, 도교 두 종교에 관해 지은 문장을 간행했고 게다가 그 시구를 엮어 《한한외집閑閑外集》이라 했다. 만년에는 조병문과 함께 문장을 스스로 선택하여 《부수집滏水集》이라 하여 세상에 널리 전해졌다. 금나라 시인으로는 유영劉迎과 이분李汾을 꼽을 수 있는데, 금나라 국학에서 간행한 유영의 《산림장어》는 전하지 않고 《중주집中州集》에 유영의 시 76수, 악부 2수만 수록되어 있을 뿐이다.

채송년蔡松年은 상서우승尙書右丞의 관직에 있었고 금나라의 저명한 사詞작가로 저서로는 《소한노인명수집蕭閑老人明秀集》이 있다. 이주易州의 위도명魏道明이 주해를 했다. 채송년은 고향이 진정眞定이고 본래는 항주 사람으로 금나라에 투항했다. 악부시에서는 오언고吳彦高와 같이 이름을 떨쳤기에 '오채체吳蔡體'라 불렀다. 원서는 6권이었는데 현재 3권이 전하며 광서光緖 왕씨 연인제硯印齋 번각본이 있다. 장종은 시와 사를 몹시 좋아하고 수수께끼를 즐겨서 촉蜀사람 양포상楊圃祥을 선두로 《백곡주百斛珠》를 간행했다.[369] 이 책은 중국에서 맨 처음 출판된 수수께끼 서적으로 지금은 전하지 않는다. 소설로는 《호해신문이견속지湖海新聞夷堅續志》가 있다.[370] 또 《유지원제궁조劉知遠諸宮調》는 초기 민간 설창문학으로 장액張掖 흑수성黑水城에서 간행되었는데 5권 1책이 전하고 문물출판사文物出版社 영인본이 있다.

101_ 소림사 주지로 법호는 성영性英, 자는 수중粹中, 별호는 목암木庵이다. 금 · 원 교체기 북방 선종의 중요 인물로 시문과 서화에 능했다고 한다. 목암선사 · 수중선사 · 영상인英上人 · 영선사 등으로도 불린다.

총집류로는 조병문이 당회영黨懷英 등 7명의 시를 모아 《명창사인아제明昌辭人雅制》라 제목을 짓고 판각을 새겨 전했다(명창 후, 천흥天興 전).[371] 원호문은 금대의 시 10권을 편찬하여 《중주집》이라 이름 짓고 시로써 역사를 기록하고 있으며 각각 간략하게 쓴 전기를 나열하고 있다. 이 책은 금나라를 연구하는 중요한 역사 자료로 청나라 주문유朱文遊가 금판金版을 소장했었다.

과학기술 서적

대정 20년과 명창 4년에서 5년 사이에 황하의 제방이 여러 차례 무너졌다. 금나라 도수감都水監[485]에서 《하방통의河防通議》를 인쇄해 반포했다. 장종은 《포황도捕蝗圖》(모두 명창 연간)의 반포를 명령했는데 농업 병충해 방지에 관한 최초의 도서라 할 수 있다.

의약서적

금대에 간행된 옛 의학 서적으로는 당나라 왕빙王冰이 주해한 《황제내경소문皇帝內經素問》이 있다. 송나라 정화 연간에 만들어진 《성제총록聖濟總錄》은 대정 때 중간되었고 대정 4년에 초양직焦養直이 서문을 썼다. 또 《속부경험기방續附經驗奇方》은 대정 임진(12)년에 판각되어 지금 요녕도서관遼寧圖書館에서 소장하고 있다.

금대의 의학 서적은 비록 송, 명 두 나라에 비해 홍성하지는 않았지만, 의학사상 이른바 금 · 원 4대가가 출현하여 의학 이론에서 각자 독창적인 견해를 제시했다. 유완소劉完素(호는 수진守眞, 하간河間 사람)는 심장의 화를 내리고 콩팥에 수분을 더하는 것을 위주로 병을 치료하여 한량파寒凉派로 불린다. 장종정張從正(호는 자화子和, 고성考城

485_ 하천 · 제방 · 운하 등을 관리하는 기관.

사람)은 나쁜 기운을 물리치는 데 중점을 두고 나쁜 기가 제거되면 편안해진다고 보아 공하파攻下派로 불린다. 이고李杲(호는 동원東垣, 진정眞定 사람)는 온보파溫補派로 불린다. 원대 주진형朱震亨(호는 단계丹溪, 의오義烏 사람)은 양음파養陰派로 불린다. 유완소의 《선명宣明》 등 세 책은 대정 26년 전 이미 세상에 간행되었다. 유완소의 《상한직격》은 태원서방의 유생劉生이 오동나무에 판각한 것이다(대정 26년). 유완소의 《도해소문요지론圖解素問要旨論》은 청나라 때 금판金版의 영사본影寫本이 있다. 명나라 오면학吳勉學은 《유하간의학육서劉河間醫學六書》를 판각했다. 《소문병기기의보명집素問病機氣宜保命集》 3권에는 유완소의 서문이 있고 대정 병오 간행본이라서 과거에는 유완소 편찬으로 보았다. 《사고목록四庫目錄》에서는 금나라 장원소張元素 편찬으로 고쳤는데 과거 유완소가 편찬한 것으로 본 것은 잘못이라고 여겼기 때문이다. 장종정은 《태의장자화선생유문사친太醫張子和先生儒門事親》 12권을 편찬했는데,[372] 일본 세이카도[靜嘉堂] 문고가 금본金本 9책을 소장하고 있다. 이고는 비위의 중요성을 강조하고 비위 조절 위주로 병을 치료하며 《비위론脾胃論》을 저술했다. 북송 어의 성무기成無己는 금나라에 포로로 잡혀가 임황臨潢까지 끌려갔는데 90여 세에도 여전히 조금의 실수도 없이 사람들을 치료했다. 형대邢臺의 호사가들이 《상한명리론傷寒明理論》을 간행했다(정륭 4년). 성무기는 40여 년에 걸쳐 《상한론주해傷寒論註解》 10권을 서술하니 사람들은 이 책을 '완벽한 서적'이라 불렀다. 소학교 교사인 왕정王鼎은 책을 구했지만 간행할 능력이 없자 친구에게 부탁하여 그 비용을 구해 대정 12년에 하내河內[486]에서 발행했다. 송나라 원공元公은 기술공에게 명하여 《상한류증傷寒類證》을 목판에 새기기 시작했다(대정

486_ 하남성, 황하 이북 지역을 이른다.

3년).[373] 변경 국자감 박사 양용도楊用道는 요나라 건통乾統 연간에 갈홍의 《주후방肘後方》에 보충하여 《부광주후방附廣肘後方》을 간행했고, 국자감에 교정을 보도록 지시하여 서문을 쓰고 제목은 붙이지 않고 황통皇統 4년 10월 간행했다.[374]

송나라 당신미唐愼微의 《경사증류대전본초經史證類大全本草》 31권은 금판이 있다. 《본초연의》 20권은 숭주嵩州 복창福昌 손하孫夏씨서적상에서 인쇄 발행한 것이다(모두 정우 2년). 금판에는 또 누가 저술한 것인지 모르는 《본초집방本草集方》이 있는데 《고궁선본서목故宮善本書目》에서 볼 수 있고 8권이 존재한다.

종교 서적

불경과 불장佛藏　　여진족은 일찍부터 불교를 숭상했다. 송나라 천희天禧 3년(1019)에 동여진국이 조공을 바치며 《대장경》을 원하자 하사했다.[375] 금나라가 중원 땅을 점령한 후 통치 집단은 더욱 불교를 믿었다. 세종의 황후는 출가하여 비구니가 되어 수경사垂慶寺를 지었고 100명을 비구니로 출가시키고 전답 200경을 하사했다. 황실의 친척과 귀족 대다수가 승려나 비구니가 되었고 또 출가자가 승려증을 살 비용이 없자, 한 번에 승려 5만 명을 출가시켰다. 장종은 경동經童을 재상에 제수했는데 경동이란 동자승을 말한다. 연산부燕山府에는 절에 거주하는 이가 북방에서 제일 많았으며 많게는 36명이고 연수원延壽院에는 질방質坊[487]이 28곳이나 있었다.[376] 큰 사찰은 대지주와 고리대금업자가 되었다. 조병문, 왕적王寂, 이지순 등과 같은 사대부들과 일반 한족 사람들은 모두 불교를 믿었기에 불

487_ 질방은 대규모의 물자와 자금을 소유하던 사원이 사원 내부, 외부에 설치하여 상업과 은행 기능을 하던 곳을 말한다.

교 경전을 인쇄하고 배포하면 화를 소멸하고 복을 받는다고 믿어서 산발적으로 불경을 간행했다. 고증할 만한 것으로 《대방광불화엄경합론大方光佛華嚴經合論》이 있고, 태원부 유차현楡次縣 소기촌小冀村 사람 이전李展이 판각을 새겨 보시했다(황통 9년).[377] 승려 정명正明은 곡식과 비단을 시주하고 조통趙統은 주관酒官[488]의 관직에 있을 때 대산(오대산)을 순시하고 나서 돈을 기증해 《청량전淸凉傳》, 《광청량전廣淸凉傳》, 《속청량전續淸凉傳》을 간행했다(대정 4년).[378] 백만百萬 화상은 고향 동주同州의 조읍朝邑으로 돌아가 《대반야경》을 판목에 새겨 인쇄하고 수십 권을 보시했다(대정 6년).[379] 진양晉陽의 위덕원威德院 승려 명기明玘는 《화엄경》을 수 년에 걸쳐 새긴 후에 새 경전을 천부 보시했다(대정 연간).[380] 장종의 아들 홍휘洪輝는 승안承安 2년 5월에 태어나 한 달 만에 수왕壽王으로 책봉되었다. 윤달 6월 임오일에 갑자기 병에 걸려 갑신일에 병세가 더욱 심해지자 《무량수경無量壽經》 1만 권을 인쇄했으나[381] 10월에 요절했다. 옥전현玉田縣 대천촌大泉村 충무교위忠武校尉 통주세무도감通州稅務都監 이표중李彪重은 《삼매화선경三昧華鮮經》을 새기었다(태화 6년). 곡옥曲沃현 배장관裵長官 마을의 길지吉贄와 길용吉用은 《묘법연화경》(현재 1권이 전함)을 새기었고 구창寇昌·이수충李守忠도 같은 경전을 새겼다. 금나라가 남쪽으로 천도한 후 이지순李之純은 항상 "배움이 부처에 이른다면 배울 것이 없다"고 말했다. 그의 저서 《병산한묵불사屛山翰墨佛事》에서는 유교를 억압하고 불교를 숭상하고 있다. 이 책이 서울에 전해지자 유학자들의 노여움을 야기했고 어떤 이는 면전에서 그에게 "이러한 책은 그 서판을 도끼로 쪼개버려야 한다"고 했다. 이에 이지순은 "여러 승려가 판각한 것인데 어찌 내가 관여할 일인가?"라고 대답했

488_ 제사 의식 때 술 의식을 감독하던 관리.

다.[382] 천홍 3년 전 《수능엄경首楞嚴經》판이 세상에 판매되었다. 이로 볼 때 금나라에서 불경이 얼마나 잘 팔렸는지 알 수 있다. 금나라 소림사 승려 지명志明이 쓴 《선원몽구禪苑蒙求》는 일본 감분[寬文][489] 9년(1669)에 간행된 것이 있다. 또 금각본金刻本도 《관음게觀音偈》와 《망산게邙山偈》가 있다.

금나라가 송나라 수도를 침략할 때 여러 차례에 걸쳐 도서와 국자감 인쇄판을 찾아내었을 뿐 만 아니라 불경과 도교경전 인쇄판도 찾아 가져갔다.[383] 《정화만수도장政和萬壽道藏》판은 중도中都까지 가져갔다. 성도에서 개봉에 이르는 익주판 《불장》은 연燕으로 약탈해 간 것으로 보인다. 금나라 초기 선주宣州 청욕도원廳峪道院의 《요장》이 불에 타버리자 황통 8년(1148)에 그 고장사람 마우馬祐가 안수顔壽와 함께 천 명을 모아 단체를 하나 설립하여 "돈을 모아 경전을 바꾸고 인부를 모아 경전을 엮으니 그 권첩을 함에 보관했다."[384] 정원 초년(1153), 천진의 보지寶坻 대각사大覺寺에서 장경을 만들어 금으로 장식하고 함에 옻칠을 하니 그 제작 수준이 뛰어났다.[385] 이상의 두 도서는 금나라 초기에 인쇄된 장경으로 그 원판은 아마도 요나라의 판각일 것이다.

대정 29년(1189)에서 명창 6년(1195)까지, 제주濟州 보조사普照寺 지조화상智照和尙은 수도 홍법사에 장교판藏敎版이 있다는 말을 듣고 일부러 산동에서 홍법사로 가서 200여 만 원의 돈을 들여서 장경 두 부를 인쇄 제조했다. 한 부는 황색 두루마리에 붉은색 축[黃卷赤軸]의 권자본으로 보륜장寶輪藏에 보관하고, 또 한 부는 절첩장의 범책본梵冊本으로 옻칠판에 금니로 써서 벽 속에 보관했다.[386] 홍법장弘法藏이 원나라 때 새겨진 장경이라고 알고 있는 이가 있으나 이는 옳지

489_ 감분 시기는 1661~1672년이다.

않다. 홍법사판은 아마도 진남晉南에서 수도로 옮겨진 금장판金藏版으로 추측되며 바로 이것이 오늘날 말하는 '조성판趙城板'이다. 대정 18년(1178)에 노주潞州 최진崔進의 딸 최법진崔法珍이 불경을 인쇄하여 조정에 진상했다. 최법진은 수계를 받고 비구니가 되었고, 자의홍교대사紫衣弘教大師란 이름을 하사받았다. 현존하는 금각金刻《대장경》[그림 33]은 《조성장趙城藏》으로도 불리는데 책의 첫 부분에 있는 속표지 불상 그림 앞에 "조성현 광승사廣勝寺"라고 한 행이 쓰여 있다.

이전에 이 불경이 산서성 조성현 동남쪽 40리에 있는 광승사에 소장되었기 때문에 이런 이름이 붙여졌다. 1934년 범성范成법사가 발견했을 때 천자문 번호에 따라서 계산했는데 7천여 권이 되었다. 중일 전쟁 당시 이 경전을 보호하기 위해서 팔로군중의 몇 명이 희생, 전사했다. 1949년에 중화인민공화국 건국 후 북경도서관으로 옮겼

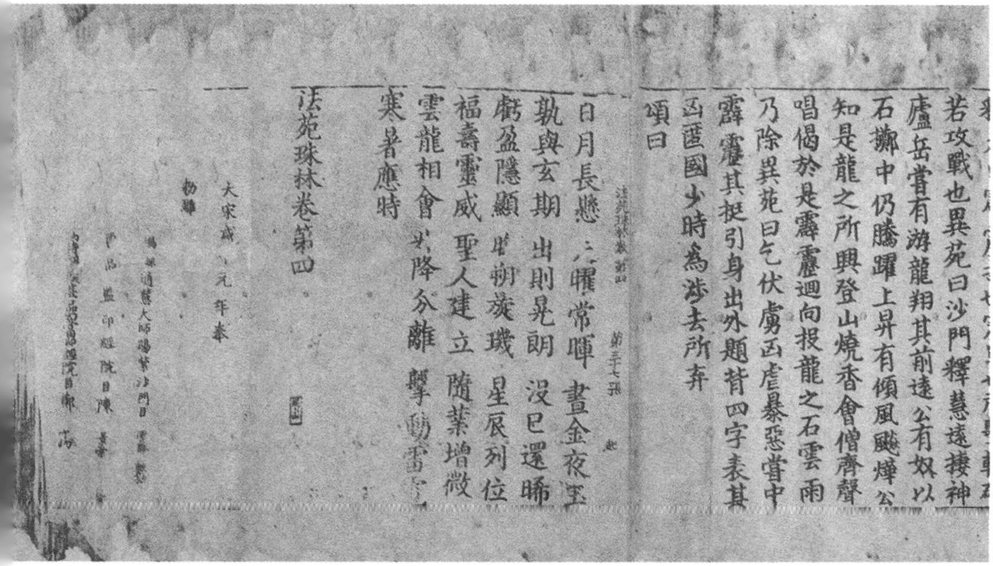

33] 《법원주림法苑珠林》 권 제4, 금나라 황통 9년에서 대정 18년 사이에 해주解州 천녕사天寧寺에서 간행한 대장경본이다.

다. 전쟁기간 동안 산 속 동굴에 보관했기에 습기를 먹고 곰팡이가 슬어 종이가 서로 달라붙어 펼칠 수 없게 되자 서적 장정 기술자가 근 10년에 걸쳐 정성껏 보수를 했다. 지금은 '천天'자에서 '기幾'자 번호까지 약 4,340권이 있다. 산서성박물관도 152권을 소장하고 있다. 그 중 대부분이 기타 장경에 수록되어 있지 않은 것이다. 과거 수차례에 걸쳐 상부에 간단히 소개를 했는데 오직 이 불경의 판각 인쇄 과정이 상세하지 않아 금나라 때 판각 인쇄한 것으로 잘못 알려져 있다. 북경도서관에 근무하는 오랜 동료 유복춘劉福春이 이 경전을 정리했는데 그가 기록한 장경 자체의 제기題記 자료에 의거해 간략히 서술하겠다.[387]

이 장경의 판각 저본은 《개보장開寶藏》이고 표제 중에 "대송 개보 육년 계유 칙명을 받아 판각하다[大宋開寶六年癸酉歲敕雕]"라고 쓰여 있어 개보본이라는 흔적이 남아 있으며, 이 내용은 달마류지達磨流支가 번역한 《불설보우경佛說寶雨經》 권10의 끝에 보인다. 소성 2년(1095)에 인쇄하고 대정 13년(1173)에 다시 새겼으며 이 내용은 《불설대승지인경佛說大乘智印經》 권5의 끝에 보인다. 이 장경은 금나라 천권天眷 연간(1138~1140) 혹은 황통 9년(1149)에 처음 간행되었다는데 사실이 아니다. 대정 13년(1173)에 완성되었다.[388] 후에 또 몇몇 몽골의 보충간[蒙古補刊]이 있는데 "시대조몽고국旹(時의 옛글자)大朝蒙古國" 혹은 "시대몽고국旹大蒙古國 … 임인년(1242) 8월"이라 되어 있다.

노주 여자 최법진은 팔을 자르는 고행을 하여[그림 34] 하동남로 지역의 남녀 신도들을 감동시켰을 뿐 아니라 부유한 이가 시주를 하고, 가난한 이도 역시 힘이 되는 대로 목판 한두 판을 시주했다. 금 30냥을 시주하는 이도 있었고, 비단을 시주하는 이도 있었고, 피륙 두 필을 시주하는 이도 있었고, 배나무 50그루를 시주하는 이도 있었고, 경판 20판 혹은 30판을 시주하는 이도 있었고, 조각칼을 시주

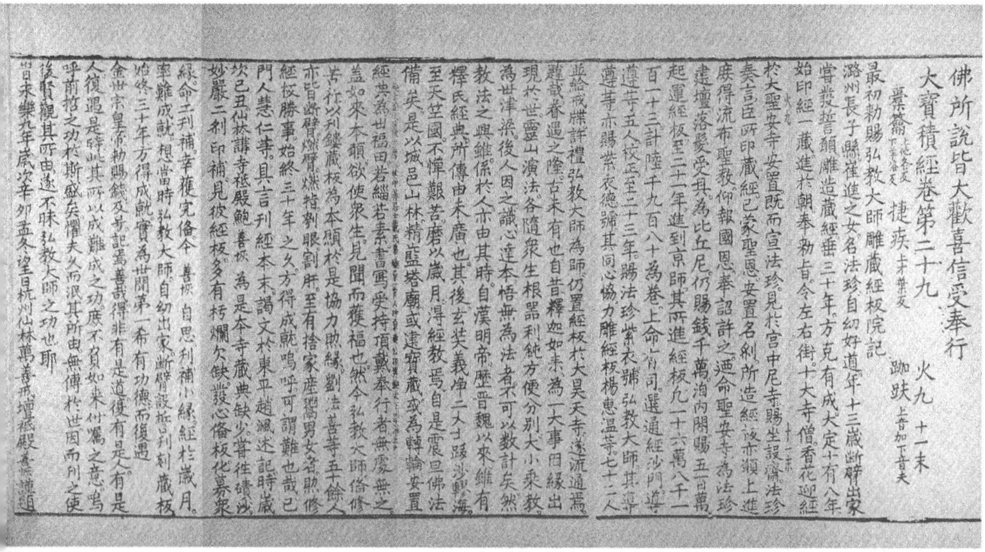

34] 《대보적경大寶積經》 권 제29, 송 · 원 연간의 적사磧砂 연성원延聖院 판각본을 명 영락 9년 대장경본에 넣어 수정했다. 권말에 최법진이 조성장을 간행한 경위가 쓰여 있는데 이것은 조풍비趙渢碑의 원문이다.

하는 이도 있었다.[389]

이 장경은 이처럼 수많은 신도들이 시주한 금은재물이 티끌모아 태산이 만들어지듯이 완성된 것이다. 강주絳州 태평현太平縣 천녕사天寧寺에서 새기기 시작했기 때문에 하동남로에 사는 사람들의 시주가 많았다.[390] 그중 주목할 만한 부분은 태원부 왕족 집안 도단徒單씨가 경전 한 판을 시주한 일로 도단씨는 당연히 여진 사람으로 아마도 태원 왕족 집안의 여자 하인인 듯하다. 재력이 부족하여 단지 목판 한 판만을 시주할 수 있었다. 원나라 초기에 또 대명부로大名府路 · 평주로平州路 · 흥평로興平路의 다루하치[達魯花赤][490] 등이 보충하

490_ 다루하치[達魯花赤, Darughachi]는 원나라의 행정 감독관으로 행정 · 군사에 있어서의 중요한 관직명이다. 그 어원은 '진압하다'라는 뜻의 몽골어 daru에 gha와 chi를 붙여 그것에 종사하는 사람을 표시한 것이다. 따라서 진수자

여 새겼다. 그러므로 이 《대장》은 한인 · 여진인 · 몽골인이 모두 힘을 합하여 만든 것이라 할 수 있다.

이 대장경의 경문에는 인장경회印藏經會 대표 승려 조미祖美, 《대장경》을 인쇄한 미공수좌美公首座, 정공장로淨公長老, 온공계사溫公戒師 등의 나무 도장과 유현인래惟玄印來, 조연인래祖憐印來 등의 묵인墨印이 많이 찍혀 있다. 이 장경이 만들어진 후 조미화상祖美和尙을 대표로 하는 인장경회가 만들어져 인쇄 비용을 모금했고, 분서현汾西縣에서 조상대대로 서방을 운영하던 방龐씨에게 위탁하여 처리했는데 그 시기가 대략 원나라 세조 중통中統 3년(1262) 전후이다.[391]

이 장경에는 명나라 만력萬曆, 숭정崇禎 연간에 승려가 교열한 묵적이 남아 있다. 송나라 초기의 권자본 《개보장》을 보존하여 황색 두루마리 나무축의 매 권마다 일반 젓가락처럼 짧은 길이로 된 장식이 없는 소박한 작은 나무막대가 있다. 민간에서 제작되었기 때문에 두루마리의 권축을 단향목이나 옥으로는 당연히 만들지 못했다. 매 판은 23행으로 되어 있고 매 행은 16~17자이고, 또 어떤 것은 매 판이 26행이고 각 행이 25~26자로 된 판도 있다. 판 테두리의 높이도 역시 서로 같지 않은데 세로 22센티미터인 것도 있고 25센티미터인 것도 있다.

중화인민공화국 건국 전에 출판된 《송장유진宋藏遺珍》 46종 255권은 바로 이 장경에 보전되어 있던 옛날에 없어진 불경을 다시 인쇄하여 출판한 것이다.

금대 불경은 불교 신도에게 독송용으로 제공되는 이외에 다른 용도가 하나 더 있었는데, 즉 식당의 간판으로 사용되었다. 송나라 누약樓鑰이 북쪽 상주相州에 갔는데 그 곳에서 "식당에는 등 하나가 걸

鎭守者 혹은 단사관斷事官이라 번역할 수 있다.

려 있는데 위에는 면양이 있고 중간에는 조롱박이 가로로 있고 아래에는 경서 한 권이 있었다. 이는 황하 이북지역 사람들의 발음으로 羹(갱)[491]이 經(경)이 되기 때문이다."[392] 이러한 실물 간판[492]은 후세에 이어지지는 않았다.

1986년 미국 뉴올랜도 박물관 직원이 중국인이 기증한 목각 관음상(나무 조각과 같지만 실제로는 석고 가루가 발라져 있고 채색이 되어 있으며 높이는 7피트 정도임)을 조사하는 중에 관음상의 복장물腹藏物 속에서 금나라 때 새겨진 불경 3종류를 발견했다. 그 명칭은 아래와 같다.

(1) 《불설생천경佛說生天經》(절본折本 반엽에 4행, 행마다 12자, 속표지에는 지장보살상이 있다. 정원 3년(1155) 각본임), "장명촌長命村에 사는 불제자 유우장劉友張이 부모가 돌아가신 후 그 영혼을 제도하며 다음 생에 지혜롭고 총명하기를 바랍니다. 근 10년간 선덕을 행하며 나쁜 일을 멀리하니 사악한 해가 집안에 없기를 바라고 다음 생에는 자발적으로 열심히 배우고자 하여 생천경生天經 경판을 인쇄 제작하니 원하건대 세상 사람이 안락하기를 기원합니다. 정원 3년 3월___[493]일 보시합니다."

(2) 《고왕관세음경高王觀世音經》(절본 반엽 4행, 행마다 13자, 속표지 삽화로 수월관음도水月觀音圖가 있고 대정 13년(1173) 각본임), "홍동현령洪洞縣令 야율승신耶律承信과 처 대大씨는 … 정성껏 고왕경高王經 10권을 인쇄하여 승려와 일반인에게 시주하니 묘한 이치가 모여 있다. 죽은 영혼이 극락왕생하여 천상계에 오르기를 기원하

491_ 갱羹은 국을 말한다. 갱의 중국어 발음 geng과 경의 중국어 발음 jing은 유사하여 경을 걸어 국밥집임을 표시했다.

492_ 옛날에 글자 모르는 가게에서는 색종이를 국수 모양으로 오려서 매다는 식으로 글씨를 쓰지 않고 물건 모양의 것을 매달아 간판으로 한 것을 말한다.

493_ 이렇게 표시한 곳은 원서에 글자 한 자 자리를 빈 공간으로 놓은 곳이다.

고, 권속이 복 받고 오래 살기를 바라고 은인과 벗이 영원이 평안하며 모두 피안에 이르기를 엎드려 비옵니다. 대정 13년 6월 __일 승신교위承信校尉 홍동현령洪洞縣令 야율규耶律珪가 삼가 시주함."

(3) 《고왕관세음경高王觀世音經》, 목판 인쇄

《불설생천경佛說生天經》의 글자체는 정교하고 《고왕관세음경》 속 표지 삽화의 조각도 세밀하며 선에 힘이 있어 금나라 평양부平陽府 일대의 인쇄 수준을 반영하고 있다.[393]

도가 서적과 도장道藏 금나라 통치자는 불교를 믿었을 뿐만 아니라 도교도 숭상했는데 이 점은 거란이나 서하가 불교만 숭상한 것과는 차이를 보인다. 금나라에는 도록道錄과 도정道正 등의 기관을 설치했고 세종은 내전內典에 신을 모시고, 중도中都에 도교 사원 시방대천장관十方大天長觀을 8년의 노력 끝에 중건했다. 세종과 황태자는 여러 관리를 거느리고 친히 왕림하여 3일 밤낮을 법사法事를 행했다.[394] 장종은 더욱 도교를 숭상하여 태화년 초에 황제의 직위에 오르기 전에 보천대초普天大醮[494]를 노자의 고향인 박현亳縣의 태청궁太淸宮에서 거행했다. 대신들은 재를 올리는 데 1,000민緡을 받아 사용했다.[395] 한족 문인들은 이민족의 관직을 맡으려 하지 않고 초야에 은거하며 자유로이 소요하며 지냈는데 함양咸陽의 왕철王嚞(중양자重陽子)은 전진교全眞敎를 창립하여 대정 7년에는 산동 지역까지 전파되었다. 전진교는 마음을 알고 견성하면 바로 전부 진眞이 되므로 바른 마음으로 성의를 다하고 과욕을 줄이라고 주장한다. 이는 유교의

494_ 초醮는 도사가 제단을 차려놓고 제사지내는 것을 이른다. 보천대초는 도교 최대의 제사 의식이다.

이학과 비슷한 부분이 있지만 정일파正一派[495]나 부수파符水派와는 다르다. 산동 사람 중에 전진교를 믿는 이가 많았으며 구처기丘處機(장

495_ 정일파의 전신은 한말에 생겨난 천사도天師道로 이 파는 '치治'를 한 단위로 하며 천사天師가 최고 수령이다. 이들의 종교활동은 태평도와 비슷하지만 자신들만의 특색이 있다. 즉 새로 가입한 신도를 '귀졸鬼卒'이라 부르고 핵심인물이 되면 새로운 신도를 통솔하게 되며 '좨주祭酒'로 승격하게 된다. 좨주는 도로에 '의사義舍'를 설립하는 책임이 있으며 지나는 행인에게 음식물을 제공한다. 좨주가 《노자》를 기록한 강의를 했는데 이를 《노자상이주老子想爾注》라고 한다. 이 책속에는 신도들이 열심히 수도를 쌓아 각자 제자리에서 치국태평천하의 이상에 도달해도록 해야 한다는 내용이 있다. 또한 신도들에게 충효와 신의를 지킬 것, 선행을 베풀고 적선할 것을 강조하고 있다. 장도릉張道陵이 천사도의 창건인이다. 왕희지의 선조들도 이 천사도를 믿었다고 한다. 남북조 시기에는 북조에서는 구겸지寇謙之가, 남조에서는 육수정陸修靜이 천사도를 개혁하였다. 이들은 모두 명문귀족 출신들이었다. 수당에 이르러서 도교가 흥성하자 정일교도 천사도와 함께 점차 융합되어 갔다. 송 진종은 제24대 정일천사正一天師 장정수張正隨를 불러 '선생'이라는 칭호를 하사했다. 이로부터 남송 제35대 천사天師 장가대張可大까지 거의 대대로 정일천사는 호를 하사받았다. 송 휘종 때 제30대 장계선張繼先 천사는 몹시 총애를 받았다. 조정에서는 그를 위해 경성부근에 '숭도관崇道觀'까지 건립해주었다. 용호산龍虎山 본영이 있는 상청관上清觀 역시 '상청정일궁上清正一宮'으로 승격되었다. 장가대가 송 이종으로부터 부록 각파의 대권을 수여받게 되자 정일파는 부록파 도교의 통솔지위를 얻게 되었다. 무봉복無縫服(꿰맨 곳이 없는 옷)과 은인銀印은 강남 도교를 통솔하는 표식이 되었고 그 다음해에 '선도영응신화진인宣道靈應神和眞人'에 봉해졌다. 이후부터 역대 정일천사는 모두 통치자로부터 '진인眞人'에 봉해졌다. 제 39대 장사성張嗣成 천사는 태정泰定 2년(1325)에 '익원숭덕정일교주翊元崇德正一教主'에 봉해지고 전국 도교 사무를 볼 수 있는 권한이 주어졌다. 원대에 용호산 천사부天師府의 권력은 몹시 커서 강남 각지의 도교사무와 관리 관원들을 임명하고 파면할 수 있는 건의를 할 수 있었고, 황제에게 새로운 도관 건립비와 인부를 청구할 수 있었으며 직접 도사신분증인 '도첩度牒'도 발급할 수도 있었다. 명 태조 주원장은 제42대 정일천사 장정상張正常을 '진인'에 봉했다. 이로부터 52대 장국상張國祥을 제외한 52대 장응경張應京까지 대대로 천사는 모두 대진인에 봉해졌다. 장우초張宇初는 일찍이 중국 전역 도교 수령의 신분으로 《도문십규道門十規》 1권을 저술하여 도교의 유파와 도관의 수정 등에 관한 문제를 기록했다. 청대와 민국에 들어와서 정일교는 점차 쇠락했다. 1912년 제62대 장효초張曉初는 상해에서 정일파의 전국적 교회조직인 '중화민국도교총회' 건립을 준비하였고 상해분회를 성립했다.

춘자長春子)·유처현劉處玄(장생자長生子)·담처단譚處端(장진자長眞子)·마옥馬鈺(단양자丹陽子)이 있었다. 당시에 구처기·유처현·담처단·마옥 4명을 임하사우林下四友라 불렀다. 또 왕처일王處一(옥양자玉陽子)·학린郝鄰(광녕자廣寧子)·왕철(중양자)을 더해 칠진인七眞人이라 했는데 구처기가 가장 이름을 떨쳤다. 구처기는 서하 사람으로 19세에 왕철을 스승으로 모셨으며 대정 28년(1188)에 세종의 부름을 받고 알현한 후 관복을 하사받았다. 통치자가 도교를 중시하게 되자 전진교는 더 널리 퍼지게 되고 그 세력이 불교보다 훨씬 강하게 되었다. 일반 유랑민들은 병역과 세금을 피하고 의식주를 해결하기 위해 대다수가 도교 사원[道觀]에 가서 도사道士가 되었다. 야율초재耶律楚材는 "만약 머리를 깎게 되면 속세로 다시 돌아오기가 어려워지니 승려가 되려는 자는 적고, 도교로 입문하는 이가 많아 무위도식하는 이가 시장에 오는 사람만큼 많다"고 했다.[396] 도사와 여자 도사[道姑]의 수가 많아지자 도교 서적에 대한 수요도 자연히 많아져 각처의 도교 사원에서 산발적으로 간행했을 뿐 아니라 여러 부의 《도장경道藏經》도 출현하게 되었다.

칠진인七眞人의 저서를 모은 서적으로 《칠진요훈七眞要訓》이 있다.[397] 원나라 유염兪琰은 "북방에 간본이 있다"고 말했는데 여기서 말하는 것은 금간본金刊本이며 이는 도교를 널리 전하는 총서라 할 수 있다. 그중의 일부 서적, 예를 들면 《중양전진집重陽全眞集》은 도사들을 위해 계속 간행되어 전해졌으며 경조京兆의 도교 신도들이 재물을 모아 판본을 간행한 것이다. 한편 동주東州에도 도교 신자가 많아졌는데 그 거리가 멀어 경전을 구하기 어렵게 되자, 동래東萊 유장생劉長生이 탁발하도록 명해 다시 목판을 새겨 인쇄했다(대정 28년). 담처단의 《수운집水雲集》은 준주濬州 전진암全眞庵 주인 왕류휘王琉輝 등이 판각, 인쇄하여 사방으로 널리 전해졌다. 대정 병오년 준군濬郡 지역에 홍수가 크게 나서 그 판이 없어졌다. 다음 해 정미년에 액수掖水의 장생자 유처현이 이 소식을 듣고 크게 애석해 하며 장인에게 명하여 동래의 전진교 교당에서 다시 간행했다. 이후 여러 차례의 전쟁으로 인해 완전한 것이 없자 산양성山陽城 서암西庵의 신도 고우高友와 그의 아내 맹상선孟常善이 또 세 번째로 판각하여 인쇄했다. 또 네 번째는 도사 소蕭 모씨가 정대 기축년에 간행했다. 구처기의 《반계집磻溪集》은 서하栖霞 태허관太虛觀의 구처기 문하생이 새긴 판이 있다(태화 8년). 또 빈도濱都의 도인 왕일흥王一興이 간행한 금본金本이 세상에 전해지는데 제목은 《서하장춘자구신선반계집栖霞長春子丘神仙磻溪集》이고 세 권이 있다. 광녕자 학대통郝大通이 저술한 《유문집嵛文集》과 《주역참동계간요석의周易參同契簡要釋義》는 모두 대정본이 있고 후자는 진정眞定 때 간행되었다. 동한 위백양魏伯陽의 《주역참동계周易參同契》는 현존하는 세계 최초의 연단술에 관한 저서다. 또 《교화하수지敎化下手遲》·《분리십화分梨十化》·《호리향好離鄉》은 관중 지역에서 판각 인쇄해 널리 퍼졌지만 산동 지역에 전해진 것은 극소수이다. 마옥馬鈺(단양자)의 문하생 영해주寧海州 사람 영진자靈眞子 주포일朱抱一이 또 기술자를 모아 판각했다(대정 23년).[398] 제남濟南의 필수진畢守眞은 유처현의 《황제음부경주皇帝陰符經註》를 간행했다(명창 2년). 영연자瑩然子 주지명周至明은 당순唐淳이 주해한 《음부경주》를 간행했다(정대 6년). 송나라 갈장경葛長庚은 이름을 백옥섬白玉蟾으로 바꾸었고 《도덕보장道德寶章》 1권이 있고 주석한 것은 모두 수련에 관한 내용으로 정대본正大本이 있다.

일찍이 대정 24년 전에 전자허田子虛와 한원영韓元英은 노자의 고향 박현에서 태청궁의 "태극전과 전륜대장轉輪大藏을 다시 보수하고 경전을 인쇄해 실행하였다".[399] 변경장판汴京藏版에 근거해 인쇄했는지는 알 수 없다.

세종이 구장춘을 불러들인 그해에 《남경도장경南京道藏經》판을 천장관天長觀에 교부하라고 조서를 내렸다. 이 남경판은 위魏・양梁지역에서 취하고 한漢・연燕지역까지 이르렀지만 실제로는 송나라 판이다. 복주福州 민현閩縣 보은報恩 광효관光孝觀에서 원래 간행했고 원제목은 《비천법장飛天法藏》으로 450함(또는 5,481권)이다. 정화 4년에 《정화만수도장政和萬壽道藏》이란 이름을 하사하고 그 판각을 수도로 들여왔다.[400] 복주에서 개봉, 그리고 연경으로 옮겨진 이 《정화만수도장》판 역시 금나라 전리품 중의 하나였다. 천장관에서 옛날 소장하고 있던 장경은 빠진 부분이 있고 완전하지 않아 비현각飛玄閣에 소장되어 있던 장경을 옥허관玉虛觀의 장경과 맞바꾸었다. 제점관사提點觀事[496] 손명도孫明道는 또 각지로 도사[黃冠]들을 파견해 세상에 유실된 경전을 찾게 했다. 찾아낸 경전은 1,074권, 판을 보충한 것이 21,800책 가량이고, 모은 책이 83,198권으로 창고 4곳에 들어가는 분량이었다. 창고의 기둥이 35개나 되고 서가가 140개나 되었다. 그리하여 손명도는 여러 도교 신도를 독려하여 내용이 같고 틀린 부분에 대해 교감을 하고 순서를 배열하여 하나로 엮으니 6,455권, 602질이 되었으며 제목은 《대금현도보장大金玄都寶藏》이라 했다.[401] 이는 《정화만수도장》보다 거의 천 권 정도가 많으며 가장 완전한 《도장경》으로 중도中都에서 보충 간행되었다. 후에 구장춘의 제자가 평양에서 간행한 《현도보장玄都寶藏》은 이름은 같지만 실제로는 다른 것이다. 명창 원년에 보충하고 완성해서 하나의 경장으로 인쇄되었다. 태화 7년에 장종의 원비가 도경道經 2장藏을 시주하여 하나는 서하의 태허관에 보내고, 다른 하나는 성수聖水의 옥허관玉虛觀에 보냈다.[402]

496_ 전진교에서 업무를 보던 관직.

금말 원초에 수도에는 도장경판이 있었을 뿐 아니라 보정保定·진정眞定·태원·평양·하중부河中府[497]의 왕(王을 혹은 三이라고 함)조사 거처지[王祖師庵頭][498]·관서關西 등에 모두 도장경판이 있었다.[403] 이러한 경판은 평양판이 몽골 헌종憲宗 때 간행된 것을 빼고 그 나머지는 당연히 금대의 구판이다. 일부 《도장경》은 5천~6천 권에 이를 정도로 수십 수백 명의 장인과 수십 년간의 시간을 들이지 않고는 완성될 수 없었던 방대한 작업이었다. 수도 지역 안팎으로 많게는 6~7부의 보조판[副板]이 있었으니 중국의 도교사상 일찍이 전무후무한 성대한 작업이었다. 또한 이를 통해 금나라 때 각자장·인쇄장·장정공이 얼마나 많았는지 알 수 있으며, 종이와 먹 등의 재료가 얼마나 풍부했는지도 알 수 있다.

여진문자 번역본

여진족은 초기에 문자가 없었으나 나날이 국력이 강성해지고 이웃 국가와 교류를 하게 되자 거란 문자를 사용했다. 태조 때 완안희윤完顏希尹이 한족의 해서체 글자를 모방하여 거란 문자 체계에 따라 자국의 언어와 결합하여 여진 문자를 만들고는 이를 '대자大字'라 불렀다. 희종熙宗 완안단完顏亶이 또 '소자小字'를 만들어 두 가지를 모두 병행하여 사용했다. 그러므로 여진 문자는 거란 문자와 마찬가지로 대자와 소자가 있다. 여진 문자는 한자를 모방하여 만들어졌기 때문에 필획이 거란 문자나 서하 문자보다 간단하다. 금나라 해릉왕海陵王 때부터 연경으로 수도를 옮기게 되자 한족의 풍습에 서서히 젖어들어 여진족 고유의 풍습을 잃어버리게 되었다. 금나라 황제는

497_ 지금의 산서성 영제시에 속한다.

498_ 하중부의 왕조사 거처지. 왕조사는 왕철, 즉 중양자를 말한다.

이를 염려하여 여진족 사람들에게 한족의 성씨로 바꾸지 못하도록 하고 또 남쪽 사람들의 복장을 따르지 못하도록 칙령을 내렸다. 여진어가 익숙하지 않은 위사衛士[499]에게는 배우도록 명했다. 게다가 국자國字(즉 여진 문자)를 제창하기 위해 황제가 책을 읽을 때 매일 먼저 한자를 공부한 후에 여진 문자를 배우도록 했다. 책론策論진사로 여진족을 뽑았으며 책론에는 대자를 쓰고 시에는 소자를 썼다. 게다가 서울에는 여진 국자학을 설립하고, 각 행정단위 노路에는 여진부학女眞府學을 설립했다. 여진학 출신이 종종 재상의 자리에 올랐으며 각 노路의 학생들은 3천 명에 이르렀다. 대정 4년부터 여진문자로 책이 번역되기 시작했으며 번역된 책은 다음과 같다.

《정관정요貞觀政要》
《백씨책림白氏策林》— 대정 5년 한림 시강학사侍講學士인 도단자온徒單子溫이 두 책을 번역하여 진상했다.
《사기》
《양한서兩漢書》— 대정 6년 한림 시강학사인 도단자온이 《사기》·《한서》 이 두 책을 번역하여 반포했다.[404]
《역경》
《상서》— 대정 4년에 대자, 소자로 번역한 《상서》가 반포되었다.
《논어》
《맹자》
《효경》
《양자揚子》
《노자》

499_ 위사는 대궐이나 능·관아·군영을 지키던 장교이다.

《유자劉子》

《문중자文中子》

《신당서新唐書》— 이상은 대정 23년 9월 기사일에 번역이 되어 헌상되었다.[405]

《춘추》

이상 여진문자 번역본 15종은 거란문자 번역본보다 훨씬 많다. 희종은 《상서》·《논어》·《정관정요》를 읽었다. 세종도 《정관정요》를 읽고 위징魏徵을 칭찬하니 이리하여 번역본이 만들어졌다. 세종은 신하들에게 "짐이 《오경》을 번역하라고 명한 이유는 여진사람들도 인의 도덕을 알았으면 하는 바램이 있기 때문이다"라고 말하니 명을 받들어 행해졌다. 대정 28년(1188)까지 《시》·《예》 두 책만이 번역이 끝나지 않았다. 23년(1183) 8월 을미에 《여진자효경女眞字孝經》 1000부가 점검사點檢司[500]에 넘겨지고 호위친군에게 하사되었다.[406] 번역본은 당시에 세상에 많이 배포되었다. 《효경》은 한 번에 1000부가 하사되었으니 당연히 인쇄본이다. 명창 5년 홍문원弘文院을 설치하여 경전을 번역했다. 그러나 이러한 인쇄본은 여진 국자학 혹은 경전의 번역을 담당하던 홍문원이나 역경소에서 자체적으로 번역하고 간행했기 때문에 역사 기록에 분명하게 기재되어 있지 않아 알 수가 없다. 오늘날 한 종류도 전해져 내려오고 있지 않다. 한문의 저본인 백거이白居易의 《백씨책림白氏策林》만이 오늘날 전한다.

500_ 왕실 친위군을 통솔하는 관청, 황실의 호위를 담당한다.

4. 금판의 특색

글자체

《반계집磻溪集》·《정관정요》 같은 금나라 판본의 글자체는 안진경顔眞卿의 글자체를 모방하여 글자 새긴 것이 정확하고 정밀하며 송판처럼 우수하다. 《도덕보장道德寶章》 같은 것은 구양순歐陽詢 글씨체도 있고 우세남虞世南 글씨체도 있다. 서적의 높이가 2척 5촌이며 글자의 지름은 1촌 5푼~6푼으로 옛스럽고 수려하며 힘이 있어 판각의 글씨가 지극히 정교하다. 금나라 《조성장》의 글자체에는 소식의 글자체도 있고 또 구양순 글씨체도 있다.

간체자로는 竜(龍)·贤·処·帰(歸)·釗(劉)·继·斈·礼·与(興)·迁 같은 글씨가 《소한노인명수집주蕭閑老人明秀集注》에 보인다. 또한 礼·乱·尽·尘(塵) 등의 간체자는 《망산게邙山偈》에 보인다. 乱·齐(齊)·尽(塵) 등의 글자는 《유지원제궁조劉知遠諸宮調》에 보인다. 후자는 '第一'을 '弟一'로 표기했고, 중복되는 글자는 ':'로 표시했는데 예를들면 '整整四百年'을 '整: 四百年'으로 썼다.

피휘避諱

금나라 황제는 이름이 두 종류가 있었는데 하나는 여진말로 된 이름[國語名]이고 하나는 한족처럼 표기된 한족식 이름[漢名]이 있었다. 예를 들면 세종 오록烏祿은 국어명이고, 초명은 완안유完顔褎이다. 대정 40년(1174)에 옹雍으로 개명하니 이는 한족식 이름이다. 피휘하는 방법은 한족식 이름만을 피했는데 이는 여진식 이름은 본래 음만 있고 글자가 없어서 피휘를 하지 않았다. 송나라 홍호洪皓는 "금나라에서는 묘호를 피휘하는 것이 특히 엄하여 사람들이 범하지 못하도록 했다. 무원武元(태조 아골타)은 초기에 민旻 한 자만 피했는데 후에 旻

과 閔을 다 피하도록 했으니 점점 閔자도 피하게 되었다"[407]고 말했다. 각본에서 볼 수 있는 것으로는 《명수집주明秀集註》가 있으며 모든 효曉자는 다 暁로 되어 있다. 숭경본 《오음집운五音集韻》 12소笑는 모두 요堯자가 垚로 되어 있고, 《증광분문유림잡설增廣分門類林雜說》에는 堯자에 역시 필획이 빠져 있다. 이러한 것은 모두 세종의 아버지인 요종堯宗(예종睿宗)의 이름 글자를 피한 것이다. 《명수집주》에 恭자는 恭으로 되었고 供자도 역시 필획을 뺐는데 이는 현종顯宗인 윤공允恭(세종의 둘째아들)의 글자를 피한 것이다. 또 같은 책에 乘자도 필획이 빠져 있는데 이는 태종인 완안성完顔晟의 이름에서 같은 음을 피한 것으로 보인다. 대안大安 초에 판각된 《서하장춘자구신선반계집棲霞長春子丘神仙磻溪集》에 유遊자에 획이 빠져 있는데 이는 누구의 이름을 피한 것인지 알 수 없다. 태화 5년에는 또 공자의 이름을 피하라고 명했다. 금나라 사람은 피휘가 엄격했다. 근래에 나온 《도서판본학요략圖書板本學要略》에 의하면 금나라의 판각본에서는 피휘를 하지 않았다고 하는데 이는 틀린 말이다.

5. 관과 개인의 장서

금나라는 송나라 변경을 파괴하고 서적 판본 역시 전리품이 되어 대량으로 연경에 가져갔다. 금나라는 비서감을 세워 서적을 관장하고, 교서랑이 전문적으로 서적을 관리했다. 또 봉래원蓬萊院과 분문관賁文館을 설치하여 서적을 보관했다. 장종 명창 5년(1194)에 송나라의 《숭문총목崇文總目》 중 빠진 서적을 구하라고 명하였다. 책을 관에 보내기를 원하지 않으면 관리가 베껴 쓰고 난 후 다시 원주인에게 되돌려주고 책값의 반을 사례했다. 태화 원년(1201)에 또 조서를 내려 유실된 서적을 구입하니 그 가격이 높아졌다. 정우 2년(1214)에 남쪽으로 수도를 옮기게 되자 서적과 보물도 같이 남경으로 옮겨졌고 서적이 3만 수레 분량이나 되었으니 그 수량이 정말 놀랄 정도이다. 금나라 내부內府에서 소장한 서적은 가히 북송·남송에 필적할 정도로 그 수량이 풍부했다. 하지만 아쉽게도 몽골의 침입으로 다 훼손되어 하나도 남지 않게 되었다.

금나라 때 관부와 개인의 출판업이 발달했기 때문에 지방과 개인의 장서 또한 많았다. 평양 홍동洪洞에서는 집안마다 서가를 설치했을 정도다. 대정 연간 장치현長治縣에 사문루斯文樓라는 장서루를 지어 그곳에 1만여 권이나 되는 서적을 보관했다. 허창許昌의 범계점范季霑(범중엄范仲淹의 4대손)은 서적 3만 권을 소장했다. 순천順天의 가후賈侯는 만권루에 장서 수만 권을 모았는데, 채중랑蔡中郎이 왕찬王粲에게 책을 주었다는 이야기를 듣고 이를 흉내내어 모두 학경郝經에게 증여했다. 영지미寧知微는 회양淮陽으로 이사한 후 서적 1천 권을 모아 행세했다. 안읍安邑의 장서가로 유조겸劉祖謙이 있다. 송에서 금으로 넘어가는 교체기에 우문허중宇文虛中과 고사담高士談도 장서가 많았으나 우문허중은 결국 책 때문에 죽음을 맞이했다. 금나라 말의 원유산(원호문) 역시 소장하고 있는 서적이 많았다.

6. 금판의 전래

서하西夏의 인종仁宗은 일찍이 금나라로 관리를 파견하여 유교와 불교에 관한 서적을 사들였다.[408] 때는 금나라 정원貞元 2년(서하 천홍天興 6년, 1154)으로, 즉 금나라가 연경으로 수도를 옮긴 다음 해다. 그 당시 금나라에는 이미 인쇄된 서적이 상품으로 거래되었고 또 수출도 할 수 있었기 때문에 세종·장종 때 인쇄본은 더욱 많았다. 송나라의 인쇄 서적은 요나라 금나라로 많이 수출되었지만 요나라와 금나라의 책이 송나라로 들어간 것은 극히 소수였다. 금판 서적을 남송 사람들은 '북방판본北方板本' 혹은 '북본北本'이라 불렀으며 이에 관한 기록은 사마광의 《잠허潛虛》에 보인다. 주밀周密이 빌려 본 소설 《운재광록雲齋廣錄》은 '북본'(북송 정화 신묘 원년 간본이 있음)이었다. 금나라 국경 무역장[榷場]에서 간행된 송 휘종의 《사표謝表》는 송나라 사대부가 대부분 그 책을 가지고 있었다. 장서가 진진손은 대정 정미년에 여양黎陽의 장휘張翬가 발제한 당나라 승려 종범從梵의 《석서품차록釋書品次錄》과 《대명력》 1권을 가지고 있었다. 원나라 사람 유관柳貫은 수도에 머물며 평양부 간행본인 《춘추찬례春秋纂例》 10권을 얻었다. 송나라 소성 연간의 옛 문장지門狀紙를 사용해 표장表裝되어 있고 끝 부분에 "태화 3년(1203) 5월 13일 병문秉文 소장"이라는 관지가 있었는데 이는 금나라 문학가 조병문의 옛 물건으로 이미 "만 개는 훼손되고 하나만 존재한다"[409]고 일컬어지는 아주 얻기 힘든 것이다.

《조성장趙城藏》은 원래 7천여 권이 있었으나 지금은 단지 4천여 권만이 전해지고 있다. 나머지 금원金源의 목판본[槧本]도 현존하는 것은 20부 정도 뿐이다. 대부분이 국가도서관에 소장되어 있고 대만에 5부가 있다.

부록: 위제각본僞齊刻本

금나라의 판각본 중 언급할 만한 것으로는 금나라의 꼭두각시정권이었던 위제僞齊의 판각본을 들 수 있다. 정강 2년(금나라 천회 5년, 1127) 3월에 금나라 군사가 변경에 침입한 후 장방창張邦昌을 초제楚帝로 세웠다. 4월에 휘종과 흠종 두 황제가 포로가 되어 북쪽으로 끌려갔고 5월에 송나라에 고종高宗이 즉위했다. 다음 해에 송나라 제남지부 유예劉豫가 금나라에 항복했다. 천회 8년(송 건염 4년, 1130)에 금나라 태종은 유예를 제齊나라의 황제로 세우고 조서에 "오늘 유예를 아들 황제로 임명하니 이웃나라의 군주이자 또 큰 나라(금나라를 말함)의 아들이 된다"고 했다. 수도를 대명부大名府에 세우고 얼마 안 되어 동평東平으로 옮기고 후에 또 변경으로 옮겼다. 금나라 통치자는 한족이 저항하고 항복하지 않을 것을 감안하여 금의 꼭두각시 정권을 세워 과도기를 보냈다. 또 한족의 간신 매국노들인 장방창과 유예는 사리사욕을 위해 아들 황제임을 자처하며 송나라와 적이 되었다. 위제는 8년간 지속되었다(1130~1137). 이 통치 기간 동안 간행된 서적은 어떤 것은 위제의 연호를 쓰고 있는데, 예를 들면 부창阜昌 정사丁巳년에 예주醴州 건명원乾明院 비구니 도부道溥가 선업善業을 짓고자 교감하고 다시 간행한 《성유식론료의등초과문成唯識論了義燈鈔科文》이 있다. 정사년은 부창 8년(천회 15년, 송나라 소흥 7년, 1137)이고 이해 11월에 유예도 역시 금에 의해 폐위되었고 황통 6년(1146)에 임황부臨潢府에서 병사했다. 예주는 지금의 섬서성 건현乾縣이다. 이 책은 부창 연간에 불경을 새긴 것으로 근년에 산서성에서 새로 발견되었고 그중 1권은 권축장으로 되어 있다.[410] 위제 판각본은 과거에는 관청과 개인의 목록에 확실히 기록되지 않았다.

《안기집安驥集》에 부창 5년 병부첩이 있는데 위제 판각본으로 볼 수도 있다.

7. 지 폐

금나라 초기에는 요나라와 송나라의 옛 돈을 사용했다. 완안량完顔亮은 중도로 수도를 옮긴 후에 정륭완보전正隆完寶錢을 주조했다. 세종 때는 대정통보전大定通寶錢이 있었고 장종 때에는 태화중보대전과 오십냥 은화[銀錠]가 있었다. 승안 2년(1197)에는 은폐 승안보화承安寶貨를 발행했는데 1냥에서 10냥까지 5종이 있었고 1냥은 동전 2관이었다. 그러나 개인이 주조하는 자가 많아지면서 구리와 주석이 섞이게 되자 얼마 되지 않아 주조를 멈추고 사용을 금지했다. 금나라에서 가장 많이 통용되었던 것은 지폐였다.

정원 2년(1154)에는 중도에 초인고鈔引庫와 교초고交鈔庫[501]를 설치하여 1관 · 2관 · 3관 · 5관 · 10관의 5종을 인쇄하고 이를 대초大鈔라 했다. 1백 · 2백 · 3백 · 5백 · 7백의 5종은 소초小鈔라 하고 동전과 같이 통용되었다. 7년의 기한을 두고 헌것을 반납하고 새것으로 바꾸었다. 후에는 7년 안에 바꾸는 제한을 폐지하고 교초交鈔의 글자가 흐려지면 비로소 바꿀 수가 있었다. 새 화폐로 교환할 때 1관貫마다 공묵전工墨錢으로 약간의 돈[502]을 떼도록 규정했다.[411] 교초는 이전에는 현금과 같았는데 행상들이 멀리 장사를 갈 때 종종 동전으로 지폐를 구입하니 관청과 개인이 모두 편리했다.[412] 세종 대정 연간에 나라가 강성해지자 상인과 일반 백성은 화폐(교초)를 좋아하고 동전을 좋아하지 않았다. 장종 때 세 차례나 황하의 둑이 터져 회강淮江 지역을 삼키고 바다로 흘러가자, 황하 양안지역의 수많은 사람들과 가축들이 죽게 되었고 전답이 강물에 잠기게 되어 농촌 경제가 큰 타격을 입었다. 또 해마다 몽골이 송을 침략하자 국고는 텅 비고 백성은 가난해져 물자가 부족해졌다. 그래서 전문적으로 교초를 가지고 백성들을 속이느라 지폐를 남발하게 되니 지출은 아는데 수입이 파악이 되지 않아 동전은 나날이 가격이 오르고 교초는 나날이

501_ 교초交鈔는 금나라, 원나라 시대에 발행되었던 일종의 지폐이다. 송나라 시내에 발행된 교사交子를 계승한 것으로 국가가 보증하는 어음으로 일종의 지폐 기능을 했다.

502_ 금나라에서는 화폐 교환시 공묵전으로 1.5%를 징수했다.

가격이 낮아지게 되었다. 그리하여 백성들은 동전을 받으면 귀중하게 간직했지만 교초는 빨리 써버렸다. 대안 2년(1210)에 군대에 내린 하사금이 84수레나 되었다. 선종이 남쪽으로 수도를 옮긴 후 나라는 더욱더 도탄에 빠지게 되니 토지세는 수십 배에 달하게 되고 수년에 걸쳐 가불하니 통화가 더욱 팽창되고 교초는 거의 시장에서 통하지 않게 되었으며 2만 관을 가져가야 밀가루떡 한 개를 구입할 수 있을 정도로 경제가 붕괴되니 금나라도 곧 망하게 되었다.[413]

《금사·백관지百官志》에 의하면 초인고에서 각 로의 교초交鈔·염인鹽引[503] 인쇄, 제조를 관장하고 감시했고 또 여러 차례 교감했다. 게다가 초인지鈔引紙를 만들어 제공하고 통제했다고 한다. 처음에는 중도에 설치했으나 후에 남경으로 옮겼다. 경성에서 초인을 제조했을 뿐 아니라 지방에서도 역시 인쇄 제조했는데 산동성의 동로東路에서는 10관[大貫]과 대초大鈔만 인쇄 발행했다.

금대의 지폐 중에서 언급할 만한 것으로는 원광진보元光珍寶로 원광 2년(1223)에 비단에 인쇄 제작된 것인데 원대의 능엄직에 인쇄한 중통은화中統銀貨와는 다르다. 금대에는 비단에 지폐를 인쇄했는데 이는 지폐 역사상 최초의 일로 종이돈인 지폐가 아니라 비단 화폐[綾幣]다.

금나라의 수십 수백 억이 되는 지폐와 원광능폐元光綾幣는 이미 하나도 존재하지 않는다. 단지 금나라 때 인쇄를 위해 썼던 각종 동판으로 정우보권貞祐寶券·흥정보천興定寶泉이 있고, 이외에도 근래에

503_ 염인鹽引이란 염상이 염장에서 소금을 받아 운송·판매하는 데 필요한 서류를 말한다. 염인을 수령한 상인은 염장에 가서 소금을 받아, 이 소금을 지정된 소비지역으로 운송하여 판매했다. 운송과 판매 과정에서 상인은 소금과 함께 반드시 염인을 휴대해야 했다. 염인이 없는 소금은 불법적으로 운송된 소금, 즉 사염私鹽으로 간주되었다.

또 현금 3합동三合同 10관대초동판十貫大鈔銅版 · 산동동로 10관대초동판과 2관초동판鈔銅版이 함께 발견되었다.

8. 인쇄 재료

붓 금나라에서는 유원劉遠의 서호필鼠毫筆이 유명했다.

벼루 금나라 사람들도 역시 단연端硯을 귀중히 여겼다. 일찍이 오랜 친구가 항주杭州에 가서 포수당包樹棠 교수가 금나라의 진사이자 서예가였던 왕중원王仲元 금봉錦峰 노인이 승안 5년에 간직했던 벼루를 수집한 것을 보았다. 포수당 교수는 이에 시를 지었다.[414] 금나라에는 필연국筆硯局이 있어 황실에서 쓰는 붓, 먹, 벼루를 관장했다.

먹 금나라 양문수楊文秀(백달伯達)는 좋은 먹을 만들어 이름을 알렸는데, 그 방법은 송연을 사용하지 않고 등불의 그을음을 사용했다.[415] 또 정상서程尚書는 유연묵油煙墨이 있었다. 《금사 · 지리지地理志》에 의하면 태원부에서는 먹 제조 공방을 관에 설치해 이를 통해 지폐와 서적을 인쇄했다.

종이 《금사 · 백관지百官志》에 의하면 초인고鈔引庫에서 인쇄 제작했는데 각 로路의 교초交鈔 · 염인鹽引의 인쇄 제조를 관장하고 감시했고 또 여러 차례 교감했다. 게다가 초인지鈔引紙를 만들어 제공하고 통제했다고 한다. 금나라 때에는 또 교초고에 재료 창고가 설치되어 있어 그곳에서 교초의 재료가 들고 나는 것을 관장했다. 각 지역의 교초고와 지폐용 종이 공방의 관리는 종8품의 관직으로 정우 2년에 설치되었다. 상경上京 회녕부會寧府(지금의 흑룡강성 아성현阿城縣 남백성자南白城子) · 북경 대정부大定府(지금의 내몽골자치구 소오달맹녕성현昭烏達盟寧城縣 서대명성西大名城) · 서경대동부西京大同府(지금의 대동)·동평東平·대명·익도益都·함평咸平·진정眞定·하간河間·평양·태원·경조京兆(지금의 서안)·평량平凉(지금의 감숙성)·광녕廣寧(지금의 요녕성 북진현北鎭縣) 등 부府와 서瑞·울蔚·평平·청靑·통通·순順·계薊 등의 주州에 모두 지폐용 종이 공방이 설치되어 있었다. 이를 통해 볼 때 금나라의 제지 공장이 전국에 분포되어 있음을 알 수 있고 그래서 대량으로 중앙과 지방에서 필요한 지폐의 인쇄 수요에 따라 공급할 수 있었다. 한나라 때 관리는 매달 유미隃麋(서한 시기 우부풍右扶風에 속함)에서 생산되는 대먹과 소먹을 하나씩 받았다. 그러나 금나라 때 관리들은 매달 먹을 두 개씩 받는 것 이외에도 또 매달 큰 종이 50장, 작은 종이 500장과 붓 두 자루를 받았다.[416] 관리들은 급여 이외에도 매달 사무용 문구와 같은 것을 받았는데 이는 중국 역사상 드문 일로, 이를 통해 그 당시 지필묵연의 생산이 얼마나 많았는지를 알 수 있기도 하다.[417]

서하西夏(1038~1227)

1. 총 론

11세기 초반 송나라의 서북쪽, 오늘날의 영하 · 감숙 · 섬서지역 일대에 새로운 나라가 생겼다. 그 조상은 탁발拓跋[504]씨이고 당나라 말에는 이씨李氏 성을 하사받고 송초에는 조씨趙氏 성을 하사받았다. 원래는 '양과 말의 나라'로 당항黨項[505] 유목 민족이었으나 송나라 · 요나라와 여러 차례 전쟁을 치르고 승리를 거두었다. 1038년(송나라 인종仁宗 보원寶元 원년) 이원호李元昊(혹은 조원호趙元昊라고도 함. 1003~1048)가 정식으로 나라를 세우고 '대하大夏'라고 했다. 역사서에서는 '서하西夏' 혹은 '하국夏國'이라고 부른다. 홍경興慶(지금의 영하 은천시銀川市)에 수도를 세우고, 연호를 천수예법연조天授禮法延祚로 개원했다. 초창기에 북송, 요나라와 더불어 삼국이 정립했고 후에는 또 남송, 금나라와 더불어 삼국이 대치하였다. 서하는 북송을 향해 신하

---

504 척박이라고도 읽는다,

505_ 당항黨項은 탕구트, 즉 고비사막 동쪽, 내몽골 남부. 섬서 서부, 청해성 북부 지방을 포함한 감숙성 주변 지역을 이르는 말로, 다른 말로 진한辰韓, 동한東韓, 돈황, 당올唐兀이라고도 한다.

라고 칭했으며, 송나라는 해마다 은 7만 1천 냥, 견 15만 3천 필, 차 3만 근을 하사했다. 서하는 요나라의 속국이 되자 후에 또 금나라를 향해 신하라고 칭했다.

경종 이원호는 관직 제도를 세우고 관복을 정하고 문자를 만들고 번학番學을 세우고 《효경》과 《이아爾雅》를 번역하도록 하여 번학에서 사용했다. 의종毅宗 이양조李諒祚는 번례番禮를 폐지하고 한례漢禮를 사용했으며, 또 당나라에서 하사한 이李씨 성을 계속해서 사용했다. 1062년에 이양조는 송나라 국자감에서 인쇄된 서적과 불경, 역경譯經 승려와 복두幞頭[506] 장인, 악관 등을 요구했다. 이에 국자감 서적과 불교 경전, 복두 장인을 주도록 조서를 내렸다.[418] 같은 해 또 《구경九經》·《당서唐書》·《책부원귀冊府元龜》를 요구했다. 숭종 이건순李乾順은 번학 외에도 특별히 국학을 세워 한학을 가르쳤으며 교수를 두어 학생 300명을 모집했다. 인종 이인효李仁孝는 재위기간이 가장 길어 55년간(1140~1192, 혹은 1139~1193이라고도 함)이나 되었고 송·금나라와 평화롭게 잘 지내며 안정기를 보냈다. 송나라 과거제도를 모방하여 정식으로 시험을 통해 인재를 선발했으며 각 주와 현에 학교를 설립하도록 명하여 학생이 3천 명에 이르렀다. 또 태학을 세우고 공자를 문선제文宣帝로 추존했으며 주의 군郡단위마다 사당을 세워 제사를 지냈다. 학교에서는 유가 경전으로 수업을 하였고 금나라로 관리를 파견하여 유교, 불교 서적을 사들였다. 동시에 국내의 수공업이 발달하게 되자 통제감通濟監을 설치하여 천성원보동전天盛元寶銅錢을 주조해서 송나라의 돈을 대체했다. 《천성율령天盛律令》 중에 지공원紙工院(혹은 조지원造紙院이라고도 함)에 관한 기록이 있는데,[419] 글자를 새기는 관청으로 각자사刻字司 또는 각인사刻印司라

506_ 옛날에 남자가 쓰던 두건의 일종.

고도 했다. 정부가 운영하는 작업장에 이처럼 전문으로 종이를 만들고 글자를 새기는 기구가 있었으니 판각본 사업이 얼마나 볼 만했는지 알 수 있다.

서하는 송나라에서 감본서적을 많이 구해왔지만 얼마나 많이 번각했는지는 기록이 없다. 서하에서 한문본을 판각한 것은 극히 소수이고 서하 문자로 된 저작과 번역본이 많이 보일 뿐이다. 몇몇 종류에는 각인사에서 새긴 것이라 밝혀져 있으니 이는 당연히 수도 흥경興慶에서 출판된 것이다.

서하는 본래 송나라의 책력을 사용했으나 후에 자국에 대항력사大恒力司를 설립하고 또 자국의 책력을 출판했다. 최근 감숙성 무위武威에서 인종 인경人慶 2년(1154)의 인쇄본인 한문으로 된 달력 쪽지가 발견되었다. 문자가 간단하고 십일대十一大·윤소閏小·십이대十二大와 같이 모두 월月자를 생략하고 있다. 이는 서하에서 새겨진 한문본 중 유일한 것이다.

2. 서하 문자의 저서와 번역서

조원호趙元昊와 야리인영野利仁榮이 처음 서하 문자를 창제하고는 '번서番書' 혹은 '국서國書'라 불렀으며 서양 사람은 '탕구트문[唐古特文]'이라 부른다. 서하문은 거란 문자나 여진 문자와 마찬가지로 모두 한자를 모방하여 이루어졌고 글자의 형태가 네모반듯하고 필획이 복잡하다. 조원호는 서하 문자와 한문자에 두루 통달하여《효경》·《이아》·《사언잡자四言雜字》를 번역하도록 명하고는 번학에 제공해 사용하도록 했다. 학교에서 교재로 사용하도록 했으니 당연히 인쇄, 발간되었다. 통치자가 국서(즉 서하문)를 대대적으로 제창하니 민간에서도 광범위하게 사용되었고 한문으로 된 서적도 번역되었을 뿐 아니라, 새 문자를 사용하여 서하 글자로 된 어문·정법政法·시가·속담·의약서 등 수많은 창작이 이루어졌다. 이 점은 거란 사람과 여진 사람들이 대부분 한자로 집필한 것과는 다르다. 서하인의 서하문자 저작물과 서하문자 번역본 출간목록을 열거하면 아래와 같다.

서하문자 저서

《주역복서단周易卜筮斷》

《논어소의論語小義》 – 이상의 두 종류는 모두 알도충斡道冲의 저서다.

《문해文海》 – 숭종 연간

《문해잡류文海雜類》

《동음同音》 – 숭종 정덕 6년[420]

《잡자雜字》

《요집要集》

《번한합시장중주番漢合時掌中珠》 – 골륵무재骨勒茂才 편, 인종 건우乾祐 21년 간행

《정관옥경통貞觀玉鏡統》 – 숭정 정관

《서하관계봉호표西夏官階封號表》 – 7품으로 나누었다.

《천성년개신정율령天盛年改新定律令》 – 20권으로 된 법률서 혹은 옥전獄典[507](낟장).

《성립의해聖立義海》 – 건우 14년 각인사에서 각인

《현지집賢智集》 – 승려 보원寶源이 건우 19, 20년에 지었다.

《삼세속명언집三世屬明言集》

《신집금합사新集錦合辭》 – 양덕양梁德養이 편찬했다.

507_ 옥전獄典은 죄의 유무를 처단하는 일에 관한 법전이다.

《서하시집西夏詩集》 – 건우 16, 17년 각인사 각본 《도현到賢》

책력 – 잔권

서하 문자 번역서

《효경》

《이아》

《사언잡자》 – 이상의 3종은 이원호李元昊 때에 번역

《논어》 – 알도충 번역

《맹자》

《삼국지》

《십이국十二國》

《정관요문貞觀要文》 – 《정관정요》를 부분 번역

《유림類林》 – 건우 15년, 16년에 간행

《덕행기德行記》 – 조도락曹道樂이 편역

《한문전적적역漢文典籍摘譯》

《손자병법삼주孫子兵法三注》 – 위나라 조조·당나라 이전李荃과 두목杜牧 세 사람이 주를 썼다.

《손자전孫子傳》

《육도六韜》 – 옛 제목은 주여망周呂望

《황석공삼략黃石公三略》 – 주석이 있다.

이상의 서적 중 《주역복서단》·《논어소의》·《이아》·《사언잡자》 네 종류는 전하지 않고, 《효경》·《맹자》는 필사본만 전해지고 그 나머지는 모두 오늘날까지 전해지고 있다. 또 대부분이 숭정과 인종 때 간행되었고 어떤 것은 건우각인사각인乾祐刻印司刻印이라고 표기되어 있으니 이는 인종 때의 관본官本이다. 출판물 중에는 서하글자

자서字書와 자전字典이 있는데 가장 중요한 것으로는 골륵무재가 편찬한 《번한합시장중주》이다. 이는 하늘 · 땅 · 사람의 삼재에 따라 분류 배열한 서하문과 한문 대조 자전이다. 골륵무재는 서하인과 한인이 서로 상대방 언어를 배워야 한다고 주장했다. 책의 서문에 이 책으로 나라 사람들에게 한어와 한자를 가르치려는 목적은 "번한番漢 두 나라 사람이 화합하여 두 나라의 우의를 증대하고자 함이다"라고 쓰여 있다. 건우 21년(1190) 간본이 있고 38쪽으로 되어 있다. 《동음》은 《서하국서자전음동西夏國書字典音同》이라고도 하고 《서하자서운통西夏字書韻統》이라고도 하는데 서하문자 6천여 자를 수록하고 있고 56쪽으로 되어 있으며 책의 처음과 끝이 모두 갖추어져 있다. 발문에 이르기를 "정덕正德 임자 6년(1132) 10월 10일 마치다"라고 기록되어 있다. 《장중주掌中珠》와 비교해 보면 60여 년이 앞선다. 이 책과 《장중주》는 모두 나羅씨 영인본이 있다. 《잡자》에는 상용자가 수록되어 있는데 분류에 따라 배열하고 있다. 《문해文海》는 《광운》을 모방하여 편찬한 자전으로 매 글자의 아래에 모두 반절 주음이 있다. 《요집要集》도 역시 악기나 꽃 이름 등의 분류에 따라 나누어진 서하 한문 자전이다. 필사본 중에는 또 많은 자서가 있다.[421] 그들은 많은 자서를 편찬했으며 이는 서하 문자를 보급하는 데 확실한 역할을 했다.

서하 문자 간행본 중에는 정치 · 법률 · 군사에 관한 저작도 있다. 《정관옥경통貞觀玉鏡統》은 숭정 정관(1101~1113) 때의 군사 법전이고 《성립의해》는 격언집이며, 《신집금합사》는 서하의 속담집이다. 승려 보원이 지은 《현지집賢智集》 · 《도현》 · 《이세속명언집》은 모두 불교의 권선을 내용으로 하는 시문이다. 또 간본 《서하시집西夏詩集》과 책력 잔권이 있는데 후자에는 모월 모일에 부처에 절을 하면 죄를 면할 수 있다고 기록되어 있다.[422]

번역문 간본 중에는 경전과 역사서가 비교적 적다. 《정관요문》이 있는데 이는 《정관정요》를 발췌해 번역한 것이다. 또 《십이국十二國》이 있는데 이는 춘추시기의 노·제·진晉·위 등 12나라의 역사서로 중원에서 유실된 서적이다. 조도락曹道樂이 편역한 《덕행기》는 한문으로 된 공자의 가르침에 관한 저작을 선택하여 번역한 것이다. 그는 또 덕행에 관한 이야기를 선택하여 《신집자효기新集慈孝記》를 지었다. 《한문전적적역漢文典籍摘譯》에는 《열자》·《좌전》·《공자가어》 등이 있다. 또 《유림》에는 장군과 현명한 신하(관중管仲·오원伍員 등), 외국 타민족[508] 전기에는 숙신씨肅愼氏[509]·강거康居[510]·대진大秦[511]·마술사[幻術]·의사·무협객[游俠]·장인예술가·무사 등이 있는데 건우 15~16년에 간행되었다. 지금 3책 내지 10책이 전하지만 이 책이 당나라 우립정于立政의 《유림》인지 아닌지는 알 수 없다. 금나라 왕붕수王朋壽가 100가지 문門으로 내용을 늘리고 서명을 《증광분문류림잡설增廣分門類林雜說》이라 했다. 서하는 무武로 나라를 세웠기 때문에 송나라 요나라와 계속해서 전쟁을 치르고 종종 승리를 거두었다. 통치자는 전쟁에서 이기기 위한 전략을 연구하기 위해 《손자병법》·《육도》·《삼략三略》 등의 고대 군사 경전을 번역했다. 이는 요나라나 금나라 두 나라에서는 볼 수 없던 일이다.

서하문으로 번역한 가장 큰 사업은 한문으로 된 《대장》을 서하문자로 된 《대장》으로 번역하는 일이었다[그림 35]. 황태후 나羅씨의 《번대장경전番大藏經典》은 전부 다시 쓰여졌는데 송나라 역경승의

508_ 저자의 원문에는 오랑캐라는 의미의 '만이蠻夷'로 되어 있다.

509_ 여진, 말갈의 전신.

510_ 한, 위 시대에 중앙 아시아 키르키즈 초원을 중심으로 한 터키계 유목 민족의 나라.

511_ 한나라 때 중국에서 로마를 가리킨 말.

도움으로 아마도 환종桓宗 때 이미 전부 번역이 되었을 것으로 보인다. 대장경이 전부 인쇄 간행되었는지에 관해서는 알 수 없다.

[그림 35] 서하역경도, 서하 혜종惠宗 건도 원년에서 대안 11년(1068~1085)의 판각본이다. 《현재현겁천불명경現在賢劫千佛名經》 상권 권단에 수록되어 있다.

3. 불 경

서하는 요나라 · 금나라와 마찬가지로 불교를 숭상했다. 이덕명李德明은 어려서부터 불교 서적을 읽었고 이원호는 부도학浮圖學[512]을 알았다. 이원호의 황후 몰장沒藏씨는 일찍이 출가하여 비구니가 되었다. 인종의 왕후 나씨 및 일반 서민들도 역시 불교를 믿었다. 석가의 가르침은 특히 숭상되고 받들어졌으며 가깝게는 도읍 근교에서부터, 멀리는 황무지와 산림, 계곡과 촌락과 부락지의 사찰 유적지까지 단지 서까래와 기와 조각이 부처와 관련되어 남아 있다면 반드시 지붕을 수리하고 중건했다.[423] 서하의 관청 중에는 승중공덕사僧衆功德司 · 출가공덕사 · 호법공덕사가 있었는데 이를 통해 볼 때 불교에 대해 관리를 얼마나 중시했는지 알 수 있다. 서하의 통치자는 불교 사찰을 수리하거나 지었을 뿐만 아니라 불장 경문을 특히 중시했다. 건국 초기 40여 년간(1029~1073), 이덕명 · 이원호 · 이양조李諒祚[513] · 이병상李秉常이 북송으로부터 《석장경釋藏經》과 경질經帙과 표찰[첨패簽牌]을 여섯 차례 구입했다. 일반적으로 서하는 말 70필(어떤 때는 50필)을 들여 《대장》한 부를 제작할 수 있는 종이와 먹의 재료를 구입했다. 송나라 조정은 변경 인경원에 명하여 규정대로 인쇄 제작하도록 했다. 어떤 때에는 말을 받지 않고도 경전을 증정하여 우대하고 있음을 보여주었다. 서하는 경전을 얻은 후 백성들에게 수만 부를 배포하고 큰 절을 지어서 《대장경》을 모셔놓고 또 서하 문자로 번역했다. 그러나 송나라에서 수입하는 것만으로는 부족하여 국왕과 왕후는 기도를 하여 복을 받고자 대량으로 불경을 인쇄하여 배포

512_ 부도학은 불학佛學을 가리킨다.

513_ 원문에는 이양사李諒詐로 나와 있으나 오기라서 바로잡는다.

했다. 어떤 때에는 5만 권, 10만 권까지 인쇄했으니 그 수량은 오대의 오월吳越국의 경전 인쇄 규모와 비슷하게 많지만 요나라 · 금나라의 규모에는 미치지 못한다.

인종 때에 간행된 것으로 《금광명최승왕경계金光明最勝王經契》(건우 16년, 1185) · 《현재현겁천불명경》 · 《불설대공작왕주경佛說大孔雀王咒經》 · 《비화경悲華經》 · 《대방광불화엄경大方廣佛華嚴經》 · 《아비달마순정이론阿毗達磨順正理論》 · 《경불이상經佛異相》이 있다. 건우 20년(1189)에 인종은 또 대도민사大度民寺에서 대규모 법회를 했는데, "염불하고 주문을 외우고 서역 · 번番 · 한문의 《장경》과 대승경전을 읽고, 설법을 듣고 대승 참회를 하고, 서하문과 한문 《관미륵상생도솔천경觀彌勒上生兜率天經》 10만 권을 배포하고, 한문 《금강보현행원경金剛普賢行願經》 · 《관음경》 등 각각 5만 권을 보시했다"[424]고 한다. 한 번에 5만 · 10만 권을 인쇄 보시하니 당연히 이는 인쇄된 서적이고 그러므로 발원문에 "부처의 오묘한 진리에 감동하여 이 경전을 판목에 새긴다"라는 말이 있다. 10만 권 중에는 서하문 · 한문으로 된 두 종류가 있다.

인종 황후 나씨는 《금강반야바라밀경》 · 《대방광불화엄보현행원품大方廣佛華嚴普賢行願品》 · 《고왕관세음경高王觀世音經》을 간행했다. 이 세 종류의 경전 끝부분에 모두 "대하 건우 20년 기유 3월 15일 정궁 황후 나씨가 삼가 보시함"이라고 되어 있다. 천경 을묘 2년(1195)에 황태후 나씨가 발원하여 《불설전녀신경佛說轉女身經》을 보시했다. 이 나씨는 바로 인종의 황후이자, 환종 이순우李純祐의 모친이므로 또 황태후이기도 한데 아주 독실한 불교 신도였다. 천경 7년 경신(1200)에 또 어떤 이가 한문과 서하문이 대조된 《밀주원인왕생집密咒圓因往生集》을 써서 꼼꼼하게 교감을 보고 난 후 판각 인쇄한 후 유통되었는데 중서상中書相 하종수賀宗壽의 서문이 있다.[425]

서하의 문화수준은 금나라에는 미치지 못하고 저작 역시 적다. 귀족 관리 중 일부 소수는 두루 책을 읽을 수 있고 시를 지을 수 있었지만 한문으로 쓰인 시문詩文의 별집이 전해지는 것은 없다. 이사백李師白이 금나라에 사신으로 갔을 때 작성한 《봉사일록奉使日錄》과 나세창羅世昌의 《하국세차夏國世次》 20권도 역시 그 저술이 보이지 않는다. 오직 서하의 승려 지길상智吉祥이 번역한 《거력장자소문대승경巨力長者所問大乘經》·《불설대승지인경佛說大乘智印經》이 있으며 현재 《불장》 속에 남아 있다.

서하는 송과 금 두 나라에서 인쇄본 서적을 구했지만 서하의 인쇄본이 송과 금에 들어간 경우는 기록에 보이지 않는다. 다만 원나라 우집虞集이 언급한 서하 재상 알도충斡道冲이 지은 《주역복서단》·《논어소의》가 있는데, "국자國字로 쓰여 나라 안에 보급되었다"고 되어 있으니 당연히 서하문으로 쓰인 간행본이다. 청나라 전겸익錢謙益이 경양京陽의 이사구李司寇 집에 《서하실록西夏實錄》이 있다고 했는데 어디로 사라졌는지 알 수가 없다. 청나라 말엽(1908)에 러시아 대좌大佐 코스로브(Koslov)가 두 차례 탐험대를 이끌고 몽골의 남부 하라후트[合喇浩特]와 서하의 흑성黑城(옛 지명은 카라코토[喀喇科多][514]·흑수성黑水城)에 있는 폐사찰의 탑 속에서 인쇄본으로 된 서하문 서적 30여 종을 발굴했다. 서하문 간행본과 필사본이 많게는 80종에 이르고, 그 중 불경이 80%에 이른다고 한다. 서하 문화를 연구하는데 귀중한 자료가 되는데 아쉽게도 이 귀중한 자료가 모두 코스로브가 약탈해 가서 지금 러시아 과학원 동방학연구소 상트페테르부르크 분소에 보관되어 있다. 중국의 돈황 문서를 전문적으로 도굴해 간 영국 국적의 헝가리인 스테인[515]도 눈독을 들였다. 그래서 코스로브가

514_ 카라호토, 카라코토, 하라호트라 불린다.

다녀간 후 1914년 여름 역시 흑수에 가서 많은 양의 도서를 가져갔는데 서하문서가 57건이고 인본이 반 이상을 차지한다. 한문으로 된 고서 230건도 있는데 원대의 연월을 기록한 것이 9쪽이 있다.

1929년 봄에 어떤 이가 영하에서 서하문 불경 90여 책을 가지고 북경에 왔는데, 어떤 것은 원나라 대덕大德 11년, 황경皇慶 원년으로 간행 연월이 되어 있었다. 당시에 북평도서관北平圖書館(지금의 국가도서관)에서 고가로 매입했다. 대부분이 원대의 항주로 대만수사大萬壽寺에서 각인한 《하서자대장河西字大藏》의 낱권이었다. 중국 건국 후 역시 영하와 감숙 지역에서 계속해서 서하문서가 소량 발견되었다.[426]

서하 인본과 필사본은 대부분이 병풍처럼 접힌 경절본經折本(범협본梵夾本)이다. 스테인이 입수한 것 중 권자본이 소수 있는데 《금강반야경초金剛般若經抄》 5권은 훌륭한 권자본이다. 근래에 감숙성 무위武威에서 호접장으로 된 서하문 필사경이 발견되었다.

515_ Marc Aurel Stein(1862~1943) 영국과 인도정부의 지지를 입어 세 차례에 걸쳐 중국과 아시아를 탐험했다.

대리大理(937~1253)

송나라는 북쪽으로 요·금, 서북쪽으로는 서하와 대치하고 있었으며, 이외에도 서남쪽 운남 지역에 또 독립된 왕조가 있었는데 나라 이름은 대리국大理國이고 남송·북송과 줄곧 평화 상태를 유지했다. 백족白族이 건설한 남조南詔(738~902)가 망한 후에 그 나라 안에서 늘 변란이 생기고 국호가 여러 차례 바뀌었다. 937년(후진後晉 천복天福 2년)에 백족의 귀족인 단사평段思平이 대리국을 세웠다. 단씨는 자신의 조상이 본래 한족이라고 스스로 말하면서 운남의 각 소수 민족 중에서 문화 수준이 가장 높다고 자부했으며 과거제를 실시하여 인재를 뽑고 학문을 제창했다. 송의 신종과 휘종 때, 조공을 바쳤으며 정화 6년(1116)에 진봉사進奉使 이자종李紫琮 등이 송나라에 사신으로 왔는데 정주鼎州(상덕常德)를 지나는 길에 공자사당에 들러서 선성宣聖(공자) 동상에 절을 하고 수도에 이르러 말과 사향 등의 물건을 바쳤다. 휘종은 단화예段和譽를 대리국왕에 봉했다. 고종 소흥 3년(1133), 광서에서 대리국에 주청하여 공물을 구하여 들이고 말을 팔았다. 남송 때에는 대리국의 말을 구입하여 군마로 사용했다. 효종 선노乾道 9년(1173)에 대리국 사람 이관음득李觀音得 등 23인이 옹주邕州(남영南寧)에 와서 마필 무역에 관해서 의논했다. 게다가 《문선오신주》·《오경광주五經廣注》·《춘추후어春秋後語》·《삼사가주三史加注》·《도대본초광주都大本草廣注》·《오장론五藏論》·《대반야십륙회서大般若十六會序》·《초학기初學記》·《장맹압운張孟押韻》·《절운》·《옥편》·《집성력集聖曆》·《백가서百家書》 등의 서적과 부량浮梁[516]의 자기·유리 그릇·자단·침향목·각종 약물을 구매하고자 했다. 서적 목록 중 《문선》·《초학기》·《절운》·《옥편》 이외에는 중국본토에서도 일찍이 없어져 전하지 않는다. 그들은 늘 품질이 좋은 말·짐승 가죽·사향·약재·운남 칼을 가져와서 비단·자기·소금·인본 서적과 교환해 갔다.

대리국과 송나라는 약 3백여 년간 정치적으로 단절되었지만 경제 문화 분야에서는 여전히 관계가 깊었다. 원대에 이르러 운남행중서성雲南行中書省을 설치하고 비로소 중국과 하나로 묶어졌다.

남조南詔와 대리시대에는 불교가 성행했으며 대리 점창산點蒼山은 산을 따라 불교 사찰이 많았다. 사찰에 있는 승려는 물론이고 혹은 가족이 있는 스님도 모두 한문 불경을 독송했다. 그들은 송나라로부터 불경을 사들이는 것 외에도 또 스스로 불경을 필사했고 나아가 독자적으로 불경을 각인하는 정도까지 발전했다.

일찍이 남조시대에 이미 필사본 불경이 있었고 현재 남조 안국安圀(國) 성치聖治 6년의 필사본 《호국사남초護圀司南鈔》 5권이 남아 있으며 운남성도서관에 한 권이 있다. 대리국 시대 필사본으로 보안保安 8년(1052)에 승려 도상道常이 쓴 《금광명최승왕경소金光明最勝王經

516_ 부량浮梁은 경덕진景德鎭이다. 중국 강서성에 있으며 본래는 창남진昌南鎭이라고 불리는 시장도시였다. 북송 경덕 연간(1004~1007)에 진이 세워졌는데, 현재의 이름은 이때의 연호에서 비롯된 것이다. 중국에서 경덕진이라는 이름은 실제로 도자기를 가리키는 말이기도 하다. 6세기부터 품질 좋은 관청용 도자기를 생산했다. 당대에 이미 최상급 도자기 생산지로 정착했으며 송·명대를 거치면서 요업은 더욱 번창해 많은 도자기를 수출했다.

疏》 1권이 있다. 천개天開 19년(1223)에 쓴 《대반야바라밀다경大般若波羅密多經》 600권은 같은 경전으로 된 또 다른 필사본이 더 있다. 《불설장수명경佛說長壽命經》 한 권이 있는데 대리국에서 새긴 각본이다. 대리국 각본은 중국 인본서印本書 중 과거에는 듣지도 보지도 못한 서적이었다. 현재 운남성박물관 도서실이 소장하고 있다.[427] 비록 연대는 보이지 않지만 1253년 몽골이 단흥지段興智의 대리국을 멸망시키기 이전의 각본이고 남송판에 상당한다. 이로써 과거 운남 각서가 명나라 초기에 시작되었다고 알고 있었는데 그 시기보다 1~2백년이 앞당겨지게 되었다. 당연히 대리국판이 이 한 종류에 그치지 않겠지만 애석하게도 이미 고증할 방법이 없다.

운남 지역에는 원나라 지대至大 3년(1310)에 와서야 비로소 황제가 《대장경》을 하사했고 연우延祐 5년에 불경을 새겼다. 명나라 영락 시기에 이 곳 출신 정화鄭和가 오화사五華寺에 있는 《남장南藏》을 인쇄 보시했다.

원대(1271~1368)
도서 간행의 쇠락

1. 총 론

몽골의 칭기즈칸[517](1162~1227, 원나라 태조)과 그의 계승자들은 서하·금·남송을 멸망시켰을 뿐 아니라 정예 기병을 이끌고 아시아와 유럽까지 제패했다. 오고타이칸[窩闊臺汗](1186~1241, 태종)은 지금의 러시아와 싸워 이기고 군대의 최전선이 폴란드와 헝가리 등지에까지 이르렀다. 그리하여 킵차크칸국[欽察汗]·차가타이칸국[察哈臺汗]·오고타이칸국[窩闊臺汗]·일칸국[伊兒汗]에 걸친 4대 칸제국[汗國]을 건설했다. 군대의 무공이 얼마나 대단했는지 고금의 역사를 진동시켰다. 1264년 쿠빌라이(1215~1294, 원 세조)는 연경(대도大都라 불렀음. 지금의 북경)으로 수도를 옮겼다. 지원至元 8년(1271)에 국호를 원이라고 했다. 원나라의 영토는 몹시 광범위했기에 원나라 사람들은 "오늘 아침 해가 뜨는 곳과 해가 지는 곳이 모두 다 우리의 땅이나"라고 사랑스럽게 말했다. 역사에서는 오고타이칸의 통치에 대해 "중국의 백

517_ 이 책의 한자음은 한글 독음으로 읽는 것을 원칙으로 하였으나 우리에게 이미 익숙한 '칭기즈칸' 같은 경우처럼 습관이 된 인명, 지명, 국명은 그대로 사용한다.

성이 풍족하고, 양과 말이 무리를 짓고 다니며, 여행을 다녀도 식량을 가져가지 않아도 되니 때는 태평성대다"고 말하고 있다. 그는 "당신(야율초재)이 없었더라면 중원의 오늘이 없다. 내가 안정을 취할 수 있는 것도 당신의 보좌 덕분이다"고 말했다. 원대에는 전국에 185로路·33부府·359주州·1127현을 두었다.

태종 때 변경을 포위한 후 금나라 사람이 저항하자 도읍을 모두 전멸시키고자 했다. 몽골은 본래 유목 민족으로 금나라를 멸망시킨 후 황하 이북의 농지를 소와 양을 방목하는 목장으로 바꾸려고 했다. 후에 요나라 황족 야율초재의 건의를 받아들이고 나서야 비로소 대대적인 재난을 피할 수 있었다. 야율초재는 "천하를 다스릴 만한 훌륭한 인재"로 박학다식하고 백성들을 이롭게 한 공이 있었기 때문에 이전에는 북경 이화원 동문 내에 야율문정공耶律文正公의 사당이 있었다. 그리고 한족 유학자 요추姚樞·유병충劉秉忠·허형許衡·오징吳澄 등도 역시 통치자의 신임을 얻고 그들을 위해 좋은 정책을 기획했다. 그리하여 경전을 존중하고 유학을 숭상하니 학교를 세우고 인재를 키워 원나라의 통치를 보호했다. 《원사元史》의 세조 본기에 의하면 원 23년에 이르러 각 로에 학교가 20,166곳이 있었고 비축한 식량이 90,530석이었으며 서원을 100여 곳 설립했다. 서원에도 개인이 농지를 기증했는데 예로 주경종朱慶宗은 농지 275무畝[518]를 양호서원兩湖書院에 기증했다. 지방 학교와 서원에는 교육 경비가 충분히 있었고 충족한 경비로 서적을 간행할 수 있었다.

원나라는 각종 종교를 다 허용하였기 때문에 로마 교황은 일찍이 선교사를 카라코룸[和林]에 파견하여 구유크칸[貴由汗][519]을 알현할 수

518_ 토지 면적의 단위로, '10분分'은 '1무畝'와 같고, '100무'는 '1경頃'과 같으며, '1무'는 약 '666.7㎡'에 해당한다.

519_ 제3대조 정종 구유크칸(1246-1248).

있었다. 이슬람교는 대부분 색목인들이 믿었다. 도교는 원 세조의 탄압으로 비교적 쇠퇴했다. 몽골 귀족은 불교를 독실하게 믿었고 특히 라마교를 존중했기에 라마승려 파스파[八思巴][520]를 국사에 봉했다. 이처럼 권력자와 백성이 모두 불교를 믿었기에 각종 문자로 된 《대장경》을 출판했다.

몽골의 통치자는 자국의 국민을 4등급으로 분류했다. 몽골인이 가장 높았고, 색목인(신장지역과 중앙아시아인)이 그 다음이었고, 한인(북방의 원래 금나라에 속했던 한인)이 그 다음이었고 남인(남송이 멸망한 후 강남 지역에 있던 한인)이 가장 아래 등급이었다. 한인은 지방의 관직에는 진출할 수 있었지만 반드시 몽골 혹은 색목인인 다루하치가 모든 일을 총괄했다. 한인은 개인 무기를 소지할 수 없었고 노예는 마음대로 사고 팔 수 있었기 때문에 노예시장과 말시장·소시장·양시장이 나란히 섰다. 한인과 남인은 민족적 멸시와 탄압을 받았다. 지식인의 사회적 신분은 더욱 낮아 당시에는 "아홉번째 등급은 유학자, 열 번째는 거지[九儒十丐]"라는 말이 있을 정도였다. 그러므로 원대의 학술 문화는 송대의 뛰어난 수준에 비해 훨씬 뒤떨어졌다.

원대에 유명한 과학 기술자로 곽수경郭守敬·주세걸朱世傑·왕정王禎과 명의名醫 주진형朱震亨이 있다. 사학자로는 호삼성胡三省·마단림馬端臨이 있으며, 문학가로는 원호문·야율초재·조맹부趙孟頫·유인劉因·왕운王惲이 있다. 우집虞集과 양재楊載·범형範梈·게혜사揭傒斯는 4대가로 불렸으며 또 양유정楊維禎 등이 있다. 관한경關漢卿·왕실보王實甫·백박白樸·마치원馬致遠·정광조鄭光祖 등은 희

520_ 티베트 불교 샤카[薩迦]파의 법왕 파스파[八思巴]는 원 중앙정부의 고급관리가 되어, 원나라 황제로부터 국사, 제사帝師, 대보법왕大寶法王에 봉해졌으며, 이에 따라 샤카파도 원대에 티베트 통치의 대표자가 되었다.

곡 분야에서 각자의 재능을 발휘했다. 주권朱權의 《태화정음보太和正音譜》에 기록된 바에 의하면, 원대에 잡극은 모두 566종이 있었고 명나라 탕현조湯顯祖가 소장했던 원나라 원본院本[521]은 많게는 1천여 종에 이른다. 그러므로 원곡이 중국문학사에서 얼마나 중요한 지위를 차지하는지 알 수 있다. 또한 관운석貫雲石·살도랄薩都剌·정학년丁鶴年·월경휘月景輝·새경초賽景初·호백공虎伯恭·강리노노康里巎巎·고극공高克恭 등 색목인 출신의 문학가·서예가도 출현했다.

명나라 육용陸容 《숙원잡기菽園雜記》에 "원나라 사람들은 서적 새기는 것을 즐겼는데 중서성의 심사를 반드시 거치고 난 후에야 아래의 해당 부서에서 각인을 허가했다"라고 기록되어 있다. 청나라 채징蔡澄의 《계창총화雞窗叢話》에 "선배가 말하길 원나라 때 사람들이 책을 새기는 것이 어려웠다고 한다. 만약에 어떤 곳에 어느 사람의 저서가 있다고 하면, 즉 그 지역의 유력인사인 학사學使[522]에게 고했고 학사가 각서할 수 없다고 판단하면 바로 새기는 것을 포기해야만 했다. 만약 각서할 수 있다고 판단하면 학사가 문자부文咨部를 조직하고, 문자부의 회의에서 가능하다고 결론내리면 판각하여 세상에 내놓았고, 회의에서 불가하다고 결론내리면, 즉 그만두었다"라는 기록이 있다. 저작물을 본 로에서 공문처럼 상급 부서에 올리고 상급의 각 단계에 걸친 비준을 얻은 후에야 비로소 출판이 가능했다. 이것도 역시 지식인에 대한 경계였다. 그리하여 결국 널리 보급할 가치가 있는 서적이라도 만약 정부의 입맛에 맞지 않으면 출판될 기회를 상실했다. 원나라 사람의 저작이 본래 많지 않은데다가 이와 같은 제약으로 인해서 인본이 적다. 또 황제의 명으로 내린 법 조항으

521_ 금나라와 원나라 때, 행원行院에서 공연에 쓰던 각본脚本을 말한다.

522_ 학정学政이라고도 하며 교육 관련 행정관리이다.

로 민간에서 소책자를 인쇄 판매하는 것도 금지했다.

원나라의 중앙 서적 간행 기구로는 흥문서興文署·광성국廣成局·국자감國子監이 있었고 간행 서적 중 참고할 만한 것은 2, 3종류가 넘지 않는다. 단지 각 로의 유학과 서원에 학전學田이 있고 학교 식량이 풍족해 경제적 조건이 구비되었으므로 비교적 많은 서적이 간행되었다. 사가, 가숙, 서방으로 고증할 수 있는 곳은 100곳이 넘지 않고 건영서방建寧書坊이 절반을 차지한다.

몽골인은 각 지역을 점령하고 도시 주민을 전멸시켰는데 오직 기술자들만이 죽음을 면했다. 그래서 금, 송을 멸망시키고 나서도 서적을 새길 수 있는 장인들은 각 70만~80만 호가 있었다. 그러나 전쟁으로 인해 생산 능력이 타격을 받고 경제가 쇠퇴하였고 수공업 중에서는 무기·가죽·면포의 생산만 발전이 있었을 뿐 선박·비단·자기 생산은 근근이 유지되었다. 종이와 먹의 생산은 수량이 많지 않아 출판업에도 영향을 주었다. 원판본은 많지 않아 현재 약 600~700부 정도만 남아 있는데, 대만에 230부가 있으며 모두 대부분이 복본覆本이거나 잔본이다.[428]

원대에 간행된 서적의 특징은 출판 수량이 송에 비해 많지 않고 수준도 다소 떨어진다. 단지 언급할 만한 점은 판각 인쇄를 할 때 붉은색과 흑색의 두 가지 색상으로 인쇄하는 방법[兩色套印]을 발명했고 또 활자판이 점차 유행했다는 점이다.

2. 간행장소

원대는 무력으로 천하를 통일했기 때문에 중국 안에서 서적 간행이 송나라 때보다 훨씬 미치지 못했다. 복주와 성도에는 이미 언급할 가치가 있는 것이 없다. 주요 서적 간행 지역으로는 대도大都·평양 · 항주 · 건영建寧 · 투르판[吐魯番][523] 다섯 곳이다.

대도大都

대도는 원나라의 정치 문화 중심지이다. 태종 8년(남송 단평端平 3년, 1236) 6월에 연경에 편수소編修所를 세우고 평양에 경적소經籍所를 세웠다. 세조 지원至元 10년(1273) 정월에 비서감秘書監을 설립하고 역대 서적 및 음양서와 금서를 관리했다. 12년 9월에 옥수첩목아玉首貼木兒[524]를 어사로 파견하여 강남의 여러 군에서 나오는 서판 및 임안 비서성의 《건곤옥전乾坤玉典》 등을 감독하도록 했다. 15년 4월에 집현대학사 허형언許衡言을 관리로 파견하여 항주 등지에 가서 각 관청에 있는 서적 판각을 서울로 가져오게 했다.[429] 또 강서 여러 군 단위 지역의 관청에 있는 서판도 감독했다. 이러한 항주 · 강남 · 강서지역의 서판은 모두 송나라의 구판으로 북경으로 가져와 원나라의 서판[元版]이 되었다. 지원 14년 평양 경적소가 서울로 이전했다. 또 홍문서를 설립하여[430] 문서를 판각 인쇄하는 것을 관리했다. 그 안에 해서를 쓰는 이가 1명, 기록하는 이가 1명, 각자공이 40명이 있었는데 그중 한 명은 책임자고 장인이 39명이었다. 또 인쇄공이 16명이었다.[431] 홍문서는 처음 비서감에 속했으나 후에 한림원에 병합되어 영令과 승丞을 설치하였고 또 교정원이 4명으로 봉급은 똑같이 지급했다. 기술이 좋은 장인을 소집하여 경사자經史子 판본을 판각하여 천하에 배포했다. 이는 《통감》의 발단이 되어[432] 지원 27년(1290)에 294권을 새기게 되었다. 또 호삼성胡三省의 《통감석문변오通鑑釋文辨誤》 13권을 새겼다. 홍문서본 《통감》은 청나라 가경 연

523_ 중국 신장 위구르 자치구 우루무치 남동부의 도시.

524_ 전체 이름은 아이탑사 옥석첩목아阿爾塔斯 玉昔貼木儿(?~대략 1294)다. 몽골족이고 원나라 초기의 유명한 장군이자 중신이다.

간에 호극가胡克家의 번각본이 있다. 문종 천력天歷 3년(1329)에 예문감을 세우고 전문적으로 원나라 문자로 유교 서적을 번역했고 유교 서적과 함께 교정보는 자는 이를 관리하도록 시켰다. 또 예림고藝林庫를 세워서 전문적으로 서적을 수집하고 보관했다. 광성국廣成局은 경적을 새기고 인쇄하는 일을 담당했고 아울러 "조상과 성현의 가르침"을 전문적으로 인쇄 발행했다.[433] 예문감과 광성국의 인본의 저서 목록 기록은 아직 보이지 않는다. 원나라에도 국자감이 있었지만,[434] 원나라 국자감에서 새긴 서적은 송나라 명나라의 국자감보다 훨씬 수준이 뒤떨어진다. 알려진 것으로는 소자본小字本으로 된 《상한론傷寒論》(연우 3년)과, 서울 태의원太醫院에서 새긴 《성제총록聖濟總錄》(항주에서 새긴 것으로 보임. 대덕大德 4년)이 있다.

개인이 간행한 서적은 연산燕山 두계방竇桂芳의 활제당活濟堂에서 의사가 의학 서적을 간행한 것으로 《신간황제명당침구경新刊黃帝明堂針灸經》·《상한백증경락도傷寒百證經絡圖》 9권을 새겼다. 《침구사서針灸四書》 8권은 두계방이 유가의 《사서》를 모방하여 편찬했다. 부록에는 두계방이 직접 저술한 《침구잡설針灸雜說》 1권이 있다.[435]

표제가 있는 원잡극元雜劇으로 《대도신간관목적본동창사범大都新刊關目的本東窗事犯》·《대도신편관장쌍부서촉몽大都新編關張雙赴西蜀夢》·《초소왕소자하선楚昭王疎者下船》·《공손한삼기公孫汗衫記》 등이 있는데 대도의 어느 서방에서 편찬하여 간행한 것인지 알 수 없다.

몽골 초기에 서적 간행과 관련이 깊은 중요한 사람은 야율초재(1190~1244)로 스스로는 이랄초재移剌楚才라고 칭했다.[436] 요농 단丹왕의 8대손으로 금나라 우상 야율리의 아들이다. 몽골 태조와 태종의 신임을 얻어 정해(1227)년에 명을 받들어 서적을 수집하여 서울로 옮겼다. 태종 3년(1231)에 수상이 되자 평양에 경적소를 세울 것을 건의했고 평양이 북방의 출판 중심지가 되도록 했다.

야율초재는 금나라 말기 만송萬松노인 행수화상行秀和尙(속가의 성은 채蔡)의 재가 제자로 불교를 독실하게 믿었다.[437] 갑신년(1224)에 서역 아마리성阿馬里城(지금의 신강新疆 곽성현霍城縣 수정진水定鎭 서북)에서 경성으로 서적을 바친 불법 제자 종상從祥이 스승 만송노인의 《평창천동각화상송고종용암록評唱天童覺和尙頌古從容庵錄》을 간행했다. 야율초재가 서역 수만 리를 돌아보고 지은 《서유록西遊錄》은 서북 지리와 중국과 외국의 교통을 연구하는 데 중요한 서적으로 기축(1229)년 원단에 연경의 사저에서 간행되었다. 그래서 "연경중서시랑댁간행燕京中書侍郎宅刊行"이라는 글자가 있다.[438] 또 자신이 저술한 《심경종설心經宗說》을 자세히 교감하고 인쇄 간행했다. 갑오(1234)년에는 행수화상이 저술한 《석씨신문釋氏新聞》을 간행했는데 서문에 "손에서 책이 떠나지 않았고 대장경은 세 차례나 읽었으며 읽지 않은 서적이 없다"라고 스승을 칭찬하고 있다. 이로 볼 때 행수화상은 박학다식한 불교계의 대사로 저술 또한 풍부했으니 《저등록著燈錄》 등 10여 종의 서적도 편찬했다.[439] 병오(1246)년 입적하기 전에 세상에 자신의 죽음을 알렸다. 명성이 대단한 제자 야율초재 등이 스승의 서적을 간행하여 전했다. 또 《능엄외해楞嚴外解》는 초재의 벗 이병산李屛山이 지은 것으로 몽골이 변경을 침략하자 그의 아들 이아동李阿仝이 그 유고를 가지고 연경에 도착했고 만송노인이 판각하는 비용을 보조하여 널리 세상에 알리고자 했다. 야율초재가 서문을 썼다.

야율초재는 금나라 말엽 10년간 "천하에 병사가 가득하니, 아쉽다! 금나라 서적이 대부분 없어지게 되었다"라고 탄식하며 시주금 모집을 발기하여 《대장경》판을 보충 간행했다.[440] 이것이 연경 홍법사에서 소장하고 있는 《금장金藏》인 듯하다. 지정 24년(1364)에 또 어떤 이가 홍법사의 《대장경》을 수정하고 보충했다.[441]

평양平陽

몽골은 태종 8년에 야율초재의 건의를 듣고 평양에 경적소를 세웠다.[442] 경적소는 전문적으로 서적을 출판하는 기관으로 후에 비록 연경으로 이전하기는 했지만, 평양은 여전히 금나라와 원나라의 교체기의 문화중심지였다. 금대의 평수관운平水官韻[525]은 전국적으로 통용되었다. 원곡 작가들도 북방사람 중에는 평양 출신이 가장 많았다. 송덕방宋德方, 진지안秦志安이 판각한 《도장》은 평양에 세운 관청에서 판각을 시작하였고 장인을 5백여 명이나 고용하여 작업을 했으니 평양은 각자공의 집결지가 되었다. 평양 서방에는 금대부터 계속 있던 구 서방도 있었고 원대에 새로 문을 연 서방도 있었다.

서 방

* 평양 회명헌晦明軒 장댁張宅 – 즉 장존혜당張存惠堂
* 평수平水 중화헌中和軒 왕댁王宅
* 평수 허댁許宅
* 평양부 양댁梁宅
* 평수 조曹씨 진덕재進德齋
* 평수 고앙소高昂霄 존현당尊賢堂
* 평수 유민중劉敏仲
* 평양 사가司家 이진당頤眞堂

회명헌 장댁 주인 장존혜는 자가 위경魏卿이고 천문과 역술에 조예가 깊었으며 좋은 일을 많이 하여 마을에서 평판이 좋았다. 금대에 《부수문집滏水文集》이 판각되었다. 금나라가 망한 후에도 십여 년간 계속해서 판각했는데 여전히 금나라의 연호를 사용했다. 예를 들

525_ 금나라의 왕문울王文鬱이 편찬한 《신간운략新刊韻略》을 말한다. 운목의 수를 106운으로 대폭 줄여 정리한 운서로 평수지방에서 간행되어 평수운이라 하며 이후 작시作詩의 기본을 이루는 시운으로 자리 잡게 되었다.

어 송나라 당신미唐慎微의 《중수정화증류본초重修正和證類本草》 30권에는 "태화 갑자 하 기유 겨울에 남지[泰和甲子下己酉冬日南至]"라고 기록되어 있다. 예전에는 대부분 금나라 태화본이라고 보았으나 청나라 전겸익과 전대흔이 처음으로 몽골본이라고 지적했다. 그러나 실제로는 이미 몽골 초기의 기유년(1249)으로[443] 금나라가 멸망한 시기와 15년의 차이가 난다. 섭덕휘는 《서림청화書林清話》에서 금나라 태화 4년 갑자(1204)라고 보고, 회명헌 장댁과 평양 장존혜당을 두 집안으로 보았지만 이것 모두 잘못되었다. 장존혜는 또 그 집안의 사숙 훈장인 과당좌戈唐佐가 저술한 《통감절요通鑑節要》를 간행했는데 그 시기는 태화 갑자 하 계축으로, 즉 몽골 헌종 3년(1253)이다. 과당좌의 학문에는 경위가 있다. 유기劉祁의 벗이고 금나라가 망한 후 기유년에도 생존해 있었으며 모년 모월 모일에 하동사람 원모元某의 책에 서를 썼다는 원호문의 글귀가 있다. 이로써 연호를 표기하지 않았지만 이미 원대 초기라는 사실을 알 수 있다. 청나라 반조음潘祖蔭은 자신의 문하생 양언합楊彦合이 과당좌의 금판 《증절표목음주정의통감增節標目音注精義通鑒》을 소장한 것을 보았다고 했으나[444] 실제로는 몽골판인데 금나라 판으로 잘못 안 것이다. 장존혜는 지원 초년(1264)에 또 《경사증류대관본초經史證類大觀本草》 30권을 판각했다. 평수 중화헌中和軒 왕댁도 금·원 두 왕조를 거치며 백여 년이 넘은 오래된 서방으로, 원대에 들어와 《신간운략新刊韻略》(대덕 병오)·《부수문집》(원통 갑술)을 판각했다. 평수 조씨 진덕재에서 《건상본이아곽주巾箱本爾雅郭注》와 원호문의 《한원영화중주집翰苑英華中州集》·《중주악부中州樂府》(지대 경술)를 간행했다. 평양부 양댁에서 《논어주소해경論語注疏解經》(원정元貞 병오)을 간행했다. 평수의 허댁에서 《중수정화경사증류비용본초重修政和經史證類備用本草》 30권과 《동인유혈침구도경銅人腧穴針灸圖經》(모두 대덕 병오)을 간행했다. 평수 고앙소 존현당에서 《하분제로시집河汾諸老詩集》(황경 계축)을 간행했다. 평양 사가司家 이진당에서 《신간어약원방新刊御藥院方》 11권을 간행했으며 조선에 중각본이 있다. 평수의 유민중劉敏仲은 《상서주소尙書注疏》 20권을 판각했다. 유민중은 장서가 한림 유조겸劉祖謙의 아들이다. 유조겸은 원호문·유기와 절친했으며 금나라 말엽에 병사에게 살해되었다. 원호문은 "아들 민중이 지금 평양에 있다"고 말하고 책 속 지도에 "평수 유중민 편"이라는 한 행을 합쳐 썼다. 판심 아래에는 장일張一이라는 글자가 있다. 대몽골(임인) 간행본 《공씨조정광기孔氏祖庭廣記》에도 각자공 장일의 이름이 있기 때문에 이는 마땅히 원나라 초기의 몽골 간행본으로 보아야 한다. 중국국가도서관의 구 목록에 금나라 간행본으로 처리한 것은 잘못이다.

항 주

항주는 오·월부터 북송과 남송에 이르기까지 각서 작업이 중국 전 지역에서 가장 으뜸이었다. 원대에 이르러 정부에서 간행하는 책도 종종 항주로 내려보내 간행하였는데 그 이유는 항주의 판각 기술이 정교하고 우수할 뿐 아니라 질 좋은 종이와 먹 등을 비교적 쉽게 얻을 수 있었기 때문이다. 대덕 3년 9월에 내봉內奉에서 지시를 내려 강절江浙 등지의 각 지역 행정단위인 행行의 중서성에서 《대덕중교성제총록大德重校聖濟總錄》을 만들게 해 4년 2월에 이르러 완성되었다. 연우 2년 8월에 강절행성江浙行省에 조서를 내려 《농상집요農桑輯要》 1만 부를 인쇄하고 각 관아에 배포하도록 했다. 연우 5년에 강절성소省所에서 인쇄한 《대학연의大學衍義》 50부는 조정 대신에게 하사했다.[445] 《요사遼史》·《금사》는 지정 5년 9월에 강절유사江浙儒司에 명을 내려, 제거提擧 반유지班惟志에게 위임하여 자획을 교정보고, 항주로의 문자정관文資正官의 대표 제조관提調官에게 판각하여 인쇄하고 제본하도록 하였다. 아래에 교감을 본 신하들의 직함과 성명이 있다. 《요사》에는 팽형彭衡 등 6인, 《금사》에는 팽항彭恒 등 10인의 직함과 이름이 있다. 다음 해에 또 흠차관원이 명을 받들어 《송사》의 원고를 정리하여 신속하게 말에 실어 항주로 가져왔고 실력이 가장 좋은 각자공을 엄선하여 격식에 따라 판각한 후 상등의 고급 용지를 사용해 100부를 인쇄하고 완벽하게 제본하였다. 그런 후에 흠차관원이 이를 가지고 수도로 돌아가 납부하여 임무를 마쳤다. 《송사》는 강절행성의 공사장전貢士莊錢으로 지불했는데 만약에 금액이 충분하지 않으면 어느 금액에서든지 먼저 지불을 한 후 연말에 대차대조했다. 《송사》에는 행성제조관行省提調官·항주제조관杭州提調官 10여 명의 직함이 있다. 지정 7년에 또 항주로에 내려가 《대원일통지大元一統志》를 판각했다. 또 강절행성의 유학에서 《설문해자》·《예경회원禮經會元》(지정 25년)·원나라 양환楊桓의 《육서통六書統》·《육서소원六書溯源》·《서학정운書學正韻》(모두 지대 원년)을 판각했다. 항주로의 유학에서는 《평송록平宋錄》(대덕 8년)·《오복도해五服圖解》(태정 원년)를 판각했다.

원나라 군현에는 학교 소유 농지[學田]가 있었으며 그곳에서 수확한 곡식을 학량學糧이라고 하고 교사와 학생에게 제공하는 식사 외에 남는 분량이 있으면 곧 그 돈으로 서적을 판각했다. 여력이 충분한 여러 곳에서 합각合刻했으므로 교감과 판각은 처음에는 판매를 하기 위함이 아니었다. 그래서 상당히 아름다웠다.[446] 가장 유명한 서적은 대덕구로大德九路 유학儒學에서 새긴 《십칠사》다. 청나라 고염무顧炎武는 송·원의 서원에서 새긴 서적의 세 가지 장점에 대해 다음과 같이 언급했다. 산장山長(지금의 교장에 해당)은 충분한 시간을 가지고 교감하고 새겼으며, 비용을 아까워하지 않아 공정이 정밀하고, 판을 관청에 보관하지 않아서 쉽게 인쇄할 수 있었다.[447] 그리하여 사람들은 원대의 서원 판각본을 줄곧 중시했다. 원대 서적을 판각한 서원으로는 노릉盧陵의 홍현서원興賢書院·광신서원廣信書院·구산서원龜山書院·예장서원豫章書院·임여서원臨汝書院·매은서원梅隱書院·설창서원雪窗書院 등이 있다. 그중에서 서원본으로 유명해졌지만 실제로는 사숙본인 경우는 방회方回의 허곡서원虛谷書院과 첨씨詹氏의 건양서원建陽書院이 있다.

송대 서원은 이종理宗 때 가장 많았는데 모두 124곳이 있었고 원대에는 143곳이 있었다. 서적 판각 작업을 가장 크게 한 서원은 항주의 서호서원西湖書院이다. 송이 망하고 국자감이 폐지되었지만 국자감에 있던 서판 보관창고는 여전히 남아 있었다. 원 지원 28년에 옛 국자감의 서판 보관창고 자리를 수리하여 그곳에 서호서원을 지었다. 서호서원의 운영자금은 풍부했을 뿐 아니라 기증받은 농지도 있어 해마다 땅을 빌려주고 토지세를 받아 이정제향二丁祭享[526]을 드리고 서적을 새기는 데 사용했다. 원래 소장하고 있던 경·사·자·집 4부 서판 20여만 개도 송나라[527]의 문헌에 의탁을 한 것이다. 서호서원의 가장 큰 작업은 지정 21년 10월에서 22년 7월에 걸쳐 송나라 국자감의 서판을 다시 수정하고 보충하여 판각한 것으로 약 120

526_ 제향은 제사의 높임말로 정제丁祭는 공자를 모신 문묘에 제사를 지내는 의식이다. 매년 음력 2월과 8월 상순 첫 정일丁日에 공자에게 제사를 두 번 지내기 때문에 이정제二丁祭라 한다. 석전제나 상정제라고도 한다.

527_ 원문에는 천수일조天水一朝라고 되어 있는데 이는 송나라를 칭하는 말로 종종 쓰인다. '천수天水'는 농서隴西 천수天水를 말한다. '천수일조'에 관해서는 두 가지 설이 있다. 하나는 천수는 조씨趙氏의 군망郡望(조씨성들이 모여살던 천수군天水郡)이라서 천수는 조씨성의 대칭이라는 설이다. 그래서 송 휘종이 금나라에 포로로 갔을 때 금나라에서 휘종을 '천수군왕天水郡王'에, 흠종을 '천수군공天水郡公'에 봉했는데 이는 군망에 근거한 것이라고 한다. 그러나 후세의 또 다른 설은 '천수일조'는 이 봉호에 근거한 것이 아니고(왕, 공은 '조朝'를 대신할 수 없기 때문임), 성망姓望(《송사》 권65에 "天水, 國之姓望也")에 근거한 것으로 '天水一朝'는 '趙宋一朝'의 또 다른 표현이라는 것이다.

종에 달한다. 당시에 각자공 92명이 경사자집 중에서 빠진 부분 7,893판을 다시 판각했는데 글자 수만 해도 3,436,352자에 달한다. 훼손되거나 흩어지거나 없어진 판 1,671판을 다시 보수했으니 글자 수가 20,162자에 이른다. 곡식이 1,300석, 나무 930그루가 사용되었다. 대조하고 교정보는 작업은 여요주餘姚州 판관인 우문계宇文桂, 서원 교장인 심유沈裕, 난정서원蘭亭書院의 교장인 능운한凌雲翰 등이 맡았다.[448] 이 중 일부는 송나라 국자감판이지만 대부분이 빠지거나 훼손되어 완정하지 않기 때문에, 원 세조 때 북경으로 보내진 않았다. 원나라 때 새로 새긴 것으로는 원나라 소천작蘇天爵의 《국조문류國朝文類》 70권이 있다. 이는 서호서원에서 어지를 받들어 간행했다(지정 2년). 서호서원은 또 두 차례에 걸쳐 《문헌통고文獻通考》 348권을 인쇄했다. 또 악가岳珂의 《금타수편金陀粹編》 28권과 《속편》 30권을 간행했다(지정 23년).

〈서 방〉

원대의 항주의 서방으로 참고할 만한 곳은 남송만큼 많지는 않다. 아래와 같다.

* 항주 서붕남경방書棚南經坊 심이랑沈二郎
* 항주 목친방睦親坊 심팔랑沈八郎
* 항주 근덕당勤德堂
* 무림武林 심씨沈氏 상덕당尙德堂

심이랑 · 심팔랑은 모두 《묘법연화경》 7권을 간행했다. 심씨 상덕당은 《사서집주》(지정 연간)를 간행했다.

또 희곡이 7종 있는데 모두 책머리에 '고항신간古杭新刊'이란 글자가 붙어 있다. 《고항신간적본관대왕단도부회古杭新刊的本關大王單刀赴會》(원나라 관한경) · 《울지공삼탈삭尉遲恭三奪槊》(원나라 상중현尙仲賢) · 《풍월자운정風月紫雲庭》 · 《이태백폄야랑李太白貶夜郞》(원나라 왕백성王

伯成)·《곽광귀간霍光鬼諫》·《보성왕주공섭정輔成王周公攝政》·《소손도분아구모小孫屠焚兒救母》가 각 1권씩 있는데 어느 곳에서 출간한 것인지 알 수 없다. 《영락대전》본의 '소손도' 등 희문戲文 3종은 고항재인古杭才人 혹은 고항서회신편古杭書會新編이라는 제사題詞가 있다.

건녕建寧

건녕로의 건안建安과 건양建陽 두 현은 남송대 출판업 중심지 중의 하나로 이곳에서 판각한 서적을 건본建本이라 부른다. 수량이 많고 품질이 서로 차이가 나는 특징이 있고 당시 서방은 약 37곳이 있다. 원대에 이르러 고증할 수 있는 서방으로는 약 42곳이 있으며 아래와 같다.

〈서 방〉

* 건안建安 여씨余氏 근유당勤有堂
* 숭화崇化 여지안余志安 근유당勤有堂 ―또는 근유서당勤有書堂이라 부름
* 건안 여씨 근덕당勤德堂
* 건안 여씨 쌍계서당雙桂書堂
* 여언국余彥國 여현당勵賢堂
* 건안 서림書林 유금문劉錦文 일신당日新堂 ―또는 유숙강劉叔剛[528] 일신당日新堂이라 부름
* 건안 유씨劉氏 남간서당南澗書堂
* 마사麻沙 유씨 남간서당
* 건안 운장서원雲莊書院 유씨

528_ 뒤에 〈유서〉의 〈집부〉편에서는 유숙간劉叔簡으로 나오는데 어느 것이 맞는지는 알 수가 없다. 중국의 여러 서적에도 일신당의 유숙간과 유숙강이 같이 나온다.

* 건안 유승보劉承父
* 건양 유군좌劉君佐 취암정사翠岩精舍
* 건양 유씨서사劉氏書肆
* 건양 서림 유극상劉克常
* 서시書市 유형보劉衡甫
* 마사 유통판댁劉通判宅
* 건안 우씨虞氏 무본서당務本書堂
* 건안 우신형댁虞信亨宅
* 건안 우씨
* 우씨 명복재明復齋
* 건안 정천택鄭天澤 종문서당宗文書堂 —또는 정희선鄭希善
* 건안 정명덕댁鄭明德宅
* 건안 섭일증葉日增 광근서당廣勤書堂
* 건양 오씨吳氏 우자당友子堂
* 부사벽만富沙碧灣 오씨吳氏 덕신서당德新書堂 —부사富沙는 바로 건주建州임
* 건안 주씨朱氏 여경당與耕堂
* 건안 진씨陳氏 여경당余慶堂
* 건안 고씨高氏 일신당日新堂
* 건안 첨경詹璟
* 첨씨詹氏 건양서원建陽書院 —개인이 서원에 이름을 가탁함.
* 건안 채씨蔡氏
* 건안 장씨張氏 중계서원中溪書院
* 건안 부자안댁傅子安宅
* 건안 서당 이씨李氏
* 건안 만권당萬卷堂

* 건안 동문당同文堂
* 건안 옥융서당玉融書堂
* 마사 만권당
* 마사 명덕당明德堂
* 웅씨熊氏 위생당衛生堂
* 양씨楊氏 청강서당淸江書堂
* 서림 위가魏家
* 박문서당博文書堂

이 외에도 익우서당益友書堂 · 덕성서당德星書堂 · 숭천서부崇川書府 등이 있지만 이 서방들은 모두 건안이나 건양이라고 표기되어 있지 않아 신중을 기하기 위해 잠시 위의 목록에는 열거하지 않는다.

송대 건영 서방에는 유劉씨와 여余씨가 가장 많았고, 원대에서 명대에 이르기까지 계속 유지되었다. 원대에 유씨는 10곳, 여씨는 5곳이 있으며 서방은 대부분이 건안에 있었고 건양 · 마사와 숭화 지역에는 일부만 있었다. 명대에 이르러서는 거의 대부분의 서방이 건양으로 이전했다. 여씨 근유당은 건안에도 있었고 또 숭화방崇化坊[529] 에도 있었다. 유씨 남간서당은 건안 및 마사에도 있었는데 이는 아마도 분점인 것으로 보여 서방 두 곳으로 처리했다. 그 중 우씨 무본서당과 여씨 근유당은 송대부터 있던 오래된 서방이다. 우씨 무본서당은 송대부터 원대를 거쳐 명대 홍무 연간까지 계속 도서를 간행했다. 원대에 새긴 것으로 《동파시》 · 《조자앙시집趙子昂詩集》 등이 있다. 숭화 여지안 근유서당에서는 대덕 연간부터 지정까지 40년간 새

529_ 옛 지명. 지금 복건 건양현 서쪽. 남송 때 마사진과 함께 인쇄업의 중심지였다.

긴 서적으로 고증할 수 있는 것으로 《당률소의唐律疏義》·《이태백·두보시》·《국조명신사략國朝名臣事略》 등 14종이 있다. 태정泰定 3년에 관의 명을 받고 호병문胡炳文의 《사서통四書通》 26권을 간행했는데 3년 만에 작업을 완료했다. 여씨 근덕당에서는 《증수호주례부운략增修互注禮部韻略》을 간행했다. 여언국 여현당에서는 《본초本草》를 판각했다.

유군좌 취암정사·유씨 일신당·정천택 종문서당도 역시 모두 1~2백 년 된 오래된 서방으로 원대부터 명대 중엽까지 계속해서 도서를 간행했다. 취암정사에서는 《주역》·《서경》·《시경》·《육선공주의陸宣公奏議》·《옥편》을 간행했다. 유씨 일신당에서는 원에서 명대 초기까지 《시경》·《춘추》·《운부군옥韻府群玉》·《태평금경책太平金鏡策》·《백생시속편伯生詩續編》·《게만석시揭曼碩詩》 등 서적 10여 종을 간행했다. 정씨 종문서당에서는 유인劉因의 《정수집靜修集》·《춘추경전집해春秋經傳集解》 등을 간행했다.

건안 진씨 여경당에서는 송대의 역사서인 이도李燾의 《속송편년자치통감續宋編年資治通鑑》 등 3종을 판각했다. 이외에도 오씨 덕신서당에서는 《사서장도찬석四書章圖纂釋》을 간행했고 마사 유씨 남간서당에서는 《서집전書集傳》을 간행했다. 마사 만권당에서는 《맹자집주》를 간행했고 서시 유형보에서는 《연신사비시학대성聯新事備詩學大成》을 간행했다. 건녕의 40여 곳 서방에서 간행한 서적은 수백 종이 되는데 경·사·자·소설·유서類書·문집 외에도 의학 서적도 많이 판각했다.

《팔민통지八閩通志》에 의하면 원대 말기 건양의 마사서방이 화재로 다 타버리자 그 후로 각지의 서적을 판매했는데 모두 숭화 서방에서 나왔다고 한다.[449]

투루판[吐魯番]

원대의 판도는 유럽 및 아시아까지 확대되었으며 투루판 지역은 중앙아시아와 중국 내륙을 잇는 통로다. 실크로드의 북쪽 중심지이자 동양인과 서양인 및 각종 종교가 만나는 지역이 되었다. 이곳에는 불교, 마니교[530] 사원, 기독교 교당이 나란히 있었다. 20세기 초 독일 탐험대가 이 지역의 황폐한 사원터에서 17종의 문자가 기록되어 있는 문건을 발견했는데 대부분이 불교 경전이었고, 기독교 성경과 마니교의 성시聖詩와 기도문 등도 있었다. 판각 인쇄된 것으로는 한문 · 위구르문(회흘문回紇文) · 몽골문 · 티베트문 · 서하문 · 산스크리트문[梵文] 등 모두 6종류의 문자가 있으며 한문 · 위구르문 · 산스크리트문이 가장 많고 전부 불경이다. 또 소량의 목각 불상이 있었다. 한문 인본은 정교하고 아름다운데 13세기 말에서 14세기 초에 만들어진 서적이다. 일부 범문으로 된 인쇄물은 비교적 후기의 난찰체蘭察體를 사용하고 있는데 이 글자체는 원대에 들어와서 통용되기 시작한 글자체다. 이 글자체로 쓴 가장 좋은 본보기로 아름다운 대형 난찰체 《범문금강경梵文金剛經》을 꼽을 수 있다. 투루판의 서적은 한문 · 위구르문 · 범문을 막론하고 모두 소자小字로 서명과 페이지 번호를 인쇄하였고, 한족의 솜씨임을 명확하게 드러내고 있다.[450] 1930년 서북과학고찰단西北科學考察團[531]이 투루판에서 고대 위구르

530_ 3세기에 '빛의 사도' 또는 '최고의 빛을 비추는 자'로 알려진 마니가 페르시아에서 창시한 이원론적 종교. 마니교의 동양 확장은 중국이 동투르키스탄을 정복한 뒤 대상隊商 행로가 재개된 7세기에 이미 시작되었다. 694년 마니교 선교단이 중국왕실에 왔고, 732년에는 중국에서 종교의 자유를 허락하는 칙령이 내려졌다. 8세기 동투르키스탄이 위구르 투르크에 정복될 때, 투르크 지도자 중 한 사람이 마니교를 받아들여 마니교는 위구르 왕국이 패망(840)할 때까지 국가종교가 되었고, 동투르키스탄에서는 13세기 몽골족 침입 때까지 남아 있었던 것으로 보인다.

531_ 1926~1935년에 걸쳐 실시한 답사로 스웨덴 탐험가 스벤 헤딘(Sven Anders

문 판각 인쇄물 3점을 수집했다. 각 페이지마다 모두 한문이 있고 붉은색 그림과 검정색 그림 옆에는 모두 한문으로 "진녕각陳寧刻"이라는 세 글자가 있다.

오늘날 신강 투루판의 기후는 찌는 듯 무더워 명실상부한 화주火州라고 할 수 있다. 도시 서쪽 10킬로미터 지점에는 고 교하성交河城이 있으며 당대 초기에 일찍이 안서도호부安西都護府를 한 차례 설치한 적이 있다. 도시 동남쪽 40킬로미터 지점에는 고창고성高昌故城이 있는데 당 말기에는 고창高昌·회골回鶻의 고도였다. 옛 성벽이 외성·내성·궁성 세 부분으로 나뉘어 있고 불교 사찰의 사탑 유적지가 있다. 중국 고고학자는 도시 서북쪽의 소도시 두 곳에서 13차례에 걸쳐 진晉·당대의 묘지 약 400기를 발굴하고 페르시아 및 동로마의 금화와 당인화문이 있는 비단 등을 출토했으며, 당 개원開元 연간의 과소過所(통행증)[451]와 같은 고문서도 수천 점 정도 발굴했다. 다만 인쇄물이 있는지 없는지는 알 수 없다.

운남雲南

원대에 인쇄 간행된 가장 오래된 서적은《대화엄방광보현멸죄칭찬불명보찬大華嚴方廣普賢滅罪稱贊佛名寶贊》으로 연우 5년(1318)에 간행했다. 전부 써서 판각한 것으로 한 사람이 전부를 다 각자했기 때문에 판각 인쇄 상태가 세밀하고 정교하다. 원대에 새긴 불경은 종이가 모두 비교적 질기고 두꺼우며 매끄럽고 촘촘한 학경鶴慶[532]의 백

Hedin, 1865~1952)과 중국학술단체가 공동으로 편성하여 이루어진 고고발굴조사단(Sino-Swedish Expedition)이다. 신강, 감숙, 영하와 내몽골 등지를 주로 탐사했으며 고생물학·고고학·지리학 등 다방면에 걸친 대규모의 종합 발굴이었다.

532_ 중국 운남성 소수민족 대리 백족白族 자치주 학경鶴慶현을 말한다.

면지白棉紙다.[452]

이 외에도 각 지역의 서적 간행지로 고증할 만한 곳으로는 절강의 경원로慶元路·소흥로紹興路·무주로婺州路·가흥로嘉興路가 있다. 경원로(지금의 영파寧波) 유학에서 새긴 서적으로는 그 지역 출신인 송나라 왕응린의 《옥해玉海》·《곤학기문困學紀聞》 등 16종이 있고,[453] 그 외 기타 3종이 있다. 가흥·금화金華에는 각각 7~8종류가 있다. 강서행성에서는 당나라 육순陸淳의 《춘추전례春秋傳例》·《변의辨疑》·《미지微旨》 세 서적을 판각했고 또 소속된 각 로의 서원에 《능천집陵川集》을 판각 간행하게 했다. 또 용흥로龍興路·신주로信州路·요주로饒州路·무주로撫州路·임천로臨川路·서주로瑞州路에서도 서적을 새겼는데 길안吉安이 최고였다. 여릉廬陵 학관은 정씨鄭氏의 《역익전易翼傳》(대덕 11년)을 판각했다. 여릉 흥현서원興賢書院에서 《호남유로집滹南遺老集》을 판각했고 무계서원武溪書院에서는 《신편고금사문류취신집新編古今事文類聚新集》을 판각했다(태정 3년). 여릉의 다른 서방인 태우서당泰宇書堂에서는 《초당시여草堂詩餘》를 간행했고 호胡씨 고림서당古林書堂에서는 의학 서적 《도경본초圖經本草》 등 4종류를 판각했다. 또 강동집경로江東集慶路·평강로·무석·율양溧陽·율수溧水·태평로·영국로寧國路 및 호광행성湖廣行省의 무창로武昌路·중흥로(강릉)·사양沙陽·다릉茶陵 등지의 유학·서원·군상郡庠·사원은 각각 1~2종 혹은 3~5종씩 새겨 서로 차이가 있다. 복건에는 건녕로 외에 또 복주로·장주로漳州路에서 서적을 판각했다. 광주廣州·조주潮州·제남·동평東平·석성析城·경조부에도 각각 판각본이 있었다. 원대에 약 27로의 유학에서 서적을 간행했으나 사천과 서남지역에서는 원대의 간행본은 보이지 않는다. 또 토번吐蕃(지금의 티베트)에는 이미 인쇄소가 설립되었다.

3. 판각본 내용

원나라 사람의 저술은 3천 종에 이르지만 당시에 판각한 것 중 고찰할 만한 것은 약 3백~4백 종뿐으로 송대에 훨씬 못 미친다. 그 중 원나라 사람의 저서가 반을 차지하고 그 나머지는 고서로 사부四部가 모두 다 있다.

경부經部

경부는 경원로의 《구경》이 있다.[454] 의흥宜興의 《악씨구경岳氏九經》은 형계가숙荊溪家塾에서 판각했으며 옛날에는 상대악씨본相臺岳氏本이라 불렸고 후세에 와서 여러 차례 번각되었다. 제녕濟寧의 이장李璋도 《구경》을 판각했고 절서浙西의 《십일경》은 대덕 9년 전에 간행되었다. 《십삼경》은 태정 4년에 간행되었다.[455]

원대에는 당대·송대에 주석을 단 경서를 번각한 것이 있다. 이외에도 오징吳澄·호일계胡一桂·조방趙汸·조덕趙悳·왕극관汪克寬·진호陳皓·웅량보熊良輔·동진경董眞卿·동정董鼎·왕충운王充耘·주조의朱祖義·나복羅復·유염俞琰·이간李簡·이렴李廉·이공개李公凱·오계공敖繼公·제리겸齊履謙·임천생林泉生·보팔保八 등 원나라의 경학자 20여 명이 각 경전을 해석한 저서가 있고 오늘날까지 원각본으로 전해지고 있다. 오징은 《역》·《예》·《춘추》에 대해 모두 《찬언纂言》을 썼다. 호일계는 《역본의부록찬소易本義附錄纂疏》·《주역본의계몽익전周易本義啟蒙翼傳》(황경 2년)·《시집전부록찬소詩集傳附錄纂疏》가 있다. 웅량보는 《주역본의집성周易本義集成》이 있고 이간은 《학이기學易記》가 있다. 유염은 스스로 《주역집설周易集說》(지정 9년)을 판각했다. 보팔은 (청 《사고전서》에는 보파寶巴라고 되어 있음) 《주역계사술周易系辭述》을 저술했다. 조방은 《춘추좌씨전보주》·《춘추속사

春秋屬辭》(모두 휴녕 상산의숙商山義塾[533]에서 간행했음. 지정 24, 25년)·《춘추사설春秋師說》·《춘추집전春秋集傳》·《춘추금쇄시春秋金鎖匙》 모두 5종을 저술했다. 한편 왕극관의 《춘추호씨전찬소春秋胡氏傳纂疏》(건양 유숙간 일신당 지정 8년), 진호의 《예기집설》(건안 정명덕 댁에서 간행. 천력 원년)과 오계공의 《의례집설儀禮集說》(대덕)은 모두 비교적 유명하다. 《효경》은 그림이 있는 전상대자본全相大字本이 있고, 또 《전상효경직해全相孝經直解》도 있다. 주부周專가 편집한 《황원대과삼장선사서의皇元大科三場選四書疑·주역의周易疑》·《역의易義·서의書疑·서의書義》가 각 1권이 있다(지정 14년). 유림劉霖은 《신간류편력거삼장문선춘추의新刊類編曆擧三場文選春秋義》를 편집했는데 이는 곧 과거 시험장에서 구비해야 하는 고시용 서적이다.

연우 연간에 과거가 부활되고 주희의 《사서집주》로 과거 시험을 치자 《사서》가 선비들의 필독서가 되어 그 간행본이 비교적 많았다. 온주에서 연우 5년에 중간된 대자본大字本, 상우上虞 영택서원詠澤書院의 지정본至正本, 무림武林 심씨 상덕당본尙德堂本(지정 22년)이 있다. 원나라 호병문胡炳文의 《사서통四書通》(여지안 근유당, 천력 2년), 원준옹袁俊翁의 《사서의절四書疑節》, 허겸許謙의 《독사서총설讀四書叢說》(지정 7년), 소일蕭鎰의 《사서대문四書待問》, 조순손趙順孫의 《사서찬소四書纂疏》, 정복심程復心의 《사서장도찬석四書章圖纂釋》, 예사의倪士毅의 《사서집석四書輯釋》, 장존중張存中의 《사서집주통증四書集注通證》(판각본 《사서통》과 같음), 동이董彝의 《사서경의문대四書經疑問對》(건안 동문당에서 판각, 지정 11년), 《사서집성》 등은 모두 판각본이 있다. 그 중 대부분이 건안 방각본坊刻本이다. 이장李璋은 《구경》을 새길 때 《사서》도

533_ 의숙義塾은 옛날, 개인이 자금을 모으거나 지방 공익금으로 세운 무료 교육기관으로 의학義學이라고도 한다.

새겼는데, 그 "《사서》판이 두꺼워지고 글자가 커졌는데 북방은 바람이 강하고 나무가 잘 갈라지는 것이 염려되어 그 네 테두리를 천으로 감싼 후에 생옻나무 진을 칠해 공자 사당에 두었는데 오래되어도 인판 글자본이 훼손되지 않았다"고 했다. 이와 같이 천으로 서판의 네 테두리를 감싼 후에 다시 생칠을 하여 보존하는 방식은 이씨가 처음으로 창안했지만 애석하게도 후에 이 기술을 따라하는 이가 없었다. 오직 한국 해인사에 있는 《고려대장경[高麗藏]》판만이 모두 검붉은 옻칠이 되어있고 좌우에 동으로 장식되어 있어 지금까지도 탈이 없다.

자서와 운서 및 초학 입문 서적과 시험과 관련이 있는 서적은 판로가 좋아서 출판이 많이 되었기 때문에 어떤 책은 한 권당 6~7개 판본까지 있는 것도 있다. 《이아》·《이아곽주爾雅郭注》(대덕 3년)·《이아주소爾雅注疏》, 송나라 정초鄭樵의 《이아주爾雅注》가 모두 판각 간행되었으며 전자는 평수 조씨 진덕재본과 설창서원본이 있다. 《설문해자》·《설문해자운보說文解字韻譜》, 주백기周伯琦의 《설문자원說文字原》도 역시 간행본이 있다. 《대광익회옥편大廣益會玉篇》은 일곱 차례나 판각되었다(첨씨 진덕서당·건안 채씨·건안 정씨 종문서당·유군좌 취암정사·건안 주씨 여경당·남산서원·원사서원). 송나라 대동戴侗의 《육서고六書故》(온주 판각, 연우 7년), 주백기의 《육서정와六書正訛》, 양환楊桓의 《육서통六書統》 등 세 서적도 모두 판각본이 있다. 웅충熊忠의 《고금운회거요古今韻會擧要》, 음시부陰時夫의 《운부군옥韻府群玉》은 운서이자 유서類書의 기능을 겸비하고 있어 검색하기 편리해 보는 이가 모두 좋다고 칭찬했다. 대덕 4년의 흑구본黑口本, 유씨 일신당본(지정 16년), 매계서원본이 있다. 고운서로는 《당운》(남산서원, 지정 병오 26년), 송나라 오역吳棫의 《운보韻補》, 금나라 한도소韓道昭의 《숭경신조오음집운崇慶新雕五音集韻》이 있으며 각각 중간되었다. 그리고 송《증수호주예부운략增修互注禮部韻略》은 여섯 판본이 있다(평수 중화헌 왕댁 대덕 10년, 건안 여씨 근덕당 지정 4년, 일신서당 지정 15년, 비선 홍경서당 · 일산서당이 모두 지정 21년, 수암서당 지정 26년). 송나라 진팽년陳彭年 등의 《광운》은 일곱 판본이 있다(건안 여씨 쌍계서당, 원사서원 연우 2년 · 태정 2년, 민덕서당 지순 원년, 일신서당 원통 3년, 취암정사 지정 16년, 남산서원 지정 26년, 마사 명덕당).

사 부

역사 서적으로 가장 중요한 것은 대덕구로본大德九路本인 《십칠사十七史》다. 강동 건강팔로建康八路 일대, 즉 영국寧國 · 휘주徽州 · 요주饒州 · 집경集慶 · 태평太平 · 지주池州 · 신주信州 · 광덕廣德 등 팔로八路와 연산주鉛山州 유학에서 모두 간행하여서 건강본 《십칠사》라 부르기도 한다. 대덕 9년 을사년(1305)에 강동 건강도 숙정렴방肅政廉訪부사副使 백도伯都는 절서 《십일경》은 이미 전판이 있지만 《십칠사》는 아직 전판이 없다고 보았다. 또 《십칠사》는 선본善本을 구하기 어려우니 태평로에서 학관을 청하고, 각 9로에 공문을 보내어, 태평로에서 《서한서西漢書》를 판각하면 각 로는 모두 그 나머지에서 선택하고 《서한서》를 본보기로 삼아 작업하라는 명령을 내렸다. 연륜이 있고 박식한 선비인 요화중姚和仲 등 15명은 세 차례나 반복하여 대조하고 2,775면의 판을 들여 만들었다(대덕 을사 중하 6일에 시작하여 12월 24일에 마침). 영국로(완릉군학宛陵郡學)에서는 《후한서》를 나누어 간행했는데, 모두 2,240여 판 남짓 되고 글자 수는 20여 만자 정도이다(대덕 을사 맹하에 판각하기 시작하여, 음력 동지에 이르러 서적이 완성되었음). 지주로에서는 《삼국지》를 간행했고(대덕 병오 동짓날) 요주로에서는 《사기》와 《수서隋書》를 간행했다. 광덕로(동천桐川)에서는 《남사南史》를 간행했고, 신주로에서는 《북사北史》를 간행했다. 건강로에서는 《당서唐書》를 간행했다.[456] 《신오대사》는 비록 전해지는 판본이 있으나 어느 로에서 간행되었는지 정확히 알 수 없다. 기타 진·송·제·양·진·위·북제·북주의 각 역사서도 역시 고증할 수 없고 대덕 연간에 간행이 완성되었는지도 알 수 없다. 일설에는 모두 십사十史를 간행 인쇄했다고 하지만 그 나머지는 서판이 없다. 국가도서관에서 《한서》·《후한서》·《수사》·《남사》·《북사》를 소장하고 있다. 구로본은 태평로의 《서한서》를 모델로 삼고 있어 모두 반엽 10행이고 한 행의 글자는 22자다. 대덕본 《십칠사》는 위로는 남송 국자감본을 잇고 아래로는 명나라 남경국자감의 《이십일사》를 열어주는 전후 교량 역할을 하고 있다.[457] 구로본 이외에도 용창로학龍昌路學에서 또 《진서晉書》를 간행했고 건창로학에서는 《남북사南北史》를 간행했다. 서주로학에서 《수서》를 간행했는데, 그 시기는 지순 임신 3년 여름으로 이는 건강본 《십칠사》 속의 《수서》에 의거하여 번각하였고 또 조씨본趙氏本[534]에 근거하여 1천여 자를 교정했다.[458] 《사기》는 또 단자성본段子成本(중통 2년), 안성군安成郡 팽인옹彭寅翁 숭도정사본崇道精舍本이 있다. 《오대사기五代史記》는 숭문서원본이 있다. 조정은 또 항주에 송·요·금의 3사를 새로 수정하고 판각 간행하도록 명을 내려 정사 20사가 갖추어졌다. 혹은 이 3사 역시 구로유학에서 나누어 판각한 것이라고 알고 있으나 이는 옳지 않다. 원나라 간행본으로 《십팔사략》이 있다.

이상의 기전체 정사 이외에도, 흥문서본興文署本(약 지원 10년) 편년체 《자치통감》이 있는데 호삼성胡三省의 주는 없다. 원나라 호삼성의 주가 있는 것으로 흥문서각본(지원 27년), 임해각본臨海刻本이 있는

534_ 원서에는 '袁趙氏本'이라고 되어 있는데 정확히 알 수 없어 우선 '조씨본'으로 했다.

데, 명나라 초기 그 판을 입수하여 국자감에 편입시켰다. 또 복건행성의 관리 위천우가 새긴 각본[魏天祐刻本]이 있다(지원 26년에서 28년까지). 과당좌의 《통감절요》는 혹은 《증절음주자치통감》이라고도 하며, 평양 회명헌의 장존혜가 간행했다(몽골 헌종 3년). 여조겸의 《증절표목음주정의자치통감增節標目音注精義資治通鑒》은 몽고 헌종 3년(태화 갑자하 계축년, 송 보우 원년, 1253)에 시작해 5년(태화 갑자하 을묘년 음력 9월, 1255)에 작업을 마쳤다. 목록 뒤에 "평양부 장댁인平陽府張宅印"이라는 거문고 형태의 패기牌記가 있다. 회명헌은 종 모양의 패기를 사용하였으며 장존혜가 보충했고 국가도서관이 소장하고 있다. 정주亭州 장군을 역임한 장진형張晉亨은 《육씨통감상절陸氏通鑒詳節》을 간행했다(몽골 을묘, 1255). 팽씨 종수가숙鍾秀家塾에서는 《소미가숙점교부음통감절요少微家塾點校附音通鑒節要》(지치 원년)를 간행했다. 송나라 김이상金履祥의 《통감전편通鑒前編》·《거요擧要》(무학婺學에서 판각. 천력 원년)를 간행했다. 송나라 심추沈樞의 《통감총류通鑒總類》(오군상吳郡庠 판각, 지정 23년)·《통감강목》(위씨 인실당仁實堂 판각, 태정)·《통감강목대전通鑒綱目大全》(양씨楊氏 청강서당淸江書堂, 지정)도 간행되었다. 《통감속편》은 숭계당본崇桂堂本이 있다(지정 22년). 당나라 두우杜佑의 《통전》은 무주로 임여서원본臨汝書院本(대덕)이 있고, 또 《통전상절》본(지정 6년)이 있다. 송나라 정초鄭樵의 명저 《통지通志》 200권은 대덕 연간에 동궁東宮에서 복주에 명을 내려 간행했는데, 서판이 1만여 개나 되며 천부天府에 헌납되어 비각에 보관했다. 이는 북방의 학자들에게는 보기 드문 일이다. 지치 2년 복주로는 관리들이 기부한 녹봉을 모금해 50부를 모인하고 강북의 여러 군郡에 나누어주었다. 낙평樂平 마단림馬端臨의 《문헌통고》는 낙평주樂平州 간본(연우)과 경원로 유학간본儒學刊本이 있으며, 항주 서호서원에서도 두 차례 판각했다(태정 원년, 또 후지원[535] 5년). 후자는 명나라 초기 그 판이 남경국자감에 들어갔다. 마단림은 두우의 《통전》 팔문八門을 24고考로 늘리고 확대하여, 사적을 송 영종寧宗까지 기술했으니 역사학의 명저가 되었다. 《통고》·《통전》·《통지》를 합쳐서 삼통三通이라 부른다.

고대 역사서로는 포표鮑彪가 주를 단 《전국책》(평강로유학, 지정 25년)·《오월춘추음주吳越春秋音注》·《월절서越絕書》(두 종류는 모두 소흥로, 전자는 대덕 10년)·《급총주서汲冢周書》(가흥로, 지정 14년)와 《촉한본말蜀漢本末》(건안 건녕서원, 지정 9년) 등이 있다. 송대의 역사를 기록한 것으로는 《평송록平宋錄》(항주, 대덕 8년)·《융평집隆平集》(동씨董氏 만권당본)·《송사전문宋史全文》·《송계삼조정요宋季三朝政要》가 있고, 송나라 이도李燾의 《속송편년자치통감續宋編年資治通鑒》, 송나라 유시거劉時擧의 《속송중흥편년자치통감續宋中興編年資治通鑒》(이도와 유시거의 두 서적은 건안 진씨 여경당본이 있고, 또 운구雲衢 장씨각본張氏刻本이 있음. 이도의 책은 또 건안 주씨 여경당본이 있음)이 있다. 요나라의 역사를 기록한 송나라 섭융례葉隆禮의 《거란국지契丹國志》도 있다.

정서政書[536]로는 문종 천력 2년(1329)에서 지순 2년(1331) 사이에 조세현趙世賢·우집虞集 등에게 명하며 수정한 《경세대전》이 있다. 당·송의 회요會要 집필 양식을 본 따, 원대의 전장제도를 모아서 기록했다. 제호帝號·제훈帝訓·제제帝制·제계帝系·치전治典·부전賦典·예전禮典·정전政典·헌전憲典·공부工典의 10편으로 되어 있으며 명대 초기에 수정한 《원사》의 근거가 되었다. 이 880권에 이르는 훌륭하고 방대한 저작은 이미 소실되었으며 《영락대전》 중에 잔권이 조금 남아 있다. 《대원성정국조전장大元聖政國朝典章》은 건양 방

535_ 원대에 지원至元 연호는 두 번 있다. 첫 번째 지원 연간은 1264~1294년이고 두 번째 지원 연간은 1335~1340년이다. 혼란을 피하기 위해 전자를 전지원이라 하고 후자를 후지원이라 한다.

536_ 전문적으로 전장 제도를 기록한 책.

각본이 있다.

지원 28년에 《지원신격至元新格》을 판각하고 여러 관리에게 반포하고 이를 준수하도록 했다. 《신집지치조례新集至治條例》는 건양 방각본이 있다. 고서인 《고당율소故唐律疏》도 건양방각본이 있다.

조령과 주의奏議는 소천작이 《양한조령兩漢詔令》(지원 26년)을 간행했다. 송나라 낭엽郎曄의 《육선공주의주陸宣公奏議注》는 유군좌 취암정사본(지정 14년)이 있다.

전기류로는 《회도열녀전繪圖列女傳》(대덕)이 있고, 《송남도십장전宋南渡十將傳》, 《오조명신언행록》을 중간했다. 공자의 사적을 기록한 《조정광기祖庭廣記》는 야율초재가 건의하여 증보 교정하여 중간했다(임인 1242년, 《속고일총서續古逸叢書》 본). 또 《범문정공사적范文正公事跡》과 악비의 사적을 기록한 악가의 《금타수편》·《속편》(서호서원, 지정 23년)이 있고, 송렴宋濂의 《포양인물기浦陽人物記》(포강浦江 판각. 지정), 소천작의 《국조명신사략》은 여지안 근유당 각본이 있다(원통 3년).

지리 서적으로는 《대원대일통지大元大一統志》 1,300권이 있는데, "우주의 거대한 장관"이라 불렸다. 명대 초기에 수정한 《원사·지리지》·《명일통지明一統志》는 이를 근거로 했으나 애석하게도 대덕 잔각본 만이 조금 남아 있을 뿐이다. 고서로는 《산해경》(지원 31년)이 있다.

외국에 관해 기록한 서적으로는 주달관周達觀의 《진랍풍토기眞臘風土記》가 있다. 주달관은 원정元貞 원년(1295년)에 사절단을 따라 진랍[537]에 3차례 다녀온 후 그곳에서 본 성곽·궁실·물산·풍속 등을

537_ 진랍眞臘, 첸라(Chenla)는 6세기 메콩 강 중앙 유역에서 일어난 크메르족의 나라이다. 수서 권 82에 처음 진랍이라는 이름이 등장했다. 지금의 캄보디아다. 이 책에는 앙코르와트에 관한 기록도 있다.

기술했는데 고대 캄보디아에 관한 진귀한 역사적 사료며 프랑스어 번역본이 있다. 왕대연汪大淵은 지정 연간에 남쪽 바다로 나가 서아시아 여러 나라를 다녀 본 후 《도이지략島夷志略》을 기술했다. 내용은 그가 본 산천과 산물 · 풍속을 기록했는데 해양 교통사를 연구하는 데 중요한 자료이다. 야율초재의 《서유록》과 이지상李志常이 기록한 스승 구처기丘處機의 《장춘진인서유기長春眞人西遊記》는 모두 13세기 초기의 중앙아시아를 연구하는 데 중요한 서적이다.

지방지[方志] 원대의 지방지는 송 · 명 두 나라에 훨씬 미치지 못하여 모두 약 158종이 있다. 그 중 절강지역이 가장 많아 약 29종을 차지한다. 봉화奉化에 지원 · 연우의 지방지가 있다. 장가章嘉(1249~1320) 한 사람이 《온주로지溫州路志》 · 《동구지東甌志》 · 《온주로영녕지溫州路永寧志》 · 《서안주지瑞安州志》 4종을 저술했다. 그 다음은 강소 · 강서 · 호남 · 안휘 · 운남으로 각각 약 10여 종의 지방지가 있다. 광동에는 《남해지南海志》가 있고 조주潮州에는 《삼양도지三陽圖志》가 있다. 북방 각 성의 지방지는 수 종에 불과하며 사천에는 원대의 지방지가 없다. 현재 남아 있는 원대의 지방지로는 연우 《사명지四明志》 · 지정 《사명속지四明續志》 · 대덕 《창국주도지昌國州圖志》 · 지원 《가화지嘉禾志》 · 지정 《금릉신지金陵新志》 · 지순 《진강지鎭江志》 · 지정 《중수금천지重修琴川志》 · 지정 《곤산지昆山志》 · 대덕 《남해지》 · 이호문李好文의 《장안지도長安志圖》 · 낙천양駱天驤의 《신편장안지新編長安志》, 지정 《제승齊乘》 등 10여 종 뿐이다. 왕정王禎이 편찬하고 수정한 대덕 《정덕현지旌德縣志》는 지방지 중 가장 오래된 목활자본이지만 이미 산실되었다. 또 《모산지茅山志》 · 《용호산지龍虎山志》가 있다.

금석류로는 송나라 홍적洪適의 《예석隸釋》 · 《예속隸續》(영국로 유학 판각) · 《금석례金石例》(요주로 유학 판각)가 있다. 또 《지대중수선화박고도至大重修宣和博古圖》(일본에 원간본이 있음)가 있다.

야율초재는 《경오원력庚午元曆》을 편찬하여 금의 '대명력'을 바로 잡았다. 곽수경郭守敬이 만든 유명한 새 책력 '수시력授時曆'은 지원 17년(1280) 겨울 세상에 반포되었다. 365일을 1년으로 하여 현재 세계적으로 통용되는 양력(그레고리력)의 일년주기와 같고 양력보다 3백 년 앞섰다. 이는 중국 고대에 계산된 가장 정확한 역법이었기에 364년간 사용될 수 있었다.

원나라 때 태사원太史院에서 천문 역수曆數[538]를 담당했는데, 복리腹裏[539]와 각 성에는 각각 사력司曆과 인력관구印曆管勾[540]를 두어 달력의 인쇄 제작을 관장했다. 그래서 청나라 위숭魏崧은 《일시기시壹是記始》에서 "각 성에서 '수시력'을 인쇄하기 시작한 것은 원대부터이다"라고 말했다. 개인적으로 제작하는 것은 금지되었다. 당시에 "개인적으로 달력을 제조하는 자를 고발하는 자에게 상으로 은 100냥을 지급한다. 태사원의 역일曆日이라는 인장이 없는 것은 개인적으로 제작한 달력과 동일하게 취급하여 제작자는 규정을 위반한 것으로 죄를 논한다"고 규정하고 있다.[459] 달력을 인쇄하여 판매하는 것은 계본契本[541] · 식양食羊[542] · 치어穉魚 · 석탄 등과 함께 '액외과額外

538_ 천체天體의 운행과 기후의 변화가 철을 따라서 돌아가는 차례.

539_ 원대에 중서성中書省 직할 지역에 대해 복리라 불렀다. 원나라는 황하 이북, 태행산 동쪽과 서쪽의 지역을 복리라 했으며 지금의 하북, 산서, 하남, 산동과 내몽고 지역이다. 이 지역은 조정의 중서성에서 직접 관리했고 그 나머지 지역은 행중서성行中書省을 설치하여 관리했다.

540_ 복리에는 종구품從九品인 인력관구印曆管勾를 1명 두었고, 각 성에는 정구품正九品인 사력司曆 12명과 종구품인 인력관구 2명을 두었다. 사력은 역법을 관장하는 관리이고 인력은 달력인쇄를 관리하는 관리이다.

541_ 원나라 때부터 세금을 내고난 증명서는 반드시 정부에 돈을 지불하고 발급받았다. 원나라의 이러한 증명서는 관에서 일률적으로 인쇄하여 제작했다. 당시의 법률에 의하면 계약 문서와 계약 문서에 들어가는 문구에는 반드시 이 '계본契本'이 있어야 했다. 계본은 바로 원나라 정부가 세금을 낸 사람에게 발

課'라 불렀는데 원나라 정부의 주 수입원이었다. 달력은《대력大曆》·《소력》·《회회력回回曆》3종으로 나누었다. 천력 원년(1328) 달력은 총 3,123,185권이었고 중통초中統鈔 45,980정 32냥 5전이 들었다.《대력》2,202,230권은 매 권당 초鈔 1냥이 들어 모두 44,044정 3냥이 들었다.《소력》915,725권은 매 권당 초 1전이 들어 모두 1,831정 32냥 5전이 들었다.《회회력》5,257권은 매 권당 초 1냥이 들어 모두 150정 7냥이 들었다.[460] 달력은 많게는 1년에 310만여 권을 인쇄하여 판매했는데 이를 통해 인쇄 수량이 얼마나 많았는지 알 수 있다.《회회력》은 이슬람 교도들이 사용하도록 제공했다. 이 3종의 역본曆本은 지금은 모두 볼 수 없다.

자부子部

자부로는《오자五子》를 판각했다. 또 단행본으로《노자》·《도덕경하상공장구道德經河上公章句》·《순자》·《윤문자尹文子》·《공자가어》·《공총자孔叢子》·《관자주管子注》·《여씨춘추》(가흥로유학, 지원 31년)·《논형》(소흥로에서 보충판각, 지원 7년)·《설원說苑》·《태현경太玄經》·《백호통덕론白虎通德論》·《풍속통의風俗通義》(두 서적 모두 무석, 대덕 9년)·《중설中說》·《이정유서二程遺書》를 간행했다. 처주處州에서는《성리사서性理四書》를 간행했다(지정 7년).

몽골군이 변량을 침범하자 금나라 사천판관司天判官 장거중張居中(정지正之)이 조정을 위해 절개를 지켜 죽으니 그가 쓴《육임거혹검六壬袪惑鈐》을 구하는 이가 많아 같은 지위에 있는 사람들이 간행하여 널리 전하자고 요청했다. 이에 야율초재가 친히 서문을 썼는데(계사,

---

급한 납세 증명서다. 이 증명서가 없으면 세금을 내지 않은 것으로 간주했다.

542_ 식양과食羊課, 즉 식용으로 양을 도축할 때 내는 세금.

1233) 책은 지금 전하지 않는다. 전하는 것으로는 《유편음양비용차곡기서類編陰陽備用差轂奇書》·《옥령취의玉靈聚義》(원각본 두 종류 모두 북경대학도서관 소장)가 있다. 《증주주역신응육친백장해저안전후집增注周易神應六親百章海底眼前後集》은 명대 건양서방에서 원각본을 번각한 판본이 있다. 이러한 서적은 가치가 없다는 평가를 면하기 어렵다.

유서類書 유서는 10여 종을 판각했다. 송나라 왕응린의 《옥해》 204권은 내용이 풍부하여 원나라 사람들이 "천하고금을 통틀어 드문 뛰어난 서적"라고 칭했으며 모두 4,774편의 판이 있다. 또 경원로 유학에서 《소학감주小學紺珠》를 판각했다(모두 지원 6년). 또 송나라 반자목潘自牧의 《기찬연해記纂淵海》(원사서원), 송나라 장준경章俊卿의 《산당고색山堂考索》(원사서원, 연우 7년), 송나라 임경林駉의 《신전결과고금원류지론新箋決科古今源流至論》(첨씨 건양서원, 대덕. 원사서원, 연우 4년. 건양서림 유극상), 송나라 축목祝穆의 《고금사문류취전古今事文類聚前·후後·속續·별別·신新·외집外集》(신집·외집은 원나라 부대용富大用이 편찬했음. 여릉 무계서원, 태정 3년. 운장서당), 《찬도증각군서류요사림광기纂圖增刻群書類要事林廣記》(정씨 적성당, 후지원 6년), 《거가필용사류전집居家必用事類全集》, 《고금한묵대전古今翰墨大全》(대덕), 《군서통요群書通要》, 우집虞集의 《신편한림주옥新編翰林珠玉》이 있다.

집 부

주희의 《초사집주》(천력 3년. 건안 부자안댁傅子安宅, 후지원 2년)와 《전주도연명집箋注陶淵明集》(《도집陶集》과 이하 판본을 밝히지 않은 것은 모두 원대에 간행한 것임)이 있다.

당나라 사람 문집으로는 다음과 같은 것들이 있다. 《수계교본우승집須溪校本右丞集》, 《이백집》(만옥당, 지원 5년), 《두공부시집》(무이 첨광조 월최서당에서 《두공부시사》를 판각했음. 지원 24년. 운구 회문당, 지대 원년. 여지안 근유당, 황경 원년. 반병산 규산서원, 지정 7년. 적경당, 지정 8년), 《육선공집陸宣公集》 22권(가홍로 유학, 지대 4년에 다시 판각하고 간행), 《주문공교창려문집朱文公校昌黎文集》(일신서당, 지원 18년), 《유종원문집》, 《맹동야시집孟東野詩集》이 있다. 《이하가시편李賀歌詩編》은 갈석碣石[543]의 조연趙衍이 간행했으며 그때가 몽골 병진 헌종 6년(1256)이고, 금이 망한 지 이미 22년째였다. 그러므로 청나라 황비열黃丕烈이 "금나라 각본임이 틀림없다"는 견해와, 사부총간四部叢刊에서 금나라 판본이라고 본 것은 모두 잘못이다. 또 《이장길가시李長吉歌詩》(복고당復古堂, 후지원 3년)와 허혼許渾의 《정묘시집丁卯詩集》이 있다.

송나라 사람 문집으로는 다음과 같은 서적들이 있다. 《범문정집范文正集》·《범충선공문집范忠宣公文集》(범씨 세한당, 천력 원년), 《왕형공시전주王荊公詩箋注》(길안 왕상, 대덕 5년), 증공曾鞏의 《원풍류고元豊類稿》(남풍南豐, 대덕 8년), 소옹邵雍의 《이천격양집伊川擊壤集》, 《동래표주영빈선생문집東萊標注潁濱先生文集》, 《동파시집》(건안 우씨 무본서당, 건안 만권당, 왕씨 성의재 집서당), 《동파선생왕반척독東坡先生往返尺牘》, 《산곡황선생대전시주山谷黃先生大全詩注》·《황태사정화록黃太史精華錄》·《산곡노인도필山谷老人刀筆》, 진사도陳師道의 《후산시주後山詩注》, 진여의陳與義의 《증광전주간재시집增廣箋注簡齋詩集》, 나종언羅從彥의 《예장나선생문집豫章羅先生文集》(사양 예장서원, 지정 25년), 주희의 《주문공대전집》(지정 12년)·《회암선생주문공시집晦庵先生朱文公詩集》, 양만리의 《비점분류성재문회批點分類誠齋文膾》, 진부량陳傅良의 《지재집止齋集》(병산서원, 지정 20년), 진순陳淳의 《북계선생집北溪先生集》(장주로 유학, 후지원 원년), 송나라 갈장경葛長庚의 《경관백옥섬상청집瓊琯白玉

543_ 서역의 갈석국을 가리킨다. 일부 거란 사람이 나라가 망한 후 이곳에 들어와 정권을 세웠다. 조연은 갈석에서 살다가 이후 북평으로 이사했다.

蟾上淸集》·《무이집武夷集》(모두 건안 여씨 간행), 송나라 유학기劉學箕의 《방시한거소고方是閑居小稿》(병산서원, 지정 20년), 《서산진선생문집西山眞先生文集》, 《정소남문집鄭所南文集》(평강로 천심교남天心橋南 유씨劉氏 매계서원梅溪書院)이 있다.

금나라 사람의 문집으로는 다음과 같은 작품이 있다. 광녕자 학대통郝大痛의 《태고집太古集》은 그의 제자 범원희范圓曦가 보완해서 중간했다(몽골 병신). 완안숙完顔璹의 《여암소고如庵小稿》는 대명 중간본(몽골 정사년), 조병문의 《부수집》은 평양 장존혜각본, 왕약허의 《호남유로집》(여릉 홍현서원, 지원 20년), 원호문의 《원유산집元遺山集》(중통 3년)이 있다.

청나라 《사고四庫》에 수록된 원나라 사람의 별집은 169부이고, 대부분이 《영락대전》에서 집록한 것으로 당시의 판본으로 고증할 수 있는 것은 40종이 되지 않으며 지금 대부분 남아 있다. 예로 야율초재의 《담연거사문집》은 중서성 도사都事[544] 종중형宗仲亨이 각자공을 모집하여 판각했다. 또 타 지역 관아에서 《담연거사문집》의 고시·율시·잡문 500여 수를 모아 9권으로 나누고 솜씨 좋은 각자공에게 명하여 출간했다(대략 몽골 계사). 학경郝經은 원호문을 사사했으며 《능천집陵川集》을 저술했다(강서행성 간행, 연우 5년). 장양호張養浩의 《장문충공문집張文忠公文集》, 소邵씨[545]의 《추당소선생문집秋堂邵先生文集》, 장백순張伯淳의 《양몽선생문집養蒙先生文集》(지정), 조맹부의 《송설재집松雪齋集》(오흥 심씨 화활의숙 간행. 후지원 기묘 5년)·《조자앙시집》(건안 우씨 무본서당, 지원 신사, 즉 지정 원년), 유인劉因의 《정수선생문집靜修先生文集》(건안 정천택 종문서당, 지순 원년, 가홍로 유학, 지정 9년),

544_ 관찰사의 지방행정을 보좌하기 위하여 중앙에서 파견되는 관리.
545_ 누구인지 고증할 방법이 없다.

왕운의 《추간선생대전집秋澗先生大全集》 100권(가흥로 유학, 지치 원년에 판각하여 2년에 마침), 요수姚燧의 《목암문집牧庵文集》(경원로 유학에서 판각, 원통 전. 《사고》본은 《대전大典》에서 집록), 정거부程鉅夫의 《설루집雪樓集》(건양 유씨서사劉氏書肆, 지정 23년), 조백계曹伯啟의 《조문정공시집曹文貞公詩集》(집경로 간행), 원각袁桷의 《청용거사집清容居士集》(경원 원씨가에서 판각), 희익姬翼의 《지상선생운산집知常先生雲山集》(연우 6년), 유악신劉岳申의 《신재류선생문집申齋劉先生文集》(길수군상吉水郡庠), 유민중劉敏中의 《중암선생유문간공문집中庵先生劉文簡公文集》(원통), 소구蕭𣂏의 《근재집勤齋集》(강북 회동도본로淮東道本路 유학), 마조상馬祖常의 《석전문집石田文集》(양주로 유학, 지원 5년), 우집의 《백생시속편伯生詩續編》(유씨 일신당, 지원 6년)·《도원류고道園類稿》(무주로 유학, 지정 5년)·《도원유고道園遺稿》(금나라 백상伯祥 판각, 지정 14년), 범형范梈의 《범덕기시집范德機詩集》(손존오 익우서당益友書堂, 후지원 6년), 게혜사揭傒斯의 《게만석시집揭曼碩詩集》(유숙간[546] 일신서당, 후지원 6년), 정복丁復의 《회정집檜亭集》(집경로유학, 지정 10년), 오래吳萊[547]의 문인인 송렴이 편찬한 《연영오선생집淵穎吳先生集》,[548] 황진黃溍의 《금화황선생문집金華黃先生文集》 43권, 또 《황문헌공집黃文獻公集》(지정), 유관柳貫의 《유대제문집柳待制文集》(여궐포강학궁余闕浦江學宮에서 판각, 지정 10년), 송경宋褧의 《연석집燕石集》(강절성본로江浙省本路 유학, 지정 8년), 포도원蒲道源의 《순재선생한거총고順齋先生閑居叢稿》(지정 10년), 진려陳旅의 《진중중

546_ 앞의 〈건녕〉의 〈서방〉을 소개하는 글에서는 유숙강劉叔剛으로 나오는데 어느 것이 맞는지는 알 수가 없다. 중국의 여러 서적에도 일신당의 유숙간과 유숙강이 같이 나온다.

547_ 오래吳萊(1297~1340)는 원대 학자로 자는 입부立夫고 본명은 내봉來鳳이다. 원나라 집현전 대학사였던 오직방吳直方의 큰아들이다.

548_ 연영선생淵穎先生이란 호칭은 오래吳萊 사후에 그의 문인 등이 그를 칭송하여 붙인 시호다.

문집陳衆仲文集》, 정옥鄭玉의 《사산선생문집師山先生文集》, 왕봉王逢의 《오계집梧溪集》(모두 지정), 임사림任士林의 《임송향집任松鄉集》(항주로 판각), 소천작의 《자계문고滋溪文稿》, 양유정楊維禎의 《동유자집東維子集》, 또 《신간여칙유음고부정식新刊麗則遺音古賦程式》, 승려 원지圓至의 《균계목잠집筠溪牧潛集》(대덕), 승려 성공性空의 《여산외집廬山外集》(연우)이 있다.

사집詞集으로는 송나라 《동파악부》(운간雲間, 연우 7년) 《가헌장단구稼軒長短句》(대덕 3년)가 있다. 사 선집[詞選]으로는 《초당시여草堂詩餘》(여릉 태우서당, 지정 3년) · 《중주악부中州樂府》(평수 진덕재, 지대 4년)와 원나라 사람이 쓴 소령小令[549]과 투수套數[550]총집, 양조영楊朝英의 《조야신성태평악부朝野新聲太平樂府》 · 《악부신편양춘백설전후집樂府新編陽春白雪前後集》이 있다. 또 원대에 판각한 《이원안시악부신성梨園按試樂府新聲》이 있다.

소설과 희곡으로는 《경본통속소설》 · 《신편홍백지주소설新編紅白蜘蛛小說》(원본元本으로 한 페이지가 남아 있음) · 《삼국지평화》 등 5종, 그리고 《지원신간전상삼분사략至元新刊全相三分事略》이 있다. 대도와 항주에서 또 관한경 등의 극본을 간행했다.

원대는 잡극雜劇의 황금기로 작품이 무척 많다. 명나라의 저명한 희극작가 탕현조湯顯祖는 원나라의 원본院本을 매우 좋아하여 스스로 "함에 소장하고 있는 극본 대부분이 세상에서 흔히 있는 것이 아니며 이미 1천 종이나 된다"고 말했다. 장흥長興 장무순藏懋循 집안은 잡극을 소장했는데 비본秘本이 많았고 또 마성麻城의 유연백劉延伯에게서 필사본 잡극 2백~3백 종을 구했는데 유연백이 필사한 어희감御

549_ 짧은 사詞의 격식.

550_ 희곡이나 산곡散曲에서 하나로 묶은 곡曲.

戲監은 방각본과 다르다. 장무순은 이리저리 흩어진 내용을 모아 교정보고 그 중 좋은 작품 100종을 뽑아서 전집과 후집으로 나누어 간행하고(만력 43 · 44년), 《원인백종곡元人百種曲》이라 통칭했는데 혹은 《원곡선元曲選》이라 부르기도 한다. 상무인서관의 영인본이 있다. 고곡재顧曲齋에서 원나라 잡극 20종(대략 만력 47년)을 간행했다. 회계會稽의 맹순칭孟舜稱은 《유지집柳枝集》 · 《뇌강집酹江集》 등 각 30종을 선별하고 합쳐서 《고금명극합선古今名劇合選》(숭정 6년)이라 했다. 원 잡극과 명 전기傳奇를 같이 수록하여 《원곡선元曲選》의 부족함을 보충했다. 《원잡극삼십종元雜劇三十種》은 청나라 황비열이 소장했으며 원간본元刊本의 단행본 잡극을 합친 합본이어서 판식이 일정하지 않다. 석인복본石印覆本이 있다.

총 집 총집으로는 원나라 장백안張伯顏의 지주본池州本 《이선주문선李善注文選》이 있는데, 송나라의 우무본尤袤本[551]을 훨씬 능가한다. 또 《육신주문선六臣注文選》(다릉茶陵 동산東山 진인자陳仁子 고우서원古迂書院, 대덕 3년), 송나라 요현姚鉉의 《당문수唐文粹》(원본元本), 금나라 원호문의 《중주집》(평수 조씨 진덕재, 지대 3년), 《주당시고취注唐詩鼓吹》(절성유사浙省儒司, 지대 원년)가 있다. 원나라 문인의 서적으로는 소천작의 《국조문류國朝文類》(서호서원, 지정 2년)가 있고, 손존오孫存吾의 《황원풍아皇元風雅》가 있는데, 즉 《원시전집元詩前集 · 후집後集》(손존오 여산가숙如山家塾, 익우서당益友書堂, 이씨 건안서당, 후지원 2년)이다. 방기房祺가 금나라의 옛 신하 원호문과 교류하던 마혁麻革 · 단성기段成己 · 단극기段克己 등 8인의 시를 모아 편찬하여 《하분제로시집河汾諸老詩集》(평수 고앙소 존현당, 황경 2년)이라 이름 지었다. 하동 단씨는 《이

551_ 현존하는 《문선》의 판본 중 가장 이른 판본은 1181년(송 순희淳熙 8년)의 우무간본尤袤刊本이다.

묘집二妙集》(태정 4년)을 판각했는데, 즉 단극기 · 단성기 형제 두 사람의 시이다. 조병문은 이를 '이묘二妙'라 칭찬했다.

중국 시문 평론서로 유명한 양梁나라 유협의 《문심조룡》 10권은 가화嘉禾(가흥嘉興) 간행본(지정 15년)이 있다.

과학 기술서적

원대의 유명한 수학자 주세걸朱世杰의 《산학계몽算學啟蒙》은 대덕 3년 간행본이 있다. 그의 명저 《사원옥감四元玉鑒》은 대덕 10년에 완성되었다. 야율초재는 《천문집략天文輯略》을 저술했다. 유명한 천문학자인 형대邢臺 사람 곽수경郭守敬(1231~1316)은 '기발한 구상이 뛰어난 사람'인지라 정밀한 천문 기기를 여러 대 만들기도 했고 또 〈수시력授時曆〉을 완성했다.

원 세조가 즉위하자 천하에 숭본억말崇本抑末[552] 정책을 내려 농업을 중시하여 사농사司農司를 세웠다. 지원 10년(1273), 관에서 《농상집요農桑輯要》 7권을 편찬하고 농민들에게 나누어주었다. 책에는 각각 농훈農訓 · 경간耕墾 · 파종 · 뽕나무 심기 · 양잠 · 과채 · 과일 · 죽목 · 약초 · 목축 등 10개 부분에 대해 서술하고 있는데 대체적으로 《제민요술》을 기본으로 하여 내용은 약간 줄였다. 처음에는 소자본小字本으로 만들었으나 인종이 강절성 신하에게 명하여 반듯한 해서체 대자大字로 판각해 다시 1만 부를 인쇄했다. 영종 · 문종은 또 다시 명을 내려 지순 3년에 1만 부를 다시 인쇄 간행하고 반포하니 정부가 이 책을 얼마나 중시했는지 알 수 있다. 또 집경로본集慶路本, 성고현본城固縣本이 있고, 조선에는 홍무 5년 각본이 있다. 지원 28

552_ 근본적인 것을 중시하고 지엽적인 것은 경시한다. 고대에 "本"은 대부분 농업을 가리키고 "末"은 대부분 상업을 가리켰다. 이는 성리학의 경제 관점으로 이에 입각하여 상공업을 억제하고 농업을 장려했다.

년에 또 《농상잡령農桑雜令》을 반포했다.

저명한 농학자 왕정王禎의 《농서農書》 22권은 농업 · 임업 · 목축업 및 부수적인 각종 기술과 경험에 대해 논하고 있다. 전체 서적은 농상통결農桑通訣 · 백곡보百穀譜 · 농기도보農器圖譜 세 부분으로 나누어져 있다. 왕정은 농업에서 수리 시설을 잘 다스려야 한다고 주장하며 관개시설이 농업의 근본이라고 보았으며 비료를 중시하여 배설물도 금처럼 아꼈다. 옛사람의 "목노木奴[553]가 천 그루면 흉년이 없다"는 말을 인용하며 식목植木의 장점을 언급했다. 또 뽕나무와 유실수 개량에 대해 나무 몸에 접붙이기[身接], 뿌리에 접붙이기[根接], 나무껍질에 접붙이기[皮接], 나무가지에 접붙이기[枝棲], 압력으로 접붙이기[壓接], 엇갈려 접붙이기[搭接] 등의 6가지 접붙이기 방법을 제시했다. 왕정 생존 시 《농서》는 강서본江西本이 있었고, 이외 대덕 8년본이 있어 《동로왕씨농서東魯王氏農書》라 불렀다. 위그루 사람 노명선魯明善은 한나라 최실崔實의 《사민월령四民月令》을 본 따, 1년을 12개월로 나누어 매달 심고 거두어야 되는 작물에 대해 기술한 《농상의식촬요農桑衣食撮要》 2권을 완성했다. 연우 원년 · 지순 원년 두 가지 판본이 있다. 묘호겸苗好謙이 저술한 《재상도설栽桑圖說》은 대사농大司農이 사서 진상한 서적이다. 고대 농업서적 《제민요술》도 원나라 간행본이 있다. 원나라의 농업은 농업 서적의 출판으로 인해 크게 발전했다.

수리 서적인 《상우현오향수리본말上虞縣五鄉水利本末》은 지정본(22년)이 있다. 사극십沙克什의 《하방통의河防通議》는 가홍로 유학본(지원 4년)이 있다. 구양현歐陽玄은 가로賈魯의 하천 치수에 관해 기록한

553_ 목노란 나무 노비를 말하는데 나무에서 생산되어 얻는 것이 노비에게서 얻는 것과 같다는 의미에서 썼다.

《하방기河防記》를 완성했다.

왕정은 농학자이기도 하고 또 뛰어난 기계학자였다. 그는 이미 없어진 후한 때의 수력을 이용해 바람을 만들어 철을 제련하는 수로배설 설비를 다시 복원했으며 스스로 수롱水礱[554] · 수륜水輪[555]을 만들었다. 그는 기계 설계도 역시 중시했다. 기계 제작은 그림이 아니면 이해하기 어려운 중국의 저서 중 가장 부족한 점이 바로 이러한 종류의 도록이다. 그는 농업 기계 · 관개 기계 · 방직 기계 등에 관한 제작 설계도 281폭을 남기고 제작 방법 · 용법에 관해 설명했으니 참으로 귀중한 자료라 아니할 수 없다. 명대 송응성宋應星 · 서광계徐光啟가 그 중 대부분의 설계도를 사용했다. 원대 초기 만천萬泉의 목공 설경석薛景石의 《재인유제梓人遺制》는 견 · 마 · 천을 방직하는 기구를 만드는 법을 전문적으로 논의한 서적이다. 이 책에는 화기자華機子(제화기提花機)[556] · 입직기[立機子][557] · 나직기[羅機子][558] · 소포와기자小布臥機子[559]에 대해 하나하나 그림을 첨부하여 설명했다. 그림은 부품의 치수와 전체 그림으로 나뉘어 있다.

원통 연간에 진춘陳椿(1293~1335)의 《오파도熬波圖》에는 바닷물을 끓여 소금을 얻는 기술에 관해 상세하게 기록하고 있다. 40여 폭의 그림이 수록되어 있고 제염에 관한 전문 서적이다. 과학사 자료가 풍부한 송나라 심괄沈括의 《몽계필담》은 청대 사람이 송본을 소장하고 있었으나 이미 사라졌다. 현존하는 다릉의 진인자陳仁子 동산서원 대덕 9년본은 송대 건도본乾道本을 중각한 것으로 아주 정밀하고

554_ 물을 이용해 곡식을 탈곡하는 기계.
555_ 수력 터빈.
556_ 자카드 직물을 짜는 기계.
557_ 일반 평행무늬 짜는 기계.
558_ 항라 짜는 기계.
559_ 비단과 마를 짜는 기계.

판심이 작고 천두天頭[560]와 지각地脚[561]이 아주 넓고 크기가 크며 호접장으로 되어 있는데 독특한 풍격이 있다. 현재 국가도서관에 소장되어 있다.

의약서적

원대는 송·금대의 의학을 이어 받아 주진형朱震亨·위역림危亦林·활수滑壽 등의 명의가 출현했다. 지원 22년에 태의 선발 시험에 관한 법을 정하고, 매 3년마다 한 차례 대방맥·소방맥·풍과風科·산과·안과·침구과 등 13과를 시험쳤다.[461] 시험은 의경醫經을 고증하고 약의 맛을 구별하는 방식으로 시험을 치렀다. 시험 치는 서적은, 즉《소문素問》·《난경難經》·《성제록聖濟錄》·《본초》·《천금익방》이 있다. 이상 5종의 의서는 시험과 관련이 있었고 현재 모두 원간본이 있다. 원대에 판각한 의서 중 원나라 사람이 직접 저술한 서적은 적고 고대 의서가 40여 종이나 된다.《황제내경소문》(호씨 고림서당, 지원 16년)·《황제내경영추黃帝內經靈樞》(호씨 고림서당, 지원 5년), 국자감 소자본《상한론》(연우 3년)·《상한론주해》(효영당, 대덕 8년)·《상한론백문傷寒論百問》, 금나라 유하간劉河間의《상한직격傷寒直格》(건안 우씨, 비선 진씨서당), 진晉나라 왕숙화王叔和의《맥경脈經》(용흥로 유학, 태정 4년. 섭일증 광근당, 천력 3년), 수나라 소원방巢元方의《소씨제병원후론巢氏諸病源候論》, 당나라 손사막孫思邈의《천금방千金方》(대덕 15년 간행본, 흑수성에서 출토)·《손진인비급천금방孫眞人備急千金方》·《천금익방千金翼方》(매계서원, 대덕 11년)을 판각했다. 송나라의《증광태평혜민화제국방增廣太平惠民和劑局方》은 7종의 판본(임강 신유 오산 전씨, 대덕 11년. 여지안 근유서당, 건안 정천택 종문서당, 고씨 일신당, 여릉 호씨

560_ 책 상단의 공백.

561_ 책 하단의 글자가 있는 마지막 행에서 종이까지의 공백.

길림서당, 엄씨 존경당, 진씨 유경서당)이 있다. 또 《부광주후방附廣肘後方》(지원 13년)·《신간인재직지부유방론新刊仁齋直指附遺方論》·《신간속첨시재백일선방新刊續添是齋百一選方》(건안 유승부), 금나라 장종정張從正의 《유문사친儒門事親》(몽골 중통 3년), 금나라 이고李杲의 《난실비장蘭室秘藏》 3권이 있으며 현재 원나라 간행본이 있다.

원나라 사람이 쓴 의서 《혜민어약원약방惠民御藥院藥方》(남계정사, 평양 사가 이진당)은 원나라의 어약원御藥院에서 편찬했으며 금나라의 옛 판본을 바탕으로 계속 내용을 더했다. 원나라 허국정許國禎(곡옥曲沃 출신, 제점태의원사提點太醫院事, 예부상서)의 《허씨어약원방許氏御藥院方》 11권에는 지원 30년 평양 사가 이진당의 '평양부사가인平陽府司家印'이라는 거문고 형태의 패기가 있다. 조선 활자본과 일본 활자본이 있다. 대덕 3년에 각 로에 혜민약국惠民藥局을 세워 관에서 초본鈔本을 지급하면 이자로 약재를 구비하고 명의를 선발해 진료했다. 또 《대덕중교성제총록大德重校聖濟總錄》(대덕 4년)이 있다. 주진형은 《국방발휘局方發揮》를 저술했는데, 육욕이 병을 부른다고 강조하고 병을 고치는데 음기를 보충하는 방법을 중시했다. 또 왕호고王好古의 《의학원융醫學元戎》, 사도목소沙圖穆蘇[562]의 《서죽당경험방瑞竹堂經驗方》(원나라 간행본), 위역림의 접골 전문 서적 《세의득효방世醫得效方》(건녕로 관의제령 진지陳志, 지정 5년. 강서 관의제거사官醫提擧司, 지원 5년. 서림 위가), 제덕지齊德之의 《외과정의外科精義》(원통 3년), 손윤현孫允賢의 《유편남북경험의방대성類編南北經驗醫方大成》, 이중남李仲南의 《영류검방永類鈐方》(지순 간본), 《풍과집험방風科集驗方》(호광 관의제거官醫提擧, 대덕 10년), 두사경杜思敬의 《제생발췌방濟生拔萃方》(원각본이 현존함),[462]

562_ 회족 출신. 살덕미실薩德彌實 혹은 살리미실薩裏彌實이라 기재하기도 한다. 원나라의 의약가로, 자는 겸재謙齋, 호는 죽당竹堂이다.

증세영曾世榮의 《활유신서活幼新書》(지원)가 있다.

침과 뜸에 관한 서적으로는 송나라 왕집중王執中의 《침구자생경針灸資生經》(광근서당 간행), 《신편서방자명당구경新編西方子明堂灸經》(웅씨위생당간)이 있다. 《침구지남針灸指南》은 복건 등지의 관의제거官醫提擧 주양능朱良能이 간행했다(원정 원년). 《황제명당침구경黃帝明堂針灸經》과 원나라 두계방竇桂芳이 편찬한 《침구사서針灸四書》는 모두 연산燕山 활제당에서 간행했다(전자는 지대 4년, 후자는 황경 원년에 간행). 침구학자 활수滑壽가 저술한 《십사경발휘十四經發揮》는 후세는 물론 일본에도 영향을 끼쳤다.

본초本草에 관한 서적은 송나라 당신미唐愼微가 편찬하고 구종석寇宗奭이 연의衍義한 《중수정화경사증류비용본초重修政和經史證類備用本草》 30권(평양 회명헌 장대[그림 36], 태화 갑자 하 기유[몽골 정종 4년 기유], 평수

[그림 36-1]

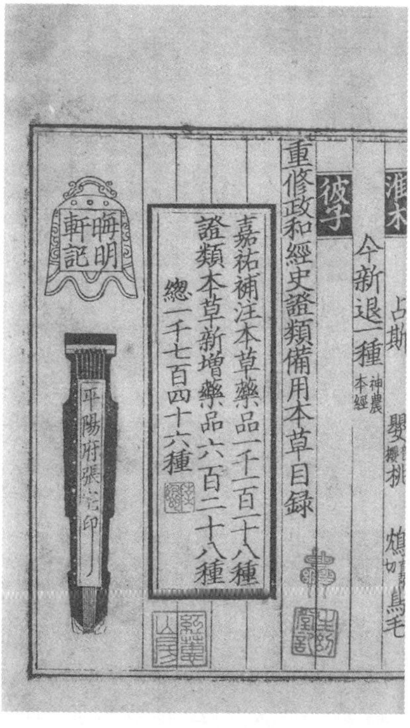

[그림 36-2]

[그림 36] 《중수정화경사증류비용본초》, 몽골 정종 4년(1249) 평양 장존혜 회명헌 판각본

허댁, 대덕 10년)[463]이 있다. 마혁麻革은 "크게 유익한 서적"이라 칭했다.

또 당신미의 《경사증류대관본초經史證類大觀本草》 31권(종문서원, 대덕 6년), 송나라 구종석의 《본초연의本草衍義》 20권(종문서원), 《신편류요도주본초新編類要圖注本草》(여안국余顔國 여현당勵賢堂), 송나라 진연陳衍의 《보경본초절충寶慶本草折衷》(원나라 각본)이 있다.

원나라 음선태의飮膳太醫 홀사혜忽思慧의 《음선정요飮膳正要》 3권은 음식물 본초에 관한 서적이다. 궁합이 맞는 음식물과 피해야 되는 음식물 및 생산, 성질, 맛에 관한 전문 서적으로 영양과 위생에 관해 참고할 가치가 있다. 원간본(천력 3년)이 있다.

수의서獸醫書로는 원나라 병부원외兵部員外 장목중張穆仲이 편찬한 《사목안기집司牧安驥集》이 있다. 또 송나라 왕유王愈의 《번목찬험방蕃牧纂驗方》을 판각했다.

종교 서적

불장　　원대에 가장 규모가 큰 인쇄 사업은 지폐 인쇄 외에 각종 문자로 불교 《대장경》을 판각하는 작업이었다[그림 37]. 한문 《장

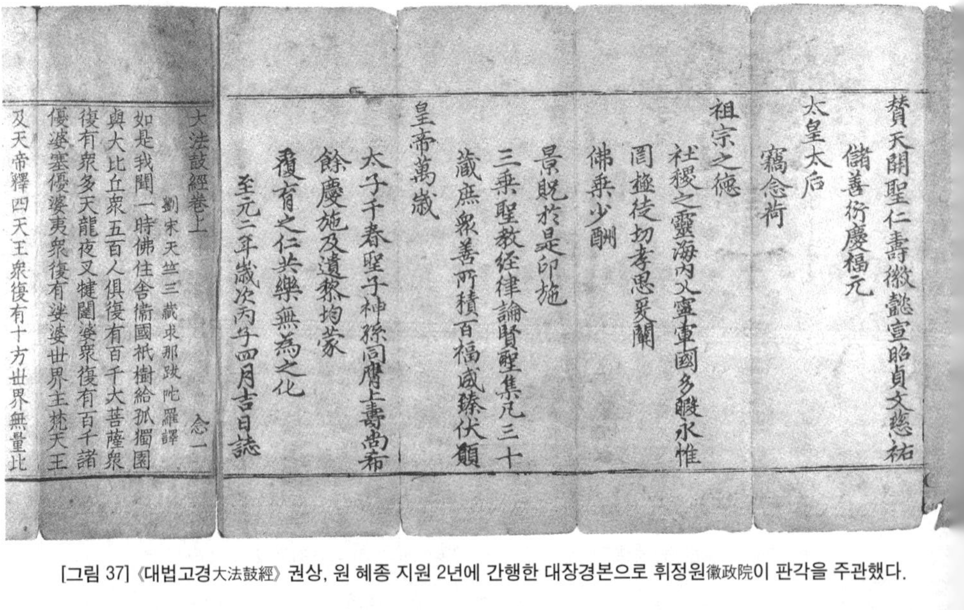
贊天開聖仁壽徽懿宣昭貞文慈祐
儲善衍慶福元
太皇太后
竊念荷
祖宗之德
社稷之靈海內乂寧軍國多暇永惟
罔極徒切孝思爰闡
佛乘少酬
景貺於是印施
三乘聖教經律論賢聖集凡三十
藏庶衆善所積百福咸臻伏願
皇帝萬歲
太子千春聖子神孫同膺上壽尚希
餘慶施及遺黎均蒙
覆育之仁共樂無為之化
至元二年歲次丙子四月吉日誌
大法鼓經卷上　念一
劉宋天竺三藏求那跋陀羅譯
如是我聞一時佛住舍衛國祇樹給孤獨園
與大比丘衆五百人俱復有百千大菩薩衆
復有衆多天龍夜叉揵闥婆衆復有百千諸
優婆塞優婆夷衆復有娑婆世界主梵天王
及天帝釋四天王衆復有十方世界無量比

[그림 37] 《대법고경大法鼓經》 권상, 원 혜종 지원 2년에 간행한 대장경본으로 휘정원徽政院이 판각을 주관했다.

경》은 새로 판각된 것도 있고 보충된 것도 있다. 몽골문 · 티베트문 · 서하문 《대장경》은 모두 새로 판각했다. 또 《도장道藏》도 새로 판각했다.

1. 한문 《대장경》

1) 항주로 《보녕장普寧藏》

송말 원초 항주로 여항현餘杭縣 백운산白雲山(혹은 남산이라고도 함) 대보녕사大普寧寺에 대장경국大藏經局을 세웠는데 보녕사간경국普寧寺刊經局이라고도 한다. 도안道安 · 여일如一 등 승려가 주축이 되었다. 항가호경원杭嘉湖慶元 · 평강平江 등의 로 · 현 · 향의 남녀신도가 시주하여 경판을 판각하였다. 많게 한 이는 두루마리 몇 개 정도 간행할 수 있는 시주를 했고, 적게 한 이는 두루마리 반 권 정도나 종이 한두 장을 간행할 수 있는 시주를 했다.[464] 대략 송 함순咸淳 5년(지원 6년, 1269)에 시작하여 지원 태정 원년(1324)에 마쳤다.[465] 모두 560함, 5,931권, 5,368책으로 천자문을 일련번호로 사용하여 '천天'에서 시작하여 '약約'에서 끝난다.[466] 이 경전은 송의 사계思溪 · 복주 두 본을 근거로 교감하여 간행된 것이라 하는데, 《보녕장》[그림 38]이라 부르기고 하고, 혹은 대보녕사판이라고도 한다. 절첩본이다. 판광은 길이가 25센티미터 정도이고, 매 판은 30행이며, 반엽에 6행이고 매 행마다 17자가 있다. 과거 산서의 태원 숭선사崇善寺에 전체 장경이 있었다. 진성晉城의 청련사青蓮寺에도 역시 이 장경이 있었다. 소주의 영암사靈岩寺에 강유위康有爲 소장본 1천 여 책이 있었으나 후에 다른 사람에게 팔았다. 일본 이즈쿠니[伊豆國]의 모 사찰에 5,397권이 있다.

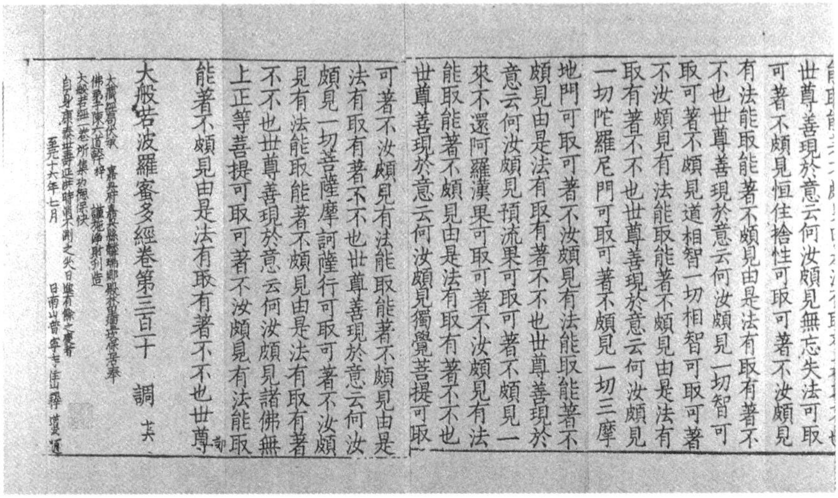

[그림 38(1)] 《대반야바라밀다경》 권 제310, 원 지원 16년 항주로 여항 대보녕사에서 판각한 대장경본이다.

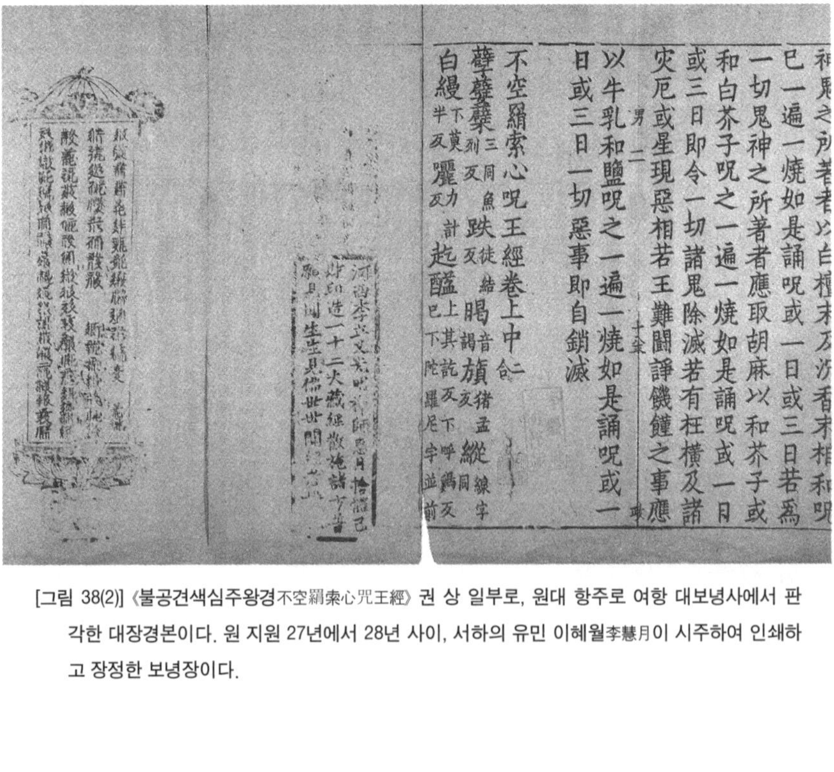

[그림 38(2)] 《불공견색심주왕경不空羂索心咒王經》 권 상 일부로, 원대 항주로 여항 대보녕사에서 판각한 대장경본이다. 원 지원 27년에서 28년 사이, 서하의 유민 이혜월李慧月이 시주하여 인쇄하고 장정한 보녕장이다.

송강부松江府의 승록僧錄[563]직을 맡은 광복대사廣福大師 관주팔管主八이 "강남의 민·절지역 교장경판敎藏經板에 비추어 보니 직북直北[564]의 교장敎藏에 비밀경·율·론 수백 권이 빠져 있었다. 대덕 10년(1306)에 발심하여 대도의 홍법사弘法寺로부터 경본經本을 입수했다(《금장金藏》). 시주금 300정錠을 모으는 한편 항주로에 시주를 청하여 경전 인쇄 기관을 세우고 각자공에게 명하여 판각을 마치도록 했다. 인쇄 장정을 충분히 마련하여 직북直北·복리腹裏·관서關西·사천의 《대장》 교전敎典이 모두 원만히 갖추어지도록 했다"[467]고 말했다.

황경 원년(1312) 고려의 충선왕 왕장王璋이 재산을 희사하여 삼장성교三藏聖敎의 일체법보를 인쇄하니 모두 50장藏을 완비하여 사방의 사찰에 보시하여 널리 전해지도록 했다. 그 목적은 원 인종 황제의 만수무강을 기원하고, 현생에서 자신의 장수와 안락을 얻기 위함이었다. 고려왕과 몽골 통치자는 혼인으로 친척이 되었는데 대부분 원나라 공주와 결혼했다. 왕장은 북경에 오래 거주했으며, 그 직함은 부마도위심왕정동행중서성우승고려국왕駙馬都尉瀋王征東行中書省右丞高麗國王이다. 그는 보녕장을 근거로 인쇄 간행했다. 1984년 북경에 있는 지화사智化寺의 여래전 부처님의 복장에서 3종류의 원대의 장경이 나왔다. 정리해보니 하나는 고려국왕 왕장이 인쇄한 《부법장인연경付法藏因緣經》 1책으로 경절본經折本이며, 천자문 일련번호가 비飛자이고, 반엽에 6행, 매 행에 17자가 있었다. 앞에는 황경 원년 9월 왕장이 50장藏을 인쇄했다는 서문이 있고 판권의 페이지 뒷면에는 심왕부기瀋王府記 도장 12방方이 찍혀 있었다.[468]

563_ 승려에 관한 모든 일을 기록하는 임무를 한다.

564_ 직북에 관해서는 여러 설이 있다. 본래는 그냥 '정북正北'이란 뜻의 명사지만 임금이 있는 곳을 가리키기도 한다. 이는 남쪽을 향하여 북쪽에 앉아 있던 황제를 '남면南面'이라고 부르는 것과 비슷하다.

2) 송 《적사장磧砂藏》의 속간

송 이종 때 평강부의 적사 연성원에서 《장경》을 판각하기 시작했는데, 송·원의 교체기에 관과 개인이 모두 물자가 없어 완성하지 못했다. 원 대덕 5년에 이르러 하남·강북 등의 행중서성 좌승 주문청朱文清이 남현조男顯祖와 함께 재물을 시주하여 대장경판 1천권을 판각하여 평강로 적사 연성사에 보관하니 영원히 유통될 수 있었다. 대덕 10년 승록 광복대사 관주팔管主八은 적사 연성사의 대장경판이 완성되지 않자 중통초 2백정을 시주하고 또 판각을 하기 위해 탁발을 하니 1년도 되지 않아 1천여 권을 채웠다. 지대 3년(1310), 승려 혜련慧聯 등이 선사의 유산을 시주해 《대장존귀大藏尊貴》 1천 권을 판각했다. 대략 송 소정 4년(1231)에 시작하여 지치 2년(1322)에 마치니, 송·원 두 왕조를 거쳐 91년이 걸려 완성되었다. 장경 하나를 완성하는 작업은 이처럼 어렵다. 절첩본折疊本으로 천자문 일련번호로 '천天'에서 시작하여 '번煩'에서 끝나며, 모두 591함, 1,532부, 6,362권(혹은 6,350권이라고도 함)이다.[469] 지정 23년(1363)에 관주팔의 아들 관련직흘랄管輦直吃剌은 부친이 남긴 비밀경판 1부를 적사사 대장경방大藏經坊에 넣어 두고 영원히 인쇄하여 보급되도록 했다.[470] 강희 연간의 《장주현지長洲縣志》·건륭연간의 《원화현지元和縣志》는 모두 적사사에 있는 대장경판에 대한 기술이 있어 이를 통해 이 경판이 청 건륭 때까지 존재했다는 사실을 알 수 있다. 서안의 와룡사臥龍寺에 있던 장경본[藏本] 3천여 권은 섬서성도서관으로 이전해 보관하고 있다. 태원 숭선사崇善寺에 전체 장경이 있지만 이미 48함이 사라졌고 운남성도서관 역시 이를 소장하고 있다. 1949년 이전에 전체 장경의 영인본이 있었고 선장으로 이미 바꾸었다.

3) 송 복주 두 장경의 보충 간행

복주의 동선사東禪寺 판각은 북송 때 이루어졌다. 개원사판은 북송 말기에서 남송 초기까지 판각되었으며 세월이 오래되어 좀이 먹어 상하고 습기를 먹었다. 원 대덕 10년 병오(1306)에 복주 개원장엄선사開元莊嚴禪寺의 주지와 승려들이 시주를 받아 《비로대장경》판 1부를 보충하여 중간했다.[471] 보충 판각한 수량은 제목 부분에 설명되어 있지 않다. 원대에 개원사판을 보간했고, 또 동선사판東禪寺版도 보충 판각했다. 지치 연간에 비구니 조의祖意가 시주를 모아 동선사 경판을 1만 판 판각했다.[472] 1만 개의 판으로 바꾸어 만들었다는 점으로 볼 때 그 규모가 얼마나 대단했는지 알 수 있다.

4) 건양현의 《비로대장》 간행

건안과 건양은 송·원 이래 출판의 중심지로 각자공이 많이 있었지만 《대장경》을 판각했다는 말은 들어본 적이 없다. 국가도서관의 장서 중 소본 《대보적경大寶積經》 권29에, 연우 2년(1315) 복건도 건녕로 건양현 뒷산 보은만수당報恩萬壽堂의 진각림陳覺琳이 여러 사람을 모아 《비로대장경판》을 판각했다는 제기題記가 있는데 이때 전부 다 간행되었는지는 알 수가 없다. 이 소책자는 절본으로 반엽에 6행이 있고 행마다 17자가 있다. 복주의 고산鼓山 용천사湧泉寺에 잔본이 있다고 한다.

5) 《용감법보장龍龕法寶藏》

《용감법보장》에 관해서는 과거에 들어본 바가 없다. "복건 평해도平海道 석교총통釋教總統[565]에서… 성심을 다해, 용감법보대장경 6,020권을 인쇄 제작해 대현성사大顯聖寺에 시주했다"[473]는 기록이 있다. 이 대장경은 이름이 참신하고 총 권수가 있으니 전부임을 알 수 있다. 아마도 복건에서 출판했을 것이다.

565_ 석교총통은 중앙 승무 기관이다.

6) 월판越版 《대장경》

명나라 풍몽정馮夢禎의 《각대장(방책장)刻大藏(方冊藏) 연기緣起》에서는 "송·원 때는 경판京板 이외에도, 평강의 적사, 오흥의 모 사찰, 월의 모 사찰·모 사찰 등에 모두 대장판이 있었다. 그것도 7~8부만 있는 것이 아니니 이는 불법이 홍성했음을 보여주는 한 단면이다"라고 말했다. 월판 《장경》은 평소 들어보지 못했는데 풍몽정이 무엇을 근거로 말했는지 알 수 없다.

7) 고려 《대장경》 수정 보완

지원 27년(1290)에 원 세조가 특사를 고려에 파견하여 《장경》을 수정 보완했다.[474] 이로 볼 때 《고려장高麗藏》에도 중국 장인의 공로가 있다고 하겠다. 《고려장》 경판은 현재 한국 해인사에 있다.

2. 몽골문 《대장경》

몽골문 《대장경》은 14세기 초반 티베트 라마승 교의오애아喬依奧愛兒가 티베트·몽골·한족과 위구르 학자와 더불어 티베트문에 근거해 공동으로 번역해 냈다고 한다. 대략 무종武宗 지대(1308~1311) 때 간행되었다. 이 《대장경》판목의 시작은 티베트의 가목양嘉木樣[566]과 관련이 있다. 17세기에 보충 번역했다. 청나라 초기에 원나라 후손을 통해 봉천(요녕)의 실승사實勝寺에서 구했다.[475]

3. 티베트문 《대장경》

티베트문 《대장경》을 원나라·명나라 때에는 《번장蕃藏》(蕃을 番이라고도 함)이라 불렀다. 티베트를 옛날에는 토번吐蕃이라 불렀고 명

566_ 티베트 불교 거루파[格魯派]의 저명한 학자로 본명은 아앙종철俄昂宗哲이다.

대에는 오사장烏斯藏이라 불렀다. 티베트에서는 줄곧 나무에 새기거나 매듭을 묶는 방식으로 기록을 했다. 7세기에 어떤 이가 토번어를 30개의 자모로 조합해 적었는데, 이를 손첸감포[松贊干布][567]가 대대적으로 제창해 티베트 문자로 통용시켰다. 티베트문 《대장경》 번역 사업은 손첸감포 때부터 시작해서 지종至宗 카바[喀巴][568] 때에 이르기까지 800여 년에 걸쳐 완성되었다. 티베트문 《대장》에는 인도에서 이미 없어진 경전과 한문·티베트문 역본에 없는 경전이 많이 보존되어 있어 학술적 가치가 매우 높다. 티베트문 《대장》은 《감주이甘珠爾》와 《단주이丹珠爾》 두 부분으로 나뉜다. 《감주이》는 부처의 설법(불설부佛說部) 부분이고, 정장正藏으로도 부르며 채파蔡巴 공알다걸貢嘎多傑[569]이 편찬했다. 《단주이》는 여러 대사大師의 논저(논소부論疏部)로 부장副藏이라고도 부르며 포돈인흠布敦仁欽이 편찬했다. 이는 한문 《대장》이 경·율·론의 삼장으로 나누는 것과는 차이가 있다.

티베트문 《창소지론彰所知論》은 파스파가 저술했고 전체는 5품品으로 나뉜다. 1306년(원 대덕 10년)에 간행되었다. 각 인서원에 있는 서적을 그 종류와 판본에 따라 소개하고 있는데 이 1306년의 인본 《창소지론》을 통해 명나라 영락永樂 이전에 티베트에서 인쇄된 서적이 없다는 설은 옳지 않다는 것을 말해준다.

원 세조는 하서자河西字·토번자吐蕃字 장경판을 판각하라고 명했는데 여기서 하서자란, 즉 서하문을 말한다. 토번자 전체 장이 간행되었거나 인쇄되었는지에 관해서는 역사에 명확한 기록이 없다. 티

567_ 손첸감포[松贊干布, Srong-brtsan-sgam-po](605~? 혹은 617?~650), 네팔, 중국, 인도의 일부 지역을 지배한 고대 티베트 왕조 33대 왕으로 629년에 즉위했다.

568_ 티베트 밀종황교密宗黃敎의 시조.

569_ Gongkar Dorjee. 살가薩迦(Sakya)는 아파哦巴·총파總巴·채파蔡巴의 3지파로 나누어진다.

베트 사람 가목양嘉木樣이 원 인종 때(1312~1320) 발원해, 티베트의 남부 찰십륜포사札什倫布寺 서남쪽의 내당사奈塘寺에서 완전한 티베트문 《대장경》을 판각하고 이를 내당고판奈塘古版이라 불렀다고 한다. 티베트의 세라사[色拉寺][570]에 이 장경의 일부가 남아 있다.[476] 관주팔管主八은 대덕 6년 《서번자건타반야백산西番字乾陀般若白傘》 30여 건을 인쇄하여, 경문과 주문 각 10여 부를 토번 등지에 독송하도록 나누어주고 널리 퍼뜨렸다.[477] 투르판에서 발견된 티베트문 인쇄품은 대부분이 부적과 주문이며, 한 장의 종이 위에 2, 3자 정도만 쓰여 있고 대부분 작은 진흙 불상 속에 들어가 있는데 인쇄가 비교적 볼품없다.

나당고판那塘古版 《감주이》의 판각 시기는 나당신판那塘新版에 기재되어 있는 목록에 의하면 1312년에서 1320년에 승가僧伽 가앙嘉央이 판각해 나당사에 소장했다.

4. 서하문 《대장경》

원 세조는 하서·토번자 장경판을 제작하라고 명했는데, 지원 30년 (1294) 11월 정사丁巳에 선정원宣政院에서 진행하던 하서장경판의 제작이 중단되었다. 그러나 얼마 안 가 다시 제작하게 되어 대덕 10년에 판각을 시작했다.[478] 하서자(즉 서하자) 《대장경》도 어지를 받들어 판각하였는데 그 판각 장소는 강남절서도江南浙西道 항주로의 대만수사大萬壽寺였다[그림 39].

하서문 《대장경》은 모두 3,620여 권으로 되어 있고 대덕 10년에 이르러 완성되었다. 관주팔은 "불법의 인연을 이어 30여 대장을 인

570_ 라싸 북부에 있는 거루파(Gelug) 6대 사원 중의 하나이자 간덴 사원, 드레펑 사원과 함께 라싸 3대 사원의 하나이기도 하다.

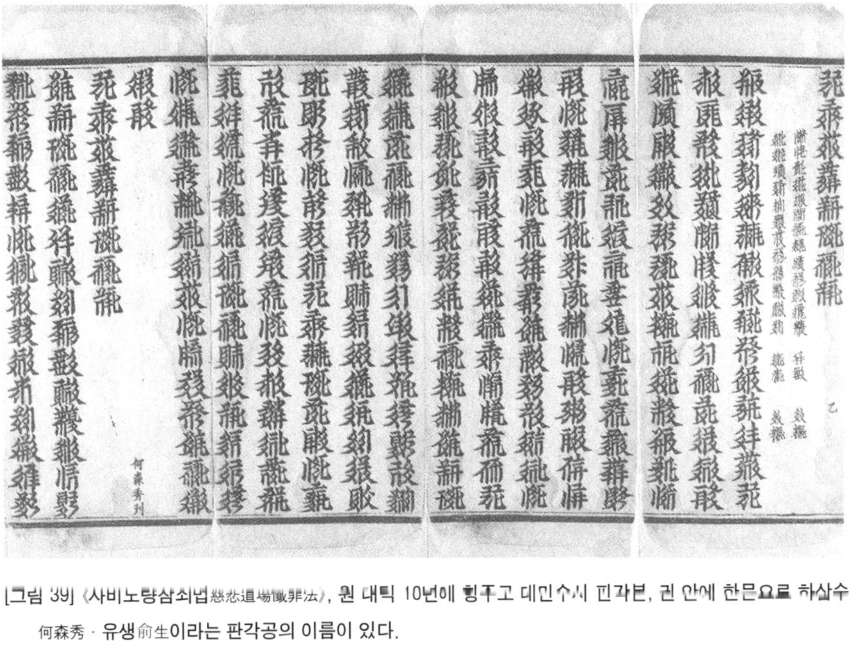

[그림 39] 《자비도량참죄법慈悲道場懺罪法》, 원 대덕 10년에 항주 대만수사 판각본, 권 안에 한문으로 하삼수何森秀 · 유생俞生이라는 판각공의 이름이 있다.

쇄 제작하고, 또 《대화엄경》·《양황보참梁皇寶懺》·《화엄도량참의華嚴道場懺儀》 각 100여 부, 《염구시식의궤焰口施食儀軌》 1천 여부를 영하寧夏 영창永昌등 각 로의 사원에 배포하여 널리 보급한다"[479]고 했다. 돈황에서 발견된 서하문 불경의 권말에는 한자로 "승록 광복대사廣福大師 관주팔이 《대장경》을 사주沙洲의 문수사리탑사에 보시해 영원히 퍼지길 공양한다"는 제기題記가 있다. 이를 통해 볼 때 그가 말한 내용이 사실임을 알 수 있다. 20세기 초반에, 영하의 흑수성黑水城과 신강의 투르판에서 모두 서하문 인쇄물이 발견되었다. 1949년 이전 북평(북경)도서관에서 절본으로 된 서하문 불경 《대방광불화엄경》 등 100여 책을 구입했는데 그 중에 서하문 각본이 있었다. 또 대덕 11년 황경 원년의 연호가 있는 것으로 보아 아마도 항주로의 하서문 대장경의 보간본補刊本으로 보인다. 14세기 초반, 서하가 망한 후 이미 80~90년이 되었으니, 서하문은 이미 그다지 통하지 않았을 텐데 몽골의 승리자가 항주로에서 대대적으로 이미 과거가 된 문자를 판각하기 시작했다는 점은 이해가 되지 않는다.

《장경》을 인쇄 제작하는 일은 비록 판각하는 어려움은 없지만 전 장경을 다 인쇄하는 데에는 종이와 먹 등의 재료가 필요하기에 작업이 대단히 방대하다. 그래서 원나라 때 대부분의 인쇄물은 황제나 대승관大僧官 대승려의 손에서 나왔다. 일반 인쇄 보시는 대중의 시주가 없이는 불가능했다. 원 태조는 《대장》을 인쇄 보시했다.[480] 지원 14년에 원나라 세조는 "《대장》 36경을 인쇄하라 명하고, 관리를 파견해 외곽 지역에서도 귀화시키니 모두 계를 받았다."[481] 문종(1328~1331)은 또 칙령을 내려 《장경》 36부를 인쇄하도록 하고 각 사찰에 배포하였으니 강남도 역시 하사받았다.[482] 이 대장경이 참고로 한 것은 아마도 대도의 서성 금성방동金城坊東 금옥부 내에 소장되어 있던 금나라 구판으로 보인다.

관주팔은 《적사장》을 속간한 것 말고도 "네 가지 은덕에 보답하고 정교를 포교하기 위해 수년에 걸쳐 한문으로 된 《대장경》 50여 장, 사대부경 30여 부, 경・율・논소論疏를 500여 부 필사하고 … 하서자 《대장경》 30여 장을 배포하는 것을 발심했다."[483] 그는 모두 80여 만 대장을 인쇄 보시했는데 그 수량이 대단히 많아 전무후무한 일이라 말할 수 있다. 당시 수도의 홍법사에 원래 장경판본 《금장》이 있었는데 종이와 먹의 비용이 엄청나 유명 사찰이라도 비용이 막대하게 소모되어 감당할 수 없었다. 불혜원감佛慧圓鑒 설당선사雪堂禪師(이름은 보인普仁)는 본래 허창許昌 장씨張氏의 아들이다. 명을 받들고 스스로 공덕을 쌓아 다른 사람들을 감화시키며 강서와 절강의 유명 사찰들을 예방하며 이르는 곳마다 불법[571]을 전했다. 주부州府의 부하관리들이 공양의 예를 드리니 날마다 재화가 쌓여 5천여 권을 구입하여 20장藏을 채워 1만여 함函을 만들었다. 배를 띄워 이를 싣고 회하를 경유하여 하남성 정주 일대로 운반하여 그가 거느리고 있던 10대 사찰에 나누어 주었다. 또한 갖고 간 전장全藏을 나눠줄 때도 법을 지키면서 각 절에 주었다. 그때가 성종 원정元貞 2년(1296)이다.[484] 보인 화상은 일찍이 지원 30년에 강회・복건 융홍 등지의 불교 총관직을 극구 사양하였지만 재력과 세력이 있어서 20장을 구매할 수 있었다. 기록에는 어느 곳의 판본인지는 밝히지 않고 있지만 당시 《적사장》・《보녕장》은 모두 완성되지 않았으므로 구입해 인쇄한 것은 송나라의 《사계장思溪藏》이나 복주본福州本이었을 것이다.

대덕 9년, 천주성 남상南廂 선제방善濟坊 니산坭山 원명당圓明堂 동계봉련계제자東界奉蓮戒弟子 임덕사林德士・임덕성林德誠이 《대비로장경》 600책, 20함을 간행해, 법석선사法石禪寺에 보관했다.[485] 임씨 형제가 인쇄한 것은 일부분일 뿐이고 전체 대장은 아니다.

571_ 원서에는 법항法航이라고 했는데 이 뜻은 불법은 배와 같아서 생사의 고해에 빠져 허우적거리는 중생들을 구제하여 피안으로 도달하게 한다는 의미다.

3년이 지나 지대 원년 무신년(1308) 복건에서도 천주로泉州路 성내에 있는 호국수륙선사護國水陸禪寺에서 시주금을 모아 《비로법보대장毗盧法寶大藏》 경문을 인쇄 제작하고, 대중과 함께 펼쳐서 읽었다.[486] 글 속에는 모두 《비로장》을 언급하고 있는데 이리하여 두 차례나 거듭 인쇄된 경전은 마땅히 송나라 복주 개원사의 《장경》이라고 보아야 하는데 애석하게도 오늘날 천주의 개원사에는 두 함, 1,363쪽밖에 남아 있지 않고, 어떤 것은 아직도 "수륙사水陸寺"라는 나무 도장이 찍힌 자국을 볼 수 있다.

도장道藏 몽골 태종 9년 정유(1237), 내주萊州 액성掖城의 도사 피운진인披雲眞人 송덕방宋德方(1183~1247)이 평양에서 법사를 주재하다가 그의 스승인 구장춘이 도경을 복원하라고 한 말을 생각해 내었다. 송덕방은 문하생 능천陵川 통진자通眞子 진지안秦志安과 함께 도경을 판각해 유통시킬 방도를 생각했다. 승상 호공胡公은 백금 1천냥을 초기비용으로 내놓아 27국局을 설립하고 5백여 명의 기능공들이 진지안의 총지휘 하에 평양 현도관玄都觀에서 매일 교정·보충·수정을 했다. 8년이 지나 갑진년(1244)에 7,800권의 《도장》이 완성되었다.[487] 진지안의 친구 이준민李俊民은 《도장경발道藏經跋》에서 "마땅히 신간이 정확하니 널리 퍼져야 한다"라고 말했는데,[488] 즉 평양 신간 《도장》을 이르는 말이다. 평양의 현도관에서 판각되었기 때문에 그 이름을 《현도보장玄都寶藏》(또는 《송덕방장宋德方藏》[572]이라 함)이라 했다. 판을 현도관 내에 보관했다가 이후에 평양 영락진永樂鎭 순양純陽 만수궁萬壽宮으로 옮겨 보관했다. 그러나 이 원나라 초기의 《현도보장》은 금나라 명창 연간(1190~1196)에 만들어진 중도中都 대천장관大天長觀의 《대금현도보장大金玄都寶藏》과는 명칭만 같을 뿐 그 내

572_ 원서에는 宋德芳으로 되어 있으나 宋德方의 오기인 듯하여 바로잡았다.

용은 다르다. 또 이 《도장》은 원 세조 지원 12년에 피운披雲도사의 아들 송진인이 이 장경의 7,800여 질을 찾아내어 평양부 영락진에서 판각했다[489]고도 하는데 앞에서 말한 내용과는 다르다.

원나라 초기 불교 신도는 도교 신도와 아주 심하게 대립했다. 야율초재는 "만약 불교도가 득세하면 도교 사원을 빼앗고, 도교가 권력을 얻으면 불교 사찰을 훼손하니 서로 투쟁하는 분위기가 매일 계속된다"고 말했다. 일찍이 무오년(1258), 몽골 황제는 "선생들(즉 도사들)이 황당한 말로 《화호化胡》 등을 저술하고 경판을 인쇄하니 이를 없애도록 하라"고 했는데 도장경판도 포함되었다. 그러나 도사들이 몰래 감춰 보존해 온 도장경판이 6부나 된다. 그중의 평양판은 송덕방판宋德方版을 가리키고, 그 나머지는 보정保定·진정眞定·태원·하중부河中府 왕조사암두王祖師庵頭와 관서 등지의 도장경판으로[490] 모두 다 금나라의 구판이다. 지원 17년(1280) "장춘궁長春宮의 도사 500명은 몽둥이를 들고 승려들을 구타하였고 승려들에게서 사원을 빼앗았다. 그 결과 승려를 구타한 도사들 중 우두머리 두 명을 죽이고 그 나머지는 귀와 코를 잘라내어 먼 곳으로 유배를 보내 노역을 시켰다."[491] 그 이듬해(1281)에 원 세조는 명을 내려 《도덕경》 외에 《도장》 경문과 인판도 모두 다 태워 버리도록 명했다. 10월 임자일에 "여러 신하를 불러 민충사憫忠寺에서 《도장》과 위경잡서를 모두 불태웠다. 각 로에 관리를 파견해 이에 따르도록 지도하고 파견된 관리에게도 똑같이 불에 태우라고 명했다."[492] 수도 안팎의 도장경판 인본은 이처럼 갑작스럽게 불타 대부분 재가 되었다. 이로 인해 도교 경전은 많이 사라졌고 도교 세력도 역시 다시 회복되지 못했다. 10여 년 전 북경 유리창의 '신년 고서적 전시회'에서 절본으로 된 《운급칠첨雲笈七籤》 한 쪽을 보았는데 몽골 《현도보장玄都寶藏》 중 타다 남은 잔해라고 하는데 보기 드문 표본이었다. 현재 《태청풍로

경太淸風露經》 한 권이 있으며 6행 17자로 되어 있다.

몽골문 번역본

몽골 사람은 처음에 나무에 새겨 표시를 했지만 문자는 없었다. 위구르(외올아畏兀兒) 사람이 회골문 자모를 사용해 몽골 귀족을 가르치고 양가죽 위에 몽골어를 표기해 몽골문을 만들어 썼다. 원 세조는 지원 16년(1279)에 또 파스파에게 명해 몽올蒙兀의 새 글자를 만들어 전국에 반포하고 파스파 글자라 명하고 또 국자國字라 부르기도 했다. 원나라가 중원 땅을 점령한 후에는 한자를 계속 사용하면서도 대대적으로 몽골문을 제창하고 빠른 속도로 시행해 모든 정부 문서는 몽골자를 정본으로 하고 한자는 부본으로 했다. 천력 2년에 예문감藝文監을 세우고, 국어(몽골어)로 유교 서적을 번역해 널리 보급했으며 번역본은 금나라 · 서하보다 많지는 않다. 번역서는 아래와 같다.

《상서》

《효경》 – 패라철목아孛羅鐵木兒 번역, 대덕 11년 간. 또 《도상효경圖象孝經》 지대 4년 간행

《충경忠經》

《대학연의大學衍義》 – 왕약王約 등이 부분 번역했다. 인종 때에 간행

《통감절요通鑒節要》 – 각 로에 배포했다. 지원 6년

《제범》 – 당 태종 서술, 찰한察罕 번역

《정관정요》 – 지대 4년 간행, 지순 3년 인쇄하여 하사했다.

《백가성百家姓》

《도상열녀전圖象列女傳》 – 지대 4년 간행

《천자문》

《황도대훈皇圖大訓》 – 천력 연간에 번역

대덕 11년 8월 신해일에 중서우승 패라철목아가 국자(몽골문)로 《효경》을 번역했다. 성종은 조서에서 "이는 공자의 심오한 말씀으로 황제, 귀족과 서민에 이르기까지 모두 이를 본받아 행해야 한다. 중서성에 판각해 인쇄하게 명하니 여러 왕들에게 모두 하사하도록 하라"[493]고 했다. 지대 4년(1311) 6월에 어떤 사람이 《대학연의》를 진상하자 첨사詹事 왕약王約 등에게 부분 발췌해 번역하도록 했다. 성종은 "천하를 다스리는 데에는 이 책 한 권이면 충분하다"라고 말했다. 《도상효경圖象孝經》·《열녀전》과 함께 간행하고 신하들에게 하사했다.[494] 송나라 진덕수眞德秀의 《대학연의》 원서 43권은 번역되어 절본節本[573]이 있다. 또 《자치통감》 등 서적은 몽골의 여러 왕들에게 하사해 배우게 했고 반드시 외올아 글자로 다시 번역한 후 반포했다.[495] 지원 6년 몽골자로 《통감절요》를 번역하고, 각 로에 배포해 익히고 배우게 했다.[496] 이 외에도 또 《상서》·《제범》·《정관정요》 등을 번역했는데 후자는 지순 3년(1332)에 판각해 인쇄하고 여러 신하들에게 나누어 주고 몽골과 색목인들에게 배우도록 했다. 《신감申鑒》·《난경難經》·《본초》도 역시 몽골어 번역본이 있다.

몽골문 《백가성》 같은 초급 교재는 당시에 발행량이 매우 많았지만 현재는 원본元本 《사림광기事林廣記》 중의 《몽문대조백가성蒙文對照百家姓》에서만 찾아 볼 수 있다. 청나라 사람이 소장했던 원간본 몽골문 《효경》 한 권이 있다.[497] 국가도서관에 《몽골외올아자여한자대역효경蒙古畏兀兒字與漢字對譯孝經》이 소장되어 있다. 투르판에서 일찍이 몽골방체方體 파스파문 경전 낱장 4쪽이 발견된 적이 있는데, 흑구본黑口本이고 판심에 "팔실八失"이라는 한자 두 글자가 있다.

573_ 어떤 서적이 편폭이 너무 크거나 혹은 내용이 보존하기에 적합지 않아 독자들의 수요에 더욱 적응하기 위해 내용을 가감한 후 인쇄한 판본을 말한다.

티베트문 번역본

《신당서》 토번전과 《자치통감》 당기唐紀는 티베트의 옛 역사서 《홍책紅冊》에 인용되었다. 이 두 서적의 티베트문 번역본은 일찍이 태정 2년에 국사 역린진흘랄사亦璘眞吃剌思가 각인했다고 한다.

4. 원판의 특색

글자체

원판은 일반적으로 말하자면 송판보다 정교하지 못하지만 《윤문자尹文子》·《원풍류고元豐類稿》와 같은 판각은 아주 정밀해 청나라 장서가는 송판으로 잘못 알 정도였다. 심지어 어떤 이는 "원나라 서방書坊에서 판각한 서적은 송나라보다 비교적 좋다"고 말할 정도인데 이는 편견이다. 원판 중에 《산해경》이나 지대 연간에 다시 중수한 《선화박고도록宣和博古圖錄》 등은 구양수의 글씨체를 모방했다. 어떤 서예가는 직접 목판 위에 글씨를 썼는데 예로 조맹부趙孟頫가 쓰고 판각한 《도덕보장》, 장우張雨가 직접 쓰고 유대빈劉大彬이 편찬한 《모산지茅山志》는 '정교함의 극치[精妙絕倫]'라 평가받는다. 그리고 주백기周伯琦의 《육서정와六書正訛》·양환楊桓의 《육서통六書統》·《육서소원六書溯源》은 모두 저자가 친필로 썼다. 주백기와 양환은 문자학자이기도 하고 전서와 주문籀文에 능통한 서예가였다. 《연영오선생집淵穎吳先生集》(지정 26년)은 후학 금화金華출신 송수宋璲가 썼다. 송수는 네 가지 서체에 정통했기 때문에 다른 서예가들보다 훨씬 뛰어났다.

원판 중에 유행했던 서체는 조자趙字로, 조체趙體라 부르기도 하고 또 조오홍체趙吳興体라고도 부른다. 이는 원나라의 저명한 서예가 조맹부의 글씨체다. 조맹부는 자가 자앙子昂이고 호는 송설松雪, 시호는 문민文敏이며, 절강 오흥吳興 출신이다. 조맹부 부부와 아들 조중

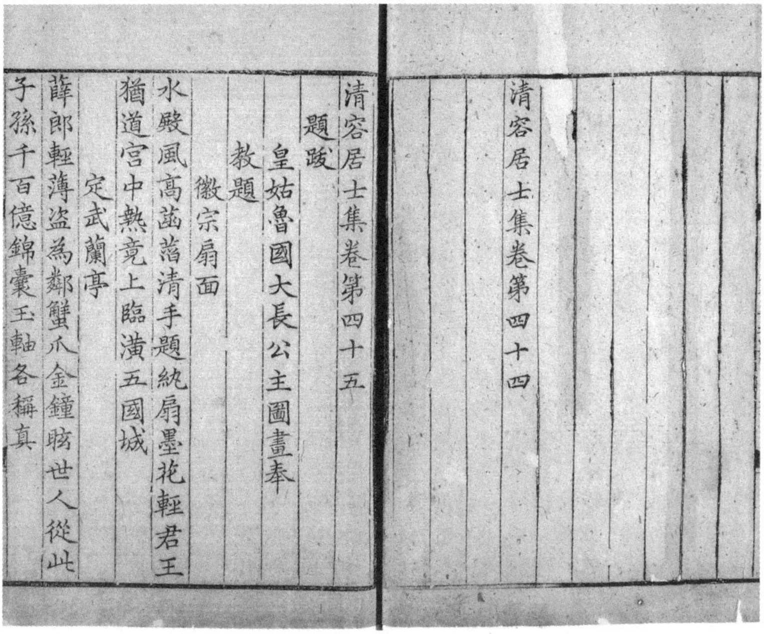
清容居士集卷第四十四

清容居士集卷第四十五
題跋
皇姑魯國大長公主圖畫奉
教題
徽宗扇面
水殿風高菡萏清手題紈扇墨花輕君王
猶道宮中熱竟上臨潢五國城
定武蘭亭
薛郎輕薄盜爲鄰蟹爪金鐘眩世人從此
子孫千百億錦囊玉軸各稱真

[그림 40] 원나라 조맹부체 사명四明 원씨 집안에서 새긴 원각袁桷의 《청용거사집清容居士集》

목趙仲穆은 저명한 화가일 뿐만 아니라 자앙(조맹부)은 특히 서예에 뛰어나 세상에 이름을 떨쳤다. 부지런히 책의 내용을 베꼈으며 친필로 쓴 《도덕경》·작은 해서체[小楷]의 《사십이장경四十二章經》·《법화경》 등을 남겼다. 직접 판위에 쓴 《도덕보장》·《조한천집曹漢泉集》의 단정한 해서 글씨는 송설이 직접 쓴 것이라고 청나라 사람들이 여겼다. 조맹부의 글씨체를 모방해 쓴 글씨체로 판각한 판으로 화계花溪 심백옥沈伯玉이 조맹부의 《송설재집松雪齋集》(지원 기묘), 오징吳澄의 《예기찬언》, 장백안張伯顏이 판각한 《문선》, 대덕본 《회도열녀전》, 원각袁桷[574]의 《청용거사집清容居士集》 등이 있다. 조맹부의 글씨체를 모방해 자획이 단정하다. 원나라 때 사대부들은 조맹부의 글씨체를 경쟁적으로 흉내냈기 때문에 관각본과 사각본도 역시 조맹부의 글씨를 모방했다[그림 40].

574_ 원각(1266~1327)은 원대 학관學官이자 서원의 훈장[山長]이었다. 자는 백장伯長이고 호는 청용거사清容居士다. 은현鄞縣(지금의 절강에 속함) 출신이다.

청나라 서강徐康의 《전진몽영록前塵夢影錄》에서 "옛날 신강申江의 서적포에서 《황문헌공집黃文獻公集》 22권을 구했는데 행이 좁고 글자가 가는 조맹부체다. … 원대에는 사대부들이 경쟁적으로 조맹부의 글씨를 흉내냈을 뿐 아니라 관각 경서와 역사서, 개인이 간행한 시문집 역시 오흥체를 모방했다"고 했다. 또 조맹부체 중 행서는 생동적이고 거침없이 아름다운데 강서 광신서원廣信書院에서 간행한 송나라 신기질의 《가헌장단구》(대덕 3년)가 있다. 송판의 구양수 · 안진경 · 유공권 · 수금체 · 원판의 조맹부체를 막론하고 모두 책을 펴면 독자들은 일종의 미감을 느낄 수 있는데 오늘날 신문에서 쓰고 있는 사방명조체보다 훨씬 아름다워 눈이 즐겁다.[498]

송 · 금 판각본 중에는 간자 · 속자가 많이 있는데 원대 건본建本 중 유서와 소설에서 많이 보인다. 예로 禮자를 礼로, 興자를 兴으로, 無를 无로, 氣를 气로, 雙을 双으로, 鹽을 塩으로, 雲을 云으로 표기하고 있는 경우를 들 수 있다. 원대에 간행된 《신편공자가어장구》에서 覺자를 竟으로, 國자를 国으로 표기하고 있다. 또한 《지원신간전상삼분사략至元新刊全相三分事略》에서는 더 대담하게 가차자를 사용하고 있다. 예로 諸葛을 朱葛이라 적고, 諸侯를 朱侯라 적고, 玄德을 玄得이라 적고, 周瑜를 周餘라 적고 있다. 또 一 대신에 益 또는 懿자로도 쓰고 있으니 益州를 一州로, 司馬懿를 司馬一로 쓰고 있으며, 廿를 念자로 대체하여 口念短歌를 口廿短歌라 쓰고 있다. 일반적인 간체자 · 이체자의 범위를 벗어나 거의 다른 글자 · 오자에 가깝게 썼는데 益州를 一州로, 諸侯를 朱侯로 쓴 것은 쉽게 오해가 생길 수 있다.[575]

소자와 대자본 송나라 불경 인본에는 이미 아주 작은 글자

575_ 이 부분은 글자의 잘못을 말하는 것이라서 한글 독음은 하지 않았다.

체가 있다. 원 지정 21년에 간행된《연화경》7권은 소자본으로 길이가 2촌 정도이고 너비가 1촌 정도로 거서령居西泠의 노승 자육慈育이 보시해 판각했다. 동시에 가흥로에서는 또 대자로 된《묘법연화경》을 새겼는데 두꺼운 7책이고 절본이며 반엽 4행에, 매 행은 12자로 되어 있다. 모든 글자의 크기는 달걀 정도이며 글자체가 아주 커서 인본 역사상 전무후무한 일이라 할 수 있다. 글자는 크지만 아름답고, 두루마리 첫머리의 불화도 아주 정교하여 글과 그림이 모두 명장의 손에서 나왔음을 알 수 있다. 이 두 서적은 "작은 글자는 겨자씨 하나에 수미산이 들어가고, 큰 글자는 가는 털 하나가 거대한 바다를 삼킨다[576]"라고 표현할 수 있다. 대자본은 시주한 사람이 많은데 그중 지순 2년 가흥현 · 해염주海鹽州와 지정 6년 병술 가흥로 성남 미시가米市街 삼보제자三寶弟子 요진도영姚陳道榮이 "건강하고 오래살고 안목이 광명을 찾기를 바란다"는 축원을 적은 제기題記가 있다(제5권을 인쇄 보시했다).

속표지

서명書名 페이지(title page)를 과거에는 속표지[封面]라고 했다. 이전에는 고관직에 있는 유명 인사나 서예가를 청해 제목을 쓰는 것을 좋아했는데 이는 작가의 신분을 높이기 위해서였다. 오늘날 새로 출판되는 서적에도 전부 속표지가 있다. 송나라 때 비록 대량으로 서적을 출판하였지만 지금까지 속표지가 발견되지는 않았다. 송판에 가장 많이 있는 것은 서적의 끝부분에 서명을 기록했거나 혹은 판심에 서명을 간략히 새겨넣고 어떤 때에는 사람들의 주의를 끌기 위해

576_ "작은 글자는 겨자씨 하나에 수미산이 들어가고, 큰 글자는 가는 털 하나가 거대한 바다를 삼킨다[毛呑巨海, 芥納須彌]"는 구절은 유마경의 불가사의품不可思議品 나오는 말이다.

서 매 권의 서명이 큰 글자로 2행씩 되어 있기도 했다. 또 인쇄된 기다란 제첨[書簽]이 출현했는데 이는 책의 제목을 인쇄하고 인본의 표지의 윗부분 좌측에 붙여서 속표지 역할을 하기도 했다. 서양의 요람본搖籃本 중 최초의 서적에도 속표지가 없다가 1476년(일설에는 1463년, 혹은 1470년, 혹은 1480년이라고도 함) 베니스에서 비로소 책 속의 본문과 분리되어 따로 나와 다른 종이 위에 목각으로 속표지를 인쇄했다. 그러나 중국에서는 13세기 말에 이미 출현했다. 이로써 책을 펼치면 바로 눈에 띄는 큰 글자로 사람들에게 무슨 책인지 알려주어 독자들에게 큰 편리함을 주었다. 이는 인쇄사중 큰 진보로 과거 판본을 언급하던 사람들이 주의하지 않았던 부분이다.

건양 유군좌 취암정사에서 출판한 《광운》[그림 41]의 속표지에 '신간족주명본광운新刊足注明本廣韻' 이라는 큰 글자가 8개 있다.[499] 여기서 말하는 명본明本이란 명나라 판을 이르는 것이 아니라 송나라 명주明州(지금의 영파寧波) 판본을 이르는 말이다. 유군좌가 명주판을 중간하였는데 그 시기는 지정 16년 병신년(1356)이다.[500] 여씨 근덕당에서 간행한 《십팔사략》은 속표지에 '고금통요십팔사략古今通要十八史略'이란 큰 글자가 8개 있다.[501] 여씨 근덕당은 근덕서당이라고도 하며 《광운》·《예부운략》을 간행했고 후자는 갑신년(1344)에 간행했다. 박문서당이 지정 연간에 간행한 《예부운략》에도 속표지가 있는데 상단에 가로로 '박문서당博文書堂'이라는 넉 자가 있고, 아래에 "모씨증수예부운략毛氏增修禮部韻略"이라는 8글자가 두 줄로 있고 중간에 '근의고항관본謹依古杭官本'이라고 조그맣게 한 행으로 적혀 있다. 건안 옥융서당에서 간행한 《증광사류씨족대전增廣事類氏族大全》도 역시 8자로 크게 적힌 속표지가 있다.[502]

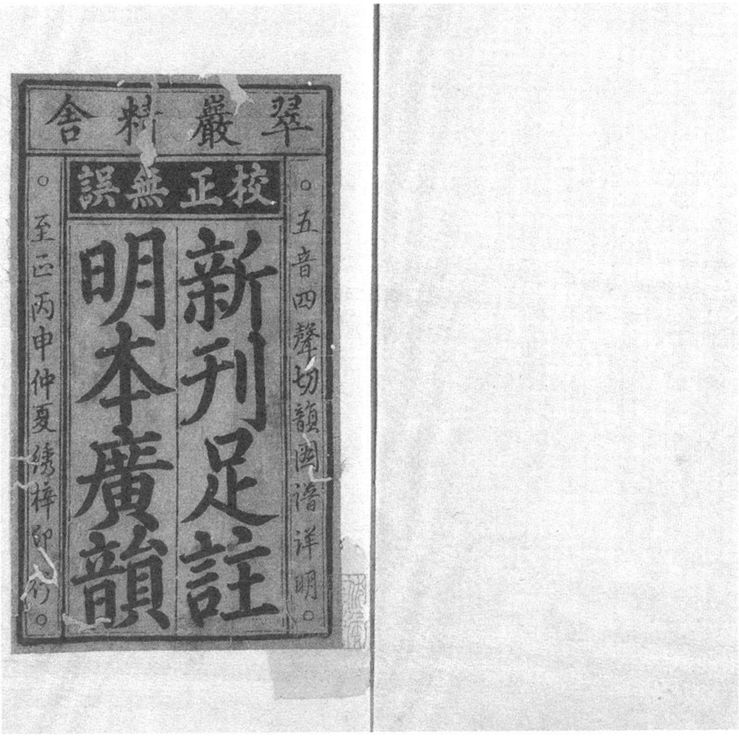
翠巖精舍

校正無誤

新刊足註明本廣韻

五音四聲切韻圖譜詳明

至正丙申仲夏繡梓印行

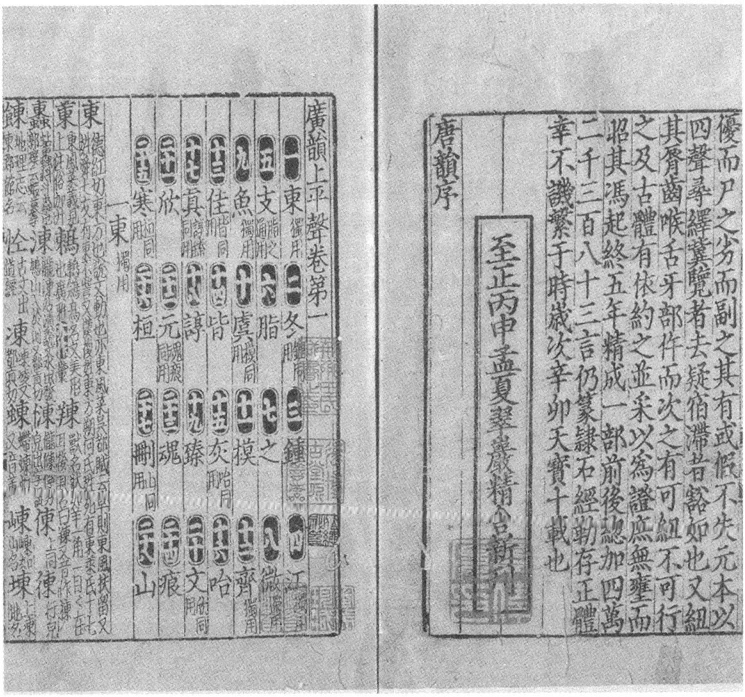
廣韻上平聲卷第一

一東獨用 二冬鍾同用 三鍾 四江獨用

五支脂之同用 六脂 七之 八微獨用

九魚獨用 十虞模同用 十一模 十二齊獨用

十三佳皆同用 十四皆 十五灰咍同用 十六咍

十七真諄臻同用 十八諄 十九臻 二十文欣同用

二十一欣 二十二元魂痕同用 二十三魂 二十四痕

二十五寒桓同用 二十六桓 二十七刪山同用 二十八山

一東獨用

優而尸之劣而副之其有武假不失元本以四聲尋繹冀覽者去疑宿滯者豁如也又紐其脣齒喉舌牙部件而次之有可紐不可行之及古體有依約之並采以為證庶無壅而昭其憑起終五年精成一部前後總加四萬二千三百八十三言仍篆隸石經勒存正體幸不識藂于時歲次辛卯天寶十載也

唐韻序

至正丙申孟夏翠巖精舍新刊

[그림 41] 속표지: 원 지정 16년 병신년(1356)에 취암정사에서 간행한 《광운》

건녕서방에서는 속표지를 새롭게 만들었을 뿐 아니라 또 처음으로 그림이 있는 속표지(illustrated title page)도 선보였는데 그 출현 시기가 더 앞당겨졌으니 도서 역사상 이제까지 없던 시도라 할 수 있다. 건안과 건양 마사의 우씨는 송대에 서방이 많았는데 원대에도 여전히 건안의 우씨 무본서당, 우씨 남계정사, 명복재 등이 있었다. 그러나 그림이 있는 속표지를 처음 시도한 곳은 건안 우씨라는 것만 알 뿐 이름이 누구인지는 알 수 없고 5종류의 평화平話를 출판했는데 다음과 같다.[503]

《무왕벌주서武王伐紂書》

《악의도제칠국춘추후집樂毅圖齊七國春秋後集》 – 초천樵川의 오준보吳俊甫 간행

《진병육국秦並六國》 – 황숙안黃淑安 간행

《여후참한신전한서속집呂后斬韓信前漢書續集》

《삼국지》

이들 서적은 집集마다 각 3권으로 되어 있고 문필이 비록 간단하기는 하지만 중국 소설사상 중요한 지위를 가지고 있으며 각 종류마다 그림이 속표지의 전체 면에 다 있는 식으로 격식이 같다. 예로 《삼국지》 제목에는 《신전상삼국지평화新全相三國志平話》라고 두 행으로 특대자로 된 8자가 있어 특히 눈에 띈다. 중간에는 상하 화어미花魚尾가 서로 향하고 있으며 중간에 비교적 작은 글자체로 '지치신간至治新刊'이라는 한 행이 쓰여 있다. 상층부에는 삼고초려도 한 폭이 그려져 있고 가장 위쪽에는 가로로 '건안우씨신간建安虞氏新刊'이란 6자가 있다.[504] 지치는 원 영종英宗의 연호로 단 3년(1321~1323)만 쓰였으니 위에 언급한 《광운》의 일반적인 속표지보다 30여 년이 더 앞선다. 이른바 신전상新全相이란 새롭게 사람 형상의 그림을 더 첨가했다는 의미로 역시 명·청 소설에서 말하는 수상전도繡像全圖와

같다. 책을 상·하칸으로 나누어 위 칸에는 그림을 아래 칸에는 이야기를 서술하고 있다. 오늘날의 아동들이 좋아하는 그림 시리즈물처럼 구도는 소박하지만 옛스러운 정취가 넘친다.

우씨의 《전상속전한서평화全相續前漢書平話》 중간 한 행에 작은 글자로 '여후참한신呂后斬韓信'이라 쓰여 있다. 《전상무왕벌주평화全相武王伐紂平話》 중간 한 행에 작게 '여망흥주呂望興周'라 되어 있다. 《전상진병육국평화全相秦並六國平話》 중간에 '《진시황전秦始皇傳》'이라고 작은 글자로 되어 있다. 이 5종류의 진귀한 원본은 현재 일본 내각문고內閣文庫에 소장되어 있다. 과거 상해인서관이 《삼국지평화》만을 번각 인쇄한 적이 있는데 1956년 상해문학고적 출판사에서 전부를 다 영인해 간행했다.

이전에 필자는 건안 우씨가 처음으로 그림이 있는 속표지를 창안했다고 보았으나 후에 일본 나가사와 키쿠야[長澤規矩也]의 1976년 판 《도해화한인쇄사도록편圖解和漢印刷史圖錄篇》에 《삼국지》에도 그림이 있는 속표지가 있는 것을 보았다. 제목은 《신전상삼국지ㅁㅁ》(원래 훼손되어 글자가 빠졌는데 고사故事란 두 글자가 들어가야 함)로 중간에 '갑오 신간'이란 글자가 작게 한 행으로 있고 위에는 가로로 '건안서당'이라 적혀 있었다. 역시 삼고초려도가 있으며 권 단의 제기에 '지원 신간 전상삼분사략'이라 되어 있다. 원나라 때 지원 연호가 두 번 있고 갑오가 두 번 있는데 앞의 갑오는 지원 31년(1294)이고, 뒤의 갑오는 지정 14년 갑오(1354)이므로 후지원 연간은 갑오가 없다. 권 단에 지원 신간이라 되어 있고 속표지에 표제를 단 것은 갑오 신간이니 마땅히 지원 갑오(1294)년이고 우씨의 지치본보다 20여 년이 더 앞선다. 삼고초려 그림은 거의 다 같으니 우씨는 건안서당본을 모방했다는 것을 알 수 있고 세계 최초의 그림이 있는 속표지의 창시자는 우씨가 아니라 마땅히 건안서당으로 보아야 한다. 원나라에는 건안서당 이씨가 있었는데 이 건안서당이 이씨가 경영한 것인지는 알 수 없다.

저자의 초상화

최초로 자신의 초상화를 자신의 저서에 판각해 넣은 시도도 원나라 때 시작되었다. 《활유신서活幼新書》 3권(지원 간행본)의 저자인 원나라 형양衡陽의 증세영曾世榮은 78세에 자신의 초상을 남겨 자손에게 보여주고자 하였다. 어떤 이가 그에게 권하기를 종이 위에 초상화를 남겨두는 것보다 서적에 초상을 남겨두는 것이 후손이 서적을 펼쳤을 때 더 감회가 있을 것이라 했다. 그리하여 이 소아과 의사는 자신의 반신 초상화를 서적 위에 판각하였는데 이런 경우는 송나라 서적에서는 찾아 볼 수 없다. 명대의 화가 유세유劉世儒(설호雪湖)도 자신의 작은 초상을 《유설호매보劉雪湖梅譜》에 새겼다(만력 23년). 또 많은 문학가들이 자신의 초상을 자신이 지은 시문집의 권두에 덧붙였다.

원고모집 광고

시 원고를 모집하는 광고는 지원 2년 병자년(1336)에 손존오孫存吳가 편찬하고, 우집虞集(1272~1348)이 선택 교정한 《원시元詩》에 처음으로 보이는데 원문에 다음과 같이 4행으로 적혀 있다.

본 서방에서 명사들의 시를 구해 간행하고자 하나

인품과 나이 직책으로 순서 매기기가 힘듭니다. 사방에 문단에 벗이 많아 다행히

여기저기 흩어진 원고를 모았습니다. 좋은 문장은 드러내기를 아끼지 말고

바라건대 창해에 구슬을 잃어버리는 탄식이 없었으면 합니다. 이씨 건안

서당 삼가 드림

本堂今求名公詩篇, 隨得即刊, 難以人

品齒爵爲序. 四方吟壇多友, 幸勿責其

錯綜之編. 倘有佳章, 毋惜附示, 庶無

滄海遺珠之歎云. 李氏建安書堂謹 咨[505]

이러한 건안본에 있는 원고 모집 광고는 이전에는 없었으나 명나라 서방들도 모방했다.

5. 투인의 발명

양나라 도홍경陶弘景의 《신농본초경집주神農本草經集注》는 원래 《신농본초경》에 기재된 약품과 새로 추가된 약품을 구별하기 위해서 원래 있던 약품은 붉은 색으로 쓰고 새로 추가된 약품은 검은색으로 썼다. 이는 초기 필사본 서적으로 홍, 흑 두 가지 색상으로 서적을 필사해 책을 펼치면 붉은 색과 검정 색이 선명하게 눈에 들어왔다. 송나라 사람의 필사본 중에도 모방한 것이 있다.

과거에 많은 이들이 목판 주·흑의 투인套印이 명나라 만력 연간에 호주湖州에서 시작했다고 보았다. 청나라 유월俞樾도 《춘재당수필春在堂隨筆》에서 "명나라 만력 연간에 오정烏程 민제급閔齊伋이 처음으로 주朱·흑본墨本을 만들었다"라고 했다. 이러한 옛 주장은 뒤에 발견된 원나라 투인본套印本 불경으로 인해 뒤집어졌다. 이미 고인이 된 담신가譚新嘉(지현志賢) 선생이 알려준 바에 근거하면 그는 역사박물관에서 송나라 때 판각한 이계李誡의 《영조법식營造法式》 잔본 한 장을 본 적이 있는데 채색 투인이라고 필자에게 말했다.[506] 만약 그 주장이 사실이라면 투인의 발명은 12세기 초로 더 올라가며 원말

보다 2백여 년이 앞서게 된다. 아쉽게도 이 잔본 페이지는 이미 그 종적을 찾을 수 없다. 최근에 발견된 요나라 때의 채색 대형 석가불상 3폭이 있지만 이는 종이가 아닌 비단 위에 인쇄가 되어 있어 인본 서적과는 다른 점이 있다.

현재 가장 시기가 빠른 투인 실물은 중흥로 자복사資福寺에서 간행한 《금강경주》이다[그림 42].

책의 속표지 그림에는 무문로無聞老 화상이 앉아서 경전에 주석을 달고 있고 시동이 한 명 있고 옆에 한 사람이 서 있다. 긴 책상·사각 탁자·구름·영지는 모두 붉은색이고, 위의 소나무는 검정색이

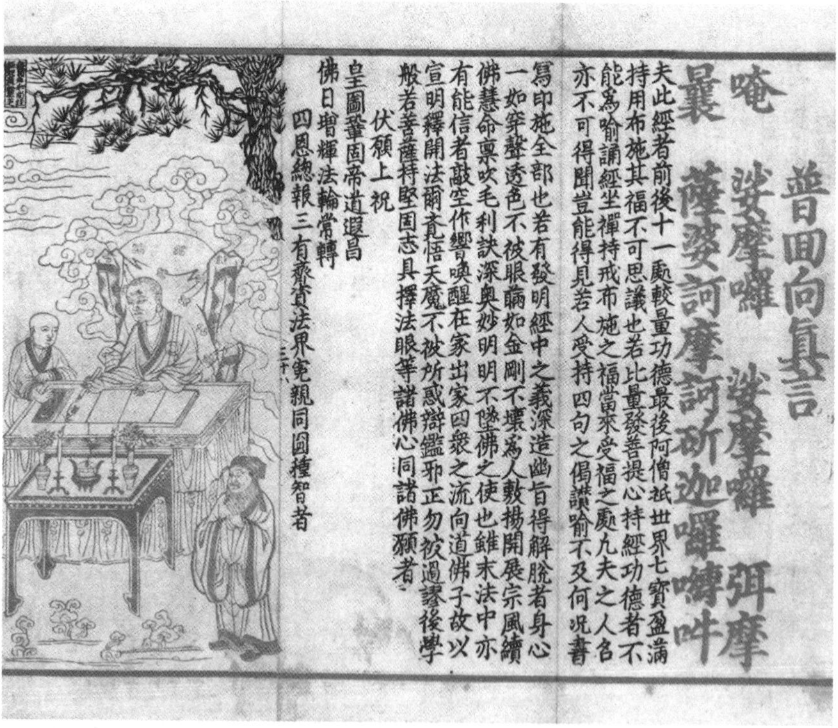
普回向眞言
唵 娑摩囉 娑摩囉 弭摩
曩 薩婆訶摩訶斫迦囉嚩吽
夫此經者前後十一處較量功德最後阿僧祇世界七寶盈滿
持用布施其福不可思議也若比量發菩提心持經功德者不
能爲喻誦經坐禪持戒布施之福當來受福之處凡夫之人名
亦不可得聞豈能得見若人受持四句之偈讚喻不及何況書
寫印施全部也若有發明經中之義深造幽旨得解脫者身心
一如穿鑿透色不被眼瞞如金剛不壞爲人敷揚開展宗風續
佛慧命稟吹毛利訣深奧妙明明不墜佛之使也雖末法中亦
有能信者敲空作響喚醒在家出家四衆之流向道佛子故以
宣明釋開法爾直悟天魔不被所惑辯鑑邪正勿被過謬後學
般若菩薩持堅固志具擇法眼等諸佛心同諸佛願者
伏願上祝
皇圖鞏固帝道遐昌
佛日增輝法輪常轉
四恩總報三有齊資法界冤親同圓種智者

[그림 42] 최초의 주·흑 투인본, 원나라 지정 원년(1341)에 중흥로에서 간행한 《금강경주》. 영지靈芝 그림과 경전 주석이 주·흑 두 가지 색으로 투인되었다.

다. 본문의 경과 주도 역시 주 · 흑 양색인데, 서명 《금강반야바라밀경》부분은 붉은 색이다. 지원 6년은 경진년이고 또 그 다음해 정월 초하루 밤이라 되어 있으니, 즉 시기는 이미 지정 원년(1341)이다. 이는 유럽에서 최초의 색채 인쇄본인 독일의 《마인츠 시편》(Mainz Psalter)[507]보다 160년이 앞선다. 중흥로는 지금의 호북성 강릉江陵이다.

서적은 판각본이건 활자본이건 간에 일반적으로 흰 종이에 검은 색 글자로 단조로웠다. 이때가 되어서야 두 가지 색상으로 된 서적이 나오니 이는 판각에 있어 획기전인 일로 인쇄사에 있어 매우 중요한 일이다. 그래서 명나라 진계유陳繼儒는 "목판, 활판 그리고 주평朱評[577]으로 세 번 변했다"라고 말했다. 그러나 명나라 만력 이전에는 이를 모방한 서적이 보이지 않는다. 카터는 베를린에서 투르판의 폐지 더미 속에서 채색 인쇄된 불상이 있는 종이 하나를 본 적이 있다고 말했다.

6. 관과 개인의 장서

원 세조는 지원 9년에 비서감을 설치하고 역대의 서적과 음양 금서를 관장했다. 초우직焦友直에게 명해 송나라 비서성의 금서를 개괄하라 했다. 바얀[伯顏][578]은 임안臨安으로 진입하여 남송을 멸망시킨 후 낭중郎中 맹기孟祺를 파견해 송나라 비서성 · 국자감 · 국사원國史院 · 학사원의 도서를 몰수하여 국고에 귀속시킨 후 배편으로 대도까지 운송했다. 세조는 또 허형許衡의 진언을 채택하여 사신을 파견해 항주에 있는 관의 서적판과 강서 여러 군에 있는 서판을 가져

577_ 붉은 글씨로 쓴 비평, 비주批注를 말한다.
578_ 원 세조 때의 승상.

오도록 해 홍문서를 세워 서판을 관장했다. 그래서 원나라 초기 비서성의 소장 서판은 풍부했다. 그 서판은 원나라에서 다시 인쇄 과정을 거쳤으니 송판이 곧 원판이 되었다. 인종은 고려에 서적 4,300여 책을 선물했는데 역시 송나라 비각의 구본이다. 오늘날에도 원나라의 '한림국사원관서翰林國史院官書'란 크고 긴 붉은색 도장이 찍힌 송판 서적을 몇 개 볼 수 있다[그림 43]. 원 인종 때 관서 열람규칙이 있었는데 국자감 숭문각崇文閣의 관서는 "대출하는 이는 반드시 아껴야 하며 훼손하거나 빠뜨리거나 잃어버리면 관장하는 이가 이를 받을 수 없다"는 규칙이 있었다.

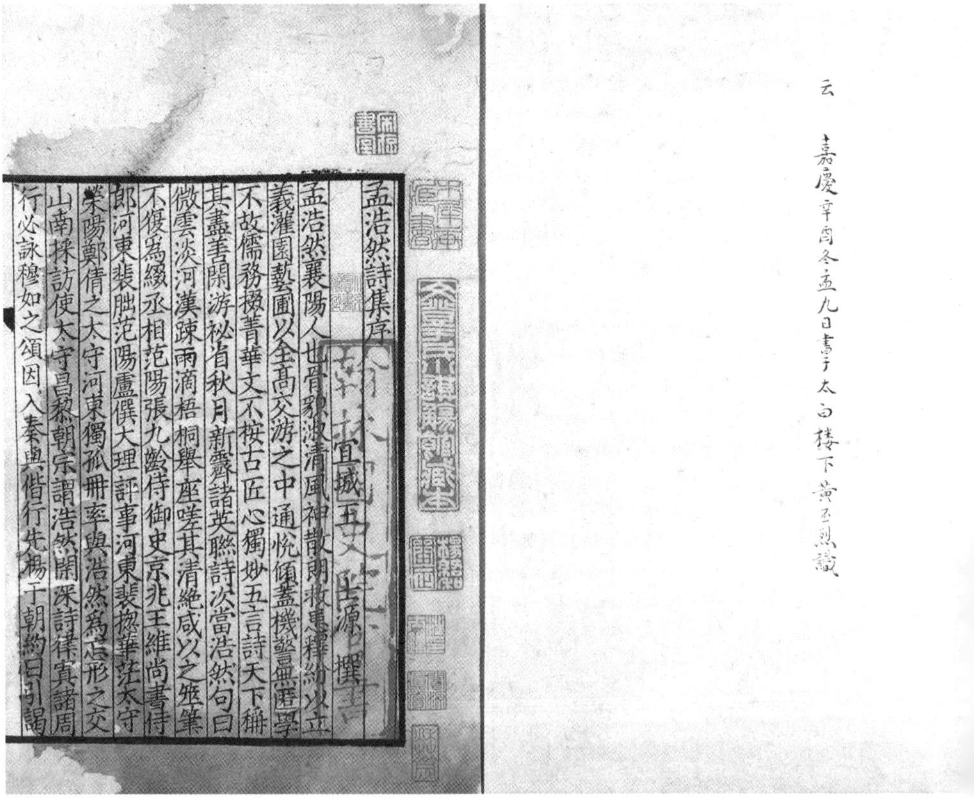

[그림 43] 《맹호연시집》, '한림국사원관서翰林國史院官書'라는 도장이 찍혀 있다.

원나라 때 개인 장서가는 대부분 강남에 있었고 북방에는 진정眞定의 소천작蘇天爵뿐이었다. 그는 조상 대대로 서적 수천 권을 물려받았지만 공무로 강남에 갔을 때도 만 권의 서적을 구해 왔다. 남방에는 양주揚州의 진계모陳季模가 예부터 소장해오던 서적과 새로 구입한 서적을 합쳐서 5만 여권이 있었다. 그리고 소주의 육우인陸友仁도 책을 소장하기 좋아했다. 원역袁易(1262~1306)의 정춘당靜春堂에서도 1만 권의 서적을 모았다. 우자현虞子賢은 대대로 지당支塘에서 살았는데 집안에 역사 및 법률 서적 · 명화를 소장한 것이 삼오三吳[579] 에서 으뜸이었다. 저명한 화가인 무석사람 예찬倪瓚은 청비각淸閟閣[580]의 장서 수천 권을 직접 교정을 보기도 했다. 의흥宜興 악준岳浚도 1만 권을 소장하고 있었다. 화정華亭 손도명孫道明은 영설재映雪齋를 짓고 장서 1만 권을 소장했으며 우연히 비본을 찾아 손으로 직접 몇천 권을 필사하기도 했다. 그리고 상해 장숙莊肅(요당蓼塘)은 송나라가 망하자 관직을 버리고 서적을 모았는데 8만 권에 달해 원나라에서 제일가는 장서가였다. 지정 연간에 요 · 금의 역사를 정리할 때 유실된 서적을 모았는데, 위소危素가 그 집에서 5백 권을 구입했다. 문학가인 영파寧波사람 원각袁桷은 잠시 여택서원麗澤書院의 훈장을 했는데 장서가로서는 절동浙東지역에서 으뜸이었다. 명 · 청 두 나라의 강절 장서가는 더더욱 끝도 없이 많다. 육우인은 《육민장서목록陸民藏書目錄》이 있다. 《장요당서목莊蓼塘書目》은 갑 · 을 10개 부분으로 나누어져 있다. 민 지역의 홍화興化사람 황방자黃方子가 소장한 서적 목록으로는 《동가서목東家書目》이 있다. 또 《공산서원장서목록共

579_ 오군吳郡 · 오흥군吳興郡 · 회계군會稽郡을 합쳐 삼오라고 한다.

580_ 예찬의 서재로 청비각은 당시에 유명한 문인들이 집합장소였고 귀중한 시화와 골동품으로 가득했다고 한다. 예찬은 원 사대가 중의 한 사람으로 자는 원진元鎭, 호는 운림雲林이다.

山書院藏書目錄》이 있는데 모두 전하지 않는다.[508]

7. 기타 인쇄

지 폐

원나라는 호부戶部에 보초寶鈔를 인쇄 제작하는 곳인 인조보초고印造寶鈔庫와 인조염다등인국印造鹽茶等引局[581]을 설치했다.[509] 이는 송나라 때부터 있던 제도를 계속 사용한 것으로 정부가 설립한 인쇄기관이다. 그러나 인쇄가 가장 빈번하고 인쇄 수량이 제일 많은 곳으로는 인조보초고를 들 수 있다. 인조보초고 · 보초총고 · 제로보초제거사諸路寶鈔提擧司에는 모두 각각 다루하치 한 명을 두었다. 또 혼초고昏鈔庫(옛 지폐를 폐지)에는 구 지폐를 태우는 작업을 관리하는 감독을 두었다.

일찍이 몽골 태종 8년(1236)에 소액의 지폐를 발행했다. 몽골인은 송과 금 두 나라를 통해 지폐의 효용에 대해 잘 알고 있었기에 오고타이는 일찌감치 두 나라의 제도를 본 따 지폐를 발행했다. 쿠빌라이 칸(원 세조)은 중통 원년(1260)에 즉위한 후, 중통보초中統寶鈔 지폐를 바로 발행하고 점차 원나라 재정에 관한 제도를 확립했다(중통원보초는 10문 · 20문 · 30문 · 50문 · 100문 · 200문 · 500문 · 1관 · 2관이 있음). 또 능직으로 중통은화(1 · 2 · 3 · 5 · 10냥兩, 매 1 냥은 백은白銀 1냥과 같고 은화는 아직 발행되지 않음)를 제조했는데, 비단으로 짰지만 금나라와 같이 비단에 인쇄하지는 않았다. 지원 12년(1275)에 이초厘鈔를 추가했다가(2 · 3 · 5문으로 나뉨) 15년에 이초가 백성들이 사용하기에 불편

581_ 인국引局은 소금 · 차 · 철 등에 관한 판매 허가증을 전매하던 기관이다. 원나라 인국은 세조 지원 24년(1287)에 설치되었다. 호부에 속해 있었고 대사大使 · 부사副使를 두었다.

하자 폐지하도록 명했다. 24년(1287)에 지원초(2관에서 5문까지 모두 11종임)로 개조해 중통초와 통용되게 하니 매 1관문은 중통초 5관에 해당한다. 각 로에서 관고官庫가 설립됨에 따라 금은으로 바꾸어 일정한 가격이 되도록 표준을 정했다. 화은花銀 1냥마다 입고 가격은 지원초 2관이고, 순금[赤金] 1냥의 입고 가격은 20관이었다. 무종 지대 20년(1309)에 실물을 중시하고 중통초를 가벼이 여기자 지대 은초로 개조해 13등급으로 정하였는데 매 1냥은 지원초 5관이 되거나 백은 1냥이 되거나 순금 1전이 되었다. 인종 때에는 은초를 폐지하라는 조서를 내리니 중통초와 지원초는 원나라에서 통용이 마감되었다.[510] 원나라 지폐[元鈔]는 처음에 목판을 이용해 인쇄되었지만 지원 13년에 동판으로 바꾸어 인쇄하였고 전해지는 지원초 본틀은 항복한 송나라 사람이 헌납했는데 이에 근거해 판을 주조했다.[511] 그러나 최근 발견된 중통원보교초의 남은 동판 잔해는, 즉 이전의 주장과 차이가 있어 신뢰할 수 없다. 천력 2년(1329)에 초를 주조하는 판을 바꾸고 닳은 판은 파기했다. 원초元鈔의 액면가는 2문·3문·10문에서부터 백은白銀 10냥에 이른다.

《원사》에는 역대로 인쇄한 지폐의 수량을 기록하고 있는데 예로 중통 원년에 중통초는 73,352정錠을 발행했다. 황경 원년에는 지원초 220여만 정(초鈔 50냥은 1정)을 발행했다. 어떤 사람은 중통 원년에서 태정제 원년(1324)까지 액면가 총수가 2,380,563,800냥에 달한다고 계산했다. 매년 발행되는 평균 금액은 3,700만 냥 이상이었다.[512] 지정 13년(1350)에 매일 인쇄되는 양이 너무 많아 수를 셀 수 없게 되자 관음초觀音鈔·화초畵鈔·절요초折腰鈔 등의 명목으로 품질이 조잡하게 남발하여 악성적인 통화 팽창 단계가 되었다. 15년간 인쇄된 지정교초는 많게는 600만 정에 달했고 수도에서는 초 10정으로 조 한 말을 살 수도 없었다(매 정은 50관임). 1357년에 수도에 편민고便民庫를 설립하고 혼초昏鈔를 새 초로 바꾸어 주었는데 민간에서는 결국 아무도 새 초로 바꾸지 않았다. 사람들이 사용을 거부하니 망국의 길로 접어들었다.

원나라 정부는 지폐 인쇄를 매우 중시하여 지폐를 처음 만들 때 좋은 날을 잡아 제사 의식을 거행하며 신에게 빌었는데, 초지방抄紙坊[582]에서도 이를 행했다.[513] 지폐 발행은 정부의 특권으로 역대 조정은 위조 지폐를 만드는 사람에게 극형을 내렸는데 예로 지원통행보초에는 "위조하는 자는 사형에 처한다"라는 큰 글자가 있다[그림 44].

《원사·형법지刑法志》에는 "보초를 위조하려고 모의를 시작한 자, 그리고 초지를 판각한 자, 안료를 구입한 자, 글자를 채워 넣은 자,

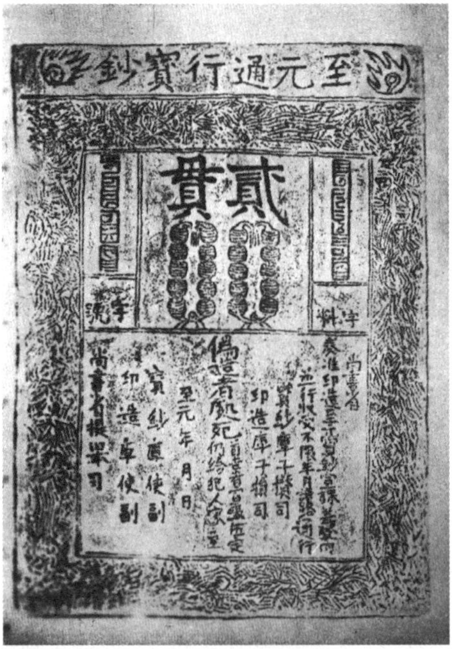

[그림 44] 지원 통행보초

582_ 관서의 명칭으로 초인지抄印紙 제작하는 것을 관장했다.

몰래 인쇄한 자가 해당된다. 동정을 한 자도 모두 사형에 처하고 그 가산을 몰수한다"라고 기재되어 있다. 그러나 위조하는 자는 끊임없이 많아져 대덕 초기(1297~1300)에 항주로 등지에서 지폐를 위조해 감옥에 간 이가 88명에서 274명에 이르렀다.[514] 요컨대 원나라 때 관에서 위조 지폐를 만드는 경우가 너무 많아 통계를 낼 수가 없다.

지원통행보초 2관초 동판은 뒷면에 4개의 받침대가 있고 각각의 높이는 반 촌이어서 인쇄하기 편리했다. 1973년 전에 하북 평산현平山縣 왕파촌王坡村에서 발견된 황동으로 주조된 판은 무게 2.4킬로에 긴 사각형으로 한 면은 2관, 반대쪽 면은 500문을 인쇄하던 동판이다. 지원 24년(1287)에 반포되었다고 한다. 과거 스타인(Stein, Sir Merk Aurel)이 흑수성黑水城에서 훔쳐간 중통초 1장은 현존하는 세계에서 가장 오래된 지폐다. 몇 년 전에 티베트의 사캬사[薩迦寺]에서도 원나라 2관초가 발견되었는데 종이가 크고 검회색이다. 현재 역사박물관에 전시되어 있다.

원나라 초기의 보초는 중국 전 지역에서 통용되었을 뿐 아니라 부근의 고려 · 안남(베트남) · 섬라(태국) 등 각 국에서도 사용되었다. 인도 등 외국상인이 특히 즐겨 사용했다. 유럽 여행객도 이런 황금과 같은 작용을 하는 인쇄된 종이를 처음 보고 모두 칭찬했다. 마르코 폴로는 "칸[大汗]의 재산은 전 세계 제왕이 가진 모든 것을 다 능가한다"라고 말할 정도였으니 그 말이 과장된 것만은 아니다. 서방의 여행가들이 자주 지폐에 대해 소개하게 되자 유럽 인쇄술의 발명에도 지대한 영향을 끼쳤다.

염다인 · 계본

원나라 때도 소금과 차는 송나라와 마찬가지로 여전히 정부의 전매품이었다. 지원 24년에 소금과 차등의 판매허가증을 인쇄하는 기구인 인조염다등인국을 설치하고 대사大使 한 명이 복리腹里[583]와 행성行省의 소금·차·명반·철 등의 판매증의 인쇄를 관장했다. 원나라의 국가 경비는 소금에서 얻는 이익이 80%였고 회동과 회서 두 지역이 반을 차지했다. 염인鹽引(소금 판매증) 한 장은 400근으로 교환할 수 있었다. 천력 연간에 염인은 전부 256만 4천여 장이 발행되었다. 염과초鹽課鈔는 전부 766만 1천여 정이었다. 염인을 위조하는 자는 참수했고 그 재산을 모두 몰수했으며 신고한 사람에게도 상을 내렸다.

다인茶引(차 판매증) 100만 장 중 한 장마다 세금이 12냥 5전이었으니 모두 초 25만 정이었다. 소량 근수의 묶은 차는 첩帖으로 계산했으며 매년 1308만 5289근의 판매를 인쇄했으니 그 초가 29,080여 정錠이다. 다인 한 장은 차 90근과 교환할 수 있어(단인短引), 행상들은 활발하게 판매했다. 또 백성들이 먹을 소량을 사고 팔 때에도 모두 첩에 따라야 했다.

계본契本은 총 303,800 도道였는데 매 도는 초 1냥 5전이었으므로 계산하면 중통초 9,114정이 된다.[515]

8. 장 정

원나라 때 가장 성행했던 서적 장정은 포배장이다. 근자에 어떤 사람이 원나라 때에는 책자본冊子本이 성행한 반면 호접장·포배장은 점차 줄어들었다고 하는데 이는 사실과는 부합되지 않는다. 원나라 대덕 10년 전에 불경 중 네모난 책[方冊]이 생겨났는데, 즉 선장을 말한다. 《지원법보간동총록至元法寶勘同總錄》 10권에 "옛날 방책은 판

583_ 원나라 때 중서성 직할지역에 대한 통칭.

각했으나 범전梵典에 넣지 않았다"라는 말로 보아 성행하지 않았을 뿐이다. 투르판에서 발견된 불경 인본 중에는 절접본이 있으며 그 속에 권자본도 있다. 또 범어본(산스크리트어본) 《금강경》에는 인도의 패엽경 형식을 유지하고 있는데 여러 개의 길고 좁다란 패엽편을 아래 위로 나무판을 끼워 고정시키고 구멍을 뚫어 끈으로 묶었다.[516] 이런 것들은 보기 드문 예이다. 중국 내 서적 형식은 여전히 호접장·범협장과 새로 생겨난 포배장이었다.

호접장　　호접장은 원대에도 여전히 유행했으며 원간본 《금사》에는 배접에 관한 내용이 인쇄되어 있고, 《금사》 자체도 호접장으로 되어 있다. 국가도서관에 있는 원나라 때 인쇄 제작된 호접장 서적으로는 《송사》·《요사》·《금사》·《남북사》·《당서》·《오대사기》·《통감》·《통지》·《통고》·《옥해》·《범문정공집》·《몽계필담》 등이 있다. 대부분 분량이 방대한 서적으로 판식이 크고 넓으며 서양 인본의 2절판본[大對折本](folio)이다. 《몽계필담》의 판광은 비록 작지만 네 테두리에 크고 넓은 부분이 있어 큰 서적으로 장정했다. 새로 출토된 《주자정정채씨집전朱子訂定蔡氏集傳》도 역시 원나라 호접장이다.

호접장 서적은 주로 풀에 의해 좌우된다. 송본 인쇄 중 비록 풀과 밀랍에 대해 대충 언급하고 있지만 상세한 설명이 없다. 원나라 초기에 표배장 초경안焦慶安이 지원 14년(1277) 2월에 풀의 비법에 대해 이야기했다. 원나라 《비서감지秘書監志》 권 6에서 "표배장 초경안은 표배 서적의 색깔에 대해서도 고려했는데 풀을 쑬 때 들어가는 재료로는 황색 밀랍·아교·백반·백급白芨(대왕풀)·명아주·쥐엄나무·모향茅香[584] 각 1전, 곽향 반 전, 밀가루 5전, 딱딱한 땔감 반 근, 목탄

584_ 향이 있고 사기邪氣를 막아주고 위를 따뜻하게 해주는 효능이 있는 약재.

2냥이다"라고 기록되어 있다. 2년이 지나서 송나라는 망했다. 초경안은 송나라 말기에 살았던 장인이었기에 원나라 초기에도 계속 살아 있었다. 초경안의 방법은 아마도 송나라의 옛 비법으로 보인다. 아교와 백급을 사용하는 것은 접착력을 높이기 위해서이고, 백반을 사용하는 것은 부패를 방지하기 위해서이고, 모향과 곽향을 사용하는 것은 향기를 내기 위해서다. 송·원의 배접장 서적은 견고할 뿐 아니라 책을 펼치면 자연스럽게 향내도 났는데 묵향 이외에도 역시 백급풀에 향료를 넣었기 때문에 향기가 났다. 오늘날에는 고서를 장정할 때 풀에 백반은 넣지만 나머지 백급과 향료는 이미 사용하지 않고 있다. 고서적과 고서화를 표구할 때 이 옛 비법을 그대로 따른다면 도서의 보존과 보호에 더욱 좋을 것이다.

범협장 원나라 때 완성된 평강부의 《적사장》, 항주로에서 판각한 《하서자장河西字藏》, 원나라 때 보충 간행하고 인쇄된 복주 동선사東禪寺·개원사開元寺 두 장은 모두 범협장본이다.

포배장 호접장은 풀로만 붙이기 때문에 간혹 떨어지기도 했다. 또 송나라 때 인쇄된 서적의 종이는 두꺼워서 두 면에 모두 인쇄를 할 수 있는 몇몇 경우를 제외하고는 대부분의 일반 종이는 비교적 얇아서 한 면만 인쇄할 수 있었다. 그래서 호접장으로 장정된 서적을 펼쳤을 경우 글자가 인쇄되지 않은 공백의 한 면을 볼 수 있게 되어 책을 읽을 때 불편을 초래했다. 그리하여 어떤 이가 글자가 인쇄된 판을 바깥쪽으로 드러나도록 한 페이지를 두 면으로 접어서 공백면을 안쪽으로 가도록 접은 후 순서대로 놓고 종이를 꼬아 만든 끈으로 장정했다. 그 후에 겉장이나 종이로 책등과 종이끈을 모두 싸버리기 때문에 포배장이라 부른다. 포배장은 호접장보다 6단계의 공정이 많아서 모두 19단계다.[517] 그중 끼워 넣는 종이, 구멍 뚫기, 종이끈으로 장정하는 단계가 호접장에서는 없지만 겉표지는 호접장이나 서양의 평장과 차이는 없다.

대략 원나라 초기에 이미 이러한 형식의 장정이 크게 유행했다. 원간본으로 근래에 산동성 추현鄒縣의 명대 노왕魯王 무덤에서 출토된 지원 신사(1281)에 일신서당에서 중간한 《주문공교창려문집》 5책, 지원 정해년에 무이 첨광조의 월애서당에서 중간한 《황씨보천가주기년두공부시사黃氏補千家注紀年杜工部詩史》 2책, 대덕 10년 전의 《통감》, 지정 임인년(1362) 무렵 심씨 상덕당에서 간행한 《사서집주》 2책은 모두 포접장으로 되어 있다. 원 초부터 원 말까지 원대 전 시기와 명나라 중엽까지 포배장이 호접장을 대체해 가장 유행했던 장정 형태다.

원나라 때 인본은 어떤 경우 책 표지의 바깥에도 천으로 인쇄한 서표[書簽]가 붙어 있기도 했다.

9. 인쇄재료

붓 원나라 때에는 장진충 붓[張進忠筆]이 있었다. 호주 풍응과馮應科가 만든 붓이 특히 유명했고 당시의 서화가 조자앙趙子昂·전순거錢舜擧와 더불어 삼절三絶로 불릴 정도로 유명했다. 풍응과 이외에 육영陸穎의 붓 역시 조맹부가 좋아해 풍·육이라 불렸다. 이때부터 선주필宣州筆 붓의 명성이 사라지고, 명·청나라 이래로는 호주의 붓[湖筆]이 점차 명성을 떨치게 되었다.

벼루 고궁에는 송나라와 원나라의 유명한 벼루가 소장되어 있다. 필자는 포씨재包氏齋에서 강리노노康裏巎巎(1295~1345)의 선두연鱓肚硯을 보았다. 황색 벼루인데 민물고기인 누런 드렁허리와 같은 무늬가 있고, 표면이 반질반질한 아주 보기 드문 명품이다. 예서도 "돌의 이름은 선두鱓肚로 견고하며 황색이다. 세상에서 먹을 가는데 쓰다가 내 문방이 되었다[石名鱓肚, 既堅且黄, 礪爲世用, 歸我文房]"라고 16 글자가 새겨져 있다. 또 전서체로 "자자손손 이를 보물로 여기라[子子孫孫寶之]"라는 여섯 글자가 쓰여 있다. 또 '자산子山'이라는 두 글자가 행서로 쓰여 있다. 강리자산康裏子山(즉 강리노노)은 원나라의 대서예가인데 이를 통해 볼 때 색목인도 유명한 벼루를 보물처럼 아꼈다는 점을 알 수 있다. 벼루에는 명나라 문징명文徵明의 제자題字가 새겨져 있다. 원나라 사람들도 흡연歙硯을 중시하였으며 너무 많은 상관들이 무원현婺源縣의 관윤에게 벼루를 부탁하여 무수한 노동력이 동원이 되어 돌을 깎다가 산이 다 무너져 수많은 사람이 깔려 죽기도 했다.

먹 원나라 때 북방에서 먹을 생산했다는 말은 듣지 못했으며 유명한 묵장墨匠은 대부분 남방 지역 출신이다. 유명한 이로는 전당錢塘 임송천林松泉, 천대天臺 황수지黃修之가 있으며, 개화開化의 금계金溪[585] 사람 구가행邱可行과 그의 두 아들 세영世英·남걸南傑이 있다. 또 의흥宜興의 우재중于材仲, 송강松江의 위학고衛學古, 무이武夷의 두청벽杜淸碧, 예장豫章의 주만초朱萬初, 청강淸江의 반운곡潘雲谷, 장사長沙의 호문충胡文忠이 있다. 또 적인수狄仁遂·고경화高慶和·대언형戴彥衡·오자吳滋·호지胡智가 있는데 모두 원나라 흡주의 먹을 제조하던 장인이었다.[518]

종이 원나라 호부戶部 광원고廣源庫에서 향료 약재·종이 등을 관리했다. 백지방白紙坊에서는 조서와 칙령용의 종이를 제조하였는데 오늘날 북경의 선외宣外 지역에 여전히 백지방이라는 지명이 남아 있다. 금나라 때는 북방에서 종이를 많이 생산했고 원나라 때에는 유명한 종이 생산지가 절浙·공贛지역으로만 한정되어 있었다. 명나라 동기창董其昌은 "원나라의 황마지黃麻紙·연산지鉛山紙·상산

585_ 금계는 강서성에 있다.

지常山紙 · 영산지英山紙 · 상우지上虞紙는 모두 백 년까지 전해질 수 있다"라고 말했다. 명나라 고석高奭은 "원나라에는 연분홍색 종이[彩色粉箋] · 밀랍이 들어간 납전蠟箋 · 황전지黃箋紙 · 화전花箋 · 나문전羅紋箋이 있었고 모두 소흥에서 생산되었다. 백전전白篆箋 · 관음지觀音紙 · 청강지清江紙는 강서江西에서 생산되었다"고 했다. 원나라의 공문서용 종이와 능라 비단 · 청포 · 청화백자 등은 모두 수출품이었다.[519]

원나라 때 인쇄재료의 생산은 송나라에 미치지 못했고 금나라에도 미치지 못했다. 그러므로 전반적인 인쇄업이 상당히 쇠락했던 시기라 볼 수 있다.

미 주

[1] 전작 《중국인쇄술의 발명과 그 영향》(인민출판사 1958년판) 인용 때에는 모두 출처를 밝히지 않았는데 새 재료에 처음으로 출처를 밝힌다. 《북당서초北堂西鈔》 권90.

[2] 《옥해玉海》 권14.

[3] 진직陳直 〈고대문구용품개술〉, 《역사교육》 참조. 1963년, 제3기. 진직은 전국시대의 묘로 보고 있다.

[4] 카터의 《중국인쇄술의 발명과 서방 전파》 제18장, 오택염吳澤炎 역, 상무인서관 1957년판.

[5] 전존훈錢存訓 《중국고대서사書史》 노간勞榦의 후서後序.

[6] 《태평어람》 권606.

[7] 《태평어람》 권605.

[8] 《초학기》 권21. 장화 《박물지》에서도 《초학기》를 인용.

[9] 소경방邵經邦은 자가 중덕仲德이고 호는 홍재弘齋로 인화仁和 사람이며 형부원외랑을 지냈다. 가정 8년 10월에 일식이 있었는데 이를 진언했다가 진해위鎭海衛로 유배되어 30년간 유배살이를 했다. 《홍도록》 57권, 《홍예록弘藝錄》 32권, 《학사회동學史會同》 300권, 《홍간록弘簡錄》 250권 등 많은 저술이 있다.

[10] 막백기莫伯驥의 《50만권루장서목록초편》 중 권2 〈물제집勿齋集〉 참조. 막백기는 주화엽의 설 역시 근거를 찾을 수 없다고 했다.

[11] 이 약방문은 이와 같이 신묘하다. 또 "이를 복용하면 효험이 있다"는 구절에 따르면 관련 부문을 연구할 가치가 있기에 아래에 원문을 소개한다. "辟谷方永寧二年二月十七日, 黃門侍郎劉景先言: 臣遇太白山隱士, 得此方. 臣聞京師米糧大貴, 宜以此濟之, 令人不饑, 耳目聰明, 顔色光澤. 如有誑妄, 臣一家甘受刑戮. 四季用黑豆五升, 淨洗後, 蒸三遍, 曬干, 去皮, 又用大火麻子三升, 湯浸一宿, 漉出曬干, 膠水拌曬, 去皮淘淨, 蒸三遍, 碓搗. 次下豆黃, 共爲細末, 用糯米粥合和成團如拳大, 入甑蒸, 從夜至子住火, 至寅取出, 於磁器內盛蓋, 不令風乾. 每服三塊, 但飽爲度, 不得食一切物. 第一頓七日不饑, 第二頓七七日不饑, 第三頓三百日不饑, 容貌佳勝, 更不憔悴. 渴, 即研火麻子漿飲, 更滋潤臟腑. 若要重吃物, 用葵子三合杵碎, 煎湯飲, 開道胃脘, 以待沖和無損. 此方勒石漢陽軍別山太平興國寺."

이상 원문은 정통《도장道藏》동신부洞神部 총술류 송십松十《신선양생비술》권말에 보인다. 별산別山은 대별산大別山이다. 기타 각종 서적에서 인용한 부분에는 글자상 약간의 차이가 있다. 예를 들면 오승五升, 삼승三升을 오두五斗, 삼두三斗로 고쳤다.

[12]《수서 · 경적지》불경 후 소서小序.

[13] 호응린의《소실산방필총少室山房筆叢》권4 갑부의〈경적회통〉4 참조. 청대 초기의 학자인 고안顧安의《당시소하록唐詩消夏錄》에 "서적 인쇄는 본래 수대에 시작하여 오대 후에 점차 행해졌으나 성행하지는 못했다"고 기록되었다. 건륭 임오 하문환何文煥 서 각본, 권3.

[14] 위에는 불상이 그려져 있고 아래에는 다음과 같은 글이 있다. "대업 3년 4월에 대장엄사 사문인 지과智果가 돈황수호를 하는 영호압아令狐押衙를 위해 불상 2백 존을 그려 널리 중생을 구하고자 공양을 드린다"는 8행의 글귀가 있고 중앙에는 불명 나무대덕불이라고 기록되어 있다. 혹자는 목활자라고 한다. 반길성潘吉星 선생이 일찍이 필자에게 서신으로 대업불화의 출처에 대해 문의한 바 있다. 1973년 6월에 반선생의 가르침을 받아 서안불화의 상황을 알게 되었다.

[15]《자치통감》권176,〈진기陳記〉10.

[16] 1979년 필자는 북경 역사박물관이 진열한 목판 인쇄를 보았는데 당 정관설을 채택하고 있었으며 소경방의《홍간록》원문을 인용하고 있었다.

[17]《당서唐書》권97〈위징전魏徵傳〉과《구당서 · 태종기》.

[18] 현재 당시는 약 54,000여 수가 전하며 시인은 약 3,700여 명이 있다. 1994년 8월 20일《인민일보》에 근거한다.

[19] 명 가정 31년, 동오 사람 동씨의 송본 번각본과 만력 32년 마원조馬元調의 어락헌魚樂軒 각본에는 모두 '持之以交酒茗者'로 되어 있다.

[20] 풍숙馮宿은 개성開成 원년(836)에 70세로 사망.

[21] 조익趙翼의《22사찰기史札記》.

[22] 청 만사동万斯同의《당송석경고》, 주이준朱彝尊의《경의고》권287에서 권291〈간석刊石〉, 왕창王昶의《금석췌편金石萃編》권109에서는 개성 원년(836)에 완성되었다고 한다.

[23] 이 책에 관해서 굿리치 교수는 간단한 편지를 필자에게 보내왔다.

[24] 호도정 선생《세계에서 현존하는 최초 인쇄품의 신발견》(《서림》, 1979, 제2기 참조). 또한 굿리치 교수는 새로 발견된 최초 인쇄품의 초보적 보고에 말했다. 몇 년 전 90고령의 굿리치 교수와 필자는 편지 속에서 이 일을 언급했다. 이홍식 선생의《목판 인쇄로 본 신라문화 – 경주 불국사 석가탑에서 발견된 다라니경》(한글판)은 상해 고정용顧廷龍 관장이 고맙게 번역문을 보내주었는데 특별히 여기서 감사의 뜻을 전하다. 또 필자는《한국에서 발견된 불경은 당나라 인쇄본》(절강성《도서관 연구와 업무》, 1982년, 제4기, 1~4쪽, 또《중국인쇄연감》(1982~1983), 인쇄공업출판사, 1985년,《장수민인쇄사논문집》, 인쇄공업출판사, 1988년, 51~54쪽 참조)라는 글을 썼다.

[25] 이 책 제4장 〈서구에 끼친 중국인쇄술의 영향〉 참조.

[26] 《구당서》 권49 〈식화지 하〉.

[27] 당대의 부분은 장수민의 《중국 인쇄술의 발명 및 그 영향》과 《당육전唐六典》, 당 이조李肇의 《국사보國史補》 등에 근거하였다. 또 상달向達(성으로 쓰일 때는 발음이 상임: 역주)의 《당대간서고唐代刊書考》(1928년)도 근거하였다.

[28] 송나라 마령馬令 《남당서》 권23.

[29] '남당보대본'한집, 당 영호증본 · 촉본 · 천본은 모두 요씨寥氏 세채당본世綵堂本 《창려선생집》(함순) 참조. 국가도서관 소장.

[30] 천우 3년 병인(906)년에 우긍于兢이 〈왕심지덕정비王審知德政碑〉를 찬했는데 복주 민왕묘 안에 있다. 1972년 친구 포수당包樹棠 교수와 동행하여 초록했다.

[31] 오대 항주각본 《불경관무량수불경》이 1960년에 여수麗水 벽호碧湖에서 출토되었다. 절본折本 6행에 몹시 깔끔하다. 오월의 최초 인본은 후주 광순廣順 원년(951) 《묘법연화경》이며, 오월국왕 태후 오한월吳漢月의 경함이 호주湖州 비영탑飛英塔에서 발견되었는데 거기에는 아름다운 불화도가 있었다. 1989년 1월 3일 〈절강만보〉참조.

[32] 연수화상이 인쇄한 경상과 주문의 해석은 송 소홍 임안부본 《심부주》 및 원 조중元照重이 편찬한 《영명지각선사방장실록永明知覺禪師方丈實錄》을 참조. 근년에 서호 풍경유람지를 소개한 글에 영명지각선사를 영명과 지각 두 사람으로 잘못 기록하고 있다.

[33] 《오대회요》 권11.

[34] 전촉국에서 볼수 있었던 당나라 책력은 후당의 낙양에서 판각한 것으로 남당 강녕본이 아니다.

[35] 오대부분은 주로 필자의 이전 작품인 《오대각서의 성행》 및 〈오대 오월국의 인쇄〉(《문물》 1978년, 제12기 및 이전 필기)에 근거했다. 또 왕국유의 《오대양송감본고》 등도 참고했다. 보현보살 · 관세음보살상 사진은 모두 장수민의 《중국인쇄술의 발명 및 그 영향》에 나오는 그림 13, 16참조. 뇌봉탑 내의 탑도는 북경의 로공路工 댁에 있다. 왕승익의 제기는 하정역夏定棫의 필기에 근거해 교정했다.

[36] 《옥해玉海》 권185.

[37] 《십국춘주十國春秋 · 무수소전毋守素傳》.

[38] 이 밖에 고증할 수 있는 도서간행을 한 사람은 다음과 같다. 요헌姚憲 · 신효辛敎 · 여대기呂大器 · 이안세李安世 · 진삼陳森 · 심공아沈公雅 · 선우간鮮于侃 · 황개黃玠 · 한중통韓仲通 · 오불吳芾 · 웅극熊克 · 강부江溥 · 변원卞園 · 한원길韓元吉 · 조불참趙不慚 · 왕송王崧 · 양안세梁安世 · 팽춘년彭椿年 · 진응행陳應行 · 사마급司馬伋 · 우무尤袤 · 진육秦焴 · 심선沈詵 · 황락黃犖 · 왕각王珏 · 장징張澄 · 유민사劉敏士 · 악가岳珂 · 정정鄭定 · 황당黃唐 · 심작빈

沈作賓 · 호앙胡仰 · 왕강汪綱 · 왕신王信 · 전단례錢端禮 · 안이중顏頤仲 · 서침徐琛 · 진기陳杞 · 진송룡陳松龍 · 유공불劉公黻 · 장악蔣鶚 · 당중우唐仲友 · 섭전葉箋 · 심규沈揆 · 정숙丁璹 · 심견沈堅 · 조준刁駿 · 우문시중宇文時中 · 위식衛湜 · 전가칙錢可則 · 동분董棻 · 첨의민詹義民 · 전우錢竽 · 조기趙淇 · 시원지施元之 · 유균遊鈞 · 유임례俞任禮 · 허흥예許興裔 · 유원강留元剛 · 시식施栻 · 첨역詹棫 · 누약樓鑰(심선沈詵부터 여기까지는 관판 절각서浙刻書) · 증집曾集 · 장숙춘張叔椿 · 장효증張孝曾 · 장부張釜 · 오거吳琚 · 담원유譚元猷 · 포이상包履商 · 주필周泌 · 심빈沈邠 · 주사朱思 · 왕문시王聞詩 · 호징湖澄 · 소집邵輯 · 양잠楊潛 · 전중錢重 · 사운謝雲(증집曾集부터 여기까지는 모두 광종光宗 때 판각) · 오견吳堅 · 포한지鮑澣之 · 요용姚鏞 등이 있다.

[39] 《건염이래조야잡기建炎以來朝野雜記》.

[40] 《초씨필승속집焦氏筆乘續集》 권4.

[41] 소식 〈이씨산방장서기李氏山房藏書記〉.

[42] 《학산선생대전집鶴山先生大全集》 권4.

[43] 명나라 왕엄주王弇州의 《조야이문록 朝野異聞錄》.

[44] 명나라 왕엄주의 《조야이문록》에 "엄숭 집안의 송판서적 6,853부를 몰수했다"는 기록이 있다. 청 고궁 소인전昭仁殿의 《천록임랑天祿琳琅》에, 건륭 저장 송판 71부, 금판 1부, 원판 85부, 명판 252부가 있다. 《천록임랑후편》은 가경 2년 것으로 송판 223부, 원판 116부, 명판 289부, 요금 각 1부가 있다. 구가瞿家 소장 송본은 106종이 있다. 심양 동북도서관에 송판 54종, 원판 40~50종, 명 가정본 1백 종이 있다. 국가도서관에 송판서적 355부, 상해도서관에 송판이 약 20부, 북경대학에 송본 35종, 절강도서관에 약 10종, 천일각에 송판서적 10여종, 남경관에 있는 것을 필자가 모두 살펴보았다. 가업당嘉業堂 소장의 송본 70종과 오홍의 장근포張芹圃 소장 송본 약 50종은 중앙도서관으로 귀속되었다가 대만으로 운반되었다. 육심원陸心源의 벽송루皕宋樓에 송판 121부(이중 7부는 북송 것임)를 소장하고 있었다. 일본 세이카도[靜嘉堂]문고에 송본 122종을 소장하고 있는데 완전히 육씨 벽송루 구 소장본과 같다.

[45] 송나라 왕존王存 《구역지九域志》 10권에 총 23로로 되어 있다. 경부京府 4, 차부次府 10, 주 242, 군 37, 감 4, 현 1,135다.

[46] 송판 《손상서대전집孫尙書大全集》.

[47] 명나라 양순길楊循吉 《금소사金小史》.

[48] 변경 · 항주 · 응천부 · 하북창주 · 신양 · 태원부 · 해현 · 강주 · 월주 · 명주 · 장안章安 · 전당 · 여항 · 수주秀州 · 염관鹽官 · 소주 · 오강 · 강음 · 강녕부 · 습현 · 홍주부 · 노산 · 길주 · 임천 · 공현 · 고우 · 용서 · 효남 · 용릉 · 길인 · 사천 · 평창 · 광도廣都 · 영흥군 단주 · 광남동 조주 · 곡강 · 광남서로.

[49] "대송의 강주 곽하 제자인 송수진이 엎드려 발원하오니 어려서 부모를 잃고, 이 《(불설)북두칠성경》을 써서 인쇄해 사람들에게 보시하고자 하옵니다. 모

든 죄업 · 업장 · 번뇌 등의 장애를 모두 소멸코자 원하고, 모든 정이 점점 승리하기를 원합니다" 경전 말미에 "옹희 3년(986) 세차 병술 7월 15일 판각하고 인쇄한다"고 새겨져 있다. 판각하고 인쇄한 사람은 조우趙寓다. 근년에 산서성도서관에 소장되어 있는 것을 발견했다. 유위의劉緯毅 〈산서 고대각서 고략〉, 《산서대학학보》 1979년 제2기 참조.

[50] 이전 원고에는 원래 영천 · 송강 · 오흥 · 구강의 것들도 있었지만 책 이름을 잊어버려서 지금은 생략했다.

[51] 송판 양걸 《무위집》 권14 〈수마기水磨記〉.

[52] 장택단의 자는 정도正道이며 동무東武 사람이다. 경성에서 유학하고 후에 그림을 공부하였는데 특히 배와 마차, 시장과 다리, 성곽길을 그리길 좋아하여 일가를 이루었다. 그림은 소흥 원년(1131) 3월 1일이고 때는 청명절이었으므로 청명상하라고 그림 제목을 지었다. 상하는 변성하를 말한다. 원대의 황공망과 명대의 나송선의 발문이 있으며 현재 것은 명대 사람의 모본이며 중국역사박물관에 소장되어 있다. 또 고궁박물원에는 청나라 나복민이 다시 모사한 본이 소장되어 있다. 내용은 명대본과 조금 달라 서적포 위에 '발태고금서적'이라고 쓰여 있다. 이 그림은 국내외에 십수 점이 있다고 하는데 그래서 내용이 다르다. 또 한 점은 금 대정 병오에 장저의 발문이 있고 송 휘종의 표제가 있으니, 즉 북송말에 그려진 것이다. 청나라 적정진翟廷珍은 "이 그림은 변경을 묘사하고 있으며 인물은 총 1,420명이고 산천초목 · 궁정시가 · 성벽과 성호, 화원, 세관과 나루터의 검문소, 마차와 배와 수레, 연극을 보는 사람들, 노새와 말등의 가축, 오색의 여러 가지 깃발 등 갖추지 않은 것이 없다"고 말했다. 적정진의 《수업당초집修業堂初集 · 사아시초肆雅詩抄》 참조.(니활자본, 도광 무신戊申) 권 4.

[53] 송나라 미원장 《서사書史》.

[54] 《동경몽화록》.

[55] 송나라 주변朱弁의 《곡유구문 曲洧舊聞》 권4.

[56] 《승상위공담훈 丞相魏公譚訓》 권8.

[57] 《송사 · 직관지職官志》.

[58] 《송사》 권431 〈형병전〉, 권266 〈이지전李至傳〉.

[59] 경성목판 인쇄본 《송문宋文》, 지화 2년 전.

[60] 송나라 고승高承 《사물기원》 권7.

[61] 장수민 《중국인쇄술의 발명 및 그 영향》 그림 25, 개보 6년 《불설아유월치차경佛說阿惟越致遮經》 그림 참조.

[62] 《무이신집武夷新集》 참조.

[63] 송나라 왕명청 《휘주록揮麈錄》, 《송사》 권 479 〈무수소전毋守素傳〉.

[64] 정강 원년(1126)에 금나라가 변성을 세 차 공격하자 성은 함락되었고 도시는 불에 타서 3일간 꺼지지 않았다. 사람이 있는 곳의 모든 물건은 금나라 군대가 다 가져갔다. 성내에는 역병에 걸려 죽은 자가 태반이었고 쌀값은 한 되에

3백이나 되었고 쥐새끼 한 마리의 가격도 수백일 정도였다. 4년이 지난 후 금나라가 재차 변경을 침략하니 성안의 장정은 1천도 안 되었다. 후에 금나라가 몽골의 침략을 받자 남경으로 천도하니 변경은 또 금나라의 수도가 되었다. 천흥 원년(1232), 몽골군이 변경을 공격하자 성내에는 대역병으로 죽은 자가 90여만 명이었다. 2년이 지난 후 금나라는 망했다. 송나라 군대가 변경에 들어오니 병사는 겨우 6백~7백 명밖에 안 되었다. 가시덤불과 시체들이 온 도로를 덮었으며 민가는 1천여 호에 불과했다. 송나라 주밀의 《제동야어齊東野語》 참조.

[65] 《인대고사麟臺故事》 권2.

[66] 송판 《남제서》 말에 치평 2년 첩문이 있다.

[67] 조공무晁公武 《군재독서지》 (간칭 《조지》라고 함)에 "치평 3년 5월에 《칠사七史》를 이부에 하사하라고 명하니 교감원들에게 내려보냈다"고 되어 있다. 치평 3년에는 인쇄가 이미 끝났으니 이와는 다르다.

[68] 송판 《소문충공집》 주의奏議 권6 《걸사주학서판장乞賜州學書板狀》(주학에 서판을 하사하길 간청하는 장계).

[69] 송나라 왕질王銍의 《묵기默記》.

[70] 《미해악제발米海岳題跋》.

[71] 송대 임안의 사원은 약 6백여 개가 있었고 성안의 교량은 350여 곳이었다. 일설에는 당 이전에 360곳의 사원이 있었고, 남쪽으로 천도한 후에는 480개가 있었다고 한다.

[72] 송나라 이심전 《건염이래계년요록建炎以來系年要錄》 권20.

[73] 《서호노인번승록》.

[74] 관원내득옹灌園耐得翁 《도성기승都城紀勝》.

[75] 모두 《옥해》에 있다.

[76] 《감응편영험기》.

[77] 《서호서원 중정서목重整書目》.

[78] 《관각록館閣錄》, 또 함순 《임안지》.

[79] 《천록임랑서목후편天祿琳琅書目後編》 3.

[80] 송나라 주밀의 《제동야어 齊東野語》.

[81] 《중편상비쇄금重編詳備醉金》 일본 오산판비기五山版牌記에 "임안부 청하방淸河坊 북가北街 서쪽에 쌍계 조댁서적포에서 책을 간행했다"고 되어 있다. 에즈런J.S.Edgren의 〈남송항주인쇄천담南宋杭州印刷淺談〉 《중국도서문사론집》, 현대출판사, 1992년, 13~18쪽 참조.

[82] 송나라 오자목의 《몽량록夢梁錄》.

[83] 송나라 주밀의 《무림구사》 참조.

[84] 백탑은 흰돌로 지어졌는데 지금까지 전강변에 우뚝 솟아 있다.

[85] 원나라 이유李有 《고항잡기古杭雜記》, 또 오계수吳啓壽 《임안서사고》 유인

물.
[86] 상세한 것은 장수민의 《중국인쇄술의 발명과 그 영향》 110쪽 참조.
[87] 명나라 진미공陳眉公의 《태평청화》.
[88] 강희 《청량산지》 권3.
[89] 순치 《개봉부지》 권20.
[90] 《불조통기佛祖統紀》 권43 《석씨계고략》.
[91] 《사조국사예문지서四朝國史藝文志序》, 《통고 · 경적고》서에서 인용.
[92] 원나라 비저의 《촉전보》.
[93] 《폭서정집曝書亭集》 권52.
[94] 《천록임랑서목 天祿琳琅書目》.
[95] 1952년 《중국인본서적전람목록》, 북경도서관 편찬. 한유 · 유종원 · 맹호연 · 육선공 집등 9종이 있다.
[96] 이 단락은 고정룡高廷龍의 《송촉각간술宋蜀刻簡述》을 참고했다.
[97] 순희 《삼산지》 권40과 권7. 무명씨의 《문슬신화서捫虱新話序》, 순우 신해 진필복陳必復이 임상인林尚仁의 《단은음고서端隱吟稿書》에 제를 했다.
[98] 건안 여인중余仁仲 만권당에서 황륜黃倫의 《상서정의》를 간행. (순희 7년 경자庚子).
[99] "건녕부진팔랑서포인建寧府陳八郎書鋪印"가의賈誼의 《신서》.
[100] 《속자치통감장편》 권266에 송 《여도기문呂陶記聞》을 인용했다.
[101] 송나라 주밀의 《계신잡식속집》 하.
[102] 굴대균은 《광동신어》 권11에서 "어린이들이 글을 깨우칠 때에 《삼자경》을 외웠는데 송말에 구적지가 지었다. 구적지는 순덕 등주사람으로 자는 정숙正叔이고 원나라가 침입하자 원에 항거하면서 벼슬길에 나가지 않았다. 그는 '나는 남쪽사람으로 남쪽말을 하니 어찌 다루하치와 함께할 수 있겠는가'고 말했다."
[103] 《다향실삼초 茶香室三鈔》 에서 송나라 왕명청의 《옥조신지玉照新志》를 인용하여 말하길 "'주오정왕周吳鄭王'은 모두 무숙武肅 이하 후비들로 의심할 바가 없다"고 했다. 《항주일보》 참조. 왕응린의 저서라고 하는 것은 틀린 것이다.
[104] 상무인서관 영인본 '신愼'자가 빠져 있다.
[105] 일본 궁내성 도서실에 경원 간본이 있다. 도후쿠사[東福寺]에는 송 촉각 잔본 945권이 있고 세이카토[靜嘉堂] 문고에는 송간 29권 잔본이 있다. 상해 상무인서관은 영인본에 의거하여 《사부총간》 3편을 수록했다. 1960년 중화서국은 상무인서관본을 영인했다.
[100] 벽송루皕宋樓에 권본 48권을 수장하고 있었는데 일본 세이카토 문고로 귀속되었고, 국가도서관에 송본 잔본이 소장되어 있다.
[107] 《함평산정편칙의제사서덕음》 13권은 함평 원년 판각인쇄하여 반포 시행하

도록 조서를 내렸다. 《경덕신편칙景德新編敕》 15권은 함평 2년에 판각인쇄하여 반포 시행했다. 《대중상부산정편칙의제사서덕음목록大中祥符刪定編敕儀制赦書德音目錄》 43권은 9년에 판각인쇄하여 반포 실행하도록 조서를 내렸다. 《천성편칙天聖編勅》 13권, 《사서덕음赦書德音》 12권, 《천성영문天聖令文》 20권 이상 3종은 천성 10년에 숭문원에서 판각 시행하도록 조칙이 내렸다. 《송회요宋會要》 형법 하나에 법령 하나였다. 《경력산정편칙사서덕음부령칙목록慶曆刪定編敕赦書德音附令敕目錄》 20권은 8년 숭문원에 판각하여 반포하라고 명령했다. 《가우산정편관사서덕음부령칙목록嘉祐刪定編款赦書德音附令敕目錄》 20권은 한기韓琦 등이 지은 것으로 가우 7년에 칙소에서 판각하여 반포 시행하도록 조서를 내렸다. 《희녕산정편관사서덕음부령칙신명칙목록熙寧刪定編款赦書德音附令敕申明勅目錄》 26권은 왕안석이 지었으며 판각본은 7년 정월 1일에 반포하도록 조서가 내렸다. 《원우상정칙령식元祐詳定勅令式》 반포 시행. 《대관마체포칙령격식大觀馬遞鋪敕令格式》 100책, 삼성이 판각을 구하여 반포 시행하니 이를 따랐다. 《정화록령격등政和祿令格等》 331책이 원년에 한 사司에 칙령으로 판각하고 내리도록 상정詳定(나라의 제도나 관아에서 쓰는 물건의 값, 세액, 공물액 따위를 심사하고 결정하여 오랫동안 변경하지 못하게 하던 일: 역주)했다. 《정화중수칙령격식등政和重修敕令格式等》 138권, 《간상看詳》 410권, 전체 548책을 구하여 칙령으로 판각하고 인쇄하여 반포 시행하기를 청하고 3년 정월에 반포 시행했다. 《정화직달강조칙급신명지휘政和直達綱條敕及申明指揮》 131책은 5년에 먼저 본부(상서 탁지)에서 판각 인쇄하여 반포 시행하고 이를 따랐다. 《정화칙령격식》 903권은 6년에 판각을 구하여 반포 시행하니 이를 따랐다. 《선화신수명당칙령격식宣和新修明堂敕令格式》 1206책은 원년 8월에 칙령으로 목판 인쇄하여 반포하고 시행할 것을 상정하니 이에 따랐다.

[108] 《송회요집고》 164책.

[109] 이 문장은 주로 일본사람 니이다 노보루[仁井田陞, 1904~1966, 미야키겐宮城県 센다이시仙臺市 출신의 법제사 학자이다. 중국법제사를 개척했다고 알려져 있다: 역주] 《중국법제사연구》(쇼와 39년판)와 이전 원고에 의거했다.

[110] 기국棋局 · 득산得算 · 권여權輿 · 합전合戰 · 허실虛實 · 자지自知 · 심국審局 · 도정度情 · 사정斜正 · 동미洞徽 · 명수名數 · 품격品格 · 잡설 등은 거의 《손자孫子》 13편을 모방하였다. 이일민은 "우리 왕조에서 바둑으로 천하에 이름을 날린 자는 이전에는 내조 유송劉宗이 있고 오늘날에는 유중보 · 양중은부터 왕완王琬 · 손선孫侁 · 곽범郭范 · 이백상李百祥 등이 있는데 모두들 이 13편을 능히 암송하고 있다"고 했다.

[111] 쌍륙은 우아한 놀이라고 하는데 네 가지 이름이 있다. 즉 악삭握槊, 장행長行, 파라색희波羅塞戲, 쌍륙이라고도 한다.

[112] 사마계사司馬季思가 천주 지현일 때 《온공집》 판각.

[113] 또 촉 대자본(《육지陸志》 《삼소문집 三蘇文集》)이 있고 촉본이 있다.

[114] 필자에게 송 섬천剡川 요씨 《서계집》 집본이 있는데 1981년 승현 문관회 유인본으로 전체 60본을 인쇄했다.

[115] 순희 14년 공문지를 이용해 인쇄했고 그 판각연도는 정확치 않다.

[116] 본 서첩문 및 《옥해玉海》 권54.

[117] 《중국소설사략》 제11편 〈송의 지괴 및 전기문〉.

[118] 조공무晁公武 《군재독서지후지郡齋讀書志後志》 권2.

[119] 광서光緖 《은현지鄞縣志》 권70에 《민수연담록澠水燕談錄》을 인용했는데 고맙게도 천일각天一閣의 홍가요洪可堯 선생이 볼 수 있도록 해주었다.

[120] 육씨陸氏의 《의고당집儀顧堂集》에 의거하면 잘못이다. 실은 명 가정 15년에 보전에서 정씨가 간행하였고 현재는 일본의 세이가토[靜嘉堂] 문고에서 소장하고 있다.

[121] 북경대학과 상해도서관에 나누어 소장되어 있다.

[122] 유익劉益 《의고근원》·평양平陽 장주蔣周의 《익고산법益古算法》·《증고산법證古算法》·《명고산법明古算法》·《변고산법辨古算法》·《명원산법明源算法》·《금과산법金科算法》·《지남산법指南算法》이 있고, 장순원蔣舜元의 《응용산법》·《조당산법曹唐算法》·《가헌구장賈憲九章》·《통미집通微集》·《통기집通機集》·《반주집盤珠集》·《주반집走盤集》이 있고, 석신도石信道의 《검경鈐經》·《검석鈐釋》이 있다.

[123] 청 《사고전서》와 또 송나라 진구소秦九韶 책이 많이 있다.

[124] 정대위는 "《상해황제구장詳解黃帝九章》·《상해일용상법詳解日用算法》·《승제통변본말乘除通變本末》·《속고적기산법續古摘奇算法》 등은 모두 《양휘적기楊輝摘奇》 속에서 나왔다. 이엄李儼은 《송양휘산서고宋楊輝算書考》가 있고, 장순원蔣舜元은 평양의 기이한 선비로 불렸으며 《응용산법應用算法》 1권을 저술했으며 원풍 3년의 서가 있다"고 했다.

[125] 《중국고대과학가·소송》 참조. 왕진택 선생에게 수운의상대의 복원투시도가 있다. 문화대혁명 전에 영국의 죠셉 니담(Joseph Terence Montgomery Needham, 1900년 12월 9日~1995년 3월 24일, 영국의 생물화학가이자 과학기술사 전문가. 그의 저서로 《중국의 과학과 문명》이 있다. 이 저서는 중국과 서양 문화교류에 많은 영향을 주었다. 중국어로는 이약슬李約瑟로 표기한다: 역주) 박사가 북경도서관에 와서 《신의상법요新儀象法要》의 각종 판본과 명대 진가모陳嘉謨의 《본초몽전本草蒙筌》과 관련된 호르몬의 재료를 찾았다. 당시 필자는 죠셉 니담과 근 두 시간 동안 면담을 했다.

[126] 《양절고간본고兩浙古刊本考》 사명에 있는 물시계에 왕금릉王金陵 명문이 있었고 원근에 이름이 알려졌지만 남으로 천도할 때 병화에 훼손되었다. 소흥 말에 군후 한중통韓仲通이 연화루蓮花漏를 새롭게 제조했다. 필자의 생각으로는 송원 이래 시각을 알릴 때는 크고 눈중한 동호적루銅壺滴漏를 사용하였을 것이다. 중국 역사박물관에 진열된 원대 광주 제품이 있다. 고궁의 교태전交泰殿에도 하나가 있다. 높이 1, 2장의 커다란 자명종이 동서로 대립해 서

있다.

[127] 《감고監考》에는 일본 고잔지[高山寺, 일본 교토에 있으며 세계문화유산이다: 역주)에 권5, 권8 두 권이 있다고 하는데 통자通字를 필획을 빼고 써서 유태후劉太后의 부친을 피휘하였고 간행은 천성 중엽이라는 것이 증명되었다.

[128] 국가도서관에 송판 2책이 있으며 원제는 대은옹大隱翁 작이라고 되어 있고 이름은 없으며 서문과 발문도 없다. 판각한 장소와 시기도 자세하지 않은데 각자공 중에 이충李忠은 명주에서 《문선》을 판각했고 태주에서 《순자》를 판각했다. 송림宋琳은 태주에서 《순자》를 판각하고 엄주에서 《소자본통감기사본말小字本通鑑記事本末》을 판각했는데 이들은 효종 때 절각본도 판각했다. 《사고전서》에서는 주익중朱翼中이 《북산주경北山酒經》 3권을 지었고 대은선생은 주익중의 호라고 했다. 《조지晁志》에서는 주굉의 《주경酒經》 3권은 오흥 주굉朱肱익중이 《남양활인서》를 재교하였는데, 즉 주익중은 주굉이라고 했다.

[129] 《중국고대 과학기술 성취》, 〈수법야금水法冶金의 기원 – 담동법〉 참조. 《송사》 권185에 "숭녕 원년 강江·회淮 양로 등 제거 동사유경언銅事游經言"이라는 구절이 있다.

[130] 《옥해》 참조.

[131] 《진록陳錄》 참조.

[132] 이는 원래 재상 장지백張知白의 건의에서 나왔다. "천성 5년(정묘)에 67세였는데 4월 임신일에 먼저 황제께서 신하들에게 말하기를 '세상에 좋은 의사가 없어 여러 사람이 요절하므로 참으로 애석하도다'고 했다. 그러자 공이 '고대의 문서들이 비록 있기는 하지만 대부분 잘못이 많고, 또 천하의 의술을 배우는 사람들이 다 보지를 않습니다'고 아뢰었다. 황제는 이에 의관원에 명하여 《황제내경소문》 및 《난경》·《병원病源》 등을 교정을 보게 하여 관각館閣으로 보내 자세히 교정하도록 했다. 을미에 국자감에서 인쇄하여 반포하도록 조서를 내렸다" 《장문절공연보張文節公年譜》 참조.

[133] 《진록》: 오흥 사람 막백허가 영가에서 《박제방博濟方》을 간행하였는데 집안에서 경험한 처방전을 뒤에 부록으로 붙였다. 온주에서 간행되었다. 왕국유王國維는 《양절고간본고兩浙古刊本考》에서 구주부衢州府로 들어갔다고 하나 이는 잘못이다.

[134] 대방맥大方脈·풍과風科·소방맥小方脈·안과眼科·창종겸절상과瘡腫兼折傷科·산과産科(산부인과임: 역주)·구치겸인후과口齒兼咽喉科·침겸구과針兼灸科·금족겸서금과金鏃兼書禁科로 구성되었다.

[135] 경정景定 《건강지建康志》 권33, 권마다 판수가 기록되어 있다.

[136] 《사고제요四庫提要》에서는 "가정 병오丙午 태의국의 각본"이라고 한다. 그러나 필자가 보건대 가정 연간에는 병오년이 없다.

[137] 이상은 《속자치통감장편續資治通鑑長編》 권105와 《옥해》에 근거했다. 두 서적 모두 왕유일이 지었다. 혹은 왕유덕王維德이 지었다고도 한다.

[138] 이 절節은 대부분 《정화본초政和本草》 서序에 근거했다. 《개보중정본초》 서, 《가우보주본초》 서, 《본초도경本草圖經》 서는 모두 왕씨의 《감고監考》를 인용했다.

[139] 장수민의 《중국인쇄술의 발명 및 그 영향》 111쪽 참조.

[140] 송나라 이조정李朝正의 《비급총효방》은 총 40권으로 소흥 24년에 완성본이 간행되었다. 한 쪽당 20행, 한 행당 16자로 되어 있으며 사방에 테두리가 쳐져있고 구중口中은 단어미單魚尾 모양으로 되어 있다. 아래에는 각자공의 이름이 쓰여 있다. 송나라 때 휘자諱字는 빈칸으로 비웠으며 서건암徐健庵의 건학乾學에서 인쇄한 것과 계진의季振宜가 인쇄한 것이 있다. 손전기孫殿起의 《판서우기販書偶記》 권9 참조.

[141] 일설에는 '순희淳熙 3년'이라고 하나 이는 잘못된 것이다.

[142] 일설에는 '건도 8년'이라고 하나 이는 잘못된 것이다.

[143] 《촉중광기蜀中廣記 · 촉중저작기蜀中著作記》 권4.

[144] 동선 등각원판 《대반야바라밀다경》 권195. 홍일법사弘一法師는 제자題字에서 "병자년에 부상국扶桑國에서 공양을 올리기를 청한다[丙子自扶桑國請歸供養]"라고 적고 있다. 필자는 1972년 천주 개원사에서 이 책을 보았다.

[145] 《고경해제발古經解題跋》 해제총서解題叢書 중.

[146] 《불조통기佛祖統記》 권47. 풍즙은 소흥 23년, 노주瀘州 지사일 때 사망했다.

[147] 장수민의 《중국인쇄술의 발달 및 그 영향》. 지금 서호西湖에 있던 고려사는 이미 존재하지 않는다.

[148] 진국부陳國符의 《도장원류고道藏源流考》와 명나라 학자 호응린胡應麟의 《소실산방필총少室山房筆叢》 참조.

[149] 순희 8년, 대기戴機의 《봉래관장경기蓬萊觀藏經記》에 기록.

[150] 《촉중광기蜀中廣記》, 《촉중저작기蜀中著作記》 권5.

[151] 기숙영冀叔英 《북송시대에 새겨진 목각화[北宋刻印的一幅木刻畵]》 참조, 《문물》, 1962년 1기.

[152] 송나라 진진손陳振孫 《직재서록해제直齋書錄解題》 권3에 《삼조훈감도三朝訓鑒圖》 10권을 넣었다. 황우皇祐 원년(1049)에 책이 완성되었고, 어부御府에서 판각본을 제작했다. 권卷은 한 책冊이며 모두 열 가지 이야기가 실려 있다. 이야기마다 그림이 하나씩 포함되어 있으며 청색과 적색으로 꾸며져 있다. 《관각서목館閣書目》에 따르면 이 책에 대해 "그림과 색채가 모두 부족하다"라고 기록하고 있다.

[153] 송나라 왕명청王明淸 《휘주후록揮麈後錄》 권1.

[154] 《오조명신언행록五朝名臣言行錄》 권5의 1.

[155] 송나라 곽약허郭若虛 《도화견문지》 권3.

[156] 송나라 곽약허 《도화견문지》 권3.

[157] 송나라 심괄의 《보필담補筆談》.

[158] 《동경몽화록》 권3, 권10.

[159] 송나라 곽약허 《도화견문지》 권3.

[160] 《삼조명신언행록》 '사마광 편'.

[161] 《문물》, 1981년. 제3기.

[162] 서양문자의 요람본에서도 생략자나 축소자(abbreviation)가 많이 있었는데 이는 고사본에서 답습되어 온 것이다. 11세기 서양의 고 필사본은 한 행에 8~10개의 약자가 있다. 그러나 라틴문자와 한자는 다르다. 한자의 간자는 한 글자의 필획을 생략하는데 라틴문자는 한 글자의 자모를 생략하는 것이다. 즉 secundum에서 sm로 하고, est에서 e로 생략하고, et에서 e로 생략한 것으로 어떤 때는 전체 행에 약자도 나타난다. 이런 것은 현대의 독자들을 어리둥절하게 만든다.

[163] 원서는 15쪽인데 현재 남아 있는 것은 13쪽으로 절장본에 황지 인쇄본이다. 원 지정 연간에 수십 명의 승려들이 제자題字한 것이 있으며 홍무 연간에 제한 것도 있다. 원나라 사람이 "오군吳郡의 장군실章君實이 세자 《묘법》을 얻었다"라고 발문을 썼는데 실제는 《묘법연화경》의 잘못이다. '건륭어람지보乾隆御覽之寶'가 찍혀 있다.

[164] 《연번로 演繁露》.

[165] 모두 송판 《부석문호주예부운략附釋文互注禮部韻略》 첫머리에 의거했다.

[166] 유통劉通은 군관이었는데 그 딸이 진종황후다. 인종이 13세에 제위에 오르자 유태후가 수렴청정을 했다. 11년간 정사政事는 아주 질서가 있었다.

[167] 《용재속필》 권14.

[168] 《송회요》

[169] 정貞은 44차례, 徵는 29차례, 징懲은 한 차례, 楨은 세 차례, 禎幀真이 있고 정관貞觀은 정관正觀으로 바꾸었다.

[170] 桓(혹은 桓라고도 씀)은 43차례, 宀는 15차례, 浡垣雚으로 바꾼 것이 네 차례고 연성어명은 한 차례다.

[171] 慎은 37차례, 근謹으로 바꾼 것은 한번, 금상어명은 1번, 瑒은 네 번, 瑄는 2번이다.

[172] 曙는 7번, 수樹는 32번, 曙는 한 번이다.

[173] 構는 13번, 遘溝는 각 네 번, 購는 세 번, 媾는 두 번, 覯搆訴雊彀觳 구상어명勾上御名은 각 한 번이다.

[174] 匡자는 30번, 匡은 19번, 匡는 네 번, 筐는 여섯 번, 강康자로 바꾼 것은 한 번, 윤胤자는 다섯 번, 胤는 네 번, 사嗣자로 바꾼 것이 한 번이다.

[175] 형悙은 네 번, 敦은 11번, 墩暾淳가 있고, 묘휘라고 주를 한 곳은 한 번이다.

[176] 頊은 두 번, 勗는 여덟 번이다.

[177] 廓.

[178] 昺의 이전 이름은 光義, 广ソ으로 썼다.

[179] 㪿은 20번, 鐿은 여덟 번(또는 감鑒자로도 바꾸었다), 驚는 아홉 번, 墇竟은 각각 다섯 번이고 警儆竸도 있다.

[180] 弘은 36번, 泓은 1번, 翃은 26번이다.

[181] 玄은 17번, 炫은 두 번, 泫弦絃眩蚿, 원元자로 바꾼 것이 있고, 朗은 15번, 朗은 한 번이 있다.

[182] 이상에서 예로 든 역대 제왕들의 피휘자 이외에도 현縣·현懸·낭浪·광恇·광劻·형烔·경耿·경憬·환峘·항姮·징癥·정湞·욱旭·후煦·길佶·길姞·완梡·구冓·구姤·觳·신蜃·양讓·원援은 모두 마지막 필획을 생략했다. 구構자에는 '태상어명'이라고 주를 달았고 신眘자는 '어명御名'이라고 주를 달았다.

[183] 송나라 주밀의 《제동야어齊東野語》 권4.

[184] 《국문주보國聞週報》 제7권, 제17기.

[185] 《보례당송본서록》, 제4책.

[186] 청나라 조신진趙愼畛은 《유소잡식榆巢雜識》에서 "서적 가운데 이음새 부분에 모두 ■를 그리고 이름을 어미라고 하였는데 물고기 꼬리지느러미 모양을 본뜬 것이다. 당 태종 때 시작되었다"고 했다.

[187] 현재 송본 《대역수언》에 근거한 녹첩문錄牒文은 아래와 같다.

서주 공사고 판각 제작소, 본 소는 관원의 취지를 받들어 《대역수언》을 교정하여, 판각을 마쳤다.

지금 《대역수언》 1부 20책을 갖추었으니,

용지 수와 인쇄 제작에 들어간 공묵전을 도합하면 아래 항목과 같다.

소모된 종이는 모두 1천 3백 장,

장배요청지裝背饒青紙 30장,

배청백지背青白紙 30장,

종묵호약인배장공식棕黑糊藥印背匠工食 등 금액의 합계가 1관 5백 문족 ,

임판전賃板錢 1관 2백 문족,

본 고에서 인쇄 제작을 마치고 판매되는 매 1부의 가격은 8관 문족이다.

아래는 오른쪽을 앞과 같이 갖추었다.

순희 3년 정월□(원본은 한 칸을 띄움: 역주) 일조조소첩사호지화구日雕造所貼司胡至和具.

[188] 청나라 정신丁申의 《무림장서록武林藏書錄》 권말.

[189] 자세한 내용은 《모시정의毛詩正義》 참조.

[190] 《진록陳錄》 참조.

[191] 주밀의 《계신잡식癸辛雜識》.

[192] 《오잡조五雜俎》.

[193] 《준생팔전遵生八箋·연한청상전燕閑淸賞箋·논장서論藏書》. 필자의 생각으로는 도륭屠隆의 《고반여사考槃餘事》 1권의 글귀가 이것과 대부분 동일하다.

[194] 《청비장淸秘藏》.

[195] 《장서기요藏書紀要》.
[196] 《이원총화履園叢話》 12.
[197] 《중국조판원류고中國雕板源流考》.
[198] 《천록임랑서목天祿琳琅書目》.
[199] 구 필기에 근거한 것으로 《칠수유고七修類稿》 참조.
[200] 청나라 광총光聰의 《유불위재수필有不爲齋隨筆》에서 인용.
[201] 《구지필기仇池筆記》 상.
[202] 명나라 호응린 또한 이 내용을 인용했다.
[203] 송나라 주욱의 《평주가담萍洲可談》.
[204] 명나라 주국정朱國禎 《용장소품涌幢小品》 권14에도 보인다.
[205] 구 필기에 근거했다.
[206] 소흥 21년 정강좌鄭康佐의 발문이다.
[207] 《청파잡지淸波雜誌》 권8, '판본와천板本訛舛'조.
[208] 《구경삼전연혁례九經三傳沿革例》.
[209] 청나라 전대흔의 《십가재양신록十駕齋養新錄》 권19에서 육씨陸氏 발문의 역대 능명陵名 인용.
[210] 호응린의 《소실산방필총少室山房筆叢》 중 갑부甲部 《경적회통經籍會通》.
[211] 《거이록居易錄》.
[212] 청나라 전대흔의 《십가재양신록》 권19 중 육씨 발문의 역대 능명에서 인용.
[213] 송나라 소박邵博의 《문견후록聞見後錄》.
[214] 선화본 《미산당선생집》 중에 아우 당유唐庾의 서序.
[215] 《용재속필容齋續筆》 소희 3년 자서自序.
[216] 송나라 나벽의 《식유識遺》.
[217] 《송회요집고宋會要輯稿》 형법 금약禁約.
[218] 모두 《송회요집고》.
[219] 송 소흥 17년 간본 《소축집小畜集》에서 소흥령紹興令을 인용.
[220] 《송사宋史 · 효종본기孝宗本紀》.
[221] 모두 《송회요집고》.
[222] 모두 《송회요집고》.
[223] 《통감장편通鑒長編》 권14 · 17 · 18.
[224] 모두 《송회요집고 · 형법》 2.
[225] 송나라 육유의 《위남문집渭南文集》 권5 '조대장條對狀'(條對는 조목조목 들어 대답을 하는 것을 말함: 역주).
[226] 구 필기에 근거했다.
[227] 《향계집香溪集》 권14.
[228] 모두 《위남문집》 권5 조대장條對狀, 또 《노학암필기老學庵筆記》 권10.
[229] 모두 《송회요집고 · 형법》 2.

[230] 모두 《송회요집고 · 형법》 2.

[231] 《불조통기佛祖統記》 권48.

[232] 모두 《송회요집고》.

[233] 《구양문충공집》 권108 〈주의십이奏議十二〉.

[234] 소철의 《난성집欒城集》 권41.

[235] 모두 《송회요집고 · 형법》 2.

[236] 《통감장편》 권289.

[237] 모두 《송회요집고 · 형법》 2.

[238] 조선 무명인 작 《성호사설류선星湖僿說類選》 권8 하(성호星湖 이익李瀷 선생의 저서임: 역주).

[239] 《분류역대통감집람分類歷代通鑑輯覽》 권3.

[240] 모두 《송회요집고 · 형법》 2.

[241] 모두 《송회요집고 · 형법》 2

[242] 모두 《송회요집고 · 형법》 2.

[243] 《진록》.

[244] 《속통감장편續通鑑長編》.

[245] 모두 《송회요집고 · 형법》 2.

[246] 《삼계거사집槮溪居士集》 권두의 양만리楊萬里 서序, 《양성재집楊誠齋集》 권83에도 보인다.

[247] 송나라 정특기丁特起의 《읍혈록泣血錄》.

[248] 송나라 조공무晁公武의 《군재독서지郡齋讀書志》 권16.

[249] 청나라에서는 송본 왕칭王稱의 《동부사략東部史略》을 모방하여 목록 뒤의 직사각형 서비書碑(책의 권말이나 서문의 목록 뒤 등의 도장을 찍은 형적인 인발을 가리킴. 여기에는 대부분 판각자의 이름, 판각 시기 등이 기록되어 있음: 역주)에 "미산의 정사인댁에서 간행했다. 이미 상사에게 신고했으므로 번각을 허락하지 않는다(眉山程舍人宅刊行, 已申上司, 不許覆板)"라고 써놓았다. 명나라에서는 "번각한 자는 천리를 불구하고 반드시 찾아 죄를 물을 것이다[飜刻千里必究]"는 문구로 발전했다.

[250] 《범향계문집范香溪文集》 권16 답요령성서答姚令聲書(영성令聲의 이름은 굉宏이고, 요정휘姚廷輝의 맏아들이다). 굉이 저술한 《섬천요씨본전국책剡川姚氏本戰國策》이 아직도 존재한다. 둘째 아우 요관姚寬이 지은 《서계총어西溪叢語》는 《사고전서》에 수록되었다. 셋째 아우 요헌姚憲은 《건도봉사록乾道奉使錄》을 썼다. 승현嵊縣 요씨 부자 일가가 이름을 크게 떨쳤는데 이는 미산眉山의 소씨蘇氏 부자, 파양鄱陽의 홍씨洪氏 부자(남송의 홍호洪皓와 그 세 아들 홍적洪適 · 홍준洪遵 · 홍매洪邁 : 역주)와 유사하다.

[251] 가희 2년 양절 전운사, 함순 2년 복건 전운사는 포고문 원판의 번각을 금지했다. 함순본 《신편방여승람新編方輿勝覽》 참조. 《서림청화》 권2의 가희 2년

포고문 전문 인용.

[252] 《서림청화》 권2의 원문 인용.

[253] 필점은 양절로兩浙路 제점형옥提點刑獄을 했다(제점은 사법 형벌, 강과 하천 등의 일을 맡아 보던 송나라 때의 벼슬임: 역주). 대관 2년 11월에 임지에 도착하여 3년 4월에 파직되었다. 보경寶慶 《회계속지會稽續志》 권2 참조.

[254] 《자치통감장편資治通鑒長編》 · 《옥해玉海》.

[255] 가태 《회계지》. 당 희종 때 월 지역 사람인 배씨의 장서. 《백공육첩白孔六帖》 권88 참조.

[256] 《제동야어齊東野語》. 또 정원경鄭元慶의 《오흥장서록吳興藏書錄》에 섭몽득이 오정인烏程人이라고 인용했다.

[257] 《사략史略》.

[258] 《무림장서록》 권중.

[259] 필자의 이전 원고에 의거한다. 원동례袁同禮의 《송대사가장서개략宋代私家藏書概略》 《도서관학계간)》 제2권 제2기 참조. 섭창치葉昌熾 《장서기사시藏書紀事詩》.

[260] 왕인준王仁俊 《격치정화록格致精華錄》 권4에 송 조승의 《조야유요朝野類要》를 인용했다. 북송 당경唐庚이 저보邸報를 읽은 시가 있는데 송본 《미산강선생문집眉山康先生文集》 권15에 보인다. 장영張泳은 "공이 저보를 열람했다(公閱邸報)"고 했는데 송판 《괴애선생문집乖崖先生文集》 4책 말에 있다. 변량의 북송시대 소형 신문에 관한 내용은 송 조승의 《조야유오》 권4에 있다.

[261] 송판 《중조개정상산야록重雕改正湘山野錄》 권상. 괴애는 장영의 자다.

[262] 《담징談徵》 사부에 《송사 · 조보전曹輔傳》을 인용했다.

[263] 장수민의 《중국인쇄술의 발명과 그 영향》 100쪽에 자세한 내용이 있다.

[264] 요공蕘公의 〈송나라의 출판물에 대한 관리제도〉, 《문헌》 제1집.

[265] 또 선관도選官圖 · 제색경문諸色經文 · 쥐약 등도 있다. 송나라 주밀의 《무림구사武林舊事》 참조.

[266] 독서용 등 · 은구슬 · 도장밥 · 곤충조련 · 책갈피 · 사서 등의 직업이 있다. 《영락대전》 권 7602~7603에서 인용.

[267] 과공진戈公振 《중국보학사中國報學史》에 요공학姚公鶴의 《상해한화上海閑話》를 인용.

[268] 소철전의 매 10관의 무게는 65근이고, 절대전折大錢 1관의 무게는 12근이다.

[269] 원나라 비저費著의 《전폐보錢幣譜》(《촉중광기蜀中廣記 · 촉중방물蜀中方物》 권9에서 인용)와 송나라 이유李攸 《송조사실宋朝事實》 권15에서 제2계에 모두 388만 4,600관이라고 되어 있다. 비저는 소흥 31년이 제70계이고 융흥 원년이 71계라고 한다.

[270] 전인錢引에서부터 여기까지 모두 《송사 · 식화지食貨志》에 근거했다.

[271] 함순《임안지》.

[272] 송판《중흥양조편년강목》.

[273]《중국통사》제5책.

[274] 함순《임안지》권9. 또 오자목吳自牧《황량목夢粱錄》권9. "회지국會紙局에서 만들었는데 적산 호숫가에 있다. … 그러나 공임은 정액이 아니었고 일하는 사람은 1,200명이었다"는 말이 있다.

[275] 함순《임안지》권9. 또《몽량록》권9에 "회자고會子庫는 각화무榷貨務에 설치하고 예도다장隸都茶場은 모두 천전법에 의해 이를 시행했다. 각화무에서는 도사관제령을 겸직할 수 있었다. 하루에 일하는 장인은 204명이었으며 좌탕左帑에서 그 돈을 취하였고 회자를 인쇄하여 회자고에 들어갔다"고 되어 있다.

[276] 마단림《문헌통고》.

[277] 이유李攸《송조사실宋朝事實》권5.

[278] 원나라 비저의《전폐보錢幣譜》.

[279]《통고》권9 '호회湖會' 조.

[280]《송사》권288〈진양우전陳良祐傳〉. 구《사원辭源》등에서는 명도 3년이라고 잘못 여겼다. 자세한 것은 장수민의《중국인쇄술의 발명과 그 영향》참조. 89쪽 주2.

[281] 글자는 그림의 위쪽에 있으며 모두 7행에 한행은 8자이고 그 뜻은 다음과 같다. "회자를 위조하는 범인을 방지하기 위하여 상으로 일천관을 내거는데 만일 상을 받기를 원치 않으면 대신 원하는 바를 들어준다. 만일 무리 중에 장물을 은닉하는 집안에서 스스로 자수한다면 특별히 죄를 사하여 주고 역시 상금을 지불한다. 혹 보충할 항목을 원하면 들어준다." 오른 쪽에는 '대일관문성大壹貫文省', 왼쪽에는 '제일오십료第壹伍拾料'라고 되어 있다. 아래쪽 반의 그림은 성루에 두 사람이 있다.

[282]《통고》.

[283]《서계총어西溪叢語》.

[284] 소동파는 "요즘 사람들은 차와 먹을 소장하는 것을 즐긴다. 한가할 때면 문득 이 두 물건을 꺼내어서 좋고 나쁨을 비교한다. 차는 흰 것이 좋은 것이고 먹은 검은 것이 좋은 것이라고 한다"고 말했다.

[285] 가태嘉泰《회계지》권17에서 인용. 일주령日鑄嶺은 회계현 동남쪽으로 50리 거리에 있다. 구양수의《귀전록歸田錄》에 주가 있다. 일주차와 와룡산차臥龍山茶는 모두 진상품이었다.

[286]《건염이래조야잡기建炎以來朝野雜記》갑집 14. 또《옥해玉海》권181.

[287] 함순《임안지》권9. 또《몽량록》에 다음과 같은 글이 있다. "교인고交引庫는 태부사문太府寺門 안에 있으며 전문적으로 다염초인을 제조했고 드디어 승부丞簿의 수결을 청하게 되었다"는 말이 있다. 차가 정부에 의해 농단되었기 때문에 차재배 농가와 차 판매상의 이익을 침범했다. 이에 그들은 수백 명이 연

계하여 칼과 도끼를 들고 무장을 하고 판매운동을 하여 관방은 무고하게 차도둑의 의미인 차도茶盜 · 차구茶寇라고 지적했다. 《몽량록》 권9 '감당제국監當諸局'조에는 "회자고는 각화무에 설치하고 예도다장에서는 모두 천전법으로 보고 이를 시행한다. 무문겸직으로 도사관제령이다. 하루에 장인 204명이 좌탕금에서 취하여 회자를 인쇄하고 회자고로 보낸다"라고 되어 있다.

[288] 가태 《회계지》 권17.

[289] 《통고》.

[290] 《몽량록》 권13 〈포석鋪席〉.

[291] 모두 마단림의 《문헌통고》 권19.

[292] 《몽량록》 권9.

[293] 이치충 《고서선풍장고변古書旋風裝考辨》, 《문물文物》 참조. 1981년, 제2기. 이휘남李耀南 《중국서장고中國書裝考》, 《도서계간》 참조, 제4권 제2기.

[294] 국가도서관에서 근무하는 장정공 소순화蕭順華 선생이 장정을 보수할 때 하는 기본적인 생산공정이다. 호접장의 작업 순서는 다음과 같다.

1. 책의 순서를 조사한다.
2. 파손된 페이지를 배접한다.
3. 매끄럽게 파손된 페이지를 보수한다.
4. 축축하게 물을 뿌려 평평하게 편다.
5. 책을 눌러 평평하게 한다.
6. 책의 페이지를 접는다.
7. 책의 네 주위를 가지런히 자르고 책 주변의 잘못된 것을 고친다.
8. 다듬이질을 한다.
9. 잘 다듬고 눌러 단단히 굳어지게 한다.
10. 본문 앞뒤에 들어가는 페이지를 나누어 잘 붙인다.
11. 책 등에 풀을 먹인다.
12. 책표지를 만든다.
13. 책표지를 싼다.

포배장과 선장본의 작업 순서는 다음 문장에서 상세하게 부주를 달았다. 또한 보조 작업 순서는 다음과 같다.

1. 밀가루를 잘 배합하여 풀을 끓인다.
2. 매끄럽게 종이쪽을 재단한다.
3. 묵은 종이를 염색한다.
4. 묵어서 바랜 실을 염색한다.
5. 물에 적셔 때를 제거한다.
6. 수인水印을 그린다(수인은 중국의 전통적인 목각 인쇄 회화 방법: 역주).
7. 책을 씻어 표백한다.
8. 페이지를 표구한다.
9. 책등을 붙인다.

10. 원래 보수한 곳을 벗겨낸다.
11. 책표지를 두껍게 표구한다.
12. 보수한 제첨題簽을 벗겨낸다.(제첨은 책의 이름을 표지에 직접 쓰지 않고 다른 종이 쪽지에 써서 붙인 것: 역주).
13. 줄칸을 그린다.

[295] 일본사람 모리 다츠유키[森立之]의 《경적방고지보선經籍訪古志補選》.

[296] 당나라 장중원張仲遠 《역대명화기歷代名畵記》에서는 "진대晉代 이전부터 표구가 아름답지 않았는데 송대에 범엽范燁이 비로소 표구를 잘했다"고 기록하고 있다.

[297] 송나라 장방기張邦基의 《묵장만록墨莊漫錄》 4.

[298] 송나라 섭몽득葉夢得 《벽서록화避暑錄話》 권 상.

[299] 송나라 구양수의 〈답매성유혜선주필희서答梅聖俞惠宣州筆戲書〉.

[300] 천연의 결문양이 원형으로 되어 있는데 앵안鸚眼·구욕안鸜鵒眼(구욕은 구관조임: 역주)·작안雀眼·묘안貓眼·녹두안綠豆眼 등 이름과 비슷하게 걸맞는 형태의 것이 있다. 비취빛을 최고로 치며 황적색이 그 다음이다. 자색은 마치 돼지 간과 같은 색이다. 촘촘한 돌의 결이 있고 견고하고 치밀하다. 송나라 장세남張世南의 《유환기문遊宦紀聞》 권5에 보인다. 또 활안活眼·누안淚眼·고안枯眼 등의 명칭이 있다. 상세한 것은 요관姚寬의 《논단연論端硯》을 참조하기 바란다.

[301] 1979년 여름, 북경역사박물관에서 단연 전시회가 열렸는데 근 몇 년간 조각하여 만든 새로운 단연이 수백 점 출품되었다. 모양이 좋은 것도 있었다.

[302] 명나라 동기창董其昌의 《균헌청비록筠軒淸秘錄》 권 하에 있다. 이세영李世英의 《옥당잡기玉堂雜記》에는 "섭세영葉世英은 어전 먹 제조공이다"라고 되어 있다. 효종은 주필대周必大에게 무술년에 소춘차小春茶 20과를 하사하였고, 섭세영에게는 먹 5개를 술 대신 하사했다.

[303] 〈계륵편鷄肋編〉.

[304] 송나라 하원何薳 《춘저기문春渚紀問》 권8.

[305] 송나라 조관지 《묵경墨經》.

[306] 《동천청록집洞天淸錄集》.

[307] 청나라 진원룡陳元龍 《격치경원格致鏡原》 권37.

[308] 송나라 하원何薳 《춘저기문》 권8.

[309] 방서생方瑞生 《흑해墨海》.

[310] 어교는 부레로 쑨 풀을 말한다. 목수들이 나무 그릇을 접착할 때 사용한다. 근자에 사람들은 물고기 껍질로 만든다고 하는데 이는 틀린 말이다.

[311] 북송 이효미李孝美의 《묵보墨譜》.

[312] 《후산총담後山叢談》.

[313] 《동파지림東坡志林》.

[314] 네 가지 색깔은 첫째는 가산남假山南, 둘째는 가영假榮, 셋째는 청수淸水, 넷째는 죽지竹紙로 모두 닥나무껍질로 만들었다. 그중에서도 완화전지浣花箋紙가 가장 아름답고 깨끗하며 관방과 개인의 장부나 계약서, 문서나 서적 등이 모두 이를 취해 사용했다. 넓은 폭에 분가루가 없는 것을 가산남이라 하고, 좁은 폭에 분가루가 있는 것을 가영이라 하고, 염촌冉村에서 제조된 것을 청수라 하고, 용구향龍區鄕에서 제조된 것을 죽지라고 한다. 촉에서는 경사자집을 모두 이런 것에 인쇄했다.

[315] 《회계지》에서는 "죽지의 상품에는 세 가지가 있는데 요황姚黃, 학사學士, 소공邵公이 널리 유명했다. 소동파는 외지에서 돌아올 때 사람에게 편지를 보내 "항주의 정혁필程奕筆 백 자루와 월주지 2천 폭을 사서 각각 반을 나눕시다" 고 했다.

[316] 송판 《보양거사채공문집莆陽居士蔡公文集》 권25 《문방사설文房四說》.

[317] 《균헌청비록筠軒淸閟錄》 권중.

[318] 송나라 주밀이 짓고, 오기명吳企明이 평점하고 교정한 《계신잡식癸辛雜識》, 중화서국, 1988년, 213쪽.

[319] 송판 《빈퇴록賓退錄》 권2.

[320] 송판 소정 《오군지吳郡志》.

[321] 《속통감장편續通鑒長編》 권189.

[322] 《건염이래계년요록建炎以來系年要錄》 권51. 장수민 〈문방사보—중국 필기용 도구〉, 《인민중국》 참조, 1957년 8호. 또 일어판과 러시아어판이 있다.

[323] 송대 부분은 필자가 이미 발표한 이전의 논문 〈송효종시대각서고宋孝宗時代刻書考〉·〈송광종시대각서고宋光宗時代刻書考〉·〈남송각서지역고南宋刻書地域考〉 및 〈송판서경안록宋板書經眼錄〉·〈송대각공명록宋代刻工名錄〉에 의거했다. 또 다른 필기가 여럿 있다.

[324] 마르크스 《인도에서의 영국통치의 미래결과》 《마르크스 엥겔스 전집》 제9권, 인민출판사, 1961년, 247쪽.

[325] 송나라 소철 《난성집欒城集》 권41.

[326] 송나라 승려 문영文瑩의 《옥호청화玉壺淸話》 7. 필자가 보건대 은사隱士였던 위야魏野는 섬주사람으로 그 이름은 임포林逋이다. 구준寇準·왕단선王旦善과 함께 보인다. 현재 《동관집東觀集》이 있다.

[327] 《요사遼史》 권15.

[328] 《요사·도종기道宗紀》.

[329] 《요사·도종기》.

[330] 《난성집欒城集》 권40.

[331] 《요문존遼文存》 권4, 태평 2년(1022) 《대자은현화사비음기大慈恩玄化寺碑陰記》.

[332] 각원覺苑의 《대일경의석연밀초 大日經義釋演密鈔》 서序.

[333] 금나라 단자경段子卿의 《대금국서경대화엄사중수박가장경기大金國西京大

華嚴寺重修薄伽藏經記》 비문, 여징呂徵 《거란대장경약고契丹大藏經略考》에 인용되었다. 《현대불학》, 1951년, 제1권 제5기. 박가교장전의 대들보 밑에 "중희 7년 9월 건조"라는 제기가 있다. 해방 전(1949년)에 필자는 운강雲岡을 여행한 적이 있었는데 이 절의 서가가 텅텅 비어 있는 것을 보았다.

[334] 진술陳述의 《요문휘遼文彙》 권8 〈묘행대사행상비妙行大師行狀碑〉, 건통乾統 8년 문하생 즉만卽滿 찬. 지지志智화상은 거란씨로 태평 3년(1023)에 태어나 수창壽昌 6년(1100)에 입적했다.

[335] 야율소耶律劭 건통 8년 〈흥중부안덕주창건영암사비명興中府安德州創建靈岩寺碑銘〉. 《요문휘遼文彙》 권8.

[336] 몽골 경인庚寅(1230)에 초제원招提院에 보관하고 남은 경1 장을 연경 대각사로 옮겨와 안치했다. 이를 허락했다. 벽장壁藏을 만드니 20개였다. 〈담연거사문집湛然居士文集》 권8에 보인다. 《요장遼藏》인지 아니면 《금장金藏》인지 모르겠다.

[337] 《요문휘》 권7, 〈안차현사대리사원내기건당전병내장비기安次縣祠垡里寺院內起建堂殿並內藏碑記〉, 대안 5년.

[338] 《요문휘》 권8, 〈금산연교원천인읍기金山演教院千人邑記〉, 건통 3년 한온교韓溫教.

[339] 《금문최金文最》 권66. 서탁徐卓 황통皇統 8년 〈의주청욕도원복건장경천인읍비宜州廳峪道院復建藏經千人邑碑〉.

[340] 가까이로는 하북성 풍윤현豊潤縣 천궁사탑天宮寺塔에서 발견된 단각소자불경이 있는데 호접장으로 각 함에 8책이 들어 있었는데 소자본 거란장은 아니다. 1987년 11월 7일 〈인민일보〉 참조. 사수청史樹青이 1994년 8월 15일 편지를 보내오다.

[341] 《동문선》 권112.

[342] 청나라 왕창王昶의 《금석취편金石萃編》 권153에 승려 지재志才의 《운거사속장석경탑기雲居寺續藏石經塔記》를 인용했다. 수나라 승려 정완靜碗은 《대장경》을 정민貞珉에서 판각했는데 끝내지 못하고 입적했다. 문하생 5대 종조踵造 역시 뜻을 이루지 못했다. 요나라 성종·홍종·도종이 경전을 만들라고 돈을 하사하니 도합 187질을 제작했다. … 통리대사通理大師 … 시주돈 만여 강鏹(돈 꾸러미를 말함: 역주)을 얻어 … 비석(작은 비석)조각 4,080편을 얻고 경전 44질을 … 도종 황제는 석경대비 180편을 만들어서 … 모두 동굴에 저장했다. 승려 통리通理가 대안 9년(1093)·10년(1094)에 경전의 앞을 판각했다. 태평 7년(1027)부터 청녕淸寧 3년(1057) 성종·홍종 때까지 지속적으로 《대반야경》 80권을 판각 제작했다. 전체 비는 240조(이 경은 6백 권, 수당 때까지는 520권이었음), 또 《대보적경大寶積經》 1부를 판각하니 전체 120권으로 전체 비는 360조로 4대부(열반부·화엄부·반야부·공적부)로 되어 있다. 티베트문 석각 대장경은 청해성 감덕현甘德縣에 있고 내용은 《감주이甘珠爾》《단주이丹珠爾》를 넘었으며 판각한 경편은 약 10만여 개에 달했다. 석편

의 크기는 같지 않으니 큰 것은 탁자면만 하고 작은 것은 의자면 만하며 두께는 약 1센티미터로 석면은 매끄럽고 윤기가 나며 글자는 뚜렷하다. 주윤년周潤年, 〈티벳불교가 티벳 지역 판각인쇄업에 끼친 영향[西藏佛教對藏雕版印刷業的影響]〉《티벳연구[西藏研究]》, 1988년, 제2기 참조.

[343] 《백공육첩白孔六帖》 권88에 《오대사이록五代四夷錄》을 인용했다. 송판 《제사제요諸史提要》 권15에서는 돌욕突欲, 또는 도욕圖欲이라고 했다.

[344] 《삼국유사》 권3 《고려사》 권8 · 11 · 12. 《요사遼史》 권151 고려전. 맨 처음 문종 왕휘에게 보낸 것은 청녕 9년(1063)이고, 또 함옹 8년(1072), 수창壽昌 5년(1099), 건통乾統 7년(1107)이다.

[345] 송나라 조언위趙彦衛 《운록만초雲麓漫鈔》

[346] 이 절은 장수민의 〈요 · 금 · 서하 각서 간사簡史〉, 《문물》, 1959, 제3기. 또 〈산서성 응현 불궁사 목탑 내에서 발견된 요대의 진귀한 문물〉에 근거했다. 〈산서성 응현 불궁사 석가탑에서 발견된 《거란장》과 요대의 각경〉, 염문유閻文儒 · 부진륜傅振倫 · 정은회鄭恩淮. 〈세상에서 볼 수 있는 요판 서적 – 《몽구》〉, 필소연畢素娟. 〈응현목탑에 비장된 요대 미술작품의 검토〉, 후개侯愷 · 풍붕생馮鵬生. 〈문물에 생명을 재현하다 – 응현 목탑 요대 경권, 화폭을 수리한 체험〉, 풍붕생. 이상 5편의 논문은 모두 《문물》에 보인다. 1982년 제6기.

[347] 송나라 정특기丁特起 《정강기문靖康紀聞》.

[348] 상세한 것은 장수민 〈금원감본고金源監本考〉 참조, 《도서계간圖書季刊》, 1935년 제2권 제1기.

[349] 위 주와 같음.

[350] 명나라 양순길楊循吉 《금소사金小史》 권8에 의하면 무소뿔과 마노를 보물로 여겼음을 알 수 있다.

[351] 금나라 유기劉祁 《귀잠지歸潛志》 권1.

[352] 《서림청화書林淸話》에는 서헌書軒 진陳씨가 대정 26년에 《동인수혈침구도경銅人腧穴針灸圖經》을 판각한 것으로 되어 있다. 필자의 생각으로는 서문에 말한 "명하여 돌에 새기니 영원히 전해지게 한다"고 되어 있는 것으로 보아 목각본이 아니고 석각본石刻本이다. 조선각본朝鮮刻本에는 원元 서헌書軒 진陳씨 인쇄로 되어 있다.

[353] 원나라 왕운王惲 《추간선생대전문집秋澗先生大全文集》 권60 《고조주녕진현선사형군묘갈명故趙州寧晉縣善士荊君墓碣銘》. 강희康熙 《영진현지寧晉縣志》 권7 인물 하.

[354] 원 나라 우집虞集 《도원학고록道園學古錄》 권39.

[355] 《金史 · 선거지選擧志》.

[356] 원나라 우집 《도원학고록》 권39.

[357] 청 《이부서목怡府書目》.

[358] 《금사金史 · 충의전忠義傳》.

[359] 원나라 원호문元好問《중주집中州集》 임집壬集 제9.

[360] 금나라 왕약허王若虛(趙門下士)《호남유로집滹南遺老集》 권44.

[361] 《회암주문공집晦庵朱文公集》 권81.

[362] 정륭 5년 전 《중주집》 권8. 《천항당서목天項堂書目》에 정당시鄭當時의 《운류절사韻類節事》가 있는데 그 책을 말한다. 전대흔錢大昕은 정당시가 아니라 정창시鄭昌時라 했다.

[363] 청나라 양소화楊紹和《영서우록楹書偶錄》.

[364] 국가도서관 소장, 서첨과 바깥 상자에 송판宋板이라 되어 있다.

[365] 원나라 왕운王惲《옥당가화玉堂佳話》 권5.

[366] 옛 원고에 의거함.

[367] 송나라 장단의張端義《귀이집貴耳集》.

[368] 그 간표諫表가 실록實錄에 실려 있다. 또 《여진군망성씨보女眞郡望姓氏譜》를 편찬하였으며 능히 거란 문자로 시문을 지을 수 있었다. 태종은 변주汴州로 종군한 후, 여러 수레에 서적을 싣고 돌아왔다. 《금사》 권66.

[369] 《칠수류고七修類稿》. 또 《미사謎史》에서 천문호千文虎의 서문을 인용했다

[370] 《함분루장선본목록涵芬樓藏善本目錄》.

[371] 《중주정집中州丁集》 제4.

[372] 혹은 15권이라고도 한다. 《유문사친儒門事親》 3권, 《직언치병백법直言治病百法》 2권으로 나누어져 있다. 《십형삼료十形三療》 3권, 《촬요도부편화결병기론撮要圖附扁華訣病機論》·《삼법육문방三法六門方》·《세전신효명방世傳神效名方》·《치법잡론治法雜論》 각 1권씩 모두 7종이 있다. 황씨(황비열黃丕烈을 말함: 역주)의 《사례거장서제발기士禮居藏書題跋記》에 의하면 금간본金刊本이다.

[373] 《금문최金文最》 권36.

[374] 희종 때 금나라에는 아직 국자감이 설치되지 않았지만 양용도는 스스로 변경 국자감 박사라 칭한 것으로 보아 아마도 북송 시기의 박사였던 것 같다. 제목에는 금나라의 연호가 붙어 있어 금나라 국자감본으로 처리했다.

[375] 《불조통기佛祖統記》 권4. 《속자치통감續資治通鑒》 권94

[376] 《대금국지大金國志》, 《허봉사행록許奉使行錄》 및 송 홍호洪皓의 《송막기문松漠紀聞》에 의거했다.

[377] 근래에 권6과 권41 두 책이 발견되었는데 접본이고 산서성박물관에 소장되어 있다. 태원부 유차현 "소기촌의 판각 보시자 이전李展이 금나라 황통 9년 기사년 맹추 7월 4일에 기록하다"고 되어 있다. 또 아래에 《삼매화선경三昧華鮮經》 역시 1949년 이후에 발견되었지만 지금은 어디에 소장되어 있는지 알 수 없다.

[378] 명 홍무洪武 산서성 숭선사崇善寺에 번각본翻刻本이 있다.

[379] 《금문최》 권85.

[380] 원호문 〈위덕원공덕기威德院功德記〉.

[381] 《금사》 권93.

[382] 금나라 유기劉祁의 《귀잠지歸潛志》 권10.

[383] 《삼조북맹회편三朝北盟會編》.

[384] 청나라 장금오張金吾의 《금문최》 권66, 서탁徐卓의 황통 8년 《선주청욕도원복건장경천인읍비宣州廳峪道院復建藏經千人邑碑》.

[385] 《금사기사본말金史紀事本末》 권23에서 《보지구지寶坻舊志》를 인용했다.

[386] 《금문최》 권111, 금나라 조풍趙渢의 《제주보조선사조공선사탑명濟州普照禪師照公禪師塔銘》.

[387] 유복춘劉福春은 이 경전을 7~8년에 걸쳐 정리했으니 얼마나 성실히 노력했는지 알 수 있다. 《금장목록金藏目錄》과 《저역자색인著譯者索引》을 편찬했지만 아직 출판되지 않았다. 왕요王堯 교수는 1960년 살가사薩迦寺(티베트 소재)에서 근무하는 기간에 사찰 내에서 금대판각본 조성장 5백여 권을 발견했다.

[388] 일본인 하시가와 토키오[橋川時雄]가 일찍이 금나라 천권天眷 2년 《법화경法華經》 제7권을 보고 금나라 황통 9년경에 처음 간행된 것이라 여겼으나 이는 사실이 아니다. 각 경전 중에 기록되어 있는 금나라 연호는 황통 9년 기사(己巳)인데, 즉 천덕天德 원년(1149), 2년(1150), 3년(1151), 정원貞元 2년(1154), 3년(1155), 정릉 원년(1156), 2년(1157), 3년(1158), 대정 5년(1165), 13년(1173)이다.

[389] 《아비달마품류족론阿毗達磨品類足論》 권2 끝부분에 해주解州 안읍현安邑縣 삼로이촌三路李村에 사는 마복창馬福昌이 정릉 원년 8월에 낙타를 시주하고 경판 7권을 새겼다는 내용이 보인다. 만천현萬泉縣 형촌荊村에 사는 양창楊昌 등이 배 나무 50그루를 시주했다는 내용이 《아비담비파사론阿毗曇毗婆娑論》 권31 끝 부분에 목기木記가 있다. 장규張珪의 처 동董씨가 조각하는 칼을 시주했다는 내용은 《대성문수사리보살불설공덕장엄경大聖文殊師利菩薩佛說功德莊嚴經》 권 하 제24판에 보인다. 또 자금을 모아 경판을 판각한 이도 있고, 재물을 보시하여 경판을 새긴 이도 있고, 혹은 재물을 내어 새기는 것을 보시한 이도 있는데 모두 생략한다.

[390] 고찰할 수 있는 곳으로는 해주解州의 하현夏縣 · 예성芮城 · 안읍安邑, 하중부河中府의 하진河津 · 의씨猗氏 · 만천萬泉, 노주潞州의 로성潞城 · 장자長子 · 양원襄垣, 평양부平陽府의 임분臨汾, 강주絳州의 태평太平, 분주汾州의 서하西河 · 태원부 등이 있다. 거리가 먼 곳으로는 지금의 섬서성 포성현蒲城縣이 있다.

[391] 《중음경中陰經》 하권의 끝부분에 "중통中統 3년 분서현 조대경방祖代經坊방씨龐氏 …"라고 붓으로 쓴 표제가 있다. 간혹 나무 도장으로 '분서현조대경방방씨조汾西縣祖代經坊龐氏造'라고 찍혀 있다. 《금광명최승왕경金光明最勝王經》 권1, 권10의 끝에 보인다. 범성范成법사는 광승사廣勝寺에 가서 원나라

태조 초상을 보고 비문에 근거해 원 태조가 인쇄 시주한 것이라 여겼다. 원 태조가 인쇄 시주한 적은 있지만 이 장경은 원나라 세조 때 인쇄된 것이다.

[392] 누약樓鑰 《북행일록北行日錄》 하권, 《공괴집攻媿集》 참조.

[393]한기韓琦의 《미국에서 발견된 금각본불경[美國發現的金刻本佛經]》, 《장정원류화보유裝訂源流和補遺》 중국서적출판사, 1993년, 212~215쪽에 보인다.

[394] 금나라 정자담鄭子聃 《중도시방대천장관중수비中都十方大天長觀重修碑》.

[395] 《대금국지大金國志》 권36.

[396] 《서유록西遊錄》.

[397] 전진교 교주 왕중양의 《전진집全眞集》, 마단양의 《미어집微語集》과 《금옥집金玉集》, 담장진譚長眞의 《수운집水雲集》, 유장생劉長生의 《선악집仙樂集》, 구장춘의 《반계집磻溪集》과 《명도집鳴道集》, 왕옥양王玉陽의 《영광집靈光集》, 학광녕郝廣寧의 《태고집太古集》이 있다. 북방에 간행본이 있었는데 《칠진요훈七眞要訓》이라 총칭했다. 원나라 유염兪琰 《석상부담席上腐談》 하권 참조.

[398] 《도장》 본 《중양교화집重陽敎化集》 참조.

[399] 광서光緖 《녹읍현지鹿邑縣志》 권10 하.

[400] 순희淳熙 《삼산지三山志》 권38.

[401] 금나라 위박소魏摶霄 《시방대천장관현도보장비명十方大天長觀玄都寶藏碑銘》과 정자담鄭子聃의 문장은 모두 정통 《도장》본 《궁관비지宮觀碑志》에 보인다.

[402] 원나라 이도겸李道謙 《칠진년보七眞年譜》. 일설에는 태화 2년 천장관天長觀에 불이 나서 경판도 모두 탔다고 하지만 이와는 다르다.

[403] 원 승려 염상念常의 《불조역대통재佛祖歷代通載》 권21.

[404] 《금사 · 도단일전徒單鎰傳》 참조.

[405] 《금사 · 세종본기》 참조.

[406] 《금사 · 세종본기》 참조.

[407] 《송막기문보유松漠紀聞補遺》 참조.

[408] 오천지吳天墀의 《서하사고西夏史稿》.

[409] 원나라 류관柳貫의 《대제문집待制文集》 권18.

[410] 유위의劉偉毅의 〈우리 성省에서 새로 발견된 송 · 요 · 금 간행 서적[我省新發現宋遼金刻書籍]〉, 《산서성도서관통신》 1979년 5월, 제7호 참조.

[411] 《금사 · 식화지食貨志》.

[412] 《금사 · 식화지》.

[413] 이는 중화인민공화국 건국 전날 밤, 몇천만 증권으로 밀가루떡 하나 살 수 있었던 것과 거의 흡사하니 우연한 일이 아니라고 본다. "이만 관으로 오직 밀가루떡 하나만 살 수 있다"라는 말은 《원사元史》 권146 《야율초재전》에 보인다.

[414] 시에 이르기를 "처음 옥당에 들어가 같이 진사가 되니, 금봉錦峰과 장연藏硯은 금원金源에서 나오고, 승안 5년 경신庚申 때로 일대의 서명은 간략하게 논한다"라고 되어 있다. 왕중원王仲元은 자가 청경淸卿이고 평양 사람이며 승안 연간에 진사가 되었으며 서예에 능하여 세상에 이름을 알렸다.

[415] 육우陸友의 《묵사墨史》.

[416] 《금사 · 백관지百官志》.

[417] 금나라의 인쇄 내용은 대부분 장수민의 〈금원감본고〉, 《도서계간》, 1953년, 제2권 제1기 및 〈요금서하각서간사遼金西夏刻書簡史〉, 《문물文物》, 1959년, 제3기에 따랐다.

[418] 송나라 사마광의 《속수기문涑水紀聞》 권9. 원문에는 탁발량조拓跋諒祚로 되어 있다. 가우嘉祐 7년은 서하 차도䄴都 6년, 1062년이다.

[419] 《중국통사》 제6책에서 《소련아주각족연구소간보蘇聯亞洲各族硏究所簡報》 제69기를 인용했다.

[420] 혹은 《음동音同》이라고도 한다. 이미 5종류의 판본이 발견되었다.

[421] 서하문 필사본 글자로 《신집금수장직문新集金粹書直文》이 있으며 《천자문》과 유사하다. 또 《삼재잡자三才雜字》 역시 분류 자전으로 건정乾定 연호(1223~1226)가 쓰여 있고 초학자들이 글자를 배울 때 쓰는 책이다. 양의립梁義立이 편찬한 《의동일류義同一類》는 동의어 자전으로 건우 20년 간행되었다. 또 건우 4년에 간행된 《오성절운五聲切韻》이 있다.

[422] 서하문자 필사본 중에 지금 전하는 것으로 《서하궁정시西夏宮廷詩》 낱장 · 《하인좌下人坐》 · 조도락曹道樂이 편역한 《신집자효기新集慈孝記》 · 《광정을해저년신법光定乙亥豬年新法》(1215) · 《치료악창요론治療惡瘡要論》 · 《마단요어魔斷要語》 · 《인교수송忍教搜頌》 · 《악기도양樂器圖樣》이 있다. 또 《손자전孫子傳》 · 《제갈량심서諸葛亮心書》 · 《월월오시月月娛詩》 · 《흠정의해欽定義海》 자서가 있으나 모두 간행연도와 필사된 연도가 상세하지 않다. 이상 본문과 보충한 주석 중에 있는 서하문자 도서 목록은 주로 오천지吳天墀의 《서하사고西夏史稿》에 따랐다.

[423] 천우 민안民安 5년 갑술 《함응탑비명咸應塔碑銘》.

[424] 《금광명최승왕경계》에 "백하 대하국 인존승덕□황제"라 되어 있다. 또 "하늘을 섬기고 도리를 드러내고 무를 빛내고 문을 드높여 예지를 도모하고 의를 제정하고 사악함을 제거하고 황제를 공경하고 널리 기리고자 삼가 보시한다"고 되어 있다. 《관미륵상생도솔천경》 발원문에 보인다.

[425] 청나라 왕인준王仁俊의 《서하문철西夏文綴》 권2 (부록 《요문췌遼文萃》 뒤에 있다).

[426] 서하의 인쇄에 관한 내용은 주로 장수민의 〈요 · 금 · 서하각서간사〉와 〈서하문전호西夏文專號〉에 근거했다. 《북평도서관관간北平圖書館館刊》 1932년, 제4권 제3호 참조. 또 오천지의 《서하사고》 등에 근거했다.

[427] 이 절은 범문란范文瀾의 《중국통사간편수정본中國通史簡編修訂本》 제3편

제2책과 《중국통사》 제7책과 전백찬翦伯赞이 편찬한 《중국사강요中國史綱要》 하책을 참고했다. 남조와 대리의 필사본과 각본은 《중국고적선본서목中國古籍善本書目》(油印稿)에 근거했다. 대리국의 승려 도상이 필사한 보안필사본 1권은 운남성역사연구소雲南省曆史研究所가 소장하고 있다. 천개필사본[天開寫本]인 《대반야바라밀다경大般若波羅密多經》 600권은 1권이 현존하는데 운남성박물관 도서실에 있다. 또 같은 경전으로 된 대리국 필사본 1권이 더 현존하는데 대리현도서관大理縣圖書館에 소장되어 있다.

[428] 나가사와 키쿠야[長澤規矩也]의 《원조사각본표元朝私刻本表》에 의하면 개인 서방이 118곳으로 232부를 간행했다. 전대흔은 《원사 · 예문지》를 보충하여 경經 804, 사史 477, 자子 763, 집集 1,098 종 합계 3,142종이라고 했다.

[429] 《원사》 · 《속문헌통고續文獻通考》.

[430] 《원사》 권88 《백관지사百官志四》 지원 27년 홍문서를 설립하고 각자공을 불러 경사자서판을 각하니 《자치통감》의 판각이 시작되었다. 《원비서감지元秘書監志》 지원 10년이라 되어 있다. 《양절고간본고兩浙古刊本考》에서는 지원 10년에 이미 홍문서가 있어 간행한 《통감》은 온공溫公의 원서이고 호주胡注가 아니라고 한다. 호주는 지원 22년에 이루어졌다

[431] 《원비서감지元秘書監志》.

[432] 원나라 왕반王磐이 《통감서通鑒序》를 판각했다.

[433] 《원사 · 백관지사》와 손씨 《조판원류고雕板源流考》에서 인용했다(손씨는 손육수孫毓修를 말하고 원래 서명은 《중국조판원류고》임: 역주).

[434] 지금의 북경수도도서관北京首都圖書館이, 즉 원나라의 국자감이다. 원대에 좨주祭酒 허형許衡이 심었다는 홰나무가 시들어 죽었다가 다시 살아나 지금까지도 남아 있다. 명, 청 두 나라에서도 계속해서 국자감으로 사용했다. 벽옹辟雍(고대 중국에서 천자의 나라에 세운 대학으로 주위의 형상이 둥글며 사면이 물로 둘러 싸여 있음: 역주)이 아직 완전하게 남아 있다.

[435] 지대 신해년 봄에 간행했다. 천일각天一閣에 6권이 남아 있다. 또 "황경 임자 중원 연산 활제당에서 간행하다"라는 목기가 있다.

[436] 야율초재의 《담연거사문집湛然居士文集》에 보인다.

[437] 지금의 북경 서사대가로西四大街路 서전탑호동西磚塔胡同의 전탑磚塔이 만송묘탑萬松墓塔이다.

[438] 《서유록西遊錄》 통용본과 영문으로 번역된 것은 모두 족본足本(빠졌거나 삭제된 부분이 없는 완전한 판본: 역주)이 아니다. 간다 기이치로[神田喜一郎, 1897~1983] 박사는 일본 궁내성宮內省 도서를 관찰하던 중 초록본 한 책을 발견했는데 족본이었다. 그 말미에 "연경중서시랑댁간행燕京中書侍郎宅刊行"이라는 1행이 있었다. 왕국유王國維 선생은 사람을 놀라게 할 만한 진귀한 서적이라고 보았다. 기축년에 지어졌다고 한다. 왕국유는 기축년에 간행된 것을 의심하는데 그 해는 야율초재가 이미 재상이 되었던 다음해이고, 태종 3년에 수상(중서령中書令)으로 승진했기 때문이다. 간다 박사에게 쇼와[昭和] 2

년(1927) 배인본排印本(활자본을 말함. 활자본은 활자를 배열·조판하여 찍어낸 책을 말하며 활인본活印本·패인본擺印本·배인본排印本·취진자본聚珍字本 등으로도 부름: 역주)이 있다. 간다 박사의 《야율초재서유록족본발耶律楚材西遊錄足本跋》은 그가 저술한 《동양학문헌총설東洋學文獻叢說》 속에 수록되었는데 그 속에 왕국유의 편지와 사진을 첨부했다. 1979년 말에 박사의 책 1권을 기증받았다.

[439] 또 《정토淨土》·《앙산仰山》·《홍제洪濟》·《만수萬壽》·《종용從容》·《청익請益》 등과 문집, 게송 등을 기록했다.

[440] 《담연거사문집》 권14.

[441] 원나라 위소危素 《대숭국사大崇國寺(북경호국사北京護國寺)비碑》.

[442] 《원사》 태종기太宗紀.

[443] 미국 국회도서관 소장 《본초》는 몽골 정종 3년(1248)에 평양에서 판각 인쇄했다. 서체가 수려하고 판각이 아주 정밀하다. 1249년 장씨본張氏本이다.

[444] 《팔희재수필八喜齋隨筆》에 보인다. 중국국가도서관 소장본에는 《증절음주자치통감增節音注資治通鑑》이라고 되어 있다.

[445] 《원사·인종기仁宗紀》.

[446] 명나라 육심陸深 《금대기문金臺紀聞》.

[447] 《일지록日知錄》 권18.

[448] 지정 23년. 진기陳基의 《이백재서고夷白齋書稿·서호서원서목서西湖書院書目序》, 서원장 진무陳袤의 《서호서원중정서목기西湖書院重整書目記》. 또 주균립朱鈞立이 기록한 황진黃溍의 《서호서원의전기西湖書院義田記》는 《무림장서록武林藏書錄》을 인용한 것으로 보인다. 왕국유의 《서호서원서판고西湖書院書板考》는 원의 《서호서원중정서목西湖書院重整書目》을 인용했다. 각 종류마다 송나라 국자감본이라 밝혔고 명나라 초기까지 있었으나 없어졌고, 그 속에 2, 3종의 원판元版이 있었다.

[449] 이 절은 옛날 필기에 근거했다. 섭덕휘葉德輝의 《서림청화書林清話》, 나가사와 키쿠야의 《원조사각본고元朝私刻本考》, 이치충李致忠의 《원대각서술략元代刻書述略》(《문헌》, 제10기)를 참고했다.

[450] 이 절의 내용은 카터의 책 제14장 〈투루판경내 회흘인의 인쇄사업[吐魯番境內回紇人的印刷事業]〉에 근거했다. 《범문금강경》과 회흘문으로 번역된 불경은 카터의 서적 중에 사진이 있다.

[451] 여수초茹遂初의 《화염산하火焰山下》에 근거했다. 《인민화보人民畫報》, 1980년, 제7기.

[452] 〈운남최조의 필사본 서각본서[雲南最早的寫本書刻本書]〉, 《역대각서개황歷代刻書概況》, 인쇄공업출판사 1991년, 4~515쪽.

[453] 왕응린의 저서 30여 종에서 원대에 판각 인쇄된 것은 16종이 있다. 《옥해》는 모두 4,474판이다. 《옥해》를 파는 데 든 비용은 배나무 판과 공임 및 식대가 모두 763정 6냥 5푼의 자금이 들었고, 7로 학원의 자금에서 나누어 충당되

었다. 《곤학기문》은 231편이 있다. 또 《사학지남辭學指南》·《시고詩考》·《시지리고詩地理考》·《한서예문지고漢書藝文志考》·《통감지리통석通鑒地理通釋》·《천조편집해踐阼篇集解》·《보주주서왕회편補注周書王會篇》·《보주급취편補注急就篇》·《한제고漢制考》·《성씨급취편姓氏急就篇》·《통감답문通鑒答問》·《소학감주小學紺珠》·《육경천문편六經天文篇》·《주역정강성주周易鄭康成注》 등 14종이 있다.

[454] 경원로 유학에서 간행했다. 연우 연간 《사명지四明志》에 보인다. 《구경》의 서판은 1,106편이지만 완전하지 않다.

[455] 《경적방고지經籍訪古志》.

[456] 대덕 병오에 배도拜都(伯都)는 강동지절로 휘하 각 로에 《십칠사》를 나누어 주고 간행하고자 했다. 승昇에서 《당서唐書》를 판각했는데, 승은, 즉 당승주唐昇州로 건강로를 말한다. 서문의 끝에 건강로 명도서원 감간監刊이라는 한 행이 있다. 일설에는 또 《진서晉書》도 간행했다고 한다.

[457] 이 절은 일본 간다 기이치로(神田喜一郎) 박사의 《원대덕구로본십칠사고元大德九路本十七史考》를 참고했다. 1969년 박사는 이 글을 《동양학문헌총설東洋學文獻叢說》에 수록했다. 1979년 말에 박사가 이 책을 증정해주어 참고할 수 있었으니 이에 감사를 전한다. 일설에는 건강로 유학에서 《신당서》·《진서》·《신오대사》 3종을 판각했다고 한다.

[458] 위 주와 같다.

[459] 《원사》 권105 《형법지사刑法志四》.

[460] 《원사》 권94 《식화지이食貨志二·액외과문額外課門》.

[461] 《속통고續通考》 권42, 선거고選擧考 9에 의하면, 13과는 대방맥大方脈·잡의과雜醫科·소방맥과小方脈科·풍과風科·산과産科·안과眼科·구치겸인후과口齒兼咽喉科·정골과正骨科·금창과金瘡科·창종과瘡腫科·침구과針灸科·축유과祝由科·서금과書禁科이다.

[462] 호남성도서관은 1950년대에 제지 원료로 쓸 폐지 속에서 《제생발췌방》을 가까스로 구했다.

[463] 평양 장존혜는 구종석의 연의 부분을 각종 약품 아래에 나누어 붙이고 상세한 그림도 덧붙였다. 회명헌의 권수卷首 패기에는 거북이좌 위에 이무기 머리 모양이고 목록 뒤의 패기는 거문고 형태로 '평양부장댁平陽府張宅'이라 기록하고 있다. 또 종모양의 '회명헌기'란 패기도 있다.

[464] 《남선대장발문수록南禪大藏跋文蒐錄》, 《북평도서관관간》에 보인다.

[465] 왕국유의 《양절고간본고兩浙古刊本考》에는 지원 16년에 시작하여 대덕 3년에 마쳤다고 되어 있다. 혹은 지원 14년에 시작하여 27년에 마쳤다고 하고 혹은 지원 6년에 새기기 시작하여 22년에 완성을 알렸다고도 한다. 또 지원 14년에 시작하여 16년에 완성했다고 하는데 대중에게 시주를 받아 새기는 《대장》이 2년 만에 완성될 수는 없을 것이다.

[466] 혹은 558함이라고도 하고 혹은 587함, 6,011권이라고 한다. 또 6,017권이라

고도 하고 혹은 5,397권이라고도 한다. 또 5,386책이라고도 한다.

[467] 《경인송적사장경景印宋磧砂藏經》 首 책의 2, 또 왕국유의 《양절고간본고》 상.

[468] 허혜리許惠利의 〈북경 지화사에서 발견된 원대장경北京智化寺發現元代藏經〉, 《문물》, 1987년, 제8기, 1~11쪽.

[469] 송 보경 원년 (1225)에 시작했으며, 1,521부, 6,310권이 있다고도 한다.

[470] 《경인송적사장경》 首 책의 2, 또 왕국유의 《양절고간본고》 상.

[471] 복건 《천주개원사에서 발견된 고송판 원인대장경잔본 정리편차기[泉州開元寺發現古宋版元印大藏經殘本整理編次記]》(복사본 11쪽), 이 사찰의 승려 묘련妙蓮이 편찬했다. 묘련은 지금 환속하여 김증상金增祥이라는 이름을 쓰고 있으며 상해 출신이다. 일찍이 이 사찰의 고승이자 예술가인 홍일법사弘一法師의 시중을 들었다. 개원사에는 고적이 많이 있다. 1972년 겨울 그곳에 가서 사찰에서 소장하고 있는 인도 패엽경을 본 적이 있다. 홍일법사는 송판 《장경》 한 책을 일본에서 구입했다. 명 《대장》 한 부를 보았다.

[472] 《송원석장간본고宋元釋藏刊本考》.

[473] 1979년 여름 북경 백림사柏林寺 북경도서관 분관에서 만난 운남의 우내의于乃義 선생이 필기본을 보여주었는데, 아쉽게도 자세히 옮겨 적지 못했다.

[474] 《해동역사海東繹史》 권44.

[475] 섭공작葉恭綽의 《역대장경고략歷代藏經考略》, 섭공작에게 그 일부분 목록이 있었다.

[476] 관덕동關德棟의 〈서장의 전적[西藏的典籍]〉, 《현대불학現代佛學》, 제4기 참조.

[477] 《양절고간본고兩浙古刊本考》.

[478] 대덕 6년이라고도 한다. 《원사》 성종본기. 왕국유의 《관당집림觀堂集林》 권21 《원간본서하문화엄경잔권발元刊本西夏文華嚴經殘卷跋》.

[479] 《양절고간본고兩浙古刊本考》. 원문 표제는 "대덕 10년 병오, 송강부松江府의 승록 관주팔의 염원을 받들고, 황제의 명을 받들어 대만수사에서 하서자 《대장경》을 판각하다"라고 되어 있다.

[480] 범성법사范成法師의 말이다. 앞의 금대종교서주金代宗教書注 참조.

[481] 《석씨계고략釋氏稽古略》.

[482] 《흠정일하구문고欽定日下舊聞考》 권50에서 《석진지析津志》를 인용했다. 혹은 문종 천력 2년(1329)에 강절행성에 불경 27장藏을 인쇄하도록 명하고 보녕사普寧寺에 소장하도록 했다고 한다.

[483] 《영인적사장경影印磧砂藏經》 첫 책의 2.

[484] 원나라 이겸李謙의 《정주형양현동림대각선사장경기鄭州滎陽縣洞林大覺禪寺藏經記》, 지정 2년에 비석을 세웠다. 청나라 방복전方履籛의 《금석췌편보정金石萃編補正》 권4 참조.

[485] 승려 묘련妙蓮의 《정리천주개원사송판원인장경잔본제기整理泉州開元寺宋

板元印藏經殘本題記》 참조. 지대至大의 제기가 비교적 많은데, 십여 차례가 있다.

[486] 승려 묘련妙蓮의 《정리천주개원사송판원인장경잔본제기整理泉州開元寺宋板元印藏經殘本題記》. 지대년으로 제목에 기록된 것이 대부분으로 10여 차례이다.

[487] 진원陳垣의 《남송초하북신도교고南宋初河北新道教考》에서 《조정전하피운진인전祖庭傳下披雲眞人傳》을 인용했다. 《유산집遺山集》 31 《통진자묘갈通眞子墓碣》.

[488] 이준민의 《장정집莊靖集》 10.

[489] 《도장존경력대강목道藏尊經歷代綱目》, 《송린총서松鄰叢書》본.

[490] 원나라 승려 염상念常의 《불조역대통재佛祖歷代通載》 권21, 만력 4년간본, 왕조사는 삼조사三組師라고도 한다.

[491] 원나라 《통제조격通制條格》 권29

[492] 원나라 승려 염상念常 《불조역대통재》 권20. 명나라 육용陸容의 《숙원잡기菽園雜記》에 "송 상흥祥興 2년(원 세조 지원 16년, 1279) 원나라가 송나라를 멸망시킨 후 불교를 크게 홍성시키고 도교는 억압했다. 10월 20일 《도장》 서적을 다 태웠다." 여기서 지원 18년 10월이라 한 것과는 다르다.

[493] 《원사》 권22 《무종본기武宗本紀》. 손육수孫毓修의 《중국조판원류고中國雕板源流考》.

[494] 《원사》 권24 《인종본기》.

[495] 도기屠寄의 《몽올아사기蒙兀兒史記》 권45.

[496] 《속통고續通考》 권50.

[497] 청나라 조종건趙宗建의 《구산루서목舊山樓書目》.

[498] 1959년, 제8기 《인쇄월간》 잡지에서 필자는 송판의 아름다운 글자체와 원판의 조맹부 글자체를 뽑아 글자틀을 만들어 지금의 인쇄체를 대신해 쓰자고 건의한 적이 있다. 조맹부 글씨체로 된 《청용거사집》·《가헌장단구》의 사진 역시 그 잡지에서 볼 수 있다.

[499] 한 행에 4자가 있고 글자는 1촌 정도이고 우측에 "오음사성절운도보상명五音四聲切韻圖譜詳明"이라고 한 행이 있으며, 좌측에 "지정병신중하수재인행至正丙申仲夏綉梓印行"이라고 된 한 행이 있다. 상단에 가로로 "취암정사에서 교정, 틀린 곳이 없음[翠岩精舍, 校正無誤]"이라는 종이가 붙여져 있다. 뒤의 네 글자는 음각으로 되었다. 서문의 뒤에 또 "지정병신맹하취암정사신간至正丙申孟夏翠岩精舍新幹"이라고 한 행이 있다.

[500] 지정 11년 신묘에 덕성서당에서 《명본서집전부음석明本書集傳附音釋》 6권을 중간했고, 지정 17년 정유에 일신서당에서 《명주본배자구경직음明州本排字九經直音》 3권을 판각했는데 모두 송나라 명주본을 번각했다

[501] 한 행에 큰 글자가 4자 있고 간단한 광고문이 작은 글자로 2행 적혀 있다. 오른쪽에 "통용되는 서적이 오래되니 아쉽게도 너무 간단해 독자가 유감스럽게

생각한다"라고 적혀 있다. 왼쪽에 "편찬년도는 간략하게 생략하고 후학에게 성실함을 보이기 위해 판각해 세상과 이를 공유한다"는 글이 되어 있다. 상단에 가로로 '근덕당간勤德堂刊'이라고 쓴 종이가 붙어 있다.

[502] 중간에 음각으로 '배운排韻'이란 2글자가 새겨져 있고 가로로 '옥융서당玉融書堂'이라고 쓴 종이가 붙어 있다. 연도는 상세하지 않다. 북당北堂에는 16세기 서양 선본서적이 소장되어 있었는데 대부분의 서적에 나무로 새긴 꽃테두리 서명페이지가 있다.

[503] 《노신전집》, 제8책, 101쪽. 건안 우씨를 신안 우씨로 잘못 적었다.

[504] 겉표지 그림은 장수민의〈역대정미인쇄품歷代精美印刷品〉6, 원판본, 《인쇄월간》, 1959년, 제8기 참조.

[505] 천일각 소장본, 3책이 있다.

[506] 담신가 선생은 일찌기 경사도서관京師圖書館과 북경도서관 중문목록 편찬조 책임자로 다년간 근무했다. 이 잔엽은 아마도 청나라 내각문고의 잔해 서적일 가능성이 크다. 그가 말하는 내용은 맹랑孟浪의 주장과는 다른 듯하다.

[507] 유럽 최초의 활자판 인쇄 서적은 《사십이행본성경四十二行本聖經》이다. 그 중 첫 대문자 initial은 일부 붉은색으로 인쇄했고 그 나머지 부분은 손으로 색을 채워 넣었다. 1457년 독일 《마인츠 시편》 은 인쇄공의 이름(Johann Fust, Peter Schoiffer)과 출판지점과 날짜가 기록되어 있는 유럽에서 하나밖에 남아있지 않은 최초의 인본 서적이다. 붉은색과 푸른색으로 인쇄된 대문자 자모가 가로로 있다.

[508] 청나라 전대흔의 《보원사예문지補元史藝文志》, 섭창치葉昌熾의 《장서기사시주藏書紀事詩注》 및 그의 서적에 의거한다.

[509] 《원사》 권85 《백관지일百官志一》.

[510] 《원사》 권93 《화지일貨志一》.

[511] 원나라 도종의陶宗儀의 《철경록輟耕錄》 권19.

[512] 카터의 책에서 모어스 통계 숫자를 인용했다.

[513] 원나라 소천작의 《자계문고滋溪文稿》 권24, 인초고의 개판開版 축문이 있고 또 초지방抄紙坊의 개함開檻 축문이 있다.

[514] 《원전장元典章》 110 《초법위초鈔法僞鈔》.

[515] 《원사》 권94 《식화지2》.

[516] 카터의 책에 근거했다.

[517] 포배장 공정은 1단계에서 8단계까지는 호접장과 같다. 9단계는 종이선택 · 종이 재단, 종이에 물 뿌리기, 종이 접기이고 10단계는 종이 끼우기, 11단계는 2차 다듬이질, 12단계는 페이지 수량에 따라 나누고 속지[副頁: 책의 앞 뒤 본문 사이에 끼워 넣는 페이지] 추가 삽입, 13단계는 난에 맞추어 가지런히 놓기, 14단계는 누르기, 15단계는 2차 맞추기 후 구멍 뚫고 끈으로 장정하기, 16단계는 재단, 17단계는 다듬기, 18단계는 책등 부분에 풀 붙이기, 19단계는 표지 벗기기, 표지 묶기이다.

[518] 명나라 동기창의 《균헌청비록筠軒淸閟錄》 권하에 의하면 그 글자를 고쳤다고 한다. 또 흡주의 묵공은 청나라 주이준朱彝尊의 《정지거시화靜志居詩話》에 의거했다.

[519] 전자는 동기창의 《청비록淸閟錄》 권 중에 보이고, 또 명나라 진응문陳應文의 《청비장淸秘藏》에도 보인다. 후자는 고석高奭의 《염설재총서豔雪齋叢書》의 원고본[稿本]에 보인다. 또 도륭屠隆의 《고반여사考槃餘事》 권2에 보이며 내용은 서로 같다. 도륭은 오직 모두 강서에서 나왔다고 한 후 또 조송설·강리자산·장백우張伯雨·선우추鮮于樞는 대부분 이 종이 명칭을 사용했다고 한다. 또 원나라 왕대연汪大淵의 《도이지략島夷志略》에서도 보인다.